Door Nederlandsch Oost-Indië: Schetsen Van Land En Volk

Tammo Jacob Bezemer

DOOR NEDERLANDSCH OOST-INDI

SCHETSEN VAN LAND EN VOLK,

BEWERKT DOOR

T. J. BEZEMER.

MET EEN INLEIDING VAN J. F. NIERMEYER,

EN ONGEVEER 300 ILLUSTRATIES EN KAARTEN.

TE GRONINGEN BIJ J. B. WOLTERS, 1906.

STOOMDRUKKERIJ VAN J. B. WOLTERS.

VOORBERICHT.

Hoe dit boek is ontstaan, wat zijn doel is en hoe het is ingericht, zal de lezer in de Inleiding verhaald vinden. Zoo behoeft dit Voorbericht niet anders te zijn dan een dankbetuiging aan allen, die mij bij de bewerking hun steun hebben willen verleenen.

Allereerst geldt die dank den heer Niermeyer, niet alleen omdat hij op zich wilde nemen het boek bij het Nederlandsch publiek in te leiden, maar ook voor het doorzien van alle drukproeven en voor zoo menigen onschatbaren wenk, mij daarbij gegeven. Bovendien verschafte hij een noodzakelijke aanvulling tot de reisverhalen, waaruit de landbeschrijving bestaat. De Duitsche reizigers, wier namen men in de Inleiding vermeld zal vinden, bezochten het Oosten van Java niet. Het was dus een zeer gelukkige omstandigheid, dat dit belangrijk deel des eilands kon worden beschreven naar het onuitgegeven dagboek, door den Heer en Mevrouw Niermeyer op hunne reis over Java gehouden. Waar Dr. Pflüger van sommige der Oostelijke eilanden een te vluchtige schets gaf, vulde de heer N. de geographische en geologische beschrijving aan. In één woord, den steun, mij door den heer N. bij de samenstelling van dit boek geschonken, kan ik niet hoog genoeg waardeeren.

Voorts gevoel ik mij verplicht tot een woord van warmen dank aan allen, die mij in staat stelden tal van illustraties naar onuitgegeven fotografieën en naar ethnografica in het boek op te nemen; nl. de H.H. Th. F. A. Delprat en J. W. IJzerman, Oud-Hoofdingenieurs der Burgerlijke Openbare Werken in Nederlandsch-Indië; Dr. S. van Romburgh, Hoogleeraar te Utrecht; G. W. W. C. Baron van Höevell, oud-gouverneur van Celebes; de firma E. J. Brill te Leiden; den Directeur van 's Rijks Ethnographisch Museum aldaar; het Bestuur van het Koninklijk Instituut voor de Taal-, Land- en Volkenkunde van Nederlandsch-Indië te 's Gravenhage; den Directeur van het Koloniaal Museum te Haarlem; den Directeur en de Commissie van Toezicht van het Ethnographisch Museum te Rotterdam.

Zoo is het mede aan veler hulp te danken, wanneer dit boek eenigermate is geworden, wat ik wenschte dat het worden zou. Al wil het niet trachten op eene lijn te staan met de standaardwerken, door Molengraaff en Nieuwenhuis aan de beschrijving van Borneo gewijd, het wenscht een beeld te geven der overige deelen van ons Oost-Indië, van welker tegenwoordigen toestand een nieuwe, eenigermate volledige en aanschouwelijk beschrijving in de moedertaal ontbrak.

WAGENINGEN, September 1905.   T. J. BEZEMER.

INLEIDING.

In 1878 verscheen het bekende boek van den natuuronderzoeker H. von Rosenberg: Der Malayische Archipel. De voorrede, door P. J. Veth geschreven, geeft de volgende tegenstelling te lezen:

,,Zeker zal niemand die maar eenigszins bekend is met den omvang en de waarde van hetgeen in de laatste jaren voor de kennis der talen en der litteratuur van Nederlandsch-Indië door Nederlanders is tot stand gebracht, de gebieders der Indische eilanden beschuldigen van onverschilligheid voor en verwaarloozing van wetenschappelijke belangen; maar het valt niet te ontkennen dat naast de uitstekende namen van een Roorda, Cohen Stuart, Van der Tuuk, Matthes, Kern, Pynappel en anderen op het gebied der taal- en letterkundige onderzoekingen, de Nederlanders in hunne eigene koloniën op dat der natuurwetenschap wat bij de vreemdelingen achterstaan en niet veel namen kunnen aanwijzen die met die van een Reinwardt, Blume, Salomon Müller, Horner, Kuhl, Hasskarl, Junghuhn, Bernstein, Miquel, Heinrich Schlegel, Emil Stöhr (allen geboren Duitschers, hoewel ten deele in Holland opgevoed) op ééne lijn gesteld kunnen worden."

Deze tegenstelling is thans, gelukkig, niet meer van kracht. De Nederlandsche natuuronderzoekers zijn niet langer vreemdelingen in het eigen tropisch gebied. Zij hebben het systematisch onderzoek van de grootste eilandenwereld der aarde op voortreffelijke wijze ter hand genomen, en de geschiedenis der natuurwetenschappelijke beschrijving van den Archipel is daarmede in een nieuw tijdperk getreden. Naast het pionierswerk der reizigers, dat nog altijd door gaat, en door gaan moet, is begonnen de streng wetenschappelijke arbeid der stations en laboratoria; naast het mobiele het sedentaire onderzoek. En, merkwaardigerwijze: terwijl bij het laatste de vreemdelingen verre de minderheid vormen en grootendeels slechts tijdelijk mede arbeiden, is het eerste, het reiswerk, nog meest in hunne handen.

Er bestaat nog een ander verschil tusschen de beoefenaren van dit tweeërlei wetenschappelijk onderzoek. De stations, opgericht en in stand gehouden door de belangstelling der Regeering, ten deele ook van de eigenaren der cultuurondernemingen, eischen blijvende krachten, die hun gansche leven of een groot deel daarvan op dezelfde plaats aan denzelfden arbeid willen wijden, waartoe in de tropen nog meer volharding, nog meer lichaams- en geesteskracht geeischt wordt dan in onze streken. Schaars daarentegen is het aantal der reizigers die zoo lange jaren als een Junghuhn of een von Rosenberg het onderzoek van den Archipel voortzetten; de meesten zijn geleerden, die hunne hoofdwerkzaamheid in Europa verrichten, en deze van tijd tot tijd door een langer of korter verblijf in Insulinde nuttig en aangenaam afwisselen.

De verklaring is te geven: Junghuhn en von Rosenberg en diegenen hunner tijdgenooten die wel korter jaren, maar daarom toch hun gansche leven wijdden aan de doorzoeking der onbekende gewesten, waren in dienst der Nederlandsche Regeering. Thans heeft deze hare medewerking op andere wijze ingericht. Naast de instandhouding der groote centra van wetenschap, die haar terecht zoo grooten roem brengt, beperkt zij zich in de meeste gevallen tot het verleenen van geldelijken steun voor wie op eigen initiatief of met medewerking der geleerde genootschappen, de wildernis intrekt. Slechts van ééne soort van reizigers zijn er in de laatste jaren enkelen blijvend in haren dienst geweest: de geologen, van wie niemand zich voorbijgegaan zal achten indien wij hier, onder zooveel uitstekende krachten, slechts Verbeek en Fennema noemen. Dit geologisch onderzoek, niet afzonderlijk georganiseerd als in de meeste beschaafde Staten, maar voortgekomen uit een tak van practischen staatsdienst: het mijnwezen, schijnt slechts op groote schaal en om zijns zelfs wil in stand te zijn gebleven zoolang de wetenschappelijke zin van een Verbeek invloed oefenen kon. Thans lijkt het een tijd van stilstand te zijn ingetreden, die spoedig weder — het kan niet dringend genoeg worden gevraagd — voor nieuwen voortgang moge plaats maken.

Waar politieke doeleinden het gewenscht maken, daar weet de Regeering ook andere harer ambtenaren bereid te vinden tot het doen van reizen, die tevens ontdekkingsreizen zijn. Maar. de wetenschap trekt daarbij zelden groot profijt, tenzij het toeval wil dat men de hand legt op een Nieuwenhuis. Toch zou oneindig veel meer nut kunnen voortkomen voor de kennis van land en volk uit deze reizen van ambtenaren, indien de Regeering den reeds zoo dikwijls uitgesproken wensch wilde verhooren, bij de inrichting der opleiding dier ambtenaren te bedenken dat zij eenmaal tegenover het ganschelijk onbekende kunnen komen te staan en het hun dan van groot nut kan wezen, indien zij althans op eenvoudige wijze hunne reisroute in kaart kunnen brengen en de grondslag gelegd is tot het verkrijgen van de kennis der natuur, die hen omringen zal.

Veel beroepsgeleerden dus in den Archipel heden ten dage, weinig beroepsreizigers; en de amateurs zijn meerendeels trekvogels, die zelden in staat zijn, zoo lange jaren zich aan ééne taak te wijden als vroeger een Wallace, als thans de Sarasins; met welke namen weer vreemdelingen zijn genoemd: vermogende vreemdelingen, die geheel op eigen kosten reizen, hun gansche fortuin in den dienst van het natuuronderzoek onzer koloniën stellen, streken ontdekken waar nooit een Nederlander door drong — tenzij later blijkt dat een ambtenaar daar voor jaren geweest was, maar verzuimd had zulks te berichten, — daarvoor in Nederland gepaste hulde ontvangen en er ongepast weinig navolging vinden onder 's lands rijke jongelingschap.

Deze stand van zaken heeft naast al het schitterend licht van wetenschappelijke inrichtingen als de Plantentuin, de cultuurstations, het Meteorologisch-Magnetisch Observatorium, een groote schaduwzijde. Het incidenteele reizen der Europeesche geleerden heeft belangrijke uitkomsten geleverd. Maar een zoo complete arbeid als Junghuhn in zijn „Java" gaf, blijft voor alle andere eilanden nog te schrijven; die der Sarasins over Celebes komt er het meest nabij. Ganschelijk had Junghuhn zich ingeleefd in de Indische tropennatuur en zoo was het hem gegeven van „Java, deszelfs gedaante, bekleeding en inwendige structuur" een beeld te ontwerpen, dat, ondanks alle voortgang der wetenschap, onvergankelijk blijft.

* *

Duitsche geleerden zijn de vlijtigste menschen der aarde. Carl Vogt was een revolutionnair in hart en nieren, maar hij kon geweldig mopperen wanneer het gesprek kwam op den achturigen arbeidsdag. Die ijver verloochent zich zelfs in de tropische hitte niet. De meeste Nederlandsche natuuronderzoekers bepalen zich na hunne reizen tot het verwerken van de uitkomsten hunner vakstudiën. Martin, die steeds den tijd vindt, ook „Land und Leute" der door hem bereisde streken uitvoerig te schilderen, is een geboren Duitscher. Omdat zijn reisbeschrijvingen beperkt zijn tot een vrij klein gebied, de Ambon-groep, en onderdeelen vormen zijner wetenschappelijke werken, komen ze den breeden zoom der belangstellende Nederlanders minder onder de oogen dan voor dezen gewenscht zou zijn. Voor Borneo vindt de naar kennis van Indië verlangende Nederlander niet alleen belangwekkende lectuur in de reisverhalen van Nieuwenhuis, maar ook in dat van Molengraaff, dat onder den vorm eener geologische beschrijving meesterlijke natuurschilderingen en allerboeiendste reisverhalen bevat. Veel grooter verspreiding zouden natuurlijk afzonderlijke, populaire boeken van de hand dezer reizigers hebben verworven. Slechts in één geval heeft een Nederlandsche reizigster daarvoor gezorgd: ieder noemt het alleraardigst Siboga-boek van mevrouw Weber—Van Bosse. Wat van Bemmelen en Hooyer geven in den Reisgids der Paketvaart-Maatschappij is veelszins voortreffelijk, doch uit den aard der zaak beperkt.

Maar overigens: wie reisbeschrijvingen uit verschillende streken van den Archipel, kant en klaar voor populair gebruik, wil lezen, hij moet tot de vreemdelingen, en het meest tot de nijvere Duitschers gaan. Vooral in de allerlaatste jaren hebben deze zich bevlijtigd, de litteratuur over Insulinde te vermeerderen met een aantal boeken, even smaakvol van uiterlijk als genoegelijk van inhoud. Er is nog altijd geen beter en aangenamer middel om op de hoogte te komen van de natuur en de toestanden der vreemde landen dan de ouderwetsche vorm der reisvertelling. Keuvelend, ieder naar eigen trant, voeren de reizigers ons over berg en dal, door het tropische woud en de heete sawah, van de koffie in de tabak, van het eene eiland naar het andere. Wanneer ze daarbij bovendien natuuronderzoekers zijn, geeft dit een bijzonder voordeel. De beschaafde leek is niet meer zóó of hij wil wel wat diepers hooren van die merkwaardige tropennatuur dan indertijd bij een Haafner te lezen was. En ook daarom zijn natuurgeleerden de beste reisbeschrijvers, omdat hun oog tot waarneming is geschoold, omdat hun geest met opgetogenheid opgaat in de aanschouwing van al wat ze uit de boeken te voren met moeite hadden leeren kennen.

Aan een enkele voorwaarde moet zulk een geleerde nog voldoen: hij moet niet reeds al te beroemd wezen. Een man van zeer grooten naam en rang begrijpt, althans wanneer hij Duitscher is, dat de Duitsche lezer zijn verhaal zeer interessant kan vinden, maar hemzelven toch nog veel belangwekkender achten moet. En voor niet-Duitsche oogen komt zulk een boek er dan wat zonderling uit te zien.

Twee Duitsche natuuronderzoekers hebben in den jongsten tijd verhalen hunner reizen doen verschijnen, die zich niet tot een enkel eiland beperkten, en ook aan de laatst gestelde voorwaarde volkomen voldeden: *anspruchslos* zijn hun reisschetsen, betrouwbaar, aangenaam te lezen. Het zijn die beide boeken, die elkaar op gelukkige wijze aanvullen, waarvan het hoofddeel hier den Nederlandschen lezer in zorgvuldige bewerking geboden wordt; met een hoogst belangrijke toevoeging, waarvan straks zal blijken, nadat de beide vreemdelingen eerst met een enkel woord zijn ingeleid.

* * *

„Auf Java und Sumatra" heet het boek van den Münchener botaniehoogleeraar Giesenhagen. De aanleiding tot zijne reis deelt hij in zijn voorbericht mede. De Duitsche akademiën hebben, gelijk hij dat noemt, een „Kartell" gesloten, dat van de regeering des rijks de middelen heeft verkregen tot het uitzenden van onderzoekers op allerlei studiereizen. Om de rij te openen, deed men Giesenhagen het voorstel, een botanische studiereis door den Maleischen Archipel te ondernemen, die negen maanden duren mocht. „Wat ik daar zou uitvoeren, was geheel aan mijn „eigen beslissing overgelaten; alleen moest ik, indien zich daartoe de „gelegenheid bood, mijn aandacht ook richten op de nuttige tropische „planten en de methoden hunner cultuur, en bij de thuisreis zaden en „levend plantmateriaal medebrengen van die gewassen, welke voor onze „Duitsche koloniën beteekenis konden krijgen, vooral levende gutta- „percha-boompjes."

Deze wijze van organisatie der wetenschappelijke studiereizen schijnt ons verre te verkiezen boven de methode die in Frankrijk gebruikelijk is. In het feit dat de keuze der onderzoekers geschiedt door de weten- schappelijke lichamen, heeft men een waarborg dat niet de verkeerden met een opdracht gaan strijken en nu kan men ook verder den reiziger de grootst mogelijke vrijheid laten. De Fransche *chargé's de mission*, wier opdrachten soms schijnen te worden verkregen op de wijze van een *débit de tabac*, door bemiddeling van een député of langs anderen politieken weg, plegen zeer talrijk in aantal te wezen. Ze zijn allen verplicht, de Regeering een verslag over hunne reis uit te brengen; maar dat de meesten dier verslagen — behoudens gunstige uitzonde- ringen — ongedrukt blijven en slechts in de archieven geraadpleegd kunnen worden, schijnt voor de wetenschap geen onheil te zijn.

Natuurlijk bracht Giesenhagen een langdurig bezoek aan den Buitenzorgschen Plantentuin, welks wereldvermaardheid iederen Neder- lander bewust is. Een groot deel van Java is door hem bereisd en nog uitgestrekter waren zijne reizen over Sumatra. Maar op dit eiland beschrijft hij ten deele — Atjeh en de Padangsche Bovenlanden — dezelfde terreinen als de tweede auteur, wiens boek hier tot grondslag gestrekt heeft; en in dat geval is aan den laatsten, die daar langer verblijf houden kon, de voorkeur gegeven. Zoo bleef van Giesenhagen over, wat Sumatra betreft, zijn hoofdstuk over Deli en de Tabakscultuur en zijn interessante reis dwars door het eiland, van Palembang naar Bengkoelen, een route die wel vele malen bereisd, maar nog nergens beschreven was.

De lezer zal in den hoogleeraar een gemoedelijk verteller ontmoeten, die niet alleen de natuur van het landschap uitstekend weet weer te geven, maar zich ook, voor zoo kort verblijf, merkwaardig goed heeft weten in te denken in het leven der Indische maatschappij en zelfs de inlanders, die zoo moeilijk te vatten zijn, minder onbegrepen aan zich heeft laten voorbijgaan dan menig oudgast, die zijn Westerschen maatstaf nooit heeft weten weg te leggen en zijn meerderheid steeds, te pas en te onpas, meent te moeten doen gevoelen. Giesenhagen is te bescheiden om zich zelven daarop te laten voorstaan of op andere houding kritiek te oefenen, maar eenmaal hoort men toch een stil, wel zeer zacht ingekleed verwijt in zijne woorden. Het is als hij zijn Maleischen bediende vaarwel zegt, die hem op al zijn reizen getrouw vergezeld had. „Mariô, die mijn omvangrijke bagage aan boord had doen brengen, nam daar afscheid van mij, met trouwhartige wenschen voor een behouden reis en een gelukkig wederzien van mijne njonja en den sinjo. Zijne trekken bleven daarbij onbewegelijk, maar aan de warme uitdrukking zijner oogen en aan den klank der stem bemerkte ik wel, dat hij niet zonder innerlijke ontroering den blanken man zag weggaan, die steeds in goede en kwade dagen zijn gevoel en zijn menschenwaarde gerespecteerd had en hem altijd vriendelijk was tegemoet getreden."

Een dergelijke verhouding tusschen Westerling en Oosterling is meer algemeen dan vroeger, maar een vaste regel is zij helaas nog niet.

*
* *

Verder oostwaarts dan Giesenhagen kwam de geoloog Dr. Pflüger, privaat-docent aan de universiteit te Bonn. Het is het voorrecht der privaat-docenten, dat zij niet de deftigheid behoeven te bewaren van den professor, ook niet in den schrijftrant, waarin deze allicht de rustige voornaamheid van Wilhelm Meister tracht te bereiken. Tot aangename afwisseling voor den lezer weet Pflüger van dit voorrecht gebruik te maken, allereerst om in zijn voorrede de Duitschers, in zijn inleiding de Nederlanders een weinig de ooren te wasschen.

Al hebben wij ons van de eerste boetpredicatie niets aan te trekken, zij is te karakteristiek om er niet iets van te vermelden. De geleerde schijnt, ondanks zijne jeugd, geen hoogen dunk te hebben van het aardrijkskundig onderwijs in zijn vaderland, althans voor zoover dit vreemde koloniën behandelt. Iedereen zal zich, meent hij, uit de school zoo half en half herinneren dat in 't verre oosten een archipel ligt, een vreemde wereld, vol onmetelijke oerwouden, olifanten, neushoorns, amok-makende Maleiers en vuurspuwende vulkanen, waar een ongelukkig koloniaal leger voortdurend door de malaria gedecimeerd wordt.

„Wanneer ik nu zoo vrij ben te beweren — zoo vervolgt hij —

dat er op onze planeet nauwelijk een plekje is op gelijke geografische breedte, waar men gemakkelijker en veiliger reist, beter eet, drinkt en slaapt, waar men de schoonste landschappen der tropen, het meest interessante volksleven, van den oertoestand van den wilde tot de beschaving van den zachtaardigen, weekelijken Javaan — ja zeker! —, de prachtigste oerwouden met boomvarens, orchideën, papagaaien kan zien en doorreizen, langs behoorlijke wegen en zonder links in een afgrond, rechts in den opengesperden muil van een krokodil te vallen, — als ik dat beweer — zal men mij gelooven? Het Maleische ras, antwoordt iemand, lieve hemel, dat weet toch iedereen, dat dat een bloeddorstige, wreede menschenverzameling is. En dan, het moge waar zijn dat tijgers en slangen daar niet zoo talrijk zijn als bij ons ratten en regenwormen, ze zijn er in elk geval, en bovendien die vreeselijke tropische hitte! Is u dan nog nooit in een broeikas geweest? Het moet er toch net zoo wezen; en daar zou een verstandig mensch voor zijn pleizier gaan reizen? En stel dat ik dat alles nog verdragen wil, meent u dan dat ik lust heb in hutten van inboorlingen te slapen of op oude zeilschuiten zeeziek rond te góndelen? Dank u feestelijk!

„Ik echter beweer zonder blikken of blozen, dat er daar bijna overal goede hotels zijn; natuurlijk geen prachtgebouwen als het Bristol in Berlijn, maar met betere bedden dan ergens in Thüringen, den Harz of Zwitserland zijn te vinden; goed eten, apollinariswater in elk dorp, spoorlijnen op Sumatra en Java, rijtuigen ook nog op Celebes, zeer voortreffelijke stoombooten tusschen alle punten van den Archipel tot aan de kustdorpen der mencheneters op Nieuw-Guinea."

Al is dit alles voor ons Hollanders geen nieuws, en al zijn er vele Duitschers voor wie het evenzeer alleen als boutade mag gelden, de strekking kunnen wij ons allen ten nutte maken: Pflüger wil zijn lands- lieden tot reizen aansporen. „Zoo ga dan mijn boek de wereld in; zijn doel is bereikt als het zonen aanspoort, de reis te doen, en vaders het geld er voor te geven." De Duitscher gaat nog veel te weinig van huis, in tegenstelling met den Engelschman en den Amerikaan. Het spreek- woord: „Bleibe zu Hause und nähre dich redlich" moet uit de taal verdwijnen.

Al hebben wij dat spreekwoord niet, en al zijn wij niet zoo hokvast als Duitschers en Franschen, — dat onze koloniën nog veel te weinig bereisd worden door den bemiddelden Nederlander staat vast. Op Java ontmoette ik een daar wonend landsman, die in de hotels der binnen- landen het Maleisch voor de bedienden niet met Hollandsch, maar met Engelsch doorspekte; dan werd je vlugger geholpen. Een lid van 't Lager- huis, die de thuisreis met de Nederlandsche mail maakte, bleek via

Siberië, Japan en China ons Indië bereikt te hebben. Naar het doel zijner reis gevraagd was het antwoord: Oh, I'm very fond of travelling. Dit was het gehoor al te eenvoudig; daar zou minstens een geheime politieke zending achter steken.

Er komt een keer, maar heel langzaam. Reeds ontmoet men in Indië aanstaande kooplui, die hun studiereizen maken, zelfs bejaarde handelsmannen, die pas na hun uittreden uit de Indische zaken gelegenheid vinden, het vroeger verzuimde in te halen. Daar er meer kans is dat deze voorbeelden trekken dan dat al onze leeringen wekken, zullen wij de leden der Volksvertegenwoordiging, die ook steeds in dit verband vermaand plegen te worden — bijzonderlijk die der Tweede Kamer; men achte echter hoogen leeftijd voor het reizen in Indië geen al te groot bezwaar — ditmaal met rust laten.

Pflüger heeft aan ons Nederlanders iets anders te verwijten. Hij geeft een kort overzicht van de verovering van den Archipel en zijn daarop volgende beschouwing begint hij met den mooien kant: „Voor de inheemsche bevolking moet de bevrijding van het juk hunner vorsten, een grootendeels zeer miserable verzameling, als een zegen beschouwd worden. Zelfs de reiziger gevoelt de tegenstelling tusschen de rust en den welstand in de Europeesch bestuurde landen en de verwaarloozing der overige." Inderdaad, dat ziet men reeds met den eersten blik, zelfs op Java, wanneer men er de Vorstenlanden betreedt; en al klinkt de aanduiding der vorsten wat al te Westersch, in den grond is de opmerking onweersprekelijk. Maar nu volgt:

„Onder vasten Europeeschen invloed en ten deele onder westersche cultuur staan in Sumatra het noordoosten (Deli) en de Padangsche Bovenlanden, verder bijna geheel Java, eenige kuststreken van Borneo, in Celebes het zuiden met Makassar en de noordoostelijke punt, de Minahassa, ten slotte eenige eilanden der Molukken. Al het overige is of zoo goed als onbekend, als bijv. de binnenlanden van Borneo, Celebes, Ceram en vooral van Nieuw-Guinea, of het wordt slechts uiterlijk door Nederland beheerscht.

„Alles bij elkaar dus niet bepaald een schitterend resultaat na bijna 300-jarig verkeer met dit deel der wereld en na bijna 100-jarig onbetwist bezit.

„Als oorzaak van dit verschijnsel pleegt de Hollander aan te wijzen, dat zijn Vaderland te klein is voor de ontsluiting dezer landmassa's. Dit is zeker juist, maar er komt ongetwijfeld nog iets anders bij: namelijk de geringe energie en bewegelijkheid van den Hollander, althans van den hedendaagschen. De indruk, dien de vreemdeling in de Hollandsche koloniën krijgt, is dat het daar erg gemakkelijk, gemoedelijk, oudvaderlijk toegaat en dat er braaf geslapen wordt. Geen grooter tegenstelling kan men zich denken dan het bedrijvige, rustelooze Hongkong en Singapore en het lieve, gemoedelijke Batavia, waar men 's morgens een beetje naar kantoor gaat, 's middags de volumineuze „rijsttafel" verorbert, den halven namiddag slaapt, 's avonds een buitengewoon vervelend „gezellig verkeer" heeft, om na het avondeten weer te gaan slapen. Geen wonder, dat men bijna overal voorname firma's van Duitschers, Engelschen en Chineezen vindt! Wat de Hollander onderneemt, wordt zonder twijfel goed; Java is, uiterlijk tenminste, een ware modelkolonie; maar na 300 jaren mag men dat ook verlangen. Overigens, mijne heeren., wat meer pittigheid, opgewektheid, volharding, ondernemingsgeest!"

. De lezer, die Indië een weinig kent, zal, na dit gelezen te hebben, zeggen: wanneer Pflüger's heele boek zoo vol onjuistheden en scheeve voorstellingen staat als deze zinsneden, het ware beter onvertaald gebleven. Hij zij gerust. Wanneer de reiziger aan 't reizen trekt, bergt hij zijn lust tot boutaden op en zijn wetenschappelijke zin voor juistheid en zuiverheid gaat regeeren. Alleen in deze inleiding is hij van de meening: „To illustrate a principle, you must exaggerate much and you must omit much." Dat kan geen kwaad, als de lezer maar weet waar hij het korreltje zout moet plaatsen. Wanneer hij weet, dat men niet 's morgens „een beetje naar kantoor gaat", maar dat de handelskantoren open zijn van 's morgens negen tot 's middags vijf en dat er in de Oost door velen hard gewerkt wordt, niet minder stellig dan hier te lande, dan blijft de vraag: vanwaar dan die saaiheid, die den reiziger inderdaad overvalt, niet alleen op kleine binnenplaatsen — waar ze immers in Europa niet geringer is — maar ook in de groote hoofdsteden, alleen in · Soerabaija, althans uiterlijk, wat getemperd door geweldig straatrumoer? Kan de oorzaak zijn, dat de Nederlanders in Indië te veel den invloed ondergaan der inlanders, in 't bijzonder der Javanen? De deftigheid en vormelijkheid, die zuidelijke trek, ons wellicht door de Spaansche overheersching aangebracht, is in Indië gedoubleerd met den zin voor *hormat*, den hoogen eerbied voor rang en stand, aan Oosterlingen eigen. Men neemt zoo licht over wat reeds een weinig in de natuur ligt. Niet in onze natuur is de matigheid der Maleiers in spijs en drank, en deze hebben we dan ook links laten liggen. Al te pittig eten, evengoed als drinken, geeft geen pittigheid, maar vadsigheid van lichaam en geest, vooral wanneer het bij zoo ongeloofelijke hoeveelheden genoten wordt als men aan de rijsttafel verdwijnen ziet. Die rijsttafel, zoo meenen wij, heeft het Nederlandsch karakter in Indië veel kwaad gebrouwen.

Weet de lezer wat trassi is? De Encyclopaedie van Nederlandsch-Indië drukt het zeer behoorlijk uit: „Indisch condiment, sterk „adellijk" van geur, dat onontbeerlijk geacht wordt bij de bereiding eener echte rijsttafel." Het woord rijsttafel opslaande vindt men trassi omschreven als „een product van visch, vrij onwelriekend, doch wegens den smaak onontbeerlijk." De beste trassi wordt echter niet van visch, maar van garnalen bereid en onder het woord *oedang* vindt men nadere inlichting. „Op de Noordkust van Madoera en aan de Wijnkoopsbaai worden de garnalen eerst gekookt; elders, zooals in het Rembangsche en Bataviasche, ongekookt in de zon gedroogd, na gezouten te zijn. Daarna stampt men ze tot een brei, die weder gedroogd en vervolgens nogmaals gestampt en tot kleine cylinders gerold wordt, die men laat fermenteeren. Aldus bereid kan de trassi een maand bewaard blijven zonder te rotten [lees: zonder zóó sterk te gaan rotten dat ze al te onwelriekend wordt], maar zij moet nu en dan in de zon gedroogd worden."

Zoolang deze trassi — „voor de rijsttafel wegens den smaak onontbeerlijk!" — niet uit alle Europeesche keukens verbannen wordt, zoolang zal er aan de Nederlandsche maatschappij in Indië iets al te Oostersch blijven kleven. Soerabaija is thans nog, wellicht met Batavia, de eenige stad waar men in de groote hotels alle dagen heel goed *makanan blanda* — Hollandsch eten — in de plaats der rijsttafel krijgen kan.

Dr. Pflüger is, als vele zijner landslieden, stellig een zeer *genügsam* mensch. Tot in de diepste binnenlanden weet hij — voor wie in Indië reisde is 't schier onbegrijpelijk — te spreken van de lekkere maaltijden, in kleine logementjes opgedischt. De warmte schijnt hem weinig af te matten. Daarbij komen belangrijker kwaliteiten: de Nederlandsche litteratuur over Insulinde beheerscht hij als weinig vreemdelingen — 't is of hij dit reeds in den titel: *Smaragdinseln der Südsee* heeft willen doen gevoelen — en zoo zijn zijne historische uitweidingen, hoe beknopt ook, doorgaans zuiver en duidelijk. Wat van nog meer belang is, hij strekte zijn reis uit tot de zoo weinig beschreven eilanden tusschen Timor en Nieuw-Guinea en bracht daarvan foto's mede, even fraai als zeldzaam.

*
* *

Dat dit alles thans in Nederlandschen vorm, waar noodig van misvattingen gezuiverd, ons geboden wordt, is te danken aan den vertaler en bewerker, den Heer T. J. Bezemer, leeraar in Indische talen en ethnographie aan de Rijks Hoogere Land- Tuin- en Boschbouwschool en aan de Rijkslandbouwschool te Wageningen, wiens naam in de Indische ethnologie reeds gunstig bekend is door zijn boek over Indonesische folklore.

Maar de Heer Bezemer deed meer. Hij begreep, dat deze reizigers voor het vreemde volk niet hetzelfde kunnen doen als voor het vreemde land: een beeld ontwerpen, compleet genoeg om blijvend indruk te maken en correct genoeg om geen plaats te laten voor dwaalbegrip. Op dit stuk moesten de reisverhalen, althans voor den lezerskring in het moederland der door zoo merkwaardige volken bewoonde koloniën, noodzakelijk worden aangevuld. Zoover dat te mijner beoordeeling staat, heeft de Heer Bezemer die taak uitstekend volbracht. Wat hij schrijft over de Atjehers; de Bataks; de Menangkabausche Maleiers; de industrie en de kunst der Javanen; de rol der Hindoe's op Java; de volken van Celebes en het verdere oosten, en nog zooveel kleinere, maar toch belangrijke punten meer, men zal het niet licht elders zoo goed verwerkt, in zoo gemakkelijken vorm bijeen vinden.

Zoo ontstond een boek, dat — schijnbaar wat heterogeen van vorm, maar juist daardoor vol afwisseling — gewis in staat is de koloniën in het moederland beter bekend te maken, en door die kennis gewaardeerd. Aanschouwing en studie vereenigd, geven hier een bonte reeks van tafereelen, zeer geschikt om de belangstelling blijvend te prikkelen en om, juist door hun variatie, een afspiegeling te geven van de werkelijkheid in dat grootsch geheel van land en water, zoo vol verscheidenheid; een gordel van smaragd, uitgespreid op saffieren grond, en afgezet met veelkleurige, maar altijd harmonisch getinte steenen.

ROTTERDAM, Augustus 1905. J. F. NIERMEYER.

SUMATRA.

HOOFDSTUK I. INLEIDING EN BEZOEK AAN ATJEH [1]).

Pinang, een haven der Straits-Settlements op het schiereiland Malakka, vormt het uitgangspunt onzer reis, waar ik in Februari 1901 aan boord ging van het stoomschip „Reael" der Paketvaart-Maatschappij. De schepen van deze lijn zorgen voor het verkeer in geheel Nederlandsch-Indië. Zij zijn uitstekend op het klimaat ingericht, de consumptie is voldoende, ja meestal zeer goed — in aangename tegenstelling met de ongeloofelijk slechte toestanden bij de Engelsche „British-India-Company", in wier handen het geheele lokaal verkeer tusschen de havens der Straits-Settlements, van Birma, Voor-Indië en Ceylon is, en waarvan ik in de laatste weken tot verzadigings toe genoten had.

Tot nut en genoegen van hen die naar Azië reizen, wil ik hier dadelijk met mijn persoonlijke opinie over de naar het Oosten varende stoomvaartlijnen voor den dag komen.

Ik spreek slechts uit wat algemeen erkend wordt, zoo ik de Duitsche booten (der Noordduitsche Lloyd, in verbinding met de Hamburg-Amerika-lijn) onvoorwaardelijk als de beste noem. De schepen zijn van de nieuwste constructie, groot en geriefelijk ingericht; de consumptie is voortreffelijk, officieren en bedienden zijn vriendelijk en attent.

Afwisselend van Bremen en Hamburg vaart iedere veertien dagen een boot af, die na veertien dagen Napels bereikt, en zestien dagen daarna te Colombo aankomt. Dan worden Pinang en Singapore aangedaan, waar, ingevolge overeenkomst met de Hollandsche maatschappij, steeds aansluiting naar Padang, Deli en Batavia is, terwijl afzonderlijke zijlijnen de verbinding van Singapore over Duitsch-Nieuw-Guinea met Australië tot stand brengen. Met de hoofdlijn bereikt men Shanghai en de havens van Japan; te Shanghai heeft men aansluiting op Kiautsjoe.

In de tweede plaats noem ik de Fransche maatschappij: „Messageries Maritimes". Hare booten varen van Marseille over Brindisi naar Azië.

---

[1]) Naar Dr. Pflüger.
BEZEMER, *Door Nederlandsch-Oost-Indië.*

1

Eenige nieuwere uitgezonderd zijn de schepen evenwel verouderd, de reinheid laat veel te wenschen over, en de omstandigheid, dat zich op de oudere schepen slechts één doorloopend dek bevindt, dat vóór door de tusschendekspassagiers en alle mogelijke vee, achter door de passagiers eerste en tweede klasse gebruikt wordt, is verre van aangenaam. Daar tegenover staat dat de bediening voortreffelijk is, terwijl de gratis verstrekking van wijn en cognac een eigenaardigheid is, die men op prijs dient te stellen.

In de laatste plaats moeten de Engelsche schepen der oude P. en O. (Peninsular and Oriental)-lijn genoemd worden, die nog slechts van haar verbleekten roem en van de Engelsche ambtenaren, die haar gebruiken *moeten*, leeft, en alleen door verstokte Engelschen, bij wie het patriotisme zelfs in de maagstreek niet ophoudt, geprezen wordt. De booten zijn wel zindelijk, maar verouderd. De consumptie is slecht, de bediening door onbeschaamde stewards miserabel, en bij de officieren mist men geheel die beleefdheid en voorkomendheid, welke op de Duitsche booten zoo aangenaam aandoen. Op een P. en O. stoomer is men maar net een heel gewoon passagier, op wien het geheele scheepspersoneel, van den kapitein tot den hofmeester, met innige minachting neerziet; en men kan het iederen reiziger niet dringend genoeg aanraden, liever een paar dagen te wachten in een haven, die ook door Duitsche of Fransche booten wordt aangedaan, om er daar een van te pakken.

Slechte consumptie schijnt wel een hoofdeigenaardigheid van Engelsche (en ook van Amerikaansche, dus van „Angelsaksische") schepen te zijn. Op de stoomers der British-India-Company is ze gewoon ongenietbaar. Ik heb het op zulk een boot beleefd, dat het geheele gezelschap, uit 40 personen bestaande, eenstemmig alle warme schotels weigerde, en zich dagen achtereen voedde met koud schapevleesch en aardappelen met zout.

De Oostenrijksche Lloyd en de Italiaansche lijn ken ik niet bij eigen ondervinding. Toch kunnen zij zich naar 't algemeen gevoelen niet met de Duitsche schepen meten. Met de Japansche lijn Nippon-Yoesen-Kaisha heb ik in den Stillen Oceaan kennis gemaakt en het eten middelmatig, de officieren zeer hupsch, en de boot eenvoudig, maar zindelijk bevonden.

Ten slotte moeten nog de beide Hollandsche lijnen, „Stoomvaartmaatschappij Nederland" en „Rotterdamsche Lloyd" vermeld worden, die slechts naar Sabang, Batavia en overige kustplaatsen van Java varen, en zeer goed moeten zijn [1]).

[1]) Uit hetgeen de Duitsche reiziger hier omtrent de vreemde stoomvaartlijnen meedeelt, blijkt wel dat onze Hollandsche zich ook met de beste buitenlandsche meten kunnen.

Het eenige wat aan onze Paketvaartmaatschappij te verwijten is, zijn de ten hemel schreiende prijzen. Dé reis van Singapore naar de Humboldtbaai, het oostelijkste punt op de Noordkust van Nederlandsch Nieuw-Guinea kost maar even de kleinigheid van 644 gulden[1]), terwijl de Noordduitsche Lloyd voor het 850 mijlen langere traject naar Herbertshöh, bij een zelfde *comfort*, maar 270 gulden vraagt.

In snelle vaart stoomde onze „Reael" door de zeeëngte tusschen Pinang en het Maleische schiereiland. Een laatste blik op de vriendelijk-witte stad, met groenbeboschte granietheuvels op den achtergrond; op de vlakke kust van Azië, met hare palmenboschjes, en de trotsche blauwe bergen daar achter; op de rookwolken aan den verren horizont, opgekronkeld uit de stoompijp van de „König Albert", met haar 10.000 ton de grootste Oost-Azië stoomboot. Op dien stoomer had ik de reis van Colombo naar Pinang gemaakt en, 't laatst voor langen tijd, de zwart-wit-roode vlag gegroet, die den weg wijst aan den, zich in Oost-Azië met reuzenschreden ontwikkelenden, Duitschen handel.

Toen ik met blijden trots vóór eenige maanden het prachtige schip op zijn eerste reis in de haven van Hongkong had zien liggen, wapperden niet ver van daar de oorlogsvlaggen van het statige Duitsche eskader, met den broeder des Keizers aan boord. Zij verkondigden den wil van een sterk, vrij volk, en de energie van zijn heerscher: *navigare necesse est, vivere non est necesse!* — de waarheid van deze oude Hansa-spreuk is door niemand zoo goed als door onzen Keizer erkend.

Onder deze overwegingen daalde ik af in de kajuit en liet mij daar het voortreffelijke, door den Javaanschen scheepskok bereide middagmaal uitstekend smaken.

Ja, in de kajuit! Het zou daar beneden alleraangenaamst geweest zijn, wanneer maar niet de thermometer 30° Celsius gewezen, en de poenka ontbroken had. De Hollander haat dit onschuldige werktuig, een grooten waaier, die aan de zoldering is bevestigd, en door een koelie door middel van een koord of door de machine boven de hoofden wordt heen en weer bewogen. Men vindt hem in alle Engelsche koloniën, waar hij het onontbeerlijke sieraad van eetzaal en bureau is, en zelfs in de slaapkamer een verfrisschenden luchtstroom doet ontstaan. Waarom de „Mijnheers" geen recht weten te doen weervaren aan de voordeelen die hij oplevert, begrijp ik niet. Misschien is het te wijten aan de ook in Duitschland zoo zeer verbreide vrees voor „tocht" en daardoor veroor-

---

[1]) Van Singapore over Soerabaja en Amboina, volgens de passage-tarieven van 1902, *f* 598.

zaakte verkoudheid, die in een koud klimaat te rechtvaardigen, maar hier geheel misplaatst is.

De nacht was ondragelijk warm, niettegenstaande ik naast het open venster sliep. Het morgenbad in de goed ingerichte badkamer met lauwe zoutwaterdouche, en zoetwater van dezelfde temperatuur om zich over 't lichaam te gieten, gaf maar een zeer matige verkwikking.

. Des te bereidwilliger schikte ik mij in de ongedwongenheid, die ten opzichte der kleeding in alle Hollandsche koloniën gebruikelijk is. De nieuweling kijkt in 't begin wel een beetje vreemd op, als hij 's morgens aan het ontbijt en 's middags bij de lunch de dames in een lichten onderrok van katoen met patronen bedrukt of geverfd (de sarong der inlanders), een wit nachtjak [1]) en pantoffels aan de bloote voeten, de heeren in nachtgewaad (katoenen broek en buis), schoeisel als van de dames, en anders niet, ziet verschijnen. En inderdaad bestaat er geen twijfel aan, of zelfs in de hoogere kringen der Hollandsche samenleving gaat deze ongedwongenheid aanmerkelijk buiten de perken binnen welke de Europeaan zich met het oog op het maatschappelijk verkeer, en op zijn prestige tegenover de inlanders, dient te houden. En als nu de zoo even beschreven gestalten den ganschen dag op sofa's en luie stoelen hangen, en iederen voorbijganger de bloote voeten bijna in 't gezicht steken, dan is dat hoogst onaesthetisch.

Daar komt nog bij, dat de kleeding der dames afschuwelijk smakeloos is. De in bruin en geel gehouden sarong, op het bruine, sierlijke lichaam der Javaansche zoo schilderachtig van werking, past heelemaal niet bij het witte nachtjak en de lichte huidskleur, en zulk een koloniale Mevrouw biedt menigmaal een alles behalve eleganten aanblik. Intusschen, evenmin kan men blind zijn voor de groote voordeelen van dit stelsel boven de ongezellige, en bij de warmte geheel ondoelmatige stijfheid in de Engelsche koloniën. Hier verschijnen de dames steeds in gesloten, ofschoon lichte costumes, de heeren in witte dril-pakken, en in het vreeselijke, gesteven overhemd. 's Avonds ziet men beide seksen in „full dress", de dames gedécolleteerd, de heeren in rok; slechts weinigen zijn zoo verstandig, een wit jacquet aan te trekken, dat in snit veel heeft van de kleedingstukken, die bij ons de piccolo's dragen. Voor de tropen kan men nauwelijks een ondoelmatiger kleeding verzinnen dan 't Europeesche gezelschapscostuum. Voor mijn persoonlijken smaak ligt de waarheid in het midden: een licht, wit, ongesteven pak, met katoenen onderkleeding, en wit of geel schoeisel: het is niet warm, misstaat niet, en is niet onaesthetisch.

---

[1]) Bedoeld is natuurlijk de bekende kabaja.

Tot mijn vreugde kan ik constateeren dat deze kleeding, de eenige die doelmatig is, in die Duitsche kolonie, welke ik later van naderbij

In het Sumatraansche oerwoud.

leerde kennen, Herbertshöh in den Bismarck-Archipel, algemeen in gezel- schap, bij bezoek en onder den arbeid wordt gedragen. Bij niemand

komt het daar op, zich en zijnen medemenschen door rok en natgetranspireerd
boord het leven onaangenaam te maken. Zekere lui houden er van, over
zoogenaamd gebrek aan geschiktheid tot kolonisatie bij de Duitschers te
redeneeren. Maar ik geloof, dat een verstandige manier van zich te
kleeden niet het eenige is, waaraan vreemde natiën, de Engelschen niet
uitgezonderd, bij ons een voorbeeld nemen kunnen.

Overigens moet gezegd worden, dat de Hollander 's avonds bij het
diner vollediger uitgedoscht, meestal in gekleede jas, verschijnt, en dus
van 't eene uiterste in 't andere valt. Ook bij bezoeken is dat vreeselijke
meubel onmisbaar, tenzij men, zooals ik deed, er de voorkeur aan geeft
een lichter jasje als passe-partout te gebruiken.

De morgenkoffie was een waar genot. Ze wordt van koud extract
met een aanzienlijke hoeveelheid kokende melk bereid. Ik heb nergens, zelfs
niet in het daarvoor zoo beroemde Oostenrijk, iets zoo heerlijks geproefd.

Daarna ging ik aan dek, waar sedert een half uur de kust van
Sumatra in 't zicht was gekomen. Wij naderden Idi, op de Oostkust in
't Gouvernement Atjeh gelegen, en gingen weldra op eenige kilometers
van het land, in ondiep, vuilgroen water voor anker.

Voor ik den lezer uitnoodig, met mij Sumatra's bodem te betreden,
zij het vergund, eenige opmerkingen over het groote eiland, ter nadere
oriënteering, te doen voorafgaan.

Eenvoudig en duidelijk is de bouw. Langs de geheele Westkust van
de Noord- tot de Zuidpunt, loopt een geweldige bergrug, gedeeltelijk
door een smalle kuststrook van de zee gescheiden, gedeeltelijk tot aanzienlijke hoogte steil uit zee oprijzend. Een groot aantal vulkanen ligt in
onafgebroken rij, tot op Java doorloopend, in dezen lengteketen. Kleine
rivieren storten zich in zee uit, vruchtbare vlakten, zooals die der Padangsche
Bovenlanden, vindt men op verschillende hoogten. Naar het Oosten loopt
het gebergte langzaam uit in een alluviale vlakte, in den loop van duizenden
jaren door de verweringsproducten van het gebergte gevormd. Zij wordt
doorsneden door groote rivieren, die jaar op jaar grond aan de zee
ontwoekeren en eenmaal de ondiepe zee tusschen Sumatra en Borneo
dempen zullen.

In den moerassigen bodem en onder den invloed der vochtige winden
ontwikkelt zich hier een plantengroei van onbeschrijfelijke pracht en weelderigheid. Men kan zeggen, dat geheel Sumatra met dicht oerwoud
bedekt is, waarin de hand der menschen nog slechts weinige gapingen
heeft gemaakt. Van de vlakte tot aan den top der hoogste vulkanen
vertoont één ondoordringbaar, groen kleed zich aan het oog. Groote
uitgestrektheden van 't land zijn volkomen onbekend, daar zoowel de

wildernis als de koortswekkende adem der moerassen het voorwaarts-
dringen moeilijk maakt.

Even rijk als de flora is ook de fauna van dit wonderland. Olifanten
en rhinocerossen zwerven door het kreupelhout. Hoog in de toppen der
boomen slingert de orang-oetan zich van tak tot tak. Beren klauteren in
de kokospalmen der dorpen, in de rivieren huist de krokodil, en het
vlugge hert valt in de klauwen van den loerenden tijger. Vele apen-
soorten, de tapir, onder de vogels de pauw, de neushoornvogel,
reuzenslangen, tallooze vlinders en kevers typeeren de fauna.

Menschen van Korintji.

De talrijke Maleische stammen, die 't eiland bewonen staan op zeer
verschillenden trap van beschaving. De Atjehers in het Noorden zijn
Mohammedanen, evenzoo de Maleiers der Padangsche Bovenlanden, de
bewoners der Lampongsche districten in het Zuiden en van de Oostkust
ten Zuiden van Deli. Zuidelijk van de Atjehers wonen de verschillende
Batakstammen, voor een deel nog heidenen, voor een deel tot het
Mohammedanisme of 't Christendom overgegaan.

In de binnenlanden van het groote eiland vindt men verschillende
kleine, onbeschaafdere stammen, waaronder de Koeboe's in de binnen-

landen der residentie Palembang, van wie sommige nog in zeer primitieve hutten wonen, wel haast op den laagsten trap van beschaving staan.

Politiek is het geheele bonte gezelschap ingedeeld, eenerzijds in een groot aantal meerendeels onder Nederlandsche suzereiniteit staande inlandsche rijken, anderzijds in streken, zooals de Padangsche Bovenlanden, die onder rechtstreeksch gezag van het Gouvernement staan. Men onderscheidt het Gouvernement van Sumatra's Westkust, het Gouvernement van Atjeh en Onderhoorigheden, de Residentie Oostkust van Sumatra, met Medan in Deli als zetel van het bestuur, de Residenties Palembang, Bengkoelen en, in het Zuiden, de Lampongsche districten.

Van beteekenis voor de wereldmarkt is alleen de hoogontwikkelde tabaks-cultuur op Deli, en de koffie-cultuur der Padangsche Bovenlanden.

Welke schatten zijn nog op te delven, als men eerst maar eens met energie en ondernemingsgeest, twee dingen die den tegenwoordigen Hollanders ontbreken, tot de ontginning der geweldige wouden zal zijn overgegaan! Daarenboven bezit Sumatra een rijkdom aan mineralen, aan welker exploitatie pas in den laatsten tijd gedacht is geworden. Alleen de Gouvernements-kolenmijnen aan de Ombilin maken hierop een gunstige uitzondering.

Over de geschiedenis van Sumatra in de eerste 10 eeuwen onzer jaartelling is weinig bekend. De inlandsche kronieken bevatten over die vroegste tijden hoegenaamd geen betrouwbare gegevens; in Chineesche werken zijn slechts fragmentarische aanwijzingen te vinden, en de gevonden beelden en inscriptiën zijn tot heden weinig in getal. Toch is het wel aan te nemen, dat de aanrakingen van Hindoe-kolonisten met Sumatra ongeveer even vroeg moeten hebben plaats gehad als met Java. En inderdaad blijkt uit het geschrift van een Chineeschen Boeddhistischen monnik, van 't laatst der 7de eeuw n. Chr. dateerende, dat toen reeds op Sumatra het Boeddhisme vasten voet had verkregen. Hij constateert de aanwezigheid op Sumatra's Zuid-Oostkust van het Mahâjànistisch [1]) Boeddhisme, wat overeenstemt met het karakter der meeste van de gevonden beelden en inscripties. Zoo heeft dus Sumatra ook zijn beteekenis gehad in de vroegste beschavingsgeschiedenis van den Archipel, als „tusschenstation" n.l. voor het Boeddhisme op zijn reis naar Java, waar het eerst in de achtste eeuw tot bloei kwam. Omgekeerd ontkwam Sumatra niet aan Javaanschen invloed, want in de 14de eeuw had het machtige Hindoe-Javaansche rijk Môdjôpahit talrijke onderhoorigheden op Sumatra.

---

[1]) Over de beteekenis van dezen naam zie het over Java handelende deel.

Van niet minder beteekenis voor den geheelen Archipel werd in later eeuwen Sumatra, nu in 't bijzonder de Noord-Oostkust, als uit-stralingspunt van den Islam. Wel waren reeds in de 9de eeuw Arabieren

op Sumatra verschenen, maar van Mohammedanen op het eiland spreekt eerst in 1292 Marco Polo. Het rijk Pĕrlak alleen was toen pas Islamitisch, maar van hieruit verspreidt zich de godsdienst van den Profeet noordelijk en zuidelijk, speciaal ook naar Java, al blijven op het eiland zelf vele streken, met name de Westkust, het binnenland ten Zuiden van Atjeh, en Palembang nog eeuwen voor den Islam gesloten.

In 1509 kwamen de Portugeezen voor het eerst in de Straat van Malakka; zij nestelden zich in Pasei, waar ze in 1521 een factorij stichtten; maar met de onderwerping van dit rijk door Atjeh (1524) werden ze van Sumatra verjaagd. Weldra kregen ook de Hollanders, van Java uit, vasten voet op het eiland. De Vereenigde Oost-Indische Compagnie sloot vriendschap met het Sultanaat Atjeh, en talrijke kooplieden vestigden zich daar. In het Westen vestigde de Compagnie zich in Padang, stichtte nederzettingen en een hoofdkantoor, overmeesterde de inlandsche vorsten en trad met meer kracht op tegen Atjeh, waarmee zij in verwikkelingen was gekomen.

Toen echter de Engelschen, door de Nederlanders uit Bantam verdreven, zich in Bengkoelen, ten Zuiden van Padang, nestelden en natuurlijk flink met de inlandsche rijkjes tegen hunnen vijand samenspanden — toen verder wanbeheer in de Compagnie binnensloop, daalde de macht der Hollanders langzaam maar gestadig, en was bij het einde van de 18de eeuw bijna geheel verdwenen.

In de negentiende eeuw evenwel maakte de Hollandsche heerschappij flinke vorderingen. Over de geschiedenis der Padangsche Bovenlanden zal later gehandeld worden. Een groot deel der Bataklanden werd sedert 1860 op verlangen der bevolking, langzamerhand onder rechtstreeksch gezag gebracht. In Bengkoelen erfde men de heerschappij der Engelschen, in Palembang werd na lange worsteling in het midden der vorige eeuw een einde gemaakt aan het Sultanaat, bij het Siak-tractaat van 1858 droeg de Sultan zijn rijk aan het Gouvernement op, en de Lampongsche districten werden zonder moeite genomen.

Van grooter belang, en door den ongelukkigen oorlog algemeen bekend, zijn de verwikkelingen met Atjeh. De oorlogzuchtige bevolking dezer gewesten uitte haren drang naar daden in zee- en menschenroof, waaraan de Hollandsche overheid, gebonden door een clausule van het in 1824 met Engeland gesloten verdrag, geen paal en perk vermocht te stellen. Dit verdrag verzekerde den Engelschen kooplieden het recht, op Noord-Sumatra handel te drijven, en verplichtte Holland wel, daar voor vrede en veiligheid te zorgen, maar zonder de onafhankelijkheid van Atjeh aan te randen. Het perfide Albion was het weder voor de zooveelste maal gelukt, den schijn van grootmoedigheid te bewaren, maar intusschen den tegenstander er leelijk tusschen te nemen. Want

ieder krachtdadig optreden was daardoor onmogelijk gemaakt, den tegenstander een doorn in 't vleesch gegeven, en altijd een aanleiding tot
inmenging voorhanden. Aan dezen toestand maakte in 1872 een nieuw
verdrag een einde, en spoedig daarop werd Holland tot energiek optreden gedwongen, toen het vernam, dat de Sultan met Amerika en Italië
onderhandelingen aangeknoopt had. Onmiddellijk werd hem een ultimatum
gesteld, en, na een ontwijkend antwoord, in Maart 1873 de oorlog
verklaard.

Deze oorlog toont met een duidelijk voorbeeld, hoe een oorlog *niet*
gevoerd moet worden. Krachtig optreden van dappere generaals, en
tegenbevelen van een alles beter wetend civiel bestuur, strengheid in de
behandeling van den vijand en voorzichtige zachtheid wis-
selden elkander af. Ieder oogen-blik werd een nieuw „opera-tieplan" ont-worpen, nu eens de kust geblokkeerd, dan weer niet [1]). Wij kunnen ons niet bij de details ophou-den, genoeg zij

Landingsdivisie van H. M. „Madura" op Poelo Raja (Westkust).

het te vermelden, dat de eerste expeditie een nederlaag leed, terwijl het
de tweede gelukte, den Kraton, het ommuurde paleis van den Sultan,
in Koeta-radja te nemen, zich daarin te handhaven en rondom in het land
een postenketen te leggen.

Nu begon een eindelooze guerilla, die nu eens ingeslapen scheen,
dan weer met nieuwe kracht ontwaakte, en waarin de Hollanders ook
niet altijd even krachtig optraden. Ziekten decimeerden het leger, en
de inmenging van het civiel bestuur verlamde de werkzaamheid der

---

[1]) Eenige commentaar op dit oordeel van Dr. Pflüger kan men vinden in het hieraan toegevoegde kort overzicht der later gevolgde Atjeh-politiek en in de beschrijving van het Atjehsche
volk (Hoofdstuk II).

Verder landwaarts in begint een weelderige plantengroei, waarbij kokospalmen op den voorgrond treden. In de schaduw dezer palmen liggen eenige dorpen van zoogenaamde „goedgezinde Atjehers".

Mijn reisgenoot van Pinang verliet hier de boot in gezelschap van zijn koffers en zware geldkisten vol zilveren dollars. Hij had, ongeveer 10 K.M. het binnenland in, rijke petroleum-bronnen ontdekt, en was reeds begonnen ze, onder bescherming van de militaire post, te exploiteeren.

Nadat onze boot een kanonschot gelost had, voeren een paar bootjes van den oever af, brachten de post en namen eenige goederen over. Een officier en eenige aan malaria lijdende soldaten kwamen aan boord om naar de Padangsche Bovenlanden, het herstellingsoord van Sumatra, gebracht te worden. Ook kregen we bezoek van twee kleine stoombooten der Gouvernementsmarine, en men keuvelde over de laatste berichten van 't oorlogstooneel in Zuid-Afrika. Weer klonk een kanonschot en verder ging het langs de vlakke kust. Dunne wolksluiers belemmerden het uitzicht op het gebergte, de wind sliep in en de hooger en hooger stijgende zon maakte de hitte bijna ondragelijk.

Om twaalf uur werd de lunch gebruikt, juist toen wij om Diamant-punt, een vooruitspringende kaap, voeren. Rijsttafel wordt deze eigen-aardige, in geheel Nederlandsch-Indië gebruikelijke maaltijd genoemd. Zooals de naam reeds aanduidt is zijn hoofdbestanddeel gekookte rijst, met kerriesaus overgoten. Bij deze pièce de résistance worden een onge-loofelijk aantal, soms 20 of 30, toespijzen opgedischt, vleesch op alle mogelijke manieren toebereid, en min of meer heete kruiderijen. Hij die naar de regelen der kunst wil eten neemt van de meeste der toespijzen een miniatuurportie, vermengt de heele geschiedenis met de rijst en de kerry, en werkt, den lepel in de rechter-, de vork in de linkerhand, het mengelmoes naar binnen. Over den smaak valt niet te twisten, maar mij beviel het uitstekend. Een goede biefstuk met salade en aardappelen volgt dan, en 't maal wordt met vruchten en koffie besloten.

Het zou volmaakt overbodig zijn, als ik hier mijne stem wilde mengen in den lofzang, die in alle reisbeschrijvingen aan de heerlijke vruchten van den Archipel wordt gewijd: vooreerst de groote, stekelige *doerian*, die den Engelschman Wallace in zijn beroemd werk tot zulk een uitbundige lofrede bezielde; zij stinkt zoo afschuwelijk, dat men ze alleen buiten, met den neus toegeknepen, eten kan; maar het vruchtvleesch is zeer lekker, en heeft iets van „notenroom" [1]).

In de tweede plaats noem ik de kostelijke *manggistan*, wier violette

---

[1]) Een lekkernij uit een „conditorei".

harde schaal een zacht, gelei-achtig, naar druiven smakend vleesch bevat. Verder de gele *mangga*, die in vorm iets van een groote peer heeft, de groote *pèpaja*, *ramboetan*, *djèroek*, *pisang*, pompelmoes — „wie telt de volkren, noemt de namen?" Maar toch mag niet verzwegen worden, dat geen enkele dezer vruchten in zachten fijnen smaak onze aardbeien, perziken, appelen of peren nabij komt. In dezelfde verhouding als de geurige *bouquet* der Moezel- en Rijnwijnen tot den zwaren aardachtigen smaak van Zuidelijker druivensappen, staan de vruchten van ons Noorden tot die der tropen. De liefelijke geur is vervangen door een specerij-achtigen, doordringenden reuk. Ook de ananas, met de *manggistan* de eenige tropische vrucht die men met de onze gelijkstellen kan, smaakt dikwijls wat duf, wat naar hout of beetwortel [1]).

Om 4 uur wierpen wij 't anker voor Lhò Seumawè (Telok Semawé). Weer een kanonschot, een paar booten kwamen aanroeien, en daar

Poelo Maneh, ten W. van Poelo Raja (Westkust)

ditmaal 't op-onthoud niet zoo kortstondig was, voer ik in een gouvernements-boot naar wal.

De militaire post is heel wat grooter dan in Idi. Het vlakke land is voor een deel tot rust gebracht, hoewel nog dik-wijls genoeg kleine gevechten met op zich zelf staande Atjehsche benden in den omtrek plaats hebben.

Eerst sedert een paar jaren denkt men er aan, ook hier voordeel uit het land te trekken, en men hoopt evenals in Idi, in het lage land petroleumbronnen te vinden.

Ik landde aan een groote, ver in zee uitgebouwde pier; aan het

---

[1]) De verklaring van dit volkomen juist aangewezen verschil tusschen Europeesche en Indische vruchten is ten deele zeker daarin te zoeken dat bij de laatste van behoorlijke cultuur nog maar steeds geen sprake is, terwijl de eerste produkten zijn van eeuwenlange verfijning van teelt.

einde daarvan gaven met prikkeldraad beschermde hekken toegang tot
de nederzetting. Deze bestaat uit houten loodsen, met zink gedekt,
waarin de troepen onder dak gebracht zijn, en verscheidene eenvoudige
houten gebouwen: het postkantoor, de huizen van den assistent-resident,
de officieren enz. Het geheel is ruim aangelegd, en omgeven door een
omheining van ijzerdraad en twee van prikkeldraad, waartusschen puntige
aloës geplant, of prikkeldraden kruiselings uitgespannen zijn. Driedubbele,
goed bewaakte poorten voeren naar buiten, en aan de hoeken van het
kamp zijn kleine, houten wachttorens opgericht.

Daar de assistent-resident afwezig was, maakte ik den controleur,
een jongen Hollander, mijne opwachting. Met groote bereidwilligheid gaf
hij mij verlof, den omtrek te bezoeken, waarbij hij mij eenige voorzichtigheid aanbeval; een inlandsch soldaat gaf hij mij als geleider mee.
Wij passeerden de achterste poorten en begaven ons over een langen
dam, uit koraalblokken bestaande, het binnenland in.

Op eenigen afstand bespeurden we een paar dorpen, onder kokospalmen gelegen. Rechts en links strekte zich moerasland uit, door kleine
kanalen doorsneden, en hier en daar een grasvlakte met grazend vee.
Achter de kokospalmen verhief zich een lage heuvelketen, met struikgewas begroeid, die wel iets van duinen had; daar weer achter, tot een
hoogte van omstreeks 1000 M. een lange, blauwe bergrug, waarvan de
voet omstreeks 15 KM. van de kust verwijderd ligt. Hij vormt de noordelijke grens van het gebergte, dat zich in 't binnenland bevindt.

Dien dam volgende, bereikten we aldra het eerste inlandsche dorp:
verstrooid liggende, armoedige hutten, op palen van 2 M. hoogte gebouwd,
met planken wanden en daken van palmblad, beschaduwd door kokospalmen en pisangboomen. In den geheelen Archipel, alleen Midden- en
Oost-Java, Bali, en enkele andere streken uitgezonderd, worden de
inlandsche huizen op palen gebouwd. Hoewel deze bouworde stellig niet
op grond van hygienische overwegingen zal zijn aangenomen maar uit
de oude gewoonte, om zich boven of aan het water te vestigen, zijn
oorsprong hebben zal, moet toch erkend worden, dat men geen practischer
bouwstijl voor de tropen zou kunnen bedenken. Door den bodem der
huizen, uit gevlochten of uitgeslagen bamboe vervaardigd, vindt de lucht
even gemakkelijk toegang als door de schamele wanden. Op deze wijze
worden de geuren, die zich in zulk een woning ontwikkelen, tot een
minimum teruggebracht, (een minimum echter, dat wel bijna 't maximum
is, 't welk een Europeesche neus verdragen kan!) en het rotten van
het hout voorkomen. De Europeanen hebben dan ook algemeen dezen
bouwstijl nagevolgd. Een schaduwzijde is het zeker dat een booze vijand,

zooals 't wel eens voorkomt, den argeloos op den grond slapende van onder zeer onaangenaam in de maagstreek kittelen kan!

Met een scherpe bocht wendde de weg zich naar het Zuiden, door het dorp; over een ijzeren brug passeerden wij een ondiep riviertje, en verder ging het weer op den dam, door moeras en struiken. Onaangename geuren vervulden de lucht, en tallooze muskieten gaven de beste verklaring, waarom de streek als een broeinest van malaria bekend staat. In één jaar heeft niet minder dan 46 $\%$ van 't garnizoen aan koorts geleden.

Af en toe kwam ons een inlander tegen in zijn karakteristieke dracht,

Atjehsch woonhuis.

die onder de meer beschaafde volken van den Archipel in hoofdtrekken dezelfde is.

Plotseling boog zich ons pad, dat langs de grens van 't moeras liep, in de richting van de kust om. De moerasbodem was zoo vol gaten als een zeef, tallooze landkrabben wriemelden als mieren door elkaar en verdwenen in hunne holen. In de poelen krioelde het van allerlei gedierte: visschen, kikvorschen, salamanders en dikkoppige palingen, terwijl sierlijke vogels in snelle vlucht over het watervlak scheerden. Weldra bereikte ik een klein riviertje, en passeerde dat over een brug, wanneer men althans dit deftige werkwoord wil toepassen op onze evoluties met armen en beenen, die een Blondin waardig zouden geweest zijn. Want de zoogenaamde brug was niets anders dan een lange, glibberige balk, met iets wat eens een bamboe-leuning geweest scheen te zijn. De eerlijkheid gebiedt mij, hier te vermelden, dat mén, vooral op Java, zeer fraaie en sierlijke brugconstructies van bamboe vindt, die een gunstig getuigenis afleggen van de ingenieurskunst der inlanders.

Eenmaal er over bevonden we ons te midden van armzalige hutten op waggelende palen, een visschersdorp van „bevriende Atjehers." Donkerkleurige kerels stonden in groepen bijeen. Van hunne zachtaardige gezindheid legden groote zwaarden en kolossale ouderwetsche vuursteengeweren een niet bepaald geruststellend getuigenis af. Wij liepen ongedeerd door het dorp en een smalle boot bracht ons aan den anderen oever van 't riviertje, stroomafwaarts.

Hier landden wij bij een nederzetting niet ver van het fort, en troffen er de onvermijdelijke Chineezen aan, die overal in het Oosten, en vooral in den Indischen Archipel, den kleinhandel aan zich getrokken hebben. In de dorpsstraat stond winkel aan winkel met allerlei snuisterijen, een weinig appetijtelijke gaarkeuken, alles omringd door een omheining van hout en prikkeldraad. Ik gaf mijn soldaat, een leuken ouden Maleier uit Padang, die wat Hollandsch en Engelsch radbraakte, zijn afscheid en ging in de boot. Een heerlijke zonsondergang, zooals men die in de tropen alleen kent, weerkaatste in het water. Langs het azuur des hemels dreven ontelbare lichte wolkjes, rood als gesmolten metaal, de westelijke kim vlamde als de open muil van een reuzenoven, en daarboven had zich een lange wolkbank gelegerd, schitterend in zachte kleuren als het schoonste paarlemoer. Tegen het donkere grijsblauw van den oostelijken hemel stak rose een kudde schapenwolkjes af, en de spiegelgladde zee vertoonde een kleurengamma van het somberst grijs tot het diepste bloedrood.

Toen de nacht viel, hoorde men duidelijk kanon- en geweerschoten, en men onderrichtte ons, dat er weer eens 'n paar van de geliefde voorpostengevechten met op zich zelf staande Atjehsche benden aan den gang waren.

Laat in den avond vertrokken wij; de nacht was aangenaam koel, en in den vroegen morgen lagen wij op de reede voor Sigli, 60 mijlen westelijker.

De langgerekte bergrug, die van Oost naar West de kust volgt, blijft hier slechts tien K.M. van de zee verwijderd. Vlak achter Sigli, dat met zijn loodsen met zinken daken eenzelfden aanblik biedt als Idi en Lhò Seumawè, ziet men een lang bergzadel, dat naar Groot-Atjeh, de noordwestelijke punt van Sumatra voert; rechts verheffen zich de onregelmatige vulkaankegels van den Seulawäih Inòng (940 M.) en den Seulawäih Agam (1700 M.). Na een oponthoud van eenige uren stoomden we verder, opnieuw vermeerderd met eenige aan malaria lijdende officieren.

Urenlang genoten wij van den aanblik op den Seulawäih Agam of Goudberg, welks top met een wolkensluier bedekt was, terwijl hij met

Strand bij Oelèë Lheuë (Olehleh).

zijn voet in de blauwe zee gedompeld scheen. Lagere heuvels sloten zich bij hem aan, aan den rechterkant werd het bergachtige Poelo-wè, recht voor ons uit de eilanden Breüèh (Poelo Bras) en Nasi-besar zichtbaar, op den achtergrond vertoonden zich de bergen van de Westkust, en weldra gingen wij in de groote bocht van Oelèë Lheuë voor anker.

Oelèë Lheuë, de havenplaats van Koetaradja, bestaat slechts uit

Kolensteiger in de Sabang-baai (P. Wè).

eenige witte huizen, dicht aan 't strand. De baai wordt in 't Westen beschermd door een ver vooruitspringend voorgebergte, een uitlooper van de westelijke bergketen van Sumatra. In noordelijke richting loopt

2*

een vlak strand door tot Pedropunt, den uitlooper van den Heuvelrug der Noordkust. Tusschen deze beide bergketenen ligt de breede alluviale vlakte der Atjehrivier, in het zuiden begrensd door den drietoppigen langen rug van den Batèë Meukoerah, in het Zuidoosten door den vulkaan Seulawäih Agam. De haven is ondiep en als waarschuwend teeken ligt op een zandbank een gestrand schip.

Het tegenover liggende Poelo Wè bezit een veel betere haven. Toen ik er was, was men bezig er nieuwe dokken te bouwen, en het oogmerk der Hollanders is, het eiland tot een mededinger van Singapore en Pinang te maken. De Deli-tabak, tot nog toe over Pinang en Singapore verscheept, zal over den aan te leggen kustspoorweg naar 't eiland vervoerd en daar door de groote stoomers geladen worden. Een kolenstation is er al gevestigd, en wordt tot ergernis der Engelschen door vreemde oorlogschepen gebruikt. Kortom, men verwacht in de eerstvolgende jaren een buitengewone opkomst van Sumatra, een verwachting die door de geweldige · rijkdommen van dit heerlijke eiland ongetwijfeld geheel gerechtvaardigd genoemd mag worden. Het is alleen maar de vraag of Engeland zich de mededinging zal laten welgevallen, of, naar beroemde voorbeelden, macht boven recht zal laten gaan.

Van Oeleë Lheuë voert een smalspoorbaan in 15 minuten naar Koetaradja, de hoofdplaats, droog en betrekkelijk gezor gelegen. 'De weg loopt door moerasgrond met kreupelhout begroeid, een enkele maal afgewisseld door prachtige palmgroepen die een voorsmaak geven van den onbeschrijfelijk weelderigen plantengroei in het binnenland van 't eiland. Een oude Chinees bracht de weinige bagage die ik bij me had naar 't kleine hotel, waar ik een aangenaam onderdak vond.

In het algemeen zijn de hotels in de Nederlandsche koloniën bijna overal zindelijk en goed; zij onderscheiden zich zeer in hun voordeel van de afschuwelijke logeergelegenheden in Britsch-Indië. De bedden zijn ware reuzen in hunne soort. De badkamers in Voor-Indië, kleine nesten met een zinken kuip, waarin men nauwelijk een foxterrier afsponzen kan, zijn hier wel eenvoudig, maar groot en ruim. Ze bevinden zich gewoonlijk in een bijgebouw, waarheen men zich ongegeneerd in négligé begeven kan. Men schept 't water met een soort emmertje met langen steel uit de badkuip, en giet het zich over hoofd en lichaam. Dikwijls vindt men er ook een douche, die ik in Engelsch-Indië alleen in een hotel van Calcutta en dan nog in een treurigen toestand, heb gevonden. Een bovenverdieping heeft men gewoonlijk niet, en het hotel beslaat dus met zijn bijgebouwen een groote oppervlakte. De maaltijden zijn over het algemeen in den prijs voor logies, vijf à zes gulden per dag, begrepen. Zij bestaan gewoonlijk uit ontbijt met koffie of thee, koude schotels en eieren, de rijsttafel, en 's avonds Europeesche tafel. Ongepermitteerd mag het heeten dat deze laatste zeer laat, soms pas om 9 uur of half tien, plaats heeft, weer een voorbeeld van de onpractische levenswijze van den kolonialen Hollander. Natuurlijk kan men in de kleine plaatsen van Sumatra, dat door vreemdelingen niet of nauwelijks bezocht wordt, niet hetzelfde *comfort* verwachten als op het drukbereisde Java. Met uitzondering van Padang en Deli vindt men slechts kleine logementen met weinig kamers. Maar consumptie en ligging zijn goed, en de omgang is zeer gezellig en familiaar. Opgemerkt worde, dat op Sumatra bijna alle hotels ten behoeve der reizende officieren en ambtenaren van staatswege ondersteund worden, en daarom in zekeren zin onder toezicht staan. Onvoorwaardelijk noodig is in de hotels, zoo goed als overal in den Archipel, de kennis van het Maleisch, de *lingua franca* van het Oosten. De bedienden, het volk en meestal ook de lagere beambten verstaan geen woord Hollandsch. Ieder daar wonend Europeaan spreekt dus met zijne bedienden Maleisch. De inlandsche lagere beambten van post en spoor zijn meestal niet eens genoeg met de Hollandsche telwoorden bekend, om een vreemdeling ook maar de minste inlichting in het Hollandsch te kunnen geven.

De onaangenaamste gevolgen van zulk een toestand ondervindt men in sommige hotels van Java, zooals in het hotel „Bellevue" te Buitenzorg, waar onafgebroken een menigte vreemdelingen logeeren, die maar voor eenige weken op Java reizen. Daar althans kon men zich wel de moeite geven het dienstpersoneel ten minste de meest gebruikelijke woorden te leeren, opdat de gast zich niet *alleen* met gebarentaal behelpen moet. Voor 't minst moest de eigenaar van 't hotel zich verplicht gevoelen, bij de ontvangst der gasten en aan tafel, zelf tegenwoordig te zijn, of aan een Hollandschen ondergeschikte de zorg daarvoor op te dragen. Dat is echter volstrekt niet altijd het geval. Met de gemakzucht en indolentie, waardoor zich de Europeaan in de Nederlandsche Koloniën onderscheidt, brengt de „toewan" den dag door in de behagelijke rust zijner vertrekken, laat den ongelukkigen gast geheel over aan de bedienden, die niets dan Maleisch spreken, en verleent slechts op dringend verzoek persoonlijk audiëntie.

.Alzoo, kennis der Maleische taal!

Gelukkig is deze eisch niet zoo zwaar als hij klinkt, want er bestaat nauwelijks iets eenvoudigers. De taal kent geen lidwoord, geen geslacht, geen verbuiging of vervoeging. Om zich in de spreektaal, het zoogenaamde pasar- of „laag" Maleisch, verstaanbaar te maken, behoeft men

maar een paar honderd woorden te kennen, die men bij 't spreken naar
eenige gemakkelijk aan te leeren regels tot zinnen verbindt.

Koeta-radja is de residentie der vroegere sultans van Atjeh, en de
vlakte der Atjeh-rivier vormde de kern van hun rijk. Zooals we reeds
weten, hebben de Hollanders de plaats in bezit genomen, in een grooten
kring om de stad versterkingen aangelegd, en tot Seulimeum, twee uren
van de hoofdplaats, een stoomtramweg aangelegd, die thans naar Deli
wordt doorgetrokken. Deze diende als militaire operatie-basis, en was
natuurlijk den Atjehers een doorn in het oog.

Nog steeds hebben in de vlakte kleine gevechten plaats met op zich

Grafteeken in den Kraton, Koeta-radja.

zelf staande vijandelijke benden, terwijl
de hoofdmacht door het krachtdadig
optreden der laatste jaren verstrooid
werd, en de Nederlanders steeds verder doordringen in het gebergte welks
kam de grens van 't eigenlijke Atjeh
vormt.

Het paleis van den sultan, Dalam
geheeten, door de Europeanen gewoonlijk de Kraton genoemd, is door een
grijzen muur omringd. Van de gebouwen is niets meer over, behalve de
begraafplaatsen der Sultans. Al het
andere heeft voor Gouvernementsgebouwen en kazernes plaats moeten
maken.

Verder is bezienswaardig een fraaie, nieuwe moskee, in 1877 op last
van den Gouverneur-Generaal van Lansberge opgericht op de plaats der
oude, die bij een aanval verwoest was geworden. Zij moet aan de Atjehers
het bewijs leveren, dat de Nederlanders geen godsdienstoorlog voeren.
Aanvankelijk werd zij uit trots ongebruikt gelaten, maar in de laatste
jaren mag zij zich in een druk bezoek verheugen.

In de straten wandelen aanzienlijke Atjehers, in bonte katoenen
broeken met gele Europeesche schoenen, buisjes en hoofddoeken, de
saroeng, met de rijk versierde kris er onder verborgen, als een sjerp om
de heupen.

De woningen der Europeanen geven ons een denkbeeld van den zeer
practischen bouwstijl, die in den geheelen Archipel gebruikelijk is, hoewel
natuurlijk de eenvoudige houten woningen hier zich niet meten kunnen
met de prachtige villa's van Batavia, waar het marmer van vloeren en
pilaren u tegenblinkt. Alles gelijkvloersch, groote veranda's en voor-

galerijen of hallen, wier dak door pilaren gedragen wordt, ruime kamers, open vensters en deuren, het geheel op palen op steenen neuten rustende, ziedaar het type van een Europeesch huis in Indië, het beeld tevens van een practisch *comfort*, dat uitstekend met 't klimaat in overeenstemming is.

Daar de stoomboot pas 36 uren later de reis zou voortzetten, had ik in Koeta-radja een geheelen dag tot mijne beschikking. Ik had den tijd kunnen gebruiken om per stoomtram in omstreeks twee uren tot Seuli-meum de Atjeh-rivier stroomopwaarts te volgen. Deze plaats ligt aan den voet van den Goudberg, in welks oerwouden groote kudden olifanten leven.

Ik gaf evenwel de voorkeur aan een korter uitstapje, naar het militaire station Lho'Nga, 10 K.M. van Koeta-radja aan de Westkust gelegen.

Den volgenden morgen, heel in de vroegte, vond ik een klein

In Koeta-radja.

tweewielig karretje, met een uitstekenden Battakschen ponny bespannen, voor mij klaar staan. De kleine paardjes, die men in den Maleischen Archipel vindt, zijn over 't geheel sterk en fraai gebouwd; de *Sandel-woods*, van Soemba of Sandelhout-eiland worden voor de beste gehouden.

Een goede, smalle weg voerde mij door rijstvelden en door de lage moerasgronden van de Atjeh-rivier, bezet met dichte boschjes van rhisophoren of mangroves, lage boomsoorten, die met hun stelt- en lucht-wortels de oevers der tropische rivieren omzoomen en ontoegankelijk maken. Over een primitieve houten brug kwamen we aan den overkant van de rivier, in een vlakke streek, met hier en daar wat palmgroepen en eenige verpreid liggende hutten, en naderden het gebergte. De heuvels, een paar honderd meter hoog, zijn met bosch bedekt, waartusschen de

opengekapte, ontgonnen gronden als groote, groene plekken zich vertoonen. Het gesteente bestaat uit donkere kalk, met talrijke verblindend
witte kalkspaat-aderen.

Nu liep de weg door een zijdal, dat den bergrug in de richting der zee
doorsneed, en na een korten rit, gedurende welke ik gelegenheid had een
groot aantal vreemde bontgekleurde vogels te bewonderen, bereikte ik de
kust, en 't station Lho'Nga; lange met prikkeldraad omgeven loodsen in een
langwerpigen vierhoek in de schaduw van slanke kokospalmen liggend.

Nadat de kommandant, een jong officier, mij vriendelijk ontvangen

Oude Atjehsche grafsteenen.

had begon ik, door hem vergezeld, een wandeling om mij eenigszins te
oriënteeren. Eerst gingen wij door 't kampement: in halfopene barakken
zag ik zieke soldaten, in andere de manschappen van 't kleine garnizoen
der plaats, vele met vrouw en kinderen. Het waren meest inlanders; de
Europeanen wonen van hen gescheiden in afzonderlijke huizen. In lange
loodsen zag men op houten britsen en matrassen de mannen liggen,
terwijl in een hoek van 't kampement de vrouwen aan 't koken waren.

Daarna volgden wij 't strand, over grasvelden met grazende, halfwilde buffels. De grijze kolossen moesten eerst door onze inlandsche

dragers verjaagd worden, daar zij den blanke, dien zij niet kennen, wel eens aanvallen. Dan ging het steil bergop, langs een oud oorlogspad. Mijn vriendelijke gids vertelde mij van overvallen der Atjehers, hoe zij van uit een verhakking de naar boven klimmende soldaten uit oude donderbussen met glas en steenen beschoten, om dan snel de vlucht te nemen in het struikgewas en het beschermende hol, dat thans het doel onzer wandeling was. In het vorige jaar werd het bij de vervolging van den vluchtenden vijand ontdekt.

Nu kwamen wij in de schaduw van het heerlijke woud. Hooge, slanke stammen, ondoordringbaar onderhout, doornstruiken en kolossale, ingevreten kalkblokken, omgevallen boomen, en dat alles overgroeid door lianen — een waar beeld van tropischen plantengroei. Eerst nu begreep ik ten volle de moeilijkheid, om in zulk een land oorlog te voeren, waar de inboorling, na een onverhoedschen aanval, zich met enkele passen onder bescherming van het dichte struikgewas onzichtbaar kan maken.

Weldra stonden wij voor een groote overhangende kalkrots, vol invretingen, scherpe punten en holten, en met grijze druipsteenvormigen als zoovele gezwellen bezet. Een rotsspleet gaf toegang tot het inwendige van den berg. Vlug had onze Maleier uit drooge takken en palmbladeren een fakkel ineengedraaid, waarvan de roode gloed ons pad verlichtte. Struikelend over rotsblokken, terwijl vleermuizen ons om de ooren fladderden, gingen wij door hooge gewelven met zwartberookte stalaktieten. Hier en daar zag men ‘overblijfselen van kookplaatsen, die het onderzoek van archeologen der toekomst verbeiden. Het opbranden van onze fakkel maakte helaas ook aan onzen onderzoekingstocht een einde, en in de gloeiende hitte van den middag namen wij den terugtocht aan. Mijn begeleider toonde mij, hoe men uit een liane van armsdikte drinkwater krijgen kan, door een stuk ter lengte van een meter af te snijden en uit te zuigen. Dit en de inhoud van een kleine plas aan den weg smaakten uitmuntend. In het kampement legde mijn beminnelijke gastheer mij de nieuwe, in de laatste jaren vervaardigde kaarten van de kuststreek van Atjeh uit. Zij zijn voortreffelijk geteekend, en bevatten alle kleine, zelfs de kleinste voet- en oorlogspaden, ook het nauwelijks te ontdekken paadje, dat wij heden geloopen hadden. Met den aanleg van geschikte wegen is men begonnen. Men tracht de bewoners der omliggende dorpen aan ’t werk te krijgen, en hoopt dat binnen eenige jaren een goed wegennet Groot-Atjeh bedekken zal. ·

Na korte rust nam ik afscheid, om naar Koeta-radja en vandaar naar Oeleë Lheue terug te keeren.

HOOFDSTUK II.   DE ATJEHERS.

Het volk, van welks land Dr. Pflüger's reisverhaal een vluchtigen
indruk gaf, is voor ons Nederlanders van genoeg belang, om er iets
meer van te weten, dan dat men het in twee categoriën verdeelen kan:
de „bevriende" en de „kwaadwillige" Atjehers. Van te meer gewicht
is het, wat nader met het Atjehsche volk kennis te maken, omdat daaruit van zelf een duidelijker inzicht in den oorsprong en den waren aard
van den oorlog voortvloeit, waarop weder met eenige waarschijnlijkheid
verwachtingen voor de toekomst gebouwd kunnen worden.

De betrekkingen der Hollanders met Atjeh dateeren reeds van het
laatst der 16de en 't begin der 17de eeuw. Het rijk was toen op het
toppunt zijner macht, en zijn gebied strekte zich uit over een groot deel
van Sumatra, Nias, en een deel van Malakka. Cornelis de Houtman,
die het in 1599 bezocht, vond er een levendigen handel en kooplieden
uit alle Oostersche landen. Hij sneuvelde er door verraad en zijn broeder
Frederik werd gevangen genomen.

De betrekkingen van de Compagnie met het Sultansrijk waren
meestal niet van aangenamen aard; voortdurend werd van Atjehsche zijde,
maar te vergeefs, geïntrigeerd, om de Hollanders van Sumatra te ver-
drijven. Reeds in het begin van de achttiende eeuw begon het rijk in aanzien
te dalen, en vielen vele onderhoorigheden op Sumatra en daarbuiten af,
zoodat ten slotte het gebied bestond uit Groot-Atjeh, verdeeld in de
drie Sagi's of „zijden" n.l. die der XXV Moekim's ten Westen, de XXVI
Moekims ten Oosten, de XXII Moekims ten Zuidoosten van het land rondom
den Sultanszetel, en de afhankelijke kuststaatjes, de z.g. Onderhoorigheden.

Reeds ten tijde van zijn korten bloei, maar in toenemende mate
bij zijn verval, was het Sultanaat van Atjeh in hoofdzaak een haven-
koningschap, en beperkte zich de macht van den Atjehschen heerscher
tot het innen van havengelden en belastingen, terwijl het den Sultan niet
in de gedachte kwam, en meestal ook niet mogelijk zou geweest zijn,
zich veel met de binnenlandsche aangelegenheden, zelfs van Groot-Atjeh,
laat staan dan van de Onderhoorigheden te bemoeien.

Zoo zal men zich dus wachten moeten een al te hoog denkbeeld op
te vatten van de macht en het aanzien van het Atjehsche Sultanaat, zelfs
in zijne periode van hoogsten bloei. Vooral zou het verkeerd zijn, zich
voor te stellen dat de toestand van verwarring en onmacht van het
centraal gezag, vóór en tijdens den oorlog zoo duidelijk aan het licht
gekomen, een verbastering van lateren tijd zou zijn geweest, welke een

eertijds bestaande orde en centralisatie zouden hebben vervangen. Inderdaad is het met een enkele uitzondering nooit het streven der Atjehsche

Gezicht in Koeta-radja.

Sultans geweest, een welgeordend rijk met een krachtige binnenlandsche
organisatie te stichten. Bij dergelijke pogingen toch zouden zij gestuit

zijn op zooveel tegenstand van erfelijke binnenlandsche hoofden, dat zij zich liever tevreden stelden met de veel gemakkelijker inning van haven- en tolgelden en belastingen. Daardoor werden zij in staat gesteld, vooral gedurende de jaren tusschen 1650 en 1750 ongeveer, in den Dalam, de vorstelijke woning der hoofdplaats, zich met een luisterrijke hofhouding te omringen. Deze glans en rijkdom van de vorstelijke residentie moesten wel een denkbeeld van grooten bloei geven aan de reizigers der zeventiende eeuw, die Atjeh bezochten en aan de latere lezers van hunne reisverhalen.

Een enkele uitzondering op die politiek der Atjehsche Sultans kwam af en toe voor. Van de zucht van sommigen hunner tot inwendige consolidatie van hun rijk leggen enkele schriftelijke oorkonden, zoogenaamde tharakata's, nog heden getuigenis af. In het bijzonder is dat het geval met de oorkonden die worden toegeschreven aan Sultan Meukoeta Alam (Iskander Moeda 1607—1636). De herinneringen aan de vroegere grootheid zijns lands knoopen zich voor den Atjeher in het bijzonder vast aan den naam van dezen Meukoeta Alam (= „de Kroon der Wereld"), en „adat Meukoeta Alam" of „adat pòteu meureuhòm" (instelling der overleden Majesteiten) is voor hem alles wat hij onder de instellingen zijns lands bijzonder heilig acht.

Maar reeds in den tijd van de „Kroon der Wereld" en van de overige „overleden Majesteiten" blijkt het papier geduldig te zijn geweest. Van de naleving der tharakata's is in de practijk althans maar bitter weinig te bespeuren geweest. En dit is te verklaren, als men het in hoofdzaak tweeledig doel dier edicten in aanmerking neemt; n.l. uitbreiding van het centrale gezag over binnenlandsche aangelegenheden, en betere naleving van de voorschriften der Mohammedaansche leer op het gebied van staat en maatschappij.

Tot de bereiking van eerstgenoemd doel ontbrak het den Sultans, zelfs den meergenoemden Iskandar Moeda of Meukoeta Alam, aan macht tegenover de erfelijke hoofden van het binnenland; de pogingen tot zuivering van het Mohammedanisme des volks moesten afstuiten op de ingewortelde gewoonten van de Atjehers.

Een en ander moge blijken uit de beschrijving van de nog thans in zwang zijnde inrichting van het bestuur in Atjeh, en van de daar te lande voorkomende zeden en gebruiken [1]).

Allereerst kan men het Atjehsche volk verdeelen in Benedenlanders,

---

[1]) In hoofdzaak naar· Dr. C. Snouck Hurgronje. De Atjèhers. (De uitspraak è, in dit woord en in den naam Atjeh, is in den tekst verder niet door een teeken aangeduid).

de bewoners van de hoofdplaats en van de Sagi's der XXVI en XXV Moekims, en Bovenlanders, de lieden der XXII Moekims.

Het verschil tusschen de beide categoriën wordt in het algemeen het best gekarakteriseerd door hunne bijnamen: *doethon* [1]) (= dorpsch) voor de Bovenlanders *banda* (= steedsch) voor de bewoners der hoofdplaats en der Benedenlanden. De „*Banda* [2]) *Atjeh*", de „havenstad van Atjeh" heette de verzameling *gampong's* (= inlandsche dorpen) die rondom den *Dalam* lagen, en als zetel van het hof in manieren, kleeding en gewoonten beschouwd werden als toongevend voor het geheele rijk. *Banda* werden dus zij genoemd, die, zooals de Benedenlanders op niet te verren afstand van de hoofdplaats wonende, hare inwoners zooveel mogelijk trachtten na te volgen. De minder verfijnde *Toenongers* (= Bovenlanders) werden tegenover hunne landgenooten met meer „steedsche" manieren „*doethon*" (= dorpsch) genoemd.

Het gewone onderscheid tusschen de bewoners der steden en die van het „platte land" (voor de Atjehsche Toenong een zeer ongepaste benaming) spreekt zich ook uit in het karakter dezer beide Atjehsche volksgroepen.

De Bovenlander is minder beschaafd, minder gesteld op de vormen, maar ook minder verwijfd dan de Benedenlander; de „zonen van den bovenloop der rivier" onderscheiden zich door grootere dapperheid van hunne „steedsche" landgenooten en evenzeer door hun feller fanatisme en grooter eigenwaan, niet getemperd, als bij dezen, door voortdurenden omgang met vreemdelingen, voor wie ter wille van den handel wel eens veel door de vingers moest 'worden gezien. Op de creditzijde van het karakter der Bovenlanders kan nog geboekt worden dat eenige specifiek Atjehsche ondeugden als spel, opiumgebruik en pederastie, bij hen niet tot zoo groote ontwikkeling zijn gekomen als bij de Benedenlanders; maar twistziek en wraakgierig zijn de eersten zoowel als de laatsten. Terwijl de Atjeher uiterst prikkelbaar is en gevoelig voor de geringste beleediging, toont hij bijzonder weinig medegevoel voor het lijden van anderen, ja schijnt daar dikwijls een zeker vermaak in te scheppen. Onzindelijkheid, onbetrouwbaarheid, achterdocht, gebrek aan ordelievendheid, en een telkens tot bandeloosheid overslaand gevoel van zelfstandigheid zijn verder ondeugden die 't Atjehsche karakter kenmerken.

De familieverhoudingen in Atjeh zijn hoogst ongunstig voor het veelvuldig voorkomen van wederzijdsche genegenheid en hulpvaardigheid

---

[1]) In Atjehsche namen klinkt de th ongeveer als de scherpe Engelsche th.
[2]) Maleisch: Bandar.

tusschen echtelieden. Dat ook bij de Atjehsche moeder de liefde tot hare kinderen sterk spreekt, behoeft nauwelijks vermelding, ja in de eerste levensjaren van het wicht toont die zich zelfs bijzonder sterk; maar vroeger dan bij de overige inlandsche volken wordt op Atjeh het kind, vooral het meisje, aan de moederlijke zorgen onttrokken tengevolge van de bijzonder vroege huwelijken.

De eigenaardige Atjehsche verhoudingen brengen mee dat de moeder zich veel meer met de kinderen bemoeit dan de vader, zoodat vanzelf de liefde voor haar zich 't sterkst zal doen gevoelen. Een treffend voorbeeld wordt daarvan door Dr. Jul. Jacobs medegedeeld.

„Het was op den 4^{den} Juli 1879 dat een kolonne onder den Luitenantkolonel Gerlach de kampong Lampey in de XXVI Moekims binnenrukte, om daar haar bivak op te slaan. Met achterlating van al hare bezittingen was de bevolking gevlucht, waarvan door de soldaten gebruik gemaakt werd om alle huizen te doorsnuffelen en voorwerpen van waarde mede te nemen.

Weldra meldde zich een inlandsch korporaal, aan het hoofd van eenige inlandsche soldaten, bij den Overste aan en verhaalde dat zij een krijgsgevangene hadden; en tegelijk werd een Atjehsche knaap, de handen op den rug vastgebonden, voor het front gebracht.

Het was een jongen van naar schatting 11 à 12 jaar, voor een Atjeher uiterst blank en met een open gezicht; hij zag, zooals te begrijpen is, bleek, wijl hij niet wist wat zijn lot zoude zijn.

De Overste gaf dadelijk last, hem van zijne banden te bevrijden, en liet hem door den tolk ondervragen, waarom hij niet met de anderen was gevlucht. Hij antwoordde, dat zijne moeder zwaar ziek was, en dat hij haar niet aan haar lot konde overlaten; zij zelve toch was te zwak om hare legerstede te verlaten. Wat men met hem ook wilde doen, zoo zeide hij, was hem onverschillig, doch hij verzocht, dat in ieder geval order werd gegeven, dat de soldaten, die bezig waren het huis te plunderen, zijne zieke moeder niet aanrandden.

Onmiddellijk gaf de Overste aan een officier last om het huis te doen ontruimen, terwijl ik order kreeg, de zieke vrouw te gaan zien en zoo noodig onder behandeling te nemen.

Toen wij in het huis kwamen, was dit bereids leeggeplunderd en vond ik het beter de zieke, een vrouw van middelbaren leeftijd, over te brengen naar een huis meer in de nabijheid van het bivak, om haar later in de ambulance ter verpleging op te nemen. Zij werd dan ook in een meegebrachte *tandoe* (draagbaar voor zieken) gelegd en naar het hoofdkwartier gebracht. Intusschen was het aan het licht gekomen, dat de zieke eene zuster was van den in 1873 overleden laatsten Sultan van

Atjeh, en dat bij haar eene groote waarde aan preciosa door de soldaten

Atjehsch Landschap; op den achtergrond de Seulawäih Agam of Goudberg.

was buitgemaakt. De vrouw, een door koortsen uitgeput schepsel, had men intusschen vóór het hoofdkwartier op een uit een kamponghuis gehaalde bultzak neergelegd en de knaap ging bij de komst zijner moeder onmiddelijk naast haar op zijne knieën neerhurken en vatte haar hand; geen van beiden wist natuurlijk wat met hen zou gebeuren. Ik haalde uit de ambulancekist een medicijnkopje, vulde dat met eene chinine-oplossing en beduidde de patiente dit te drinken; zij weigerde halsstarrig en sprak iets tot h..en zoon; zooals de tolk mij later meedeelde, zeide zij, dat ze thans vergiftigd zoude worden. De knaap had evenwel blijkbaar èn in den Overste èn in mij vertrouwen gekregen; ten minste, hij nam mij het medicijnkopje af en drong er bij zijne moeder op aan het leeg te drinken, doch zij bleef weigeren, bewerende dat het vergif was.

Na een kort talmen, gedurende welken tijd hij mij, die aan de andere zijde der zieke zat neergehurkt, en den Overste beurtelings met een goedig, vriendelijk gelaat, · dat nog bleeker was dan te voren, had aangekeken, nam hij het hoofd zijner moeder in zijn linkerarm, wendde haar zoo, dat zij hem moest aanzien, sprak een paar woorden tot haar, keek mij nog eens met een doordringenden blik aan, die mij ongeveer vertolkte: „ik wil u vertrouwen, of voor mijn vertrouwen sterven!" en dronk in ééne teug den bitteren inhoud van het kopje ledig. Hij beduidde mij daarop, het kopje nogmaals te vullen en gaf haar den inhoud te drinken, hetgeen zij toen niet meer weigerde.

Zou het woord kinderliefde onder heerlijker symbool terug te geven zijn dan dit? Is die scène, die daar te midden van het ruwste krijgsrumoer werd afgespeeld, niet overwaard door een onzer beste schilders op doek gebracht te worden?

Toen ik den Overste, die dit geheele tooneel, op den boomstam zittende, had gadegeslagen, aanzag, rolde er iets vochtigs over zijn wang in den knevel, en ik had gedurende geruimen tijd moeite, een woord uit te brengen. Ik drukte den knaap de hand . . . . . of hij mij begreep weet ik niet. Doch zijne moeder, die inmiddels in onze nabijheid onder dak was gebracht, was den volgenden dag, voor het eerst sedert geruimen tijd, koortsvrij en drie dagen later reeds liep zij, steunende op mijn arm, door het bivak op en neer, terwijl de knaap overal te vinden was waar ik was. Wij waren alle drie vrienden geworden, al konden wij weinig met elkaar spreken.

De Overste had in dien tijd alles aangewend om de geroofde preciosa der vrouw uit de handen der soldaten terug te krijgen, hetgeen hem vrijwel is gelukt, en dat alles bedroeg een heele schat. Na 8 à 10 dagen kon zij, hoewel nog zwak, hersteld met haar zoon naar den Kraton worden opgezonden, waar door den Generaal van der Heyden voor hare verpleging de noodige zorg werd gedragen. Ik heb nooit dankbaarder patiente gehad, en de knaap, die middelerwijl mijn kleine vriend was geworden, spande alle moeite in om mij bij ons afscheid zijne dankbaarheid duidelijk te maken.

Op welsprekender wijze kan zich het gevoel van kinderliefde wel niet openbaren. Ik heb aan het bovenstaande dan ook niets meer toe te voegen om het bewijs te leveren, dat dit gevoel bij de Atjehers niet minder is ontwikkeld dan overal elders."

De dertigjarige strijd tegen den vreemden overheerscher moet als vanzelf de meening doen postvatten dat de Atjeher buitengewoon vader-landslievend zou zijn. Toch is daarop heel wat af te dingen. Vooreerst kan men bij den Atjeher moeilijk spreken van het begrip: vaderland, wijl er van een gelijkheid van belangen en verwachtingen, gegrond in het bewonen van een gemeenschappelijk grondgebied, nauwelijks sprake is. En ten tweede zijn zoowel het ontstaan als de telkens weer oplevende hernieuwingen van den oorlog aan geheel andere invloeden (die beneden nader aangestipt zullen worden) te danken, die met vaderlandsliefde weinig te maken hebben.

Ook de zedelijkheid der Atjehers moet, naar het getuigenis van een zoo bevoegd beoordeelaar als Dr. Snouck Hurgronje, veel lager staan dan bij menig ander volk van den Archipel. En niet slechts naar Wester-schen zedelijkheidsmaatstaf gemeten, moet dit oordeel van de Atjehers gelden; maar ook volgens de begrippen van andere inlandsche volken onderscheiden zich de Atjehers, de Benedenlanders vooral, door ondeugden, die bij den Oosterling niet minder dan bij den Westerling afschuw wekken.

Over het geheel dus geen gunstige beschrijving, die van het Atjehsche karakter moest worden gegeven. Natuurlijk moet echter, bij een oordeel over 't al of niet gerechtvaardigde van den oorlog, het karakter des volks geheel buiten rekening gelaten worden en slechts de kwestie van recht of onrecht overwogen worden; daar het niet de taak eener koloniale regeering kan geacht worden, een geheel volk met het zwaard tot de deugd te dwingen.

De tegenstelling tusschen de beide deelen van 't Atjehsche volk, de Boven- en de Benedenlanders, bleek zich vooral in het verschillend karakter uit te spreken; een andere indeeling, voor een deel slechts van historisch belang, trekt een scheidingslijn die zich uitsluitend op maat-schappelijk gebied doet gelden.

Het is de indeeling in vier *kawom's* of *thoekèe's*, d.z. geslachten, een overblijfsel uit den tijd dat ook bij de Atjehers, zooals nog bij de meeste volken van Sumatra, gelijkheid of vermeende gelijkheid van afstamming een hechteren band tusschen personen vormde dan gemeen- schappelijke woonplaats. Nu is, vooral in de Benedenlanden, die afscheiding tusschen de verschillende stammen voornamelijk beperkt tot huwelijks- en *bila-* of bloedwraakzaken. Theoretisch geldt n.l. het verbod dat de leden der drie, elk op zich zelf minder beteekenende stammen, die zich ver- bonden hebben, geen huwelijken mogen sluiten met leden van den vier- den stam, die waarschijnlijk oudtijds de machtigste der vier was; maar practisch wordt dit verbod veel overtreden. Ook kunnen de Benedenlanders,

Atjehsch krijger.

die dikwijls niet eens meer weten tot welken van de vier ze behooren, daar- aan op minder aangename wijze herin- nerd worden door 't bezoek van een „neef" uit de Bovenlanden, die hen komt aanmanen een deel van den „*dièt*" of bloedprijs te voldoen. Als namelijk door iemand aan een ander een verwonding is toegebracht of op hem een doodslag is begaan, dan kan de bloedwraak worden afgekocht door een boete; tot het samenbrengen van die geldsom zijn de familieleden van den beleediger verplicht en bij uitbrei- ding ook zijn stamgenooten. Aan het hoofd van een *kawom*, waaronder dan ook een onderafdeeling van een der vier hoofdstammen verstaan wordt, staat de *panglima kawom;* van zelf blijft zijne macht in hoofdzaak beperkt tot zaken van huwelijk en bloedverwantschap.

Aan de kleeding is onmiddellijk de Bovenlander van den Beneden- lander te onderkennen door het ontbreken van een baadje, in de plaats waarvan hij een *idja*, een lap lijnwaad, over de schouders draagt, opge- vouwen op 't hoofd legt of om het middel vastbindt. Beiden dragen de *idja pinggang*, een om onderlijf en beenen geslagen doek, maar de Toenonger laat hem tot beneden de knieën afhangen met een lange slip in 't midden, bij de Benedenlander hangt hij, met schuinen beneden- rand, nog niet tot aan de knieën. Den eigenaardigen Atjehschen broek, met het reusachtig wijde kruis (kenmerk, volgens hen, der echte Mohammedaansche kleedij) dragen beiden, maar de Bovenlander korter. Het hoofdhaar, bij den Benedenlander los in den nek afhangend, wordt door den Bovenlander tot een wrong op 't hoofd samengebonden, bedekt door de *koepiah*, een door beiden gedragen hoofddeksel, in den vorm van een afgeknotten kegel met wanden van stijf geperste boomwol, met ribben en strepen van zijde of gekleurde katoen, en een knop van gouddraad of zijde op het midden van het bovenvlak. Soms wordt om den onderrand nog een doek bij wijze van tulband gewonden; veelal dragen de Benedenlanders den enkelen hoofddoek zonder koepiah.

Atjehsch vrouwentype.

Een scherpe puntige dolk, de *rintjong*, wordt door alle mannen op reis meegenomen, zoo ook een tot een zak saamgebonden doek met doosjes voor benoodigdheden bij 't sirihkauwen en met toilet-artikelen enz., aan ringen aan de vier punten.

In de vrouwenkleeding — Atjehsche broek, idja pinggang, baadje, een lange lap om de schouders geslagen — is bij bewoners van Boven- en Benedenland geen groot verschil; alleen dragen de Benedenlandsche vrouwen nog bovendien een doek, om bij het uitgaan 't hoofd te bedekken. Ook de sieraden doen weinig onderscheid bemerken — voet- en armbanden, halskettingen, oorhangers van goud of buffelhoorn met goud in 't midden, een keten om het lichaam met een fraaien gesp gesloten — ziedaar de voorwerpen waarin zich de zucht naar opschik der Atjehsche vrouw uit; waarbij zij echter niet geheel vrij is, daar arm- en voetbanden slechts door ongetrouwden, en vrouwen, die nog niet moeder van twee kinderen zijn, mogen gedragen worden.

Wanorde in de plaatsing, eenvormigheid in den bouwstijl der huizen, onzindelijkheid der bewoners zijn eigenaardigheden die het meest in 't oog vallen bij het binnentreden van een Atjehsche *gampōng* of dorp. De Atjehsche huizen staan op palen, 1,5 à 2 M. boven den beganen grond, die onder 't huis wat is opgehoogd om te voorkomen dat het regenwater er zich onder zou verzamelen; de palen, *tamèh* geheeten, rusten

3*

op neuten van rolsteenen en loopen door tot 't dak. Zoo vormen ze dus in 't inwendige van het huis 'n soort afdeelingen, *roeeüeng* genaamd. Steeds zijn dè huizen zoo gebouwd, dat de schuine zijden van het dak Noord-Zuid gericht zijn en dus· de gevel naar het Oosten of het Westen is gekeerd. Aan de Noord- of aan de Zuidzijde staat steeds de trap; daartegenover vindt men een doorgang, die de geheele gevelbreedte van 't huis beslaat. Links of rechts van dien doorgang vindt men eerst de voor- of trapgalerij, daarna de *djoerèë* of kamer, daarachter de achtergalerij, die voor alle huishoudelijke bezigheden, ook wel eens voor keuken dient, hoewel soms daarvoor een afzonderlijk vertrek is bijgebouwd. Bij grootere huizen vindt men niet slechts aan ééne, maar aan beide zijden van den doorgang de genoemde afdeelingen; daarbij loopt dus de doorgang *midden door* het huis. Ook bij uitbreiding der familie, wanneer een der dochters huwt, die, zooals wij zien zullen in 't ouderlijk huis blijft wonen, bouwt men aan Oost- of Westzijde wel een zoogenaamde *andjong* bij, waarheen zich de oude lui terugtrekken; het middenvertrek, de djoerèë, wordt dan aan de jonggehuwden overgelaten.

De open ruimte onder het huis, *joeb roemòh* of *joeb mòh* geheeten, dient tot verblijfplaats van geiten, hoenders, honden en schapen en soms enkele afgeschoten vakken ervan tot berging van rijst, gereedschappen enz. Men kan zich voorstellen, dat de uit die ruimte opstijgende geuren het verblijf daarboven niet juist veraangenamen, vooral als men weet, dat ook allerlei afval uit het huis door een gat in den vloer naar beneden gedirigeerd wordt, ja, dat de bedoelde opening voor zieken en kinderen ook nog tot een ander doeleinde dienst doet.

Op het erf, waarop allerlei vruchtboomen, soms ook suikerriet, pinang enz. geteeld worden, en dat omringd is door een stevige omheining van heesters en doornstruiken, bevinden zich bij gegoede Atjehers afzonderlijke huizen voor de getrouwde dochters; verder is er een put, waar men 't water voor huiselijk gebruik uit haalt, zich gaat baden en de kleeren wascht. Gegoeden hebben op hun erf ook wel afzonderlijke veestallen, waarbij zich dan ook de *djambè djèmpong*, de loods tot berging van 't rijststroo bevindt.

De huizen der aanzienlijken hebben planken omwandingen; dit houtwerk was vóór den oorlog dikwijls op zeer artistieke wijze van fraai snijwerk voorzien, in welke kunst vooral de Pedireezen een groote hoogte bereikt hadden. De dakbedekking bestaat uit bladeren van den nipah-palm of van den roembia-boom (Metroxylon Rumphii), de vloer uit gespleten bamboe, of uit gespouwen pinang- of niboeng-latten, die met rotanband aan de onderlagen verbonden worden.

Naar Atjehsche beschouwing behoort het huis tot de roerende bezittingen; want de verschillende samenstellende deelen zijn door middel van

Wijlen Teukoe Kali Malikōn Adé op de trap zijner nieuwe woning.

gaten en daarin passende, juister gezegd: niet precies daarin passende,
pennen en wiggen aaneen gevoegd. Men kan dus een huis koopen, het
afbreken en elders weer juist zoo doen opzetten. De losse bouw van

't huis en het niet juist passen der pennen is een goed middel voor dieven om zich te overtuigen of de bewoners slapen. Als men onder het huis staande, aan een der stijlen schudt, dan waggelt 't geheele gebouw eenigszins.

Van 't hoogste belang wordt het geacht een zoogenaamd *gunstigen* tijd uit te kiezen voor den aanvang van den bouw, zoowel als voor het betrekken van 't huis; ·de oprichting van de twee middelste stijlen van 't huis: de *tamèh radja* en de *tamèh poetròë*, de konings- en de koninginnestijl, gaat van velerlei plechtigheden en 't brengen van een offer vergezeld. Ter afwering van booze geesten hangt men tegen de wanden van 't huis bezweringsformulieren, meestal op rood papier geschreven, en dikwijls met teekeningen van monsters, schepen, enz., geïllustreerd. Een en ander kan reeds doen zien, dat er bij 't Atjehsche volk, zoo fanatiek en streng Mohammedaansch, niet minder dan bij andere Mohammedaansche volken, in den Archipel en daarbuiten, van den ouden heidenschen zuurdeesem nog heel wat is overgebleven.

Een verzameling van zulke huizen in niet eens schilderachtige wanorde bij elkaar liggende, met enkele *djambō's* of hutten waarin het Atjehsche proletariaat huist, er tusschen, vormt het Atjehsche dorp, de gampōng. Maar behalve die particuliere gebouwen vindt men er nog een of meer openbare, die onder verschillende benamingen gewoonlijk tot hetzelfde doel dienen.

Vooreerst de *meunathah*, een gebouw als de andere Atjehsche woningen maar zonder eenige inwendige verdeeling, het mannenlogement en de vergaderzaal van het dorp, tevens voor Mohammedaansch-godsdienstige doeleinden bestemd. Daar slapen des nachts de volwassen, nog niet gehuwde jongelingen van het dorp, doortrekkende vreemdelingen en getrouwde mannen, die toevallig in hunne eigen gampōng, dus *niet* in het huis hunner vrouw, dat in een ander dorp ligt, vertoeven. Behalve voor dit oorspronkelijk doel en het bespreken der gampōng-belangen, moet het eigenlijk ook dienen om de vijfmaal-daagsche godsdienstoefeningen of ritueele gebeden te houden; maar dit, door den Islam er aan toegevoegde karakter komt algemeen zeer weinig tot zijn recht.

Is de meunathah wat fraaier ingericht, en op een steenen, van boven gepleisterd fundament opgezet, dan spreekt men van een *déah*, terwijl de *balé* eenvoudig een hulpgebouwtje voor de meunathah is.

Ter beschrijving van de plaats die de Atjeher als lid van het gezin en van de maatschappij inneemt, beginnen we met het begin, dus met 't oogenblik dat hij als zuigeling op 's werelds tooneel verschenen is. Gedurende de zwangerschap is de vrouw wel, evenals overal elders, aan allerlei verbodsbepalingen (hier *pantang* genoemd) onderworpen, maar de ceremoniën gedurende die periode bepalen zich tot een paar zéér plechtige bezoeken van de moeder des mans, en enkele meer eenvoudige visites van de overige familieleden aan de toekomstige moeder.

Zij die „bezig is zich over het vuur te drogen", de persoon „die bij de vuurhaard ligt," zijn namen voor de Atjehsche kraamvrouw. Zij heeft die te danken aan de zonderlinge gewoonte, dat zij tot den 44sten dag na de bevalling wordt blootgesteld aan de hitte en rook van een vuurhaard, staande vóór de *prataïh* of ligbank waarop ze is uitgestrekt. Op het vuur van houtblokken wordt iederen avond tegen zonsondergang een mengsel van zout, peper, stukjes karbouwenhoorn, zwavel en salpeter gestrooid; die berooking en verhitting zou dienen moeten om de opeenhooping van verkeerde vochten in haar lichaam te voorkomen, en haar spoedig de vroegere gedaante weder terug te geven. Volgens anderen zou het doel zijn, den invloed van booze geesten af te weren. Het is een raadsel hoe zooveel vrouwen ongedeerd door deze mishandeling heen komen; gelukkig dat men in den laatsten tijd in den omtrek van onze vestiging dergelijke practijken langzamerhand begint vaarwel te zeggen. Gedurende deze 44-daagsche periode vooral moet de kraamvrouw zich bijzonder in acht nemen voor de *boerŏng*, den geest eener vrouw, wier graf nog bij de Atjehers bekend is, en zelfs als dat van een heilige vereerd wordt. Verschillende legenden omtrent de reden, waardoor zij na haar dood in zulk een boosaardig spook veranderd is, zijn bij het volk in omloop. Zoo spoedig mogelijk na de geboorte moet het wicht onder den invloed van Allah's naam en van de Mohammedaansche geloofsbelijdenis gebracht worden; daartoe fluistert de vader het in het linker oor de *kamat* (de laatste herinnering vóór een godsdienstoefening) en als het een jŏngen is, ook nog de *adan* of *bang*, de oproeping tot het verplichte gebed. Het denkbeeld dat dit alles de booze geesten verre houdt, is natuurlijk aan dit gebruik niet vreemd. Een voortdurende angst voor zulken slechten invloed beheerscht bijna al de ceremoniën, waaraan verder de jonggeborene onderworpen wordt. Daartoe dient b.v. een mengsel van duivelsdrek, muskus van een klein muskusdier, en een stukje pauwenveer dat in een lapje katoen gepakt, het wicht om den hals wordt gehangen. Daartoe ook hangt men boven de *ajŏn* (wieg) van het kind, een halven klapperdop, met allerlei voorbehoedmiddelen. Een gewichtige dag is de *oeroëë tjitjab* of het *peutjitjab*, de dag van het proeven, of het te proeven geven, meestal de zevende na de geboorte; dan wordt een groot familiefeest gegeven en daarbij tevens het hoofdhaar van het kind met veel plechtigheid door de *bidan* (vroedvrouw) afgeschoren.

Vooraf is een pap gereed gemaakt van verschillende zoete vruchten, fijn
gestampte rijst, dadels, rozijnen en suiker. Is het hoofdhaar geschoren,

Rivier op Sumatra.

dan doet men van die pap wat in een kopje, doopt er een *djeumpa-*

bloem in, waaraan men 't kind laat likken terwijl men den inhoud van 't kopje aan de moeder geeft. Het kind „proeft" dus voor 't eerst van het voedsel voor volwassen menschen en vandaar de naam peutjitjab.

Van niet minder gewicht voor het welzijn van het kind is de plechtigheid van het *peutrōn* = het doen dalen, dat in de 3de, 5de of eenige andere oneven maand van zijn leven plaats heeft. De eerste aanraking met de aarde (want vóór dien tijd mag 't kind niet buitenshuis gebracht worden) kan, naar de meening niet alleen van den Atjeher maar van bijna alle bewoners van Insulinde, niet zonder de noodige ceremoniën plaats hebben, opdat alleen geluk en voorspoed mogen voortvloeien uit alle latere aanrakingen met den grond. Het hoofdmoment is op Atjeh een *kandoeri* of godsdienstige maaltijd; na afloop daarvan brengen eenige vrouwen, onder wie ook de vroedvrouw, het kind naar een heilig graf, waar 't hoofd plechtig gewasschen wordt; wat bloemen en wierook, en een stuk wit katoen tot omhulsel der grafsteenen worden als geschenk voor den heilige, die in "t graf sluimert, meegenomen.

De voeding geschiedt gedurende de twee eerste levensjaren door de moeder zelve, maar al spoedig begint men tevens het een papje van rijst en pisang in de keel te duwen. Een eigenaardig Atjehsch gebruik is, dat de grootmoeder van moederszijde menigmaal het kind zoogt, zelfs al heeft zij sedert lang zelf geen kinderen gehad.

Aan kleeding hebben de Atjehsche kindertjes in de eerste jaren niet veel behoefte; wat ze dragen, zouden wij geneigd zijn sieraden te noemen, maar inderdaad hecht de Atjeher er het begrip aan dat zij het kind tegen allerlei kinderziekten en tegen den invloed van booze geesten beschermen. Daartoe dienen o.a. behalve de bovengenoemde amuletten de ijzeren armbandjes, die de kinderen gedurende de eerste 8 à 10 maanden dragen, en die pas na dien tijd, als ze voor de ziekten der eerste zuigelingsmaanden niet meer zoo vatbaar zijn, door andere van edeler metaal mogen vervangen worden. Een vierkant, gouden versiersel, de *eumpeut*, om den hals gedragen, is almede een probaat middel om de kinderen tegen de booze geesten te beschermen. Een zaak van gewicht is ook het knippen der nagels, niet alleen voor kinderen, maar ook voor volwassenen. Want de afgesneden nagels mag men maar niet weggooien, ze moeten zorgvuldig begraven worden, ergens op het erf en wel zoo dat ze nooit door het huis worden overschaduwd. Werpt men ze zoo maar weg, dan zou men bij zijn tocht naar het hiernamaals gevaar loopen, op die nagels te trappen, inmiddels tot scherpe bamboepunten aangegroeid.

Terwijl men dit alles doet om het kind voor alle schadelijke invloeden te beschermen, groeit de kleine op tot vreugde van zijne of hare moeder,

zelve nog meestal een kind. Zij neemt de baby overal mee in haar
draagdoek, of kan er, terwijl het op haar schoot ligt, uren lang met
innig welgevallen naar zitten kijken. Ook wiegeliedjes kent ze, om haar
lieveling zoet te houden of in slaap te sussen. Veel meer poëtische
waarde dan in de bij ons gebruikelijke zit er niet in, maar ze onderscheiden zich van de onze hierin dat ze den gewonen pantoenvorm
hebben, zoodat de twee eerste regels van de vierregelige liedjes slechts
voor 't rijm dienen en absoluut geen beteekenis hebben, ook geen
verband houden met de beide laatste, waarin de Atjehsche moeder aan
haar liefde en bewondering lucht geeft. De hier volgende kunnen van
't-karakter dier liedjes eenig denkbeeld geven:

> Groen is de bloem van den broodboom,
> Door bladeren omgeven herkent men haar niet.
> Moeder zal het kindje iets voorzingen,
> En met haar hand het wiegje schommelen.

> Groen is de bloem van de gonseung,
> De wind verstrooit (haar zaden) door de geheele wereld.
> Mijn hart verlangt iederen dag naar U,
> Alsof mijn kind een vorstentelg was.

> Thans zal ik zingen „do nada idi"
> Het touw van den vlieger is gebroken.
> Wordt spoedig groot, mijn kind!
> Opdat ge twee landen kunt regeeren.

> Nu zal ik zingen: „do nada idi"
> De sisawi-pitjes zijn zeer fijn.
> Doch gij, mijn kind, wordt spoedig groot,
> Dan zal ik voor u een bruidje zoeken.

„Do ida idi", een bajipit in 't achterste van een klapper-aap.
Zoolang je nog klein bent, zingt moeder „do di" voor je;
Ben je wat grooter, dan ga je maar weg, zoet diamantje van moe.
Kom, ik zing „do di" voor je.

Ik had twee kinderen, er bleef mij één
Misschien zocht hij (= het andere) elders naar den Profeet.
                    „Do nada idi."

Niet gaarne laat de moeder het kind buiten haar toezicht, want ze
moet nog op zooveel letten, wat oppervlakkig dood onschuldig, toch

voor kinderen zoo schadelijk kan zijn. Wanneer ze b.v. aan 't rijstwannen is, zou zij het zich nooit kunnen vergeven, als ze 't kleintje met de wan liet spelen. Want raakte het door 't stof boven de wan aan 't niezen, dan zou 't kind ongetwijfeld stuipen krijgen, die 't mogelijk den dood zouden aandoen. Het eenige middel om een mogelijk verzuim te herstellen is, van zeven buren rijst te gaan vragen, die tot rijstmeel te maken, daarvan een koek te kneden, zoo hoog, dat hij 't kind, als 't neerhurkt, tot aan de heupen komt; en dien koek tot offermaal te bestemmen.

Van al die booze invloeden, waaraan zij, naar 't oordeel der ouders onderworpen zijn, merken gelukkig de Atjehsche kinderen niet veel, en tot hun vijfde à zevende jaar hebben ze een heerlijk vrij leventje en ver- maken zich met allerlei spelen. De meisjes, zoo vroeg reeds bestemd in een huishouden te komen, spelen keukentje, sieren zich op als bruid, enz.; de jongens, die overigens ook spelen als ons tollen, knik- keren, vliegers oplaten enz. kennen, toonen reeds vroeg het Atjehsche oorlogszuchtige karakter door allerlei krijgsspelen. Na den genoemden leeftijd komt voor knapen zoowel als meisjes reeds eenigszins de ernst des levens, want ze gaan dan in de leer bij een onderwijzer of onder- wijzeres, die hun den Korān leert opdreunen, zonder dat het noodig is, dat zij van dat Arabische boek iets begrijpen. Bij de overgave van 't kind aan den leeraar brengt men voor hem een geschenk in eetwaren mee; zijne eigenlijke belooning ontvangt hij eerst, wanneer 't kind het heilige boek eens door geweest is (*tamat*). Bij welgestelde lieden wordt bij die gelegenheid meestal weer een kandoeri gegeven.

De voornaamste plechtigheid, welke nu nog vóór 't huwelijk met de kinderen plaats heeft, is voor de jongens de besnijdenis, voor de meisjes het doorboren der oorlellen.

De besnijdenis gebeurt gewoonlijk zeer spoedig nadat de knaap *tamat* is, dus ongeveer op 9 à 10 jarigen leeftijd. Het doorboren der oorlellen van de meisjes vindt op 6 à 7 jarigen leeftijd plaats, meestal in de nabijheid van een heilig graf, waarheen men in optocht, vergezeld van tal van mannelijke en vrouwelijke genoodigden uit de gampōng, onder de tonen van trommen en dwarsfluit, optrekt. Daar wordt vooraf een kandoeri gehouden; de vrouw, die de bewerking verrichten zal, neemt de noodige voorzorgsmaatregelen ter „verkoeling" d.i. ter afwering van booze machten en steekt de gaatjes in de ooren met een doorn of met een gouden naald. Die naald blijft eenige dagen zitten en wordt daarna vervangen door een paar zwarte draadjes, die vervolgens plaats maken voor één grashalmpje, dit weder voor 2, 3, enz. tot er 25 in zitten. Daarna worden de gaten nog wijder gemaakt en de oorlellen naar beneden gerekt door middel van een versiering van zacht hout, met tin of lood opgevuld, en soms zeer fraai met goud bewerkt; want hoe lager de oorlellen hangen, hoe mooier de Atjeher het vindt. Bij voorkeur verricht men deze plechtigheid in den tijd dat het veld „open" of „wijd" is, dat is een tijdperk van ongeveer vier maanden na afloop van den rijstoogst, zoo genoemd omdat alle gampōngbewoners dan vrij hunne buffels op 't veld mogen laten loopen. Doorboorde men de oorlellen in den tijd dat 't veld „gesloten" of „eng" is, dan zouden de gaten nooit de zoo begeerde wijdte verkrijgen.

Zoo nadert, althans voor het meisje, reeds langzaam aan de tijd van het huwelijk. Nergens toch in den geheelen Archipel wordt het meisje zoo jeugdig uitgehuwelijkt als op Atjeh; vrouwen van 10 à 11 jaar zijn volstrekt geen uitzonderingen, ja, het gebeurt dat men meisjes van 9, van 7 jaar zelfs ten huwelijk geeft. Begint een meisje den 12 tot 13 jarigen leeftijd te naderen, zonder dat zich voor haar een huwelijks-candidaat heeft opgedaan, dan gaat men denken dat de zaak niet in den haak is, en zij wellicht een oude vrijster worden zal. Daarom wordt zij al vroeg fraai uitgedost en opgesierd, vooral bij feestelijke gelegenheden, om de aandacht der mannen te trekken.

Jongelingen gaan gewoonlijk van hun 16de tot hun 20ste jaar een eerste huwelijk aan.

In Atjeh wordt, zooals van zelf spreekt, het eigenlijke huwelijks-contract naar Mohammedaanschen ritus gesloten; bij dat contract zijn dus twee partijen: de bruidegom en de bruid, maar deze laatste vertegen-woordigd door haren *wali* of voogd, dat is meestal haar vader, of, zoo die dood is of voor de wet niet gerechtigd, haar grootvader; bij ontsten-tenis van dezen een ander, mannelijk bloedverwant, in door de wet geregelde volgorde. Van de formaliteiten, die bij de huwelijkssluiting voor rekening van den *wali* komen zou de gewone inlander weinig terecht-brengen en, wanneer er iets aan den vorm ontbrak, dan zou 't contract ongeldig zijn. Daarin is door de Mohammedaansche wet voorzien, door den wali de vrijheid te laten, een *wakil*, een gemachtigde aan te stellen; en van deze vrijheid wordt in den geheelen Archipel zoowel als daar buiten een zeer druk gebruik gemaakt.

Op Java stelt men in 't algemeen den *naïb* of districts*pengoeloe* (hoofdgeestelijke van een moskee) tot *wakil* aan, op Atjeh den *teungkoe*, het „geestelijk hoofd" der gampōng, over wien straks nader. Meisjes, die geen rechthebbende op 't walischap tot hare beschikking hebben, worden door den *kali* (een soort hoofdrechter) uitgehuwelijkt, en weduwen of gescheiden vrouwen die een tweede huwelijk aangaan, hebben geen wali meer noodig.

Terwijl dus de eigenlijke huwelijkssluiting geheel in den vorm naar het Mohammedaansche recht geschiedt, zijn er bij die plechtige gelegenheid nog heel wat gebruiken in zwang, die niet in dat recht gegrond zijn, maar toch ook niet daartegen indruischen, en veelal in de overige streken van den Archipel hunne analogiën vinden. Zoo kan men aan de *hoekōm* — de godsdienstige wet — recht laten weervaren zonder daarom afstand te doen van de plechtigheden, voorgeschreven door de *adat*, de door eeuwenlange gewoonte tot wet geworden gebruiken.

Huwelijksverbod tusschen leden van dezelfde gampōng bestaat niet;

a
Atjehsch gampōng-volk (*a* eene jonggetrouwde).

zelfs zal de *keutjhi*, het wereldlijk hoofd der gampōng, niet gaarne zien en, is de gampōng klein en betrekkelijk rijk aan huwbare meisjes, ook wel eens verbieden, dat een jongmensch een meisje uit een ander dorp tot vrouw neemt. En tot zulk een verbod heeft hij 't recht; want voor een groot deel is het huwelijk een zaak der geheele gampōng. Uit verschillende momenten van de huwelijksaanvrage en de voorbereiding tot de verloving en 't huwelijk blijkt ten duidelijkste hoezeer alle leden van de dorpsgemeenschap zich met 't huwelijk van elk hunner bemoeien. Wel is één persoon, de *theulangké*, belast met de eerste aanvrage, uit naam van de ouders des bruigoms, bij die der bruid; maar de vaststelling van een dag voor de aanbieding van de *tanda* — het verlovingsgeschenk — moet weer in overleg met „den vader en de moeder der gampōng" — den keutjhi en den teungkoe — geschieden; ook bij die aanbieding zijn beiden tegenwoordig, met nog eenige „oudsten" en den theulangké. Na eindelooze, wederzijdsche redevoeringen wordt de *tanda*, een kostbare gouden ring of een haarsieraad, aan de ouders der bruid overhandigd, en daarmee is de verloving beklonken.

De verloving kan een maand, ze kan ook een jaar duren. Vermelding verdient de eigenaardige verhouding tusschen schoonzoon en schoonouders (vooral schoonvader) die op Atjeh gebruikelijk is, en reeds bij de verloving begint. „Noch de verloofde man zelf" aldus Dr. Snouck Hurgronje, „noch zijne ouders mogen gedurende den verlovingstijd het huis der ouders van het meisje betreden. Hoogstens kan een sterfgeval aanleiding geven tot een uitzondering op den regel.

Alle verkeer tusschen den schoonzoon en zijne schoonouders geldt, ook voor het vervolg, als onbetamelijk en beperkt zich tot het onvermijdelijke. Deze opvatting, die op Java hier en daar nog wel heerscht, maar allengs schijnt te verdwijnen, bestaat in Atjeh in volle kracht. Schoonzoon en schoonvader vermijden elkaars tegenwoordigheid als de pest, en waar het noodlot hen op dezelfde plaats brengt, wenden zij de blikken van elkander af. Mocht eenig gesprek tusschen hen onder zulke omstandigheden onvermijdelijk worden, dan geschiedt dit door de welwillende tusschenkomst van een derde, tot wien beiden het woord richten.

Oppervlakkig zou men meenen dat deze toestand onhoudbaar was. Immers de Atjehsche dochter verlaat ·eigenlijk nooit het ouderlijk huis. Al naar mate van de gegoedheid der ouders ruimen zij voor iedere getrouwde dochter een deel van hun huis, of voorzien in het gebrek aan plaats door uitbouwing of door het zetten van nieuwe huizen op hetzelfde erf.

Wanneer de schoonzoon echter zijne vrouw bezoekt, „thuis komt" zooals het heet, dan bemerkt hij van hare familie niets, ook al blijft hij maanden, ja jaren achtereen in hetzelfde huis of op hetzelfde erf. Om hun die door de adat streng voorgeschreven discretie te vergemakkelijken, kondigt hij na elke korte of lange afwezigheid zijn terugkomst door luid en langdurig kuchen aan, opdat men tijd hebbe, zich uit de voeten te maken en hem met vrouw en kinderen zijne ruimte vrij te laten. In een goed gezin is dat gekuch de eenige hoorbare gedachtenwisseling tusschen de ouders der vrouw en haren man" [1]).

---

[1]) Dr. C Snouck Hurgronje. De Atjèhers, dl. I, blz. 327—328.

Is eenmaal een gunstige dag voor het huwelijk vastgesteld, dan hebben kort te voren ten huize der bruid verschillende festiviteiten plaats, waarvan een belangrijk deel geacht wordt het zoogenaamde „*andam*", dat is het afscheren van het kortere voorhoofdshaar, waarvan langs elk oor alleen een lok wordt overgelaten. Dit geschiedt voor deze plechtige gelegenheid door een der zake kundige vrouw; de gehuwde vrouw blijft 't haar zoo dragen tot zij eenige kinderen heeft en „andamt" in dien tijd zich zelve.

Voor het andam worden vele gasten uitgenoodigd en groote feesten aangelegd; blijkbaar beschouwt men het dus als een zeer gewichtige plechtigheid en vandaar dan ook dat een uiterst omslachtige „verkoeling" of afwering van booze machten ter voorbereiding noodig is.

Atjehsch echtpaar.

Is het andam afgeloopen dan wordt de bruid in het rijke bruids-toilet gestoken; inderdaad wel de moeite van een nadere beschouwing waard, zoo als alles schittert van goud, zilver en diamanten, en glanst van zijde. Een rijk met gouddraad bestikt baadje, gouden ringen aan alle tien vingers; arm-banden, de beide armen haast be-dekkend, een gouden ketting om den hals met drie gouden halve maantjes, met edelgesteenten bezet, daarover nog weer een gouden collier, gouden voorhoofdsplaat, met links en rechts daarvan dito sieraden in 't haar, die aan kleine kettinkjes hunne belletjes haast tegen 't oor laten slingeren, gouden bloemen door 't haar, afwisselend met natuurbloemen; aan elken voet een zilveren of spinsbek *kroetjōng* of voetband, in welks holte zilveren belletjes rinkelen, de zilveren kettinggordel met een vierkant gouden slot, van voren met edelgesteenten bezet: dat alles vertegenwoordigt een groote waarde en is voor het jonge vrouwtje dat er onder gebukt gaat, een heele last. Hoe de bruigom er uitziet laten wij ons door een der deelnemers aan de feestelijkheden zelf beschrijven; eenige overdrijving willen wij, de gelegenheid in aanmerking genomen, gaarne door de vingers zien:

„Ten eerste is hij donker van handen,
Daar men die reeds drie dagen met hinna [1]) besmeerd heeft.
Ten tweede is zijn kleed met gouddraad gestikt,
Waarbij men het wolkenfloerspatroon heeft gevolgd.
Ten derde is hij geandamd op zijn voorhoofd,
Welk werk men bij rijzende zon heeft volbracht.
Ten vierde is hij in een wit baadje gekleed,
Met gouden knoopen over de borst als opeengestapeld.
Ten vijfde met een slagzwaard met achthoekig gevest,
Waar de smid dertig dagen aan gewerkt heeft.
Ten zesde met een hoofddoek, waar gouddraad in den vorm van gedraaid
[touw op is geborduurd,
Terwijl bloemen er uit afhangen en een *oelèë tjeumara* [2]) er in steekt.
Ten zevende een *koepiah* met een gouden kruintje,
Waaromheen acht kleinere kruintjes, met edelgesteenten ingezet.
Ten achtste spreek ik van den sirihzak,
Van welks vier punten de gouden eikeltjes afhangen.
Ten negende: toen gij kwaamt riept gij allen te zamen „*thalawalě*" [3]).
De tiende zaak is: (om hem tot bruigom te maken) hebben overlegd:
  vier stammen, acht liniën, zestien bloedverwanten, twee en dertig man
  als men de vrienden en kennissen medetelt.
Hij is het, wiens hand de Teungkoe vastgehouden heeft in tegenwoor-
  digheid van twee getuigen" [4]).

De aldus geroemde wordt omstreeks 9 uur in den avond van den
dag, waarop het huwelijkscontract volgens het Mohammedaansche recht
gesloten is, door bloedverwanten en kennissen afgehaald om in plechtigen
optocht, onder begeleiding der muziek, naar het huis van de jonge vrouw
te worden gebracht. Na aankomst van den stoet voor hare woning wordt
het gezelschap door de lieden van de gampōng der bruid ontvangen en
schaart men zich in rijen tegenover elkaar. Daarna heeft weer een van
die eigenaardig Atjehsche samenspraken plaats, die meer getuigen van

---

[1]) Henna ot hinna = kleurmiddel om nagels en andere extremiteiten rood te verven, bereid
uit de bladeren van een heester, Lawsonia inermis L.
[2]) Een ouderwetsch gouden sieraad.
[3]) Atjehsche uitspraak van çalloe 'alaih = doet de çalät over hem (den profeet)! Deze
formule wordt luidkeels uitgeschreeuwd wanneer de bruigom voor den optocht naar zijne bruid de
trap van zijn ouderlijk huis afkomt en zijne voeten den grond raken.
[4]) De Teungkoe, als wakil van den wali der bruid, houdt de hand van den bruigom vast,
en waarschuwt hem door een rukje, als hij de *kaboel*, de formule, waarmee hij de bruid als zijne
vrouw zegt aan te nemen, moet uitspreken.

de welbespraaktheid dan van de bondigheid der Atjehers. Eenvoudig ter begroeting, en als inleiding tot het aanbieden van sirih aan de nog altijd buiten staande gasten acht men het noodig dat de voornaamsten der

Riviergezicht op Sumatra.

gastheeren elk de volgende drie vragen tot de gasten richten: 1^0. Zijt gij allen gekomen, Teukoe's (mijne Heeren)? 2^0. Zijt gij allen hierheen geschreden, Teukoe's; 3⁰. Zijt gij allen herwaarts komen wandelen Teukoe's? Waarop de gasten niet anders doen kunnen dan in koor telkens uit te roepen: Wij zijn hier, om U te dienen!

Dit feit alzoo vastgesteld zijnde, wordt door een der ouderlingen uit de gampōng der bruid met veel omhaal van woorden verlof verzocht, om sirih te mogen presenteeren, en vergeving gevraagd zoo 't voorbeschikt mocht blijken dat er gedrang of gestoot ontstaat.

Als deze lekkernij gepresenteerd is, stelt men zich weer in geledderen, en thans begint een woordenspel in pantoenvorm, waardoor eerst met kracht van poëtische vergelijkingen en schoone woorden de schroom der gasten om boven te komen, waaraan zij in al even fraaien vorm uiting geven, wordt overwonnen. Daarna vragen de vertegenwoordigers der partij van de bruid naar den bruidegom, waar men dezen verborgen heeft; want bij deze gansche geschiedenis heeft men den hoofdpersoon achteraf gehouden. Op de uitvlucht, dat men niet weet hoe hij er uitziet, volgt dan de op blz. 48 ingelaschte, min of meer geflatteerde beschrijving van zijne uiterlijke verschijning; en het slot van dezen wedstrijd in woordenpraal is, dat de bruigom wordt „opgespoord" en de huistrap opgeleid. Halverwege wordt hij door een ouderling uit de gampōng der bruid met gepelde en ongepelde rijst bestrooid; en moet van dezen vriendelijken strooier nog den volgenden zegenwensch in ontvangst nemen:

„O, Allah, zegen Onzen Heer Moehammad en de familie van Onzen Heer Moehammad.

Verwijderd zij de vloek, ver het onheil, er zij heil, er zij vrede, u zij voorspoed, u zij geluk, u mogen kinderen en kleinkinderen geschonken worden (in aantal) als de mibò-struik op moerasgrond, moogt gij kinderen krijgen drie in een jaar, kinderen uithuwelijken jaarlijks twee, mogen uwe kinderen elkaar opvolgen met groote tusschenruimte (ironisch bedoeld), terwijl de oudere zuster nog maar op haar rug kan liggen moge de jongere geboren worden; moogt gij kinderen krijgen in trossen als padi op moerasgrond; moogt gij kinderen krijgen als een telkens weer uitspruitende plant, moge het zijn als bamboe met vele geledingen."

Nadat eindelijk de bruidegom naast zijne bruid in 't bruidsvertrek heeft plaatsgenomen, doen de gasten zich te goed aan het voor deze gelegenheid aangerechte feestmaal, met dien verstande dat eerst de mannen, daarna de vrouwen onthaald worden. Het jeugdig echtpaar staat nu en nog zeven achtereenvolgende nachten onder de hoede van eenige peungadjō's, oude vrouwen die tijdens de huwelijksfeesten de bruid in alles ten dienste zijn; ook de bruidegom had als zoodanig eenige mannen tot zijne beschikking. Iederen ochtend keert de jeugdige echtgenoot naar zijn ouderlijk huis terug; den avond van den achtsten dag bezoekt hij zijn vrouw ook niet; in dat geval, meent men, zou hij stellig later aan een krokodil of ander verscheurend gedierte ten prooi vallen. Eerst na verloop van een half jaar neemt hij meer voor goed zijn intrek in de schoonouderlijke woning, wanneer hij althans uit een naburige gampŏng afkomstig is; is zijn woonplaats verder verwijderd, dan kan 't wel gebeuren dat hij in langen tijd niet thuis komt. In geen geval kan de man zijn vrouw dwingen, hem naar zijn woonplaats te volgen, ja, zelfs uit vrijen wil mag zij dit niet doen; slechts in bijzondere gevallen, b.v. aan een dorpshoofd, die een vrouw uit een andere gampŏng trouwt, is het vergund, de vrouw mede te nemen. Wij hebben hier dus een overblijfsel van de zoogenaamd matriarchale inrichting van het gezin, zooals die nog nagenoeg in zuiveren vorm bij de Menangkabausche Maleiers der Padangsche Bovenlanden voorkomt. Over de eigenaardige inrichting van familie en maatschappij die van dit verwantschapsstelsel het gevolg is, zoomede over de overige in Nederlandsch-Indië voorkomende verwantschapsstelsels en de verklaring die men er van heeft pogen te geven, zal bij de beschrijving der Padangsche Bovenlanden uitvoeriger gehandeld worden.

De huwelijksband, met zooveel statie en zoo omslachtig ceremonieel gelegd, is desniettemin op Atjeh zeer los. De Mohammedaansche wet maakt den man de scheiding zeer gemakkelijk, en de vroege huwelijken, meestal niet op wederzijdsche genegenheid gegrond, en na zeer onvoldoende onderlinge kennismaking gesloten, zijn oorzaak, dat van die gemakkelijkheid zeer veelvuldig geprofiteerd wordt.

Het zou ons hier te ver voeren, de verschillende voorwaarden tot of de onderscheidene vormen van scheiding te vermelden, genoeg is het mee te deelen, dat de wet den man het recht geeft, de *talāk* of verstooting over zijn vrouw uit te spreken zelfs zonder opgave van redenen. Na ééne verstooting is een termijn bepaald, waarbinnen de man nog op zijn besluit mag terugkomen, evenzoo na de tweede, maar de derde is onherroepelijk. De eigenaardige Atjehsche gewoonte dat de man in het huis van zijn schoonouders woont, die in het begin zelfs nog zorg moeten dragen voor hunne getrouwde dochter, de eenigszins afhankelijke positie dus van den echtgenoot, is oorzaak dat op Atjeh de man volstrekt niet zoo gauw er toe overgaat zijn vrouw te verstooten als op Java bijvoorbeeld. Eerst bij volkomen gebrek aan harmonie tusschen de beide echtgenooten, of bij voortdurende hooggaande oneenigheden zal de man besluiten, de verstooting uit te spreken. Maar dan ook in eens en voor goed, dus driemaal achtereen; daardoor is 't algemeene denkbeeld in Atjeh, dat een talāk uit drie deelen bestaat. Een der manieren,

4*

waarop die scheiding geproclameerd wordt is, dat de man drie stukjes rijpe pinangnoot in de hand neemt, en die één voor één met 't daarbij passende gelegenheidsgezicht aan zijn vrouw overhandigt met de woorden: „één *taleüe* (talāk), twee talāk's, drie talāk's: gij zijt mij volkomen als een zuster in deze en in de andere wereld." Daarna wordt aan den teungkoe (wij zouden hem den dorpsgeestelijke kunnen noemen), van de scheiding kennis gegeven. Bestaat zulk een gespannen toestand tusschen de beide echtgenooten, dan wordt dikwijls nog meer door de vrouw dan door den man de beëindiging van 't huwelijk uitgelokt; zij vraagt dan ook wel aan haren echtgenoot om „de drie stukjes pinangnoot", ja sommigen ontzien zich niet, den onwilligen echtgenoot in huis of in 't binnenvertrek op te sluiten tot hij de verstooting uitspreekt. Natuurlijk kan de man zich wel uit zijn gevangenschap bevrijden, maar dan loopt hij kans, dat zijn ware of vermeende misdaden of slechte eigenschappen door zijn vertoornde echtgenoote op luidruchtige wijze ter kennis van de overige gampōng-bewoners worden gebracht.

Uit een en ander blijkt wel, dat de positie der gehuwde Atjehsche vrouw tamelijk hoog is; meestal oefenen vooral vrouwen van hoofden een belangrijken invloed op hare echtgenooten; in de Onderhoorigheden kwamen in den laatsten tijd nog wel vrouwenregeeringen voor; terwijl in de zeventiende eeuw achtereenvolgens vier vrouwelijke Sultans de heerschappij in „Banda Atjeh" voerden (1641—1649).

Laat ons thans de inrichting van de Atjehsche maatschappij een weinig nader beschouwen; beginnen wij daartoe met de regeling van het bestuur.

Het gampōng-bestuur bestaat uit drie elementen: een erfelijk hoofd (*keutjhi*) [1]) als vertegenwoordiger van het territoriaal gezag, een vertegenwoordiger van den godsdienst (*teungkoe*), en de oudsten (*oereüeng toewa*) als vertegenwoordigers van de gampōng-bevolking.

De keutjhi' wordt door de Atjehers genoemd: de vader der gampōng. Overeenkomstig die beschouwing is het zijn taak, te zorgen voor welvaart, rust en orde in zijn dorp, te waken voor het naleven van de adat, geschillen bij te leggen of twisten te voorkomen, er op bedacht te zijn, dat de bevolking zijner gampōng toeneme, en dus het huwelijk van jonge mannen uit zijn dorp met meisjes of vrouwen van een andere gampōng zooveel mogelijk te keeren; in het kort, al die bevelen te geven

---

[1]) De komma aan 't eind van dit woord stelt de uitspraak van den medeklinker voor, waarmee woorden, die (in 't Holl. b.v.) met een klinker heeten aan te vangen, eigenlijk beginnen. Voor Maleische woorden wordt veelal de transscriptie met k of q gebezigd.

of die maatregelen te nemen welke in 't belang van zijn onderhoorigen zijn. Gedraagt hij zich als zoodanig, dan vindt hij gewillige onderdanen; zou hij 't wagen, bevelen te geven in strijd met de adat, of klaarblijkelijk alleen in zijn persoonlijk belang, dan zou ook het gezag van den oelëëbalang, van wien hij zijn aanstelling heeft, niet bij machte zijn, zijne onderhoorigen te doen gehoorzamen.

Het ambt van den keutjhi' is erfelijk, maar toch heeft de oelëëbalang het recht, hem af te zetten, en heeft elke keutjhi'-familie oorspronkelijk haar gezag aan den oelëëbalang te danken.

Daar het keutjhi'-schap als een eere-ambt geldt zijn de officieele inkomsten bijna niet de moeite waard. Maar op andere wijze kan menig keutjhi' toch zijn betrekking tamelijk winstgevend maken, en daarbij tevens zijn onderhoorigen bevoordeelen. Zoo door bewoners zijner gampōng, die in geschil zijn, over te halen niet met hun zaak naar den eigenlijken rechter, den oelëëbalang te gaan, maar ze aan zijn bemiddeling te onderwerpen. Als argument kan hij daarvoor aanvoeren, dat hij gewoonlijk wel vooruit kan zeggen, niet alleen, hoe des oelëëbalang's beslissing zal luiden, maar ook, hoeveel die rechtvaardige rechter als boete voor zich zal eischen, en dat is geen kleinigheid. Waarom dus zoo ver en zoo duur te zoeken wat nabij even goed en goedkooper te krijgen is? want hij, de keutjhi' stelt zich met een geringe belooning tevreden. Meestal zijn de twistenden zoo verstandig aan den „vaderlijken" raad gehoor te geven, tot voordeel van des keutjhi's kas, en niet in hun eigen nadeel.

Wordt de keutjhi' beschouwd als de „vader" der gampōng, met Oostersche beeldspraak wordt de teungkoe de „moeder" daarvan genoemd; maar zeker geldt in het dorpshuisgezin dat de „vader" de baas is.

Teungkoe is op Groot-Atjeh de titel van allen die zich wat meer dan de groote menigte aan de voorschriften van den godsdienst gelegen laten liggen; *teukoe* daarentegen is een titel die een zekere wereldsche voornaamheid aanduidt. Ter onderscheiding wordt de teungkoe die ons hier bezig houdt veelal teungkoe meunathah genoemd; de meunathah, het dorpsbedehuis, tevens raadzaal en logement voor vreemdelingen, ongetrouwde mannen enz., is zijn domein. Jammer maar dat dit „teungkoe meunathah" alles behalve een eeretitel is, tenminste niet ten opzichte van de kennis van den Mohammedaanschen godsdienst: de beteekenis van teungkoe = een soort van godgeleerde, wordt door de bijvoeging: „meunathah" tamelijk wel geneutraliseerd. Want van den Islam en zijn voorschriften weet deze „moeder der gampōng" gewoonlijk maar bedroefd weinig. Toch is hem de handhaving van de *hoekōm*, de godsdienstige

wet opgedragen, die in theorie onafscheidelijk aan de adat verbonden
wordt geacht, maar in de praktijk nog al eens verre bij de laatste wordt
achtergesteld; evenals ook de ʽkeutjhiʼ, die voor de adat waakt, in
ʼt dorpsbestuur oneindig veel hooger wordt gesteld dan de teungkoe.
Die onkunde der meeste teungkoe's behoeft ʽniet te verwonderen, als men
weet dat ook hun ambt erfelijk is, terwijl voor de richtige uitoefening
van des teungkoe's functiën wel degelijk eenige studie van hetgeen de
goddelijke wet voorschrijft noodig is. Zelden zal de teungkoe er de
noodige zorg voor dragen dat de meunathah niet enkel een logement
maar ook een bedehuis zij, waar hij voorgaat in de vijf maal daags
plaats hebbende godsdienstoefeningen of ritueele gebeden; waar hij aan
de leergrage jeugd onderwijs geeft in ʼt leeren oplezen van den Korān.
Is nu de teungkoe volslagen onkundig, dan neemt hij voor de bovengenoemde bezigheden, voor het verrichten van allerlei plechtigheden bij
en na de begrafenis enz., bevoegde personen in dienst: hij zelf int al
hetgeen hem krachtens zijn ambt toekomt, en geeft aan zijn plaatsver-
vangers slechts een bezoldiging voor hunne diensten.

Het derde element in het dorpsbestuur vormen de oudsten, de
oereüeng toewa. Deze worden niet gekozen noch bezitten eenige erfelijke
waardigheid; maar het zijn de mannen van levenservaring, van adatkennis,
allicht dus de oudsten van het dorp, al is het niet noodzakelijk een
bepaalden leeftijd bereikt te hebben. Zij komen in het dorpshuis bijeen
en beraadslagen met keutjhiʼ en teungkoe over allerlei aangelegenheden.
Geen der andere aanwezigen zal het wagen zich in hunne besprekingen
te mengen; hun college wordt als vanzelf aangevuld door dat nu eens
deze, dan gene bij wien men kennis van adat en oude gebruiken voor-
onderstelt, door hen geraadpleegd wordt. Iemand, wien zulke eer een
paar malen ʼis ten deel gevallen wordt al spoedig tot de „oudsten"
gerekend. Onder hen vindt men ook de gampōng-redenaars, van wier
talent boven een kleine proeve is meegedeeld.

De gampōng is een onderdeel van de *moekim*, aan ʼt hoofd waarvan de *imeum* staat. Beide namen wijzen er op, dat oorspronkelijk deze
samenvoeging van gampōngs met den godsdienst in verband heeft gestaan.

Het Arabische woord *moekīm* beteekent eigenlijk ingezetene eener
plaats; veertig mannelijke, meerderjarige vrije moekim's zijn er minstens
noodig, om in een moskee een geldigen Vrijdagsdienst (het voorlezen van
een preek enz.) te kunnen houden. Waar men nimmer op een dergelijk
aantal kan rekenen, wordt dus geen Vrijdagsdienst gehouden en, althans
in den Archipel, geen eigenlijke *mesigit* (moskee) gebouwd; maar waar,
zooals in Atjeh, het aantal moskeeën daardoor gering zou blijven, zal men

één moskee bouwen, bestemd voor een aantal dorpen, die met elkaar gemakkelijk iederen Vrijdag het vereischte veertigtal kunnen leveren. Zulk een vereeniging werd nu, met veranderde beteekenis van 't Arabische woord, moekim genoemd; de hoofdgeestelijke van de moskee in zulk een moekim, de *imam* (Atjehsch: *imeum*) was dus oorspronkelijk alleen met de behartiging der geestelijke belangen zijner ingezetenen belast.

· Hoe lang deze toestand, indien ooit, zuiver zoo bestaan heeft, is niet uit te maken, alleen is gemakkelijk te constateeren dat het ambt van imeum eenvoudig een wereldlijk ambt geworden is, en de moekim niets anders dan een wereldlijk gebied. Wanneer in een Mohammedaansch land aan iemand de handhaving der godsdienstige wet is opgedragen, dan staat voor den eer- en heerschzuchtige een ruim terrein van werkzaamheid open, daar feitelijk alles onder het gezag dier wet valt. Zoo kan dit het uitgangspunt geweest zijn voor vele imeum's om in het klein zich te gaan gedragen als hun onmiddelijke chefs, de oelèëbalangs, en zich ieder in zijn gebied ook de wereldlijke macht toe te eigenen. Ten opzichte van bemoeienis met den godsdienst en de moskee legt hun ambt hun dan ook volstrekt geen verplichtingen meer op; zij gaan als wereldlijke gebieders gewapend, en met een gewapend gevolg op reis, en voeren den wereldlijken titel „*Teukoe.*"

Reeds enkele malen was in het vorenstaande sprake van de oelèë-balangs als van de gebieders zoowel van imeum's als van keutjhi's. Deze, wier naam eigenlijk krijgsoverste beteekent, zijn als de eigenlijke heeren van het land (het Sultansgebied uitgenomen) te beschouwen, en worden dan ook menigmaal radja's genoemd. In naam waren zij weliswaar onderdanigheid en schatting schuldig aan „onzen Heer" te Banda Atjeh, maar practisch waren zij onbeperkt heer en meester in hun eigen gebied. Wel ontvingen zij een acte van aanstelling van den Sultan, met het negenvoudig zegel, doch beschouwden dit eenvoudig als een officiëele bevestiging van hun door erfenis ontvangen macht, een soort ornament voor hunne waardigheid. De meesten zijn 't altijd eens geweest met dien ouden Sultan, die zei dat het „tjap thikoereüeng" het negenvoudig zegel, weinig baatte, wanneer men niet het „tjap limōng" het „vijfvoudig zegel" bezat, d. i. de krachtige hand om zijn gezag te doen eerbiedigen.

Zoo treedt dan voor den gewonen Atjeher de oelèëbalang als de eigenlijke vorst des lands op, die door zijn ondergeschikten elke werkelijke of vermeende inbreuk op zijn macht gevoelig straffen, ja, zelfs geen verwaarloozing der beleefdheidsvormen ongewroken laat. Hij is ook de rechter van wiens uitspraak (althans in de practijk, want theoretisch is de Mohammedaansche · rechtspleging geheel anders ingericht) geen hooger beroep mogelijk is, maar wiens bemiddeling zoo min mogelijk wordt ingeroepen, daar het er hem om te doen is, zooveel mogelijk aan boeten voor zich te innen. Een der gevallen, waarbij de oelèëbalang noodzakelijk tegenwoordig moet zijn, is het *peuthah pantjoeri*, het verifieeren van den dief. Wanneer iemand een dief op heeterdaad betrapt en onmiddellijk of kort daarna gedood heeft, dan kan hij alleen aan 't recht van weerwraak ontkomen, als 't bewijs geleverd wordt dat de verslagene werkelijk de dief was. Eigenlijk zijn daartoe verschillende nauwkeurig omschreven kenteekenen vereischt, maar gewoonlijk wordt het voldoende geacht dat men den gedooden dief naast 't gestolen voorwerp vindt liggen, dat de heler den naam van den dief noemt, enz. Zulke teekenen (tanda's) worden, als men zeker is dat men den dief te pakken heeft gehad, maar 't niet voldoende kan bewijzen, ook wel eens voor de gelegenheid gefabriceerd.

Tot de oelèëbalang met eenige imeum's en keutjhi's in de gampōng is verschenen, laat men 't lijk van den dief met de tanda's onaangeroerd liggen; dan spreekt de bestolene, of in zijn plaats een gampōngredenaar, in tegenwoordigheid van die hoofden en 't samen gekomen publiek aldus [1]:

„Vergeving vraag ik u allen, Teungkoe's [2] die mijne koningen zijt, want de reden waarom ik hier sta, Teukoe ampōn, is drieërlei.

De eerste reden is, dat ik mijn opwachting wil maken bij u, Teukoe's die mijne koningen zijt. De tweede reden is, Teukoe ampōn, dat ik mijn eigen lotgeval wil verhalen. De derde reden is, Teukoe ampōn, dat ik u mede te deelen heb: in den afgeloopen nacht, Vrijdag 15 Mòlat (de 3de maand van 't Mohammedaansche jaar) sliep ik in de meunathah. Naar gissing ongeveer plus minus te middernacht, werd ik verschrikt, ontwaakte uit mijnen slaap, gevoelde mij niet gerust. Ik nam mijn wapenen: een thikin (mes) een reuntjong (dolk) en een speer, ik keerde naar de gampōng (de dorpshuizen in tegenstelling met de meunathah) terug, want ik houd er een stuk vee op na. Zoo dan, Teukoe ampōn, in de gampōng gekomen, nam ik wat buffelvoeder, dat legde ik in de krib. Zoo dan, T. a.! zag ik, dat het beestje niet naderbij kwam. Ik tastte naar het touw — er was geen touw meer. Toen naderde ik de staldeur: ik zag, dat de staldeur open stond. Toen zeilde ik her- en derwaarts en stuitte op een mensch, die een buffel voorttrok op een plaats, die door een tuin van mijn huis gescheiden is.

Vervolgens, T. a.! vroeg ik: wie leidt daar een buffel? maar hij

---

[1] Dr. C. Snouck Hurgronje. De Atjehers. Dl. I. Blz. 111.

[2] De aanspraak met „Teungkoe's" is in deze inleiding traditioneel. Verder wordt in hoofdzaak alleen de oelèëbalang toegesproken wiens praedicaat „Teukoe ampōn" is.

antwoordde niet. Toen trok ik mijn thikin, T. a. en riep: help! Hij verzette zich tegen mij, ik hieuw naar hem, daar was die buffelleider dood!

Wat dien buffel aangaat, T. a.! die is mijn eigendom. Verder nu, wat dien man aangaat, indien Allah de Verhevene wil, het zij zooals gij, Teukoe's, die mijne koningen zijt, maar gelieft te beslissen: die doode, wat moet men hem noemen?

Zooveel heb ik slechts te zeggen."

Na het aanhooren van dit of een dergelijk verhaal zegt de oelëebalang tot de aanwezigen:

„Hoe is uwe meening Teukoe's, over hetgeen die baas heeft medegedeeld?"

Een koor der gampōng-bewoners valt hierop in:

„Dat is duidelijk genoeg, wil maar dadelijk antwoorden, Teukoe!"

De oelëëbalang laat deze taak echter aan zijn redenaar, een of anderen ouderling, over en zegt tot dezen: „Wil maar antwoorden."

„Hoe moet ik antwoorden" vraagt deze:

„Wat moet dat *hoe*, is het dan niet duidelijk genoeg?" vervolgt de oelëëbalang. Na deze machtiging spreekt de ouderling aldus:

„Goed dan nu, wat de mededeelingen van dien man betreft: hoe is het? Weet gijlieden hier (tot de naaste bloedverwanten, buren enz., van den dooder) daarvan of niet? Deelt dit mede."

Het antwoord, min of meer in koor gegeven, luidt: „Vast staat dit, zooals die man het meegedeeld heeft, Teukoe ampōn! zoo is ons aller wetenschap!"

De oelëëbalang tot den ouderling: „Goed, indien dit zoo is, dan is die vent (de gedoode) buffelvleesch, geoorloofd is het, dat wij het eten (dat men het eet!")."

De ouderling: „Die vent is als buffelvleesch, geoorloofd is het, dat wij het eten! Laat ons thans gezamenlijk uitroepen: de naam van dien vent is dief! Roept al te gader: slaan wij den dief dood!" Deze laatste woorden worden luidkeels door alle aanwezigen herhaald, en zoo is het pleit beslecht.

Men zou bijna verwachten, dat op dien laatsten uitroep een symbolische algemeene aanval op den dief moest volgen, maar althans tegenwoordig geschiedt dit niet.

Eerst na afloop dezer plechtigheid mag de dief begraven worden; vóór het formeele peuthah mag men zijn lijk wel eenige schreden verplaatsen, door het over den grond voort te slepen, maar wie het van den bodem geheel optilde, zou daarmede volgens de adat het vonnis onmogelijk maken."

Aan den eisch van het Mohammedaansche recht, dat de rechtspraak door onafhankelijke rechters (kādhi's) zal worden uitgeoefend, wordt ook in Atjeh allerminst voldaan. Wel heeft elke oelèëbalang zijn' *kali*, maar de uitspraak in allerlei gedingen wordt voor verreweg het grootste deel aan de adat ontleend, ook al is die in flagranten strijd met hetgeen de hoekōm leert. Voor huwelijkszaken en de verdeeling van nalatenschappen heeft de oelèëbalang de hulp van zijn kali noodig, overigens blijft deze zelf gewoonlijk thuis, om niet door zijn' tegenwoordigheid de vonnissen die met de uitspraken der wet in conflict zijn, te sanctionneeren.

De inkomsten van den oelèëbalang bestaan, zooals reeds gezegd werd, voor een groot deel uit de boeten en belooningen voor zijn uitspraak in rechtszaken. Overigens komt hem nog een zeker percentage toe van verkochte rijstvelden, van verdeelde nalatenschappen en van met zijn hulp geïnde schulden; voorts int hij belastingen op gevangen visch, op door vreemdelingen en ingeborenen ingevoerde handelswaren, op schepen die de rivier opvaren, op het bezoeken der markten, enz.

Tot het innen van boeten wordt gebruik gemaakt van het *langgèh oemōng*, het in den ban doen van een rijstveld. Op het rijstveld van den schuldige wordt op last van den oelèëbalang een staak met een jong wit klapperblad geplaatst: dat is het teeken dat het rijstveld niet bewerkt mag worden, en niet vóór dat de schuld betaald is, wordt die ban opgeheven. Duurt het wat al te lang, dan laat de oelèëbalang het rijstveld ten eigen behoeve bewerken tot het ten slotte geheel zijn eigendom wordt.

Van de drieledige functie, die de oelèëbealang bekleedt — bestuurder, rechter en legeraanvoeder — komt wel de middelste het meest tot haar recht, vooral daar zij het meeste voordeel oplevert. Met het eigenlijke bestuur, met de behartiging van de belangen zijner onderdanen bemoeit hij zich weinig, en zijn invloed als legeraanvoerder, tijdens den oorlog meer op den voorgrond getreden, berust hoofdzakelijk op zijn persoonlijke energie en den tact om zijn rakan's (volgelingen) en banta's (jongere broeders en andere bloedverwanten) aan zich te verbinden. Vandaar dat in tijden van oorlog en beroering ook een eenvoudig *panglima prang* of bendehoofd, onder den oelèëbalang staande, toch door geestkracht, slimheid en tact, een gevaarlijke concurrent voor de erfelijke heeren des lands kan worden, althans voor hen, die niet op deze eigenschappen bogen kunnen en daardoor het aantal hunner volgelingen afnemen en hun invloed tanen zien. Een sprekende illustratie hiervan is de geschiedenis van Teukoe Oema (Toekoe Oemar) die van een gewoon bendehoofd in weinige jaren zich tot het gevreesde hoofd der geheele Westkust wist op te werken. Pensoonlijke eerzucht en bereiking van zelfzuchtige doeleinden speelden bij dergelijke hoofden steeds een veel grooter rol dan haat tegen de ongeloovigen. Merkwaardig werd in dit verband een uitspraak van Dr. Snouck Hurgronje door den loop der gebeurtenissen bevestigd. In of vóór Januari 1893 schreef genoemde geleerde: „Wel blijven . . . . hoofden als Teukoe Oema van groote beteekenis, maar zij vormen niet de ziel van het verzet en jagen andere doeleinden na dan den heiligen oorlog, doeleinden, die zij desnoods ook met onze hulp zouden willen bereiken." (De Atjehers, Dl. I, blz. 195). En op 30 Sept. 1893 deed Teukoe Oema met 15 zijner panglima's den eed van onderwerping aan ons gezag, waarna hij, als bekend is, langen tijd de rol van onzen bondgenoot speelde.

Atjeher in krijgsdos.

Nog meer te vreezen was voor de oelèëbalangs de invloed der oelama's, der Mohammedaansche wetgeleerden. Want zij konden hunne aanspraken op gehoorzaamheid, op het volgen hunner bevelen in den heiligen oorlog, en het eischen van bijdragen voor dat doel, gronden op den godsdienst en de heilige wet. En hoe schromelijk in de practijk van het Atjehsche leven de voorschriften van den godsdienst ook verwaarloosd worden, niemand, ook geen oelèëbalang, zou het durven wagen, de geldigheid van hetgeen de oelama's op grond hunner kennis van de godsdienstige wet voorschreven en vorderden ook maar te ontkennen.

Nog oneindig grooter invloed kon een oelama oefenen, als hij tevens een *sajjid* — een afstammeling van Mohammed door zijn kleinzooon Hoesain — was, want voor zoo iemand is des Atjehers eerbied eenvoudig onbegrensd. Met veel handigheid en groot succes is van deze sajjid-vereering partij getrokken door den Arabier Sajjid Abdoerrahman Zahir, meer bekend onder den naam Habib Abdoerrahman. Zijn gezag over allen die den godsdienst versterken wilden was onbetwist; bij den Sultan die hem in staat stelde door een nieuw soort van gerechtshof alle godsdienst-kwesties te beslissen, was zijn invloed zeer groot, en ook de adat-hoofden die van elke vermeerdering zijner macht een afneming van de hunne moesten vreezen, konden slechts

lijdelijk en in 't geheim zich tegen hem verzetten, op straffe van anders
voor vijanden van 't ware geloof te worden aangezien. Langen tijd was
hij dan ook de ziel van het verzet tegen ons, maar ziende dat ten slotte
de Atjehers toch niet te organiseeren waren, bood hij zijn onderwerping
aan en werd naar Arabië overgebracht.

De verdeeling van het Atjehsche rijk in drie Sagi's heeft waarschijnlijk zijnen oorsprong gehad in het verlangen van eenige oelëëbalangs om zich,
tot versterking van hun gezag, met anderen te verbinden. De voornaamste
oelëëbalang van zulk een federatie werd dan in zekeren zin haar hoofd,
haar vertegenwoordiger, en droeg den titel van panglima sagi. Het hoofd
van de Sagi der XXII Moekims voert al sedert vele geslachten den titel
Panglima Pòlém = Heer Oudere Broeder. De dapperheid van de leden
zijner Sagi is bekend, en de drager van dien titel heeft het tijdens den
oorlog aan de onzen lastig genoeg gemaakt.

De macht van den panglima sagi beperkte zich tot die aangelegenheden, welke de geheele Sagi betreffen; met het inwendig bestuur van
elk der oelëëbalangschappen liet hij zich niet in. De hoofdrechter van
den panglima Sagi droeg den weidschen titel van Kali Rabōn Djalé
(verbastering van het Arabische Kadhi Rabboel-Djalil = rechter van den
Almachtigen Heer).

Bij het voorafgaande vluchtige overzicht van het Atjehsche bestuur
zal het duidelijk geworden zijn, hoe volkomen de Sultan die te Banda-
Atjeh troonde, voor de inwendige aangelegenheden van het rijk als een
quantité négligeable kon worden beschouwd. Met een enkele uitzondering,
in het begin van onze beschrijving genoemd, streefden de Sultans er dan
ook niet naar, het centrale gezag te bevestigen of uit te breiden, maar
was hun geheele streven gericht op de vergrooting van de hun toekomende
cijnsen en tolgelden. Nog duidelijker blijkt de nietswaardigheid waartoe
het Sultanaat allengs was afgedaald uit het feit, dat de genoemde drie
panglima's Sagi en ook wel enkele andere invloedrijke oelëëbalangs
feitelijk tot Sultan aanstelden wien het hun goeddacht; meestal wel, maar
volstrekt niet altijd werd een zoon of bloedverwant van den overleden
of afgezetten Sultan door hen uitverkoren. Atjeh, of liever de Sultans-
waardigheid, werd beschouwd als de eeuwig zich verjongende bruid,
die door hare drie wali's (voogden) na onderling overleg aan den een
of anderen candidaat werd ten huwelijk gegeven. Eigenaardig werd dan
ook de som van 500 dollars, die door den nieuwen Sultan aan elk
der panglima's Sagi moest worden geschonken met den naam *djinamëë*
(huwelijksgift) bestempeld.   ·

Geven wij thans een korte beschrijving van de middelen van bestaan der Atjehers, en van de wijze waarop zij zich dat bestaan een weinig trachten te vervroolijken.

Het Atjehsche spreekwoord — men zou het van een zoo oorlogs- zuchtig en handeldrijvend volk niet verwachten — zegt: De landbouw is de meester van alle broodwinning. Het Atjehsche volk verbouwt voor- namelijk rijst, suikerriet en in de nederzettingen aan de Oost- en de Westkust, peper. De Atjehsche landbouwer regelt de verschillende cultuur. werkzaamheden naar de zoogenaamde *keunongs* of „aanrakingen, ontmoe-

Atjehsche vrouw.

tingen," nl. van de maan met het sterrenbeeld de Schorpioen, die met bepaalde, telkens verschillende tus- schenpoozen na elke nieuwe maan plaats hebben. Velerlei bijgeloovige plechtigheden, voor een deel met een Mohammedaansch cachet getooid, ver- gezellen de verschillende perioden van den rijstbouw. Toch vindt men veel · minder dan elders, op Java b. v., cere- monieën, die met het denkbeeld dat de rijst bezield is, in verband staan.

Ook de suikerrietcultuur is van eenig belang; men plant het riet als tweede gewas na de rijst, en dan alleen om het half opgeschoten reeds te kappen. Het dient in zoo'n geval om uit de hand te gebruiken: men zuigt het uit, of perst het sap er uit; dit vormt een zoo gewone versnapering voor de markt- bezoekers, dat men een fooi in

't Atjehsch aanduidt met de woorden: geld om suikerrietsap te koopen. Ook deelt men wel stukken suikerriet uit onder hen die zonder tot de genoodigden te behooren naar de een of andere feestelijkheid komen kijken.

De suiker en de rietstroop, die voor de bereiding van allerlei gebak dienen, verkrijgt men door middel van een primitieven, houten molen uit de rietstokken. Het riet dat voor suiker- of stroopfabricage bestemd is, wordt op afzonderlijke omheinde velden geplant, die alleen voor deze cultuur bestemd zijn; men laat het hier tot zijn vollen wasdom komen, dien 't in ongeveer een jaar bereikt.

Van groot belang is voor de Oost- en de Westkust de pepercultuur;

Atjeh is het voornaamste peperland van den Indischen Archipel, die ± ¾ der wereldproductie levert. Uit Groot-Atjeh trekken naar de kusten alleen de armsten, die in hun vaderland niet aan den kost kunnen komen. Soms blijven zij jaren lang weg, terwijl zij hun vrouwen en kinderen in de geboorte-gampōng's der eersten moeten achterlaten. In het bijzonder drukt de achtergeblevenen hun verlatenheid, als tegen het einde der Vastenmaand Ramadhān elk ander huisvader voor vrouw en kroost een aantal geschenken meebrengt van de markt, waar in de laatste drie dagen dier maand een soort kermis gehouden wordt. „Hoeveel vleesch heeft uw man thuisgebracht?" vraagt men bij die gelegenheid aan de vrouwen, omdat juist in die dagen ook een groot aantal runderen geslacht wordt; maar men zorgt wel, de vernedering en 't verdriet van de armen wier verzorgers verre zijn, niet door zulke vragen te vermeerderen.

Aan feestelijkheden en vermaken van zeer onderscheiden karakter is in de Atjehsche maatschappij geen gebrek. Daar heeft men vooreerst de *kandoeri's* of godsdienstige maaltijden, die ten doel hebben onheil af te weren of heil te bewerken, herinneringsdagen te vieren, of feestelijke gebeurtenissen uit het familieleven op te luisteren. Het *godsdienstig* element dier maaltijden bestaat òf in het daarbij plaatshebbende reciteeren van Koranstukken, gebeden of andere religieuse handelingen, òf alleen in de bedoeling die men er mede heeft, b. v. dat zij aan overleden familieleden ten goede zullen komen. De Mohammedaansche leer hieromtrent is deze, dat de vrucht door Allah aan zulk een Hem welgevallig werk verbonden, den overledenen ten goede komt; de inlander, die in zijn vóór-Islamitische doodenvereering ook dergelijke maaltijden kende, meent in 't algemeen dat de spijzen den dooden worden aangeboden, die er alleen de *essence* van nuttigen, zoodat het stoffelijk deel door de overlevenden kan worden gebruikt.

Voorts heeft men de viering der groote Mohammedaansche gedenkdagen. In de eerste plaats de herdenking van Mohammed's geboorte- en sterfdag tevens, welken men stelt op den 12den der derde maand van het Mohammedaansche jaar. Men viert op Atjeh den dag met een groote kandoeri in de meunathah, waarop de een of andere gampōng op plechtige wijze hare moekim-genooten inviteert. Het feest wordt gewijd door het voordragen van geboortegeschiedenissen, lofspraken of lofliederen op den Profeet; een daarvan draagt den titel: Geboorte van den Roem des menschdoms.

De Vastenmaand, de 9de maand van het Mohammedaansche jaar, is bij uitnemendheid de maand van godsdienstige bijeenkomsten en handelingen. Een daarvan, die steeds in een der nachten van de 2de helft dier maand in de meunathah moet plaats hebben, is de *ratéb Thaman*. Men viert daarmede de beeindiging van het zoogenaamde *meudarōih* — het gemeenschappelijk reciteeren van den Koran, en noodigt er de mannen van de naaste gampōngs bij uit, die op de noodige rijst met toebehooren getracteerd worden. Natuurlijk heeft deze maaltijd plaats na zonsondergang, want den geheelen dag mag in de Vastenmaand geen korrel of druppel genuttigd, zelfs geen sigaret gerookt worden. „Nadat eerst in gematigd tempo door het vergaderde gezelschap eenige Allah verheerlijkende formules zijn opgedreund, wordt allengs het tempo sneller, de eindeloos herhaalde formules worden korter (bijv. hoe Allah! hoe da'em! hoe! enz.) de stemmen meer krijschend en gillend. De van inspanning zweetende schreeuwers staan nu en dan op, gaan weer zitten, springen en dansen en velen vallen eindelijk flauw van verrukking, opgaande in de aanschouwing van het goddelijke, naar men wil." (Dr. Snouck Hurgronje). De meunathah schudt op hare grondvesten van het gestamp en gegil; van de godsdienstige opwinding en de duisternis wordt wel eens door sommigen gebruik gemaakt om een of anderen gehaten gezel eens flink tegen een der stijlen te duwen.

Wee ook dengene, die het beneden zich acht, aan deze en dergelijke vertooningen deel te nemen, of er niet genoeg geestdrift voor betoont; hij wordt voor trotsch versleten, en op gevoelige wijze brengt het jongere deel der gampōng-bevolking hem 't ongepaste van zijn houding onder 't oog.

Het einde der Vasten op den 1sten dag van de maand Sjawwāl wordt door de kinderen gevierd met het afsteken van klappertjes, door de volwassenen met feestmaaltijden en het afleggen van bezoeken om elkaar geluk te wenschen. Dien dag ook brengt ieder gezinshoofd den teungkoe de *pitrah*, de godsdienstige belasting, bestaande in zekere hoeveelheid rijst. De meesten koopen die van den teungkoe zelf, en geven ze hem onmiddellijk terug; zoo wordt de belasting, naar eisch der Wet, in natura opgebracht en toch zit de teungkoe niet met een enorme hoeveelheid rijst opgescheept, maar ontvangt de pitrah voor 't grootste deel in geld.

De naam van de bovengenoemde quasi-godsdienstige plechtigheid, de ratéb Thamān, brengt ons op een wereldsche vermakelijkheid, die, hoewel eigenlijk door de strenge Mohammedanen verboden, toch in hoog aanzien bij de meeste Atjehers staat. Het is de *ratéb thadati*; een karikatuur van de eigenlijke ratéb, welke laatste bestaat uit het gemeenschappelijk opdreunen van bepaalde godsdienstige formules, van Allah's

namen en eigenschappen enz. Zij ontleent haren naam aan de bij deze
gelegenheid optredende *thadati's*. Dit zijn jonge, schoone knapen, die,
rijk uitgedost en grootendeels als vrouwen gekleed, een voornaam aandeel in het spel nemen. Het zijn veelal kinderen van Niassische
slavinnen, ook wel knapen uit de Bovenlanden die òf tot dit doel
geroofd, of door hun ouders tegen een zekere betaling zijn afgestaan. In iedere gampōng heeft men een soort vereeniging van lieden,
die gezamenlijk de onkosten van aanschaffing en opleiding van zulk een
thadati bestrijden, met het doel, daaruit voordeel te trekken. Want men

Hareubab-orkest met dansjongens; rechts vechtram.

laat deze knapen ten vermake van de geheele bevolking tegen betaling
optreden en wedstrijden houden in het reciteeren en in allerlei bevallige
lichaamsbewegingen; vandaar dat men dit spel ook aanduidt met den
naam ratéb — bij een Mohammedaansche gemeenschappelijke godsdienstoefening toch komen ook allerlei lichaamshoudingen en -bewegingen
in bepaalde volgorde te pas. De leden van 't gezelschap, waaraan de
thadati behoort heeten zijne *dalém's* of *abang's* = oudere broeders; zij
hebben een chef, en een paar *radat's*, dat zijn zij, die bedreven zijn in
het aangeven der melòdieën.

De ratéb wordt gehouden in een eenvoudige loods op het erf, en duurt wel van 8 uur 's avonds tot den volgenden middag. Het is een wedstrijd tusschen de dalém's met hun thadati van de eene gampōng en die eener andere; de eene partij moet de wijzen en lichaamsbewegingen van de andere nauwkeurig navolgen, door zoogenaamd wetenschappelijke of godsdienstige vragen de tegenpartij in 't nauw drijven, en door grootere slagvaardigheid en welbespraaktheid haar de loef afsteken. Achtereenvolgens geven eerst de dalém's der eene partij op slepende wijzen gereciteerde voordrachten ten beste: bij elke wijze behoort een bepaald gebarenspel; een en ander wordt door de tegenpartij gevolgd en nagebootst. Daarna volgt een wederzijdsche begroeting met vragen en antwoorden, besloten door een of ander verhaal of *kithah*, door den spreker van de eene partij bij gedeelten gereciteerd, door zijn partijgenooten telkens herhaald.

Tot nu toe waren alleen de dalém's aan 't woord; ongeveer na middernacht treedt de thadati van de eene partij op; beginnende met een aanspraak tot de tegenpartij, gaat hij voort met 't reciteeren van eenige versregels zonder veel beteekenis of samenhang, om ten slotte aan den thadati van de tegenpartij een of andere vraag te stellen, b. v. over een onderwerp uit de Arabische spraakkunst.

Een nu volgend deel van het spel bestaat uit een samenspraak tusschen den thadati en zijn dalém's, of uit een doorloopend verhaal, afwisselend door thadati en dalém's voorgedragen. Van een dergelijke gesprek-kithah, waarin de thadati telkens een of ander bezwaar oppert tegen de streek, waarheen de dalém's zeggen hem te willen overplaatsen, luidt het begin aldus:

Dalém. Wilt gij, kleine broeder! uw geluk gaan beproeven en op een plaats gaan handeldrijven?

Thadati. Welke zeeboezem heeft een rechtvaardig koning, aan welke riviermonding ligt de drukste koopstad?

D. Wel, kleine broeder! diamantje! het land van Kloeang heeft een drukke koopstad.

Th. Ik wil naar het land van Kloeang niet gaan; de Nachoda Nja'Agam is daar niet meer als vorst.

D. Wees niet bekommerd, wijl die vorst er niet meer is; zijn opvolger is Radja Oedah.

Th. Wat geeft het, of Radja Oedah er al is, daar hij niet tot ulieder bekenden behoort.

D. Zal het dan niet daarheen zijn, dan breng ik u ver weg; ga dan naar Glé Poetōih om peper te planten.

Th. Naar Glé Poetōih ga ik niet, want de lieden van Daja zijn ons Atjehers vijandig, enz.

Op deze wijze wisselt de eene partij dalém's met thadati de andere af, tot omstreeks twee uren vóór den middag beiden gelijk beginnen en elkaar trachten te overschreeuwen. Al dichter en dichter naderen de thadati's elkaar, ja, zouden tot een formeel gevecht overgaan als niet door de gampōnghoofden omstreeks den middag aan alles een einde werd gemaakt. Na een flinken maaltijd van rijst met toebehooren gaan de spelers thuis de welverdiende rust zoeken.

Andere vermaken, die zeer door de Atjehers op prijs gesteld worden zijn allerlei hasard-spelen, maar vooral dierengevechten, waarbij toch ook weer het wedden de hoofdzaak is. Op Atjeh laat men stieren, buffels, hanen, kwartels en eenige soorten van duiven tegen elkander vechten, waarbij groote sommen ingezet worden. „Geen Atjeher" zegt Dr. Snouck Hurgronje, „besteedt aan de reinheid, het diëet, de rust en het genoegen van zijn eigen kind een zorg, die zich met de nauwgezette opvoeding dezer vechtdieren laat vergelijken."

Wij hebben den Atjeher gadegeslagen in zijn huiselijk en maatschappelijk leven, bij zijn godsdienstige en wereldsche feesten, de inrichting van zijn bestuur en van zijn gezin. Reeds uit deze vluchtige beschrijving kan 't gebleken zijn, dat Atjeh een land is van tegenstrijdigheden, een land waar van de theorie maar bijzonder weinig in de praktijk schijnt te zijn overgegaan. Een bevolking, die zich bij uitstek Mohammedaansch acht, bezield met een ingekankerden haat tegen alle *kafir's*, in 't bijzonder tegen de Nederlanders — en zelf uitermate gehecht aan alle mogelijke oude gebruiken en ceremoniën, waarvan de meeste niets met den Islam uitstaande hebben, eenige zelfs beslist anti-Mohammedaansch zijn. De hoekōm in theorie gesteld naast de adat — in de praktijk steeds als de minderwaardige beschouwd; hare vertegenwoordigers in 't dorpsbestuur meest onkundige lieden; het dorpsbedehuis bijna geheel aan zijn oorspronkelijke bestemming onttrokken. Eertijds een Sultan in Banda Atjeh, met den weidschen naam van Pòteu = Onze Heer door iederen Atjeher bestempeld, met een hofhouding van welker rijkdom en praal alle reizigers gewaagden — maar feitelijk afhankelijk en onder de voogdij der drie Panglima's Sagi, en zonder noemenswaarden invloed op de binnenlandsche aangelegenheden, die geheel onafhankelijk van hem door iederen oelèëbalang in zijn gebied naar willekeur geregeld werden. Deze oelèëbalang zelf heer en meester in zijn gebied, feitelijk ook opperst rechter, ondanks de fictie van den van hem onafhankelijken kali — maar telkens er voor bloot staande dat een of ander *oelama*, vooral in oorlogstijd, die optreedt onder de leuze, den godsdienst weder in eere te brengen, gevoelige afbreuk aan zijn gezag en inkomsten zal toebrengen. Waarlijk, het is niet te verwonderen dat de Regeering in den aanvang veelal in 't duister rondtastte, de kern van het verzet zocht daar, waar die niet te vinden was, telkens van politiek veranderde en zoodoende de waan dat Atjeh de „Compagnie" de baas was, versterkte. Maar evenmin zou het te verwonderen zijn, dat de tegenwoordig gevolgd wordende politiek van energie en konsekwentie, op betere kennis der Atjehsche toestanden gegrond, ten slotte de Mohammedaansche geest-drijvers tot inzicht van het volmaakt nuttelooze van verderen tegenstand zal brengen, den adathoofden leeren, dat onder Nederlandsch bestuur hunne positie 't best gewaarborgd zal zijn, den gewonen Atjeher weder in staat stellen, zich ongestoord aan „den meester van alle brood-winning", den landbouw te wijden, en zoo een op hechten grondslag gevestigden vrede tot stand zal brengen.

HOOFDSTUK III. DELI EN DE TABAKSCULTUUR. [1])

In den morgen van den 22sten December 1899 naderde de „Sumatra" waarmee ik de reis van Pinang naar Deli maakte, de Sumatraansche kust. De lucht was grijs en droefgeestig, even als mijn stemming. De kust vertoonde niet zulk een schoon landschap, als ik aan de Westkust en bij de havenplaatsen van Atjeh genoten had, want de achtergrond van bergruggen met vulkaantoppen ontbrak hier. Naar Noord en Zuid strekte zich een vlakke strook lands uit, met mangrove-boschjes bezet. Tot ver in zee liepen rijen palen, met horden ertusschen: vischwerktuigen dér strandbewoners, een teeken dat het water geringe diepte heeft. Langzaam glijdt het schip over de slijkbanken, de schroef woelt den grond om en kleurt het kielzog vuilbruin. Wij naderen den wal en varen nog een eindweegs tusschen de moerassige oevers der breede monding landwaarts in, tot de havenplaats Bĕlawan bereikt is, waar het schip onmiddellijk aan de kade gemeerd wordt.

Tal van kleinere zeeschepen, booten, prauwen en jonken van den vreemdsten vorm verlevendigen de haven. Aan wal zijn groote loodsen en pakhuizen gebouwd. Vlak bij ziet men het ruime, fraaie station, waar

---

[1]) Naar Prof. Giesenhagen.

5*

Paleis van den Sultan van Deli.

juist een trein voor Medan gereed staat. Met behulp van koelies, die onder Mariô's [1] leiding mijn bagage aan wal brachten, was ik spoedig goed en wel aan het station. Alleen aan het tolkantoor had ik eenig oponthoud en men stond mij niet toe, mijn geweer mee te nemen, daar ik natuurlijk nog niet in 't bezit van een wapenpas voor deze residentie was.

De spoorreis van Bĕlawan naar Medan vordert iets meer dan een uur. Eerst voert de weg nog langen tijd door moerasland, dat blijkbaar onder invloed van eb en vloed staat. De bodem was meerendeels bedekt met boomgroepen van het mangrovetype. Op korten afstand van het station gaat de spoorweg over een 400 M. lange ijzeren brug, door 20 bogen gedragen, over de Deli-rivier. De trein rijdt op dit traject zeer langzaam; een voetganger kan hem op zijn gemak bijhouden. Voorbij het station Laboean wordt het uitzicht aan weerskanten van den spoorweg af en toe wat ruimer. Groote grasvlakten, van tijd tot tijd door laag houtgewas onderbroken; daartusschen liggen de reusachtige

---

[1] De Javaansche bediende van den reiziger.

gebouwen van de een of andere tabaksplantage verspreid, of armelijke kampongs met bamboeboschjes, kapok- en vruchtboomen. Boven gras en struikgewas verheffen hier en daar afzonderlijk staande, hooge, gladstammige boomen, (overblijfselen van een vroeger oerwoud) hun majestueuse bladerkroon, of rijzen palmen op, waaronder veelvuldig de reusachtige een soort van waaierpalm, *gëbang*, voorkomt. In den tijd dat de tabak te velde staat, zal de streek zich wel wat levendiger voordoen en daardoor meer afwisseling bieden; in December, wanneer ook de in dat jaar afgeoogste velden reeds weer met hoog gras en struikgewas bedekt zijn, ziet zij er eentonig en woest uit. Het oponthoud aan de kleine stations daarentegen geeft rijke afwisseling; behalve de enkele Europeesche passagiers treft men er allerlei rassen en volkstypen: gele Chineezen, bruine Maleiers van de stranddistricten, Javanen en Bataks in velerlei nuance van huidskleur, voorts Bengaleezen en Klingaleezen zijn in het gedrang op het perron te onderscheiden en vormen de passagiers derde klasse. Het verkeer was overal tamelijk levendig, vooral natuurlijk op het station der hoofdstad

Mas Mariô.

Medan, waar ook de Europeesche passagiers den trein verlieten.

Medan is een tamelijk groote stad. Het is de residentie van den Sultan van Deli, de standplaats van den Resident van Sumatra's Oostkust en van de hoofdadministratie der Deli-Maatschappij. Eigenlijk heeft zij eerst in de laatste helft der negentiende eeuw beteekenis gekregen, hoofdzakelijk door de genoemde maatschappij, die zonder hulp van de Nederlandsche Regeering het land ontsloot, wegen en bruggen aanlegde, spoorwegen bouwde en in het dunbevolkte land duizenden vreemde, vooral Chineesche arbeiders invoerde. In het jaar 1871 vestigde de eerste geneesheer zich in Medan: tegenwoordig praktiseeren daar onder de blanke en de gekleurde bevolking verscheidene artsen van Nederlandsche en Engelsche nationaliteit. Een Duitsch geneesheer, die particuliere praktijk uitoefent, is er niet, maar wel heeft de Deli-Maatschappij de directie van haar omvangrijk hospitaal te Medan aan een Duitsch medicus, Dr. G. Maurer uit München, toevertrouwd.

Bij hem vond ik niet alleen de zorgvuldigste behandeling, maar toen het bleek dat voor mijn diëet en rust het verblijf in het hotel minder gewenscht was, ook de meest gastvrije ontvangst in zijn woning. Met mijn komst in deze omgeving begon ook mijn beterschap; spoedig

mocht ik des namiddags kleine uitstapjes in den omtrek maken en mijn
beminnelijke gastvrouw nam zelve op zich, mij de bezienswaardigheden in
den omtrek te toonen. Het wetenschappelijk doel van mijn reis was in
deze dagen op den achtergrond geraakt. Wel had ik hier en daar in
den omtrek wat verzameld, mijn verzamelingen met Mariô's hulp verder
gerangschikt en ingedeeld, en over eenige mijner bevindingen aanteekeningen gemaakt, maar wanneer ik werkelijk de taak wilde vervullen, die
ik mij voor dit deel mijner reis gesteld had, dan moest ik met eigen

De Bindjej-rivier (Sumatra's Oostkust).

oogen eenige der tabaksondernemingen in den omtrek leeren kennen, en
tot aan het voorgebergte van het binnenland, zoo mogelijk tot in het
oerwoud, doordringen. Ik sprak daarover met Dr. Maurer; zijn advies
was, tot den 4^{den} Januari te wachten; wanneer mijn genezing tot dien tijd
regelmatig gevorderd was, kon ik een eerste uitstapje wagen. Hij beloofde,
zelf mijn bezoek op dien dag aan een hem bekenden administrateur eener
plantage te zullen aankondigen. Zeker was het wel een teeken hoe goed
mijn genezing opschoot, dat ik den dag met ongeduld verbeidde.

's Morgens vroeg reeds was ik voor het vertrek gereed. De wagen van Dr. Maurer bracht mij naar het station; even acht uur vertrok de trein, waarvan ik tot het station Bindjej gebruik maakte. Mijn bezoek gold den heer Maschmeyer, administrateur der onderneming Bindjej.

Bij mijn aankomst aan 't station vond ik een wagen voor mij klaar staan. Ik kwam niet geheel als wildvreemde in het gastvrije huis. Bij een avondvisite in het huis van Professor Zimmermann te Buitenzorg had ik de schoonzuster van den heer Maschmeyer, een Münchensche van geboorte, wier man tabaksplanter in de Lampongsche districten op Sumatra is, aan tafel naast mij gehad. Ik wist dus reeds iets van de familie, ook dat Mevrouw Maschmeyer in Bindjej een Münchensche was, en had de groeten van hare schoonzuster over te brengen.

Allervriendelijkst werd ik ontvangen en gaarne werd gehoor gegeven aan mijn wensch, om eens een blik in het bedrijf eener tabaksplantage te staan. In een licht wagentje, door den heer Maschmeyer zelf gemend, reden we naar de velden die in alle richtingen van goede wegen doorsneden zijn.

Het land, dat door de tabaksmaatschappijen voor hare cultuur gebruikt wordt, is eigendom van den Sultan van Deli, van wien zij het voor honderd jaren gepacht hebben. Aan het hoofd van iedere plantage staat een administrateur; ze is in vier tot zes afdeelingen verdeeld, elk door een Europeeschen assistent bestuurd.

Van iedere afdeeling, in grootte altijd nog een Mecklenburgsch riddergoed overtreffend, wordt elk jaar gemiddeld slechts het tiende deel voor den aanplant van tabak gebruikt. De rest ligt braak, en is zeer spoedig weer met gras of laag hout overdekt. De inlanders van een bepaalde streek krijgen volgens kontrakt slechts een deel van het land, het vorige jaar voor den tabaksbouw gebruikt, voor den verbouw van rijst.

Om den grond voor den tabaksbouw in te richten wordt het grasland met karbouwen-ploegen omgelegd. Waar boschvegetatie heerscht, of waar maagdelijk woud voor de eerste maal in cultuur moet worden gebracht, is de arbeid veel zwaarder. De boomen en struiken, die ook zelfs op het reeds eenmaal gebruikte veld in de negenjarige rust al weer reusachtige afmetingen hebben aangenomen, worden gekapt en op de plaats zelve verbrand.

Niettegenstaande de meerdere moeite, die daarbij het gereedmaken van het veld vereischt, trachten toch de planters op de afgeoogste velden den groei van houtgewas te bevorderen, maar dien van het gras tegen

te gaan. Het gras namelijk, dat hier op de braakliggende velden opschiet
is niets anders dan het gevaarlijke, lastig uit te roeien alang-alang, op

Tabaksplantage op Deli.

Deli lalang genoemd. Laat men het ongestoord voortwoekeren, dan kan
het in korten tijd op de bebouwde landen de grootste verwoestingen

onder de cultuurplanten aanrichten. Bovendien bedreigen de menigvuldige branden der lalangvelden allen boomgroei op de plantages, en kunnen zelfs voor de gebouwen noodlottig worden.

Nadat in den loop van de eerste maanden des jaars de van den natuurlijken plantengroei ontdane bodem met hakken omgewerkt en toebereid is, worden daarop in April de jonge tabaksplantjes uitgeplant, die op afzonderlijke zaadbeddingen gekweekt zijn. In Bindjej waren tijdens mijn bezoek reeds zaadbeddingen voor het volgende jaar aangelegd. Ze zijn op dezelfde wijze ingericht als tuinbedden, en worden tegen zon en regen door een lang, smal afdak beschut. De kweekplantjes eischen een zeer zorgvuldige behandeling, de keuze van grond, de regeling der vochtigheid luisteren zeer nauw, en niet zelden verwoesten besmettelijke schimmelziekten de pas ontkiemde planten.

Als de tabaksplanten op het veld uitgeplant zijn, begint men met de preparatieven voor de bereiding van hetgeen geoogst worden zal. In de onmiddellijke nabijheid der tabaksvelden worden de reusachtige droog-schuren opgericht, lange gebouwen met een hoog zadeldak. De balken voor het geraamte worden door het bosch geleverd, de wanden, met tal van luiken, en de dakstukken worden uit atap vervaardigd. Men legt de droogschuren aan die zijde van het tabaksveld, welke grenst aan het veld, dat 't volgende jaar in gebruik zal worden genomen. Op die manier kunnen ze voor twee oogsten gebruikt worden.

In Juli zijn de tabaksplanten opgegroeid tot stengels van een manshoogte. Dan begint de oogst. De bladeren worden afzonderlijk, van onder naar boven, naar mate van hunnen rijpheidstoestand, van den stengel gesneden, en in bundels gebonden naar de droogschuur gebracht, waar zij te drogen worden gehangen. Vroeger hing men de planten geheel met stengel en bladeren in de droogschuren. Het is echter gebleken, dat dan de bladeren zeer ongelijk worden, daar nog gedurende het drogen in de jongste bladeren, als ze met den stengel in verbinding blijven, ontwikkelingsprocessen plaats hebben, die de kwaliteit der tabak bepaald verminderen. Derhalve geeft men tegenwoordig op de meeste plantages de voorkeur aan het afoogsten der afzonderlijke bladeren, dat wel moeielijker en dus duurder is, maar later door den hoogeren prijs van het produkt wordt goed gemaakt.

Wanneer de tabaksbladeren in het hooge, luchtige gebouw den gewenschten graad van droogheid gekregen hebben, dan worden ze uit alle afdeelingen der plantage naar de hoofdafdeeling, den zetel van den administrateur, samengebracht; dáár alleen kan de verdere bereiding van het produkt ter hand genomen worden.

Om mij met de verdere behandeling der tabak bekend te maken bracht de heer Maschmeyer mij, nadat we van de velden teruggekeerd waren, naar de fermenteerschuur. Deze is veel duurzamer en met meer zorg gebouwd dan de droogschuren op de velden. De wanden en het platte dak zijn uit planken vervaardigd, het laatste is met gegalvaniseerd ijzer bedekt. Rondom zijn in de wanden, behalve groote vensters aan de gevelzijde, en in een uitbouw aan de langszijde, tal van luiken aangebracht, die als vensters zijwaarts openslaan. De inwendige ruimte is

Ploegen met ossen op Deli.

dientengevolge helder en luchtig; een opening in het dak, aan den nok, bevordert•de ventilatie in het uitgestrekte gebouw.

Het grootste deel van het inwendige der fermenteerschuur wordt ingenomen door een verhooging, die wel wat van een tooneel heeft, ongeveer 1 M. van den grond. Rondom dit podium blijft langs de buitenwanden een gang van verscheidene meters breedte vrij, waar de tabakssorteerders hun plaatsen hebben. De bundels van de aangevoerde tabak worden eerst op het podium, op daarondergelegde biezenmatten, in hooge, zorgvuldig ineengezette hoopen opgestapeld. Af en toe wordt tusschen de lagen van de opgestapelde tabak een lange bamboe geschoven, waardoor een thermometer tot in het midden van den stapel gebracht kan worden. De hoopen tabak worden van boven met matten bedekt, en nu een tijd lang, onder voortdurende contrôle van het beloop der inwendige temperatuur, aan een gistingsproces overgelaten. Zoodra de temperatuur in de fermenteerende tabak boven een zeker maximum stijgt, wordt de hoop uit elkaar genomen en omgezet, zoodat die bundels, welke tot nu toe buiten lagen, binnen komen te liggen. Soms laat men ook wel, in plaats van één grooten, verscheidene kleine hoopen opzetten. In het algemeen laat het fermenteerproces een menigte variaties toe, die op de kwaliteit der tabak, vastheid, kleur, reuk en smaak invloed kunnen hebben, en de voornaamste taak van den administrateur en zijn beambten is het, na te gaan en te bepalen

Fermenteerschuur.

welken weg men voor een tabaksoogst of voor elk deel daarvan heeft in te slaan, al naar gelang van den aard der bladeren. Voor het bekomen van een volwaardig produkt is een onafgebroken acht geven op het proces tot in zijn kleinste bijzonderheden een onafwijsbare voorwaarde.

Na de fermentatie gaat de tabak in de handen der sorteerders over. In de zijgangen der fermenteerschuur zitten honderden Chineesche arbeiders, telkens twee tegenover elkaar. Tusschen de beide rijen van koelies blijft nog een gang vrij, waarin de Europeesche opzichters heen en weer kunnen loopen om toezicht te houden op het werk der Chineezen. Die koelies, welke met den rug naar den buitenwand zitten, moeten de tabak naar vastheid en kleur sorteeren. Vóór hen ligt een hoop gefermenteerde tabak. Op afstand van een armslengte staan rond iederen sorteerder

achttien of twintig staven loodrecht opgesteld. De ruimten tusschen
die staven vormen de vakken, waarin de gelijksoortige bladeren bijeen
gelegd worden. Gevlekte, gescheurde of doorboorde bladeren, bijzonder
dunne of dikke bladeren in hun verschillende kleurschakeeringen, lichte
en donkere blaren, elke soort wordt apart gelegd. Het heldere licht,
dat van achter door de luiken in den wand op het werk valt, verge-
makkelijkt de onderscheiding der soorten.

De tegenover hen zittende koelies, die den rug naar het podium
gekeerd hebben, moeten de bladeren der verschillende soorten naar de
lengte sorteeren en in bundels binden. Deze bundels moeten een bepaald
aantal bladeren bevatten. Hun aantal vormt den grondslag voor de
berekening van het overeengekomen loon. De aflevering der klaargemaakte bundels heeft plaats in den rechthoekigen uitbouw aan de eene
langszijde der schuur, die door hooge vensters bijzonder veel licht
ontvangt. Daar zitten Chineesche mandoers, die hetgeen de koelies
inleveren inspecteeren en onvoldoend werk afwijzen.

Na deze contrôle worden de bundels van gelijke soort vereenigd.
Inlandsche vrouwen leggen dan verder nog de bundels van iedere soort
naar de lengte, die ze met een plank met inkervingen afmeten, in vier
hoopen, die vervolgens getransporteerd worden naar een ruimte, aan de
fermenteerschuur grenzende, om daar verpakt te worden. Daar worden
de bundels tot pakken samengeperst en in rietmatten genaaid. Zoo
worden het handelbare colli, die van het plantage-merk voorzien, en met
een cijfer en letters gemerkt, waaruit soort en lengte te zien zijn, op
de Europeesche markt verschijnen.

Daar de voorjaarsoogst nog niet geheel verwerkt was, had ik in
de fermenteerschuur op Bindjej genoeg gelegenheid, alle manipulaties,
die elk tabaksblad te ondergaan heeft, in oogenschouw te nemen. De
voormiddaguren waren met de bezichtiging heengegaan. Na het middagmaal moest ik, op voorschrift des dokters, een uurtje rust nemen. Na
het bad evenwel kon ik nog een blik werpen in de interessante ethno-
graphische verzameling van den heer Maschmeyer, die hij door koop en
ruil met de inlanders bijeengebracht heeft.

Ook overigens was er op Bindjej nog allerlei belangrijks te zien.
Op het erf maakten een paar jonge orang-oetans hun toeren in een
speciaal voor hen ingerichte ruimte; binnen een omheining werden eenige
herten gehouden en een ruime stal herbergde, behalve de dienstpaarden
van den administrateur, nog een aantal kostbare renpaarden, die hun
bezitter al menigen prijs hadden opgebracht. Zoo vloog de tijd snel om,
tot ik dankbaar afscheid nam, om per spoor den korten afstand naar

Medan terug af te leggen. Even na zonsondergang kwam ik goed en wel weer in mijn logies aan.

Voor den volgenden dag was mij rust aanbevolen, opdat ik den 6^{den} Januari met frissche krachten een reis van verscheidene dagen zou kunnen beginnen, die mij tot in het oerwoud en in het voorgebergte der Bataklanden brengen zou. Door vriendelijke tusschenkomst van den heer Dr. Schüffner, dien ik op Oudejaarsavond in Maurers huis had leeren kennen en hoogachten, had ik een uitnoodiging gekregen van den

Brug over de Seroewej te Batoe Langkahan (Tamiang).

heer Tweer, Hoofdadministrateur eener groote tabaksmaatschappij. De administratie van den heer Tweer omvat een reeks van plantages, waarvan elk zijn eigen administrateur en in de afzonderlijke afdeelingen Europeesche assistenten heeft. Het land, waarover deze plantages zich uitstrekken, beslaat vele mijlen; de verst verwijderde afdeelingen liggen in het gebergte. De standplaats van den administrateur en de bureaux der administratie bevinden zich in Tandjong Mĕrawa, waar ook het groote hospitaal van de Maatschappij ligt, waarvan Dr. Schüffner directeur is.

Daar ik op verlangen van mijn beminnelijken gastheer en gastvrouw mijn hoofdkwartier te Medan gevestigd bleef houden, waren de toebereidselen voor de reis spoedig afgeloopen. Mariô deed de noodige kleeren voor mij in mijn koffer, en pakte een bundel leeg plantenpapier en eenige stopflesschen in mijn reistasch; al 't overige bleef tot aan mijn terugkeer in mijn kamer achter. Zaterdag 6 Januari 's morgens om half zeven zat ik in Dr. Maurer's wagen voor de afreis gereed, en Mariô ging bij den koetsier op den bok zitten. Eerst reden wij een eind door de stad, daarna op den landweg door bosschen en langs velden, voorbij plantages en door de dorpen der gekleurde koelies.

In Amplas stond overeenkomstig de afspraak een lichte wagen van Dr. Schüffner voor mij klaar. Ik liet aan Mariô, voor wien ik een huurwagen genomen had, de zorg voor de bagage over, en zond den koetsier met Dr. Maurers wagen naar Medan terug. Daarna klom ik op den nieuwen wagen, greep de teugels en in vluggen draf ging het over den goeden weg verder, door lalangvelden en jong bosch. Dr. Schüffner's bediende, die 't wagentje naar Amplas gebracht had, zat achterin, en gaf mij bij zijwegen de richting aan, die ik moest inslaan.

In Tandjong Mĕrawa verwelkomden mij de heeren Tweer en Dr. Schüffner allerhartelijkst. Zij hadden al een weldoordacht plan voor de indeeling van mijn tijd gemaakt, dat daarop gebaseerd was dat ik bij zoo min mogelijk inspanning in den korten tijd, dien ik ter beschikking had, zooveel mogelijk te zien zou krijgen van hetgeen voor mij interessant en bezienswaardig was.

Gedurende het ontbijt, waarvoor de tafel bij mijn aankomst al gedekt stond, kwam Mariô met de *barang* (bagage) aan; dadelijk na tafel kon ik mij verkleeden voor de reis en in den voormiddag nog in gezelschap der beide heeren een uitstap ondernemen in het oerwoud, dat zich niet ver van Tandjong Mĕrawa aan beide zijden van de Soengai (rivier) Serdang uitstrekt.

Het is een echt oerwoud, dat hier te midden der tabakslanden door bijl en vuur verschoond is gebleven, met enkele reuzenstammen en dicht kreupelhout en struikgewas onder de reusachtige kronen, met lianen en epiphyten. Uit de verte en van nabij klonk het geschreeuw der apen in de takken. Door de minder hooge ligging is de samenstelling van het bosch hier echter toch bepaald anders dan in het gebergte. De hoogere temperatuur en de daarmee samenhangende geringe relatieve vochtigheid der lucht moeten daarbij wel een groote rol spelen. De bodem was overal vochtig, en aan regen ontbreekt het hier zeker niet; bij tijden druipen het loof en de stammen. Desniettegenstaande viel de

afwezigheid van mossen en van kleinere varens, die veel water noodig
hebben, in het oog. Deze zachte planten nemen hun water direkt met
de oppervlakte op; de watertoevoer door het inwendige van stam en
bladnerven is maar zeer gering. De zachte bladvlakten kunnen derhalve
slechts daar behouden blijven, waar het waterverlies van de oppervlakte
door een hoog relatief vochtigheidsgehalte der lucht vertraagd wordt. De
warme lucht der vlakte kan meer water bevatten, grootere massa's
water moeten verdampen eer zij verzadigd is, en de zee- en landwin-

Bergweg te Batoe Langkahan.

den, die over de kustvlakte strijken, bevorderen de gelijkstelling van
de lucht binnen het bosch met de drogere atmosfeer der naburige
open vlakten.

De opstijgende luchtstroom brengt daarentegen aan het bosch in
het hooggebergte de warme lucht der vlakte, die, terwijl zij omhoog
gestuwd wordt, afkoelt, en daardoor in vochtigheidsgehalte toeneemt,
zoodat nevels en wolkenvorming optreden, en in elk geval de verdamping aan de oppervlakte der planten wordt tegengewerkt. Op deze wijze

zou de armoede aan mossen in de mangrove-vegetatie en in het kreupelbosch der stranden, de mosrijkdom der bergwouden verklaard kunnen
worden.

Nadat wij het lage hout in verschillende richtingen doorkruist hadden,
en zelfs tot aan den met bamboe en riet begroeiden oever der rivier
waren doorgedrongen, dwong de regen die begon te vallen ons tot
terugkeeren. Dus had ik in den voormiddag nog den tijd om een bad
te nemen en daarbij de patjèts (bloedzuigers) te verwijderen, die zich in
het oerwoud aan mijn lichaam vastgezogen hadden.

Na tafel en het daarop volgende rustuurtje bracht de heer Tweer
mij in de reusachtige fermenteerschuur en naar de overige plantage-
gebouwen, en eindelijk ook in het hospitaal. Ik vernam hier veel over
de eigenaardige arbeiderstoestanden op de tabaksplantages. Ieder ras heeft
zijn bijzondere taak en werkzaamheden. De Maleische arbeiders zorgen
voor het ontginnen van den boschgrond en het aanleggen van wegen;
de Javanen zijn goede tuinarbeiders en vertrouwbare boden, de Bengaleezen worden als politiedienaars gebruikt en zien er in hun drillen Kaki-
uniformen met hun reusachtigen tulband bepaald statig en ontzagwekkend
uit. De Klingaleezen zijn karbouwenjongens en karrenvoerders. Het hoofd-
contingent der arbeiders op de velden en in de fermenteerschuur echter
wordt door de Chineezen gevormd. Op iedere afdeeling der plantage
worden bij den veldarbeid ongeveer honderd koelies te werk gesteld.
De Chineezen worden onder dak gebracht in groote zoogenaamde kongsihuizen, voor de Maleiers en andere kleurlingen zijn afzonderlijke kampongs aangelegd.

De vreemde koelies moeten zich bij hun aanneming voor een zeker
aantal jaren verbinden; zij worden volgens contract betaald. Voor zieke
koelies heeft iedere Maatschappij een eigen ziekenhuis, dat meest uit
verscheidene gebouwen bestaat. Het groote hospitaal der Delimaatschappij
in Medan heeft voor de gekleurde arbeiders zeven reusachtige kongsihuizen,
waarin voortdurend verscheidene honderden zieken verpleegd en genees-
kundig behandeld worden. Het is in het belang der tabaksondernemingen,
een gezonde arbeiderskolonie te hebben, en dus heeft men er overal naar
gestreefd, bekwame doktoren als directeuren der hospitalen aan te stellen;
en in de gevallen die ik bij eigen ervaring heb leeren kennen, heeft men
ook niet geschroomd, op aanwijzing der doktoren de hospitalen met
groote kosten tot hygienische modelinrichtingen te maken.

In de hooge, luchtige, goed geventileerde zalen liggen de zieken,
naar hun gewoonte, op houten britsen, die gemakkelijk te reinigen en
te desinfecteeren zijn. De wanden der zalen zijn wit gekalkt, de vloer is

van cement. De grootste zindelijkheid wordt in de zalen en bij elken
zieke in acht genomen. Voor goed drinkwater is gezorgd, evenzoo
voor badgelegenheid. De medicijnen worden in eigen apotheek bereid,
het voedsel voor de zieken naar aanwijzing en onder toezicht van den
dokter in een eigen hospitaalkeuken. Zoo wordt alles gedaan wat naar
menschelijke berekening het lot der zieken verlichten kan.

Onder de ziekten spelen dysenterie, malaria en typhus een hoofdrol
en helaas ook de noodlottige Sumatraansche ziekte berri-berri. Met innig
medelijden heb ik een aantal aan berri-berri lijdende Chineezen beschouwd,
die naar het oordeel van den arts onvermijdelijk een vroegen dood ten
offer vallen moesten; de booze ziekte trotseert alle pogingen tot genezing.
Zoolang men geen nadere kennis heeft opgedaan van den vijand, die
onder den naam berri-berri op verraderlijke wijze jonge levens wegraapt,
moet de ziekte voor ongeneeslijk gehouden worden.

Bij het invallen der duisternis hadden wij onzen omgang geëindigd.
Na het avondeten verzamelden wij ons op de luchtige voorgalerij van het
in Engelschen bungalow-stijl gebouwde huis van den heer Tweer voor
een gezellig partijtje écarté. Wij zorgden er voor, de zitting niet te lang
te doen duren, daar voor den Zondag een grootsche onderneming op
ons program stond. Op dien dag wilde de heer Tweer mij in de hoogst-
gelegen afdeeling van zijn gebied brengen, en had daartoe omvangrijke
maatregelen getroffen. Per telefoon en met boden waren op verschillende
plaatsen versche paarden vooruit besteld, want de afstand dien wij hadden
af te leggen was zeer groot.

's Morgens om vijf uur, toen het nog volslagen duister was, zaten
wij al in den wagen; de heer Tweer mende, ik zat naast hem op den
bok. Achter zat de *toekang-koeda* (paardenjongen), een vlugge Javaan,
die bij steile hellingen naast den wagen moest loopen, op smalle bruggen
en bij andere gevaarlijke passages het paard aan den teugel leiden en
bij het halt houden de zorg voor paard en wagen op zich nemen moest.
Mariô moest thuis blijven, omdat hij gemist kon worden en ons wagentje
onnoodig bezwaard zou hebben. Hij moest de den vorigen dag gevulde
planten-papieren in de zon zetten.

De rit door het lage hout in het eerste uur, terwijl de duisternis
van den nacht nog worstelde met den aanbrekenden dag, was fantastisch. In
het eerst was in het donkere woud weinig meer te hooren dan de
ruischende morgenwind in de toppen, en af en toe een ver gekrijsch van
apen. Hoe meer zonsopgang naderde, des te vaker vernamen wij het
kraaien der wilde hanen in het struikgewas, een duidelijk „Kikeriki",
waarvan evenwel de laatste lettergreep, anders dan onze hanen gewend

zijn, kort afgebeten wordt. De dieren zijn zeer schuw en lastig te vangen. Ik zag later op een plantage een schoon exemplaar in gevangenschap, het leek in grootte en gestalte veel op een kleinen boerenhaan. De kleuren zijn zeer levendig en bont, vooral trekt een goudbruine kraag om den hals de aandacht, en de donkere, met zwartgroenen weerschijn schitterende, gebogen staartvederen.

Toen de zon opging zagen wij bij een buiging van den weg, midden in het bosch, eenige Maleiers voor ons, die een versch paard voor ons gereed hielden. Het verspannen was spoedig afgeloopen, en nadat de heer Tweer nog bepaald had om hoe laat het paard 's avonds voor den terugrit ter omwisseling klaar moest staan, ging het in draf weer verder. Wij bleven bijna voortdurend in het bosch; de hoogte der boomen verschilde naar gelang van het aantal jaren, verloopen sedert de bodem tabak gedragen had.

Uitgestrekte lalangvelden waren nergens te zien; waar het gras in de afgeoogste velden opschiet wordt het door koelies neergetrapt en met planken neergedrukt, zoodat de verbrijzelde halmen zich niet meer opheffen kunnen en., terwijl ze vergaan, een bedekking op den bodem vormen, die aan het snel opschietende hout geen hindernis in den weg legt. In de schaduw van het opkomende bosch kan het gras later niet meer gevaarlijk worden.

Op sommige plaatsen waren op de afgeoogste velden aanplantingen van djati-boomen (Tectona grandis) aangelegd; het hout daarvan wordt wegens zijn vastheid en kleur voor balken en planken bij het bouwen der huizen op de plantages boven ander werkhout geprefereerd. Overigens vertoont het jonge bosch de gewone samenstelling; veel Hibiscus komt voor, en hier en daar wilde pisang; ook Lantana is niet zeldzaam. Hooger zag ik menigmaal de groote stengelbladeren en de opvallend bilaterale vruchttakken der Abroma fastuosa tusschen andere struiken.

Na twee uren rijdens kwamen we aan de plantage Patombah. Wij hielden er slechts stil zoo lang als noodig was om van paard te verwisselen. Nog een uur rijdens bracht ons naar de hoofdafdeeling der plantage Goenoeng Rinté, waar nogmaals van paard gewisseld werd. Van daar af steeg de weg meest tamelijk gelijkmatig. Wij gingen heele afstanden ver door maagdelijk woud, langs de rivier, die in een diep uitgeslepen kloof, geheel door ondoordringbaar groen netwerk verborgen, zich ruischend naar het dal spoedt. Af en toe trokken wij op houten bruggetjes over smalle beekjes, die van de berghellingen hun water naar de rivier zenden. De weg was overal goed te berijden; op vele plaatsen was het een diep in den roodachtigen bodem ingesneden holle weg.

Nadat wij onderweg in het bosch nog eens een versch paard gekregen hadden, kwamen we eindelijk tot ons doel, de hoogst gelegen afdeeling der plantage Goenoeng Rinté.

Deze afdeeling ligt eigenlijk midden in het oerwoud, en op vele plaatsen, waar de steilheid van het terrein den aanleg van tabaksvelden bemoeilijken zou, heeft men midden in het perceel groote stukken oerwoud onaangeroerd gelaten. In de nabijheid van zulk een maagdelijk bosch, waar we voorbij reden, stegen wij uit den wagen. De toekang

Nieuwe weg te Kota Lambaroe (ten N. van het Toba-meer).

koeda kreeg opdracht, paard en wagen naar de woning van den assistent te brengen en onze komst aan te kondigen. Een kleinen afstand moesten we door het tabaksland van het vorige jaar, maar ook daar was al zooveel onkruid en struikgewas opgeschoten, dat het volstrekt niet gemakkelijk was, er door te dringen. Een pad, dat men vroeger naar het oerwoud had aangelegd, was zoo dichtgegroeid, dat wij er geen spoor meer van vonden. Wij moesten dus ons zelf met de golok (kapmes) een doortocht door het struikgewas aan den rand banen,

6*

hetgeen den heer Tweer, die er niet van af te brengen was, mij den weg te effenen, menigen zweetdroppel kostte.

Eindelijk kwamen we er door, en bereikten door gemakkelijker begaanbaar bosch den rand van een zandige beekbedding. 't Zag er hier heel wat anders uit dan in het bosch bij Tandjong Mĕrawa; alle stammen waren met mossen en kleinere varens bedekt en lange groene slingers van Meteoriumsoorten hingen van de takken af. Op de vergane overblijfselen der omgevallen boomen en op den grintachtigen bodem groeiden allerlei zeldzame gewassen; zoo, bijvoorbeeld, in de beekbedding een van die zeldzame Streptocarpussoorten, die in hoofdzaak uit een enkel groot

Bataksch huis op Deli.

blad bestaan, dat aan de basis wortels en bloesemuitspruitsels schiet. Ook vond ik eenige Niphobolussoorten, waaronder tot mijn groot genoegen den zeldzamen Niphobolus mummulariaefolius.

Ofschoon ik mijn reiszak spoedig vol had, viel het mij toch zwaar van het heerlijke oerwoud afscheid te nemen, toen de heer Tweer tot vertrekken aanmaande. Wij hadden op onzen weg naar de woning van den assistent, waar onze wagen ons wachtte, nog een Batakdorp te passeeren, hetgeen mij nog veel eigenaardigs te zien gaf. De vorm der huizen gelijkt hier wat op die in Atjeh, alleen loopt de romp van het op palen staande gebouw van onder nog meer toe, en is het dak, waarvan de uiteinden uitsteken, nog hooger. De ladder, die toegang tot de voorgalerij van 't huis geeft, was veel primitiever dan de trap der Atjehers: zij bestond eenvoudig uit een boomstam met inkepingen.

De Bataks zijn voor een deel nog Heidenen, en hun trek naar menschenvleesch, is, tenminste in de meer afgelegen streken, niettegenstaande alle strafbepalingen van het Gouvernement, nog niet geheel onderdrukt. [1]) Zij houden zich bezig met rijstbouw, vruchtenteelt en het fokken van varkens. Dit laatste is wellicht een krachtige oorzaak geweest waarom de Islâm, die bijna het geheele eilandenrijk veroverd heeft, bij hen nog niet veel ingang heeft gevonden; want zij zouden dan om des geloofs wille van een rijke bron van inkomsten en een geliefkoosd voedingsmiddel afstand hebben moeten doen.

De kleeding der dorpsbewoners was niet bijzonder overvloedig, zindelijk of sierlijk. De vrouwen dragen als sieraad groote in elkaar gedraaide zilveren stangen door beide ooren, zoo zwaar dat ze, om door hun gewicht het oor niet te verscheuren, aan den hoofddoek bevestigd moeten worden [2]).

Na korte rust in het huis van den assistent, die ons met spijs en drank verkwikte, begonnen wij de terugreis, waarbij de verwisseling van paarden op dezelfde plaatsen als 's morgens plaats had.

Nog vóór wij de hoofdafdeeling van Goenoeng Rinté bereikten, overviel ons de regen, die ons, ondanks het beschermende dak van het rijtuig en onze mantels, in korten tijd tot op de huid doorweekte. Wij namen dus op Goenoeng Rinté voorloopig onzen intrek. De administrateur, de heer Heike, leende ons droge kleeren en zette ons een maaltijd voor, die wij ons goed lieten smaken, nadat wij ons in het bad van de tallooze *patjèts* (springende bloedzuigers) ontdaan en ons verkleed hadden.

Zoodra het weer het toeliet, zetten wij onzen rit voort. In Patombah wisselden wij een korten groet en handdruk met den administrateur aldaar, den heer Klein. Kort na het invallen van de duisternis hielden wij met een dampend paard voor het woonhuis des heeren Tweer in Tandjong Mĕrawa halt.

Voor Maandag-morgen had Dr. Schüffner een uitstapje met mij beraamd. Ik had den wensch uitgesproken, een oerwoud te zien, dat voor ontginning gerooid was. Aan den eenen kant interesseerde het mij te zien, op welke manier de verbranding van zulk een geweldige houtmassa in zijn werk gaat, aan den anderen kant hoopte ik in de takken der gevelde woudreuzen allerlei, anders volslagen onbereikbare, orchideën en epiphytische varens te kunnen vinden.

Zulk een geveld, of, zooals de technische uitdrukking in Deli luidt, *getĕbast* oerwoud bevond zich in een afdeeling der plantage Soengei bĕhasa. Dat was in den vroegen morgen het doel van onzen rit. Op de hoofdafdeeling der plantage, die wij na eenmaal van paarden gewisseld

---

[1]) Vergelijk echter blz. 95.
[2]) Voor nadere bijzonderheden aangaande de Bataks zie men het volgende hoofdstuk.

te hebben bereikten, sloot de administrateur, de heer Wiedemann, zich bij ons aan en bracht ons naar de betrokken afdeeling. Daar verlieten wij den wagen en gingen te voet een eind door een prachtig, nog staande gebleven oerwoud, waar de hooge grijze stammen door het dichte onderhout schenen. Mossen en varens waren hier weer zeldzaam. In het getĕbaste deel van 't bosch, dat we weldra bereikten, was het een gewirwar, onder en over elkaar, van reusachtige stammen, takken en twijgen.

De verbranding van het hout geschiedt op zeer eigenaardige wijze. Aan den top van den gevelden reus wordt vuur aangelegd, dat het hout aan 't gloeien brengt. De luchtstroom, door de ontwikkelde warmte opgewekt, doet het gloeien onafgebroken voortduren, zoodat langzamerhand de geheele stam van twintig en meer meters lengte verteerd wordt, zonder dat ooit de gloed tot een helle vlam uitslaat. Het rondklauteren in het warnet van takken vermoeit spoedig, en daar ik ook al gauw genoeg verzameld had, braken wij van hier op naar de woning van den assistent der afdeeling; van daar bracht onze wagen ons naar de hoofd-afdeeling en daarna, na kort oponthoud om van paarden te wisselen, naar Tandjong Mĕrawa terug. Wij kwamen nog juist bij tijds voor het middageten daar aan, den laatsten maaltijd, dien ik gebruiken kon bij den beminnelijken, gastvrijen heer Tweer, en in gezelschap van Dr. Schüffner, wien ik zooveel te danken had. In den namiddag reed ik met Mariô naar Medan terug. Een dag vertoefde ik nog onder het gastvrije dak van het echtpaar Maurer. Daarna moest ik ook hier van de lieve vrienden afscheid nemen en voerde de Hollandsche boot mij uit het land, waar ik in korten tijd zooveel beleefd had, treurigs en vroolijks, kwaads en goeds.

HOOFDSTUK IV.   EEN EN ANDER OVER DE BATAKS.

De residentie Sumatra's Oostkust, waarin de verschillende tabaks-ondernemingen gelegen zijn die in het reisverhaal van Prof. Giesenhagen genoemd werden, herbergt behalve de aan de kusten gevestigde Maleiers, en de duizenden vreemdelingen die de tabakscultuur er heen gebracht heeft, verschillende stammen van het zoo merkwaardige volk der Bataks. Ook in de residentie Tapanoeli ter Westkust en in de onafhankelijke streken, door de beide genoemde residenties ingesloten, vindt men de Bataks gevestigd.

Als kern van de Bataklanden kan men de grootendeels nog onaf-hankelijke streken rondom het Tobameer beschouwen, voornamelijk het

Panorama tegenover Naga Sariboe. (*a* de Snabong).

daarin gelegene schiereiland Samosir. De omgeving van het meer is een, grootendeels boomlooze of met laag hout begroeide, hoogvlakte, die zich van Atjeh's Zuidgrens tot aan de afdeeling Padang Lawas der residentie Tapanoeli uitstrekt. Door een hoog randgebergte is deze hoogvlakte van de residentie Sumatra's Oostkust gescheiden; slechts een viertal passen vormen de verkeerswegen tusschen het plateau (de hoogvlakte) en Deli. Vóór de vestiging van het Nederlandsche gezag op Sumatra strekten de onafhankelijke Bataklanden zich uit van Tĕroemon in het Noorden tot aan het Ophirgebergte op de grens der Padangsche Bovenlanden. Allengs werden meer landstreken onder rechtstreeksch bestuur van het Nederlandsch-Indische Gouvernement gebracht, hetzij na strafexpedities tengevolge van invallen op Gouvernementsgebied of onderlinge twisten, hetzij door vrijwillige erkenning van ons gezag door hoofden en bevolking.

Het Toba-meer, welks waterspiegel meer dan 900 M. boven dien der zee ligt, werd in 1853 ontdekt door den afgevaardigde van het Nederlandsche Bijbelgenootschap, den bekenden taalgeleerde Dr. H. Neubronner van der Tuuk; sedert werd het af en toe door enkele Europeanen bezocht, terwijl in 1887 von Brenner en von Mechel er in slaagden, het van Noord naar Zuid over te steken, waarbij zij eenigen tijd te Lottoeng gevangen gehouden werden. Het gezicht op het meer van den berg Tandoek Benoea aan den Noordelijken oever wordt door von Brenner als volgt beschreven: „Heerlijk en grootsch was het beeld, dat zich ons vertoonde, ja niets wat wij ooit vooraf gezien hadden was er mee te vergelijken. Ver weg reikte onze blik, veel verder dan wij vermoed hadden, in het Zuidoosten glinsterde aan den horizont zelfs een streep van den grooten Indischen Oceaan, die Sumatra bespoelt, en aan onze voeten, duizend meter diep, lag in zijn volle ernstige en imposante schoonheid het Tobameer, een breede, donkerblauwe en toch schitterende watervlakte, waaruit op een afstand van 31 K.M. een groot bergachtig eiland met violetroode tinten zich verhief. Steile, donkere oevers van zeshonderd meter hoogte, die talrijke bochten vormen, omsluiten het meer, terwijl dicht voor ons, uit den voet van den Tandoek Benoea voortkomend, een hamervormig, $4^1/_2$ K.M. lang schiereiland uitsteekt, dat den naam Palangit (Sipalangit) draagt, en den noordelijken oever een karakteristiek voorkomen geeft. Ieder deel der langszijden van dit eiland vormt een ongeveer 400 M. hoogen, gelijkmatig boven den waterspiegel oprijzenden heuvel, waartusschen zich in het midden nog een derde bevindt.

„Aan beide zijden van het Toba-eiland (Samosir) is het meer smal, vooral aan den rechterkant (slechts 1 K.M.); daar moet het tevens zoo ondiep zijn, dat bij laag water zelfs een roeiboot er niet door varen kan; men kan dan ook van den oever naar het eiland het water doorwaden, ja er wordt zelfs rijst in geplant [1]). Dicht aan den oever verheft zich daar de vulkaan Poesoek Boekit, die zeker wel aan de ondiepte van deze meerengte schuld zal dragen. Daar tegenover op den anderen oever, op een afstand van 27 K.M. ontwaart men een langgerekten berg, waarachter in wazige verte nog andere bergreeksen zichtbaar worden. Het eiland verdeelt het meer in twee helften: de noordelijke, grootste, Tao Si Lalahé of Laoet Tawar, en de zuidelijke, Tao Moewara, die aan onze blikken onttrokken is.

„De steile oevers belemmeren de menschelijke nederzettingen, die zich bijna uitsluitend in de bochten bevinden, en slechts voor het kleinste deel zichtbaar zijn. Dit is oorzaak, dat de streek er zoo doodsch, leeg en verlaten uitziet, alsof dit meer door des hemels toorn geschapen ware." [2])

Geen wonder dan ook dat het meer door de Bataks zelf als heilig beschouwd werd, en voor vreemdelingen ontoegankelijk was, te meer nog omdat aan zijn zuidelijken oever, te Bakkara, langen tijd een soort geestelijk opperhoofd gevestigd was, door alle Bataks erkend, die den naam droeg van Si Singa Mangaradja. De eerste Singa Mangaradja zou, naar de Bataksche legende, de zoon van een hemelsch wezen en eene vrouw geweest zijn. Zeven jaren lang bleef de vrouw zwanger, en gaf ten slotte het aanzijn aan een wezen, dat meer op een pak watten of kapok dan op een kind geleek. Maar toen de teleurgestelde vrouw en haar man dit voorwerp buiten de deur gooiden, sprong het pak open en een schoone knaap kwam er uit te voorschijn.

Verheugd besteedden de vrouw en haar man nu alle mogelijke zorg aan dit wonderkind, en met goeden uitslag, want hoewel de jongen bijna geen voedsel gebruikte was hij weldra volwassen en erg wijs voor zijn leeftijd. Een bijzonder kenteeken was dat hij haar op de tong had.

Als jongeling vertoonde hij aan den eenen kant de grootste goedhartigheid voor ongelukkigen, betaalde de schulden van anderen, kocht misdadigers of schuldenaars los uit het blok; maar verkwistte aan den anderen kant het goed zijner ouders door zijn hartstocht voor het dobbelspel. Dit liep zoo erg, dat zijn ouders hem ten slotte geen geld, ja zelfs geen eten meer geven wilden. Ten einde raad begaf hij zich naar den Sultan van Atjeh, en werd door dezen begiftigd met een

---

[1]) Terwijl Von Brenner van een „eiland" spreekt wordt gewoonlijk dit deel voor vastland gerekend, Samosir een „schiereiland" geacht.

[2]) Von Brenner. Besuch bei den Kannibalen Sumatra's.

strijdolifant, een lans, twee sabels, en een mat als rijksinsiges, en
waarschijnlijk ook met zijn titel.

Reeds vóór zijn vertrek naar Atjeh had hij staaltjes van zijn
goddelijken oorsprong aan zijn landgenooten gegeven. Zoo had hij de
gewoonte af en toe met de voeten in de lucht, en het hoofd naar
beneden hangende, te slapen; en de lieden die hem in deze ongewone
houding aantroffen, bespeurden weldra dat zijn voorbeeld aanstekelijk op
de rijsthalmen begon te werken daar deze, ook omgekeerd gingen
groeien, met de wortels in de lucht. De gewone orde van zaken werd
pas weer hersteld, nadat men den bovennatuurlijken jongeling ter hulp
had geroepen en een feest te zijner eere had gegeven. Natuurlijk
koesterde men sedert dien tijd den grootsten eerbied voor hem, ja een

Bataksch paardje.

soort goddelijke
vereering, die op
al zijn nakome-
lingen is overge-
gaan, zoodat de
Bataks den Singa
Mangaradja be-
schouwen als een
hunner goden, op
aarde vertoeven-
de. [1)

Misschien is
het gaan naar
Atjeh in deze
legende het histo-
rische moment, en
is de oorsprong van het gezag der Singa Mangaradja's een soort van
aanstelling, door den eertijds als zoo machtig erkenden Sultan van Atjeh
aan een Bataksch hoofd gegeven. De ontvangen rijkssieraden, en ook
het haar op de tong, zijn op de afstammelingen overgegaan; den
olifant evenwel had de stamvader al verloren bij zijn strijd tegen twee
stamhoofden, waarin hij verslagen werd, zoodat twee complexen van
marga's (stammen), Littoeng en Borbor genaamd, zijn heerschappij niet
erkennen. Achtereenvolgens moest de Singa Mangaradja, als vijand van
het Gouvernement, zijn zetel van Bakkara verplaatsen naar Littoeng en
Pea Radja in Dairi; daar heeft de tegenwoordige titularis nog zijn

---

[1)] Zie P. A. L. E. v. Dijk in Tijdschrift Bat. Gen. Dl. 38.

residentie, en wacht zich zeer voor aanraking met Europeanen. Hoewel zijn invloed natuurlijk thans gering is, koesteren de Bataks, ook zelfs zij die onder rechtstreeksch Europeesch bestuur staan, nog altijd een bijgeloovigen eerbied voor hem. Aan het eerste hoofd van den naam schrijven zij de invoering toe van tal van wetsbepalingen op allerlei gebied. [1])

De Bataks zijn verdeeld in verschillende hoofd- en onderstammen, die elk op het uitgestrekte gebied der Bataklanden hun eigene woonplaats hebben. Van het Zuidoosten naar het Noordwesten gaande kan men vooreerst de drie hoofdafdeelingen der Mandaïlingers, Toba's en Dairiërs onderscheiden, een indeeling die met de drie hoofddialecten der Ba'aksche taal samenvalt. Ten Westen van het Toba-meer, in de bovenlanden der Westkust, wonen voorts nog de Pakpak-Bataks, ten Noorden de Karo-, ten N.-O. en O. de Timor-Bataks met hun onderafdeeling de Raja-Bataks. Al deze verschillende stammen, hoewel blijkbaar tot één volk behoorende, toonen onderling zeer vele verschilpunten; de Timor's vertoonen de meeste overeenkomst met de Tobaneezen, en in taal met de Mandaïlingers; de Karo's schijnen 't naast met de Pakpaks verwant te zijn. Deze afwijkingen worden nog in de hand gewerkt door de verschillende omstandigheden, waaronder tegenwoordig de onderscheidene deelen van het Baksche volk leven. Vooreerst wordt groote invloed geoefend door het Nederlandsche bestuur, een invloed waarvan de onafhankelijke Bataks tot nu toe veel minder bespeuren dan de onder rechtstreeksch gezag gebrachte. Vooral van de laatste is een zeer groot deel in den loop der tijden tot het Mohammedanisme overgegaan; daardoor zijn niet alleen een aantal hunner gebruiken, die met den Heidenschen godsdienst in verband stonden, door hen verlaten, maar ook stellen zij er een eer in, zooveel mogelijk in alles, vooral in kleeding, de Maleiers na te volgen. Ook heeft het Christendom, gepredikt door Duitsche en Nederlandsche zendelingen, (van het Rijnsche, en van het Nederlandsche Zendelinggenootschap te Rotterdam) zoowel onder afhankelijke als onafhankelijke Bataks ingang gevonden, en de ruwste volksgebruiken bij zijn aanhangers doen verdwijnen. Het is ook hier gevaarlijk, te veel te generaliseeren, maar men kan met voldoenden grond aannemen, dat de zeden en gewoonten, nu nog bestaande bij die stammen welke het minst met hoogere beschaving in aanraking zijn geweest, met slechts geringe verschilpunten vòòr niet zeer langen tijd ook bij hun nu beschaafdere verwanten werden aangetroffen.

---

[1]) De tegenwoordige titularis is voor ruim 2^1/$_2$ jaar tot den Islâm overgegaan en heeft kort geleden zijn onderwerping aan het Gouvernement aangeboden.

In Deli zijn het in hoofdzaak de Karo-Bataks, met wie men in aanraking komt. De naam Karo's is ontleend aan een der vijf stammen
waarin ze verdeeld zijn; hunne hoofden moeten steeds tot de marga
(stam) Karo-karo behooren. Reeds lang geleden moeten er volkplanters

Bataksch type.

van de hoogvlakte
naar de beneden-
landen gekomen zijn;
nog geruimen tijd
oefenden de kam-
pongs op het plateau
invloed uit op hun
doesoen's of nederzet-
tingen in de boven-
landen der kuststre-
ken. In tegenstelling
met de bewoners der
hoogvlakte worden
de Karo's van Deli
Doesoen-Bataks
genoemd.

Bij de beschrij-
ving der godsdien-
stige begrippen van
de Bataks, een hoofd-
factor voor de kennis
van de meeste hunner
zeden, zullen we ons
tot de Karo's bepalen;
en verder een blik
slaan in de eigen-
aardige inrichting van
gezin en familie, zoo-
als die bij het geheele
Bataksche volk, met
plaatselijke wijzigin-
gen natuurlijk, voor-
komt. Vooraf gaan
eenige opmerkingen omtrent voorkomen, karakter, kleeding en woning.
De Batak is van middelbare lengte en krachtig van gestalte, vooral
de mannen; zijn jukbeenderen steken niet zoo ver uit als van de eigenlijke

Maleiers; zijn oog is zwart en groot, de mond is bijzonder breed en geeft aan de uitdrukking van 't gelaat iets wilds; de neus is niet bijzonder stomp; het haar is sluik, koolzwart en dik. De tanden, van nature schitterend wit, worden ook bij de Bataks, vooral bij de vrouwen, gevijld en zwart gemaakt.

Kropgezwellen komen vooral in het gebergte zeer veel voor.

Als goede karaktertrekken van den Batak worden geroemd zijn gastvrijheid en de groote gehechtheid van ouders aan de kinderen en omgekeerd, vooral van de kinderen aan hun moeder. Voorts zou ook een groote weetgierigheid onder de deugden kunnen worden opgenomen wanneer die niet meestal in bloote nieuwsgierigheid ontaardde, waarbij men gewoonlijk niet eens meer naar het antwoord luistert. De Batak is openhartig van natuur en verstaat niet de kunst, zijn gevoelens te verbergen; daartegenover staat een groote mate van achterdocht en wan-trouwen, waardoor hij niet licht zijn vertrouwen schenkt. Hij toont veel onafhankelijkheidszin en zijn eergevoel is licht gekwetst, vooral door onrecht-vaardige behandeling, of door berisping of straf, in 't openbaar ondergaan.

In het algemeen, en vooral op sexueel gebied, is hij uiterst materia-listisch, bij het cynische af, althans op meer gevorderden leeftijd. Jonge-lieden evenwel zijn nogal poëtisch aangelegd, hetgeen zich vooral openbaart in den omgang tusschen de beide geslachten. In Mandaïling bijvoorbeeld slapen de huwbare meisjes niet meer in het ouderlijk huis, maar in de woning van een ongehuwde oudere vrouw (gescheidene of weduwe). Daar ze dus onder toezicht staan, mogen ze in deze „*bagas podoman*" bezoeken van de jongelingen ontvangen. Tusschen deze en de meisjes heeft dan een wisseling van complimèntjes of liefdesbetuigingen plaats, vervat in de zoogenaamde „ende's", vierregelige versjes, wier beide eerste regels gewoonlijk met de twee laatste in geen verband staan, maar alleen de rijmwoorden voor deze moeten leveren. Onder de Karo's uiten soms de jongelieden de gevoelens huns harten door op bamboedoosjes of kokertjes hun minneklachten *(bilang-bilang)* te griffen. „De aldus beschreven voor-werpen vormen zeer in trek zijnde cadeautjes voor jonge meisjes, die zich dan des avonds in den helderen maneschijn de hartroerende woorden door een of ander jeugdig schriftkundige laten verklaren, wat dan weer tot verdere beschouwingen en uitweidingen op Amor's gebied aanleiding geeft." (Assistent-resident Westenberg).

Een ondeugd, waarvoor de Bataks zelfs bij andere inlanders te boek staan is hun onzindelijkheid op lichaam en woning. Alleen de bewoners van Sibaloengoen (ten O. van het Meer; ook wel genoemd: Sìmĕloengoen) moeten zich op dit stuk gunstig onderscheiden.

Sommigen noemen de Bataks lui, anderen brengen daartegen in, dat de meeste tropische volken gewoonlijk niet meer doen, dan voor hun levensonderhoud noodig is, en dat de behoeften van de Bataks, vooral van hen die nog bijna niet met de beschaving in aanraking kwamen, uiterst gering zijn. Hierin evenwel zijn alle beschrijvingen eenstemmig, dat de man buitengewoon veel werk aan de vrouw overlaat, en dat de Baताksche vrouw inderdaad zeer ijverig kan genoemd worden.

Dat de Bataks twistziek zijn, blijkt voldoende uit de onophoudelijke oorlogen, die in de onafhankelijke landen gevoerd werden of worden; bij die twisten komt echter duidelijk genoeg uit, dat zij niet veel moed bezitten. De oorlogen tusschen de verschillende dorpen plegen van een oorlogsverklaring vooraf te gaan. Dit is de zoogenaamde *poelas* of *moesoeh berngi*, een bamboekoker waarin de reden van de oorlogsverklaring in Bataksche letters gegrift is, vergezeld van eenige symbolische teekenen van roof, moord en brandstichting, b.v. een poppetje met afgeslagen hoofd, een model van 't blok waarin men gevangenen met de voeten

Poelas (Oorlogsverklaring of brandbrief).

sluit, een stukje idjoek, waarvan een deel is afgebrand enz. Ook worden dergelijke vriendelijkheden wel door personen die zich verongelijkt achten op het erf hunner persoonlijke vijanden gedeponeerd, en zoo komt het ook wel voor, dat Europeesche ondernemers ter Oostkust ze aan een of ander gebouw der plantage opgehangen vinden. Is een overleden persoon partij in de zaak, dan voert de opsteller van den brandbrief, meestal een bloedverwant, den *begoe*, den geest des overledenen, sprekende in; b.v.

„Dezen brief hang ik op, zegt de begoe van Si Ikoet, om te

zeggen dat, wanneer Si Lankat niet terug doet keeren mijne twee menschen (b.v. Si Ikoet's vrouw en kind), wanneer hij die niet terug doet keeren, dan sticht ik brand en dood ik menschen, zegt de begoe van Si Ikoet.''

Ook van redetwisten is de Batak een groot vriend; de liefhebberij voor eindelooze redevoeringen, waarbij hij zich een geboren redenaar en advokaat toont, heeft hij met de meeste volken van Sumatra gemeen. Behalve voor het houden van redeneeringen heeft hij ook een sterken hartstocht voor dobbelspel en hanegevechten. En voor het verorberen van menschenvleesch? Spreekt men van de Bataks, dan denkt menigeen nog steeds het eerst aan een volk van mensoheneters. In dit opzicht zijn de Bataks, althans tegenwoordig, heel wat beter dan hun

Bataksche krijgslieden.

faam. Een tien- of twintigtal jaren kwam het eten van menschenvleesch nog tamelijk wel over het geheel der Bataklanden voor, thans zal het in de verst verwijderde streken nog wel eens plaats hebben, maar over het algemeen behoort het tot de geschiedenis en schamen vele Bataks zich voor deze

vroegere ondeugd van hun volk. Het meest berucht in dit opzicht waren de Pakpak's en tot voor een vijftal jaren kwam het ook in het landschap Sibaloengoen nog voor. Maar steeds werden alleen in bepaalde gevallen menschen geslacht en opgegeten, n.l. bij wijze van straf, voor hen die overspel gepleegd hadden met de vrouw van een hoofd, of op andere wijze de adat overtreden. Ook krijgsgevangenen, of vreemdelingen die als spion werden opgevangen, werden gedood en verslonden. Zulk een slachtoffer werd evenals een karbouw aan een paal gebonden, gedood, en het vleesch onder de aanwezigen verdeeld. Dat onder deze omstandigheden sommigen wel eens smaak in menschenvleesch kregen is te begrijpen; dergelijke lieden zochten dan buiten de vastgestelde gevallen om aan hun onmenschelijken lust te voldoen, door het slachten van slaven of door hen geroofde lieden; maar zoo iets moest altijd in het geheim gebeuren.

Menschenvleesch werd hoofdzakelijk door oudere lieden gegeten: daarom werden voor de jongeren en voor hen die er een tegenzin in hadden, tegelijk met het menschenoffer, ook dieren geslacht. In sommige streken mochten ook de hoofden nimmer menschenvleesch nuttigen: wanneer die er eenmaal smaak in kregen, kon het voor hun onderhoorigen gevaarlijk worden!

Dat wreedheid een der Bataksche karaktereigenschappen is kan reeds blijken uit de wijze, waarop gevangenen in verzekerde bewaring worden gehouden. Men sluit hen n.l. met een der beenen in een zwaar blok, dat zoo duchtig verzekerd wordt, dat het haast niet meer te openen is. Zoo lang iemand in het blok gesloten is, wordt hij bijna geheel aan zijn lot overgelaten; hij vervuilt geheel, vergaat bijna van het ongedierte, daar hij nimmer gewasschen of gebaad wordt; zelfs zouden zijn uitwerpselen zich rond hem opstapelen, wanneer niet de losloopende honden en varkens zich er over ontfermden. De assistent-resident Westenberg, wien het gelukte, te Pematang Raja een elftal gevangenen, waaronder vijf vrouwen, uit het blok te bevrijden, vertelt dan ook dat de eerste gang der vrijgelatenen naar de bron was, en voegt er bij, dat van „gang" nauwelijks

Bataksch meisje.

sprake kon zijn, daar de ongelukkigen, vooral de vrouwen, zich er als 't ware heen sleepen moesten.

De kleeding der Bataks is tamelijk eenvoudig; een sterke, dikke doek, *abit*, meestal van katoen, wordt om het middel geslagen; het bovenlijf wordt met een anderen doek, *oelos*, bedekt; beide kleedingstukken zijn veelal van donkerblauwe, bijna zwarte kleur. Over 't geheel kleeden de Batak vrouwen zich heel wat eenvoudiger dan de mannen. Zoo zijn bij de Karo's de kostbare weefsels, door de vrouwen vervaardigd, voor de mannen bestemd, terwijl zij zelven zich in dun Europeesch katoen kleeden, dat ze meestal wit koopen en met indigo verven. De Timor-vrouwen dragen eigen-geweven zware stoffen, die zeer sterk zijn, en dus zelden verwisseld worden, hetgeen aan de zindelijkheid niet ten goede komt. Ongehuwde meisjes halen de abit zoo hoog op dat ook de borsten er door bedekt worden; de gehuwde vrouwen, behalve die in Sibaloengoen, laten het bovenlijf onbedekt. Een ander verschil tusschen de laatstgenoemden en de jonge meisjes is, dat gene bij haar huwelijk, of althans wanneer zij moeder geworden zijn, voor goed alle vrouwelijke sieraden — armbanden, halskettingen, voet- en vingerringen, oorsieraden — afleggen, en enkele slechts bij bijzondere gelegenheden weer dragen mogen. Ook de vingerringen worden — althans in het Panei- en Bilastroomgebied ten Zuid-Oosten van het Toba-meer — niet door de gehuwde vrouw afgelegd. Typisch zijn vooral de oorsieraden der Bataksche meisjes, metaaldraad, gebogen in den vorm van een lier,

Bataksche jongelieden.

meestal zeer zwaar, zoodat de oorlel laag neer hangt. Overigens wordt meer en meer de Maleische kleeding nagebootst, en loopen in de Mohammedaansche streken de mannen ook al veel met de Atjehbroek met wijd. kruis. De kleeding van bruid of bruidegom is natuurlijk heel wat fraaier en omslachtiger dan de zooeven beschrevene; die van de bruid munt vooral uit door rijkdom van met goud doorweven stoffen; die van den bruidegom heeft wel wat van de oorlogskleeding.

Ook de hoofdbedekking behoort bij de Bataksche kleederdracht, maar wordt in de onderscheidene landschappen op verschillende manier gedragen. De Tobanees draagt een soort van tulband, vervaardigd van in elkander gestrengelde reepen wit en rood katoen; de bewoner van Sibaloengoen draagt kleine hoofddoeken en daarop nog 'n soort slaapmuts van rood katoen. Een eigenaardigheid bij den eerstgenoemden stam is voorts, dat ook de mannen de oorlellen doorboord hebben; ze dragen daarin groote stukken goud, die den vorm hebben van aan den rug opgehangen hagedissen. De Karo-Bataks besteden veelal aan hun hoofddoeken bijzondere zorg; zij plooien dikwijls een vier- of vijftal op schilderachtige wijze om hun hoofd en de dandy's onder hen versieren ze nog daarenboven met een soort franje van vergulde kraaltjes, die om het voorhoofd en tot voor de oogen bengelen. Ook de vrouwen en meisjes dragen bij dezen stam hoofddoeken. De Timor's dragen dikwijls om de hoofddoeken zilveren kettingen, en de aanzienlijken brengen tot meerdere versiering bovendien nog gouden ringen daarom heen aan.

De echt-Bataksche huizen vallen terstond door eenige eigenaardigheden van vorm in het oog — de in de lengterichting aan beide zijden ver vooruitstekende nok van het dak, die aan weerszijden in twee van idjoek nagebootste karbouwenhorens uitloopt, en de schuin opstaande,

Bataksche vrouwen aan het weven.

eenmaal naar binnen inspringende zijwanden van het dak geven iets typisch aan het huis, waardoor men het onder andere bouworden licht herkent. De vloer is op eenige voeten boven den grond tusschen de stevige palen die het dak dragen, aangebracht; het huis wordt in de streken ten Z.-O. van het meer door vier, op de Karo-hoogvlakte door acht, een enkele maal wel eens door vier en twintig gezinnen bewoond; de afscheiding tusschen de verschillende vertrekken wordt gewoonlijk door gordijnen bewerkstelligd. Het inwendige van een Bataksch huis maakt over het algemeen een zeer viezen indruk. „Roet aan de wanden" aldus beschrijft de controleur J. B. Neumann zulk een woning, „roet aan de daken, elke oppervlakte met een laag stof bedekt, de hoeken der vertrekken vol spinnewebben, de wanden met kalk besmeerd, de vloer vol sirihspeeksel en kippendrek! De huizen gelijken holen, waarin de openingen aan de wanden slechts een halflicht doorlaten. En wanneer die huizen opgevuld worden met rook, die niet vlug genoeg door de reten der daken en de openingen der wanden kan verdwijnen, dan vraagt men zich af, hoe het mogelijk is, dat menschen daarin verblijf kunnen houden. Men kan ze door den rook te nauwernood onderscheiden, laat staan nog herkennen, en toch hoort men hen even druk discoureeren alsof zij niets anders dan zuivere lucht inademden. Schrikt men er op zulk een gezicht van terug om het huis binnen te gaan, met zekere beklemdheid berust men er in, zulk een huis tot nachtverblijf te moeten aannemen. Want verraderlijk sluipen duizendpooten en schorpioenen rond en trachten tusschen al dat vuil iets van hun gading te vinden; mieren bouwen er loopgraven en nemen hunne gangen over den mensch heen; kakkerlakken vliegen onbehouwen heen en weer; muizen drijven er ongestoord hun spel; en daarenboven nog luizen, die zich verbergen in alles wat schoon mag heeten.

Gezicht in het Bataksche dorp Sibĕraja.

„Denkt men aan deze ongeriefelijkheden, dan is het niet mogelijk, den slaap te vatten. Is men evenwel gelukkig genoeg om in Morpheus armen vergetelheid te vinden, dan wordt men na eenige uren van zoete rust plotseling gewekt door een beet van een schorpioen, van een duizendpoot of van een muis, die aan de teenen zit te knabbelen, of van een mier, die men in zijn rusteloos heen en weer gaan gestoord heeft. Toch weten de Bataks daarvan niets. Zelden bespeuren zij deze ongeriefelijkheden; òf zij zijn er ongevoelig voor, òf zij zijn er aan gewoon geraakt en nemen zulke zaken met de meeste kalmte op. Wanneer men na dagen reizens in de Batakstreken weder eens in een behoorlijke, reine woning komt, dan voelt men een vroom gevoel van dankbaarheid in zich oprijzen, welk gevoel men wel zou willen doen deelen door hen, die hun geheele leven te midden van die onreinheid leven en zich daarvan in het minst niet bewust zijn” [1].

---

[1] J. B. Neumann in het Tijdschrift van het Ned. Aardr. Gen. Tweede Serie. Dl. III. Bl. 259

Behalve de particuliere woningen vindt men in elke *hoeta* (dorp) der
Bataks nog een openbaar gebouwtje. Op de Karo-hoogvlakte noemt men
het *djamboer*, in Sibaloengoen *balei*, in Toba *sopo*. Hier is het een
gebouw dat er hechter en fraaier uitziet dan de gewone woonhuizen. Het
heeft een zeer hoog zadeldak, dat tot berging van den rijstvoorraad der
bewoners dient; de zijwanden reiken niet tot aan het dak, maar bestaan
slechts uit vier zware stukken hout, die den vloer als een opstaande
rand omgeven. Op de stijlen zijn, horizontaal, groote houten schijven

Djamboer met gĕriten (er boven op) in Boekoem (Boven-Deli).

gelegd, om de ratten
het opklimmen naar de
rijst te beletten. De
sopo dient tot nacht-
verblijf voor de onge-
huwde jongelingen van
het dorp en voor door-
trekkende vreemdelin-
gen; 's avonds is het
dus een soort van
dorpssociëteit, waar de
nieuwtjes van den dag
behandeld worden, of
men zich met het ge-
liefkoosde vermaak van
vertellen of raadsels
opgeven onledig houdt;
ook is het de verga-
derzaal waar over de
verschillende belangen
van de dorpsbewoners
beraadslaagd wordt. In
de Karo-landen vindt
men verder nog vóór
de huizen der hoofden
een klein gebouwtje op één paal staan, de z.g.n. *gĕriten*. Het is
niet meer of minder dan het vorstelijk mausoleum, want het hoofd
bewaart er de beenderen van zijn voorvaderen in. Soms wordt het wel
boven op de djamboer aangebracht, gelijk op nevenstaande afbeelding
te zien is.

Het Bataksche dorp is gewoonlijk omringd door een 2 à 3 M.
hoogen aarden wal, met greppel aan de binnenzijde; een nauwe poort

brengt de gemeenschap met de buitenwereld tot stand. Zulk een omwalling is wel noodig met het oog op de voortdurende twisten, die tusschen de bewoners der verschillende dorpen voorkomen, waardoor vooral het onafhankelijke gebied onophoudelijk aan oorlog, brandstichting en roof ten prooi was. In de onafhankelijke Karo-streken beoorlogt men elkaar uit opzettelijk daartoe aangelegde versterkingen — *koeboe's* — *buiten* de dorpen. De dorpen maken hier al evenmin een aangenamen indruk als meer zuidelijk de Bataksche huizen. „De kampong" zegt de jonggestorven zendeling J. K. Wijngaarden, „is niet anders dan een ompaggerde ruimte, waarin de huizen als neergeworpen zijn. Geen boompje, geen plantje, geen sprietje groeit er in de kampong. Een Bataksch dorp is een verzamelplaats van allerlei vuil, is eene ruimte, welke dient om tijdens de padi te veld staat, de babi's (varkens) in op te sluiten. Vuil en afval komen terecht in de varkensmaag. Wat ook door deze niet te verteren is blijft liggen, totdat het vergaan is. Geen bezem wordt er ooit gebruikt, of het moet zijn, wanneer er een ambtenaar zal komen." (Med. Ned. Zend. Gen. Dl. 38).

De toestand van onderlinge vijandschap onder de Bataks hangt nauw samen met de inrichting hunner maatschappij, die nog grootendeels op het stamverband gebaseerd is; het geheele maatschappelijke en familie-leven wordt door dit beginsel beheerscht. De bewoners van den Indischen Archipel, Java met Madoera, Bali, Lombok en Atjeh uitgezonderd, staan nog niet op die hoogte van maatschappelijke beschaving, dat het bestuur uitsluitend berust op den territorialen grondslag; overal is gelijkheid van afstamming de hechte band, die een aantal personen samenhoudt; leden van anderen stam, op het grondgebied van den eenen gevestigd, worden steeds als vreemdelingen beschouwd. Een kenmerk van deze indeeling in stammen is het sterke solidariteitsgevoel, dat de leden van een stam onderling verbindt; men beschouwt elkander eenvoudig als bloedverwanten, die onderling aansprakelijk zijn; als één lid een misdrijf begaan of een schuld te zijnen laste heeft, kan wel eens een ander lid daarvoor boeten of gegijzeld worden. Zoo kan bij deze solidariteit een geringe twistzaak, een kleine speelschuld de oorzaak van eindelooze veeten en oorlogjes worden. Waar het Gouvernement op de Buitenbezittingen krachtdadig optreden moet, vooral in de eilandengroepen in het verre Oosten, daar is het haast altijd ter beslechting van tusschen de verschillende stammen gerezen geschillen.

Een zeer goede zijde heeft zeker dit soort van communisme, in zoover het 't ontstaan en intact blijven van een familiegoed in de hand

werkt, en dus, wanneer geen misgewas of rampen van anderen aard tusschenbeide komen, eigenlijke armoede onmogelijk maakt.

Ook op nog ander gebied doet de invloed der stamindeeling zich krachtig gelden, n. l. op dat van familie- en erfrecht.

Op het gebied van de verboden graden bij het huwelijk kan men in den Archipel in de eerste plaats tweeërlei onderscheiden: òf het huwelijk onder stamgenooten is verboden (exogamie), òf het huwen van stamgenooten onderling is meer gebruikelijk dan het zoeken van een vrouw in vreemden stam (endogamie).

Waar exogamie bestaat, zal zich vanzelf de vraag voordoen: tot welken stam behooren de kinderen, tot dien van den vader of tot dien der moeder? De beantwoording dezer vraag zal verschillend zijn, naarmate men de *patriarchale* of de *matriarchale* afstamming heeft aangenomen.

Het meest algemeen komt in den Archipel — bij die volken welke de stamindeeling nog in eere houden — de exogamie voor; endogame volken zijn bijv. de Dajaks van Borneo, de Alfoeren der Minahassa (voor zoover het Christendom daarin geen verandering heeft gebracht) en de Posso-Alfoeren op Midden-Celebes [1]). En onder de vele stammen en volken bij wie de exogamie voorkomt vindt men dit huwelijksverbod weer het meest vereenigd met de *patriarchale* inrichting van het gezin. Alleen de Maleiers der Padangsche Bovenlanden en hun volkplantingen in andere deelen van Sumatra hebben exogamie met matriarchaat. Hoe bij deze instelling de inrichting van gezin, familie en bestuur is, zal in 't hoofdstuk over de Padangsche Bovenlanden kort uiteengezet worden; hier zij slechts vermeld, dat deze instellingen door vele sociologen, — ook door hen die niet bepaald een geheel echteloozen voortijd of een oorspronkelijk communaal huwelijk aannemen, — beschouwd worden als de overblijfselen uit een grijs verleden, toen allerwege nog de matriarchale inrichting van het gezin gold. Dr. G. A. Wilken, die dergelijke theorieën toegepast heeft op de volken van den Indischen Archipel, en er steun voor gezocht heeft in hetgeen hij van deze stammen vermeld vond, zegt daaromtrent: „Het feit, dat de afstamming uitsluitend in de vrouwelijke lijn gerekend wordt, moge oppervlakkig vreemd schijnen, het is dit toch in geenen deele, zoo men slechts in het oog houdt, dat de betrekking tusschen moeder en kind natuurlijker is dan die tusschen vader en kind,

---

[1]) De Javanen, Soendaneezen enz , bij wie van „stammen" geen sprake meer is, worden hier buiten beschouwing gelaten.

dat de eerste een physiek feit is, waaromtrent nooit twijfel kan bestaan, de laatste daarentegen meer van zedelijke orde, als noodzakelijke voorwaarde een gevestigde echtverbintenis op den voorgrond stelt. Het is ongetwijfeld, als men dit in het oog houdt, geen te gewaagde onderstelling, zoo men beweert, dat de moederlijke afstamming eerder is gekend geworden dan de vaderlijke. Zonder zelfs een bepaald echteloozen voortijd aan te nemen, zooals velen doen, kan men toch op goede gronden zeggen, dat de huwelijksband aanvankelijk niet in dien zuiveren vorm kan hebben bestaan, waaronder wij hem kennen. Evenals dit nu nog bij vele onbeschaafde volken het geval is, moet de betrekking tusschen man en vrouw primitief van geen duurzamen aard zijn geweest,

Bataksch type.

zal de vrouw integendeel nu eens den eenen, dan eens den anderen man hebben behoord. Bij een dergelijken staat van zaken kan het kind wel niet anders dan alleen van de moeder zijn. Aanvankelijk moet dus bij de onzekerheid van het vaderschap, tengevolge van het ontbreken van een geregelden huwelijksband, allerwege uitsluitend de moederlijke afstamming gegolden hebben. Doch ook na de vestiging van een nieuweren huwelijksvorm, toen het vaderschap dus reeds geen twijfel meer overliet, bleef, als een overblijfsel van dien oorspronkelijken toestand, de meening bestaan dat het kind nauwer verbonden was aan de moeder dan aan den vader. Waar de exogamie bestond, volgde dus ook het kind aanvankelijk de moeder, was de oorspronkelijke inrichting van den stam de matriarchale. Bij sommige volken is dit, door de kracht der gewoonte, tot den huidigen dag blijven bestaan; bij andere daarentegen heeft in latere tijden, onder verschillende invloeden de meer oorspronkelijke, matriarchale inrichting van den stam voor de patriarchale plaats gemaakt." [1]

Als reactie tegen dezen toestand, waarbij, onder de exogamie, de

[1] Ind. Gids 1883. Dl. I, blz. 672.

man zijn vrouw in haar eigen stam, in haar eigen ouderlijk (of liever moederlijk) huis moest laten, geen rechten kon doen gelden op zijn kinderen of, als hij in haar stam kwam wonen, in huiselijke aangelegenheden zich zag blootgesteld aan de inmenging van de verwanten zijner vrouw, zou de patriarchale afstamming zijn ontstaan. Het streven van den man zou op den duur dáárheen zijn uitgegaan om, instede van zelf tot den stam zijner vrouw te gaan behooren, haar aan haren stam te onttrekken, buiten de inmenging harer verwanten te plaatsen, zelf als hoofd des gezins op te treden, en zijn uitsluitend recht op de vrouw en de kinderen te handhaven. Daar een dergelijke verandering van verhouding door de verwanten der vrouw niet goedschiks kon worden geduld, moest de man zijn toevlucht nemen tot geweld, tot ontvoering der vrouw; dit zou dan de oorsprong zijn van de *schaking*, nog tegenwoordig bij vele volken voorkomende, en in den Archipel allerwege verspreid als een der middelen om een huwelijk te doen tot stand komen. Zulk een geweldpleging eischte eerst bloedige wraak; na verloop van tijd kon die wraak door een boete, een zoengave worden vervangen; de betaling van deze som bleef bestaan, ook waar de vrouw met goedvinden harer verwanten den man naar zijn stam volgde: ziedaar dus de verklaring van het ontstaan van den *bruidschat*, die steeds voorkomt, ook in den Archipel, waar men het exogame huwelijk met patriarchaat vereenigd vindt.

Terwijl men erkennen moet dat door dergelijke theorieën op scherp-zinnige wijze vele eigenaardige gebruiken opgehelderd worden, rijst toch de vraag of wel de *oorsprong* van het gezin, en de *primitieve* vormen van het huwelijk daarmede worden verklaard? Immers, staan niet de meeste volken van den Archipel reeds op zulk een oneindigen afstand van dien veronderstelden grijzen voortijd, dat het bijna onmogelijk is, aan te nemen dat men bij hen nog bijna onveranderd gebruiken uit zoo ver verleden zou terugvinden? Het is ten dezen opzichte zaak, wèl te onder-scheiden en niet voor verschillende dingen denzelfden naam te gebruiken. Zoo b.v. het woord „stam". Spreekt men over dien langvervlogen voor-tijd, dan kan men aan dat woord moeilijk een andere beteekenis hechten dan van „horde"; de stammen waren troepen van nomaden, elkaar geheel vreemd en dus vijandig. Maar „stammen" in den Archipel zijn afdeelingen van *éénzelfde* volk; de Bataks, de Mĕnangkabausche Maleiers zijn geen federaties van onderling verschillende groepen (stammen), maar die volken zijn *verdeeld* in stammen. Een Batak van een bepaalde marga (stam) verschilt slechts in zoover van een anderen Batak, als hij zijn oorsprong afleidt van een anderen (Bataksschen) stamvader; zoo is het met de Maleiers eveneens gesteld, met dit onderscheid dat het verschil de stam*moeders* betreft [1]).

Ook de bruidschat wordt bijna den geheelen Archipel door niet als boete of zoengave beschouwd, maar eenvoudig als koopsom van het meisje. Van boete kan geen sprake zijn, daar juist de gewoonte om bij voorkeur wederzijdsch huwelijk te sluiten een hechten band van vriendschap tusschen verschillende stammen legt.

Ook de *schaking*, gelijk die in den Archipel voorkomt, vertoont bij nadere beschouwing weinig meer dan den naam gemeen te hebben met wat men er onder verstaat, van het grijs verleden sprekende. Gewoonlijk toch is zij niet *oorsprong*, maar *gevolg* van den bruidschat. Om aan het opvoeren van de koopsom voor het meisje, meestal ten behoeve van bloedverwanten of overheidspersonen, te ontkomen en aan velerlei vervelende formaliteiten, dáárvoor vindt in de door de adat getolereerde schaking menig jongeling het middel om tot een door hem gewenscht huwelijk te komen.

Na deze uitweiding gaan wij over tot de beschrijving van den vorm waarin exogamie met patriarchaat bij de Bataks voorkomt, en van den invloed, die daardoor op hun maatschappelijken toestand, speciaal op de positie der vrouw, geoefend wordt.

Het volk is bij de Bataks verdeeld in marga's, zoogenaamde stammen, en onder-marga's; men zou ze misschien beter geslachten kunnen noemen; ieder Batak, man of vrouw, weet tot welken stam hij of zij behoort; de stamnaam is zooveel als bij ons de „van". Allen, die hun afstamming van één stamvader meenen te kunnen afleiden, behooren tot dezelfde marga; zij beschouwen zich derhalve als verwanten, en mogen onderling geen huwelijk sluiten, daar dit als bloedschande beschouwd wordt [2]).

Het gewone huwelijk onder de Bataks komt tot stand door betaling van den bruidschat aan den vader der bruid. Die bruidschat wordt geheel en al beschouwd als een koopsom, waardoor het meisje uit haar eigen

---

[1]) Deze vragen behouden hun kracht, ook tegenover de theorie van het „groepenhuwelijk", waarbij het verschil tusschen matriarchaat en patriarchaat hierin gezocht wordt, dat oorspronkelijk bij het eerste de moeders met haar kinderen, verwekt door mannen van een anderen stam, onder de macht stonden der gezamenlijke mannen van haar eigen stam; terwijl bij het patriarchaat de gezamenlijke mannen van een stam macht uitoefenden over hun eigen kinderen, geboren uit vrouwen van vreemden stam, door hen bijv. in den oorlog buitgemaakt. Wanneer dat de *primitieve* toestand geweest is, hoe lang schat men dien dan, voor Bataks en Měnangkabauers, reeds geleden?

[2]) Bij de Karo-Bataks wordt ook eenigszins op de afstamming van moederszijde gelet; zij die van dezelfde moeder afstammen heeten van dezelfde *běběre*. Personen, die van dezelfde běběre zijn kunnen ook niet met elkaar huwen, tenzij de onder-běběre's verschillen. De marga zet zich voort, de běběre's kunnen telkens wisselen.

marga wordt gekocht, en overgaat tot de marga van den man. Uit de
verschillende .namen voor dezen vorm van huwelijk — b.v. *mangoli* =
koopen en voor den bruidschat — *boli* of *toehor* = koopsom — blijkt
zulks voldoende.

Het bedrag van den bruidschat — de waarde van het meisje dus —
wordt in hoofdzaak bepaald door den stand der familie: vandaar dat
het zeer afwisselend zijn kan. Het hoogst wordt de bruidschat onder de
hoogste standen opgevoerd bij de Tobaneezen, waar hij van 50—1000
dollar bedraagt; in het Panei- en Bila-stroomgebied (Z.O. van het meer)

varieert hij van 50—900
dollar; terwijl in Mandai-
ling voor een meisje der
hoogste standen gewoon-
lijk niet meer dan 450
dollar gevraagd wordt; de
mindere man kan zich daar
reeds voor 75 dollar of
minder een vrouw verschaffen. De
invloed van deze wijze van huwelijkssluiting op de beschouwing
en behandeling der vrouw doet
zich bij de Bataks duidelijk gevoelen. Het meisje is een koopwaar, en bij een huwelijksaanvrage behoeft met haar neiging
of afkeer in 't minst geen rekening worden gehouden; de vrouw
is het bezit des mans, bestemd
om aan zijn lusten te voldoen,
hem kinderen, liefst zonen, te
schenken (bij kinderloozen dood
van de vrouw, of als zij ,in

Moeder met kind op de trap der woning.

geruimen tijd geen kinderen krijgt, is de vader of die haar uitgehuwelijkt
heeft verplicht aan den man een plaatsvervangster te geven) en, behalve
het zwaarste akkerwerk, allen arbeid te verrichten. Van haren vader erft
zij niet: immers, zij is toch bestemd om in een andere marga over te
gaan; wat haar persoonlijk eigendom werd zou dus later voor de marga
verloren gaan. Maar ook van haar man erft zij niet, integendeel, als
,,gekochte" behoort zij bij de erfenis, gaat dus over aan den erfgenaam,
meestal den oudsten broer haars mans, zelfs wel aan haar stiefzoon: het

zoogenaamde leviraatshuwelijk. Tot aanvrage van echtscheiding kan zij in principe nooit geraken: zij is eenmaal gekocht, uit haar marga tot dien des mans overgegaan; tot hare ouders kan zij niet meer terugkeeren, in haar nieuwe marga behoort zij te blijven.

Zóó in theorie de harde konsekwenties van de exogamie met patriarchaat, waarbij de man zich als een veel hooger staand wezen dan de vrouw beschouwt. Hoeveel echter van deze theorie in de praktijk zal overgaan, hangt van velerlei persoonlijke en maatschappelijke omstandigheden af. Zoo is het bij ons, waar de vrouw voor de wet ongeveer als

Bataksche familiegroep.

onmondig beschouwd wordt — en toch in het huisgezin dikwijls de baas is, — zoo gaat het ook in vele opzichten bij de Bataks.

Het schijnt wel, of ook aan de Bataks zelf het idee van het koopen eener vrouw eenigszins tegen de borst stuit. Dit kan blijken uit de omstandigheid dat in de meeste streken de afbetaling van den bruidschat niet ten volle gevorderd.wordt. In het Panei- en Bilastroomgebied b.v. wordt maar een·deel van de overeengekomen som, gewoonlijk de helft, betaald en zelfs gegoede families betalen slechts tot op $\frac{1}{4}$ of $\frac{1}{5}$ af. Er wordt uitdrukkelijk bijgevoegd dat dit is om het denkbeeld, alsof het meisje gekocht zou worden, te vermijden. Ook in Mandaïling wordt slechts een $\frac{1}{3}$ of $\frac{1}{2}$ van den eigenlijken bruidschat gevorderd; wanneer de wederzijdsche families in goede verstandhouding met elkaar blijven, wordt op de afbetaling van de rest nimmer aangedrongen. Eenigszins anders staat de zaak bij de Toba-Bataks; maar de daar in zwang zijnde gebruiken hebben toch ook blijkbaar de strekking, de ruwheid van den vrouwenkoop eenigszins te verzachten. De „eigenaar'' van het meisje, de z.g.n *porboroe* (gewoonlijk de vader met zijn broer, of de broer van het meisje, de persoon of personen dus, die 't geld ontvangen), zijn verplicht ook geschenken aan de familieleden des bruidegoms te geven; in Hoog-Toba geeft soms de porboroe aan den bruidegom een bijna even groot geschenk als de bruidschat bedraagt. Ook de onkosten, aan de feestelijkheden verbonden, de geschenken die (b.v. in Mandaïling) aan de hoofden gegeven moeten worden, zijn wel eens zoo groot dat het bedrag van den eigenlijken bruidschat daartegen in het niet zinkt.

Ook het gebruik dat de weduwe aan den broer haars mans vervalt heeft, naast het vernederende dat er voor de vrouw in ligt, als bezitting behandeld te worden, toch zijn goede zijde. De erfgenaam des mans toch is daardoor tevens verplicht de zorg voor vrouw en kinderen zijns broeders op zich te nemen; het huisgezin spat dus niet uit elkaar, de vrouw heeft een natuurlijken verzorger.

De erfgenaam is ook niet overal *verplicht* de weduwe te huwen; in 't Panei- en Bilagebied b. v. kan hij haar ook aan een anderen broer toe-wijzen; weigert ook deze haar te aanvaarden, dan kan zij, met voorkennis van den erfgenaam, ook buiten diens stam huwen, of ongehuwd blijven. Dit alles gebeurt slechts als de koopprijs voldaan is; indien niet, dan gaat zij naar haar ouders of broer terug. Ook bij de Karo's is de zwager volstrekt niet gedwongen de weduwe te huwen; veelal is het een „mariage de raison'', want als de zwager zijn schoonzuster niet huwt, keert ze tot haren stam terug; de stam van den man is dus een goede werkkracht armer, zonder den daarvoor vroeger betaalden koopprijs terug te krijgen. Telt men zulk een verlies niet, dan is men vrij, de weduwe niet te aanvaarden.

Evenzoo is de weduwe zelve volstrekt niet altijd verplicht weer te huwen; wanneer er een zoon is, reeds of weldra in staat om aan 't hoofd des gezins te staan, dan valt het gezin niet uit elkaar, en behoeft dus de weduwe niet voor de tweede maal te huwen. Maar de meeste weduwen gaan er toch toe over, en wel liefst met een broer van haar eersten man; daarom zeggen de Toba-meisjes:

„Ik neem liever geen alleenstaanden tak,
Misschien is hij onvruchtbaar en brengt geen vruchten voort.
Ik huw liever niet met hem, die eenige zoon is,
Misschien sterft hij en dan is er niemand, die de weduwe neemt.''

Ook de weduwnaar zal, zoodra hij maar kan, weer een andere levensgezellin zoeken. „Twee dingen zijn er" zegt de zendeling J. H. Meerwaldt, „die de Batak absoluut niet kan; te weten: zijn rijstveld wieden en kleine kinderen verzorgen. Dat is het werk zijner vrouw, en daar hij nu, wanneer hij zijn vrouw door den dood verliest, geen andere vrouwelijke hulp voor zijn gezin kan krijgen, spreekt het van zelf, dat het gezin zich voor korten of langen tijd moet oplossen. De man trekt met zijn kinderen bij zijn ouders in, wanneer hij die nog heeft, en vormt met deze weer een gezin, of hij brengt zijn kinderen bij zijn broeders of zusters onder en laat ook zijn rijstveld aan deze over, terwijl hij zelf dikwijls een zwervend leven gaat leiden. De Batak, die zijne vrouw door den dood verliest, is er dus rampzalig aan toe, en heeft in dat geval geen beteren troost dan het bezit van geld of goed, waarvoor hij zich direct weer een levensgezellin kan verschaffen. Hij kan dan ook zonder het minste bewustzijn van onwelvoegelijkheid aanstonds, nadat hij zijn vrouw ten grave gedragen heeft, over de koopsom eener andere gaan onderhandelen. Heeft hij echter geen geld en ook geen kans het van zijne naaste bloedverwanten te krijgen, dan voelt•hij zich diep ongelukkig en doet gelijk boven gezegd is. Dan is hij een zwerver, gelijk hij zelf zegt, en daarom een man, op wien niet te rekenen valt, en dit is de oorzaak, dat men hem in de hoeta niet meer meetelt en van alle verplichte diensten, ook van de *rodi* of heerendienst van het Gouvernement ontslaat." [1]

Ook de Bataksche jongeling zal zoo spoedig mogelijk zorgen tot den gehuwden staat te komen. Als ongehuwde is hij in de hoeta maar weinig in tel, hij heeft geen stem van gewicht in de raadsvergadering in de sopo, wordt nergens voor geheel „vol" aangezien en kan nog niet voor een openbare betrekking in aanmerking komen. Elk jongeling zal dus trachten, zoo spoedig de tijd gekomen is, een „rijstkookster" een „aardvruchtenuitgraafster" een „toespijskookster" of: „eene, die zijne varkens voert" (met deze weinig idyllische, maar veelzeggende namen noemt hij gewoonlijk zijn vrouw!) te bekomen.

Uit het voorafgaande is echter reeds gebleken, dat hierbij de financieele kwestie op den voorgrond treedt. En niet elk trouwlustig jongeling heeft de noodige contanten bijeen. Voor dezulken heeft de adat een weg om toch tot den echtelijken staat te komen in het „*mandingding*", het huwelijk, waarbij de bruidschat niet in geld, maar in arbeid ten voor-

---

[1] J. H. Meerwaldt. Wijzen de tegenwoordige zeden en gewoonten der Bataks nog sporen aan van een oorspronkelijk matriarchaat? Bijdr. V. 7. blz. 202—203.

deele des schoonvaders betaald wordt. Soms duurt die dienstbaarheid een
bepaald aantal jaren, soms tot uit het huwelijk een dochter is geboren
voor wie, bij meerderjarigheid, de grootvader den bruidprijs ontvangt.
Dan wordt het huwelijk in een gewoon *mangoli*-huwelijk veranderd. De
kinderen behooren echter reeds dadelijk tot de marga des vaders; maar
komt deze te sterven vóór een der voorwaarden van 't contract vervuld
is, dan behooren ze tot de marga der moeder.

Het is wel te begrijpen, dat zulk een huwelijk, uit armoede op deze
wijze gesloten, niet zeer in tel is. Verachtelijk noemen — in Angkola en
Mandaïling — de schoonouders de uit zulk een echt gesproten kinderen:
anak ni babingkoe = kinderen van mijn varken.

Nog een andere manier om tot een huwelijk te komen bestaat voor
den Bakakschen jongeling, n.l. de schaking. Hiertoe kan hij overgaan,

Bataksch weefgetouw.

wanneer de ouders
van 't meisje hem
niet willen, of ook
wel om te ont-
komen aan de vele
giften en geschen-
ken, welke b. v.
in Mandaïling nog
aan allerlei waar-
digheidsbeklee-
ders gegeven moe-
ten worden. De
ouders worden op
deze wijze voor
een fait accompli
gesteld; de schaker moet een boete betalen, daarna wordt over den
bruidschat onderhandeld, en met een maaltijd de verzoening bezegeld.
In de meeste gevallen is het de vader, die eigenmachtig over de hand
zijner dochter beschikt. Maar ook hierop kan een uitzondering voorkomen,
als n.l. het meisje zich begeeft naar den man harer keuze. Dit „*maniompo*"
of, zooals 't in Toba heet „*mahiempe*," kan door een wettig huwelijk,
zonder bruidschat, gevolgd worden.

Ook op het gebied der echtscheiding „il est avec le ciel des
accommodements" dat is hier, met de adat. Onder de Toba-Bataks komt
zij zelfs betrekkelijk veel voor. Vooral voor den man is het niet moeielijk
zijn vrouw eenvoudig weg te jagen; waar de bevoking tot het Mohammedanisme is overgegaan, of sterk door den Islām geïnfluenceerd is, daar

wordt allicht de gemakkelijkheid voor den man om van zijn vrouw te scheiden uit het Mohammedaansche huwelijksrecht overgenomen.

Maar ook gebeurt het menigmaal, dat de vrouw van den man wegloopt, en niet te bewegen is tot hem terug te keeren. Onoverwinnelijke afkeer die allicht kan voorkomen waar de verbintenis door toedoen der ouders alléén gesloten is, is dan meestal de oorzaak. De ouders of de *porboroe* der vrouw trachten haar wel door alle middelen van overreding tot terugkeer te brengen, soms wordt zij in het blok gezet, waar dan haar echtgenoot haar wel eens komt gezelschap houden en in gemoede met haar komt praten; maar een enkele maal kan niets meer baten en loopt de geschiedenis af met zelfmoord van de vrouw.

Uit het vorenstaande kan gebleken zijn, dat in de praktijk de strenge regels van het agnatische verwantschapstelsel ook voor de Bataksche vrouw niet zoo onvermurwbaar zijn dat zij geheel als een lastdier of nuttige bezitting zou beschouwd worden. Hierbij komt nog dat de Bataksche vrouw, lijdzaam van karakter, niet anders weet of het hoort zoo, dat de

Batak-vrouwen.

man aan haar het meeste werk overlaat; zij gevoelt zich trotsch op haren arbeid en acht zich gelukkig., voor haar echtgenoot, dien zij gewoonlijk met liefde en trouw aanhangt, te mogen werken. Alles bijeen genomen kan het dus niet zoo groote verwondering baren als wij lezen dat de Bataksche vrouw over het algemeen met haar lot tevreden is; dat het geheele volk bescherming aan de vrouwen verschuldigd is, en verwonding, schaamteloosheid of beleediging tegenover vrouwen zwaar wordt gestraft. Voor de minste aanranding kunnen zij voldoening eischen; de straffen tegen haar zijn milder dan tegen de mannen, en wanneer de rechters iemand een zware straf hebben opgelegd, mogen zij trachten de straf te doen verminderen; wanneer de vrouw of dochters van den veroor-

De scheiding van 's menschen innerlijk in tweeën evenwel komt over den geheelen Archipel voor; het innige verband, de goede verstandhouding tusschen de beide elementen alleen is in staat den mensch krachtig en gezond te maken. Is de *djiwa* (om het Maleische woord te gebruiken) uit het lichaam, dan is dit zielloos, voor goed dood; de soemangat daarentegen kan tijdelijk, (vrijwillig of gedwongen) zijn zetel verlaten, zonder daardoor onmiddellijk den dood te veroorzaken. Vrijwillig verlaat de soemangat het lichaam, b. v. bij den slaap; en wat hij op zijn omzwervingen aanschouwt, dat *droomt* de mensch. Vandaar dan ook dat ontstelde, verwarde uiterlijk van iemand, die plotseling ontwaakt of wakker geschrikt wordt: de soemangat heeft nauwelijks den tijd, naar zijn menschelijk hulsel terug te keeren! Het is dus niet goed, zegt de Maleier, een slapende het gezicht zwart te maken of te bemorsen: de soemangat mocht, terugkeerende, zijn woning eens niet herkennen!

Gedwongen verlaat de soemangat het lichaam b. v. bij ziekte: booze geesten hebben zich van hem meester gemaakt en houden hem gevangen. Duurt de afwezigheid te lang, dan moet de mensch sterven.

Soms verlaat de soemangat in zichtbare gedaante het lichaam, bijv. als een vuurvlieg of hagedis, meestal evenwel stelt men zich voor dat hij de gedaante van een kip of anderen vogel aanneemt. Dit verklaart waarom men bij allerlei gelegenheden iemand met rijst bestrooit: als een vogel wordt de soemangat aangelokt, of overgehaald te blijven; dit geeft de oorspronkelijke beteekenis aan van den Maleischen uitroep, (bij een plotselingen schrik b. v.) „koer soemangat!" want met „koer" of „koeroe" roept men de kippen. Allerlei andere vormen kan de soemangat aannemen, ook van verscheurende dieren, zooals van een tijger. Ook de Javaan, wien het Mohammedanisme zijn animistische denkwijze nog niet ontnomen heeft, gelooft aan het bestaan van *matjan gadoengan*, menschen die zich in een tijger veranderen kunnen. (Men denke aan den Europeeschen weerwolf). Op Midden-Java, waar men meent, dat deze bekwaamheid afhankelijk is van overgeerfde „*ngelmoe*" of kennis van tooverspreuken, en waar de soemangat zijn menschelijk omhulsel in dat van een tijger *verandert*, is dit geloof blijkbaar een ontwikkeling van 't primitieve denkbeeld, dat de soemangat *alleen* een bepaalde gedaante *aanneemt*, terwijl zijn bezitter in een soort verdooving of slaap blijft.

Het andere geestelijk element in den mensch zet na den dood een persoonlijk bestaan voort, met dezelfde behoeften en op dezelfde wijze als hier op aarde. Maar de geesten der afgestorvenen hebben veel meer macht dan de op aarde levende menschen, zij weten de toekomst en wat voor de achterblijvenden van nut kan wezen; maar ze kunnen hen ook soms geducht kwellen, als men ze niet in alle opzichten te vriend weet te houden. Ook zijn ze aan geen vaste plaats gebonden, en kunnen dus op aarde terugkeeren; algemeen evenwel acht men hun gewoon verblijf te zijn gevestigd in een soort schimmenrijk of zielenland. De plaats daarvan wordt bij de verschillende volken verschillend gedacht, nu eens op, dan weder onder de aarde, maar meestal boven de aarde, in den wolken-hemel, gelegen. Ook kan de ziel zich op aarde gaan ophouden in rotsen, steenen of boomen, vooral ook in dieren; dit is het geloof aan zielsverhuizing, dat o. a. bij de Javanen wel den invloed van het Hindoe-leerstuk op dit punt heeft ondergaan, maar ook elders in den Archipel voorkomt, en dus blijkbaar onafhankelijk van de Hindoe's ontstaan is. Wat er na den dood met den soemangat gebeurt wordt meestal in 't midden gelaten; sommige Dajakstammen gelooven dat hij dan met de djiwa vereenigd wordt, en wel bij gelegenheid van het „tiwah" of begrafenisfeest. Niet vreemd schijnt den inlander het denkbeeld dat een deel er van kan overgaan op hetgeen zijn bezitter voortdurend draagt of bij zich heeft, b. v. kleeren of een kris; zoo iets heeft dus voor den erfgenaam groote waarde.

Van sommige metalen, b. v. van het ijzer, en van enkele gewassen zooals de rijst, is de soemangat bijzonder sterk, en kan dienen tot versterking van dien des menschen.

Strenge logica of vast omlijnde begrippen op bovenzinnelijk gebied zijn natuurlijk bij weinig ontwikkelde volken niet te verwachten; bij het gros der inlanders zal men meestal slechts een vaag gevoel van eerbied, van vrees vooral, voor de geesten der afgestorvenen, en een vast geloof in de kracht van toovermiddelen en spreuken, de onbedriegelijkheid van droomen en voorteekenen aantreffen. Het is altijd eenigszins gevaarlijk, een afgesloten godsdienststelsel uit dergelijke vage gevoelens en persoonlijke meeningen te willen opbouwen. Maar uit de vele betrouwbare berichten van onderzoekers en ooggetuigen schijnt toch wel met eenige zekerheid te kunnen worden afgeleid dat de boven-genoemde onderscheiding tusschen de beide geestelijke elementen diep in het volksgeloof in den Archipel is ingeworteld. En bijna alles wat tot den godsdienst behoort is tot die beschouwing terug te brengen. Het blijkt, dat men onder soemangat dan te verstaan heeft een soort geheimzinnige algemeene levenskracht, die aan alle levende wezens en ook aan levenlooze voorwerpen eigen is (vandaar dat men ze ook wel „zielestof" „levensaether", of „levensfluide" genoemd heeft); iets, dat van den eenen mensch op den anderen kan overgaan; dat ook verdeeld kän

8*

worden: iets wat met het begrip, „ziel" „geest" of „persoonlijkheid" moeielijk is overeen te brengen. Met deze denkbeelden hangt dan te zamen het *fetisisme*, dat zich in Indië openbaart door het vereeren der erfstukken van de voorouders (*poesaka's*), speciaal toegepast op de rijkssieraden, de erfstukken van vorsten en hoofden; door de groote waarde welke men hecht aan allerlei amuletten, toovermiddelen, voorbehoedmiddelen enz.; door de barbaarsche gewoonte van het koppensnellen. Blijkbaar toch is dit ontstaan door den wensch, om zich van eens vijands soemangat meester te maken tot versterking van zijn eigen soemangat; de zetel van den soemangat wordt vooral in het hoofd gezocht. Voorts uit zich de leer over den soemangat in het reeds genoemde „weerwolf"-geloof, en de daarmee samenhangende vrees voor heksen en vampyrs; in de plechtigheden die overal bij den rijstoogst plaats hebben en met den soemangat der rijst in verband staan. Ook het peil, waarop de geneeskunde onder de inlandsche bevolkingen staat, houdt met de denkbeelden over den soemangat verband; want daar ziekte veroorzaakt wordt door het gevangen houden van den soemangat door booze geesten, hebben bezwerings- en tooverformules en allerlei geheimzinnige ceremoniën om de ziel terug te krijgen meer waarde dan welke medicijnen ook.

Een niet minder groot deel van de religieuse gebruiken berust op de beschouwing omtrent de „ziel" van den mensch, de *djiwa*. Zij het ook, dat veelal vrees ook hier het hoofdmotief der vereering is, toch vertoont dit element der heidensche godsdiensten eenigszins de kiemen van een meer geestelijke vereering, van een erkenning van iets buiten- en bovenzinnelijks, dat op 's menschen lotgevallen invloed uitoefent.

Tot dit *spiritisme* kan in de eerste plaats de over den ganschen Archipel verspreide *voorou   dervereering* gebracht worden. Hoofdbeginsel is het denkbeeld, dat de behoeften der afgestorvenen dezelfde zijn, als toen ze nog op aarde verkeerden, en dat, wanneer de achtergeblevenen niet in die behoeften voorzien, ze met ziekte, rampen en misgewas bezocht zullen worden; terwijl in het andere geval de geesten der voorouders hen beschermen en zegenen zullen. De voornaamste drijfveeren voor de vereering der afgestorvenen met offers en wat dies meer zij, zijn dus blijkbaar vrees voor ziekte en ongelukken en hoop op stoffelijk voordeel. Dit blijkt o. a. ook wel hieruit, dat waar men een hoogsten geest erkent, een schepper van hemel en aarde, deze gewoonlijk weinig vereering geniet: want men beschouwt hem als een goeden geest en dus is het niet noodig hem met offers gunstig te stemmen. Maar stellig zal voor geliefde afgestorvenen een element van weemoedige herinnering en liefde zich met die vrees vermengen. De vooroudervereering openbaart zich, behalve door het brengen van offers, ook door de feestelijkheden bij de definitieve lijkbezorging, die alle ten doel hebben, de ziel goed en wel, en van 't noodige toegerust, in het zielenland te doen aankomen; in het vervaardigen van voorouderbeeldjes, waarin de zielen, bij een bezoek op aarde, een tijdelijk verblijf kunnen vinden; in het schoonhouden en versieren der graven, en het houden van gedachtenismaaltijden. Het spiritisme omvat ook nog de vereering van andere geesten of goden; hetzij van de geesten der voorlang gestorvenen, die, als schimmen van hoofden of beroemde helden, een wijden kring van vereerders vinden, hetzij van verpersoonlijkte natuurkrachten of geesten van zon, maan en aarde. Ook waar men die geesten niet meer aan bepaalde voorwerpen gebonden acht, vereert men ze toch bij voorkeur op bepaalde plaatsen; in zoogenaamde geestenhuisjes, of bij een soort altaren onder groote boomen, van waar uit een ladder, als weg der geesten, naar die altaren heen voert. Soms hangt, als overblijfsel van de vroegere gewoonte om een werkelijken verbindingsweg tusschen den boom en het altaar te maken, een miniatuurladdertje bij de offerplaats.

Uit de vereering van vrij rondzwevende geesten is ten slotte nog het *sjamanisme* ontstaan. *Sjamanen* zijn zulke personen, van wie men meent dat zij in staat zijn, de geesten in zich te doen afdalen; wat dan, nadat die afdaling heeft plaats gehad, door den sjamaan gesproken wordt, houdt men voor de woorden van den in hem afgedaalden geest. Het woord is afkomstig van de Choenchoezen in Oost-Siberië; volgens sommigen zou het een verbastering zijn van het Sanskr. Çramana, in het Pali Çamana, = Boeddhistische bedelmonnik. De geestenbezweerders der Choenchoezen zouden dan door de Boeddhisten met dien naam zijn aangeduid. Volgens anderen is de overeenkomst der woorden toevallig. Ook in Indië komen allerwege sjamanen voor; het eigenaardige is hier, dat het zeer dikwijls vrouwen zijn. Bij ziekten of rampen, bij iedere gelegenheid dat men de geesten wenscht te raadplegen, treden de sjamanen op, en aan hun orakeltaal wordt de grootste waarde gehecht.

Voegt men hierbij nog, dat ook het in acht nemen van allerlei verbodsbepalingen, het hechten aan droomen en voorteekenen, het voorspellen van de toekomst en het bepalen van gunstige en ongunstige tijdstippen in verband staan, het een nauwer, het ander meer verwijderd, met het geestengeloof, dan blijkt wel hoezeer dit geloof bijna het geheele leven van den inboorling beheerscht; en hoe de meest verschillende, op 't eerste gezicht soms verbijsterend vreemde godsdienstige gebruiken, tot de eenvoudige grondstellingen van het *animisme* zijn terug te brengen.

Bij de beschrijving der verschillende volken en stammen, naar welke de tochten der beide Duitsche reizigers ons voeren zullen, zal voldoende gelegenheid zijn om nu eens op deze, dan weer op gene openbaring van het animisme uitvoeriger de aandacht te vestigen, en ook de analogiën uit andere deelen van den Archipel binnen den kring onzer beschouwing te trekken.

Voor de Karo-Bataks bepalen wij ons vooral tot de vereering der geesten van de afgestorvenen, den meest op den voorgrond tredenden trek van hun godsdienst, en tot eenige bij hen in gebruik zijnde toovermiddelen.

Tooverstaf.
Origineel i/h Ethn. Museum te Rotterdam.

Met het begrip door 't Maleische woord soemangat aangeduid, correspondeert het Karo-Bataksche *tĕndi*, (in het Tobasch *tondi*); het Maleische djiwa (dat in die taal ook wel met *njawa* = adem verwisseld wordt) wordt *kĕsah* = adem genoemd. De tĕndi verlaat vier dagen vòòr den dood het lichaam, de kĕsah bij het sterven. Bovendien heeft de mensch nog een tweetal geleide-geesten of beschermengelen. Met de tĕndi wordt na den dood des menschen verder geen rekening gehouden; maar de laatste ademtocht van den mensch, de kĕsah dus, wordt *begoe*. Deze begoe's zijn het, welke al het denken der Bataks vervullen; het geloof aan die geesten, de *vooroudervereering* dus, beheerscht al hun daden, en openbaart zich bij elke gelegenheid. Wel bestaat er nog een heele mythologie en cosmogonie, waarin allerlei namen van Hindoegodheden en de meest fantastische scheppingsmythen voorkomen, waarin ook de godheden geheel anthropomorphisch worden voorgesteld, maar die heeft nimmer een belangrijke plaats in de gedachtenwereld van de groote massa kunnen innemen, en is eigenlijk slechts bekend aan de *goeroe's* of *datoe's*, de personen die zich meer bijzonder met den godsdienst, met toovenarij en wichelarij bezig houden. De algemeene naam voor goden is *debata*, of *dibata*; evenals het heelal voor den Batak in drie deelen bestaat, het „bovenland''; „dit Midden'', d. i. de aarde, en de onderwereld, zoo zijn er ook drie daarmede correspondeerende categoriën van debata's, n.l.:

1⁰ debata di-atas (bij de Karo's: debata idas) — bovengoden.
2⁰ » di-tĕngah (of di-tonga) — middengoden.
3⁰ » di-toroe — benedengoden.

De bewoners van het „bovenland'' hebben hun maag in de keel, die van beneden hun maag in de kuiten; geen wonder dus dat de gewone stervelingen die, begoe geworden, toch hun maag nog op de rechte plaats dragen in „dit Midden'' blijven vertoeven! De gewone Karo heeft dus ruim genoeg aan de vereering van zijn begoe's, en laat gewoonlijk de hoogere personages uit de godenwereld maar voor hetgeen zij zijn. Terecht zegt de Assistent-resident C. J. Westenberg over deze voor-oudervereering: „Van eenige zedelijke verheffing, van voorschriften omtrent een goeden en rechtvaardigen levenswandel, van waarschuwing tegen het kwade, ja zelfs van eenig onderscheid maken tusschen goed en kwaad is ook bij dezen „Ahnendienst'' niets te bespeuren.'' [1] Want vrees is ook hier het hoofdmotief voor de vereering; de begoe's hebben dezelfde stoffelijke behoeften als de menschen hier op aarde; voortdurend hebben zij behoefte aan spijs en drank, en kunnen daar om vragen door hunnen nagelaten betrekkingen een ziekte op den hals te jagen; wanneer men hen niet van voldoende offers voorziet, zijn ziekte, misgewas en ongeluk het gevolg er van; zelfs bepalen de begoe's zich bij 't berokkenen daarvan niet alleen tot hun eigen familieleden.

„De Batak'', aldus dezelfde schrijver, „die de geesten voldoende spijzigt, is van een godsdienstig standpunt beschouwd een braaf man. Moge hij verder een dief zijn, een moordenaar en een brandstichter, zoo zal hem dit wellicht de wereldsche gerechtigheid op den hals halen, doch de geesten laat het koud. Zij toch raadplegen slechts de belangen hunner magen.''

De begoe's worden in verschillende soorten onderscheiden. Daar heeft men b. v. de *bitjara goeroe*, dat zijn de geesten van kleine kinderen, gestorven vóór het tanden krijgen. Zij zijn nog zonder zonde, want ze hebben nimmer de adat overtreden: daarom gaan hun zielen rechtstreeks naar het verblijf van den oppergod, Debata di-atas, zijn onder alle begoe's de aanzienlijkste en kunnen telkens op aarde terug-

---

[1] C. J. Westenberg, in Bijdr. Kon. Instituut, v/d. T. L. en V. van N. I. 5de volgr. dl. 7. blz. 219.

keeren. De Doesoen-Bataks wachten gewoonlijk met de vereering dezer schepseltjes tot ziekte of ongeluk hen waarschuwen, dat de ziel zich verongelijkt voelt; dit wordt hun door een ter hulp geroepen goeroe duidelijk gemaakt. Er moet dan een verblijfplaats voor de verstoorde ziel worden gereed gemaakt; in de nabijheid der woning reinigt men een stuk gronds, en begraaft er eenige van de opgegraven beenderen van 't kinderlijkje, of brengt er wat aarde van 't oude graf naar over. Dan beplant men de plek met pisang en siergewassen, plaatst er een heining om, brengt een offer en heeft nu de *ingan* (= plaats) *bitjara goeroe* gereed. Van nu af wordt de bitjara goeroe zeer vereerd en met offers gediend; men verwacht van hem evenwel ook, dat hij het met zijn familie wèl zal maken; zoo niet, dan wordt de ingan bitjara goeroe meer en meer verwaarloosd, tot een nieuwe ramp, een onverwacht ziektegeval, door den goeroe op rekening van den veronachtzaamden bitjara goeroe gesteld, een nieuwe verzoening met hem noodig maakt. Een andere begoe-soort is de *mate sadawari;* dat zijn de geesten van op één dag, d. i. een gewelddadigen dood gestorvenen. Bij de Karo's der hoogvlakte is dit een der beide beschermgeesten, die den mensch vergezellen; een man heeft tot beschermengel den geest van een vrouw, omgekeerd een vrouw den geest van een man. Bij de Doesoen-Bataks schijnt de vereering der mate sadawari's op dezelfde wijze en onder dezelfde voorwaarden als die der bitjara goeroe's plaats te vinden. Daar vereert men ook nog een derde soort van begoe's, waarvan bij de „Halak Goenoeng" (Bergmenschen) geen melding wordt gemaakt: de *toengkoeb*, de geesten van vrouwen die gedurende haar geheele leven maagden gebleven zijn, „een heldenfeit, waaraan inderdaad voor een in geslachtelijke vrijheid opgewassen Bataksche jonkvrouw heel wat verbonden is" (Westenberg). Deze drie begoe-soorten kunnen *begoe-djaboe* worden. Djaboe is de stookplaats, waarvan men er voor elk der in één huis samenwonende gezinnen één heeft. Het zijn dus de „goden van den haard" de „huisgoden" die het gezin beschermen, aan wie men de meeste offers brengt, tot wie men zich bij ziekten met gebeden en geloften wendt. Hun verblijfplaats is aan het hoofdeinde van de slaapplaats. [1]

De overige begoe's, het grootst in aantal, maar het minst in aanzien zijn de zielen van hen, die hun natuurlijken dood zijn gestorven; de *mate bèngkajat-kajatèn* noemt men ze op de hoogvlakte. Meer speciaal verstaat men daar onder dezen naam iemand die zeer oud, aan verval van krachten

---

[1] Vgl. J. H. Neumann. De bégoe in de godsd. begrippen der Karo-Bataks in de Doessoen. Med. Ned. Zend. Gen. Dl. 46.

gestorven is; ook op hun graf richt men wel eens een huisje op. De drie overige soorten van begoe's blijven steeds voortbestaan, de laatste categorie sterft als begoe zevenmaal; ze zijn dan voor goed dood.

Het spiritisme, en vooral het onderdeel daarvan, de voorouder-vereering, blijkt dus bij de Bataks een zeer groote rol te spelen. Maar ook 'het fetisisme vindt onder hen een ruime toepassing. Volgens de boven gegeven definitie zou deze cultus meer in verband moeten gebracht worden met de těndi; wij willen trachten na te gaan, of dit ook bij de Bataks het geval is, en kiezen daartoe twee machtige fetisen of toover-middelen, n.l. de *pangoeloebalang* en de *toenggal panaloean* of Bataksche tooverstaf.

Tooverstaf.

De pangoeloebalang's zijn ruw uit steen gehouwen menschfiguren, of alleen de na-bootsing van een menschenhoofd; met een spits ondereinde kunnen zij in den · grond gestoken worden. Meestal worden zij opgesteld in de nabijheid van het dorp, te midden van een groep sierplanten, waar hun eens per jaar of om de twee jaren een offer van een rooden hond of een roode kip wordt gebracht. Men verwacht als tegendienst van hen, dat ze tegen oorlogsgevaar waarschuwen zullen, b. v. door 's nachts te schreeuwen, door op een gong te slaan of op de deur van de dorpsomheining enz. Hun kracht ontleenen zij uitsluitend aan de *poepoek*, een soort tooverbrij, die in enkele uithollingen van 't beeld gestopt wordt, of waarmee het besmeerd wordt. Die poepoek nu wordt samengesteld uit enkele lichaamsdeelen van jonggestorven zuigelingen, in 't kraambed gestorven vrouwen, of in den oorlog gevallen vijanden. Waar men deze materialen niet bij de hand heeft, zullen de vervaardigers der pangoeloebalang zich dikwijls niet ontzien, tot een moord hun toevlucht te nemen. Het is dus niet te gewaagd te veronderstellen dat, oorspronkelijk althans, de těndi, de *levenskracht* dier plotseling gestorvenen, in den pangoeloebalang geacht werd over te gaan, en hem zijn macht te verleenen.

Evenzoo is het met de Bataksche tooverstaf.

Dit is een lange stok, vervaardigd uit het hout van den *pioe-pioe-*

tanggoehan-boom, en vertoonende negen beeldjes van menschen en dieren, gevolgd door een gladde plaats, die als handvat dient, waaronder weer een beeldje, gelijk aan No. 2 van boven af, is aangebracht. De beide bovenste beeldjes stellen respectievelijk voor Si Adji donda hata-hoetan en zijne tweelingzuster, Si Tapi radja na oeasan. Met beide personen verbindt de Bataksche legende het ontstaan van den tooverstaf. Zij waren de kinderen van een vorst, en overeenkomstig den aard van tweelingen, zochten zij steeds bij elkander te zijn. De vader, bevreesd dat zij nog eens tot bloedschande vervallen mochten, zond de dochter,

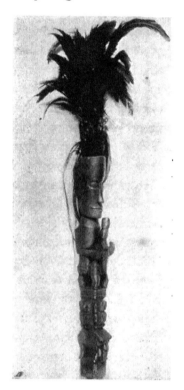

Tooverstaf.

terwijl de zoon afwezig was, naar een veraf wonenden oom, en vertelde aan Si Adji donda hatahoetan dat zijn zuster gestorven was. De broeder was ontroostbaar, maar bemerkte al spoedig tot zijn verwondering, dat zijn moeder niet, naar de gewoonte der vrouwen die een kind verloren hebben, 's avonds na zonsondergang buiten het dorp ging weeklagen. Weldra kwam hij er achter dat men hem misleid had: en onder voorgeven dat hij, om zijn droefenis te vergeten, naar de kust reizen wilde, begaf hij zich heimelijk naar het dorp van zijn oom. Daar verzocht hij uit naam des vaders zijn zuster aan hem mee te geven. De oom kon niet weigeren; en onderweg in het bosch gebeurde hetgeen de vader zoo lang gevreesd had. Toen ze een pioe-pioe-tanggoehanboom met rijpe vruchten voorbij kwamen, verzocht Si Tapi radja na oeasan haar broer eenige vruchten te plukken. Maar ziet, zoodra was hij in den boom geklommen, of hij veranderde in hout en groeide met den boom vast. Zijn zuster, niet wetende wat hem overkomen was, klom hem na, maar onderging hetzelfde lot.

Ongerust over het lange uitblijven zijns zoons begaf de vader zich op weg, en vond na lang zwerven zijn beide tot hout geworden kinderen. Hij begreep, dat de toorn der goden hen getroffen had en ontbood een der beroemdste datoe's, Datoe Pormanoek (de Toovenaar met de kip). Deze datoe bereidde een kip als toovermiddel, ging er den boom mee in en werd ook tot hout. Eenzelfde lot ondergingen achtereenvolgens

Datoe Pongpang nioboengan (Opheffer der betoovering), Datoe Porhorbo Paung na bolon (Toovenaar met den breedgehoornden grooten buffel), Datoe Porboeëa na bolon (Toovenaar met den grooten krokodil) en Datoe Poroelok na bolon (Toovenaar met de reuzenslang). Tot eindelijk Datoe Sitabo di babana (Toovenaar Lekker-in-den-mond of Mooiprater) ontboden werd. Deze sprak: „Hoor eens, onze vorst: aanvankelijk heeft men verwachting, in 't einde legt men er zich bij neer. Deze menschen kunnen niet meer in het leven terug geroepen worden, daar hen de vloek der goden getroffen heeft; zij zijn echter allen een plotselingen dood gestorven, en daarom zal hun gelijkenis het krachtigste toovermiddel zijn, om den vijand schrik aan te jagen. Daarom is mijn raad deze: Men houwe dezen boom om en make uit zijn hout staven naar de gelijkenis dezer menschen, die zullen den vijand met schrik slaan en lang aanhoudende droogte doen ophouden."

Bataksche goeroe of datoe.

Men . volgde zijn raad op; en nog heden draagt een naar de eischen der kunst gemaakte tooverstaf de beeltenissen der met den boom vergroeide personen met hun attributen (kip, buffel, krokodil en slang), en wordt hij gebruikt als een middel om in den oorlog vrees op den vijand te doen nederdalen en bij lang aanhoudende droogte regen te verwekken.

In een scherpzinnige studie over dit onderwerp geeft de zendeling J. H. Meerwaldt als zijn meening te kennen, dat oorspronkelijk de tooverstaf een met. beelden versierde voorstelling zou zijn van de zigzaglijn des op aarde neerschietenden bliksems, die, naar hij meedeelt, vooral in het gebergte der Bataklanden menigmaal „als een duizendvoudig geknikte staaf loodrecht tusschen hemel en aarde" schijnt te staan. De naam Si Adji donda hatahoetan verklaart hij door „Vreesneerbliksemende Toovenaar." Een plotseling op de menschen neervallende schrik kon met den ter aarde neerschietenden bliksemstraal vergeleken worden; zulk een

schrik op zijn vijand te doen neerdalen was dus het doel, waarmee de
tooverstaf in den strijd werd meegevoerd.

Het karakter van regenverwekker wordt uitgedrukt door den tweeden
naam Si Tapi radja na oeasan = Waterschepster der dorstende vorsten.
Evenmin als de tweelingbroeder en -zuster der legende van elkaar te
scheiden waren, evenmin treden in de tropen ooit zware regenbuien op,
zonder van bliksem en donder vergezeld te gaan. Hier kan gewezen
worden op het be-
staan van een merk-
waardige parallel in
Voor-Indië, n.l. de
tooverstaf *vajra*.
Oorspronkelijk de
neerschietende blik-
semflits van den don-
der- en regengod
Indra, is het in de
mythologie een me-
talen wapen van dien
god, gewoonlijk in
den vorm van een
kruis gedacht, soms
als achtkantig, of
honderdkantig be-
schreven. Met den
vajra bestrijdt en
verslaat Indra den
boozen demon Vṛta,
die het hemelsche
water gevangen
houdt. De toover-

Bataksche goeroe met zijn vrouw.

staf der Indische priesters diende nu ook, naar het voorbeeld van het
godenwapen, om, door tooverspreuken met magische kracht begiftigd,
de vijanden te verdelgen. En nog veel later was bij de Noordelijke
Buddhisten, en nog is bij de Tibetanen een tooverscepter in gebruik,
dorje genaamd, die dienen moet om de booze geesten en vijanden te
bestrijden. Ook daar dus de bliksemstraal het symbool van een macht
om zijn vijanden te vernietigen. „Het behoeft niet gezegd te worden" —
aldus Prof. Kern — „dat de door Meerwaldt gegeven verklaring hierdoor
zoo'n hooge mate van waarschijnlijkheid erlangt, dat ze aan zekerheid

grenst." (H. Kern. De Bataksche tooverstaf en de Indische Vajra. Intern. Archiv für Ethnographie. Band XV. 1902).

Het vervaardigen van zulk een tooverstaf geschiedde gewoonlijk wanneer een onderdeel van een marga, veelal ter oorzaak van eenig geschil, zich van de hoofdmarga afscheidde; het aanschaffen van zulk een staf was dan het teeken dat de onder-marga zich als afzonderlijke oorlog- voerende partij constitueerde. Wanneer evenwel de staf door den datoe uit het hout van den genoemden boom (dat vroeger ook tot slachtpaal bij het menscheneten gebruikt werd) vervaardigd was, dan moest er nog

Bataksche radja.

zijn bijzondere kracht aan gegeven worden. De staf verkreeg deze eerst wanneer men in een kleine holte van het hoofd de *pangoeloebalang* [1]) gedaan had, een zalf of brij, waarvan weer de tondi van een plotseling gestorvene de kracht uitmaakte. Op ongeloofelijk wreede wijze maakte men zich van die pangoeloebalang meester. „Men verschafte zich een knaap van 12—15 jaren oud, hetzij door roof of door aankoop. Deze werd buiten het dorp, meestal in het nabijzijnde bosch, recht- opstaande en met de armen langs het lichaam gestrekt tot aan den hals in den grond begraven. Daar gaf men hem vier dagen lang te eten, volgens sommigen den gewonen kost, rijst met geducht gepeperde en gezouten toe- spijs, volgens anderen alleen de bij

sommige offers voorgeschreven vingerlange koekjes van rijstmeel in water gekookt. Het doel was den patient door het eten erg benauwd en tevens dorstig te maken. Zij die hem tot eten noodzaakten vroegen hem telkens, of hij hen wilde zegenen en in den oorlog helpen. Aanvankelijk werd dit natuurlijk geweigerd, en dreigde de jongen veeleer hen te vervloeken en te schaden. Op den vierden dag verzamelden zich de

---

[1]) Deze beschrijving geldt van Toba en Silindoeng; in de Karolanden heeft men den naam van de poepoek op de steenen beelden overgebracht; bij de Karo's komt overigens de toenggal panaloean niet zoo veel voor, en de wreede manier om zich de poepoek te verschaffen is daar ook niet bekend; over het algemeen worden hun zeden als zachter dan die hunner westelijk en zuidelijk wonende verwanten beschreven.

voornaamste mannen om hem heen. Achter hem smolt men lood, terwijl
degenen die voor hem hurkten, hem met allerlei streelende woorden de
belofte van zegen en hulp zochten te ontlokken. Zoolang hij weigerde en
hen vervloekte, werd hij gedwongen te eten. Door deze kwelling tot
wanhoop gedreven, voldeed hij eindelijk aan hun wenschen en sprak:
,,toempahan ni tondingkoe ma hamoe (mijn geest of ziel [tondi] zal u

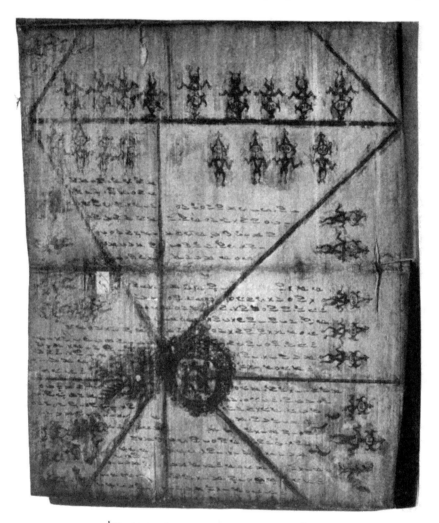

Bladzijde uit een poestaha (Bat. wichelboek).

beschermen).'' Direct na het uiten dier woorden trok de man, die achter
hem het gesmolten lood gereed hield, met een ruk zijn hoofd achterover
en goot hem het lood in den geopenden mond. Daardoor liet men hem
niet alleen een plotselingen dood sterven, maar belette hem ook tevens
zijn gegeven belofte te herroepen''. (Meerwaldt).

Ook hierbij blijkt dus weer de tondi van een jeugdig, dus levens-
krachtig, menschelijk wezen, dat een gewelddadigen dood gestorven is,
de kracht van een amulet of fetis uit te maken.

Reeds werden eenige malen de datoe of goeroe's, de toovenaars
of wichelaars der Bataks vermeld. Een enkel woord worde daarom gezegd
over de *poestaha's*, de wichelboeken, waaruit zij hun tooverkunsten en
formules leeren. De poestaha's zijn repen boomschors, die glad gemaakt
en met rijstwater geprepareerd zijn, en op dezelfde wijze gevouwen als
bij ons sommige kinderprentenboeken, die een aaneengeschakelde reeks
van voorstellingen geven, dus op deze wijze $\overset{b}{\diagdown}\diagup\diagdown\overset{a}{\diagup}\diagdown\diagup\diagdown\overset{b}{\diagup}$ open-
geslagen zich vertoonen. Alleen de zijde *a* is beschreven; men gebruikte
daartoe dezelfde zwarte verfstof, welke tot 't zwart maken der tanden
dient; als schrijfstift diende een harde pen uit *idjoek*, de harige vezels
die den arenpalm bekleeden. Ook roode inkt, voor de versieringen, werd
gebezigd. Aan beide zijden is zulk een poestaha met houten deksels, (*b*),
die vaak fraai besneden zijn, afgesloten. De poestaha's bevatten soms
allerlei legenden, maar voor het meerendeel aanduidingen van allerlei
toovermiddelen en tooverformules, berekeningen van goede en kwade
tijdstippen, aanwijzingen om de toekomst te voorspellen enz. Ook vindt
men er vele illustraties in, mensch- en dierfiguren, en kaballistische
teekens; de verklaring daarvan, en het verstaan van de eigenaardige,
omschrijvende of verouderde taal, waarin zij vervat zijn, de *hata poda*
genaamd, is het werk der datoe's.

De schets van eenige godsdienstige voorstellingen en daaruit voortvloeiende gebruiken moet wel tot de overtuiging gebracht hebben, dat
het een vreemde redeneering is, wanneer pogingen tot kerstening en
beschaving worden afgekeurd met het argument: „waarom zal men aan
die menschen een anderen godsdienst en hoogere beschaving brengen? ze
zijn zoo gelukkig in hun primitieven toestand." Terwijl door de aanraking
met een Europeesch bestuur en zelfs met den Islâm reeds·vanzelf de
meest tegen de borst stuitende en wreedste uitingen van de primitieve
natuur- en wereldbeschouwing bedwongen worden, tast het Christendom
het kwaad in zijn wortel aan en tracht ook in de maatschappij der
natuurvolken en der halfbeschaafden het beginsel van zijn Stichter, liefde
tot God en tot den naasten, ingang te doen vinden. Dat de zending,
in dezen zin opgevat en in praktijk gebracht, nimmer staatsgevaarlijk kan
zijn, dat de Christeninlanders integendeel met hechter band aan het
Nederlandsche bewind zich bevestigd zullen gevoelen dan Mohammedanen
en Heidenen, wordt sedert eenige jaren ook van Regeeringswege meer
en meer ingezien. Het werd ook ingezien door de Directies van eenige

groote Deli-maatschappijen, welke financieel de vestiging van zendings-
posten in de Doesoen der Karolanden, door het Nederlandsche Zendelinggenootschap sedert een tiental jaren ondernomen, gesteund hebben en
nog steunen. Ook in Silindoeng, Sipirok en Toba, ja tot op het schiereiland Samosir heeft het Christendom, dat daar sedert veel langeren tijd
door zendelingen van het Rijnsche Zendelinggenootschap verbreid wordt,

Band (deksel) van een poestaha.

groote vorderingen gemaakt. In
1904 telde men op de verschillende
posten van laatstgenoemd Genootschap in de Bataklanden bijna
60 000 Christenen. Slechts zooveel
van de oude adat als met de
Christelijke leer onvereenigbaar is
wordt langzamerhand afgeschaft;
geen omkeering en ontwrichting der
Batakmaatschappij wordt beoogd.
Dit blijkt o. a. reeds daaruit dat
het huwelijk bij bruidschat niet is
afgeschaft; als voorbehoedmiddel
tegen roekelooze echtscheidingen
heeft men deze instelling behouden.

Een reden te meer om,
speciaal ten opzichte der Bataks,
te trachten, veranderingen ten
goede aan te brengen in maatschappelijk en huiselijk leven is
daarin gelegen, dat bij hen zelf
een zucht naar verandering van
godsdienst merkbaar is. ,,Allerwege
openbaart zich onder dit volk''
aldus schrijft de heer M. Buys,
Oost-Indisch predikant, ,,bepaaldelijk in die streken, waar zij met de
Maleiers en Europeanen in aanraking komen, een levendige zucht naar
verandering van godsdienstig geloof en wat daarmee samen hangt.
Deze zucht is niet hieraan toe te schrijven, dat zich dieper en reiner
godsdienstige behoeften bij hen doen gevoelen — aan hetgeen wij
gemoedsleven noemen schijnen de Bataks over het algemeen tamelijk
arm te wezen — maar is het gevolg van de minachting, waarmede zij
op zich zelven en hun verleden neerzien.

,,Zij schamen zich over dit verleden, aldus werd mij door den heer

Dirks, en ook later door de zendelingen in het Sipiroksche verzekerd, en willen daarom gaarne van godsdienst veranderen. De naam Batak of Bata geldt bij hen voor een scheldnaam, en zij gebruiken dien nooit, wanneer zij over zich zelven spreken. Mandaïlinger, Angkolees, Tobanees, aldus worden zij liefst genoemd naar de landschappen waar zij wonen. De hoofden en andere aanzienlijken onder hen spreken bij voorkeur Maleisch, als zij in de gelegenheid geweest zijn deze taal aan te leeren, en doen zich gaarne, althans in die streken, waar ons bestuur gevestigd is, als Maleiers voor."

De invloed der Duitsche zendelingen, die in Silindoeng, Toba, Sipirok en Siboga werken, wordt door denzelfden ooggetuige aldus beschreven: „Toen wij Pakanten naderden, ontmoetten wij een paar groepjes vrouwen, die een vrij wat aangenamer voorkomen hadden dan de pas beschrevenen. Zij droegen het hoofdhaar netjes gescheiden, en waren behoorlijk in een zindelijke sarong en kabaja gekleed. Zij ver-rasten ons met een vriendelijken morgengroet, iets zeer ongewoons in deze streken, alwaar de Europeaan slechts zelden van inlanders, aller-minst van de inlandsche vrouwen, een groet ontvangt. Weldra bleek het, dat het christenvrouwen en -meisjes waren, en het aangenamer uiterlijk, waardoor zij zich kenmerkten, was mede te danken aan den beschavenden invloed des zendelings, waaronder zij gestaan hadden. Vooral de opvoeding der jeugd trekt onze aandacht. Toen wij de hoogte opkwamen, waar de kerk met hare omgeving staat, begonnen de klokjes vroolijk te luiden, en de aan weerszijden van den weg geschaarde schoolkinderen een welkomstlied aan te heffen, op een van die teedere, en tegelijk opwekkende melodiën, waarvan de Duitschers zoo goed het geheim verstaan. De kinderen van allerlei leeftijd — ook hier zagen wij er, die nog niet lang geleden gespeend waren — hadden een vrij zindelijk voorkomen en waren meerendeels behoorlijk gekleed. Voor zoover de meisjes geen baadjes droegen, hadden hier zelfs de jongsten onder haar de sarong op de borst onder de armen vastgemaakt . . . . De kleine zendingschool, hier een afzonderlijk gebouw, was geheel gevuld, toen de kinderen er binnen waren gegaan en neergehurkt zaten voor de lage bankjes, die tot schrijf- en leestafel dienden. Lezen en schrijven, rekenen, bijbelsche geschiedenis en zang vormen de vakken van het onderwijs. Inlandsche meesters helpen den zendeling in de school tegen een klein salaris met veel ijver . . . .

„De schooljeugd te Prau Sorak werd eenigszins in den trant der Fröbelmethode opgeleid. Vroolijke liedjes, van allerhande sprekende gebaren vergezeld, werden alleraardigst door de Bataksche jongskens en meiskens van zeer jeugdigen leeftijd gezongen, en vielen blijkbaar zeer in den smaak. De vrouw van den zendeling liet zich door hare moeder-zorgen niet weerhouden om hare krachten aan de schooljeugd te wijden. Zooals zij zich met haar kleine op den arm te midden der inlandsche kinderen bewoog, was zij mij een vriendelijk beeld van de wijze, waarop de liefde zich weet te vermenigvuldigen en in staat stelt tot toewijding aan zeer uiteenloopende belangen" [1]).

Een Bataksche spreuk van den laatsten tijd luidt:

"Siroenggoek-mos groeit om des moordpaals [2]) stam;

De zeden zijn vernieuwd, doordat de "witoog" [3]) kwam."

Ieder onpartijdige zal moeten toegeven dat die "vernieuwing" der zeden in de Bataklanden niet anders dan een verbetering is geweest, en dat de Bataks reden hebben, er dankbaar voor te zijn, dat de "witoog" in hun land is gekomen.

HOOFDSTUK V.
PADANG EN DE PADANGSCHE BOVENLANDEN [4]).

Den morgen van ons vertrek van Oeleë Lheuë kwamen een menigte zieke officieren en soldaten aan boord, en het tot nu toe zoo eenzame schip bood thans een bonten aanblik. Op het voordek struikelde men over matrassen, op het achterdek werden de speeltafels klaar gezet. Weldra klonk het kanonschot; wij voeren dicht onder den wal; links — met weel-derig bosch begroeide, steil in zee afdalende bergen; rechts — vriendelijke kleine eilanden, waarvan men de kalklagen duidelijk onderscheiden kon.

Nadat we de Noordwestpunt van Sumatra, Tandjoeng Radja, omgestoomd waren, werd zuidelijk koers gezet; den geheelen dag bleven wij in de buurt der lage heuvels langs de kust. Den volgenden morgen bevonden we ons omstreeks 80 mijlen verwijderd van het land, welks zachte, blauwe omtrekken zich aan den horizont vertoonden. De lange, uit het Zuidwesten aanrollende deining bracht het schip in regelmatige slingeringen; de temperatuur steeg tot 32° C., de wind ging liggen, ieder voelde zich als door een looden last gedrukt, tot een geweldige stortregen 's avonds verkoeling bracht.

---

[1]) M. Buys. Twee jaren op Sumatra's Westkust.
[2]) De *pioe-pioe-tanggoehan*boom, zie blz. 121.
[3]) Scheldnaam voor den blanke.
[4]) De reisbeschrijving in dit hoofdstuk is naar Dr. Pflüger.

Des nachts passeerden wij de Batoe-eilanden en stuurden, Oostwaarts koers zettend, tusschen deze en het groote eiland Sibĕroet op Padang aan. In den vroegen morgen aanschouwde men in noordoostelijke richting den eleganten kegel van den vulkaan Ophir (2912 M.) en recht vooruit een langen, hoogen bergrug, tegen welken zich naast elkander de vulkanen Singgalang (2877 M.) en Merapi (2891 M.) afteekenden. Langzaam nadert de boot het land, steeds duidelijker vertoont zich voor het verrukte oog de volle pracht van het tropische landschap. Een breede, groene alluviaal-vlakte strekt zich uit, waarachter terrasvormig het met dicht bosch begroeide gebergte zich verheft. Geweldige vulkanen, wier toppen in de blauwe hoogte verwazen, steken boven de kartellijn van den bergrug omhoog. En

Kolenlaadinrichting aan de Emmahaven bij Padang.

op den voorgrond de diepblauwe zee, waaruit kleine koraaleilandjes, met witte kuststreep en begroeid met wuivende kokospalmen, als sierlijke bloemstukken zich verheffen.

Wij bevinden ons thans aan den ingang der prachtige Koninginnebaai. Heuvels, bezet met weelderig bosch, hier en daar door het roodgeel van steile rotsravijnen onderbroken, spiegelen zich in het sappige donkergroen van het water. Gemakkelijk is in de halfcirkelvormige baai het overblijfsel van een ouden krater te herkennen. Op den achtergrond ziet men de lage gebouwen van de landingsplaats Emmahaven, daarnaast een groote, ijzeren brug, van waar af de kolen, door treinen uit het binnenland aangevoerd, over glijplanken in het schip geladen worden.

Weldra liggen wij aan de pier; een paar passen vandaar is de halte van den smalspoorweg, die ons door een insnijding in den heuvelketen na vijftien minuten rijdens door een goedbebouwde vlakte te Padang brengt. Van het station brengt een rijtuig ons naar het Oranjehotel.

Padang, de hoofdplaats der Westkust, heeft een aan afwisseling rijke geschiedenis. De Nederlandsche heerschappij, in de 17de eeuw hier gevestigd, nam in den loop der 18de af en strekte zich aan het einde daarvan nog slechts over eenige kustplaatsen uit. Speciaal de Bovenlanden ten Oosten van Padang hadden zich weer onafhankelijk gemaakt.

Daar brak, in 't begin der 19de eeuw, een godsdienstoorlog uit, die den Nederlanders gelegenheid gaf, zich weer voor goed te vestigen. Een kleine partij van orthodoxe Mohammedanen, Padri's genoemd, door fanatieke Mekkagangers aangevuurd, ijverde tegen oud-Maleische volks-

Spoorweg bij Padang; de Singgalang op den achtergrond.

gebruiken, tegen het later te bespreken matriarchaat, tegen hanengevechten en weddenschappen, sirih- en opiumgebruik, die in tegenspraak waren met de zuivere Islamitische leer. Weldra geraakten zij tot onbeperkte macht; een deel der bewoners der Bovenlanden nam hunne leer aan; andersdenkenden, de adat-partij, werden met strijd en vernietiging bedreigd.

Nu riepen verscheidene hoofden omstreeks 1820 de Nederlanders ter hulp, onder belofte de landen van het Měnangkabausche rijk te zullen afstaan. Na een worsteling van tientallen jaren waren in 1838 de Padri's voor goed ten onder gebracht en de Padangsche Bovenlanden Nederlandsche bezitting geworden.

Een opstand, door grove fouten der Regeering in 't leven geroepen, kon snel onderdrukt worden; voortaan was men er meer op bedacht de oude gebruiken te ontzien, en na de invoering van de gedwongen koffiecultuur is de vreedzame ontwikkeling van het land niet meer verstoord geworden.

De stad Padang, zetel van den Gouverneur van Sumatra's Westkust, is een der schoonste tropische steden die ik ken. Groote, ruime pleinen met groene grasvlakten vormen de snijpunten van breede, goed onderhouden wegen, waaraan te midden van heerlijke tuinen de huizen der Europeanen liggen. De bouworde is even praktisch als fraai. Het witgekalkte, houten huis rust op palen van 1 M. hoogte. Het is voorzien van een kolossaal spits, met droge palmbladeren gedekt dak, dat naar alle kanten ver oversteekt en dus ruimte laat voor luchtige galerijen. Een prachtige wandelweg, met uitzicht op een vriendelijk, met bosch bedekt voorgebergte, loopt langs het strand. Het handelskwartier ligt aan de Padang-rivier. Stevige steenen gebouwen dienen hier als kantoren en pakhuizen, en de rivier wemelt van prauwen, waaruit de produkten

Europeesch woonhuis in Padang.

van het land, rotan, kopra, vruchten, enz. overgeladen worden. Wij dwalen verder door het Chineesche kamp, in den Archipel in iedere stad te vinden. In de winkels en op tafels voor de vensters liggen hier Europeesche en andere produkten van allerlei soort te koop.

Daar de Chinees zoo uiterst weinig behoeften kent, is hij in staat van geringe verdiensten te leven, en dus koopt men bij hem goedkooper en in vele gevallen toch even goed als bij een Europeaan. Inderdaad is in de Nederlandsche koloniën bijna de geheele kleinhandel in handen der Chineezen, en alleen in de groote steden kunnen goed gesorteerde Europeesche toko's naast de hunne bestaan.

Zeer interessant is in iedere stad van den Archipel een bezoek aan de passar (markt). In lichte houten kraampjes, of op tafels in de schaduw van ruime overdekte loodsen, spreiden Maleische en Chineesche handelaars hun heerlijkheden uit. Alle soorten van eetwaren, vruchten, kwalijk

riekende visschen, inheemsche en Europeesche staal- waren, stoffen en doeken·, sieraden, kortom, een gansche monsterkaart van de behoeften der inlanders krijgt men te zien. In de tusschengangen verdringt zich de bontgekleede menigte in de beste plunje, op de hoeken staan plompe karren, rusten de trekdieren, reusachtige, grijze karbouwen, en boven alles hangt een gruwelijke lucht, die den Europeaan het verblijf tot een kwelling maakt.

In de straten der stad bemerkt men hier en daar een klein wachthuisje, waarin een groote trommel of een uitgeholde boomstam hangt, die, met een klopper geslagen, een toon voortbrengt die

Chinees en Maleier.

iets op het geluid van een klok gelijkt. Hierdoor wordt brand, of een amokmaker gesignaleerd. Het amokmaken is een in den geheelen Archipel verspreide gewoonte, een eervolle, maar voor de lieve medemenschen zeer weinig aangename soort van zelfmoord. Als de

Op de passar.

inlander om de een of andere reden zijn leven moe wordt, dan brengt hij zich door kunstmatige opwekking in een toestand van dolle razernij, stormt den weg op en steekt en slaat alles dood, wat hem in den

weg komt: tot hij zelf als een wild dier wordt afgemaakt. Ieder
zijn smaak!

Het eerste, wat een reizend vreemdeling in een Nederlandsche kolonie
van rechtswege ondernemen moet, is de gang naar het gouvernements-

Geldwisselaar op de passar.

gebouw, om tegen betaling van $1\,^1/_2$ gulden de
verlofkaart tot verblijf in het land te bekomen.
Ook ik had het loffelijk voornemen daartoe,
maar, zooals zoo dikwijls in het leven, mijn
plichtgevoel werd door een ruwen hinderpaal
verlamd. Het bureau was al om 1 uur gesloten!
Wanneer ik tot den volgenden dag wachten wilde,
dan verloor ik een vollen halven reisdag, en de
mooie morgenrit naar Padang-Pandjang. Dus
besloot ik het gevaar, dat den plichtver-
getene in den vorm van boete dreigt, te trotseeren, en het aanschaffen
van de kaart tot mijn komst te Batavia te verschuiven. De stem van
mijn geweten bracht ik tot rust door de eenvoudige overweging, dat

Brug op den weg naar Padang-Pandjang.

een overheid, die al om één uur vrijaf neemt, stellig ook wel voor
menschelijke aandoeningen vatbaar zou zijn, en eventueel genade voor
recht zou laten gelden. Het doel mijner reis waren de Padangsche

Bovenlanden, waaraan eenstemmig de prijs der schoonheid onder alle landstreken van den Archipel, ja, der tropen, toegekend wordt. En inderdaad — dat mag ik hier vooraf zeggen — wat op dit plekje der aarde zich aan het in schoonheid zwelgende oog vertoont, de majesteit der groote landschapslijnen, de liefelijkheid en intieme bekoring der onderdeelen, de onbeschrijfelijke weelde en pracht der vegetatie, de sappige, volle kleuren van aarde en hemel, zoowel als de bonte afwisseling en de aesthetische uitingen van het volksleven — dat alles kan slechts het penseel des schilders afmalen. En ik hoop dat de lezer toegevend mijn droge opsomming met het warme bloed zijner fantasie vullen zal, en met het oog des geestes hoogrijzende vulkanen, groene wouden en bruischende rivieren, vruchtbare vlakten, steile rotspartijen, den diep-blauwen hemel en de in den vollen glans der tropische zon schitterende meren zal aanschouwen.

De bouw van het land doet deze rijke verscheidenheid en schoonheid verwachten. De Padangsche Bovenlanden zijn het achter Padang gelegen deel van den grooten bergketen, die langs de geheele Zuidwestkust van Sumatra loopt. Geweldige uitbarstingen bouwden op hem de rij van vuur-bergen, die wij reeds hebben leeren kennen, en in vereeniging met de uithollende werkzaamheid van het water vormden vulkanische ophoopingen en verscheuringen van den grond een bodemgesteldheid, die het land-schap zoo schoon maakt. Daarbij komt nog de buitengewone vruchtbaar-heid der vulkanische verweringsproducten, waaraan de prachtige planten-groei zijn ontstaan dankt; de rijkdom van het land eindelijk ontwikkelde het menschenslag, welks gevoel voor vormen en kleuren zich in smaakvolle versiering der kleeding, zoowel als in den bevalligen bouwstijl der huizen uit.

De Padangsche Bovenlanden hebben beteekenis gekregen door de in 1868 plaats gehad hebbende ontdekking der Ombilin-kolenvelden door den ingenieur de Greve. Zij leidde tot den aanleg van een stelsel van tandradbanen dat voor het transport der kolen dient en den toegang sedert 1892 aanmerkelijk gemakkelijker gemaakt heeft.

Vroeg in den morgen bracht het stoomros ons naar Padang-Pandjang, in het gebergte noordelijk van Padang gelegen. Vandaar gaat een noor-delijke tak van den spoorweg naar Fort de Kock en Pajakombo, een zuidelijke náar Solok en de kolenmijnen van Sawah-Loento. De wagens zijn zeer eenvoudig ingericht en het stof van de veel roet ontwikkelende kolen, dat gedurende den rit in dikke wolken binnendringt, draagt er niet toe bij, de genoegens van de reis te vermeerderen, evenmin als het voortdurende, gillende gefluit der locomotief. In deze soort van muzikale werkzaamheid hebben de machinisten hier zoowel als op Java het tot een ongewone virtuositeit gebracht. Opdat hij toch maar niet over het hoofd gezien zal worden, rijdt de trein onder minuten lang gefluit het station binnen, met een lang aanhoudenden jubelkreet verlaat hij het weer. Maar nu pas de rit! Geen minuut heeft het geplaagde oor rust. Nu eens klinken diepe, vibreerende tonen, dan weer het middernachtelijk gezang van een reuzenzuigeling, eindelijk krijgen wij de hoogste fluittonen te hooren, waartoe menschelijke laagheid in staat is.

De rit ging eerst twee uur lang door de vruchtbare alluviaalvlakte

Graf van den ingenieur de Greve te Kota Gĕdang.

van Padang die zich aan den voet van het gebergte uitstrekt. Tallooze dorpen liggen tusschen palmen- en pisangboschjes in het groen der rijst- velden. Voor zich uit herkent men de vulkaankegels van den Singgalang, den Tandikat en den rookenden Merapi. Aan den voet van den Sing- galang, die tot den top met dicht oerwoud bedekt is, boog de weg zich met scherpe kromming naar het gebergte, en begon het tandradgedeelte; dit voert omhoog naar Padang-Pandjang, door de kloof van de Anei-rivier.

De plantengroei verandert aan den voet der bergen van karakter.

Rijstvelden en kokospalmen, de bijna onbeperkte heerschers in het kustgebied, verdwijnen. In hunne plaats treedt dicht kreupelbosch. Lage loofboomen, en de sierlijke, tot 20 voet hooge boomvarens verheffen zich in menigte uit het dichte bosch en varenkruid des bodems. Lianen

De Anei-kloof bij Padang-Pandjang.

en slingerplanten klemmen zich als een dicht warnet om de stammen. Reuzenvlinders met schitterenden weerschijn op de prachtig gekleurde vleugels fladderen om de weinige bloesems, die dieprood en geel tegen het allesoverheerschende, sappige groen afsteken. Geen plekje van de aarde is zichtbaar. Slechts af en toe onderbreken kleine dorpen met hunne aanplantingen de wildernis. Ook de slanke, dunne, hoogstammige areka-palmen en de prachtige sagopalmen, met kolossale pluimen, verschijnen in grooten getale.

Weldra sluiten zich de bergen nauwer aaneen, en wij beginnen de opstijging door de kloof. Geen pen is in staat, de pracht van den plantengroei te beschrijven, die de steile ravijnen van de rivierbedding tot aan den top bedekt. Men moet zich even wel niet voorstellen dat deze plantenwereld een bont beeld vertoont, tot welke opvatting het aantal tropische bloemdragende gewassen, die wij uit alle streken der wereld bij elkaar halen en kweeken, aanleiding zou kunnen geven. De kleurige pracht onzer heiden en bloemrijke weiden mist men

Kloof en waterval van de Timboeloen. (Zijrivier van de Ombilin).

geheel. In de plaats daarvan verrukt ons de onbeschrijfelijke verscheidenheid van vormen, in alle schakeeringen van een diep, sappig groen. Zachte, geelgroene varenpluimen naast groote vleezige bladeren; slanke witte stammen, die met sierlijke loofkronen eenzaam boven het kreupelhout uitsteken; grijsgroene bamboe's, als groote, dikke reuzenruikers;

daartusschen, alleenstaand, een kolossale, hooge sagopalm; overal de sierlijke kronen der boomvarens, en om dat alles een netwerk van slin- gerplanten; de stammen verborgen onder den groenen mantel van woekerplanten, en slechts hier en daar eenige schitterend roode of gele bloesemkelken daartusschen door blinkend.

Zoo ongeveer ziet een bergwand op eenigen afstand beschouwd, er uit. En nu beproeve men, in het woud door te dringen — het is onmogelijk. Elke duimbreed gronds moet met het hakmes veroverd worden, doornen verscheuren de kleederen, dikke lianen-touwen, een net van twijgen en ranken beletten den doorgang en verstrikken de ledematen. De voet glijdt uit, verzinkt in een vochtig gat, schiet uit op

Spoorweg in de Pad. Bovenlanden.

een boomstronk, en de zwerver denkt met smart aan den zachten bodem van een vaderlandsch dennenbosch.

Door zulk een dal heeft de hand des menschen den ijzeren weg geslagen. Talrijke bruggen voeren over de wild in de diepte bruischende rivier, iedere kromming biedt nieuwe, verrukkelijk schoone uitzichten, die men gemakkelijk van het platform van den voorsten wagen genieten kan, daar de machine den trein duwt en dus den blik niet belemmert.

Na $1^1/_2$ uur komt er aan die heerlijkheid een einde. Wij hebben den breeden, grooten zadel bereikt, die zich tusschen den Merapi rechts, den Singgalang en den Tandikat links, uitstrekt. Hij biedt den aanblik van een groot, golvend dal, met talrijke dorpen en groene velden, die

zich terrasvormig boven elkander tegen den voet der machtige, breed-
voetige vulkanen scharen.

Een berglandschap met rijstvelden biedt hier, evenals op Java, een

Bij Padang-Pandjang.

beeld van menschelijke vlijt, zooals men het zelfs in Japan tevergeefs
zou zoeken. Geen plekje aarde blijft ongebruikt, al is het maar eenige
vierkante voeten groot. Duizenden kleine terrassen verheffen zich boven

Op de passar te Padang-Pandjang.

elkander, bewaterd door een irrigatiestelsel, dat de inlander meesterlijk
weet aan te leggen. Ieder terras is van een klein, ongeveer een voet breed
aarden walletje omgeven, waarbinnen de planten zich uit 't moeras
verheffen. Het water vloeit in kleine valletjes van terras tot terras. Nadat

de rijst van de zaadbedding uitgeplant is, behoeft zij weinig verzorging meer, en de wakkere inlander kan zich ongestoord aan de hooggewaardeerde bezigheid van het nietsdoen en het sirihkauwen wijden.

Padang-Pandjang is een klein, vriendelijk plaatsje met witte huizen. Ook hier treft men natuurlijk de heeren Chineezen aan. Hunne kleeding bestaat, zooals overal buiten China, uit linnen of zijden broek,

benevens dito geboorde kabaja, Europeesche schoenen en meestal een stijven, zwarten Europeeschen hoed, waaronder uit de dunne, zwarte staart hangt. Over het algemeen zien zij er zindelijk en goed gevoed uit, hetzij ze, te Singapore en Rangoen, in elegante equipages met bedienden in bonte liverei uitrijden, of in hunne kraampjes alle mogelijke en onmogelijke dingen te koop bieden. Toen ik op weg naar het hotel de plaats door wandelde, ontmoette ik een Chineesche processie, die met bonte lantarens, sieraden en figuren van papier en klatergoud rondtrok om . . . . een doode te begraven. De overledene moest een rijk man geweest zijn, te oordeelen naar de lengte en de papieren pracht van den optocht, en de lange, met tallooze spijzen bedekte eettafels, die in de straat opgesteld waren.

In het kleine, vriendelijke Hotel Merapi zocht ik beschutting tegen den plotseling nedervallenden regen. Hier, in de streek der windstilten onder den Equator, zijn geen moessons met regelmatig afwisselenden regen- en drogen tijd, en vooral in de

Rijstschuur in de Padangsche Bovenlanden.

Padangsche Bovenlanden is het weer even onbestendig of bestendig als in ons vaderland.

Een wandeling leerde mij de onmiddellijke omgeving van het stadje kennen waar, van een lichte verheffing des bodems, zich een prachtig uitzicht opende op berg en dal, weliswaar door dunne nevels omsluierd, dat een voorsmaak gaf van al de heerlijkheid, die mij nog wachtte. Om vijf uur ging het daarop verder naar Fort de Kock.

De weg voerde over den zadel tusschen Merapi en Singgalang, en bood bekoorlijke uitzichten op het goed bebouwde land. Hier zag men nu in talrijke dorpen het typische woonhuis der Padangsche Bovenlanden: een groot, ruim, op palen rustend houten gebouw, met een sierlijk dak van idjoek gedekt, waarvan de nok, naar gelang van de grootte van het huis, in twee tot twaalf staartvormige, loodrecht omhoog gaande horens uitloopt. De wanden zijn met snijwerk en kleine stukjes spiegelglas

Moskee in de Padangsche Bovenlanden.

versierd, en rood, wit en geel beschilderd. Meestal is een voorgalerij, en steeds een trap, soms van steen, aanwezig.

Het sierlijkst en fraaist evenwel zijn de kleine rijstschuren, die in de nabijheid van elk huis staan, van dezelfden bouwstijl als 't woonhuis, maar gewoonlijk nog rijker versierd en beschilderd. En nu denke men zich een dozijn van zulke woonhuizen, onder een woud van prachtige boomen en slanke palmen, en men kan zich de schilderachtige uitwerking voorstellen, waarmede wel nauwelijks iets dergelijks zich laat vergelijken.

Op gelukkige wijze sluit de Mĕsigit (moskee) zich bij het dorpsbeeld aan, met hare daken die op de wijze eener pagode zich boven elkander torenen. Intusschen is deze vorm niet karakteristiek voor de Bovenlanden, maar is in een groot deel van den Archipel, tot in de Molukken, terug te vinden. De eigenaardige, langwerpige vorm van het Maleische woon-

Woonhuis en rijstschuur van een gegoed Maleier in de Padangsche Bovenlanden.

huis, zoowel als de inwendige verdeeling ervan, hangt samen met de merkwaardige instelling van het matriarchaat, dat bij de Maleiers der Padangsche Bovenlanden nog bestaat.

Uitvoeriger dan dit door Dr. Pflüger beschreven wordt, volgen hieronder eenige mededeelingen daaromtrent, voorafgegaan door een nadere beschrijving van het in- en uitwendige eener Maleische woning.

Het inwendige van het huis doet al dadelijk zien, dat de Maleische woning niet *op* palen staat, maar dat de palen, waartusschen op 1 à 2 M. hoogte boven den grond de vloer bevestigd is, ook het dak dragen. Zoo verdeelen deze stijlen het huis in een aantal vakken, *roewangs* geheeten, wanneer men ze telt over de langste zijde van het huis, *laboew gadang* genoemd, wanneer men ze van voor naar achteren rekent. Het aantal laboew gadang's toont den rijkdom en smaak, meer nog, het aanzien en den stand der bewoners aan; waarvan het aantal roewangs, dus de lengte van het huis afhangt, zal later blijken. Men onderscheidt, al naar mate van den bouwstijl en het aantal stijlen in de diepte, tal van soorten onder de Maleische huizen; de hier afgebeelde behooren tot de aanzienlijkste, en zullen dus vijf tot zes palen in de diepte tellen. In zulk een huis, van zes palen b. v., zijn tusschen de stijlen der beide achterste laboew gadang's afscheidingen gemaakt van planken, boomschors of katoen, waardoor vertrekjes, zoogenaamde *biliëk* ontstaan, als slaapplaats voor de gehuwden en de huwbare meisjes. Zulk een huis is ook bijna altijd voorzien van een of meer *andjoeëng's*, uitbouwsels in de lengte aan de een of aan beide zijden van het huis; de vloer der eerste andjoeëng ligt 2 à 2 $\frac{1}{2}$ d.M. hooger dan die van het huis, en van iedere volgende andjoeëng weer evenveel hooger. De andjoeëng's (die minder diepte hebben dan het huis) zijn bestemd om bij feestelijke gelegenheden aan aanzienlijke gasten tot eereplaatsen te dienen. Zijn er vele andjoeëng's aan een huis, dan vertoont dit, door de oploopende uiteinden, in de verte wel eenigszins het beeld van een op stapel staand schip.

Dat deel van het huis, dat niet door andjoeëng's en biliëk's wordt ingenomen, het voorste deel van 't middelhuis dus (de *tangah roemah*) dient tot gemeenschappelijk verblijf der talrijke gezinnen, die een Maleisch huis bewonen. Toch heeft elk gezin nog meer in het bijzonder zijn eigen roewang, en tegen den voorwand zijn eigen stookplaats (binnenshuis). In kleinere huizen, waar geen afgeschoten biliëk's zijn, vormen de gehuwden zich afgezonderde slaapplaatsen door het ophangen van gordijnen tusschen de stijlen; andere ongetrouwde bewoners en kinderen slapen in de tangah roemah.

„Wanneer des avonds de luiken gesloten zijn, en de walmende lampen en *dăma*-kaarsen met haar roodachtig schijnsel de lange woning slechts ten deele verlichten, dan is het oogenblik aangebroken voor gezelligen kout, voor het bespreken van de nieuwtjes uit het dorp, voor het beramen van plannen." (Dat alles gebeurt dus in de tangah roemah). „De Maleier gaat laat ter ruste, maar hij is dan ook niet vroeg bij de hand; reeds heeft de zon den nachtelijken dauw doen verdampen en staat zij hoog boven den horizon, wanneer de luiken geopend worden en een ieder den dagelijkschen arbeid begint. Vóór hij slapen gaat spreekt hij veelal een soort van gebed uit, om gedurende den nacht booze geesten en kwade invloeden van zich te weren." [1]

De beschrijving der bouworde en inrichting van een Maleisch huis in de Padangsche Bovenlanden geeft gereede aanleiding om het meest karakteristieke der instellingen van de bewoners — de Mĕnang- kabausche Maleiers — te vermelden. Want de bouwtrant en de inwendige verdeeling der huizen staan in het nauwste verband met de inrichting van gezin en familie bij de bewoners, en deze heeft op haar beurt een diepgaanden invloed uitgeoefend op het geheele samenstel der maatschappij, op bestuur, rechtspleging en erfrecht, en ook aan de vorming van het Maleische karakter een belangrijk aandeel gehad.

Bij de Mĕnangkabausche Maleiers heerscht namelijk nog het matriarchaat, die inrichting van familie en stam, waarbij de afstamming in de vrouwelijke lijn gerekend wordt, de kinderen met hun moeder het gezin vormen, en de vader daartoe niet behoort. Bijgevolg erven de kinderen ook alleen van de moeder, en van hare broeders; de man en vader kan tijdens zijn leven wel van zijn eigen bezittingen aan zijn kinderen geschenken (*hibah*) geven maar slechts ten overstaan zijner verwanten, die zulks zooveel mogelijk tegengaan. Zijn erfgenamen zijn zijne broeders en zusters, of de zusterskinderen (kamanakan). Hoe sommige sociologen zich het ontstaan van deze familie-inrichting denken is met een enkel woord op blz. 102 aangestipt;

Inwoner van Alahan-Pandjang.

---

[1] A. L. v. Hasselt, Volksbeschrijving van Midden-Sumatra, blz. 256.

de Maleische legende geeft van den oorsprong van dit eigenaardige erfrecht de volgende verklaring, die natuurlijk niets verklaart.

In vroeger tijd kwamen de erfgoederen aan al de kinderen en niet aan de kamanakan's, deze mochten er niets van ontvangen. Op zekeren tijd beraadslaagden eens de drie „Datoe's" (hoofden) in de groote vergaderzaal te Priaman. En Datoe Pĕrpatih Sabatang met Datoe Katoemĕnggoengan [1]) gingen naar de rivier van Priaman om naar het eiland Atjas (?) te zeilen. Maar hun schip was vastgeloopen op den oever omdat het ebbe was geworden. Toen spraken de beide datoe's tot hunne kinderen en kleinkinderen: „o, Gij allen onze kinderen en kleinkinderen! dient gij tot rolhouten voor ons schip, dat op den oever vastgeloopen is."

Maar zij antwoordden: „Wij verkiezen niet als rolhouten voor het schip gebruikt te worden."

Toen spraken de beide Datoe's weder tot hunne mannelijke en vrouwelijke kamanakan's: „Wilt gijlieden tot rolhouten voor onze prauw dienen?"

Dezen antwoorden: „Indien onze mamak's (ooms van moederszijde) aldus spreken, welaan, dan zullen wij tot rolhouten voor uw prauw dienen." Daarop gingen al de kamanakan's naar den oever en vonden daar de prauw waarvan de bewakers zich verwijderd (?) hadden.

Toen sprak Tjati Bilang Pandai [2]): „o, Geëerde datoe's, gij moet uw erfgoederen niet doen overgaan op uw kinderen en kleinkinderen, maar op al uwe kamanakan's." Datoe Pĕrpatih Sabatang zeide: „Tjati Bilang Pandai, om welke reden spreekt gij aldus?" Deze antwoordde: „Ik vraag vergeving, Heer, duizendmaal vergeving! Dewijl uwe kinderen op de proef gesteld werden en niet als rolhouten voor de prauw dienen wilden, daarom is het 't beste dat gij uwe erfgoederen: sawah's, ladang's, goud, zilver, karbouwen en ander vee, nalaat aan uwe kamanakan's; want aan hen alleen betaamt het dat ze gegeven worden, aan slechte kinderen niet."

Daarom gaat de erfenis over aan de kamanakan's; tot op dezen dag is daarin geen verandering gekomen; dit is ingevoerd in de beide „larassen" n.l. de laras Kotô Piliang en de laras Bodi Tjĕniagô. En de prauw ging van zelf in zee, gesteund door de kamanakan's [3]).

Onder het woord *laras*, in deze legende voorkomende, heeft men

---

[1]) Twee halfbroeders, volgens de Maleische legende de eerste leiders der beide „larassen"; de eerste der laras Bodi-Tjĕniagô, de andere van de laras Kotô-Piliang.

[2]) Een mythisch persoon, aan wien de Maleiers vele hunner instellingen toeschrijven.

[3]) Uit: A. Meursinge. Maleisch leesboekje 3de stukje.

te verstaan de beide hoofdafdeelingen, waarin het Mĕnangkabausche volk
gesplitst is. Aan de beide Datoe's, daarin genoemd, wordt deze splitsing
in de legenden toegeschreven, en tevens vermeld dat elke laras een
scherp omgrensd gebied had, aan welks hoofd één dier beide legen-
darische personen stond. Uit de namen schijnt te kunnen worden afgeleid,
dat deze larassen ontstonden door de aaneensluiting, twee aan twee, van
vier stammen — *soekoe's* — nl. de soekoe's Kotô en Piliang ter eene,
Bodi en Tjĕniagô ter andere zijde. Om huwelijkssluiting in de naaste
familie te voorkomen werd — volgens de legende weder door de genoemde
Datoe's — bepaald, dat het verboden was te huwen met iemand van
dezelfde laras; door dit verbod werd dus de voortdurende vreedzame

Vrouw van den mantri te
Alahan-Pandjang.

verstandhouding tusschen de beide gesplitste
deelen van het volk bevorderd en tot in
lengte van dagen bevestigd. Naarmate het
aantal leden der larassen zich uitbreidde,
werden ze weder verdeeld in wat men ook
thans nog noemt soekoe's, waarvan er nu
een dertig à veertig bestaan. De handhaving van het huwelijksverbod tusschen
de beide larassen zou te bezwaarlijk geworden zijn, daarom werd het allengs
vervangen door 't huwelijksverbod in de
soekoe. En, hetzij de nieuwe sociologie of
wel de Maleische legende ons de juiste
verklaring van den oorsprong dezer e x o-
g a m i e schenkt, hetzij beider uitlegging
vooralsnog gewantrouwd moet worden,
zeker is het, dat tot op dezen dag die

verdeeling in soekoe's en larassen, en het verbod voor soekoegenooten
om elkaar te huwen, zich gehandhaafd hebben. Bij het huwelijksverbod
evenwel kan soekoe niet altijd in den uitgebreiden zin als hierboven
genomen worden; beter wordt het daarbij vervangen door *pĕrindoeäan* =
verzameling *boewah pĕroet's* (zie pag. 151) die hun afstamming van dezelfde
stammoeder afleiden. In de onderafdeeling Koebang nan doewa (Afd. Solok)
b.v. treft men slechts vijf soekoe's aan; daaronder is de stam Malajoe
de voornaamste, in elke nĕgari is de oudste familie, die, waartoe de
stichter der nĕgari behoorde, van de soekoe Malajoe. Door uitbreiding
van het aantal leden van den stam trad splitsing op in pĕrindoeäan's; de
onderdeelen kregen elk nog een afzonderlijken naam bij den stamnaam
Malajoe. Zoo kreeg men b.v. Malajoe Bamban, Malajoe Tabè en Malajoe

Djariëng. De leden van den stam Malajoe bleven niet allen op dezelfde plaats wonen; in den loop der tijden verspreidden zij zich o.a. ook over de onderafdeelingen Soepajang en Alahan Pandjang. En nu vindt men aangaande het huwelijksverbod dezen regel toegepast, dat het nog voor de geheele soekoe geldt op de plaats waar deze zich gesplitst heeft, en ook elders zoolang de oorspronkelijke eenheid op de plaats van splitsing in de herinnering blijft voortleven. Op die plaatsen echter, welke zich de drie deelen van den stam Malajoe in later tijd tot woonplaats gekozen hebben, mogen thans leden van de onder-soekoe Malajoe Bamban b.v. wel een vrouw kiezen uit de onder-soekoe Malajoe Tabè of Djariëng [1]).

Aangezien, zooals reeds gezegd werd, bij de Maleiers de exogamie met m a t r i a r c h a a t gepaard gaat, zal men bij de inrichting van gezin en verwantschap bij hen geheel andere verhoudingen aantreffen dan bij de evenzeer exogamische Bataks.

De Maleische vrouw treedt bij haar huwelijk niet uit haar stam of familie; zij verlaat zelfs niet hare moederlijke woning, maar krijgt een afzonderlijk deel daarvan voor zich. Doet zich door de uitbreiding van haar gezin (en dat harer andere getrouwde zusters) de behoefte aan meer ruimte gevoelen, dan bouwt men in de lengte een paar palen bij het huis aan. In de lengte steeds, niet in de breedte; het aantal palen in de breedte toch hangt, zooals reeds gezegd werd, af van het aanzien waarin de bewoners van het huis staan, of van hun stand. Vandaar dus die eigenaardige, langgerekte vorm der Maleische huizen, en vandaar ook het groote aantal hunner bewoners. Het gezin (*samandai*) wordt gevormd door de moeder met hare kinderen; men noemt het ook met andere namen: *saperioewk*, *sadapoei*, *sakawah*, die respectievelijk het gemeenschappelijk koken en eten, het samen koffiedrinken aanduiden. Van zulk een gezin is niet de vader, maar een broeder (gewoonlijk de oudste) der moeder, het hoofd; hij draagt den naam *mamak*. Daar er verschillende gezinnen en *mamak's* in één huis zijn, wordt er onder die weder een als de voornaamste, het hoofd des huizes beschouwd, meestal de oudste of wel de flinkste en bekwaamste; hij is de *pënghoeloe roemah* of de *toengganai*. Al de bewoners van één huis heeten gezamenlijk *saboewah paroëi* (Riouwsch Maleisch *saboewah përoet*); de naam drukt uit dat zij allen afkomstig zijn (in de vrouwelijke linie) van ééne stammoeder (*saboewah përoet*, letterlijk: [van] één buik). Stel, men heeft in een zeker huis een zeer oude Maleische vrouw, een *niniëk moejang*

---

[1]) Vgl. O. P. Besseling. Iets over de verboden graden bij huwelijken in de Pad. Bovenlanden. Tijdschrift voor het Binnenl. Bestuur 1904. Afl. 5 en 6.

of bet-over-grootmoeder van de soekoe *Koempai* b.v., dan kunnen de bewoners van het geheele huis aldus schematisch worden voorgesteld.

A Bet-over-grootmoeder

Zoons van A, dus over-oudooms, oud-ooms en ooms van hen, die zich in dit huis bevinden; hunne kinderen, kleinkinderen en achterkleinkinderen wonen in andere huizen, behooren tot de soekoe's der respectieve moeders, die van een andere dan de soekoe Koempai zijn.

B Overgrootmoeders (dochters van A)

Zoons van B (Oud-ooms, resp. ooms van bewoners van dit huis; hun eigen kinderen en kleinkinderen wonen in andere huizen).

C Grootmoeders (dochters van B)

Zoons van C (Ooms van bewoners van dit huis; eigen kinderen in andere huizen).

D Moeders (dochters van C)

Zoons van D.

E Dochters van D (met eventueele kinderen).

De afstamming wordt gerekend in de lijn A tot E.

Wordt het getal bewoners wat al te groot voor één huis, dan splitsen zij zich in tweeën, en wordt een nieuw huis, steeds in de nabijheid van het oude, opgericht. De bewoners der beide huizen vormen nu *sakampoeëng*, (waaronder ook wel de bij elkaar geplaatste huizen verstaan worden), de oudste der beide toengganai's is het hoofd, de penghoeloe, der kampoeëng.

De tot nu toe beschouwde bewoners van het huis of de kampoeëng zijn natuurlijk niet de eenige leden der Soekoe Koempai; ook elders vindt men daarvan de vertegenwoordigers. Het gebied dat als kleinste territoriale eenheid beschouwd kan worden, heet hier in het Maleisch *nĕgari*. Daarop vindt men gewoonlijk één hoofddorp, *kota* (Mĕnangkab. uitspraak *kotŏ*), met verschillende bijdorpen of gehuchten, *tĕratak*. Naar oude adat wordt een nĕgari slechts voor ,,vol" aangezien, wanneer men er vertegenwoordigers aantreft van minstens vier soekoe's; gewoonlijk vindt men er nog meer stammen vertegenwoordigd. Onze soekoe Koempai telt dus, behalve in de kota, ook nog hare vertegenwoordigers — evenzeer telkens in één huis, of één kampoëeng samenwonende — in de verschillende tĕratak's der nĕgari, en kan ook buiten de nĕgari nog leden hebben. Al die boewah paroëi dus, wier stammoeders tot de soekoe Koempai behooren, maken te zamen de soekoe Koempai uit; de verschillende pĕnghoeloe roemah of pĕnghoeloe kampoëeng zijn gezamenlijk de ,,pĕnghoeloe soekoe Koempai." Bij hen berust de zorg voor, het bestuur over hun soekoe; in hunne vergadering, *rapat* (Menangkab. uitspraak *răpè*) zijn allen gelijk; alleen komt aan den pĕnghoeloe van de oudste familie de eereplaats toe — hij heet pĕnghoeloe *poetjoewk* (poetjoewk, Riouwsch poetjoek = kruin van sommige gewassen).

Geldt het zaken, die de geheele nĕgari betreffen, dan komen de poetjoewk's der verschillende soekoe's, in de nĕgari vertegenwoordigd, in

vergadering bijeen; leider van die vergadering is de poetjoewk van de
eerstaanwezende soekoe in de nĕgari.

Na vestiging van het Nederlandsche gezag kon het veelhoofdig
soekoe-bestuur niet geheel intact gelaten worden; als schakel tusschen
Europeesch en inlandsch bestuur zijn door het Gouvernement twee nieuwe
soorten van bezoldigde inlandsche hoofden geschapen: de larashoofden
(pĕnghoeloe laras) en de pĕnghoeloe's kapala. Ze worden door de
bevolking gekozen, maar ontvangen van het Gouvernement hun aanstelling;
de volkskeuze is dus te beschouwen als een raadpleging met de bevolking, geenszins als een beperking van de benoeming. De pĕnghoeloe laras
voert gezag in een district; hij brengt de bevelen van het Gouvernement
over aan de pĕnghoeloe's kapala en zorgt voor de richtige uitvoering

Paardenjongen der Sumatra-expeditie.

Bediende van de Sumatra-expeditie.

ervan; tevens is hij voorzitter van de *pĕnghoeloe-rapat* = de vergadering
der pĕnghoeloe's poetjoewk in zijn district. De pĕnghoeloe kapala is de
tusschenpersoon tusschen den pĕnghoeloe laras en de pĕnghoeloe's poetjoewk
in zijn dorp; hij is ook lid van de rapat dezer laatsten. [1]

De democratische bestuursinrichting, op de eigenaardige familieverhoudingen gebaseerd, kan niet zonder invloed gebleven zijn op het
karakter van den Maleier. Waar ieder vrij man op zijne beurt, wanneer

---

[1] De pĕnghoeloe's poetjoek worden ook wel kortweg pĕnghoeloe, de andere pĕnghoeloe's
pĕnghoeloe *ketjil* (= klein) genoemd.

zijn leeftijd hem daartoe riep, tot medebestuur gerechtigd kon worden,
moet het volkskarakter een geheel ander beeld vertoonen dan dat van
den gedweeën, door eeuwenlange overheersching slaafsch geworden
minderen Javaan. Ook in zijn jeugd reeds is de Maleier spoediger
gedwongen tot zelfstandigheid dan bij de meeste andere Indonesiërs
het geval is. Want waar de oom feitelijk met het toezicht op zijn neven
en nichten belast is, zal hij, wanneer de eersten wat lastig beginnen te
worden, al spoedig maatregelen nemen om hen op eigen beenen te doen
staan. Meergegoeden bezoeken dus weldra, na de besnijdenis, de *soerau's*
(Mohammedaansche godsdienstscholen) op verschillende plaatsen; minder-

Djaksa van Alahan-Pandjang.

bedeelden trekken als handelaars er op uit,
of hebben al vroeger als karbouwenjongens
wat mede verdiend. Dat ondernemingsgeest,
reislust en aanleg voor den handel Maleische
karaktertrekken zijn — men behoeft slechts
te letten op de tallooze kolonies van Maleiers
door den geheelen Archipel, op de plaats,
die het Maleisch als handelstaal van heel
Oost-Azië inneemt, om daarvan overtuigd
te wezen. Minder gunstigen invloed hebben de
matriarchale instellingen uitgeoefend op het
familieleven. Eigenlijk kan daarvan, bij de
abnormale samenstelling der gezinnen, niet
veel sprake zijn; het echtelijk leven bepaalt
zich tot bezoeken van den man van langer
of korter duur, aan de woning der vrouw.
„Wij missen natuurlijk" (in de Maleische
gezinnen) zegt van Hasselt, „dien huiselijken band, dat hartelijk verkeer,
waardoor het familieleven bij ons zoo aantrekkelijk is. De vormen der
welleveridheid worden in acht genomen, maar daarmede is ook alles
gezegd. Het grootste deel van den arbeid komt voor rekening van de
vrouw, die, hoewel niet alle rechten missende, toch geenszins behandeld
wordt met die onderscheiding en dien liefdevollen eerbied welke bij de
beschaafde klasse in onze maatschappij het deel zijn van echtgenooten,
moeders en zusters" [1]). Dat allerlei zaken, bij ons tot het gezin of de familie
behoorende, bij den Maleier tot onderwerp van beraadslaging van al de
stem-hebbenden in de soekoe worden, — het sluiten van een huwelijk
bijv. — kan ook niet tot de intimiteit van het huiselijk leven bijdragen.

---

[1]) A. L. van Hasselt. Volksbeschrijving van Midden-Sumatra, blz. 252.

Die hartstocht voor het *moepakat* (beraadslagen) heeft dan ook aan het Maleische karakter iets indringerigs en bemoeizieks gegeven.

Daar de man niet, als overal elders, als natuurlijke verzorger zijner eigen kinderen kan optreden, is het noodig dat de vrouw in staat gesteld worde, in het onderhoud van zich en hare kinderen te voorzien. Daartoe dient de instelling der haratò *(harta) poesakò*, het familie-goed, voornamelijk in landbezit bestaande. De geheele boewah-paroëi is eigenlijk de eigenaar, en voor elk gezin — vrouw met kinderen — dat er toe behoort is een bepaald deel bestemd. De zware veldarbeid wordt door den man voor zijne vrouw verricht op het voor haar bestemde deel der communale

Balai te Alahan-Pandjang.

gronden; hetzelfde is hij ook verplicht te doen voor het gezin waartoe hij behoort, zijne moeder, zusters en hare kinderen Ook de heeren-diensten, het verzamelen van boschprodukten en het werken in de mijnen komen voor rekening der mannen. Vergeten wij niet, dat zij (het aange-naamste deel hunner taak!) in eindelooze redevoeringen de belangen van *soekoe* en *nĕgari* behandelen moeten; het deel hunner nachtrust dat zij daaraan geven wordt evenwel 's morgens ruimschoots door hen ingehaald.

Ofschoon uit de maatschappelijke instellingen volgt, dat de vrouw niet als 'zulk een rechteloos wezen beschouwd wordt als bij de Bataks, en, in huwelijkszaken bijv., de moeders meer de zaken bedisselen dan de mannen, zoo is toch de taak der Maleische vrouw niet gemakkelijk. Zij wordt immers beschouwd als de dienares van den man, bereidt voor hem zijn eten dat ze hem afzonderlijk opdischt, en waarvan zij met hare kinderen eerst na hem gebruikt. Ook hare broeders en zoons laten veel werk, dat maar eenigszins door haar verricht kan worden, aan haar over: en zoo ziet men meestal de vrouwen de zware vrachten op het hoofd ter passar torsen, terwijl de mannen op hun gemak daarnevens of daarachter slenteren, niets met zich voerende dan de zoo geliefkoosde duif, met de pootjes op een bamboe-vlechtwerk gebonden, of in een kooitje, zorgvuldig door een sierlijken doek tegen de zonnestralen beschermd. Wel ver staat dus het Maleische huwelijk in de werkelijkheid af van het

Balai in de Padangsche Bovenlanden.

ideaal der verhouding tusschen man en vrouw, dat de Maleier in zijn spreuken aldus teekent:

„Tezamen dalen zij af in het ravijn,
Tezamen beklimmen zij den berg.
Winst en verlies raakt beiden evenzeer,
Zij leven één leven, zij sterven één dood.
Zij eten en drinken hetzelfde,
Zij hebben dezelfde mat, dezelfde slaapplaats."

Na deze uitweiding over de Maleische huizen en hunne bewoners, tot slot een korte beschrijving van hetgeen men, behalve de woonhuizen, nog in een Maleisch dorp vindt. Dr. Pflüger sprak reeds hierboven van

de sierlijke rijstschuurtjes, die men op het erf vindt; de fraaiste en kost-
baarste soort is onder den naam *rangkiang* bekend. Ook de moskee —
moesadjid zegt de Měnangkabauer — werd genoemd. Gewoonlijk vindt men

Taboeh-huisje te Si-Lago.

haar op het groote, door zware boomen beschaduwde dorpsplein — de
padamaian of „vredeplaats." Daar staat ook de *balai*, het dorpsver-
gaderhuis, waar over de belangen van soekoe en něgari beraadslaagd

Negari-huisje te Si-Lago.

wordt; in vele kota's vindt men er ook het *něgari*-huisje voor vreemdelingen. De *balai* is onmiddellijk daaraan van gewone huizen te onderkennen
dat zij geen omwanding heeft.

Soms wordt op de padamaian ook passar gehouden en daarom staan er in de buurt *lapau's*, winkels en gaarkeukens tegelijk, met een groote pisangtros in het venster, en een hooge bamboestelling, waar de koelies vóór het binnentreden hunne vrachten op neerzetten kunnen. Dikwijls evenwel wordt de markt gehouden buiten het dorp, omdat op de passar ook de hanengevechten gehouden worden of werden, waardoor veel slecht volk werd aangelokt, dat rust en orde in het dorp bedreigde.

Voorts zal men in elke kota, waarvan de bevolking zich zelve eenigszins respecteert, het *taboeh*-huisje aantreffen, een aan de zijden open, overdekt loodsje, waarin de *taboeh*, de groote trom, is opgehangen. Deze bestaat uit een uitgeholden boomstam, aan de eene zijde open, aan de andere met koehuid bespannen; hij dient om voor allerlei gelegenheden

Eilandheuvel in het Karbouwengat. Op den achtergrond de Singgalang.

de bevolking samen te roepen; in sommige něgari's ook om dagelijksche gebedsuren aan te kondigen. [1])

Van het hoogste punt der baan heeft men een schoonen uitkijk rechts op het meer van Singkarah, dat, zuidoostelijk van Padang-Pandjang, in een breed dal ligt. Wij dalen nu naar het plateau van Agam, en bereiken na anderhalf uur sporens Fort de Kock, het gezondheids-etablissement van het leger en een geliefkoosde verblijfplaats voor allen, die de hitte en de koorts van de kuststreken willen ontvluchten. Het klimaat is hier,

---

[1]) In de hier volgende reisbeschrijving is weder Dr. Pflüger aan het woord.

evenals in Padang-Pandjang, aangenaam koel, en het kan soms 's nachts zoo frisch worden, dat men blij is met een wollen deken, bepaald een

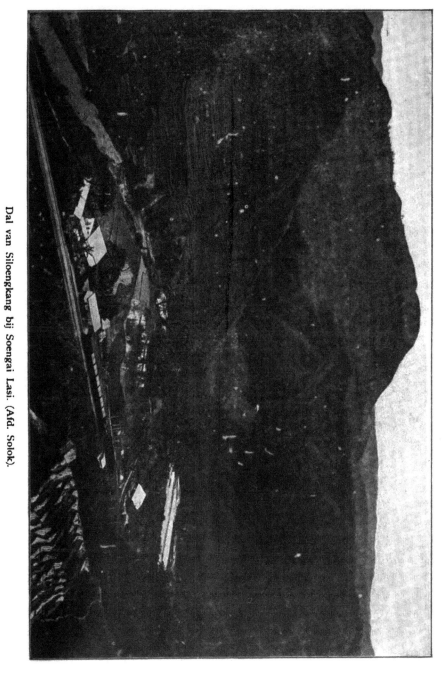

Dal van Siloengkang bij Soengai Lasi. (Afd. Solok).

genot, nadat men in Koeta-radja of Padang de nachten transpireerend doorgebracht heeft.

Den volgenden morgen vroeg reeds regende het bij stroomen. Pas
om half acht werd het helder, en ik klom in een klein, tweewielig kar-

Karbouwengat bij Fort de Kock.

retje, met twee borstelige ponies bespannen, om mij naar het meer van
Manindjau te laten brengen. Hier mag niet verzwegen worden, dat het

prachtvoertuig voor dien dag niet minder dan 16 gulden kostte. Over
het algemeen zijn de wagens in den Archipel, niettegenstaande goede
paarden en het grasvoeder er goedkoop zijn, zeer duur, ofschoon de
prijzen niet te vergelijken zijn met die, welke men op Ceylon moet
betalen. Daar werd door de Koninklijk-Britsche Postonderneming voor
een rit van twee dagen in een miserabelen wagen de kleinigheid van
tweehonderd vijftig ropijen (± ƒ 190) verlangd, wat slechts met het
woord onbeschaamdheid aangeduid kan worden.

Onze weg voert langs de Noorderhelling van den Singgalang, de
zuidgrens van het plateau van Agam, het eerst naar Matoer. Het karakter
der geheele streek wordt bepaald door geweldige massa's vulkanische

Moskee bij Fort de Kock.

asch en zand, die het plateau en de berghellingen bedekken. In deze
weeke stof hebben riviertjes en beekjes diepe dalen en kloven uitgegraven,
wier naakte wanden bijna loodrecht omhoog stijgen, en slechts daar
waar de steilte wat geringer is of spleten gevormd zijn, met een
plantenkleed bedekt zijn. Dikwijls zijn de kloven zoo smal, dat men ze
van bovenaf niet bemerkt, en het plateau den indruk maakt van een
samenhangende, groene, heuvelachtige vlakte.

Onmiddellijk achter Fort de Kock ging het door een smalle,
donkere kloof naar beneden, in de breede insnijding van de Masang-rivier,
het Karbouwengat geheeten. De bodem van het dal is met rijstvelden

bedekt, de grijsgele wanden gaan 80 M. hoog loodrecht naar boven. Het riviertje, een paar voet diep, en de zijrivier Si-anok, die uit een dergelijke zijkloof stroomt, werden doorwaad. Hier wordt de blik geboeid door een hoogen tufwand, die in het midden van het dal zich als een reusachtig bastion verheft, (zie de afb. op blz. 158).

Nu tegen den wand van een steile zijkloof naar boven en ongeveer een uur lang in vele kronkelingen langs de flank van den vulkaan, met prachtig uitzicht op het vruchtbare, aan de overzijde door een beboschten bergketen begrensde Agamplateau. Recht voor ons uit ontwaren wij den geweldigen kegel van den Ophir, achter ons den Merapi en den Singgalang. Weder gaat het steil naar beneden in een dal, dat in het jaar 1833 het tooneel van verbitterde gevechten tusschen Nederlanders en oproerige Padri's was. Dan naar boven door nauwe kloven tot wij na 2$\frac{1}{2}$ uur voor den *pasanggrahan* van het kleine dorp Matoer halt houden.

Pasanggrahan noemt men een door het Gouvernement ingericht logement, in de eerste plaats voor reizende ambtenaren dienende, maar tegen betaling ook voor particulieren toegankelijk. Het staat onder opzicht van een inlander en verschaft een eenvoudig, maar doorgaans zindelijk, nachtverblijf en in de meeste gevallen ook een betrekkelijk goede tafel.

Terstond na aankomst begaf ik mij te voet op weg, om de paardjes te sparen; zij hadden werkelijk meer gepresteerd dan hun uiterlijk beloofde. Het was heerlijk loopen in de frissche, voor de dunne tropen-kleeding niet te koele lucht. De rijweg voert in drie kwartier naar een bergweide, en hier stond ik plotseling aan den rand van een grooten, diepen ketel, welks bodem door het blauwe, spiegelgladde vlak van het meer van Manindjau bedekt wordt. Men neemt aan, dat de geweldige uitholling zich door de instorting van een ouden reuzenvulkaan heeft gevormd; ter lengte van 16,6 K.M. bij een breede van 8 K.M. wordt zij door het meer bedekt. Met woud bedekte heuvels dalen loodrecht neer, diep beneden ontwaart men het vlek Manindjau, en door een opening in den tegenoverliggenden bergwand, waar de uitwatering van het meer, 't riviertje Antokan, zich baan breekt, schemert de glinsterende spiegel van de zee. Na korte rust wandelde ik op mijn gemak naar de pasanggrahan terug, vroolijkte mijn gemoed op door het lekker bereide maal, en verdiepte mij in de lektuur van betrekkelijk nieuwe Duitsche illustraties, die in een leestrommel hun weg naar dezen uithoek gevonden hadden. Daarna keerden wij terug naar Fort de Kock, waar ik bij zonsondergang aankwam. Interessant was het volksleven op den drukbeganen weg. De kleeding in de Padangsche Bovenlanden vertoont wel in het algemeen het type van die der meest beschaafde Indonesiërs, als Javanen, Atjehers enz., maar toch vallen enkele verschilpunten spoedig in het oog. Vooreerst bestaat er groot verschil tusschen dagelijksche en feestkleeding, zoowel voor vrouwen als voor mannen. De eersten zijn in het dagelijksch leven slechts gekleed van het middel tot boven de voeten; de *kaïn*, een lap wit of blauw katoen reikt tot beneden, maar is zoo smal, dat de uiteinden elkaar nauwelijks raken; daarover gaat dan een lap rood, zwart of wit katoen, die slechts tot aan de knieën reikt. Maar gaan ze naar de passar, dan is alles van

Bewoners der Padangsche Bovenlanden in feestkleeding.

fijner stof: zijde of batiksel, de slendang ontbreekt dan ook niet, maar wordt dikwijls anders gedragen dan op Java, n.l. opgevouwen op 't hoofd, (zie ook afb. op pag. 166), en is vaak van kostbaar eigen weefsel: roode zijde met gouddraad. Als versieringen worden veel armbanden gedragen, soms tot 25 aan één arm; de adat stelt er regels voor, maar ze worden vaak overtreden.

Terwijl de dagelijksche kleederdracht voor mannen van welken stand ook onderling weinig verschilt en zeer eenvoudig is: broek of lap om

11*

't middel, en soms een sarong, komt het verschil in rang en stand bij feestkleeding duidelijk genoeg uit: in stof en snit van het baadje, in meer of minder pracht van de dikwijls kostbare geweven sarong. Eigenaardig Maleisch is de gewoonte, den hoofddoek eerst te stijven en voor de knie in den gewenschten vorm te vouwen; adathoofden dragen een doek bij wijze van tulband om het hoofd met aan den voorkant b.v. een koperen ring.

Dikwijls ziet men mannen die voor hun genoegen wandelen een plat, rond korfje, met een viertippig doekje bedekt, met zich omdragen. Daarin bevindt zich een kleine, sierlijke duif; zij moet, zegt een wijd verspreid bijgeloof, gouden eieren leggen *als* zij honderd jaar oud wordt. Het diertje wordt daarom verzorgd en gekoesterd, en van geslacht op geslacht geërfd — met welk succes liet zich niet uitvorschen. Dikwijls hangen de mandjes voor het huis in den top van een boom, vanwaar zij door middel van een touw naar beneden gelaten kunnen worden.

De volgende morgen werd met wandelingen in de omgeving door-gebracht. Een vijver met heilige visschen, in een dorp met fraaie, groote huizen gelegen, een kleine moskee, eveneens in den reuk van bijzondere heiligheid staande, vormen de „voornaamste bezienswaardigheden." Inte-ressanter vond ik de wandeling door dorpen en velden, waar vlijtige handen zich bij den rijstoogst repten.

In den vroegen namiddag ging het daarna verder naar Pajakoemboeh (Pajakombo). Het Agamplateau lag in helderen zonneglans, links sloot de zigzaglijn van het Kamang-gebergte met den Ophir, rechts de Merapi den horizont af. Een uitgestrekt veld met talrijke lavablokken werd over-gestoken, de Zuidelijke uitlooper van het Kamang-gebergte met zijn steile rotstinnen doorsneden, en nu daalde de baan over golvend terrein vol ravijnen naar het dal van de Sinamar-rivier af. Rechts verheft zich de vulkaan Sagô (2260 M.); beneden, onder een woud van kokospalmen ligt Pajakoemboeh en in blauwe verte wazen de lijnen van den bergketen, die het Padangsche hoogland naar het Oosten afsluit.

Pajakoemboeh (580 M.), het eindpunt van den spoorweg, zetel van een assistent-resident en de laatste plaats naar het Oosten, waar men nog eenige Europeanen aantreft, bestaat uit een breeden schaduwrijken weg. Daaraan liggen de huizen der zeven Europeanen, het groote marktplein, waar men 's Zondags een opgewekt volksleven en bonte kleederdrachten kan zien, en het hospitaal. Dit laatste dient tot opname van lijders aan ingewands- en leverziekte, voor wie het aanmerkelijk warmere klimaat hier beter past dan de koele lucht in Fort de Kock.

Ik nam mijn intrek in het kleine, zeer primitieve hotel, onder bestuur van een Maleier, en na korten tijd maakte ik mijne opwachting bij den dirigeerenden geneesheer van het hospitaal. Gaarne nam ik zijn vriendelijke uitnoodiging voor het souper aan. Onder gezelligen kout vloog de tijd aangenaam om; minder aangenaam was de nacht in het hotel, die werd opgeluisterd door het geschreeuw van den achtsten Europeaan ter plaatse, in de gedaante van een jonggeborene in de kamer naast mij.

Van Pajakoemboeh kan men mooie tochtjes maken naar Soeliki, waar zwart marmer gevonden wordt, naar de groote moskee van Taram, de grootste der residentie, en naar de kloof van Ḥarau. De laatste is een der merkwaardigste punten van de Padangsche Bovenlanden. Voor

Ingang van de Kloof van Harau.

den ingang der kloof verlaat men het rijtuig en te voet volgt men het pad dat bijna een uur ver langs de beek voortloopt. Loodrecht heffen zich rechts en links de wanden, 200—300 M. hoog, vol diepe groeven en spleten, nu eens elkaar tot op 20 M. naderend, dan weer een paar honderd meter uiteenwijkend. Ze druipen van water en een kwartier voor den ingang bereikt men den grooten waterval der Batang Harau. Prachtig en vol verscheidenheid is de plantengroei in deze vochtige dalspleet.

Ik had besloten, den volgenden morgen door te reizen naar Fort van der Cappellen, ten Zuidoosten van den Merapi gelegen. De schoonste weg voert door het dal van de Sinamar-rivier, eerst in zes uur naar

Boeô, van daar in nog vier uur naar het einddoel. Daar het intusschen onzeker genoemd werd, of in Boeô versche paarden te krijgen zouden zijn, en in het kleine gat geen pasanggrahan om te overnachten bestaat, koos ik een anderen, korteren weg, over den zadel tusschen den Merapi en den Sagô, als de weg over Tandjoeng-Alam bekend staande. Op een uur afstand van Pajakoemboeh verlaat een smal zijpad den breeden weg naar Fort de Kock, en voert steil bergopwaarts over de vlakke, met gras begroeide hoogten, waaruit op zichzelf staande, steile rotsbastions zich verheffen. Heerlijk ontplooide zich het uitzicht op het dal, op den geweldigen kegel van den Sagô, de getande heuvels aan beide zijden, alles schitterend in prachtig, frisch groen.

Vrouwen van Pajakoemboeh.

De weg was zeer levendig. Het land om Pajakoemboeh is beroemd om zijn schoone vrouwen, en inderdaad zag men vele prachtige verschijningen. Opvallend is de lichte huidskleur der inlanders, vooral bij vrouwen en kinderen, nauwelijks van die van een Zuid-Europeaan verschillend. De mannen zijn donkerder en in den regel krachtig en goed, ofschoon iets gedrongen gebouwd. In menigte waren ze bezig, ter aarde gehurkt, den weg te herstellen, en ze begroetten den Europeaan door op te staan en beide handen naar het voorhoofd te brengen.

In een afgeoogst rijstveld zonde zich in den modder een kudde groote grijze karbouwen, die in het Oosten naast de lichter gebouwde sapi's en zeboe's de beroepsplichten van ons vaderlandsch rundvee vervullen. Op hunne breede ruggen wandelden sierlijke witte reigers, die een bedrijvigheid in de jacht aan den dag legden, welke den braven herkauwers zichtbaar aangenaam was. In de lucht zwermden tallooze sierlijke waterjuffers, als een reusachtige muggenwolk; bonte, groote vlinders fladderden over de boschjes, en in het gras maakten krekels en sprinkhanen, die ongetwijfeld over buitengewoon groote instrumenten beschikken konden, een rumoer, dat bijna storend genoemd moest worden. Vrachtkarren komen ons in menigte

tegemoet; zij zien er uit als kleine huizen, met breed, spits dak, getrokken door een buffel of twee ossen, die het zware dikke juk voor den
vetbult hebben liggen. De voerman heeft ze letterlijk „bij den neus";
de teugel bestaat namelijk in een touw, dat het goedige dier eenvoudig
door den neus getrokken wordt, ongetwijfeld een praktische methode en
wel minder wreed dan die van onze opzetteugels. Af en toe draaft een
ruiter voorbij; waar wij *in* den stijgbeugel den voet zetten, daar
omklemt hij de eene stang ervan met zijn groote teen.

Na drie uur rijdens bereikten wij de hoogte en de pasanggrahan van
het dorp Tabat-Patah. Hier werd middagrust gehouden en een lekker
maal, bestaande uit cakes en geroosterde pisangs, met een aftreksel
van koffiebladeren, gebruikt; bovendien waren er een soort rijstkoekjes
te krijgen.

Met den bestuurder, een gezelligen ouden Maleier, en eenige dorps

Buffelkarren op de markt.

notabelen hield ik vervolgens onder een goede sigaar een ernstig en
diepzinnig discours over den oorlog in Transvaal, over het weer en
andere gewichtige onderwerpen, aldus mijn nog zeer gebrekkige kennis
van het Maleisch vermeerderend.

In vluggen draf snelden wij om twee uur bergaf, door velden,
dorpen, pisangboschjes en groote koffieplantages, aangelegd in de
schaduw van slanke, hoogstammige boomen. Voor zich uit ontwaarde
men vlakke, kale heuvelruggen, het steenkolenbekken van Sawah Loentô,
en achter de sluiers van wolken den vulkaan Talang (2600 M.). Rechts
zond de Sagô een langen, getanden bergkam vooruit, waarachter het
Lintandal ligt, en beneden lag het kleine groene plateau van Tanah-
Datar, waar een palmenwoud het stadje Batoe-Sangkar aan het oog
onttrok, en op een heuvel Fort van der Capellen zich verhief. Nog twee

uur rijdens, en ik belandde in het kleine, zeer zindelijke en nette hotel Marapalam van Batoe-Sangkar. De plaats, zetel van een assistent-resident, biedt weinig belangwekkends. Ze bestaat uit de huizen der weinige „orang-blanda", zooals de Maleier den Europeaan noemt, een aantal hutten met gegalvaniseerd ijzer bedekt, het marktplein met overdekte verkoopplaatsen, waarin alleen Zondags een opgewekt leven heerscht, en de militaire gebouwen. Aan den ingang van het plaatsje staat een prachtige waringin, die de begraafplaats der oude vorsten overschaduwt. In den omtrek moeten eenige steenen beeldhouwwerken uit den Hindoetijd te vinden zijn, maar ik nam de vrijheid ze onbezichtigd te laten.

Van den hotelhouder, die toonde een bereisd man van veel kennis te wezen, nam ik den volgenden morgen afscheid, zwaar door hem met goede raadgevingen beladen. Een wagen bracht mij eerst over de zacht-hellende Zuiderhelling van den Merapi naar de halte Krambil. Koffietuinen, rijstvelden, daarna een prachtig heuvellandschap met bosch en water, trokken in rijke afwisseling voorbij. In de verte was de lucht heiig, de Merapi verschool zich achter dichte wolken. Nadat we de hoogte over waren ging het door een diepingescheurd ravijn naar beneden in het breede dal, dat zich van den voet der vulkanen Tandikat, Singgalang en Merapi naar het Zuidoosten uitstrekte; en na twee en een half uur rijdens kwam ik, juist bijtijds vóór een behoorlijken stortregen, aan. De geëerde lezer zal wel weten, dat het in de tropen geen pijpestelen, maar flinke, dikke bezemstelen regent. Een breedgerande hoed en een lange, dikke gummimantel geven in het algemeen beschutting, trouwens alleen voor 't bovenlichaam. Van onderen wordt men ongegeneerd nat gekletst. Omdat een mantel evenwel warm, en lastig mee te nemen is, geeft men er de voorkeur aan, zich rustig aan zijn noodlot over te geven, en de rest aan de lieve zon of zijn eigen lichaamswarmte over te laten.

Met niet meer dan een rijksdaalder was de vergenoegd grinnikende rossenbedwinger tevreden; en ik nam den middagtrein naar Solok. Langzaam loopt de weg af naar het meer van Singkarah, dat den dalbodem beslaat. Het is 21 K.M. lang, tot 8 K.M. breed en 268 M. diep. Blauwgroen, met spiegelglad oppervlak, ligt het tusschen dichtbegroeide bergen. Onze weg gaat over de schuimende Ombilin, de afwatering van het meer, en windt zich in zachte bochten om den voet der bergen. Tal van sierlijke hutten, onder ruischende palmen, spiegelen zich in het water en scharen bruine nixen verheffen hare, niet altoos even bekoorlijke lichamen, uit den vloed. Wij verlaten het meer bij de kota Singkarah en rijden verder door het zich veel verbreedende, vlakke dal. Weer eindelooze rijstvelden in frisch-groenen tint, en daartusschen, als

eilanden, groepen kokospalmen. Hier en daar zendt de hemel uit zwarte wolken donkere strepen neer en omhult alleenstaande bergen met grijze sluiers, terwijl andere in schitterenden zonneglans liggen.

Het kleine hotel in Solok was uiterst primitief, maar bed en eten waren er voortreffelijk. Gedurende den namiddag ontvluchtte ik naar de bergen in het Westen, aan wier voet een eenspansrijtuigje mij in 25 minuten bracht.

Door koffietuinen en dicht bosch met ruischende beken, waar in de schaduw van het bladerdak prachtige orchideeën bloeien, ging het anderhalf uur lang steil bergopwaarts. Een schoon uitzicht van een kleine hoogvlakte op het meer van Singkarah beloonde de moeite. Terugkeerende werd ik door een zware bui overvallen, die mij ditmaal tot op het hemd toe doorweekte en tot onder de kap van den wagen vervolgde. De zitplaats veranderde weldra in een flink meer, van rechts en links, van voren en

Aan den Oostelijken oever van het meer van Singkarah.

van achteren werd het als met emmers naar binnen gesmeten, en ik was blij, in het hotel „aan te landen", in den letterlijken zin van het woord.

Het was nog donker, toen ik den volgenden morgen mijn legerstede verliet; maar nauwelijks had ik toilet gemaakt, of het was reeds helder dag. Nacht en dag volgen elkaar onder den equator zonder de gezellige schemering op — een gevolg van de grootere snelheid waarmee in deze streken de zon op haar bijna loodrechte baan naar den horizont snelt.

De trein bracht mij in $1^1/_2$ uur naar Sawah Loentò, de plaats der kolenmijnen. Hier weer een geheel ander tafereel: dalen met boomlooze, met gras begroeide heuvels en schuimende riviertjes; in de ravijnen hier en daar weelderige plantengroei en kleine dorpen met kokospalmen. Aan het einde van den rit passeerden wij een 800 M. langen, vochtig-warmen tunnel, en bevonden ons bij den uitgang daarvan in het nauwe, gloeiende keteldal, waarin de kleine huizen der nederzetting liggen. Er tegenover verheft zich de Doerian, met gras begroeid, met een platten top van gelaagden zandsteen, en · die in zijn binnenste de zwarte diamanten verborgen houdt.

De kolenlagen werden in 1868 ontdekt door den ingenieur de Greve, die kort daarop bij zijne verdere onderzoekingsreizen in de Ombilin-rivier verdronk. Voor de exploitatie legde de Regeering de tandradbaan naar Emmahaven aan. Het bedrijf is sedert tien jaren aan-

Panorama van Sawah-Loentô.

merkelijk uitgebreid, de dagelijksche opbrengst bedraagt thans 900 ton. De kolen zijn voortreffelijk, maar geven veel roet, hetgeen men op de spoorwegen op Sumatra en Java op onaangename manier ondervindt, en veel asch.

De lagen zijn sterk door verglijdingen gestoord, en dus de ligplaatsen voor een deel lensvormig en niet gemakkelijk te vinden. De dikte der lagen variëert van 3 tot 12 M. De rationeele exploitatie werd door Silezische bergwerkers, inzonderheid door den mijnwerkersbaas Dietrich,

ingevoerd, en de mijnen geven thans werk aan meer dan 2000 arbeiders: dwangarbeiders, vrije Maleische werklui en Chineesche koelies.
Deze laatsten ontvangen kost, kleeding en gemiddeld een halven
gulden dagloon.

Ik liet mijn bagage in het kleine, eenvoudige logement in de
nabijheid van den spoorweg, bracht den directeur der mijnen een bezoek,
en werd door een der heeren ingenieurs rondgeleid. De oude, aan den
voet van den berg liggende lagen zijn uitgeput en men moet heel wat
bergopwaarts gaan, om bij de tegenwoordige mijnen te komen. Ik zie
af van eene beschrijving, daar de inrichting der groeven geheel Europeesch is.

Een aardig voorbeeld van de adat der arbeiders werd mij door mijn
geleider verteld. De toewan, de blanke, mag nooit aan de arbeiders een
direct bevel geven. Hij zegt het den opzichter, die het over den onder-
opzichter ter bestemder plaatse laat komen.

Met den laatsten trein, tegen den middag, keerde ik naar Padang-
Pandjang terug. De hemel was grijs bewolkt, maar de lucht helder en
koel; de rit langs het meer van Singkarah bood bij deze belichting een
eigenaardige bekoring. De omtrekken der bergen staken scherp af bij
den grijzen achtergrond, lichte dunne wolkschepen zweefden om hunne
toppen. Verrukkelijk schoon was de blik op het rijk bebouwde, zacht
rijzende dal tusschen het meer en Padang-Pandjang. Een helgroen tapijt,
met palmen- en boomgroepen doorweven, is over de terrassen van den
voet der heuvels geslagen; verder omhoog, het donkere groen der wouden
die de toppen der bergen bedekken, op den achtergrond de drie machtige
vulkanen, blauwgroene, reusachtige massa's, — is het alleen de bekoring
van het nieuwe, van het eigenaardige, die zulk een tropisch landschap, met zijne eenvoudige bestanddeelen, zoo aantrekkelijk maakt?
Ik geloof het niet. 't Is allereerst het wondervolle groen, waarin het
oog zwelgt, slechts hier en daar onderbroken door roode plekken en
strepen, waar de naakte aarde voor den dag treedt. De rots verweert
in deze streken niet tot het bruine, smerige leem van het Noorden; het
lateriet — zoo noemt men het tropische leem — vertoont alle schakeeringen tusschen oranje en rood. Bij de diepe, sappige kleuren voegt zich
de bekoring van de vormen der wouden van slanke kokospalmen met
het sierlijke filigraan hunner kronen — het zij hunne silhouette donker
afsteekt tegen den hemel of grijsgroen tegen het geelgroen der rijstvelden.
De bergen met weeke omtrekken, uitloopend in de edele, zacht golvende
en toch imponeerende lijn van den zich ten hemel verheffenden vulkaan,
die in de machtige rust van zijn breede basis veel meer beschermer dan

vernieler schijnt — zoo is het beeld van het landschap, dat op dit gezegende eiland, evenals op Java, het oog verrukt.

Mijn plan om ten besluite van de reis in de Padangsche Bovenlanden den Merapi te bestijgen, liet zich helaas niet uitvoeren. Tengevolge van de sedert een week telkens terugkeerende stortregens, was de top, waar slechts voetpaden zijn, onbegaanbaar. Ook zou de moeite nauwelijks beloond zijn geworden, daar de berg bijna altijd door zware wolken bedekt was.

Ik bepaalde mij dus tot een verblijf van eenige dagen in Padang-Pandjang. Mooie uitstapjes naar de naburige bergen en naar de Anei-kloof vulden den tijd, tot ik per spoor naar Padang terugkeerde.

De overgang uit de heerlijke, koele temperatuur van het hoogland tot de hitte van de kust was niet aangenaam, maar weldra was ik weer gewend. In het algemeen was ik verwonderd over de snelheid, waarmee het lichaam zich aan de veranderde omstandigheden in de tropen aanpast. Hoewel warmte en vochtigheid der lucht aanmerkelijk verhoogd zijn, ondervindt men dit niet op onaangename wijze, en men moet volstrekt niet uit het onpleizierige gevoel bij het binnentreden van een serre het besluit trekken dat men iets dergelijks onder de tropen zou ondervinden. Natuurlijk geldt dit slechts, wanneer men zich verstandig kleedt. Bij lichte witte of Khaki-kleeding en dun katoenen ondergoed heb ik mij altijd zeer wel bevonden; afschuwelijk evenwel waren de oogenblikken, die men gedwongen was in zwarten rok door te brengen. Men transpireert natuurlijk ook in het lichtste kostuum toch nog flink, maar men gevoelt zich na eenige lichaamsinspanning toch niet zoo verslapt als bij ons op een fatsoenlijken hondsdag. Weliswaar vertoonen zich, na meerjarig ver-blijf onder de tropen, dikwijls nadeelige gevolgen, die bij de meeste Europeanen een klimaatsverandering noodzakelijk maken; maar in de eerste maanden bespeurt men daarvan zoo goed als niets.

Op de „Maetsuycker", een zusterboot van de „Reael", scheepte ik mij naar Batavia in. Wij verlieten Emmahaven tegen den avond, toen een prachtige zonsondergang de groene, steile heuvels van de baai met hare roodgele rotsen tooverachtig verlichtte, en lagen in den middag van den volgenden dag op open reede voor Bengkoelen, de hoofdplaats der gelijknamige residentie voor anker. De zee was in slechts matige beweging, en dus liep de ontscheping van talrijke Chineesche medepassagiers en van een aantal ossen zonder bijzondere bezwaren van stapel. Bij sterken wind en hooge zee is ze dikwijls onmogelijk.

Op een lagen, groenen heuvel ligt de stad schilderachtig onder palmen, met zijn roode tegeldaken en het kleine fort, dat uit den

Engelschen tijd afkomstig is. De bergen op den achtergrond, de Loemoet, de Kaba en de 3120 M. hooge Dempo waren met dichte wolken bedekt en lieten slechts van tijd tot tijd nevelachtig hunne omtrekken herkennen. Weldra kwam er een hevige regen, die alles in een dichten, grijzen sluier hulde.

Des avonds lichtten wij het anker, nog steeds onder stroomenden regen, die den geheelen nacht aanhield, en pas eindigde toen wij ons 's morgens bevonden in de kleine baai van Bintoehan, een klein kust- plaatsje. Lage, begroeide terreinverheffingen naderden tot dicht aan het water, een groene landtong met wit strand strekte zich in zee uit, bespoeld door het schuim van de geweldige brekers, die, de gansche kust van Bengkoelen af tot Straat Soenda toe, als lange deining, door niets tegengehouden, uit den Indischen Oceaan aanrollen, en de vaart erg ongezellig kunnen maken. De bergen, waartusschen de 2720 M. hooge Ringgit uitsteekt, zagen er in hun dik grijs morgengewaad eenigszins treurig en slaperig uit. Van den oever voeren bootjes af en brachten groote bundels rotan aan boord, dat prachtige, taaie materiaal, waarvan men in den Archipel stoelen, scheepstouwen, enz. vervaardigt, en dat men in groote massa naar Europa uitvoert voor mandenvlechterij.

Tegen den middag stoomden wij verder, steeds op eenigen afstand langs de kust. Des nachts voeren wij den Vlakken Hoek om, en toen de dag aanbrak herkende men in de verte het eiland Krakatau, bekend door de vulkanische uitbarsting van 1883. Wij voeren het nauwste deel der Soenda- straat in, links Sumatra met den vulkaan Radja basa, rechts Java, welks groene voorgebergten uit zee oprezen. „Dwars in den weg" heet het kleine eiland dat zich hoogst impertinent midden in de nauwe zeestraat geplant heeft. Wij lieten het wel niet links, maar toch ten minste rechts liggen, voeren St. Nicolaaspunt om, en nu breidde zich de vlakke kust van Java voor ons uit, met blauwe bergen op den verren achtergrond. Tallooze visschersvaartuigen verlevendigden het groene watervlak, een aantal kleine, vlakke eilanden werd gepasseerd, en 's middags lagen wij in Tandjong-priok, de haven van Batavia, aan den wal.

HOOFDSTUK VI.   DWARS DOOR SUMATRA. [1])

.De verdeeling van gebergten en vlak land op Sumatra heeft ten gevolge dat de Westelijke kusten en het Noordoosten een weinig ontwikkeld rivierstelsel hebben. Met sterk verval storten zich de rivieren uit het gebergte in de smalle kuststrook en bereiken na een korten loop de zee. In het Oosten van de Zuidelijke helft des eilands daarentegen maakt de uitgestrektheid van het vlakke land een groote ontwikkeling van den

Riviergezicht in Palembang.

benedenloop der rivieren mogelijk. De grootste dezer stroomen is de Moesi, die van het Barisan-gebergte uit vele bronrivieren zijn water ontvangt, en in breede, kronkelende bedding de hellingen en de vlakte doortrekkend, met een veelarmige delta in Straat Bangka uitmondt.

Deze rivier heeft van oudsher in zijn benedenloop een verkeersweg der bevolking gevormd, en bij de inlanders aanleiding gegeven tot de

[1]) Naar Prof. Giesenhagen.

ontwikkeling van de rivierscheepvaart. Aan het begin van de delta ligt
de groote stad Palembang als handelscentrum, dat aan het verkeer van
het binnenland met de zeescheepvaart reeds voor eeuwen tot bemiddelaar
diende, nog vóór de Europeanen een deel van den handel aan
zich trokken.

Door het stroomgebied loopt van Oost naar West met vele krommingen een oude handelsweg der inlanders, die van marktplaats tot
marktplaats tot aan de Oostelijke voorgebergten van het Barisangebergte
opstijgt en tusschen de marktplaats Kĕpajang en de havenplaats Beng-

Passar te Palembang.

koelen het gebergte zelf overschrijdt, aldus de Oostkust met haar
drukke scheepvaart tusschen de naburige eilandengroepen met de, door
den Indischen Oceaan bespoelde, Westelijke kuststrook verbindende:

Op het bestaan van dezen verkeersweg had ik mijn plan tot door-
trekking van het reusachtige eiland gebouwd. Van Palembang uit, tot
waar door de rivierarmen van de Moesi zelfs nog groote schepen komen
kunnen, wilde ik zoover mogelijk stroomop varen en dan den weg
volgend, bij Kĕpajang het gebergte overtrekken en naar Bengkoelen

afdalen. Het vereischte verlof van het Gouvernement om op Sumatra te reizen bekwam ik zonder moeite door de vriendelijke bemiddeling van

Op de Moesi voor Palembang.

Professor Treub. Aan hem dankte ik ook een succesvolle aanbeveling aan den heer Monod de Froideville, den Resident van Palembang, onder

Straat in Palembang.

wiens bestuur de gansche vlakte staat, van de Oostkust af tot aan de kam van het gebergte in het Zuidwesten.

water bedekt, zoodat de stammen der diepgewortelde struiken en boomen
direkt uit het water oprijzen.

Achter het lage gewas aan den oever verheffen zich boomen met
hoogere stammen; eigenlijk hoog opgaand bosch is echter niet aanwezig.

Wanneer de zee ten tijde van den vloed het water opstuwt, wordt
de bodem tot ver landwaarts in overstroomd. Af en toe treedt over
groote oppervlakten onder de strandgewassen een lage palm bijzonder
op den voorgrond; dat is de nipah-palm, welks vruchten in zoo grooten
getale door het water van oever naar oever gevoerd worden.

Van de bewoners des lands is weinig te zien; nu en dan breken
enkele booten, en eenige op palen aan het strand gebouwde, tusschen

Prauw voor Pĕladjoe.

de mangroves half verscholen, ataphutten de eentonigheid van het lage
bosch, dat de oevers omzoomt.

's Namiddags tegen 5 uur naderden wij den mond van een klein
zijriviertje, de Pĕladjoe, en de aan de uitwatering liggende plaats van den
zelfden naam. Deze plaats heeft in den laatsten tijd een groote beteekenis
gekregen. Hier heeft namelijk de Petroleum-Maatschappij Moeara Enim
een kleine stad van Europeanen, met groote luchtige woonhuizen en
bureaus doen ontstaan, petroleumtanks gebouwd en havenwerken aangelegd. De ziel van de onderneming is de Hollandsche ingenieur IJzerman,
die in Nederlandsch-Indië zoowel door geniale ontwerpen als door energieke
medewerking zoo veel bijgedragen heeft tot ontsluiting van de schatten des
lands met behulp van de moderne techniek, en die ook in de Neder-

landsche litteratuur door zijn interessante reisbeschrijvingen en schilderingen een welverdienden naam heeft.

Ik had den heer IJzerman eens bij professor Treub in Buitenzorg
leeren kennen en wist, dat hij zich tegenwoordig in Pěladjoe ophield en
bereid zou zijn, mij over de reisgelegenheid in 't binnenland van raad te
dienen. Dus strookte het geheel met mijn wenschen dat de „Van Diemen,"
die allerlei machinedeelen en bouwmaterialen voor de petroleum-maatschappij aan boord had, aan het havenhoofd in Pěladjoe aanlegde. De
heer IJzerman, die de aankomst van de boot aan den oever afgewacht
had, kwam terstond aan boord en deelde mij mede, dat 's Woensdags
een kleine Maleische rivierstoomboot stroomop zou varen, en dat wij alle
vier met dit schip de reis konden maken. Wij hadden dus te Palembang
anderhalven dag tijd, daar het vertrek van de rivierstoomboot op
's namiddags 5 uur bepaald was.

Vooreerst echter waren wij nog maar in Pěladjoe en niet in Palembang, en de overtocht daarheen ging niet geheel zonder troebelen. Wij
werden namelijk in Pěladjoe van de „Van Diemen" op een klein motorbootje overgebracht; onze bagage zou in een aangehaakte prauw meegevoerd worden. Daar behalve wij nog andere passagiers, vooral ook
inlandsche dek- en tusschendekpassagiers, de reis medemaakten, waren
boot en prauw weldra gevuld, terwijl nog de helft onzer bagage aan
boord was. Nog op 't laatste oogenblik kon ik Mariô toeroepen dat hij
aan boord moest blijven en voor de achtergebleven bagage zorgen, en
vooruit ging het al!

Daar de duisternis langzamerhand viel, konden wij niet veel meer
van de streek zien. Om ongeveer zeven uur, dus in volslagen duisternis,
legde de kleine boot aan een korte landingsbrug aan. Ik verzocht de
drie heeren die met mij reisden, aan de landingsplaats achter te blijven
en op het uitladen onzer bagage het oog te houden. Ik zelf reed met
de eenige in de nabijheid aanwezige „sado" [1]) naar het hotel Nieuwkerk,
dat de heer IJzerman mij had aanbevolen, om menschen te halen die de
bagage onder dak zouden kunnen brengen.

Om te beginnen werd mij in het hotel, het eenige van de plaats [2]),
verklaard, dat alle kamers bezet waren, en dat aan logies voor vier
heeren in het geheel niet te denken viel. Hoogstens zou een kamer met
één bed vrij te maken zijn, omdat de heer, die er tot nu toe woonde,
's avonds vertrekken zou.

---

1) Inlandsche verbastering van dos à dos.
2) Tegenwoordig heeft men in Palembang ook nog het hotel Langenberg.

Nadat ik met den Maleischen mandoer lang genoeg zonder resultaat onderhandeld had, zocht ik den hotelhouder, den heer Nieuwkerk, op, een waardig oud heer met sneeuwwit haar, die reeds een menschenleeftijd achtereen in dit ongezonde land den invloed van het klimaat trotseerde. Ik sprak hem van de aanbeveling van den heer IJzerman, en zette hem uiteen, dat wij niets meer noodig hadden dan een overdekte ruimte, waarin wij onze eigen veldbedden konden opslaan. Dit veranderde den toestand. Wij werden in genade aangenomen. Nu evenwel had ik weer de grootste moeite, iemand te bewegen, zich over onze bagage te ontfermen. Eindelijk had ik iemand te pakken die zich aanbood, den boel met een prauw over water naar het hotel te brengen. Ik ging dus weer in den wagen zitten, om naar de landingsplaats terug te rijden. Onderweg evenwel kwamen mijn drie reismakkers mij al met een karavaan van koelies tegemoet. Gelukkig waren er voor en na eenige koelies aan de landingsplaats verschenen, zoodat wij thans in korten tijd alle bagage die meegekomen was onder dak hadden.

Nadat de veldbedden opgesteld waren, konden wij eindelijk rustig de laatste plaatsen aan de lange hoteltafel innemen, om het avondmaal te gebruiken.

Het tafelgezelschap vertoonde een bonte verscheidenheid: ingenieurs en bouwopzichters der petroleummaatschappij, kooplui, goud- en petroleumzoekers doen hier in het voorbijgaan voor eenige dagen het hotel aan. Mijn tafelbuur was een Duitsche landsman uit Baden, die in het binnenland wilde reizen om te onderzoeken of daar .landerijen voor caoutchouc-plantages te vinden en te krijgen zouden zijn. Hij had zich reeds lang met de daarop betrekking hebbende kwesties beziggehouden, en het was voor mij dus zeer interessant, na tafel een uurtje met hem over het winnen van en den handel in caoutchouc en gëtah-përtja te praten.

Dinsdag morgen vroeg stonden we met de zon op. Nu eerst, bij het daglicht, kon ik hoogte krijgen van den verwarden bouwstijl van ons hotel. Het bestaat geheel uit afzonderlijke paviljoens, elk met vier tot zes kamers. Alles staat op hooge palen. De verbinding is door loopbruggen bewerkstelligd. Bij vloed staat het grootste deel van het gebouw in het water; bij eb trekt het water geheel terug, zoodat in het kanaal of de rivierarm achter het hotel slechts een dun waterstraaltje in de breede modderbedding overblijft. Aan dat water, tegenover de achterzijde van het hotel, staan de met atap gedekte huizen der inlanders, mede alle op hooge palen. Trappen leiden naar het water; daar leggen de booten en prauwen aan en vandaar uit nemen de leden van het huisgezin hun bad in de rivier, en spoelen de vrouwen vaatwerk en waschgoed. Als een samenhangend stratennet loopen deze kanalen en rivierarmen door de geheele stad heen.

Bij middelmatigen en hoogen waterstand vertoont zich op al deze ontelbare waterwegen een opgewekt leven. Groente- en vruchtenhandelaars en allerlei soort van kooplui komen met hun prauwen of met dekbooten aan de huizen en bieden hun waren aan. Booten die personen vervoeren schieten heen en weer. Men krijgt den indruk alsof slechts het water het leven en het verkeer der stadbewoners mogelijk maakt. Palembang is het Maleische Venetië.

Evenals in Venetië, liggen ook in Palembang de openbare gebouwen, de post, het fort, het societeitsgebouw, het residentiehuis met de daarbij

Drijvende warong te Palembang.

behoorende bureaus op een soort van eilandjes, wier oppervlakte boven den hoogwaterspiegel verheven is. De eigenlijke stad echter is op palen in het moeras gebouwd. De huizen der inboorlingen keeren hun front naar het water, zij liggen dicht opeen aan beide zijden van den breeden Moesistroom en aan de kanalen en rivieren welke het lage moerasland doorsnijden. Voor het verkeer tijdens laag water dienen enkele straten, die met bruggen over de kanalen voeren.

De voorzijde van het hotel is naar een grasveld toegekeerd; aan den overkant ligt het fort. Vóór 't hotel is een soort van tuin aangelegd; bloembedden vindt men er evenwel niet; het hoog stijgende water overstroomt den grond af en toe, en verhindert de ontwikkeling van gras en kruid: het is dus niet meer dan een parkje van boomen, dat door

houten loopplanken in afzonderlijke vierhoeken verdeeld is. Op de
boomen groeien hier, evenals ook verder in de stad en hare omgeving,

Groote straat in Palembang.

in grooten overvloed epiphytische varens, waaronder ik tot mijn vreugde

Voor de passar te Palembang.

ook eenige Niphobolussoorten ontdekte, op wier verbreiding over het
groote eiland ik bijzonder mijn aandacht te vestigen had.

Voor dezen dag rustte op mij nog de taak, plaatsen op de rivierstoomboot te bespreken en voor de daaraan aansluitende overlandreis
wagens en karren te huren. Het laatste deel van deze taak was zonder
groote moeite te vervullen. De Resident, de heer Monod de Froideville,
met wien ik tijdens mijn bezoek over deze aangelegenheid sprak, nam op
de meest voorkomende wijze op zich, zelf met den aannemer te onderhandelen. De aannemers, die men in iedere residentie vindt, zijn zooveel
als officieele paardenverhuurders. Zij moeten zorgen dat er voor gouvernementsambtenaren altijd reisgelegenheid gereed is en mogen ook particulieren tegen betaling vervoeren. De Resident sprak dus met dezen
Maleischen wagenverhuurder af, dat hij ons uit zijn filialen in het binnenland het vereischte aantal wagens en karren bezorgen zou; de reisroute

van Moeara Enim
naar Kĕpajang,
de dagritten wer-
den besproken,
en de prijs vast-
gesteld. Ik had
nu, naar lands-
gebruik, nog
slechts de helft
van den bedongen
prijs vooruit te
betalen en kon
reeds 's middags
aan mijn reis-
genooten de blij-
de tijding bren-

Straat in Palembang.

gen, dat datgene, waarvan ik de grootste moeilijkheden verwacht had, dank
zij de welwillendheid van den Resident glad van stapel geloopen was.

Minder gemakkelijk gelukte het mij, de plaatsen voor de bootreis te
bespreken, ja, het kostte mij een reisje met 't motorbootje naar Pĕladjoe,
om met den Chineeschen vertegenwoordiger van den Arabischen eigenaar
de zaak af te maken. Vóór den terugkeer naar Palembang had ik nog
gelegenheid, eens een kijkje te nemen in de pas ontstane stad der
petroleummaatschappij. De woningen der Europeanen liggen alle in tuinen
aan een breede straat, de „IJzermanstraat", die 's avonds electrisch
verlicht wordt. Alle huizen zijn in denzelfden villastijl op paien gebouwd,
ruim en zindelijk ingericht en van alle gemakken voorzien. Er woont
steeds een dokter in de plaats; met den bouw van een ziekenhuis was

men bezig. Voor de stad liggen de groote petroleumtanks, die uit
gegalvaniseerd ijzer vervaardigd zijn, en eenigszins het uiterlijk hebben
van de gashouders eener Europeesche gasfabriek. De petroleum wordt
van de vindplaats Moeara Enim af, die omstreeks 180 K.M. landwaarts
in ligt, door ijzeren buizen naar Pĕladjoe gevoerd, van waar ze uit de
tanks onmiddellijk in de zeeschepen geladen kan worden.

De „Al Nori", de rivierstoomer die ons verder brengen zou, is een
raderboot met een bovendek, en bood ons en nog twee anderen

Riviergezicht in Palembang.

passagiers der 1ste klasse gedurende de volgende dagen een zeer com-
fortabel verblijf aan. De kapitein, of liever de hoofdmachinist, was een
Europeaan, hetgeen door wettelijke bepalingen vereischt wordt.

Op den bepaalden tijd, om vijf uur, zette het schip zich stroomopwaarts in beweging. Het sturen der boot is geheel toevertrouwd
aan twee Maleische mandoers, die elkaar van wacht tot wacht aflossen.
Een Maleische matroos staat aan het roer. De mandoer staat ernstig en
voornaam naast hem en geeft door een kort kommando of een nauwelijks
merkbare handbeweging aanwijzing voor de uit te voeren beweging. Het
sturen van 't kleine vaartuig eischt bijzondere opmerkzaamheid, omdat

in de rivierbedding dikwijls zandbanken ontstaan, die omgevaren moeten worden, en omdat men voor het zware drijfhout uitwijken moet.

Wij voeren langzaam de breede rivier op. Aan beide zijden van de wijde watervlakte liggen de nette huizen der Maleiers en Chineezen. Men ziet er toko aan toko; éénmasters en dekbooten — de Maleische gondels — zorgen voor het verkeer. Hooggeladen prauwen en visschersbooten glijden langzaam voorbij. Dicht bij de oevers baden kinderen en volwassenen. Van tijd tot tijd komen wij de mondingen van rivierarmen en zijkanalen voorbij; dan ziet men tot ver landwaarts in hetzelfde tooneel. Alle huizen hebben de opening naar de rivierzijde gekeerd. De bruine en gele bewoners staan voor de huizen of in hun booten en

Etablissement Pěladjoe der Petroleum-Maatschappij „Moeara Enim" [1).

zien ons schip voorbij varen. Allengs daalt de schemering; na een uur varens zien wij de laatste, afzonderlijk staande huizen der groote stad; in het avondduister schitteren de lichten uit de woningen over de rivier. Daarna volgt langs beide oevers donker, laag bosch.

Op onze boot waren al lang de lichten ontstoken, voor ik mij eindelijk kon losrukken van het schoone tafereel dat af en toe door de ondergaande zon met bijzonderen glans verheerlijkt werd, en dat nieuwe bekoring kreeg toen de schaduwen der schemering op de oevers neerdaalden, en de laatste lichtspiegelingen op de korte golven van den

---

[1) De „Moeara Enim" heeft als afzonderlijke maatschappij opgehouden te bestaan, daar met ingang van 1 Januari 1904 al hare concessies, vergunningen en etablissementen in Palembang aan de Koninklijke Petroleum-Maatschappij zijn overgaan.

geweldigen stroom sidderden. Boven de tafel op ons bovendek was een hanglamp aangestoken. Vooruit werd de ruimte door een zeildoek voor den
luchtstroom afgesloten, en zoo konden wij gezellig om het licht gaan zitten.

De beide Europeanen, die behalve mijn drie reismakkers en ik
als eerste-klasse-passagiers de riviervaart meemaakten, waren twee Nederlandsche officieren, die een zeer aangenaam gezelschap bleken te zijn.
Een ervan, de Overste Christan, de militaire bevelhebber der residentie,
was op een inspectiereis, om de afzonderlijke, kleine, over het uitgestrekte
land verspreide, militaire posten der koloniale armee te inspecteeren. De
tweede, Kapitein Nolthenius, ging in opdracht van het triangulatie-
bureau te Batavia de ligging van een nieuw opgericht driehoekspunt
op een top van het Goemaigebergte bepalen. Aan deze heeren, die

„Al Nori."

het land dat ik doortrekken wilde, voor een deel uit langjarige onder-
vinding kenden, dank ik menige onschatbare inlichting en veel goeden
raad. Van groot belang was het voor mij, van hen te hooren, dat ik
heel wat gemakkelijker het oerwoud zou kunnen bereiken, en een veel
belangwekkender streek zou doorreizen, wanneer ik, inplaats van den
marktweg over Tĕbing Tinggi te volgen, van Lahat uit in Zuidelijke
richting langs de Lĕmatangrivier stroomopwaarts ging tot Bandar, en van
daar in Noordwestelijke richting langs den voet van den vulkaan Dempo
naar de Moesi terugkeerde, om Kepajang, dat aan den bovenloop ligt,
te bereiken. Daar de heeren mij beloofden, bij den agent van den
wagenverhuurder deze verandering van de reisroute in orde te brengen,

niettegenstaande de afspraak al gemaakt was, was ik terstond besloten den raad dezer deskundigen te volgen. Op den nieuwen weg moesten wij het Goemai-gebergte voorbij komen, op welks hoogsten top, den Boekit Běsar, Kapitein Nolthenius eenige dagen lang opmetingen te doen had, en de Kapitein noodigde ons reeds nu uit, hem daarboven te bezoeken. Het vooruitzicht, dezen van den voet tot den top met oerwoud bedekten berg zonder groote moeite te kunnen beklimmen langs de paden, die voor den Kapitein en het transport zijner instrumenten waren aangelegd, lokte mij bijzonder aan, en was een voorname oorzaak tot verandering van de oorspronkelijke reisroute.

Het landschap dat den volgenden dag door de morgenzon verlicht werd, was weinig veranderd. De oevers schenen wat dichter bij elkaar

Inlanders, hout aandragende voor de „Al Nori".

dan den vorigen dag. Ze waren op sommige plaatsen met een smallen zoom riet begroeid; daarachter rees het land eenige meters boven den waterspiegel uit, zoodat hier de bodem aan den invloed der getijden onttrokken is. De plantengroei van den oeverrand bestaat uit woud-boomen of bamboeboschjes. Ook palmbosschen en kapokaanplantingen werden zichtbaar, waartusschen alleen staande inlandsche huizen liggen. Zeldzamer zijn pisangaanplantingen en rijstvelden te zien. De laatsten zijn geen *sawah's*, die onder water gezet kunnen worden, maar *ladang's*, droge velden, waarop een bijzondere variëteit van rijst verbouwd wordt, die minder vochtigheid eischt. Een eigenaardig cachet wordt door de kapokboschjes aan het landschap verleend. De kapok- of wolboomen

(Eriodendron) hebben een rechten stam, waaruit op evenredige afstanden drie of vier lange, volmaakt horizontale zijtakken ontspringen. Alle boomen hebben ongeveer dezelfde hoogte. Daar deze boomen toen bijna kaal of tenminste nog maar spaarzaam van loof voorzien waren, zagen de aanplantingen er net uit als een bosch van scheepsmasten. De wollige, zijdeglanzende zaadpluisjes uit de vruchten van dezen eigenaardigen boom worden door de inlanders gebruikt om zadels, kussens enz. mee op te vullen.

Nog vóór zeven uur 's morgens voer ons schip uit de hoofdrivier een zijrivier ter rechterzijde, de Lěmatang, in. Het landschap bleef over 't geheel onveranderd. Van tijd tot tijd zagen wij aan de oevers, tusschen pisangs, kapokboomen en kokospalmen, kleine *doesoens* (dorpen) waarvan de bewoners nieuwsgierig aan den oever kwamen om ons te bekijken. In de nabijheid der dorpen verlevendigden meestal kleine booten en kano's, en

Inlandsch dorp aan de Lěmatang-Ilir.

badende mannen, vrouwen en kinderen het water. Bij eenige doesoens hielden wij stil, om hout in te nemen. De inboorlingen wachtten, aan den oever staande, het schip af. Zoodra het gemeerd lag, greep ieder van hen tien stuks der opgestapelde talhouten, om die aan boord te brengen. Een mandoer telde luid, op zingenden toon, de met hun last aan boord komende houtdragers, die, als ze hun hout neergelegd hadden, terugkeerden om nieuw te halen.

Ik ging telkens als het schip ophield om hout in te nemen, aan land om te botaniseeren, en kwam met mossen, varens en bloeiende planten beladen weder aan boord terug, zoodra de stoomfluit van het scheepje het teeken gaf, dat het benoodigde aantal talhouten geladen was.

Tusschen de dorpsboschjes aan den oever droeg het landschap dikwijls geheel het karakter van een oerwoud. Rotans werkten zich door het

lage hout omhoog, andere lianen hingen als groene gordijnen van de
hooge boomen af, tusschen welke hier en daar een geheel met violette
bloesems bedekte hoogere boom in 't oogvallend afstak. Apen sprongen
in groote scharen door de bamboeboschjes, of keken nieuwsgierig van de
hooge takken op ons neer.

De Vrijdag bracht weinig afwisseling. Het landschap behield hetzelfde
karakter als den vorigen dag. In de vroegte passeerden wij het groote
dorp Dangkoe. Aan den oever stonden vele inlanders; de toegang tot
de rivier was met guirlandes en vlaggen getooid. Men verwachtte den
resident, die zijn bezoek in Moeara Enim voor dezen of den volgenden
dag had aangekondigd. Verderop volgden soortgelijke versierde dorpen, ten deele van aanzienlijke grootte. De hui-
zen staan zonder uitzonde-
ring op palen hoog boven den
grond; zelfs de měsigit, het
Mohammedaan-sche bedehuis,
met zijn drie of meer daken boven elkaar, is op palen gebouwd,
en slechts door een soort ladder

De Lěmatang bij Moeara Enim.

bereikbaar. Vruchten- en rijstcultuur, vischvangst, scheepvaart en handel
blijken de bronnen van bestaan der inwoners te zijn.

Ook oerwoudpartijen met lianen en epiphyten ontbraken op dezen
dag niet. Wij zagen eens een groote kudde zwarte apen ter grootte van
herdershonden, in de bamboe aan den oever, en eenige neushoornvogels,
die loom over de boomkruinen trokken.

Zaterdag 11 November was de laatste dag onzer bootreis. Reeds·
voor zonsopgang zag ik drukte van booten vóór ons op de rivier. Wij
naderden de uitwatering van de zijrivier Enim in de Lěmatang. Het
binnen varen van deze zijrivier, dat slechts bij hoogen waterstand mogelijk
is, liep vlug van stapel, en tegen half zeven legden wij bij de landingsbrug van Moeara Enim aan. In Moeara Enim bevindt zich een pasang-

grahan, onder toezicht van een Maleier. Zulke pasanggrahan's heeft het Nederlandsche Gouvernement overal op Sumatra opgericht, waar de regeeringsambtenaren op hun reizen logies noodig hebben. Zij zijn, meestal een dagreis van elkander verwijderd, over het geheele land verspreid. Gewoonlijk bevat het ruime huis, van voren van een overdekte galerij voorzien, twee of drie kamers met slaapgelegenheid; de daarbij behoorende matrassen, beddelakens en muskietennetten (*klamboe's*) worden, teneinde beschadiging te voorkomen, door den opzichter bewaard. In een voorvertrek dat tot eetkamer dient staan, behalve de noodige tafels en stoelen, in een kast borden, kopjes, glazen, schotels, kannen, lepels, vorken en messen ter beschikking van de bezoekers. Een badkamer en een paardenstal hebben gewoonlijk in een bijgebouw een plaats gevonden.

Brug over de Lèmatang te Moeara Enim.

Ik had vóór het vertrek uit Palembang van den heer Monod de Froideville vergunning weten te krijgen, om in de pasanggrahans in zijne residentie met mijn reisgenooten, tegen de gebruikelijke betaling aan de opzichters, intrek te mogen nemen. Natuurlijk achtte ik het mijn plicht, ook den daar verblijfhoudenden ambtenaar, Controleur Veenstra, kennis te geven van mijn voornemen, om in de pasanggrahan intrek te nemen. Ik begaf mij dus van boord der „Al Nori" direct naar de woning van den Controleur, werd zeer vriendelijk ontvangen en tot het ontbijt genoodigd. Gedurende den maaltijd, waarbij ook Kapitein Nolthenius uitgenoodigd was, werd den heer Veenstra een met onze boot aangekomen brief van den heer Monod de Froideville gebracht, waarin de Resident mij en mijne reisgenooten in de welwillendheid van de gouvernementsambtenaren in zijn residentie aanbeval. De aanbeveling, die Professor Treub mij van Buitenzorg meegegeven had, werkte dus verder en effende mij, waarheen ik ook ging, den weg.

Toen ik van het bezoek bij den heer Veenstra naar de boot terugkeerde, waren de drie heeren al naar de nabij gelegen pasanggrahan
verhuisd, en Mariô was bezig, met hulp van eenige koelies ook de bagage
daarheen te brengen. Moeilijkheid ontstond bij de besprekingen over onze
verdere reis met den agent van den aannemer. Daar voor het verwachte
bezoek van den Resident paarden, en voor Overste Christan en
Kapitein Nolthenius wagens en paarden gereed gehouden moesten worden,
had de man niet genoeg, om ook ons de bedongen reisgelegenheid
te verschaffen. Wij moesten dus òf wachten òf ons met ossenkarren
tevreden stellen.

Wij kwamen eindelijk overeen, dat de man ons Zondagmorgen vroeg
twee gewone ossenkarren (*grobak*) voor onze bagage, en twee betere

Kampong bij Moeara Enim.

wagens (*pir* = verbastering van 't Hollandsche woord veer; dus: wagen op
veeren) voor personenvervoer bezorgen zou. Wij wilden dan vroeg te voet
uittrekken en de karren naast ons laten rijden, om ze te kunnen gebruiken
als we vermoeid waren. De heer Fleischer, die zich niet geheel wel
gevoelde, zou door den heer Nolthenius, die eveneens Zondags vroeg in
dezelfde richting vertrok, in zijn wagen tot aan ons eerste station, het
dorp Mĕrapi, meegenomen worden. Een tweede dagreis moesten wij dan
nog op dezelfde wijze tot Lahat afleggen, waar de agent van den aannemer
paarden en wagens voor ons gereed zou houden. De verandering der in
Palembang afgesproken reisroute van Lahat af maakte geen verdere

bezwaren dan dat wij de meerdere kosten van den eenige dagreizen grooteren afstand moesten bijbetalen.

Zaterdag-namiddag maakte ik van de pasanggrahan uit een wandeling in den omtrek der plaats. In het dorp zelf heerschten opgewekt leven en beweging, vooral aan de landingsplaats van het schip en voor het huis van den exploitant, hetgeen wel met de aankomst van de „Al Nori" en het verwachte bezoek van den resident in verband zal hebben gestaan. De dorpsbewoners zijn voor een deel handeldrijvende Chineezen; de Maleiers oefenen akkerbouw uit. Vóór de plaats zag ik veel droge rijst-velden (ladang's), die thans in stoppels stonden. Op de velden vermaakten kinderen en volwassenen zich met het oplaten van vliegers, een tijdver-drijf dat ik vroeger al op Java had leeren kennen en dat in de Maleische landen zeer algemeen is. Het sirihkauwen schijnt in deze streek alleen bij de gehuwde vrouwen in gebruik te zijn, terwijl de mannen hun palmbladcigaretten rooken. Natuurlijk maakte ik van de wandeling gebruik om mij omtrent het voorkomen van epiphytische varens op de hoogte te stellen; ik had de voldoening, een soort van Niphobolus te vinden, die op Java het laagland, of beter de nabijheid der kusten, vermijdt. Ik mocht dus hopen, dat ik hier in de vlakte in de volgende dagen ook andere, zeldzame vormen uit het binnenland zou ontmoeten.

Zondagmorgen vroeg werd ijverig gepakt; van zes uur af stonden onze ossenkarren al klaar. De heer Fleischer, die zich na een tamelijk goede nachtrust wat beter voelde, reed tegen half zeven met Kapitein Nolthenius weg. Een half uur later was eindelijk onze bagage opgeladen, en wij begonnen onze reis.

De weg was goed onderhouden, en het was een genoegen in den schoonen morgen te marcheeren. Ik gevoelde mij zoo frisch en vroolijk gestemd, dat ik, zeer tot verwondering der bruine geleiders, een vroolijk marschlied aanhief. Hier en daar was aan den weg iets belangwekkends te zien; ook eenige exemplaren van Niphobolus en andere varens trof ik aan, die Mariô als vlug klimmer van de boomtakken af haalde. De ossenkarren reden langzaam voor of achter. De twee jongere kameraden, die onderweg minder te zien vonden, gingen zonder oponthoud snel vooruit, zoodat ik meest met mijn ouden Mariô alleen was.

Het was verrukkelijk, zoo in den frisschen morgen door de zonnige, schoone natuur te trekken met niets anders tot taak, dan om zich te verheugen in al het schoone en interessante, dat zich aan het geopende oog en oor van zelf aanbiedt. Boschpartijen wisselden af met open velden en dorpen onder palmgroepen; langs de waterstroompjes, die den weg kruisten, stonden bamboestoelen en kreupelbosch. Allerlei vogels, waaronder woudduiven en groene papegaaien, verlevendigden de takken of wiegelden zich in den zonneschijn. Kort en goed, het was een heerlijke wandeling.

Halverwege, nadat we eenige uren gaans hadden afgelegd, werd halt gehouden voor de ossen der bagagekarren. Ik kocht in een inlandsch huis aan den weg eenige pisang's, gaf Mariô de helft, liet hem, om uit te rusten en toezicht te houden, bij de bagagewagens achter, en wandelde vroolijk alleen verder. Daar de personenwagen vooruit was, meende ik dat de beide wandelaars, zoodra het hun te warm was geworden om te loopen, de wagens zouden hebben afgewacht en ze doen ophouden tot ook ik aankwam. Het kwam echter anders uit. De

Tijdelijke woning bij Talang Babat (Moeara Enim).

beide heeren hadden niet gewacht, maar waren tot de pasanggrahan van Mĕrapi doorgegaan; de karrenvoerders waren ergens ter zijde van den weg in de schaduw blijven zitten, zoodat ik ze voorbij trok zonder ze te bemerken. Dus bleef mij niets anders over, dan ook den geheelen weg te voet af te leggen. De weg van Moeara Enim is niet zeer lang, het is in 't geheel maar om ongeveer drie Duitsche mijlen te doen, die men, wanneer men niet door verzamelen en onderzoeken wordt opgehouden, gemakkelijk in vier uur kan afleggen. Maar daar ik onderweg vlijtig gebotaniseerd had en dus maar langzaam vooruit gekomen was, had ik 't laatste deel van den weg bij loodrecht vallende zonnestralen te marcheeren, wat mij menigen zweetdroppel kostte. Pas om 1 uur kwam ik in de pasanggrahan te Mĕrapi aan. Daar de bagagekarren nog ver

13*

achter waren, had ik niets te eten dan eenige cakes en pisangs, en als
drank thee, die voor mij door den opzichter van de pasanggrahan klaargemaakt werd. Dat was voor mijn eetlust maar een zwakke troost. Ik
nam nu een uurtje rust en verfrischte mij daarna door een bad, waardoor de nauwelijks bevredigde eetlust weer levendig opgewekt werd. Van
onze bagagewagens was evenwel nog altijd maar niets te zien. Dus ging
ik maar barrevoets, alleen in hemd en broek — want andere boven-
kleeren, in plaats van de van zweet doorweekte die ik had uitgetrokken,
zaten in de wagens — naar den Maleischen opzichter, die op de voorgalerij van zijn huis zat, om wat met hem te praten en te zien of ik
toch wat te eten kon krijgen. Door mijn mededeelingen over het vanwaar?

Gezicht op het petroleumterrein kampong Minjak.

en waarheen? had ik dra den schroom der bruine menschen van het vreemde
ras overwonnen. Toen ik zelfs naar den ouderdom en de deugden hunner
kinderen informeerde en ook overigens belangstelling voor hunne levens-
omstandigheden aan den dag legde, toen ik van het doel en de beteekenis
mijner reis sprak en over het verre vaderland, waarin ik vrouw en kind
bijna drie kwart jaar alleen achtergelaten had, had ik gemakkelijk hun
hart gestolen. Een bruine vrouwenarm verscheen achter het gordijn, dat
den ingang van het huis afsloot, en reikte voor den vreemdeling een
schotel bruine doeriansoep aan, waarin eenige termieten dreven. Een
bord met rijst volgde langs denzelfden weg; ook twee hardgekookte
eieren, eenige pisangs en een kop thee werden mij gebracht. Ik heb
alles netjes en met smaak verorberd, ook de doeriansoep, die niets meer

van den onaangenamen reuk der vruchtenschaal had en zoo ongeveer als een Noordduitsche appelsoep smaakte. Alleen de dikke lichamen der termieten, die voor het Maleische gehemelte een bijzondere lekkernij zijn, heb ik zorgvuldig vermeden, zonder ze ook maar geprobeerd te hebben. Van betaling van den genuttigden maaltijd wilde de inlandsche gastheer niets weten; maar ik kon bij mijn vertrek mijn dankbaarheid toonen door vaders lieveling, een halfvolwassen bruin kereltje, een geschenk in de hand te drukken.

Laat in den namiddag kwamen onze karren, en wij hadden dien avond volop te eten. Mijn drie reisgenooten besloten nu, dienzelfden avond nog met de ossenkarren naar het ongeveer drie mijlen verwijderde Lahat door te rijden. Daar ik niet veel zin had om mij in een begrafenispas bij nacht door de schoone streek te laten slepen, en buitendien mijn taak om den plantengroei te bestudeeren, slechts bij dag volbrengen kon, zag ik graag van die fraaie reisgelegenheid

Aan de Linggi-rivier.
Concessieterrein der voormalige Moeara Enim Petroleum Maatschappij.

af, en liet de drie *met* de bagage maar *zonder* mij, in 't holst van den nacht verder trekken.

Toen ik 's Maandags morgens om half vijf van het gemakkelijke bed in de pasanggrahan opstond, was het buiten nog pikdonker. Eenige overblijfselen van het avondeten, gebraden kip met rijst, vormden mijn ontbijt. Daarna deed ik eenige pisangs in mijn reiszak, en precies vijf uur was ik gereed te vertrekken. Ik betaalde mijn nachtkwartier volgens tarief, nam met een hartelijken handdruk en de beste wenschen afscheid van den Maleischen huisvader, en begaf mij op weg naar Lahat.

In het Oosten begon het te schemeren, rustig en stil lag nog het dorp, maar even daar buiten was het al een zingen en kwinkeleeren in

het struikgewas aan den weg. Ik gevoelde mij recht vroolijk en wel te
moe; al de mooie, oude wandel- en reisliederen kwamen mij in de
gedachte: Wer recht mit Freuden wandern will, der geh' der Sonn' ent-
gegen; Wem Gott will rechte Gunst erweisen, den schickt er in die
weite Welt.

Allengs werd het lichter en lichter, en toen ik een uur lang gewandeld had, verscheen de gouden zon boven de kim, en alles straalde en
fonkelde in nieuwen glans.

In het begin was de streek tamelijk eentonig. Tusschen hoog en
laag geboomte liep de weg zonder merkbare rijzing of daling voort,

Gezicht op de Boekit Sĕrilo.

zoodat van het landschap niet veel meer te zien was, dan hetgeen onmiddellijk aan den weg lag.

Toen de zon al hooger en hooger steeg, werd ook de streek
afwisselender en schooner. In de verte dook boven de aan den weg
staande boomen een eigenaardig gevormde berg op, de Boekit Sĕrilo,
die met zijn steil zich verheffende spits op een punthelm gelijkt, en,
naar alle zijden ver zichtbaar, een oriënteeringspunt voor dit deel van
Sumatra vormt.

De weg, die tot nu toe tamelijk recht door de vlakte geloopen had,
boog af en maakte krommingen, om de stijging te verminderen.
Ik kwam voorbij een pisangaanplanting in het ondiepe dal van de
Lĕmatang, die hier ongeveer nog de breedte van de Lahn bij

Marburg heeft. Over een tamelijk nieuwe houten brug komt men aan
de voortzetting van den weg op den anderen oever. Aan den overkant
lag in een bosch van kokospalmen een groot dorp, welks bewoners van
hunne huizen uit mij nieuwsgierig nakeken. Achter het dorp steeg de weg
weer een weinig en voerde mij uit het rivierdal opnieuw naar de vlakte.
Af en toe had ik links een vrij uitzicht op de rivier, en den langzamerhand achterblijvenden Sĕrilo. Verderop nam de streek weer het vroegere
karakter aan, langs den weg stonden boomen en struikgewas, waardoor
het uitzicht in de verte belemmerd werd.

Daar ook de plantengroei hier niet zeer afwisselend was, vond ik het
zeer aangenaam, af en toe inlandsch reisgezelschap te krijgen. De
bruine broeders, die mij tegen kwamen, vroegen allen vanwaar ik kwam
en waarheen ik ging, waarop ik steeds gaarne antwoord gaf, om daarna
dezelfde vraag te stellen. Dikwijls werd mij ook naar het doel mijner
reis gevraagd, waarop ik dan placht te antwoorden: Ik ben een „*dokter
daoen dan binatang*" = een planten- en dierendokter; of wel, dat ik
de planten onderzocht of er een *obat* — een geneesmiddel — in was.
Daar „obat" in het leven der Maleiers een groote rol speelt, was deze
opheldering geheel binnen het begrip der lieden en was men er meestal
tevreden mee. De bij iedere ontmoeting wederkeerende vraag: pigi mana
toewan? = waar gaat U heen, Mijnheer? is, zooals men mij zeide, een
overblijfsel uit vroeger tijd, toen de inboorlingen door de wet voor goed
en leven van iederen Europeaan, dien zij ontmoetten, verantwoordelijk
gesteld werden. Overkwam den blanke een ongeluk, werd hij beroofd of
bestolen, of verdween hij zelfs geheel, dan was in elk geval die inlander,
welke hem 't laatst ontmoet had, verantwoordelijk. Voor iederen inlander
was het dus van het meeste belang te weten, waarheen de Europeaan,
dien hij onderweg aantrof, zich begaf. Thans reist de Europeaan daar
even veilig als in de beschaafde landen, zoodat men een dergelijke wet
heeft kunnen afschaffen. Het „pigi mana?" echter is gebleven en heeft
bijna de beteekenis van een groet gekregen [1]).

---

[1]) Terwijl de juistheid van deze verklaring geheel voor rekening van den schrijver wordt
gelaten, moet toch worden opgemerkt, dat ook bij vele andere inlandsche volken het gebruik
bestaat, den vreemdeling te vragen vanwaar hij komt en waar hij heen gaat. Van de Baliërs o.a.
zegt Dr. Jul. Jacobs: „Meermalen gebeurt het wanneer men door een dessa rijdt of wandelt, dat
plotseling een Baliër voor ons komt staan, en met het brutaalste gezicht ter wereld vraagt:
„Kamana?" of „derri mana?" (Waarheen? of Vanwaar?) Wanneer men nu maar eens weet, dat
deze schijnbaar brutale nieuwsgierigheid ongeveer hetzelfde beteekent als onze niet minder
nieuwsgierige vraag „hoe vaar je? of „hoe maak je het?" en dergelijke, dan maakt men er zich
niet meer boos om, doch antwoordt eenvoudig· „*dank je wel, beste man, ik ga naar de poeri*"
of „*aangename kennis*", of zoo iets, dat men dan desverkiezende kan opsmukken met een paar
kernachtige Hollandsche vloeken." (Dr. Jul. Jacobs. Eenigen tijd onder de Baliërs, blz. 175).

Van tijd tot tijd had ik op deze Maandagsche wandeling het gezelschap
van een karrenvoerder, die naar de een of andere markt reed, en mij
over de landsgebruiken en levensgewoonten velerlei inlichtingen gaf. Ook
een doortrekkende koelie (een inlandsch „reizend handwerksman") ging
een eind ver denzelfden weg met mij; hij verzocht mij, nadat wij met
elkaar kennis gemaakt hadden, geheel naar Europeesch model om een
afgelegde broek, die hij in mijn reistasch veronderstelde. Ik moest hem
helaas afwijzend antwoord geven, daar ik slechts het allernoodigste bij
mij droeg. Nog eenmaal had ik een groot dorp onder de palmen te
passeeren, en kwam reeds tegen 10 uur te Lahat aan. Een Chinees,
dien ik aan den ingang van de plaats aantrof, was zoo vriendelijk, mij
naar de pasanggrahan te brengen, waar ik mijn reisgenooten en bovendien Overste Christan en Kapitein Nolthenius weder aantrof.

Lahat is de zetel van een Assistent resident en heeft een klein

De benteng in Lahat.

garnizoen, dat in een verzameling gebouwen, de benteng, gehuisvest is.
De luchtige en zeer doelmatig aangelegde huizen van dit militaire kamp
zijn door een hooge ijzerdraad-omheining omgeven, en van buiten nog
door draadversperringen beveiligd, zoodat het geheel een vestingwerk
vormt, dat voldoende beschutting biedt tegen de niet van vèr-dragende
schietwapenen voorziene inlanders.

Mijn reisgenooten waren — door den nachtelijken rit in de karren
zonder veeren flink door elkaar geschud — om één uur 's nachts in
Lahat aangekomen, en hadden daar de passanggrahan door de beide
officieren bewoond gevonden. Voor ze daarna in het van binnen gesloten
huis hadden kunnen komen en zich met hunne veldbedden ingericht
hadden, waren verscheidene uren verloopen, zoodat ze niet veel nachtrust
gehad hadden. Geen wonder dat de heer Fleischer zich weer minder
gevoelde dan den vorigen dag.

Door bemiddeling der heeren Christan en Nolthenius kregen wij van den Assistent-resident een aanbevelingsbrief voor den Controleur in Bandar. Ook bij de bespreking met den agent van den wagenverhuurder waren de heeren ons op welwillende wijze behulpzaam. Wij besloten, nog denzelfden dag de reis tot de naaste pasanggrahan voort te zetten. De omstandigheid, dat de heer Fleischer zoo spoedig mogelijk bergachtig terrein wilde bereiken, daar hij van het koelere klimaat verbetering van zijn gezondheid verwachtte, gaf daarbij den doorslag. Onze bagage moest dan echter, op enkele stukken na die wij in den wagen konden meenemen, achterblijven, daar de ossenkarren, die wij voor het vervoer gebruiken moesten, veel langzamer vooruit kwamen dan onze wagens. Mariô bleef bij de bagage, en wij besloten in het hooggelegen Bandar, dat wij in twee dagen bereiken konden, zoo lang te vertoeven, tot hij met de ossenkarren daar aangekomen zou zijn.

Om twee uur 's namiddags werd de reis voortgezet. Wij hadden twee tweewielige wagens, elk met drie paarden naast elkaar bespannen, waarin wij twee aan twee gemakkelijk plaats vonden.

De landweg, die zich van Lahat af in zijn hoofdrichting naar het Zuiden wendt, loopt boven de Lĕmatang-rivier door boschrijk terrein, meest bamboebosch. Soms hadden wij naar de rivierzijde een vrij uitzicht. Beneden blonk de breede watervlakte door het hout aan den oever, daarachter strekten zich wijde grasvlakten uit tot aan de heuvels op den achtergrond. Ook zij dragen slechts hier en daar bosch en herinneren door de met gras begroeide hellingen en koppen aan de Allgäuer bergen.

Onze paarden draafden vroolijk door het lichte oeverwoud, van tijd tot tijd haalden wij ossenkarren in, die van het rijspoor afbogen en ter zijde uithaalden, zoodra zij het zweepgeklap van onze koetsiers hoorden. Zoo kwamen wij snel vooruit en allengs meer bergaf tot aan den oever van een zijrivier, die wij op een veer moesten overtrekken. De inrichting van dit veer is uiterst primitief. De rivierbedding is zeer steenachtig; op een plaats, die vrij is van groote steenen, heeft men de veerpont aangelegd. Een bamboevlot ligt aan een dwars over de rivier gespannen touw bevestigd. Op ·dit vlot werden eerst drie van onze paarden gebracht. Een inlander, die op het vlot gehurkt zat, trok het aan het touw naar den anderen oever over, een tweede man, die tot aan de heupen in het water stond, schoof het van achteren voort, en verhinderde dat het door den stroom zijwaarts gedreven werd. De zoo aan den anderen oever gebrachte paarden mochten daar vrij in het gras rondloopen, tot ook de overige paarden en de wagens benevens de personen op dezelfde wijze overgezet waren. Toen werd weer

ingespannen en de rit ging verder, steeds vlak Zuidelijk langs den
linkeroever der naar 't Noorden stroomende Lĕmatang. De ronde berg-
koppen van het oeverlandschap verheffen zich tamelijk hoog boven de
rivier. Ten deele zijn zij hier met boomen begroeid, zoodat onze rit
meestal door een boschrijke streek voerde. Daartusschen lag aan de berghelling schilderachtig een dorp, overschaduwd door een woud van statige
kokospalmen.

Verder Zuidwaarts maakt de Lĕmatang een bocht. De tamelijk
rechtuit loopende weg gaat hier over de rivier naar den anderen oever.
Een goed onderhouden brug met tamelijk groote spanning voert over
het water. Ze is bijna geheel uit ijzer gebouwd. Op stevige fundamenten

Veer over een zijtak der Lĕmatang.

zijn aan den oever en in het water vier bruggehoofden opgesteld, waarover sterke ijzerdraadtouwen gespannen zijn, die aan hangende kabels
de eigenlijke brug dragen. Deze laatste bestaat uit houten balken, met
gehalveerde bamboe's belegd.

Wij waren uit den wagen gegaan, om de brug te voet te passeeren,
en te genieten van den schilderachtigen aanblik, dien 't rivierlandschap
aanbood. Het breede, bruischende water is aan beide zijden door fraai
met bosch begroeide, tamelijk steil oploopende oevers ingesloten. Beneden,
aan het water, groeien bamboestruiken met hare sierlijk gevederde,
overhangende pluimen, daartusschen ziet men struiken met groote bladeren
die, als ze nog jong zijn, rood gekleurd zijn, en daardoor, evenals de
herfsttint in een Europeesch loofwoud, eenige afwisseling in het eeuwige

groen brengen. Hooger aan de hellingen staan grootere boomen, met verspreid staande palmen en pandanen er tusschen. Ook de vederpluimen der klimpalmen toonen zich hier en daar boven 't loofdak; daaronder verdringen zich tal van epiphytische orchideeën, varens en mossen op de takken, waarin vogels en apen een geschikte verblijfplaats vinden.

Wij werden helaas in het genot van de beschouwing van het schoone landschap door regen en onweer gestoord en daardoor gedwongen, zoo gauw mogelijk weer het beschuttende dak van onze wagens, die aan den anderen oever wachtten, op te zoeken. Nu ging het, uit het ravijn, steil bergop. De kleine paarden hadden een zware taak, in den stroomenden regen, die den weg glibberig maakte, en het duurde niet lang of zij

Brug over de Lĕmatang.

weigerden geheel den dienst. Ware het droog weer geweest, dan hadden wij kunnen uitstappen om hun den last te verlichten, maar nu bleef ons niets over dan rustig te wachten tot de paarden weer nieuwen moed gevat zouden hebben. Gelukkig kwamen weldra menschen uit een naburig dorp aan, die ons, nadat we hun een fooi beloofd hadden, uit onzen toestand bevrijdden, door met kracht in de wielspaken te grijpen en aan de paarden het werk te verlichten. Zoo kwamen wij met hunne hulp niettegenstaande het onweder den steilen, slangvormig kronkelenden weg op, tot aan het hoogste punt.

Zoodra de paarden weer alleen vooruit konden, vertrokken de lui met het welverdiende loon onder stroomen van regen. Nadat de weg een korten tijd over een hoogvlakte gevoerd had, ging het weer bergaf,

in een breed dal. Merkwaardigerwijze was het daar geheel droog,
de regen was tot het rivierdal van de Lĕmatang beperkt gebleven. Wij
vorderden goed op den regelmatig dalenden weg, en reden nog voor
zonsondergang de bamboe-omheining van de pasanggrahan te Tĕbat
Sĕbĕntoer binnen.

De pasanggrahan had twee bedden. Een daarvan moest voor den
heer Fleischer gereserveerd blijven, bij wien langzamerhand een ernstige
ziekte geheel tot uitbarsting kwam. Het tweede bed kregen de beide
andere heeren. Daar onze veldbedden te groot geweest waren om ze
mee te nemen, moest ik naar een andere slaapgelegenheid omzien.
Gelukkig had de opzichter van de pasanggrahan nog een oude matras.
Twee aaneengeschoven tafels moesten de onderlaag vormen, waarover
aan rotantouwen een muskietennet gespannen werd. Als deken nam
ik mijn regenmantel, als hoofdkussen mijn reistasch. Des avonds werden
op last van den opzichter voor en achter het huis wakers geposteerd,
die voor onze persoonlijke veiligheid zorgen moesten. Ik zou ook zonder
deze schildwachten rustig geslapen hebben, wanneer maar niet de ziekte
van onzen reisgenoot mij zorg gebaard had.

Den volgenden morgen in de vroegte liet ik een van onze wagens
met bamboelatten beleggen; daarover werden alle kussens en dekens,
die wij ter beschikking hadden, tot een zachte ligplaats voor den zieke
uitgespreid. Wij overigen hurkten met ons drieën op de van bekleeding
beroofde houten banken van den tweeden wagen, en zoo ging het weer
verder, over berg en door dal.

Wij kwamen dezen dag meestal door open land. Ver in het rond
strekt zich daar een eigenaardige grasvlakte uit, gevormd door meer
dan manshoog, hard gras (Imperatoria imperatrix). Dat is het alang-alang
der Maleiers, een vijand van het bosch en van de cultures. Het hooge
gras breidt zich overal, waar door vuur of tijdelijke bebouwing open
plekken in het bosch ontstaan zijn, verrassend snel uit, en verhindert
iederen anderen plantengroei. Dalen en hoogten zijn door het gelijkmatige,
groene kleed bedekt. De inlanders branden van tijd tot tijd groote
uitgestrektheden alang-alang af; dan schiet reeds na weinige dagen het
frissche groen op. De jonge, zachte bladeren worden door het vee,
sapi's en karbouwen, gegeten. Als het gras ouder wordt, zijn echter de
bladeren voor de dieren te hard en ongenietbaar.

Afzonderlijke boomgroepen, kokospalmen en bamboeboschjes steken
hier en daar boven het ruime grasveld uit. Zij wijzen de dorpen der
inlanders aan, die met elkander en met den landweg slechts door smalle,
door het voortdurende verkeer open gehouden, voetpaden in het alang-

alangveld verbonden zijn. Achter het graslandschap blauwen in de verte
de bergen, waar onze reis henen voert, de hoog opspitsende kegel van

Ravijn met rivier op Sumatra.

den Dempo, het boschrijke Goemaigebergte in het Westen, en achter
ons zagen wij, over den boschachtigen bergrug, dien wij gisteren

een één- à tweejarig kind droegen. Ik maakte een praatje met de mannen, en daar ik mij naast hen plaatste, hadden zij er ten slotte niets tegen, dat de heer Pynaert een momentopname van het gezelschap maakte.

De heer Fleischer was aan de rustplaats in den wagen gebleven; na kort oponthoud stapten ook wij drieën weer in, om de rest van de dagreis af te leggen. In het heuvelachtig terrein van het graslandschap wisselden menigmaal dalingen en stijgingen van den weg elkander af. Ofschoon bij het begin van een stijging de paarden af en toe wel eens een ongewenschte rust namen, kwamen wij toch over het geheel snel genoeg vooruit, en eindelijk reden de wagens over de hoogvlakte naar

Pasanggrahan te Bandar.

beneden in een breede dalkom, waarin ons voorloopig reisdoel, Bandar, gelegen was.

In Bandar wonen verscheidene Europeanen: de controleur, de dokter en de officieren van het kleine garnizoen van zestig man, dat in een nette benteng gehuisvest is. De benteng ligt voor de stad op een hoogte. Buiten de omheining en de draadversperring ligt vóór den hoofdingang een afzonderlijk gebouw, dat als cantine voor de soldaten gebruikt wordt, en daarnaast is een met atap gedekte kegelbaan gebouwd. Deze kegelbaan was het eerste teeken van hoogere beschaving, dat wij bij den afrit in het dal voor ons zagen. Het edele spel vindt zelfs in het afgelegenste binnenland van Sumatra nog zijn vereerders.

Wij reden voorbij de benteng een dorpsstraat in, en hielden midden in de plaats voor de pasanggrahan halt. Deze pasanggrahan is de mooiste, die ik op mijn geheele reis aangetroffen heb. Ze lag als een fraai landhuis in een tuin, die, door een levende haag van den weg afgescheiden, vóór het huis groote grasvlakten met heestergroepen bevatte. Achter het huis sloten zich de boomgaarden van den opzichter en van eenige nabijgelegen gronden daarbij aan, en vormden met hun hooge boomkruinen in vollen bladerdos een schoonen achtergrond. Een overdekte trap voerde naar de ruime voorgalerij van het huis, die van tafels en gemakkelijke stoelen voorzien was. Van de middenruimte, die als eetkamer gemeubileerd was, voerden rechts en links deuren naar de beide slaap-kamers, die elk een bed met muskietennet bevatten. Op zij achteruit leidde een overdekte gang naar paardestal en badkamer.

Terwijl de beide jongere heeren den zieke hielpen uit den wagen en in het bed te komen, ging ik naar den Controleur, den heer De Kat, om hem den aanbevelingsbrief van den Assistent-resident van Lahat over te geven, en zijn toestemming tot verblijf in de pasanggrahan te verzoeken. Ik werd zeer vriendelijk ontvangen, en vroeg gaarne bij den beminnelijken man belet, om hem, naar Nederlandsch-Indische gewoonte, in den voor-avond een officieel bezoek te mogen brengen.

Naar mijn reisgenooten teruggekeerd, zond ik een Maleischen bediende met mijn visitekaartje naar den dokter in de benteng, wiens advies ik voor den zieke wilde inwinnen. Voor het antwoord kwam, maakten wij met de hulp van den opzichter ons blikjes-maal klaar, en vervolgens ging ik naar de woning van Dr. Scharenberg in de benteng. Ook hier werd ik zeer vriendelijk ontvangen. Spoedig nadat ik de zaak met den dokter besproken had, en door zijn deskundige prognose van mijn zieken makker eenigszins gerustgesteld was, verscheen ook Mevrouw Scharenberg, een zeer beminnelijke jeugdige dame, die mij met mijn gezonde reis-genooten op het avondeten noodigde. Ik opperde het bezwaar, dat wij, door het uitblijven van onze bagage, niet het vereischte toilet ter beschikking hadden om onze uiterlijke verschijning in overeenstemming te brengen met de achting voor zoo vriendelijke gastheer en gastvrouw; maar dit werd voor geheel ongegrond verklaard, en dus gaf ik met genoegen mijn woord.

Daarna ging Dr. Scharenberg met mij mee naar de pasanggrahan, constateerde bij den patient dysenterie en gaf zijn voorschriften.

Aan de uitnoodiging om den avond in het huis van den dokter door te brengen werd, behalve door mij, ook door den heer Pynaert gevolg geven. Als overige gasten vonden wij daar nog de beide officieren der benteng: den commandant, luitenant Verwey Mejan, en luitenant van Linden Tol, en brachten een zeer aangenamen avond door. Daar de vrouw des huizes geen Duitsch sprak, moest ik mij weer behelpen met mijn Mecklenburgsch plat, vermengd met eenige brokstukken Hollandsch; ik behaalde daarmee zulk een schitterend succes, dat mevrouw in den loop van het gesprek informeerde, waar ik geleerd had „Hollandsch te praten", daar ik toch pas zoo kort in Indië was. De levendigheid van ons gesprek werd in ieder geval door mijn onbedrevenheid in de taal niet wezenlijk benadeeld. Wij hadden veel te vragen over allerlei voor ons gewichtige zaken, en aan den anderen kant konden wij uit de verre beschaafde wereld, waar wij vandaan kwamen, veel berichten wat voor gastheer en gastvrouw en voor de heeren officieren van belang was.

Het diner, dat ons voorgezet werd, leverde het bewijs, dat de beminnelijke gastvrouw niet alleen in de kunst om een gesprek, maar ook in die om het huishouden te voeren, zeer bedreven was. De uren vlogen snel om. De avond is bij mij in de aangenaamste herinnering gebleven en meer dan eens wenschte ik, dat mijn geliefden te huis, — die mij thans zeker te midden van een geheel onbeschaafde wildernis waanden, door gevaren van tijgers en slangen omringd, en met allerlei ongemakken kampend, — dat zij een blik in ons avondgezelschap hadden kunnen slaan, waar fijne geestes- en gemoedsbeschaving, vereenigd met gemakkelijkheid in den omgang en behagelijke omgeving ons het verblijf zoo aangenaam maakten. De voorschriften van den dokter en de rust hadden bewerkt, dat de heer Fleischer zich des morgens van den volgenden dag veel beter gevoelde. Ik verwachtte, dat op dezen dag Mariô met de bagage van Lahat aankomen zou; als de toestand van den heer Fleischer zich verder ten goede keerde, zouden we dus spoedig er aan kunnen denken, weer op te breken.

Ik gebruikte dien dag, om eens in het dorp en zijne omgeving een kijkje te nemen, en wat te botaniseeren. De plaats is niet heel groot, en bestaat in hoofdzaak uit één lange straat, welker huizenrijen zich, met tusschenruimten, aan beide zijden van den grooten weg uitstrekken. Ongeveer in het midden ligt de pasanggrahan, en daar tegenover in een grooten tuin de woning van den Controleur met hare bijgebouwen.

De huizen der inlanders zijn zeer eenvoudig gebouwd, meest geheel van bamboe. Voor dakbedekking gebruiken de lui hier bij voorkeur blikken platen, die verkregen worden door leege petroleumblikken open te snijden, en het blik recht te buigen of te kloppen. Eenige beter ingerichte huizen behooren aan Chineesche handelaars, die in hun toko's verduurzaamde levensmiddelen en dranken, manufacturen en allerlei gebruiks-artikelen te koop hebben.

Op de erven onmiddellijk achter en naast de huizen stonden, als

gewoonlijk, pisang- mangga- en doerianboomen, ook pinang- en kokospalmen. Van laatstgenoemde droeg evenwel geen enkele bloesems of
vruchten. De plaats ligt, naar het schijnt, te hoog en te ver van de
kust voor dezen palm, die er wel nog welig groeit, maar geen vrucht
meer draagt, evenmin als de dadelpalm in Italië. Om de erven heen liggen
de rijstvelden, welker opbrengst de hoofdvoeding voor de inboorlingen en
hun vee vormt; nog verder sluit zich het heuvelachtige grasland er bij aan,
waar doorheen smalle paden naar de ver verwijderde buurdorpen leiden.

Van elk punt uit ziet men aan den Westelijken horizont den vulkaan
Dempo oprijzen, die de geheele streek beheerscht; op hoogere punten
vóór de plaats, ziet men ook het Goemai-gebergte met den Boekit Běsar
als een blauwen bergketen. Het land, dat ons van den voet van dezen
bergrug scheidde, was een door tal van ravijnen doorsneden alang-alangveld
met hier en daar boomgroepen in de nabijheid der dorpen.

Men duidt de geheele streek met den naam Lěmatang Oeloe aan,
omdat zij het boven-stroomgebied van de Lěmatang vormt [1]). De inboorlingen
worden daarom wel Oeloeneezen genoemd. Zij zijn met weinig uitzonderingen heidenen, en wonen in verspreid liggende dorpen, die onderling in
geen nauwer verband staan. In het algemeen leven zij van den landbouw,
maar in Bandar kon ik ook sporen van een huisarbeid ontdekken, die
niet alleen tot voorziening in eigen gebruik dient. In een huis zag ik een
Singer-naaimachine staan, voor de deur van een ander huis was een oude
vrouw bezig, een fijn batisten doek op eigenaardige wijze te versieren. Zij
trok en sneed bepaalde draden uit het weefsel, waarbij zij zich van een
naainaald en een scherp-gerand bamboe-latje bediende. In het overblijvende,
losse maaswerk wist zij door enkele draden samen en nieuwe verbindings-
draden in te voegen, een sierlijk patroon te brengen. Allerlei blad- en
takfiguren, of ook regelmatige sterpatronen in kunstig uitgewerkten arbeid
komen op deze wijze tot stand, die, veel fijner dan gehaakte punten,
aan kantwerk herinneren. Ik heb voor den lagen prijs van 50 cents
per stuk een aantal dezer rijk versierde doekjes verkregen, (door Mariô
sětangan krawangan genoemd) die bij alle Europeesche dames, aan wie
ze voorgelegd werden, verbazing en bewondering wekten.

Tegen het middagmaal zond Mevrouw Scharenberg soep voor

---

[1]) De streek van het Goemai-gebergte vormt de Onderafdeeling Lěmatang Oeloe; Bandar
is de hoofdplaats der Palembangsche Pasoemah-landen (Pasoemah Oeloe Lintang en Pasoemah
Lebar) die zich ten Zuiden der hoofdplaats bevinden en de rechter bronrivieren der Lěmatang
bevatten. Wat hier door Prof. Giesenhagen van de „Oeloeneezen" gezegd wordt, is blijkbaar
bedoeld van de bevolking der hoofdplaats Bandar en omgeving. Daarom is in plaats van „Oeloeneezen" verder de naam Pasoemahneezen gebezigd.

14*

den zieke naar de pasanggrahan. Wij overigen werden door een heerlijken
schotel groenten en een geurige ananas verrast, die ons blikjesmaal, onder
leiding van den heer Pynaert door den opzichter gewarmd en toebereid,
aanmerkelijk verbeterden.

Ik had dezen dag nog gelegenheid, op gemakkelijke manier eenige
kostbare naturaliën te krijgen. Een prachtigen tijgerschedel ontving ik
ten geschenke van de officieren der benteng. Een schedel van den bruinen
Sumatra-beer werd mij te koop aangeboden door een soldaat, die het
dier voor eenige weken in de omstreken van Bandar geveld had. Ook

Straat in Bandar.

een vlinderverzameling kocht ik van een onderofficier van Duitsche
afkomst, die in zijn vrijen tijd een menigte fraaie, voor een deel bepaald
zeldzame exemplaren bijeengebracht had. Bijzonder aangenaam was het mij
dat de Kommandant, luitenant Verwey Mejan, dien ik op de namiddag-
wandeling ontmoette, mij met mijn beide gezonde metgezellen voor den
volgenden morgen uitnoodigde tot een voettochtje door het alang-alangveld naar eenige der naburige dorpen. Mijn hoop, dat Mariô met de
bagagekarren dezen dag in Bandar zou aankomen, werd helaas niet
vervuld. Ik was dus gedwongen, mijn officieele avondbezoek bij den
Controleur af te leggen in reiskostuum, d. w. z. in wit pak met zwaar

genagelde schoenen. Ik werd desniettegenstaande zeer vriendelijk ontvangen, zelfs de kleine, dikwangige Marie, het allerliefste driejarige dochtertje des huizes, bracht mij zonder schroom haar pop, om toch ook wat tot het vermaak van den gast bij te dragen.

De beminnelijke gastvrouw is de dochter van een Duitschen zendeling. De heer De Kat is als bestuursambtenaar op de Buitenbezittingen overal geweest en gaf mij gaarne uit zijn rijke ervaringen alle gewenschte inlichtingen. Hij kon mij ook een reeks eigengemaakte fotografiën voorleggen, die, bijna zonder uitzondering goed gelukt, zijn mededeelingen en vertellingen op de beste wijze illustreerden. Een aantal van zijn opnamen gaf hij mij ten geschenke, en daarvan dienden eenige, als b.v. de foto van de pasanggrahan in Bandar, tot origineel voor afbeeldingen in dit boek. In interessant onderhoud met den ervaren man en in vroolijk gepraat met de vriendelijke huisvrouw en het lieve dochtertje, vloog de tijd voor mij om; alles was daar zoo vriendelijk en aan eigen thuis herinnerend, dat ik het officieele karakter van mijn bezoek vergat. Het gewone visite-uur was reeds lang verstreken, toen ik mij uit den lieven familiekring losmaakte en bij 't afscheid kreeg ik nog een zeer vriendelijke uitnoodiging voor den volgenden avond voor mij en mijn reisgenooten mee.

Toen ik den volgenden morgen op mijn stroozak wakker werd, meende ik Mariô's stem te hooren, en toen ik, snel aangekleed, buiten kwam, hield werkelijk de ossenkar met onze bagage voor de deur stil. Alles was present en in goede orde, maar Mariô vertelde, dat er op weg „*banjak orang djahat*" = veel slechte menschen, geweest waren, die hem hadden willen bestelen, waardoor hij niet anders dan langzaam en voorzichtig had kunnen reizen.

Ik zocht voor alle dingen eenige schoone pakken op, om eindelijk eens mijn stand eenigermate met uitwendige waardigheid te kunnen vertegenwoordigen. Daarna was het mijn eerste zorg, mijn reisplan onder de veranderde omstandigheden vast te stellen. De heer Fleischer maakte het weer wat beter, zoodat wij hem best eenige dagen onder de hoede van den Maleischen opzichter konden laten, vooral omdat Dr. Scharenberg zoo vriendelijk voor hem zorgde. Ik overlegde dus, dat wij dadelijk dezen zelfden dag onze bagage vooruit zouden kunnen sturen, en den volgenden morgen Kapitein Nolthenius, die vandaag doorreisde, achterna gaan, om in het oerwoud van het Goemai-gebergte en op den Boekit Bĕsar te komen. Zoodra we dan weer van den berg afdaalden, kon ik in het ergste geval weer naar den zieke terugkeeren en tot zijn genezing bij hem blijven, terwijl de beide andere heeren alleen verder reisden, om in Bengkoelen de eerste boot naar Batavia te kunnen nemen. En wanneer de heer Fleischer

in dien tusschentijd hersteld was, kon hij ons nareizen en op de pleister-
plaats aan den voet van de Boekit Bësar weer met ons samenkomen.
Deze halteplaats, Kalangan Djarai, ligt slechts een dagreis van Bandar.

In Kalangan Djarai is geen pasanggrahan. Het scheen niet doenlijk
de gastvrijheid van een daar woonachtig Europeesch koffieplanter,
kapitein Nales, in te roepen, daar, zooals men ons vertelde, zijn vrouw
sedert eenigen tijd niet geheel wel was. Daarom raadde Kapitein Nolthenius,
die des morgens vroeg van ons afscheid kwam nemen, ons aan, in het
dorp een inlandsch huis te huren, en daar onze veldbedden op te slaan.
Hij bood aan, ons deze woongelegenheid te verschaffen, en ons door
den heer Nales het bericht over den uitslag zijner bemoeiingen te doen
overbrengen. Ook op andere wijze had de heer Nolthenius al voor ons
gezorgd, door ons van den Controleur een brief aan het inlandsche
dorpshoofd in Kalangan Djarai te bezorgen, waarin den bruinen burgemeester verzocht werd, vijf dorpelingen te onzer beschikking te stellen,
om, tegen betaling, als dragers met ons mee naar den Boekit Bësar te
gaan. Zonder zulk een eisch van den bestuursambtenaar werken de
inlanders hier ook tegen grof geld niet voor vreemden.

Tegelijk met Kapitein Nolthenius, die na de bespreking wegreed,
was ook de kommandant Verwey Mejan in de pasanggrahan gekomen,
om ons voor de afgesproken wandeling af te halen. Nadat ik Mariô orders
gegeven had voor de doorzending der bagage, begaven wij ons op weg.
Eerst ging het een eindweegs door het dorp, dan op smalle voetpaden door het alang-alangveld over de golvende heuvels naar een groot
dorp, dat Laboean heet. Ik had, voor we daar kwamen, in een bamboeboschje tusschen de rijstvelden een paar vogels geschoten, hetgeen tengevolge had dat het mannelijk deel der dorpsbevolking ons al een eindweegs
tegemoet kwam, om vrijmoedig nauwkeurige informaties naar doel en
strekking van ons bezoek in te winnen.

Het dorp Laboean is naar alle zijden door terrasvormig aangelegde
rijstvelden omgeven, waarbij enkele op palen gebouwde wachthuisjes
liggen, waarin alleen ten tijde dat de rijst te velde staat wachters verblijf
houden. Deze hebben dan tot taak, het wild, vooral de hier zeer talrijke
wilde zwijnen, van de velden te houden en den oogst tegen menschelijke
dieven uit naburige streken te beschermen. Ten tijde dat wij er waren,
stonden de rijstvelden, en dus ook de wachthuisjes, leeg.

Door de rijstvelden kwamen wij langs een smal pad in de schaduw
van de bamboestruiken, waaronder het dorp verscholen ligt. In den
buitensten kring van het dorp liggen tusschen de bamboestoelen groote
vierhoekige vischvijvers, en daarnaast de badplaatsen voor de dorps-

bewoners. Deze badplaatsen zijn maar weinige voeten in het vierkant, en
± 1 M. diep. Op den bodem van den put is een afvoerkanaaltje, dat het
badwater in den naasten vischvijver brengt. Boven den put is een bamboe-
plank gelegd; daar gaat de badende op staan, om zich het frissche water,
dat van boven door een bamboe in een straal in den put loopt, als
stortbad over het lichaam te laten stroomen.

In de schaduw der bamboe's kwamen wij vervolgens langs rijstschuren, kleine, op palen staande huisjes zonder vensters, waarin de
oogst onder dak gebracht wordt. Deze voorraadschuurtjes liggen op zich
zelf, maar in regelmatige rijen rondom het dorp; zij vormen een tamelijk
regelmatigen vierhoek, die de menschelijke woningen omsluit. Laatstge-

Straat in Laboean.

noemde zijn om een vierhoekig plein in gesloten rijen gebouwd, doch
zoo dat aan de hoeken van het plein uitgangen vrij blijven. Alle huizen
staan op palen boven den grond, en zijn dus slechts door middel van
ladders of trappen toegankelijk. Als bouwmateriaal speelt natuurlijk de
bamboe een groote rol, vele huizen zijn geheel uit bamboe vervaardigd,
alleen het dak is met atap gedekt. De ladder leidt naar een soort van
galerij, vandaar geeft een deur toegang tot de eenige inwendige ruimte
van het gebouw, dat door open luiken onder het ver uitspringende dak
slechts spaarzaam licht ontvangt. De ruimte tusschen de palen onder het
huis is dikwijls door gevlochten bamboewanden afgesloten en dient tot
stalling voor het vee. Behalve bamboe wordt voor huisbouw hier wel

eens een hard, roodachtig hout, vermoedelijk djati-hout, [1]) in den vorm van
balken en planken, gebruikt. De balken aan het front en de gevelzijden zijn
dan meestal van bijzonder sierlijk snijwerk voorzien, dat over het algemeen
aan het kerfsnijwerk onzer jonge dames herinnert. Het huis van het dorpshoofd van Laboean, dat in het midden van· het door de overige woonhuizen
omgeven plein stond, was op deze wijze gebouwd en versierd, en ook in
de huizenreeksen om het plein was hier en daar zulk een huis te zien. Wij
zagen voor een in aanbouw zijnd huis een kunstenaar bezig de huisbalken
met snijwerk te versieren. Deze werkman was niet uit de streek geboortig,
hij was als huizenbouwer uit Palembang hier gekomen. Het kost dus den
eigenaar van het huis bepaald een massa als hij zijn huis op deze wijze ver-

Huis van het dorpshoofd van Laboean.

sieren wil, en hoe rijker de versiering, des te rijker moet ook de eigenaar zijn.

Dat het dorp, waarin onze vriendelijke gids ons gebracht had, een
rijk dorp moest wezen, zagen wij bovendien ook aan de groote menigte
vee, dat in het dorp en op de stoppelvelden rondzwierf: karbouwen,
sapi's (runderen), geiten en tallooze kippen. De mannelijke dorpsbewoners,
kinderen en volwassenen, vergezelden ons bij onzen rondgang door het
dorp. Van vrouwen en meisjes was niets te zien, hoogstens eenige
oeroude grootmoedertjes waagden het, zich aan onze blikken te vertoonen.

----

[1]) Meer waarschijnlijk ijzerhout, hier *ongglen* genoemd, op Bandjermasin *oelin*, in W. Borneo
en op Riouw *bĕlian*. (Eusideroxylon Zwageri).

Bij de Pasoemahneezen vormt de vrouw een hoofdrijkdom des mans. De vrouwen alleen werken, de vrouw moet dus haar man, die niets doet, den kost. geven. Het huwelijk is bij deze menschen niet het slot van een liefdesroman, maar een koop. De bruidegom betaalt den vader der bruid 200 tot 600 gulden; al naar uiterlijk, ouderdom, werkkracht en geschiktheid van het begeerde meisje. Daarmede gaan alle rechten op het meisje aan den man over.

Een korte aanvulling van hetgeen de heer Giesenhagen omtrent het huwelijk meedeelt moge hier een plaats vinden; de feiten zijn ontleend aan Dr. G. A. Wilken: Over het huwelijks- en erfrecht bij de volken van Zuid-Sumatra. Bijdragen v/h Kon. Inst. Dl. 40. De eigenlijke Pasoemahneezen of Pasëmahers — de bevolking van de streek ten Z. van Bandar dus — zijn verdeeld in vijf *soembai's* of stammen, die elk weer onderverdeeld zijn in *soekoe's;* elke soekoe omvat een zeker aantal *doesoen's* of dorpen Bij hen vindt men het exogamische huwelijk (zie pag. 102 en vgl.); leden van een zelfde soembai mogen niet met elkaar huwen; voor kinderen is zoowel de soembai van hun vader als die hunner moeder verboden. Bij de Noordelijker, in Lëmatang Oeloe wonende verwanten der Pasoemahneezen was vroeger reeds het huwelijksverbod beperkt tot bewoners van dezelfde doesoen; maar nu wordt zelfs dit verbod niet meer in acht genomen, met uitzondering van het district Pagër Goenoeng, in het Z. van Lëmatang Oeloe.

Ook overigens bestaat er op het punt der huwelijksinstellingen heel wat verschil tusschen de beide genoemde, overigens zeer na .verwante stammen. [1]) Wel komt ook bij de Pasoemahneezen het huwelijk met bruid-schat (in Zuid-Sumatra *djoedjoer* genoemd) voor; maar meer gewoon is er het huwelijk zonder bruidschat. In Lëmatang Oeloe evenwel is, in overeenstemming met den algemeenen toestand in Z. Sumatra het patriarchale huwelijk, met bruidschat dus, regel. In overeenstemming daarmede heeft dan ook bij de Pasoemahneezen de vrouw tegenover het leviraatshuwelijk (zie pag. 107) meer vrijheid dan bij de bewoners van Lëmatang Oeloe. Doch ook in laatstgenoemde streek en 't aangrenzende Kikim komen huwelijken voor *zonder* bruidschat. Ze kunnen het gevolg zijn van armoede van den jongeling, of dienen om het geslacht van iemand, die wel dochters maar geen zoons heeft, niet te doen uitsterven. Deze huwelijksvorm wordt genoemd *ambil-anak* = kind-aanneming. De man trekt bij de ouders van de vrouw in huis; sterft de man, dan heeft

---

[1]) Volgens Tombrink (Tijdschrift v/h Bat. Gen. Dl. 19 pag. 13) vertoonen de bewoners der Goëmai-streek nog heel wat van het Hindoe-type; terwijl de Pasoemahneezen meer het Javaansche type naderen.

zijn familie recht op de helft van het aantal kinderen; de vrouw op de
rest. Sterft de vrouw, dan worden de kinderen gelijkelijk verdeeld tusschen
hare familie en den man. Na den dood van man en vrouw heeft de
verdeeling tusschen beider familie plaats. Elders, bijv. in de Lampongsche
districten, waar eveneens het ambil-anak-huwelijk bestaat, maar speciaal
met 't doel om het geslacht van een man zonder zoons voort te zetten,
is van deze kinderverdeeling geen sprake.

Over het algemeen is in Zuid-Sumatra de djoedjoer zeer hoog; in
vele streken is het vorderen van den bruidschat bepaald een beletsel
voor velen om te trouwen; terwijl het huwelijk zonder bruidschat de
ondergeschikte positie des mans tengevolge heeft en pandelingschap
bevordert. Vandaar dat het Gouvernement middelen beraamd heeft om
die gewoonte tegen te gaan; het vorderen van de djoedjoer werd verboden
en strafbaar gesteld (1862). Natuurlijk kon door een verbod zulk een
volksgewoonte niet plotseling onderdrukt worden; men ontdook de
bepalingen, noemde de djoedjoer voortaan *wang-kawin* = huwelijksgeld
en bleef de oude gewoonten in eere houden. Het ging dan ook niet aan,
dat het Gouvernement iemand zou kunnen dwingen, zijn dochter uit te
huwen op andere voorwaarden dan de vader zelf verkoos te stellen;
alleen konden djoedjoer-zaken nu voortaan niet meer voor de bestuursambtenaren gebracht worden.

Nog een ander, noodlottig gevolg der djoedjoer-instelling, in verband
met de gewoonte dat het huwelijk reeds door de ouders beklonken wordt
terwijl de aanstaande echtgenooten nog kinderen zijn, wordt besproken
door Pastoor Jennissen, sedert 1891 als missionaris in de Pasoemah-
landen gevestigd. De geheele handel, (om de 40—100 rijksdaalders van
den bruidschat) wordt door de ouders gedreven. Komt de tijd van het
huwelijk en willen de jongelui niets van elkaar weten, dan verzet zich de
geldkwestie dikwijls tegen de scheiding en menigmaal geeft de bruid er de
voorkeur aan, zich op een afgelegen plaats door ophanging van het leven
te berooven. Uit de laatste tien jaren waren den pastoor vijftig dergelijke
gevallen bekend geworden; onder de Christenmeisjes daarentegen was zoo
iets geen enkele maal voorgekomen. Ook hieruit blijkt weer, welk een
veel dieper gaande invloed op het prijsgeven van verkeerde gewoonten
door het Christendom wordt geoefend, dan door wettelijke bepalingen. [1]

Bij de Pasoemahneezen vindt men het geloof aan allerlei demonen en

---

[1] Vgl. Ind. Gids van Sept. 1905 pag. 1398 en 1399. Een der nieuwste theoriën omtrent
ontstaan en beteekenis van exogamie en endogamie, matriarchaat en patriarchaat zal later nog
ter sprake komen.

spoken. Men vertelde mij van een kleine *doesoen* (dorp), waarin slechts twee menschen, een oud echtpaar, woonden. De dorpelingen in de naburige doesoens gelooven vast en zeker, dat de man zich 's avonds in een tijger, de vrouw zich in een karbouw verandert, om in den nacht den menschen schade toe te brengen. [1]) De tijger, die zich nogal eens aan den veestapel van de eenzaam in het alang-alangveld wonenden vergrijpt, wordt hier niet bij zijn gewonen naam, maar „*toewa*" = de oude genoemd; de lieden meenen dat in hem de ziel van den een of anderen voorouder huist. [2])

Langs een anderen weg dan wij gekomen waren, kwamen wij tenslotte weer uit het dorp door de sawahvelden in het gebied der alang-alang.

Huis van den uitgestootene in Laboean.

Geheel aan het einde van de sawah's van het dorp ligt nog een eenzaam, armelijk woonhuis: het is het huis van een verbannene, die onder verdenking staat het vorige dorpshoofd vermoord te hebben. De moordenaar was in een donkeren nacht onder het huis van het dorpshoofd, dat hij haatte, geslopen, en had van onderen op met de lans den huisvloer, de slaapmat en den ongelukkigen slaper doorboord. Of de uitgestootene wel de moordenaar was? Wie zal het zeggen? Welk een verschrikkelijke straf echter, aan den rand der wildernis, van alle verkeer met menschen afgesloten, zijn leven te moeten doorbrengen, alleen met het slechte geweten en zonder uitzicht op een troostvolle toekomst. [3])

Onze weg, een smal voetpad, liep bergop, bergaf door het hooge gras. Op vele plaatsen zagen wij de sporen van wilde zwijnen; de dieren zelf hielden zich voor onze onderzoekende blikken schuil en bleven aldus voor onze kogels verschoond. Wij kwamen eindelijk aan den bovenrand

---

[1]) Vgl. pag. 114.

[2]) Voorbeelden van een dergelijk geloof in andere streken, zoomede van soortgelijke naamsverwisselingen, zullen later ter sprake komen.

[3]) Het stelsel van solidariteit, dat onder de volksstammen van Sumatra (evenals elders in den Archipel) in hooge mate heerscht, sluit van zelf in zich, dat de stam ook het recht heeft, hem, die zich tegen de commune misdraagt, van alle gemeenschap uit te sluiten.

van een zeer breed ravijn, dat diep in het heuvelige graslandschap was ingesneden. Op den bodem stroomt de Endikat, een bergstroom die in de Pasoemah, waaraan Bandar ligt, uitmondt. De Pasoemah is zelf weer een zijrivier van de Lĕmatang, die wij, tusschen Lahat en Tĕbat Sĕbĕntoer, op een lange brug overgegaan waren.

In het ravijn van de Endikat groeide prachtig, ondoordringbaar oerwoud, door troepen siamangs bewoond, wier gillend lachen en juichen onophoudelijk tot ons opsteeg. Wij liepen over de hoogte verder en kwamen na eenigen tijd in een ander dorp, genaamd Karang Anjĕr. Het was iets kleiner en armelijker dan Laboean, maar vertoonde overigens dezelfde inwendige inrichting. Aan een der huizen waren merkwaardige, onbeholpen schilderingen van buiten als wandversiering aangebracht. Een hert, meer dan levensgroot, een stoomboot naar het model van onze „Al Nori", twee officieren te paard waren op die manier op den wand geschilderd, ongeveer zooals de oude Marburger pottenbakkers hun geglazuurd aardewerk versierden. In de hoeken zaten reusachtige vlinders als ornamenten, alles in de levendigste kleuren fraai groen, rood, blauw en geel naast elkander. Naar onze vriendelijke gids ons wist te vertellen, waren deze teekeningen van een Chineeschen kunstenaar afkomstig. Merkwaardig dat, naast de smaakvolle versieringskunst door snijwerk, zulk een smakeloosheid een plaats kon vinden. Wellicht was het slechts het ongewone, zeldzame, dat aan deze teekeningen in het oog der inlanders waarde verleende. Datzelfde motief zal het ook wel geweest zijn, hetwelk een der Maleische dorpsnotabelen er toe geleid had, aan den door ouderdom gebruinden wand van zijn huis drie zeer moderne oleografieën te hangen, waarvan de eene den Duitschen keizer, de anderen den keizer van Oostenrijk en den koning van Italië voorstelden. Zeker verschafte alleen het genoegen, dat de eigenaar in de bonte kleuren had, aan de portretten een plaats hier in de wildernis, waarheen ze, wie weet door welk toeval, een weg gevonden hadden. [1]

Nadat wij nog een derde, soortgelijk dorp bezocht hadden, keerden wij naar Bandar terug, eerst op vriendelijke uitnoodiging van den heer Verwey Mejan naar de benteng, om in zijn huis onzen dorst te lesschen, dien de wandeling van eenige uren door het onbeschaduwde grasland ons veroorzaakt had. Wij verpraatten bij een koelen dronk gaarne nog een uurtje in het aangename gezelschap, waarbij zich nu ook de heer van

---

[1] Op Java ziet men zulke portretten tot in de verst afgelegen kampongs, vooral bij de hoofden; dikwijls zijn ze van reeds overleden vorsten en vorstinnen, als in Europa incourante artikelen waarschijnlijk hierheen gekomen.

Linden Tol voegde, die tot nu toe door den dienst in beslag was genomen. Deze luitenant bracht mij nog den schedel van een grooten neushoornvogel ten geschenke, een mooi stuk voor mijn verzameling.

Met hartelijken dank voor de interessante en genotvolle uren namen wij eindelijk afscheid van onzen vriendelijken gastheer en zijn jongeren kameraad, en. verlieten de gastvrije vesting, om in de pasanggrahan ons middagmaal te gebruiken. Mevrouw Scharenberg had daarvoor weer een aangename bijdrage geleverd: een ziekekostje voor den heer Fleischer en een vruchtensoep voor de gezonden, die, om mij van een speciaal Hollansche uitdrukking te bedienen, werkelijk „lekker" was en de kookkunst der vriendelijke geefster alle eer aandeed.

Des avonds gingen wij met ons drieën naar de familie De Kat, waar ons, zooals ik het na mijn ervaringen van den vorigen avond niet anders verwachten kon, alleraangenaamste uren bereid werden. Na tafel verscheen de geheele Europeesche kolonie van Bandar: het echtpaar Scharenberg en de beide officieren. Wij namen eerst laat afscheid van den aangenamen kring, waar men ons zooveel vriendelijkheid betoond had, wij dankten hartelijk en geroerd en spraken de hoop uit, dat wij elkaar in Europa mochten weerzien.

Des morgens van den 17^{den} November stond, volgens afspraak, ons vertrek uit het gastvrije Bandar voor de deur. Onze beide wagens, elk met drie paarden bespannen, waren te zes uur besteld. Dus was het vroeg opstaan. Maar voor we tot vertrekken kwamen, ontvingen wij nog allerlei aangename verrassingen, die mij zoo verheugd maakten als een kind op St.-Nicolaasavond, vooral daar zij mij opnieuw toonden, hoe vriendelijk de dames en. heeren in Bandar ons gezind waren. De heer Fleischer bevond zich dezen morgen, dank zij de zorg van den dokter, aanmerkelijk beter dan te voren. Wij spraken af, dat ik hem van Kalangan Djarai uit een van onze wagens terugzenden zou. Kwam hij spoedig bij, dan kon hij na twee dagen ons naar Kalangan Djarai achterop komen en met ons verder reizen; was het hem echter onmogelijk, dan al te rijden, dan zou hij mij den wagen weer leeg naar Kalangan Djarai sturen, opdat ik naar hem terug zou kunnen komen.

Zoo was dan alles naar onze berekening wel voorbereid, toen wij ons tegen half zeven op weg begaven. Het landschap, dat wij door trokken, was in 't algemeen niet anders dan dat, hetwelk wij de vorige dagen gepasseerd waren. Over de alang-alangheuvelen met hunne doesoeneilanden weidde de blik in de verte tot aan de blauwe bergen. De Dempo met zijn rookpluim aan den top trad steeds imponeerender voor ons te voorschijn, en ook de Goemai-bergen, een lange rij begroeide toppen en ruggen rechts van ons, vertoonden zich meer en meer als een majestueus, met woud bezet gebergte.. De ravijnen, die wij te passeeren hadden, gaven onze paarden weer veel moeite, maar ze verschaften mij ook goede gelegenheid om te verzamelen en op te merken.

Na een langen rit kwamen we door Pagĕr Alam, een marktplaats, die zich langs den weg uitstrekt. De bouworde, de eenvoudige huizen, veelal met uitstallingen van vruchten en andere produkten des lands aan den voorkant, de bruine bewoners, de lui rondslenterende of neerhurkende mannen, de arbeidende vrouwen, de naakte kinderen, boden den gewonen aanblik, die zich bij alle dorpen aan den landweg herhaalt. Voorbij Pagĕr Alam veranderde de landstreek in zooverre van karakter, als hoog en laag bosch in de plaats der alang-alangheuvels kwam. Ons uitzicht werd daardoor meer tot de naaste omgeving beperkt, al opende zich ook nu en dan een gezicht op de hooge toppen voor en naast ons. Tegen 11 uur 's morgens kwamen wij in Kalangan Djarai aan en reden bij het dicht aan den weg gelegen woonhuis van den koffieplanter Nales voor, om van hem te vernemen welke boodschap kapitein Nolthenius over ons logies had achtergelaten. De heer Nales, een man in de kracht van zijn jaren, met welwillend en tegelijk energiek uiterlijk, kwam ons van uit de breede voorgalerij tegemoet. Ik was snel uit den wagen gesprongen, en nu ontstond er, na de begroeting, tusschen ons het volgende gesprek: „Is U mijnheer Nales?" „Jawel, die ben ik." „Ik ben Dr. Giesenhagen. Kapitein Nolthenius heeft mij beloofd, hier bij U een boodschap voor mij achter te laten." „Jawel, mijnheer Nolthenius is gisteren hier geweest." „En heeft hij voor ons een huis in de doesoen gehuurd?" „Neen, er is geen huis voor u:" „Dan zullen wij wel verplicht zijn, een hut voor ons te laten bouwen, waarin we onze veldbedden kunnen opslaan." „Neen dat gaat hier ook niet." „Maar wat moeten wij dan beginnen?" „U moet dan maar in uw wagen overnachten."

Onder dit alles keek de man zoo vertrouwen-wekkend vriendelijk, dat ik wel langzamerhand merken moest, hoe de zaak stond. Ik zei dus: „Maar kapitein, dat kan u toch geen ernst zijn?"

En nu vertoonde zich op het vriendelijke gezicht de grootste vroolijkheid. „Neen dokter, daar heeft U gelijk aan, dat kan mij geen ernst zijn. Hoe kon u ook maar een oogenblik op 't dwaze idee komen, om in een doesoenhuis te willen wonen als mijn huis aan den weg ligt! Wees bij mij hartelijk welkom!"

Dit was dus de Indische gastvrijheid, waarop wij bij onze afspraak niet gerekend hadden, de gastvrijheid in haar meest beminnelijken vorm, die den volmaakt onbekenden vreemdeling, ook als hij 't niet eens waagt te vragen, in huis neemt alsof hij een lieve verwant of bekende ware. En bij ons was het niet te doen om slechts een, maar om drie onbekende gasten tegelijk. Reeds na het eerste half uur, toen wij, nadat ook Mevrouw Nales ons vriendelijk verwelkomd had, bij een glas bier behagelijk in de luchtige voorgalerij zaten, was het mij niet meer alsof ik een vreemde gast ware, ik was als thuis bij goede vrienden.

Het is een bewonderenswaardig slag van menschen, deze Indo-Europeanen, die, zoo geheel verplicht op eigen krachten te steunen, als pioniers der Europeesche beschaving in ، het uitgestrekte land verspreid wonen; geen alledaagsche menschen, maar „elk voor zich een man alleen." De volheid van ervaringen, waardoor ze voor hun eigenaardig beroep en hunne levenswijze gevormd zijn, hun werken onder de moeilijkste omstandigheden, de voortdurende, nauwe aanraking met een grootsche natuur, de verplichting om steeds rekening te houden met de totaal verschillende beschouwingen der eenvoudige menschen, die hen omgeven, verleenen aan hunne levensopvatting een vastheid en diepte, die men bij den gemiddelden Europeaan vaak vergeefs zoekt.

Het huis, door kapitein Nales bewoond, is geheel uit hout gebouwd, alleen het dak bestaat uit platen van gegalvaniseerd ijzer. Alles is luchtig, ruim, gemakkelijk. De eigenaar heeft zelf het plan voor den bouw gemaakt, evenals hij ook de uitvoering van het werk leidde en er toezicht op hield. Voor eenige jaren had het echtpaar nog in een bamboehuis gewoond, en nog vroeger, toen zij hunne werkzaamheid in Kalangan Djarai met den aanleg van den koffietuin begonnen, was er heelemaal nog niets geweest, en hadden zij werkelijk in den wagen op den weg moeten overnachten, tot dat een armoedig logies ingericht was. Alles, wat wij om ons zagen, huis, erf en tuin, koffiewaschplaats, koffiepakhuis en al de bijgebouwen, die in een grooten cirkel het huis omringden, alles is de schepping dezer lieden, is een plek der beschaving, aan het oerwoud ontworsteld. Want men moet niet denken, dat het zoo'n echt kampong-leven is, dat deze menschen leiden, zonder ieder hooger levensgenot, alleen vervuld met het genoegen in verdienen en bezitten; integendeel, zij hebben hun Europeesche beschaving in het oerwoud meegebracht en onderhouden. Dat zij ook zonder dagelijkschen omgang met ontwikkelden, jarenlang aangewezen op den spaarzamen kost van Europeesche boeken en tijdschriften, die na een langen weg in hunne eenzaamheid aanlanden, toch op de hoogte blijven, is stellig een teeken van een bijzondere, in zich zelf complete vorming van geest en gemoed.

Zaterdag 18 November begonnen wij onze beklimming van den Boekit Běsar. Onze bagage werd door vijf Maleiers, over wie Mariô het opzicht had, getransporteerd. Wij Europeanen gingen omstreeks 7 uur vóór de koelie-karavaan uit op weg. De heer Nales vergezelde ons; hij had een Maleischen gids meegenomen, die het pad door het oerwoud nauwkeurig kende. Wij moesten, voor we aan den voet van het gebergte kwamen, nog een tamelijk langen weg in de vlakte afleggen, door bamboestruiken en voorbij eenige dorpen. Daarna gingen we het eigenlijke oerwoud in, en eerst langzaam, dan allengs steiler, bergop. Het oerwoud scheen mij in zijn laagste deel aanmerkelijk droger dan dat op den Gěde. Er waren weinig mossen te zien, en de huidvarens, die zoo gevoelig zijn voor gebrek aan vocht, ontbraken haast geheel, terwijl de reusachtige, tot de Scitamineën behoorende Elettaria coccinea (Jav. *těpoes*) wier tweerijig bebladerde zachte stammen als palmpluimen uit den bodem oprijzen, hier tamelijk algemeen en goed ontwikkeld waren. Verder boven werd het oerwoud steeds rijker aan soorten. Bijzonder talrijk waren de klimpalmen, die mij met hunne over den weg hangende, stekelige bladeren meer dan eens de pet van het hoofd trokken. Hoe hooger wij kwamen, des te dichter en afwisselender werd de plantenwereld. Begonia's van de meest verschillende soorten, tal van aardvarens, maar ook boom- en levermossen bedekten nevens andere kruidachtige gewassen den grond tusschen de reusachtige stammen, langs welke zich allerlei epiphyten en lianen naar boven werkten.

Als smal voetpad liep onze weg door het warnet van takken en bladeren bergopwaarts. Men zag aan gevelde boomen en struiken, dat hij eerst sedert kort, ten behoeve van de beklimming door den heer Nolthenius, was aangelegd. Dikwijls genoeg moesten wij over de stammen van omgevallen boomreuzen heen klauteren, of er onder door kruipen. Somtijds ging het pad door geulen en plooien in het gebergte, waarin de bergstroomen over steenen en klompen schuimend naar omlaag schoten. Eindelijk, eindelijk kwamen wij boven op den ruggegraat van den bergketen, en hielden een korte rust op een plaats, waar door de boomen heen zich een uitzicht op den Dempo opende. Wij hadden thans ongeveer de helft van onzen weg afgelegd. De tweede voerde over den kam van het gebergte naar den hoogsten top. Ik kan niet zeggen, dat deze tocht tot de aangenaamste behoort, die ik ken. Het ging onafgebroken in het woud bergop, bergaf. Dat, wat de tocht over een Alpenketen zoo interessant maakt, het steeds wisselend gezicht op den bouw van de bergmassa, en het uitzicht in de verte naar beide zijden, ontbrak hier geheel, daar de boomen alles versperden.

In het begin interesseerde mij de plantengroei hier boven, waar een dergelijke invloed van den wind en van de bestendige vochtigheid zich doet gelden als op het veel hooger gelegen Kandang Badak in het massief van den Gĕde; maar toen de weg na iedere moeilijk overwonnen stijging weer naar beneden ging, kon het gezicht van den plantengroei, die, trots groote verscheidenheid in de samenstelling, toch maar weinig afwisselde, den wensch niet meer onderdrukken dat toch eindelijk de langverwachte top van den Boekit Bĕsar voor ons tusschen de boomen mocht opduiken. Wij moesten in het geheel acht volle uren klauteren en marcheeren, voor wij ons doel bereikten; in de tropen bepaald een flinke dagtaak.

Op den top van den Boekit Bĕsar had men de boomen ver in het rond gekapt, om een vrij uitzicht te krijgen. In het midden van het opengehakte veld, op het hoogste punt, stond de „roemah pilar", een klein huisje, met atap gedekt, waar op een massieven steenen pilaar het instrument was opgesteld. Eenigszins terzij stond de hut van den heer Nolthenius, eveneens met atap gedekt en van binnen van rietmatten voorzien. Zij bevatte twee vertrekken: vóór de woon- en eetkamer, waar men van buiten in kon komen, en daarachter het slaapvertrek. Naast dit huisje was de keuken, waar juist de kokkie van den heer Nolthenius de thee voor ons klaar maakte. De vele koelies en mandoers van den kapitein, die voor het transport van het toestel en van de overige bagage te zorgen hadden, waren aan de tegenovergestelde zijde van den top in hutten gehuisvest; een huisje, juist groot genoeg om slaapruimte voor vier menschen te bieden, stond voor ons klaar. De heer Nolthenius, het hoofd der kleine nederzetting, begroette ons zeer vriendelijk bij onze aankomst en verkwikte ons met versch gezette thee. Jammer genoeg waren onze dragers met de bagage nog ver bij ons achter, zoodat wij niet in staat waren, droge kleeren aan te trekken en ons tegen de vochtige koude op den tochtigen top voldoende te beschermen.

Het uitzicht van den top was bij tijden bepaald fraai. Wij onderscheidden, diep omlaag, in het Oosten, Bandar met zijn benteng in den zonneschijn. Ook het dal, waardoor we den vorigen dag gereisd hadden, met zijn golvenden grasbodem en diepe, boschrijke ravijnen, konden wij als op een landkaart voor ons zien liggen. Aan den overkant rees, van tijd tot tijd door nevels en regenwolken heen zichtbaar, de Dempo majesteitelijk omhoog. Naar het Noorden weidde de blik ver weg over boschrijke hoogten. Maar meestal was het uitzicht bedekt door een kouden, alles doorweekenden nevel, die af en toe in regenbuien overging. Wij vluchtten dan in de roemah pilar, of in het kamertje van den heer Nolthenius, echter niet geheel met het gewenschte gevolg, want tegen den kouden wind waren die beide plaatsen niet voldoende beschut.

Onze bagage kwam eerst in het donker aan, en was gedeeltelijk van den regen doorweekt. Wij moesten nu in de duisternis onze veld-bedden in de hut opslaan, poogden ons door middel van de groote wasdoeken, waarin de bedden verpakt waren, tegen den indringenden regen te beveiligen, en gingen zoo gauw mogelijk slapen.

De volgende dag was een Zondag; het is van mijn reis de Zondag, die bij mij de minst aangename herinnering nagelaten heeft. Vroeg in den morgen was het slechts een zeer korten tijd helder, daarna kwam weer nevel en regen. De heer Nales nam al vroeg de terugreis aan, terwijl wij, op verandering van het weer hopend, nog een dag besloten te wachten. Ik ondernam, ondanks het ongunstige weder, in den voormiddag met twee dragers een excursie naar het oerwoud, om mossen en varens te verzamelen, en keerde met rijken buit beladen op de pleisterplaats terug. Maar overigens waren we den geheelen dag in een tamelijk onpleizierigen toestand: wij zaten òf in den dikken nevel op de vochtige stammen, òf wij hokten in de kleine ruimte bij elkaar onder het beschermende atap-dak, terwijl daarbuiten de koude wind de regendroppels over den top joeg. Ik was blij, dat ik tenminste 's morgens had kunnen verzamelen, anders zou voor mij de heele expeditie tamelijk doelloos afgeloopen zijn.

Bij deze vochtige kou verwonderde het mij niet, dat ik een verkoudheid opliep, en een hevigen aanval van buikloop kreeg. Het scheen mij zeer natuurlijk en zoo bij de zaak behoorend. Intusschen, aangenaam was het nu juist niet; dat werd ik nog in 't bijzonder gewaar, toen Maandagmorgen, daar de vooruitzichten op beter weer volstrekt niet gunstiger waren, de afdaling begon. Ik had volstrekt niet den rechten lust voor een lange wandeling, en moest toch acht uur lang klauteren en marcheeren om het naaste logies te bereiken. Om meer op mijn gemak te kunnen gaan, ging ik al vóór zeven uur, lang vóór mijn makkers, van boven en slenterde rustig langs de bergrib. Vóór de eigenlijke afdaling hield ik een flinken tijd halt om te ontbijten en uit te rusten, en ging toen weer moedig verder. Zoo had ik al bijna drie kwart van den weg naar beneden afge-legd toen de andere heeren mij inhaalden. Het laatste, warmste eind van den weg viel mij het zwaarst; ik bereikte echter toch, hoewel tamelijk uitgeput, in den namiddag het gastvrije dak van den heer Nales. Daar wachtte mij het aangename bericht, dat de heer Fleischer genezen was, en met den teruggezonden wagen was aangekomen. Eigenlijk stond er nu niets meer in den weg om, volgens programma, den volgenden morgen de reis voort te zetten. Voor mij echter was nu de gelegenheid gekomen, om met fatsoen uit het reisgezelschap te treden. Ik dacht er over na, hoe menigmaal wij door ons groot aantal in onaangename toestanden gekomen waren. Als ik alleen reisde, zou ik zeker niet meer in de pasanggrahans op tafels of stroozakken behoeven te kampeeren. Ik behoefde mij niet langer te schikken naar nachtelijke karretochten van de reisgenooten, maar kon reizen en uitrusten als het mij paste en zooals 't best met mijn doeleinden overeen kwam. De voordeelen lagen te veel voor de hand, en bovendien gebood ook de zorg voor mijn gezondheids-toestand een uitstel van het vertrek. Dus verklaarde ik dan aan de heeren dat ik niet zou meegaan, maar vooreerst in Kalangan Djarai blijven, om later alleen verder te reizen. Het was niet moeilijk, hen er van te overtuigen, dat 't verstandigst was, zonder mij verder te gaan. Ik bevond mij immers in Kalangan Djarai onder de beste verzorging, en kon van Bandar wagens en paarden tot voortzetting van de reis laten komen. Met de bagagekarren, waaraan ik mijn aandeel betaald had, gaf ik alles mee, wat mij ontbeerlijk voorkwam; wat ik overhield, kon ik gemakkelijk mee in den wagen nemen, zoodat ik ook daardoor de reis vereenvoudigen kon.

Dinsdag 21 Nov. trokken de drie reizigers met twee wagens en de bagagekarren verder. De twee jongere heeren heb ik later nog in Bengkoelen ontmoet, waar ze een boot naar Batavia afwachtten. Zij vertelden mij, dat de heer Fleischer al op den tweeden dag der reis weder ziek geworden en met spoed naar Bengkoelen was gereden, om de boot te kunnen halen. Daarmede is hij zwaar ziek in Batavia aangekomen, en heeft nog weken lang in het hospitaal gelegen. Toen ik evenwel in Januari 1900 weer in Batavia kwam, was hij al weer heel wat beter, en thans, na een jaar, schreef hij mij naar Europa, dat hij in 't huwelijk getreden was. Ik mag dus wel aannemen, dat het doortrekken van Sumatra geen blijvend nadeel aan zijn gezondheid heeft toegebracht. Ik constateer dit met groote bevrediging, daar ik toch door mijn aansporingen zeker wel invloed uitgeoefend had op zijn besluit om dien tocht te ondernemen.

Toen ik Donderdagmorgen, na een goeden nacht, vóór het aanbreken van den dag ontwaakte, was Mariô al aan 't inpakken, en stond mijn wagen voor 't huis klaar, om beladen te worden. Helder en stralend ging de zon op en vergulde de toppen der bergen. In het rond glinsterde en fonkelde het licht op de blanke lederbladeren der palmen en loofkruinen, en spiegelde zich in de dauwdroppels op gras en kruid, op rozen en vergeet-mij-nietjes, die, door Mevrouw Nales gekweekt, de omgeving van het huis sierden. Twee tamme siamangs klauterden in de vruchtboomen rond, en het vroolijke gejuich hunner soortgenooten klonk uit het verre bosch tot ons. Het was een prachtige morgen, als geschapen om reis- en zwerflust in het hart te doen opleven.

Om zeven uur nam ik met hartelijken dank afscheid van mijn beminnelijken gastheer en gastvrouw, die mij zoo vriendelijk opgenomen, verzorgd en verpleegd hadden of ik een goed vriend of bloedverwant geweest ware. Ik vertrok te voet, om eerst nog een bezoek te brengen aan het marktplein van het dorp, waar heden juist weekmarkt gehouden werd. Mijn wagen zou mij achterop komen.

De kraampjes op de passar zijn van bamboe gebouwd en met atap gedekt. Zij blijven altijd staan en zijn dus in zekeren zin vaste markt-winkels, waarin de verkoopers hun veelsoortige waren op rietmatten uitspreiden. De ossenkarren, waarmee de kooplui met hun koopwaren waren gekomen, stonden in lange rijen om de passar en aan den weg. Daar het nog vroeg in den morgen was, was het er nog niet erg druk met koopers, toen ik tusschen de rijen kraampjes door liep, om te zien, wat er verhandeld werd. De landlieden uit den omtrek hadden rijst, koffie en allerlei vruchten te koop; in de winkeltjes der eigenlijke handelaren zag ik niet veel anders dan wat· in de toko's der steden verkocht wordt: sarongs, slendangs, hoofddoeken, kabaja's en baadjes, en allerlei goedkoope sieraden en gebruiksartikelen, grootendeels van Europeesch fabrikaat. Vele artikelen van nijverheid waren van Duitschen oorsprong; een stuk zeep, dat ik aanschafte, droeg het opschrift: Frank-furter Fettseife.

Nadat ik alles gezien en hier en daar een paar woorden met de verkoopers gewisseld had, ging ik naar den weg terug en slenterde langzaam noordwestelijk op, naar het gebergte toe. Het land was boomrijk en zonder uitzicht; langs den weg echter vond ik ruimschoots gelegenheid tot verzamelen en opmerken. Telkens kwam ik groepen inlanders tegen, die naar de markt gingen. De vrouwen droegen zware lasten en hadden dikwijls daarnevens nog een kind voort te zeulen; de mannen liepen vrij en zonder iets te dragen. Het is merkwaardig, dat deze arbeidsverdeeling ook invloed heeft op de lengte van de sarong. In andere streken, b.v. in de Preanger op Java, bij de Soendaneezen, dragen de vrouwen zonder uitzondering een lange sarong, die tot op de voeten neervalt, de mannen daarentegen dragen de sarong alleen om de heupen over den broek geslagen. Hier daarentegen dragen de vrouwen een korten lendedoek, die nauwelijks tot de helft van de heupen reikt; alleen bij de vrouwen der aanzienlijken, van mandoers en dorpshoofden, reikt de sarong tot aan de knie en daar beneden. De mannen evenwel dragen, als in eigenlijk Java, bij de Javanen, lange sarongs, die tot op de voeten reiken. Het sirihkauwen is bij de bewoners van de Oeloe Lĕmatang niet zoo algemeen verbreid als overigens bij de Maleiers. Hier kauwen alleen de bejaarde vrouwen, de mannen rooken hunne strootjes.

Toen de wagen mij had ingehaald, stapte ik in, om mij voorzichtigheidshalve nog zooveel mogelijk te ontzien. De weg bleef nog langen tijd door boomgewas begrensd. Een paar malen liep hij door ravijnen, met bamboebruggen in de diepte, waarnaast de overblijfselen van fraaie staaldraadbruggen hingen, als treurige ruïnes. Dan kwamen we door een open terrein met braakliggende rijstvelden, behoorende tot de doesoen Sawah, die in een klapperboschje aan den weg lag. Aan het einde van het dorp zag ik op het zeer oude atapdak van een huis een menigte epiphytische gewassen: orchideën, voor een deel met heerlijke bloemen, en verscheidene varens. Daar eenige daarvan, vooral een Niphobolus, mij interesseerden, moest Mariô, na bekomen verlof, langs een bamboestaak omhoog klauteren om ze er af te halen. Deze evolutiën wekten natuurlijk de levendigste belangstelling der dorpelingen, die mijn wagen nieuwsgierig gevolgd waren; ik moest een formeel examen doorstaan over het vanwaar en waarheen, over doel en bestemming mijner reis, over het nut van die dakplanten enz. Ik was aan dergelijk navragen al gewend, en de Maleische uitdrukkingen, die een de vragers bevredigende opheldering geven, gingen mij goed af. Ik verklaarde dus weer, dat ik onderzoeken wilde, of die planten een „obat" bevatten. Een ander, zuiver wetenschappelijk gebruik zou natuurlijk de eenvoudige lieden niet aan het verstand te brengen geweest zijn. Ik heb op mijn reizen zelfs Europeanen ontmoet, wien het volkomen onbegrijpelijk was, dat iemand iets kon ondernemen, dat niet onmiddellijk geldelijk voordeel op het oog heeft. Goudmijnen of petroleumbronnen opsporen, dat kon naar hun inzicht de eenige verstandige werkzaamheid zijn van iemand, die, zooals ik, door woud en wildernis reisde.

Onmiddellijk voorbij het dorp moest er weer een moeilijk ravijn gepasseerd worden, waarbij de paarden een tijd lang staakten, tot mijn koetsier uit het dorp vijf koelies requireerde, die den wagen uit de kloof naar boven moesten duwen.

Daarna liep de weg eerst weer tusschen aaneengesloten laag hout bergop en bergaf. Toen kwamen wij in een alang-alangvlakte met hier en daar een bamboeboschje, waarin de dorpen verscholen liggen. Fraai met bòsch begroeide heuvels schaarden zich daarachter tot ketens, en uit schemerige verte groetten ons de toppen van het Barisangebergte. De Dempo lag nu al achter mij; om zijn kalen top pakten zich donkere wolken samen.

Tegen één uur kwamen wij voor de pasanggrahan te Padang Boernai aan. De opzichter was niet thuis, maar een van zijn zoons nam alvast de honneurs waar. Hoe aangenaam vond ik het nu, de eenige gast te zijn. Ik behoefde slechts voor mij zelf te zorgen. Mariô bracht mijn kamer in orde, kookte theewater en bracht mij, nadat ik *golok* (kapmes) en slobkousen afgelegd en gemakkelijke schoenen aangetrokken had, om te beginnen thee en cakes op de voorgalerij, waar ik in een gemakkelijken stoel behagelijk van het stooten en schudden kon uitrusten. Terwijl hij in het dorp een kip kocht en toebereidselen voor den hoofdmaaltijd maakte, kon ik op mijn gemak de planten die ik

Begroeid ravijn op Sumatra.

onderweg verzameld had, etiketteeren en inleggen en notities in mijn dagboek maken.

Intusschen kwam ook de opzichter van de pasanggrahan doornat van een regenbui naar huis, of liever, in eens naar de pasanggrahan. Nadat ik zijn eerste nieuwsgierigheid bevredigd had, zond ik hem naar huis om droge kleeren aan te trekken, met opdracht, dadelijk terug te komen. Toen hij verscheen, was ik met mijn planten en aanteekeningen klaar, ik had bij de zooveelste kop thee een nieuwe sigaar aangestoken, bood den Maleier er ook een aan, en nu kon het gesprek beginnen. De leiding daarvan bleef aan mij, de man was bescheiden en terughoudend, en moest in zekeren zin eerst wat ontdooid worden, hetgeen mij echter door vriendelijkheid na eenigen tijd zeer goed gelukte. Daarna hebben wij langen tijd vreedzaam gekeuveld, en ik kwam daarbij zonder moeite allerlei te weten, wat mij interesseerde. Wij zagen voor ons drie boven de andere uitstekende bergkegels; het waren naar opgave van mijn zegsman, behalve de Dempo, de Boekit Dingin, en de Boekit Balai. Van wilde dieren komen daar voor: de tijger, die in het dorp wel eens geiten en koeien rooft, maar voor de menschen onzichtbaar blijft; verder olifanten, die evenwel ook maar uiterst zelden te zien zijn, en wilde zwijnen. Voor handel en levensonderhoud verbouwen de dorpelingen, behalve rijst, nog koffie, wat kapok, kokospalmen, die hier al weer vrucht dragen, en de gewone vruchten- en groentensoorten. Ook gĕtah-pĕrtja moet in het bosch gewonnen worden, maar slechts in geringe hoeveelheid, en, zooals mijn zegsman met bijzonderen nadruk verklaarde: „*satoe roepa sadja*" = maar van ééne soort.

Bij het avondeten moest ik Mariô's kookkunst loven. Kip en rijst smaakten mij voortreffelijk, een paar pisangs vormden het dessert. Ik ging vroeg naar bed en sliep ongestoord; in den vroegen morgen echter, lang voor nog de eerste schemering in het Oosten lichtte, stond ik op, om in diepe duisternis de platen in mijn fotografie-toestel te verwisselen. De bamboewanden van de pasanggrahan hebben veel reten en spleten, zoodat het niet gelukte, ergens een van 't licht afgesloten ruimte te vinden. De te verwachten nachten met maneschijn, die het verwisselen der platen onmogelijk maakten, dwongen mij, in de volgende dagen zeer spaarzaam met mijn opnamen te zijn, zoodat ik dit deel mijner reis niet op dezelfde wijze illustreeren kan, als het voorafgaande en het volgende.

Het vertrek van den wagen had ik op Vrijdagmorgen half acht vastgesteld. Ik zelf ging ongeveer om zeven uur uit de pasanggrahan te voet vooruit. De dorpelingen waren al vroeg op en stonden nieuwsgierig voor hunne deuren. Ik verzocht aan een man, die rookte, om wat vuur, antwoordde bereidwillig, als men mij hier en daar een „*pigi mana*" (waarheen?) toeriep, en gaf op ieder „*slamat djalan*" (goede reis!) een even vriendelijk „*slamat tinggal*" (goed verblijf!) terug.

De streek was boschrijk en bood van den weg weinig vrij uitzicht. Ik kwam al gauw weer aan een doesoen, waar de op hooge palen staande hutten tamelijk onregelmatig in de schaduw der kokospalmen verspreid lagen. Van de bewoners was niet veel te zien, maar in de toppen der kokospalmen sprong een heele troep, wel dertig en meer, kleine, vroolijke apen rond, die onmiddellijk vóór en boven mij, van tak tot tak sprongen, en langs de stammen op en neer klauterden. Eerst eenige palen verder werd de streek meer open. Achter mij was nog altijd de Dempo te zien, de lucht was zoo helder, dat ik op zijn top duidelijk de kale lavavelden zien kon, en onderscheiden, hoe op verscheidene plaatsen de witte dampwolken uit den krater omhoog stegen. Daar mijn wagen mij intusschen ingehaald had, kon ik op mijn gemak zittend door de open landstreek reizen, waarin niet veel voor mij te verzamelen was.

Midden in het alang-alangveld kwamen wij voorbij een pleister-plaats, waar vooruitbestelde paarden gereed gehouden werden voor een Europeaan, die in tegengestelde richting reisde. Ik vernam dat het Overste Christan was, mijn vroegere reisgenoot op de „Al Nori", die van Tĕbing Tinggi over Talang Padang naar Bandar ging.

Omstreeks tegen elf uur voormiddags kwamen wij aan den bovenloop van de Moesi, wier benedenloop ik voor bijna drie weken tot Palembang met de „van Diemen" bevaren had. Op de plaats, waar de weg den rivieroever bereikt, ligt de doesoen Tandjoeng Raja. De rivier heeft hier

Rijstvelden.

al een respectabele breedte, en een sterke strooming. Daar er geen brug is, moest de overtocht met een bamboevlot gebeuren. In het dorp heerschten dien dag veel leven en beweging; alle mannelijke bewoners waren op de been, want er was thans heel wat ongewoons te zien. Juist was de overste Christan met zijn wagens en karren over de rivier gezet, een tweede Europeaan met een ossenkar wachtte aan deze zijde om over te gaan, en nu kwam ik er nog als derde bij, om ook van de eenvoudige vaargelegenheid gebruik te maken. Zooveel blanken waren zeker sedert lang niet in Tandjoeng Raja te zien geweest.

Overste Christan was met zijne voertuigen al aan deze zijde, toen ik aankwam. Zoodra mijn wagen halt hield, stapte ik uit, om hem te begroeten. De Overste is een zeldzaam man. Zijn energie, zijn beleid,

zijn eenvoud en bescheidenheid in den hoogen militairen rang, dien hij
op Sumatra bekleedt, zijn hulpvaardigheid en zijn jovialiteit tegenover de
inlanders moeten ieder opvallen en bevallen, die ook maar korten tijd
met den man in aanraking komt. Ik heb op mijn verdere reis, waar ik
van hem sprak, altijd slechts één, en wel het beste oordeel over hem
vernomen, en graag daarmee ingestemd.

Ons onderhoud kon natuurlijk niet van langen duur zijn, onze wegen
leidden in tegengestelde richting. Nadat ik den Overste in het kort mijn
reisavonturen verteld, en hem mijne groeten naar Kalangan Djarai en
Bandar had meegegeven, wisselden we de beste wenschen voor de
verdere reis, en daarna ging het weer verder, de een naar het Oosten,
de andere naar het Westen. De Overste reisde sneller dan ik, want
voor hem waren de versche paarden bestemd, die ik aan den weg gezien
had. Mijn paarden waren nu al moe, ofschoon nog het moeilijkste deel
van den weg, aan den overkant van de Moesi, voor ons lag. Ik had

Rijstoogst.

door Overste Christan ook kennis
gemaakt met den anderen Hollander, die in dezelfde richting als
ik reisde. De heer Rapp is als
ingenieur in gouvernementsdienst
in Tëbing Tinggi gestationeerd, en
heeft de leiding van den wegen- en
bruggenbouw in het geheele distrikt.
Hij moet dus dikwijls onderweg
zijn, en daar er niet altijd paarden
te krijgen zijn, maakt hij dikwijls van een ossenkar als middel van
vervoer gebruik. Ik zou weldra gelegenheid hebben, deze reisgelegenheid
te leeren kennen, en in zekeren zin in te stemmen met den lof, dien
de heer Rapp haar toezwaaide.

Terwijl wij stonden te praten, was het bamboevlot voor het overzetten van mijn voertuig gereed gemaakt. De omstandigheid, dat de
breede stroom bij Tandjoeng Raja een scherpe bocht maakt, begunstigt
den overtocht van het veervlot. Daardoor zijn namelijk bepaalde plaatsen
aan beide oevers zonder sterke strooming. De inlanders duwen met lange
bamboestokken het vlot aan den oever stroomop, en geven het dan
aan den stroom over, die het schuin over het midden der rivier naar
den anderen oever drijft. Daar wordt het dan door middel van stokken
weer in kalm water stroomop geduwd tot de landingsplaats.

Als wij een beetje geluk hadden, konden wij in twee uren in
Talang Padang zijn. De oever van de Moesi stijgt in terrassen tot aan

het hooggelegen heuvelland op. Dientengevolge rijst de weg van den rivieroever af geruimen tijd, en het duurde niet heel lang, of de paarden staakten en waren door niets te bewegen om vooruit te gaan. De heer Rapp reed ons met zijn ossenkar na eenigen tijd zegevierend voorbij. Beschaamd deden mijn paarden nu toch tenminste nog een poging, en werkelijk, na een kort eind weegs haalden ze weer de langzaam voort-schrijdende ossen van den heer Rapp in. Toen nu evenwel bij de volgende stijging mijn paarden weer een lange rust namen, wilde ik mij niet weer voorbij laten rijden; ik stapte uit, en wandelde te voet vooruit. Een kleine regenbui deed mij na eenigen tijd onder het dak van een brug halt houden. Ik besloot daar te wachten, en hoopte mijn wagen binnen kort achter de naaste alang-alangheuvels te zien opduiken. Inplaats van het verwachte verscheen evenwel . . . . de ossenkar van den heer Rapp. De goedige sapi was onverstoorbaar met zijn kar in langzamen pas over berg en door dal geloopen en had mijn driespan ver achter zich gelaten. Tot loon daarvoor werd hij bij de brug, waar, ik wachtte, uitgespannen en mocht een kwartiertje aan den weg grazen. De heer Rapp was uitgestapt, en ik vernam van hem, dat hij mijn paarden nog op dezelfde plaats, waar ik ze verlaten had, had aangetroffen, en dat er toen nog in 't geheel geen uitzicht op bestaan had, ze verder te brengen.

Toen de sapi weer ingespannen was, noodigde de heer Rapp mij uit, mede in te stappen, hetgeen ik, bij het vooruitzicht op urenlang wachten in dreigend weer, dankbaar aannam. Nu moest de goedige trekos tot loon voor zijn goede diensten nog een last te meer op zich nemen. Hij bewees, dat ook deze eisch zijn krachten niet te boven ging. Hij ging stap voor stap zijn weg, en bracht ons zonder oponthoud tot ongeveer drie paal voor Talang Padang, waar hij door een anderen sapi afgelost werd.

Het rijden in een ossenkar behoort in het algemeen niet tot de aan-genaamste reisgelegenheden. De kar rust zonder veeren direkt op de as van de beide wielen. Iedere kleine steen op den weg geeft het lichaam een stoot, een steenachtig deel van den weg laat bij den reiziger tal van blauwe plekken achter. Men moet eerst behoorlijk murw zijn, om niet meer iederen stoot afzonderlijk te voelen. Daar het onder onzen rit nog flink begon te gieten, zag ik van de streek niet veel bijzonders. Af en toe kon ik wel een blik naar buiten slaan, en constateeren, dat de alang-alangheuvels ons nog steeds vergezelden. De hoogteverschillen tusschen berg en dal werden echter allengs aanzienlijker, en af en toe naderden met woud bedekte heuvelrijen al dicht tot onzen weg. Tot kort voor Talang Padang stegen wij. Dan ging het schuin omlaag langs de

berghelling in het boschrijke dal van een klein zijriviertje der Moesi,
en kregen we, toen de regen ophield, schoone uitzichten over den
breeden dalketel óp de met bosch bedekte hoogten aan den tegenoverliggenden oever.

Tegen half vier hielden wij beneden in het dorp voor de pasanggrahan stil. Het was een oud, uiterst onaanzienlijk gebouw. Een deel
ervan was den Maleischen schrijver van den Controleur, met zijn vader,
tot woning aangewezen. Voor vreemde gasten bleven er altijd nog twee
kamers en de helft van de voorgalerij vrij, en daar de heer Rapp bij
den Controleur zou overnachten, had ik plaats genoeg.

Het was al volkomen donker, toen eindelijk mijn wagen voor de
pasanggrahan aankwam. De bagage was present en onbeschadigd. De
koetsier verklaarde mij evenwel, dat hij ziek was van al de inspanning,

Buffelkar.

en Mariô kon niet dikwijls genoeg herhalen: ,,*banjak soesah, toewan!*''
(Veel moeite, mijnheer!) Ik geloofde dat ook wel zonder die verzekeringen,
die slechts daarop berekend waren, om mij tevreden te stellen als ik
wellicht uit mijn humeur mocht zijn, en eventueele verwijten vooruit af
te snijden. Gaarne verklaarde ik, dat ik blij was, dat zij ten slotte toch
nog gekomen waren en deelde hun mee, dat ik hier een dag rust wilde
houden. Dien avond had ik nog gelegenheid, met den heer Rapp een
bezoek te brengen bij den Controleur, den heer Rudolph, die mij voor
den volgenden dag te dineeren vroeg.

Den 25sten November regende het al van den vroegen morgen af.
Dat was een slecht vooruitzicht voor het planten drogen, dat ik heden
met kracht wilde aanpakken. Daarbij kwam nog de beperkte ruimte in
de oude pasanggrahan, die mij het werk bemoeilijkte. Eigenlijk mocht ik

mij niet over den regendag verwonderen, want ik reisde immers in den regentijd, en de vele goede dagen van te voren waren een onverwacht geschenk geweest. Dus voegde ik mij gelaten in den toestand; en ten slotte kwam het toch nog veel beter uit, dan ik had kunnen verwachten. Vooreerst meldde mijn koetsier zich weer gezond. Van de paarden liepen er twee vergenoegd buiten in het gras rond, maar het derde stond onverschillig in den stal en zag er niet naar uit, of de eene rustdag hem bijzondere energie zou kunnen schenken. Op de eene helft van de voorgalerij der pasanggrahan had de vader van den schrijver zich als *toekang koelit* (zadelmaker) geinstalleerd. De andere helft trachtte ik, zoo goed en zoo kwaad als het ging, voor mijn doeleinden te gebruiken, en begon al vroeg in den morgen met Mariô's hulp planten in te leggen. Omstreeks half tien werd ik in mijn werk gestoord. De Controleur kwam namelijk in persoon eens naar mij kijken, en namens zijn vrouw informeeren wat zij mij 's avonds mocht voorzetten: ik had namelijk den avond te voren in den loop van het gesprek de opmerking gemaakt, dat ik wegens mijn vroegere ziekte nog met eten en drinken voorzichtig was. Ik was door deze vriendelijke opmerkzaamheid zeer getroffen en verzocht om mijn lijfkost: kip met rijst, dat volgens langdurige ervaring in de tropen als licht en goed verteerbaar is te beschouwen. Ook op andere wijze zorgde de Controleur nog voor mij. Er was namelijk, behalve de oude tot afbraak bestemde pasanggrahan waarin ik woonde, nog een nieuw gebouw aanwezig, dat pas kort geleden klaar gekomen en nog niet gemeubileerd was. Het stond met zijn bijgebouwen dichtbij, boven op een groenen heuvel. De heer Rudolph zond nu een paar koelies, die onder Mariô's leiding in een paar minuten de noodige meubels en mijn bagage naar boven brachten, en het duurde nauwelijks een half uur of ik kon in het ruime huis mijn arbeid voortzetten. De regenwolken waren intusschen ook geheel weggedreven, de lieve zon scheen vriendelijk op de daken en op de groene bergen, die ik van de voorgalerij van het hooggelegen huis vlak voor mij zag. Als met een tooverslag was de toestand ten goede gekeerd, en ik kon, naar lichaam en geest op mijn gemak, de verdere gebeurtenissen te gemoet zien.

Met den avond begon de regen weer te vallen. Ik moest dus, nadat ik mij verkleed had, onder de bescherming van mijn *pajoeng* (inlandsch regenscherm) naar den Controleur wandelen. Mariô ging met de lantaarn vooruit, opdat ik niet al te erg in de plassen zou trappen. De vrouw des huizes was helaas nog te ziek om ons gezelschap te kunnen houden. Daarentegen was haar jongste twaalfjarig dochtertje mede aan tafel. De oudere kinderen zijn allen in het verre Europa, om hun opleiding te ontvangen, of om er hun loopbaan als militair of beambte te beginnen. Dat moet wel het zwaarste zijn, wat voor· ouders met het leven in Indië verbonden is; men heeft mij dikwijls daarover zijn leed geklaagd. Hier was nu tenminste nog het eene dochtertje bij de ouders gebleven, maar voor hoelang? dan zou ook zij uit de eenzaam in de wildernis liggende ambtenaarswoning uitvliegen in de wijde wereld, en de arme ouders blijven alleen, kunnen jaren lang wachten, tot ze een van hunne kinderen weerzien, en mogen al blij zijn, als de lange en verre verwijdering ook nog niet een vervreemding van het hart tengevolge heeft gehad. De aanwezigheid van het kind op dien avond scheen mij, die zulk gezelschap geheel ontwend was, een ware zonneschijn, ofschoon ons gesprek door mijn gebrekkig Hollandsch binnen enge grenzen beperkt bleef.

Den volgenden morgen om zeven uur ging ik op weg, toegerust met reistasch en regenmantel; de wagen kwam mij iets later achterop. Mijn weg bracht mij in gelijkmatige stijging spoedig zoover tegen de berghelling op, dat ik een fraai uitzicht kreeg in het dal met het ruischende riviertje. Ter weerszijden van de rivier waren, waar de ruimte het toeliet, sawahs aangelegd; tegen de steile hellingen echter stond bamboe- en ander struikgewas; de eigenlijke bergketens daarboven waren met woud bedekt, waarboven de nevels al lichter en lichter werden. De streek herinnerde mij in haar geheel aan de omgeving van Marburg in mijn Hessisch vaderland, waar mijn familie tijdens mijn reis vertoefde, en dat zal wel de reden geweest zijn, waarom ze mij zoo goed beviel, en zoo Zondagsch stemde. Landlieden kwamen mij tegen, die naar de stad gingen. Zij waren wel een beetje anders gekleed dan de Schwälmer en Ockershäuser [1]), maar in hun gedrag tegenover den vreemden reiziger verschilden ze toch niet zoo heel veel met de Hessische boeren. Ik geloof dat het mij volstrekt niet vreemd geklonken zou hebben, als ze inplaats van Maleisch, Hessisch hadden gesproken. De vrouwen trokken stil voorbij, de half opgeschoten kinderen kropen weg achter de sarong der moeder, de mannen informeerden bij wijze van groet, zooals gewoonlijk, naar richting en doel der reis.

Het terrein, waar mijn weg door liep, werd, hoe hooger ik kwam, al meer en meer boschrijk. Woningen trof ik slechts hier en daar, op zich zelf staand, aan. In een groep boomen, iets van den weg verwijderd, hoorde ik de stemmen van een troep apen. De kreten welke de dieren

---

[1]) Ockershausen is een „Vergnügungsort" der Marburgers; de Schwälmer wonen in het dal der Schwalm, die naar de Eder stroomt.

uitstieten, waren niet ongearticuleerd, zooals het lachen der siamangs, maar het was, alsof eenlettergrepige woorden met afwisselende mede-klinkers luid geschreeuwd werden: een soort van apentaal. Ik kreeg de dieren niet in 't gezicht, en heb ze ook later nooit meer gehoord. Apen zag en hoorde ik overigens dezen dag nog zeer veel. Vooral maakten zich, hooger op in het bosch, de siamangs al van verre kenbaar door hun met niets anders te verwarren geschreeuw.

Nadat ik het hoogste punt van den weg bereikt had, legde ik mij onder een schaduwrijken boom neer, om mijn wagen af te wachten. Reeds na een klein half uur zag ik mijn paarden in flinken draf om de kromming van den weg verschijnen. Er was weer veel „soesah" geweest, en de paarden hadden meer dan eens dienst geweigerd. Met behulp der koelies van den heer Rudolph evenwel was alles te boven gekomen. Ik stapte nu in, en daar de weg voorloopig steeds bergaf ging, vlogen we flink vooruit. Verderop kwamen weer kleine stijgingen, die, hoe kort ze ook waren, telkens de paarden tot stilstaan brachten. De streek was meest boschrijk, zelden kwam een gedeelte met alang-alang er tusschen. Menschelijke woningen troffen we slechts zeer enkel aan. Als bekende gestalten doken hier dan de eigenaardige kapokboomen met hun rechte takken weer in grooten getale op; terwijl ze tusschen Palem-bang en Lahat de streek karakteriseeren, waren ze later slechts zeer zelden te bemerken of ontbraken geheel.

Dank zij de hulp, die de heer Rudolph ons 's morgens met zijn dwangarbeiders verleend had, kwamen wij dezen dag al om 12 uur in ons kwartier te Tandjoeng Agoeng. De pasanggrahan was oud en slecht, maar bood toch, als men zijn eischen niet te hoog stelde, nog altijd een voldoende onderkomen aan.

Bij het invallen van de schemering maakte ik een korte avondwan-deling door het dorp, waarvan ik nog niet veel meer dan de naaste omgeving van de pasanggrahan gezien had. De huizen waren, evenals deze, oud en half vervallen; ze lagen, op hooge palen gebouwd, tusschen de kokosboomen verspreid. Op den dorpsweg en tusschen de huizen was veel vee te zien, sapi's en schapen, die van de weide naar den stal terugkeerden. In het riviertje, de Bětoeng běsar, die in een bocht om het dorp liep, baadden de mannen nog in 't halfdonker. Toen ik naar de pasanggrahan terugkeerde, was in de meeste huizen al licht opgestoken. Ik zag door de open deuren mannen, vrouwen en kinderen grillig verlicht op den vloer gehurkt, fantastische beelden, waarvoor de wegschemerende omtrekken der half-vervallen Maleische hutten, de grijze stammen der kokospalmen, door wier ruischende bladerkronen de eerste sterren lichtten, een omlijsting vol stemming vormden.

Het volgende station na Tandjoeng Agoeng zou Kĕbon Agoeng zijn. Maar daar was, naar men mij meedeelde, de pasanggrahan verlaten, d. w. z. zonder bedden en ander meubilair: ze was al sedert jaar en dag niet meer bewoond. Ik moest dus probeeren met mijn paarden in eens tot Kĕpajang te komen. Van verschillende zijden was mij verzekerd, dat reizigers vóór mij dezen afstand in één dag afgelegd hadden. De streek moest zeer schoon zijn, maar schaars bevolkt.

Volgens de kaart en de mededeelingen der inlanders moest er veel oerwoud te passeeren zijn, wat wel voor mij een mooi vooruitzicht was, maar toch ook zijn nadeelen had. Wanneer ik namelijk Kĕbon Agoeng voorbij was, en Kĕpajang niet meer kon bereiken, zou ik in het oerwoud

Dorpshuis in Tandjoeng Agoeng.

moeten overnachten. Het nacht-verblijf op den kalen vloer van het halfvervallen, zeker niet meer waterdichte huis te Kĕbon Agoeng had ook niet veel aanlokkelijks. Maar vooruit was niet te bepalen, wat het beste zijn zou, want mijn paarden moesten den doorslag geven. Ik besloot dus, 's mor-gens zooals gewoonlijk te voet vooruit te gaan, om de paarden te sparen, en al het overige aan het toeval over te laten.

Den volgenden morgen vroeg, om vier uur, verwisselde ik de platen in mijn fotografie-toestel, en toen ik daarna mijn toebereidselen voor de reis van den aanbrekenden dag maakte, vernam ik tot mijn vreugde, dat er gelegenheid was, mijn ziek paard tegen een gezond te verwisselen. Een leege wagen, die denzelfden verhuurder toebehoorde, was van den tegengestelden kant aange-komen, en de voerman daarvan verklaarde zich tot den ruil bereid. Hierdoor was het uitzicht op het gelukken van mijn voornemen, om vandaag een dubbele dagreis af te leggen, beslist verbeterd, en te rechter tijd werden de drie gezonde paarden voor mijn wagen, door Mariô ouder gewoonte met mijn *barang* beladen, gespannen. Zoodra de eerste straal der gouden morgenzon op de palmbladeren schitterde, begaf ik mij te voet op weg. De streek, waardoor ik in de morgenkoelte vroolijk heen marcheerde, zag er in 't begin niet veel anders uit, dan die, waardoor mijn weg mij den vorigen dag gevoerd had. Ik mocht evenwel hopen, vandaag al zoo dicht tot het gebergte, welks met woud bedekte hoogten over de alang-alangheuvelen voor mij te zien kwamen, te naderen, dat ik oerwoudstudien zou kunnen maken.

Het waren niet uitsluitend alang-alangvelden, waarlangs mijn weg liep. Eerst ging het over een brug, waar beneden in het groene struikgewas aan de oevers een beekje schuimde, daarna kwam een kapokboschje in 't zicht en verderop waren zelfs ladangs en koffietuinen naast den weg te zien, waarbij eenige armzalige hutten tot een kleine doesoen bijeengeschaard stonden. Uit de deuren en van achter de onaanzienlijke gebouwen gluurden eenige schuchter nieuwsgierige gezichten van kinderen en vrouwen naar de ongewone verschijning van den vreemdeling, die, met genagelde schoenen en hooge leeren slobkousen, met reistasch, buks en golok, in den vroegen morgen hun afgelegen woonplaats voorbij trok.

Rondom het bebouwde land en de menschelijke woningen strekte zich weer onmetelijk ver de vijand der cultuur, het alang-alang uit, en stellig is slechts een bestendige, harde strijd tegen dezen vijand in staat, om de ladangs en koffietuinen in stand te houden. Op zich zelf staande boschjes in het alang-alangveld, boomstronken en kleine boschpartijen wekken den indruk, dat hier vroeger het oerwoud is gerooid, om land voor koffie of rijst te krijgen, en daarna op de afgeoogste velden het alang-alang het opschieten van nieuw oerwoud verhinderd heeft. Het scheen mij, alsof hier het alang-alang bijzonder dicht stond, en in lang niet, misschien zelfs nog nooit, was afgebrand. Het doordringen in dit hooge gras, zelfs maar enkele schreden van den weg af, was met de grootste bezwaren verbonden, zooals ik, tot afkoeling van mijn jachtijver, bemerken zou.

Ik zag namelijk op dezen dag veel exemplaren van een eksterachtigen vogel met fraai, licht koffiebruine vleugels. Om een huid te kunnen meenemen, besloot ik mijn geluk eens te beproeven. Ik behoefde niet lang te wachten of ik zag een van deze, niet bepaald schuwe vogels omstreeks dertig pas vóór mij naast den weg op een alang-alangstengel zitten. Het schot knalde, de vederen stoven, en ik was er zeker van, dat ik mijn jachtbuit op den grond naast den stengel in het gras zou vinden. Maar ik had buiten het alang-alang gerekend. Ik ging eerst vooruit op den weg tot aan de plaats, waar de vogel omstreeks vier of vijf pas van den rand van het alang-alangveld verwijderd op den stengel gezeten had. Daarna drong ik van den kant van den weg tusschen de veel meer dan manshooge grasbundels door, maar werd in het voortdringen belet door een viltachtige massa van oude blaren en halmen, die als een dichte bedekking tot omstreeks 1 M. hoogte boven den grond tusschen de nieuw opschietende halmen en bladeren werd vastgehouden. Ik beproefde, mij door krachtige slagen met de golok een weg te banen. Maar reeds na de eerste slagen liep mij het bloed uit de hand, die door de scherpe randen der grasbladeren gewond werd. Boven op de vilt-bedekking te loopen is onmogelijk, daarvoor is zij niet stevig genoeg, bij iederen pas trapt men er door en zinkt tot de borst in het warnet van sterke riemen en touwen, dat door de krachtige bladeren en stengels gevormd wordt. Men moet dus langzaam aan zich vooruitwerken, door de stevigere strengen met de golok door te kappen, de minder sterke door krachtig aanzetten van het lichaam te scheuren of op zij te schuiven. Wáár men de voeten zet krijgt men pas te zien, als men met geweld een grootere opening in de bedekking maakt. Ik geloof dat de inlanders, als ze het sprookje van Doornroosje kenden, zeker inplaats van de doornenhaag om het betooverde slot een alang-alangveld zouden laten groeien, waarin de op avontuur beluste prinsen bij dozijnen te vangen zouden zijn. In het dichte oerwoud, waar slechts sappige stengels en licht door te hakken lianen, soms ook de vergane takken van een omgevallen boomreus den weg versperren, is veel gemakkelijker een doortocht te banen.

Ik kwam dan eindelijk, na een voor den korten afstand belachelijk langen tijd, aan de plaats, waar ik den vogel aangeschoten had; ik zag de gaten, door het fijne schroot in de grasbladeren rondom zijn zitplaats geslagen, vond de vederen die ik na het schot had zien vliegen, maar den gedooden vogel zag ik niet. Hij was in het warnet van jonge en oude, groene, grijze en bruine plantendeelen verdwenen als een speld in een hooiberg. Het baatte mij niets dat ik in het rond alles afzocht, dat ik, de vilt-bedekking van bladeren doorhakkend, mij tot op den grond toe er door heen werkte; wanneer ik niet mijn op dezen dag bijzonder kostbaren tijd nutteloos verknoeien wilde, moest ik zonder den vogel aftrekken, met het troostende bewustzijn, dat ik door mijn inspanning tenminste de groeiwijze van het maagdelijke, nooit betreden alang-alang had leeren kennen, en dat er nog wel meer vogels van deze soort te schieten zouden zijn. Inderdaad had ik al na korten tijd gelegenheid, op een gunstiger plaats net zoo'n vogel te schieten en als jachtbuit in de reistasch te stoppen.

Nadat ik ongeveer een mijl ver over berg en door dal gemarcheerd had, trof ik in een bosch aan den weg een schaduwrijk plaatsje aan, dat ik tot rustplaats koos om mijn wagen af te wachten. Ik had dien dag in de schaars bevolkte landstreek maar zeer weinig inlanders ontmoet; toen ik thans aan den boschrand in de schaduw zat, kwam een groot gezelschap, zes of zeven man, druk pratend om den hoek van den weg. Ze waren alle met zonneschermen gewapend, want de zon brandde al aardig. Meest hadden ze pajoengs, maar een van hen verheugde zich in het bezit van een lichtkleurigen Europeeschen damesparasol, en scheen niet weinig trotsch op dit bezit; toen ze bij mij gekomen waren, plaatste hij zich tenminste zoo, dat ik het wonder moest zien, en maakte mij ook nog op andere manier op zijn kostbaar eigendom opmerkzaam. Nadat ik namelijk met succes het examen tenopzichte van mijn persoon had afgelegd, bekeek men met onverholen bewondering mijn geweer, en mijn golok, die ik losgegespt en naast mij in 't gras gelegd had, ging van hand tot hand. Ook dit wapen, waarvan de houten scheede met snijwerk versierd en de kling met een eenvoudige teekening begraveerd is, vond algemeen bijval, en de gelukkige parasolbezitter bood mij zijn zonnescherm voor mijn woudmes in ruil aan. Ik kon echter niet besluiten tot den ruil, daar ik op het oogenblik de golok meer noodig had dan een parasol.

Toen de mannen verder getrokken waren, moest ik nog een tijd. lang wachten. Bij het botaniseeren ontdekte ik een bamboe-lat, waarop een regel met mij onbekende letters, die er met een scherp werktuig ingekrast waren. Zou het een soort waarschuwing voor de nabijzijnde brug, of een verloren minnebrief van een, inlandsch jongeling, of een oorlogsverklaring van het eene dorp aan het andere geweest zijn? Voor mij bleef de zaak volkomen raadselachtig, en zelfs mijn ervaren Mariô, die inmiddels met den wagen aangekomen was, kon geen ander uitsluitsel geven dan: ,,orang sini toelis bagitoe'' — de menschen schrijven hier zoo. Dat had ik zelf ook al gedacht! Ik liet dus het beschreven deel zorgvuldig van den bamboestok afsplijten, en verpakte het met de vogelhuid bij al de andere rariteiten in de reistasch [1]).

Mijn wagen had over den weg, dien ik te voet afgelegd had, betrekkelijk lang gedaan; ik dacht voor 't naast, dat Mariô en de koetsier zich met het vertrek verlaat hadden. Naar ze vertelden, waren ze precies op tijd opgebroken, maar hadden onderweg veel last gehad met de paarden. Ik had spoedig gelegenheid, mij ervan te overtuigen, dat het gespan, ondanks het verwisselen van een ziek voor een gezond paard, nog niet voor snelpostverbinding zou kunnen dienen. Bij iedere aanzienlijke stijging van den weg vernieuwden zich de tooneelen, die ik van de vorige reisdagen al meer dan mij lief was kende. Ik was dus meer te voet dan in den wagen en beklaagde mij daarover eigenlijk

---

[1]) Ongetwijfeld heeft men hier te doen met een opschrift in het hier inheemsche, zooge- naamde rèntjong-schrift.

niet: want langzamerhand werd de streek in de naaste omgeving van den weg al rijker aan hoog en laag hout. Er was nu eens hier, dan daar iets te zien en te verzamelen, zoodat ik, zelfs wanneer de paarden eens goed aan den trek waren, uit- en instappen moest, om het een of ander in de nabijheid te bekijken of op te pikken.

Wij moesten heden, behalve tal van grootere en kleinere ravijnen met berijdbare bruggen, nog een groote zijrivier van de Moesi op een bamboevlot passeeren. Naast het veer voerde een hooge staaldraadbrug over de rivier, maar ze was weer aan beide einden met bamboe afgesloten, omdat het vermolmde belegsel niet meer zonder gevaar te passeeren was. De bagage werd geheel van den wagen afgeladen en door Mariô over

Veer bij Kěmbang-Sirih.

de bouwvallige brug gesleept. Wagen en paarden werden op halsbrekende manier, met hulp van eenige koelies uit het naburige dorp Kěmbang-Sirih, over de steile oeverhelling op het vlot gebracht. Op den anderen oever werd de wagen opnieuw geladen en toen ging het maar weer verder. Toch had het overzetten nog altijd een oponthoud van ongeveer een uur veroorzaakt, hetgeen voor mijn plan om in één dag Kěpajang te bereiken, minder gunstig was. Toen nu later de paarden maar steeds weer rust namen om op kracht te komen, begreep ik weldra, dat de uitvoering van mijn plan een onmogelijkheid was, en dat het nachtkwartier in de verlaten pasanggrahan te Kěbong Agoeng onvermijdelijk zou zijn.

Het was al drie uur in den namiddag, toen de vermoeide dieren

16*

voor het bouwvallige gebouw halt hielden. Nadat de bagage uit den wagen op de voorgalerij was gebracht, zond ik Mariô naar het hoofd van het tamelijk aanzienlijke dorp, met het verzoek, mij een tafel en de een of andere zitgelegenheid te leenen. Beide werden gebracht, en ik kon het mij nu tenminste wat gemakkelijker maken. Terwijl ik in de voorgalerij aan tafel zat en met mijn planten bezig was, verzamelde zich het halve dorp beneden aan de korte trap, die van het grasveld voor het huis tot de voorgalerij toegang geeft. Bijzonder talrijk waren natuurlijk de kinderen vertegenwoordigd, die half schuw, half nieuwsgierig, naar mij omhoog staarden, elkaar met de ellebogen aanstieten of opmerkingen toefluisterden, en verschrikt zwegen, als ik mijn oog op den spreker vestigde. De volwassenen, zonder uitzondering mannen, stonden zwijgend in de rondte, staken af en toe een nieuw strootje op, en wachtten de dingen af, die komen zouden.

Toen Mariô mij thee gebracht had, liet ik mijn werk rusten en nam den tijd, om het gezelschap eens wat nader op te nemen. Wat voor gedachten en opvattingen zouden er wel omgaan in die zwartoogige en zwartharige kinderkopjes daar voor mij? Ik moest terugdenken aan den tijd, toen ik als jongen nieuwsgierig en met een zeker gevoel van eerbiedigen schroom, een op de trap van zijn groenen woonwagen middagmalenden Moor aanstaarde, die voor de jaarmarkt in onze kleine stad gekomen was, en als vuurvreter zou optreden. Met dezelfde blikken en gedachten als wij den Neger, zouden mij nu de Maleiers wel beschouwen. En inderdaad had ik ook veel aan en om mij, dat de opmerkzaamheid van deze groote en kleine kinderen wel moest trekken, al was ik dan niet bepaald als vuurvreter in hun stil dorp gekomen. De *toewan bĕsar* — de Resident — die voor jaar en dag daar wel eens doorgereisd en feestelijk begroet was, de Overste, dien ze voor eenige dagen door hun dorp hadden zien rijden, enkele goud- en petroleumzoekers, die nu en dan het dorp passeerden, dat waren de Europeanen, die zij kenden. Aan hun verschijning konden zij gewend zijn, bij hun aanblik vonden de gedachten een houvast; zij wisten, wie die lieden waren en wat zij wilden. En geen van hen hield zich langer dan eenige minuten of hoogstens een uur in hun doesoen op. Ik daarentegen richtte mij daar huiselijk in, ik droeg met ijzer beslagen schoenen en hooge leeren slobkousen, ik had een langen baard, waaraan sedert weken geen schaar geraakt had. Dat alles was een ongewone aanblik, het laatste niet het minst in een land, waar zelfs den flinksten man hoogstens een snor van drie haartjes beschoren is.

Zoo zat ik dan als een wonderding op een presenteerblad en liet

mij aanstaren. Ik ben het wel gewend, vele oogen op mij gericht te
zien; maar gewoonlijk is het toch niet mijn uiterlijk aanzien, dat de
opmerkzaamheid op mij vallen doet. Ik moet bekennen, dat het verwonderd
aangestaard worden mij wat begon te vervelen. Veel liever had ik gehad,
dat een der volwassenen met het bekende: „pigi mana, toewan?" mij
gelegenheid had gegeven, om een gesprek met hen aan te knoopen.
Maar het scheen wel, alsof geen der aanwezigen zich gerechtigd achtte,
zulk een vraag te stellen; en de pogingen die ik zelf deed, om een
gesprek aan te knoopen, door aan een der nabijstaanden 't een of ander
te vragen, hadden ook niet het rechte gevolg. Wel kreeg ik een kort
antwoord, maar de gevraagde trok zich ook dadelijk wat verder terug,
om een tweede aanspraak te vermijden. Met de kinderen kon ik nog het
eerst een onderhoud, hoewel zonder woorden, aanknoopen. Ik knikte een
groot, ongeveer zeven- à achtjarig meisje vriendelijk toe, dat op hare
heup in de slendang een klein broertje mee rond zeulde en dat hare
groote, bruine oogen onafgewend op mij gericht hield. Het gevolg was,
dat ze omkeek, of er achter haar ook misschien iemand stond, wien
mijn knikken gold. Ik knikte weer. Nu werden de bruine oogen neergeslagen, en de twee naast haar staande meisjes van ongeveer gelijken
leeftijd, die natuurlijk alles met opmerkzaamheid gadegeslagen hadden,
kregen een stoot in de ribben. Toen ik nu kort daarna voor de derde
maal lachend knikte, knikte het kind terug, om echter daarna dadelijk
met hare vriendinnetjes achter de trap en onder den vloer der voorgalerij
al gichelend te verdwijnen. Na eenigen tijd kwam eerst één vroolijk
knippend paar bruine oogen achter de trap te voorschijn, daarna het
tweede, en weldra stonden alle weder op 't oude plaatsje, om nu al
onder luid gejubel onder het huis te verdwijnen, zoodra ik het hoofd
weer bewoog. Het spel nam echter spoedig een eind, daar mijn
oplettendheid op andere manier in beslag werd genomen.

Er verscheen namelijk een man, die net zoo'n stoel droeg als mij
door het dorpshoofd geleend was. De stoel werd op de voorgalerij van
de pasanggrahan neergezet, en weldra verscheen ook de man voor wien
ze bestemd was, het dorpshoofd in eigen persoon, en nam na een
korten groet stilzwijgend en plechtig zijn zetel in. Het was bijna als op
het tooneel. Beneden stonden de toeschouwers, op de voorgalerij links
van de trap de tafel, waarop mijn planten en papieren lagen, en
waaraan ik gezeten was. Rechts van de trap zat, in volle waardigheid,
de Pĕmbarab, de jonge dorpsburgemeester [1]), aan wiens vriendelijkheid

---

[1]) Een Pĕmbarab is somtijds ook de rechterhand van den Pasirah (zie pag. 247).

ik mijn gemakkelijken zetel te danken had. Gesproken werd er vooreerst niet. Het hoofd wenkte een van zijn menschen. Er werd hem een drinkglas gebracht, hij hield het tegen het licht om te zien, of het schoon was. Intusschen had een ander man aan den voet van de trap een onrijpe kokosnoot geopend; het dorpshoofd schonk het water dat daarin zat, in het glas, en reikte mij dat over. Ik nam het met vriendelijken dank aan, en verkwikte mij met den frisschen dronk. Daarna presenteerde ik hem uit mijn sigarenkoker een Europeesche sigaar, die in dank en onder het goedkeurend gemompel der toeschouwers werd aangenomen.

Met dit voorspel was zoo ongeveer dat afgeloopen, wat kinderen als ze een nieuw kennisje ontmoeten, met de woorden zouden uitdrukken: „Als je mij niets doet, doe ik je ook niets." Nu kwam er dan ook een eind aan de pantomime, die mij, aan zoo iets niet gewend, onaangenaam begon te worden. De Pĕmbarab opende het onderhoud met de gebruikelijke vragen naar richting en doel der reis, en ik kon langzamerhand op de gewone manier gesprek en gedachtengang in een geschikte richting leiden.

Na eenigen tijd kwamen we over het nachtverblijf te spreken, dat ik mij had uitgezocht. Terwijl ik er nu naar streefde, de vooruitzichten voor den aanstaanden nacht in een zoo gunstig mogelijk licht te stellen, begon het dorpshoofd alle nadeelen van 't oude gebouw in de schrilste kleuren af te malen. Het dak van de pasanggrahan was niet meer waterdicht. De deuren en vensters konden niet goed meer gesloten worden. Er was daar geen lamp veilig voor den wind. Het huis zat vol ratten en ander ongedierte. Genoeg, hij schilderde alles in de somberste kleuren af, en besloot zijn rede met mij in zijn huis gastvrijheid aan te bieden. Wat stond mij te doen? Ik heb op mijn tochten reizigers leeren kennen, die ieder inlander voor een aartsschelm en bedrieger hielden. Dezulken zouden in mijn geval wel aldus geredeneerd hebben: De kerel wil je in een val lokken, dat hij en zijn kornuiten je 's nachts gemakkelijk kunnen uitplunderen. De schoften hebben het bepaald op je begrepen. Verschans je in je pasanggrahan, laad de beide loopen van je geweer en leg de golok naast je op de mat. Beter met ratten en muizen in één ruimte op den blooten grond te overnachten, dan met roovers en moordenaars in één hol. Ik had echter tot nu toe de Maleiers slechts van een goede zijde leeren kennen; ik nam zonder aarzelen het vriendelijke aanbod van het dorpshoofd dankbaar aan, en was blij, op deze wijze een dieperen blik in de denk- en levenswijze dezer menschen te kunnen slaan, en tegelijk het vooruitzicht op een beter nachtverblijf te krijgen. Ik verhuisde dus met het jonge dorpshoofd uit de leege, halfvervallen pasanggrahan naar de doesoen. Mijn bagage en de wapenen bleven onder Mariô's toezicht achter; alleen mijn handkoffertje, waarin mijn dagboek en andere papieren zaten, nam ik mee.

Het dorp Kĕbong Agoeng is tamelijk regelmatig gebouwd. In het midden is een groot, rechthoekig plein, door tal van kokospalmen beschaduwd. De beide langszijden en een breedtezijde zijn bezet met eenvoudige, op hooge palen staande bamboehuizen. Maar de vierde zijde wordt geheel ingenomen door het groote en zeer deftige huis van het dorpshoofd, dat, van stevig bruin hout gebouwd, eveneens op hooge palen rust, maar door zijn bouwstijl en grootte geheel verschilt van de gewone doesoen-huizen. Een groote trap geeft toegang tot de ·breede, luchtige galerij, die van voren en terzijde om het gebouw loopt. Op de bovenste, tamelijk breede trede van de overdekte trap zijn aan beide zijden houten banken aangebracht, waarop een deel der kinderen en volwassenen, die achter ons de trap opgedrongen waren, post vatten. Voor ons werden op een wenk van den gastheer een ronde tafel met marmerblad en twee stoelen van binnen uit het huis op de galerij gebracht. Mijn gastheer bood mij een Hollandsche sigaar aan, die volstrekt niet slecht was, en verordende daarna, blijkbaar in de meening dat een Europeaan altijd iets te drinken voor zich moeten hebben staan, een flesch Apollinariswater.

Wij bespraken nu onder onze sigaar — ook de Pĕmbarab had er een opgestoken — allerlei zaken. Ik herinner mij nog, dat wij het er langen tijd over hadden, welk een voordeel het aan 't dorp zou aan-brengen, als het door een spoorweg met Palembang en Bengkoelen verbonden was. Ook over sneeuw en ijs, en dergelijke vaderlandsche wonderen moest ik mijn gastheer allerlei vragen beantwoorden. Ik kreeg den indruk, dat ik met iemand met een helder hoofd te doen had, die op de hoogte bleek te zijn van veel wat een gewoon inlander niet kent. Natuurlijk kon de man lezen en schrijven. De open trekken van zijn fraai, mannelijk gelaat, zijn vrijmoedig, en toch echt-Maleisch, afgemeten optreden tegenover mij konden den indruk, dien ik uit het gesprek omtrent zijn verstandelijken aanleg en zijn ontwikkeling opdeed, slechts bevestigen.

Zeker om mij het groote aantal kinderen en volwassenen te verklaren, dat ik 't huis zag in en uitgaan of op de galerij zag zitten, vertelde mijn gastheer mij zijn familieomstandigheden. Zijn voor vele jaren gestorven vader was Pasirah (districtshoofd) geweest, en had den eeretitel van Pangeran gedragen. Na diens dood was de oudste broeder van mijn gastheer tot Pasirah aangesteld. Voor omstreeks zes weken was nu de broeder eveneens gestorven, en had twaalf kinderen achtergelaten, wier onderhoud en opvoeding nu tegelijk met de waardigheid van oudste van 't huis aan

mijn gastheer ten deel gevallen waren. Hij had alle last en moeite op
zich moeten nemen. Het Gouvernement had hem echter vooreerst nog

Riviergezicht op Sumatra.

niet tot Pasirah benoemd, hij was nog maar Pĕmbarab. Het was daarom
zijn vurigste wensch, de waardigheid van Pasirah te ontvangen; een
reden, waarom ze hem tot nu toe niet verleend was, was hem niet bekend.

Ik sprak het vermoeden uit, dat misschien de verwisseling van bestuursambtenaren in Kĕpajang, die juist in dezen tijd plaats had, de oorzaak voor het uitblijven der benoeming was. De heer Veenstra, de nieuw-benoemde Assistent-resident van Kĕpajang, dien ik nog als Controleur in Moeara Enim had leeren kennen, zou stellig goedhartig en rechtvaardig genoeg zijn om ook deze aangelegenheid met welwillendheid te behandelen. Daar het uit mijn woorden bleek, dat ik eenige der Gouvernementsambtenaren persoonlijk kende, scheen het wel alsof mijn gastheer geloofde, dat ik eenigen invloed op zijn lot zou kunnen uitoefenen. Hij verzocht mij, in Kĕpajang toch een goed woord voor hem te willen doen. Ik verklaarde hem nu, dat mijn woorden in. deze al heel weinig gewicht in de schaal konden leggen, maar zijn vertrouwen op mijn voorspraak kon ik toch niet geheel en al aan 't wankelen brengen. Dus beloofde ik hem op zijn verzoek, waar ik er toe in de gelegenheid was, aan de ambtenaren zijn wensch te zullen mededeelen; maar hij moest daarvan volstrekt niet al te veel verwachten, terwijl ik als mijn overtuiging uitsprak, dat ook zonder mijn toedoen de Regeering alles op de beste wijze regelen zou.

Na afloop van den nu volgenden maaltijd, waarbij mijn gastheer zich teruggetrokken had, verglommen allengs de laatste zonnestralen achter de palmen, en daalde snel het duister. In 't huis stak men reeds de lampen aan, en Mariô, die nachtgoed en deken gebracht had, stelde mij voor, naar binnen te verhuizen. Ik kwam door een deur in een ruim vertrek, dat de geheele breedte van het huis besloeg. Het dak werd gedragen door twee houten stijlen, die, evenals een Hessische handwijzer, met roode en witte dwarsstrepen beschilderd waren. In de linkerhelft bevonden zich verscheidene jonge en oudere mannen, de bewoners van het huis. Zij zaten grootendeels in groepjes gehurkt om kleine, flikkerende lampjes op den vloer, rookend en pratend; hier en daar lag er al een op zijn matje te slapen. De rechterhelft van het huis was voor mij bestemd. Vóór hing een groote petroleumlamp van de zoldering af en verspreidde een helder licht op de tafel, waar omheen groote rieten leunstoelen geplaatst waren. Aan den wand, op den achtergrond, stond een omvangrijk Indo-Europeesch ledikant met klamboe. Hoofdkussen en rolkussen lagen op de van helderwit linnen voorziene matras. Ik ging aan de tafel zitten en schreef eenige woorden in mijn dagboek, maar weldra kwam mijn gastheer terug om een praatje met mij te maken. Hij bracht mij een versche sigaar, informeerde of men mij voldoende van thee voorzien had, en of ik soms nog iets verlangde, en ging, nadat ik mij over alles tevreden verklaard had, tegenover mij aan de tafel zitten.

Wij kwamen nog eens terug op zijn familieomstandigheden. Met trots vertelde hij mij, in hoe hoog aanzien zijn vader bij het Gouvernement gestaan had. Men had hem wegens zijn verdienste een gouden kris verleend, die nog als familie-erfstuk bewaard werd. Een van de lui moest de kris met de met goud ingelegde scheede halen. De kling van dit staatsiewapen was niet bijzonder fraai, ik had er in verzamelingen en bij handelaars op Java betere gezien. De greep en de scheede evenwel vertoonden schoon, inlandsch filigraan goudwerk, dat stellig een groote waarde vertegenwoordigde. Een document dat tegelijk met de kris bewaard werd bevatte de officieele oorkonde van de verleening door het Gouvernement. Een andere dergelijke oorkonde met zegel en handteekening in het Hollandsch en het Maleisch opgesteld, gaf kennis van de verheffing van den Pasirah Rĕkadi tot den rang van Pangeran, te vergelijken met het verleenen van persoonlijken adeldom in Europa.

Bij de bezichtiging van deze documenten sloot zich een eigenaardig tooneeltje aan. Het aanzien en de glans van het huis, vertegenwoordigd in de oorkonden en de gouden kris, schenen een ouden bediende der familie het hart bewogen te hebben. Terwijl de huisheer even weg was, om uit zijn schatkamer een ander voorwerp te laten brengen, waarvan hij mij met een mij onbekend Maleisch woord gesproken had, kwam uit de groep der huisgenooten een oude man naar voren, hurkte naast mijn stoel neer, en sprak, nadat hij mij eerbiedig gegroet had door de handen naar 't hoofd te brengen: „Ik wilde u even spreken, heer !" Toen ik mij bereid verklaard had, hem aan te hooren, klaagde hij er tegen mij over, dat zijn jonge meester nog geen Pasirah was, ofschoon hij het zoozeer verdiende, en het ambt zeker even goed als zijn vader, de overleden Pangeran, zou waarnemen. Het was jammer dat de oude heer wat zacht en onduidelijk sprak, ik miste dus wel eens wat uit zijn lange toespraak. Het scheen mij, dat hij de benoeming van zijn meester tot Pasirah vooral daarom wenschte, omdat daardoor aan de dorpsbewoners heel wat moeite bespaard zou worden. Misschien kan de Pasirah allerlei rechtszaken zelfstandig uitmaken, waarvoor nu partijen naar den Controleur in de ver verwijderde stad moesten. Genoeg, het einde der toespraak was de dringende bede in zijn eigen naam en dien zijner gezellen, er voor te zorgen, dat zijn jonge meester spoedig Pasirah zou worden. Ik verklaarde natuurlijk weer, dat ik er eigenlijk niets aan doen kon, maar reeds beloofd had, den Assistent-resident van Kĕpajang den wensch van zijn meester om Pasirah te worden, mede te deelen. Met deze verklaring tevreden stond de oude met eerbiedigen groet op. Ik kan mij niet voorstellen dat het tooneel met den ouden knecht een manoeuvre zou zijn geweest, te voren door zijn meester in elkaar gezet om mij nog eens aan mijn belofte te herinneren. Er was eigenlijk den geheelen namiddag nauwelijks tijd voor een afspraak tusschen die twee geweest. Maar dit staat wel vast, dat de Pasirah-kwestie in dit huis zeer dikwijls het voorwerp van het gesprek uitmaakte, en wel in aller harten moest zijn.·

Weldra kwam mijn gastheer terug, en tegelijk werd een groote speeldoos in het vertrek gebracht. Op een klein tafeltje in het midden van de kamer werd ze opgesteld en in gang gebracht. In een hoogst droefgeestig treurmarschtempo met pauzen van seconden tusschen de tonen weerklonk een melodie, die ik eerst na geruimen tijd herkende als het vroolijke liedje „Gigerl sein, das ist fein". De huisheer vertelde mij, dat het instrument vroeger veel sneller geloopen had; maar niemand had verstand om er mee om te gaan, en in den laatsten tijd werd zijn gang steeds langzamer. Ik bekeek het stuk eens nauwkeuriger; op den binnenkant stonden nog zeven andere melodiën aangegeven, die evenwel voorloopig niet te voorschijn kwamen, daar het wijzertje op „herhalen" stond. Ik liet wat kokosolie brengen, waarvan ik, door middel van het stompje van een strootje, een paar druppels in de oliegaatjes van het werk bracht. Toen ik den windvanger oliede, nam de speeldoos als door een tooverslag tot mijn eigen groote verwondering bijna oogenblikkelijk haar normalen gang aan, en, daar ik 't wijzertje verzet had, weerklonken achter elkaar de acht melodiën, die er op stonden. Mijn gastheer en de zijnen legden natuurlijk in hun gelaatsuitdrukking niet de minste verrassing of verwondering aan den dag — dat behoort naar Maleische begrippen niet — maar ik bemerkte toch aan hun blikken, dat het toeval mij in hun oogen tot een handig en bekwaam man gemaakt had, en mijn gastheer dankte mij ook met eenvoudige woorden voor den dienst, dien ik hem door het in orde brengen der muziekdoos bewees. Ik vertelde hem daarna, dat dit instrument in mijn Duitsche vaderland gemaakt was, en dat het Duitsche woorden waren, die op het deksel stonden. Dit gaf nu weder aanleiding tot een lang gesprek over ligging, grootte en beteekenis van de něgri Duitschland, waarvan de Pěmbarab wel nauwelijks den naam zal gekend hebben.

Tegen 9 uur trok mijn gastheer zich in de binnenste vertrekken van zijn huis terug. Van de overige bewoners in het vertrek sliepen de meesten al op hun matten. Ik schreef nog een aanteekening in mijn dagboek, deed daarna de groote lamp uit en legde mij ter ruste. Daar de flikkerende lampjes der huisgenooten den geheelen nacht door bleven branden, heerschte er een schemerig halfdonker in de groote ruimte; ik lag nog een oogenblikje met open oogen, mij verheugend over hetgeen ik beleefd 'had, en over al de bonte beelden die ik dezen dag in mij had opgenomen.

Den volgenden morgen om vijf uur was ik wakker; maar ik kon niet besluiten, dadelijk op te staan, ik moest mij eerst verzadigen aan den aanblik van het tooneel dat ik, als een fantastisch droombeeld, van uit mijn bed voor mij zag. Gedeeltelijk lagen de bruine lieden nog op de mat uitgestrekt; anderen hurkten om een lampje, en een jonge kerel was gereed om uit te gaan; met een haan onder den arm en den klewang op den rug stond hij op het punt, het vertrek te verlaten. Toen Mariô tegen half zes volgens afspraak mij mijn ontbijt bracht, was ik er vlug uit en aangekleed. Waschgerij was er in mijn nachtkwartier niet, maar Mariô maakte mij met de daar te lande gebruikelijke waschgelegenheid bekend. Zeep en handdoek had ik bij mij, waschwater bevond zich in een dikken bamboekoker buiten op de galerij, en werd mij door Mariô over de handen, die ik over de leuning der galerij uitstak, geworpen. Een glas zuiver drinkwater voor mond en tanden was gelukkig ook te krijgen.

Kort na zes uur kwam mijn gastheer en bracht mij een sigaar; ik maakte van de gelegenheid gebruik om hem hartelijk voor zijn gastvrijheid te bedanken. Ofschoon de man op mij niet den indruk maakte, alsof hij voor zijn gastvrijheid een klinkende belooning verwachtte, beproefde ik toch, hem duidelijk te maken, dat ik wel nooit gelegenheid zou hebben, hem of een zijner betrekkingen in mijn eigen huis op dezelfde wijze te ontvangen en dat het mij aangenaam zou zijn, wanneer ik hem de onkosten vergoeden mocht, die mijn bezoek hem veroorzaakt had. Ik werd evenwel afgewezen; niet eens de kip, die Mariô van de lieden van den Pĕmbarab gekocht had, nog vóór ik was uitgenoodigd, mocht betaald worden. Derhalve kon ik de echt Indische gastvrijheid van den bruinen man slechts met vriendelijke woorden beantwoorden, voor zoover ik die in het Maleisch te mijner beschikking had. Op mijn verzoek schreef mijn gastheer bij 't afscheid zijn naam „Rĕkadi" op een stuk papier, dat ik tot aandenken bewaar.

Met vriendelijken handdruk nam ik afscheid en ging voor mijn wagen uit, die juist door Mariô en den „toekang koeda" (koetsier) met de bagage beladen werd, den weg op die door het prachtige oerwoud naar Kĕpajang voerde. Mijn wagen kwam mij spoedig achterna, maar reeds bij de eerste stijging van den weg trokken de paarden al weer slecht, zoodat ik gauw weer ver vooruit was. Ik had trouwens niet veel gebruik van mijn voertuig kunnen maken, want de weg liep onafgebroken door het schoonste, weelderigste oerwoud. Iedere steen langs den weg, elke boomstam was met leverkruiden, mossen, varens en orchideeën bedekt, overal was wat te zien en te verzamelen.

Ik was dan nu in dat deel van het Moesi-gebied, waarin de rivier en het haar begeleidende gebergte in de richting Noordwest—Zuidoost loopen. Wanneer mijn beschouwing over den invloed der moesons op de verbreiding der varens zich bevestigde, dan mocht ik hopen, nu vormen van Niphobolus aan te treffen, die mij tot nu toe nog niet voorgekomen waren. En deze hoop werd ook in den loop van den dag vervuld.

Naast het warnet van planten, dat mij op vele plaatsen, niettegenstaande de geringere hoogte van den bodem, geheel aan het oerwoud van Tjibodas herinnerde, trok ook nu en dan het dierenrijk mijn opmerkzaamheid. Apen waren er in groote menigte te hooren en ook te zien, en eens, toen toevallig mijn wagen in mijn nabijheid was gekomen, maakte Mariô mij opmerkzaam op een zeer grooten aap, die vlak boven ons pad in de bladerenkroon van een reusachtigen boom heen en weer

Gedwongen rust in het oerwoud: de paarden staken.

sprong. Het was een orang-oetan. Ik kon, ondanks Mariô's dringende aansporingen, niet besluiten, hem te schieten, daarvoor geleek het dier mij te veel op een mensch; ik was huiverig voor de menschelijke klaagtonen, die een gewonde aap uitstoot, en mijn prepareer- en conserveerbenoodigdheden waren niet op zulk een groot dier berekend. Apen te schieten was trouwens niet mijn taak. Dus dacht ik: leven en laten leven.

Niet dezelfde aandoeningen had ik bij een ander dier, dat ik ontmoette, toen ik na eenigen tijd mijn wagen weer ver vooruit was. Naast den weg lag een groot rotsblok, $\pm 1^1/_2$ M. hoog. Het was aan alle kanten en van boven met mossen, varens, grassen en kruiden bedekt. Ik vond er allerlei belangwekkends, onder anderen ook een slangenmos (Lycopodium) met pinkdikke, cylindervormige groene takken, die dicht met kleine geschubde bladeren bedekt zijn. Tevergeefs echter zocht ik naar den rechtopstaanden, schub-aarvormigen vruchtstengel, dien ik bij deze soort vermoedde. Ten slotte zag ik evenwel boven op het vlak van den steen, ongeveer ter hoogte mijner oogen, tusschen het gras een vingerdikken, groenen geschubden kolf op armslengte afstand voor mij staan. Ik was op het punt hem te grijpen, toen ik bij nauwkeuriger toekijken aan het bovenste eenigszins dunnere einde van den kolf, twee listige oogjes zag fonkelen. Natuurlijk trok ik de uitgestrekte hand snel terug, en beschouwde de groene slang, die onbewegelijk in dezelfde houding bleef, wat nauwkeuriger. Giftig zal zij wel niet geweest zijn, daarvoor was de kop veel te smal. De staart liep in een lange, fijne spits uit. De overeenkomst van het overeind staande bovendeel des lichaams met een plantendeel was zoo treffend, dat ik er veel prijs op stelde, de slang als voorbeeld van mimicry tot demonstratie-object te maken. Het liefst had ik haar gephotographeerd, en zij zou stellig stil zijn blijven staan. Jammer genoeg had ik de laatste plaat al gebruikt, om een der vele stakingstooneelen, die de paarden midden in 't oerwoud voor mij opvoerden, in beeld te brengen. Een slag met de golok zou de slang te zeer beschadigd hebben; ik laadde dus het fijnste schroot, dat ik bij mij had, in mijn geweer, ging zoover mogelijk terug en schoot. Een paar korrels hadden getroffen, en waren voldoende geweest om de slang te dooden.

Het schot had eenige aan den weg werkende inlanders naderbij doen komen, die hulpvaardig de slang voor mij in een wilde-pisangblad inpakten, zoodat ik ze in mijn reistasch kon steken. Natuurlijk maakten de lui van de gelegenheid gebruik om hun nieuwsgierigheid te bevredigen. Een van hen, een jonge kerel met intelligente gelaatstrekken, had een beginnend kropgezwel. Hij vroeg mij, toen zijn kameraden weggingen, of ik niet een *obat* (geneesmiddel) voor zijn lijden kende. Ik kon hem alleen ten bescheid geven, dat men bij ons te lande een goed geneesmiddel er voor had, maar dat ik niet in het bezit er van was, en hem dus helaas niet kon helpen. Naar zijn meening zou iemand, die met een dergelijk geneesmiddel daarheen kwam, spoedig een rijk man kunnen worden, omdat er daar zooveel menschen met kropgezwellen zijn. Inderdaad schijnt het Boven-Moesigebied een ware streek voor kropgezwellen te wezen. Ik had er de vorige dagen vele gezien, eigenlijk al van Kalangan-djarai af. Vooral de vrouwen waren ermee behept, en ik had meer dan eens aan het Singulflied moeten denken:
„Erbarm sich Gott, wie hat dies Land sich gar so schwer versündigt, Dass sich an seinem Jungfernstand des Himmels Zorn verkündigt."

Later heb ik uit goede bron gehoord, dat ook in de Bataksche bergen kropgezwellen buitengewoon veel voorkomen. Men verwerft zich daar bepaald de toegenegenheid en het vertrouwen der bevolking, wanneer men door een decoratieve aanstreping met joodtinctuur eenige kropgezwellen doet slinken. Misschien zullen reizigers, die later in deze streken komen, er wel aan doen, zich van een voorraad thyreoïdinpillen te voorzien. Mijn jongeling moest met het antwoord, dat ik hem gegeven had, bedroefd aftrekken.

Dezen dag ontmoette ik op den weg niet veel menschen. Meestal wandelde ik alleen door het schoone maagdelijke woud, of ik reed een eindje in den wagen, om bij de eerste stijging van den weg weer uit te stappen en den paarden het werk te verlichten. Zoo kwam ik maar langzaam verder en bereikte eerst tegen half drie Kĕpajang. De pasanggrahan ligt aan het andere eind van de plaats. Behalve de hoofdstraat, welke langs den weg ontstaan is, vindt men hier verscheidene zijstraten. De huizen liggen in een aaneengesloten rij, toko's en kraampjes zijn tamelijk talrijk. Niet ver van de pasanggrahan ligt het, toenmaals onbewoonde, huis van den Assistent-resident in een grooten tuin, daarnaast het bureau der beambten. Voorbij de hoofdstraat aan den weg, die over het gebergte naar Bengkoelen voert, ligt de benteng. De bezetting is nog kleiner dan die te Bandar; een dokter vindt men er niet: de kommandant moet tegelijk de plaats van dokter en apotheker innemen. Mij kwam de plaats — met zijn breede, als een laan beplante hoofdstraat, met zijn talrijke huizen, veel beter gebouwd dan ik ergens sedert Lahat gezien had, en fraai aangelegde tuinen van het Assistent-residentshuis, die er een Europeesch tintje aan geven — toenmaals als een groote stad voor, en ik had een gevoel, alsof ik, nu deze plaats bereikt was, eigenlijk de reis door het groote eiland reeds volbracht had, alsof ik nu uit de wildernis weer in een beschaafd land was teruggekeerd.

De pasanggrahan was voor een deel door den jongen aspirant-controleur en zijne familie bewoond, die pas voor eenige weken naar Kĕpajang gekomen waren. Ik nam van een leegstaande kamer bezit en had buitendien de geheele voorgalerij tot mijn beschikking.

Ik had bij mijn aankomst gelegenheid gehad, het jonge echtpaar, dat met mij het huis bewoonde, te begroeten. Voor een lang gesprek was geen tijd, want het was het uur van 't middagslaapje.

Na de siësta en het bad gaf ik eerst mijn koetsier met wagen en bespanning zijn afscheid. Het gebied, dat de wagenverhuurder van Palembang bedienen moet, eindigt aan de grenzen der residentie. Het bekomen van een nieuw vervoermiddel gaf eenige moeielijkheid. Paarden waren in Kĕpajang niet te krijgen. Ik moest er dus toe overgaan, twee sapi-karren te huren: een „pir" voor persoonlijk gebruik en een grobak voor Mariô en de bagage. Ik sprak met den eigenaar af, dat de grobak den volgenden morgen om vier uur zou opbreken, ik zelf zou om zes uur met de pir achterna komen.

Den namiddag gebruikte ik, om, zoo lang het licht was, de rijke buit van dien dag te ordenen en in te voegen. Toen de schemering daalde, deed ik nog een kleine avondwandeling, gebruikte daarna mijn maaltijd van kip met rijst, en rookte bij de thee in de galerij op een gemakkelijken stoel mijn avondsigaar. De lucht was aangenaam koel; de hoogte boven de zee en de nabijheid der bergen deden er zich gevoelen. Ver boven het donkere woudgebergte verlichtte van tijd tot tijd weerlicht de avondwolken.

Nadat ik met Mariô nog de bagage voor het vertrek gereedgemaakt had, gingen wij ter ruste. Woensdagmorgen (29 Nov. 1899) tegen half vier werd ik wakker, toen Mariô met zachten tred in de kamer sloop, om de bagage naar buiten te halen en de grobak te beladen. Wij spraken af, dat hij zoo snel mogelijk en zonder zich verder om mij te bekommeren naar Bengkoelen zou gaan. Wanneer wij op dezelfde plaatsen halt hielden, was het te vreezen, dat de langzamer rijdende grobak later dan ik te Bengkoelen zou komen, en dat ik daardoor ten slotte de op 1 December van daar vertrekkende boot zou missen. Wij namen daarna afscheid, en terwijl de trouwe ziel met de volgeladen kar in den nacht wegreed, legde ik mij nog eens voor een korte rust te bed.

Toen om halfzes de Maleische koetsier met de „pir" voorreed, was ik al reisvaardig. Daar 't jonge echtpaar in de pasanggrahan nog sliep, liet ik tot afscheid mijn kaartje achter, hing reistasch en wapens om en begaf mij te voet op reis.

Een flink voetganger gaat licht vlugger dan een sapi met een „pir." Maar als men onder weg verzamelen en bekijken wil komt de kar soms vlugger vooruit. Ik sprak dus met mijn karrevoerder af, dat hij altijd achter mij zou blijven, en halt houden als ik stilstond om te verzamelen. Zoo bleven wij steeds prettig bij elkaar; ik kon de ingezamelde planten als ze mij voor de reistasch te zwaar werden, in den wagen leggen, en zelf instappen als het mij lustte. Deze maatregel bleek zeer praktisch, want de weg ging voortdurend door maagdelijk bosch, zoodat ik telkens moest stilhouden.

Kĕpajang ligt nog in het Boven-Moesidal, het water stroomt van daar naar de Oostkust. Aan den anderen kant evenwel van den bergrug, waarover thans mijn weg leidde, ligt de Westkust van Sumatra. De geheele bergrug is met het schoonste, nog nimmer betreden oerwoud bedekt. Wij moesten reeds dadelijk bij Kĕpajang eerst het Moesidal doortrekken, om op de met bosch begroeide hoogte te komen, die den bovenloop der rivier naar het Westen begrenst. Met eenige krommingen loopt de weg naar beneden in het met laag hout begroeide ravijn; de rivier, die ik hier voor 't laatst overtrok, is door een brug overspannen. Aan den overkant stijgt de weg onafgebroken een mijl lang door het woud, tot hij zijn hoogste punt bereikt.

Telkens opgehouden door verzamelen en opmerken, kwam ik pas tegen tien uur op de hoogte aan. In de nabijheid van de grens tusschen de residenties Palembang en Bengkoelen is boven op 't gebergte, naast den weg, een houten huisje voor logies gebouwd. Mijn karrevoerder spande zijn dier uit en liet het 't gras langs den weg afgrazen; ik ging op een smal pad naar boven naar de houten hut, om in de voorgalerij daarvan, waar tafel en bank stonden, te rusten en met den meegebrachten voorraad te ontbijten. De stoffelijke genietingen, die ik mij met pisang, cakes en koude thee verschaffen wilde, moesten nog een tijd lang uitgesteld worden voor een genot van een andere soort. Ik vond namelijk daarboven onverwacht een verrukkelijk schoon uitzicht, dat mij langen tijd geboeid hield. Van de kleine hut te midden der weelderigste oerwoud-vegetatie zag ik rechts en links de met woud bedekte bergen, als coulissen voor elkaar schuivend, zich tot aanzienlijke hoogte verheffen. In het midden evenwel daalde tusschen de bergen een breede boschrijke kloof naar omlaag, door welke over de toppen der boomen heen de blik vrij weidde tot ver beneden, waar de laagvlakte groende, en daarover heen, tot aan de blauwe zee, die als een smalle, glinsterende streep den horizont begrensde. Sumatra's Westkust en de Indische Oceaan zonden mij in lichten zonneglans hun eersten groet naar boven in het eenzame woudgebergte.

Van den bergpas af daalde de weg in talrijke windingen langs de helling der kloof, aan beide zijden begrensd door maagdelijk bosch, waar de reuzenboomen maar zelden een uitzicht op het dal en de zee vrij lieten. De weg was goed onderhouden, dikwijls diep in den rooden, leemachtigen bodem ingesneden. In de wanden van zulk een hollen weg waren bij hoopen vulkanische gesteenten ingegraven, rond, ter grootte van een hoofd tot die van een wolbaal, die een schelpachtige structuur hebben. Soms vertoonden zich in de blootliggende aarde van den wegrand aschlagen, die een bewijs opleverden voor den vulkanischen oorsprong der bovenkorst. Verder naar beneden was de weg op sommige plaatsen door bazaltachtig gesteente gelegd, dat ook wel het materiaal voor de goede, op vele plaatsen pas vernieuwde verharding zal geleverd hebben.

Dat wij ons aan deze zijde der pashoogte in een andere residentie bevonden, was te zien aan de veranderde cijfers op de afstandspalen.

BEZEMER, *Door Nederlandsch-Oost-Indië.* 17

Tot nu toe hadden de witte palen aan den weg, hoe verder ik kwam, steeds hoogere cijfers aangegeven, daar ze den afstand van Palembang moesten aanduiden. Thans werden de cijfers van paal tot paal lager, en toonden dat ik al meer en meer de kustplaats Bengkoelen naderde. De witte, van boven zwart geteerde palen volgden hier ook merkbaar sneller op elkaar dan in het Palembangsche. Aan de Westkust van Sumatra ·rekent men met Java-palen, die kleiner zijn dan de . in Palembang gebruikelijke Sumatra-paal. Tegen half twee kwam ik uit het oerwoud in het dorp Tabah Pěnandjoeng, waar ik in de pasanggrahan mijn intrek nam om den nacht door te brengen. Het was een buitengewoon groot huis met breede voorgalerij; 't lag in een tuin, waar fraaie rozen en andere sierplanten en boomen een liefelijken aanblik boden. Ergens in den tuin staat een Europeesch grafmonument, door een levende haag beschut; uit het opschrift kon ik zien, dat de pasanggrahan vroeger de vaste woning van een Nederlandsch ambtenaar was geweest.

Bij de avondwandeling, die ik door de plaats maakte, trof ik mijn karrevoerder, van wien ik vernam, dat Mariô met de grobak al bijtijds vóór ons de plaats gepasseerd was. Wij spraken af, de reis naar Bengkoelen in één dag te doen, waartoe noodig was, dat wij den volgenden morgen zeer vroeg opbraken. Daar de weg goed was en zonder aanzienlijke stijgingen naar de kust afdaalt, kon ik hopen, 's namiddags in Bengkoelen aan te komen. Ik had dan 't voordeel, de lang gewenschte berichten uit 't vaderland een dag vroeger te ontvangen, en kon mijn vertrek met de boot, die den volgenden dag afvoer, rustig voorbereiden. Daar het vooruit te verwachten was, dat de plantengroei der vlakte in hare samenstelling geen bijzonder, van gelijksoortige gedeelten der kuststrook afwijkend beeld zou vertoonen, kon ik hier de reis bespoedigen zonder het wetenschappelijk doel van mijn tocht te benadeelen.

Vroolijk gestemd wandelde ik naar mijn verblijf terug. Ik dronk mijn thee en keuvelde nog een uurtje met den Maleier, die ze gebracht had. Wij spraken over koetjes en kalfjes, over den toestand van den weg naar Bengkoelen, over de middelen van bestaan en de produkten van de streek, over de dieren des wouds enz. Toen de man weg was, en ik alleen in 't eenzame gebouw achterbleef, uitte zich mijn gemoedsstemming in vroolijke liederen, zoodat de ratten, die daar bij hoopen waren, verwonderd uit hunne schuilhoeken in het atapdak te voorschijn kwamen. En waarom zou ik ook niet vroolijk zijn? Ik had toch het moeilijkste deel van mijn reis gelukkig en met goed gevolg achter den rug, en het heerlijke vooruitzicht, den volgenden dag na langen, langen tusschentijd weder berichten van mijn geliefden thuis te ontvangen, terwijl ik mocht hopen, door een, weliswaar eenigszins geforceerden, dagmarsch zeker de boot te bereiken, waarmee ik zonder tijdverlies mijn reis zou kunnen voortzetten. Met het oog op den marsch, die mij te wachten stond, gaf ik er de voorkeur aan, den liederavond niet al te lang te rekken.

Om half drie 's morgens klopte de karrevoerder aan de deur mijner slaapkamer. Ik was terstond op, en na een vluchtig ontbijt laadden wij samen bij het schijnsel van een lantaren de kar. De reistasch gespte

Aan den voet van het gebergte.

ik geheel achter in de kar vast, regenmantel en deken legde ik op den bodem, en toen daarna de sapi ingespannen was, ging ik zelf op den rug in de kar liggen, het hoofd op de reistasch, de beenen hoog boven op den rand van de kar. Dat is, naar mijn ondervinding, de houding waarin men het rijden in een kar 't beste uithouden kan. Onze sapi ging met vluggen tred bij het licht van den stralenden sterrenhemel door het donkere bosch; allengs ging het bergaf, de vlakte in. Het bosch verloor weldra zijn karakter van oerwoud, het werd lichter en 't uitzicht vrijer;

17*

en kort na vijf uur lieten zich in den schemerschijn van den ontwakenden dag reeds ver verwijderde voorwerpen waarnemen. Omstreeks dezen tijd bevonden we ons in de nabijheid van een kleine, met bosch begroeide rots, die steil en onmiddellijk uit de vlakte zich verheft.

Toen het lichter werd, hield ik het in de kar niet meer uit en toen eindelijk de zon van achter het gebergte de wolken verguldde, was ik al lang te voet op weg. Wij kwamen door jong hout, en af en toe ook langs alang-alangvlakten, die echter klein en dikwijls door opkomend boomgewas afgebroken waren. De weg leidde voorbij eenige dorpen, en

Bengkoelen.

eens hadden wij ook weer een kleine stijging te overwinnen, toen de weg dwars over een bank van witte koraalkalk liep.

Om half negen kwamen we bij de pasanggrahan van Talangampat aan, die gewoonlijk voor de reizigers tusschen Tabah Pěnandjoeng en Beng-koelen als nachtverblijf dient. Wij hadden nu nog haast den ganschen dag voor ons en konden dus gerust een korte halt maken, die hoofdzakelijk de sapi ten goede kwam. Na een rust van een half uur ging het weer verder, zooals tevoren door jong bosch, door velden en dorpen. Eens kwamen we over een rivier, de Ajër Bangkoeloe (inlandsche naam van Bengkoelen), waarover een fraaie, nieuwe kabelbrug gespannen was.

Toen wij tegen elf uur bij paal 6 aangekomen en dus nog ongeveer een mijl van Bengkoelen verwijderd waren, verklaarde de karrevoerder, dat de sapi nu bepaald rust noodig had, en wij minstens een uur halt zouden moeten houden. Dat paste mij slecht. Ik had al uitgerekend, dat ik, daar we voor een paal 20 minuten noodig hadden, nog voor de rijsttafel in Bengkoelen kon zijn. Daarna had ik dan op mijn gemak in het hotel mijn middagslaapje kunnen doen en mijn bad nemen. En nu zou ik terwille van de sapi een uur lang op den weg moeten wachten en daarna juist in de heetste namiddaguren onder weg zijn! Daar ik mij nog frisch genoeg voelde, besloot ik de ossenkar aan zijn lot over te laten en alleen te voet vooruit te gaan.

Hadji-familie van Sumatra.

Ik kwam van nu af aan bijna zonder uitzondering door bebouwd land. Sawahs, in alle stadiën van bewerking, besloegen in den omtrek der dorpen zoover ik zien kon de vlakte. Tegen één uur kwam ik bij Bengkoelen aan. Door breede, goed onderhouden straten ging ik in de schaduw van fraaie boomen (waaronder mij een groep reusachtige tjĕmara's (Casurinen) bijzonder levendig in herinnering is gebleven) de stad binnen en vroeg den weg naar het postkantoor, waar, zooals ik verwacht had, een heel paket brieven en briefkaarten uit het vaderland voor mij klaar lag. De brief, die het laatste poststempel droeg, werd snel doorgevlogen; hij bevatte, Goddank, goede berichten. Zoo kon ik dan gerustgesteld in het Gouvernementshotel mijn intrek nemen en mij weer met Europeesch comfort omringen.

Nadat ik gegeten en gerust had, kwam de sapikar met mijn bagage aan en weinig later was ook Mariô present. Hij had mijn kisten en koffers in het pakhuis aan de landingsplaats opgeslagen; den blikken koffer bracht hij mij in 't hotel, zoodat ik van kleederen verwisselen en mij als beschaafd mensch aan de blikken der inwoners vertoonen kon.

Den 6den November was ik op de „Van Diemen" uit de Straat Bangka de Moesidelta ingevaren; den 30sten November kwam ik te Bengkoelen aan. Het doortrekken van het eiland op zijn grootste breedte had 23 dagen in beslag genomen; een korte tijd in het gewone leven, maar welk een schat van ervaringen, welk een menigte van nieuwe indrukken en bonte beelden had hij mij gebracht. Wanneer ik op de vermeerdering van mijn levenservaring, op de menigte waarnemingen het oog vestigde en op het plantenmateriaal, dat ik bijeengebracht had, dan kon ik met het resultaat van deze reisweken wel tevreden zijn.

. J A V A.

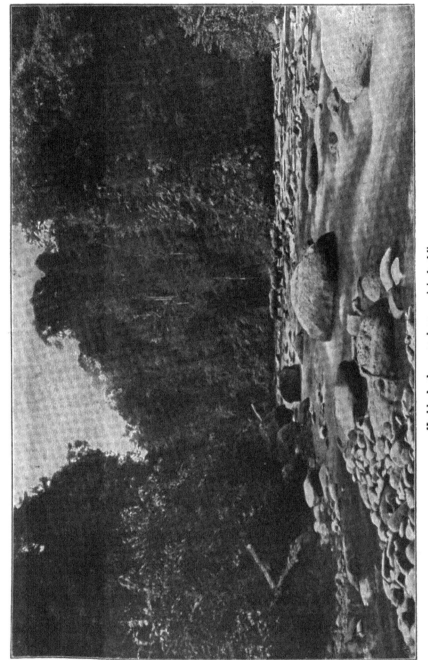

Kudde karbouwen in een rivierbedding.

JAVA.

HOOFDSTUK I. BATAVIA EN BUITENZORG [1]).

Den 24sten Augustus 1899, veel te laat voor het ongeduld, waarmee ik verlangde Buitenzorg, het paradijs der botanici, te leeren kennen, kon ik mij te Singapore op de „Stettin" van den Noordduitschen Lloyd naar Batavia inschepen. De tweedaagsche reis op het zindelijke, comfortabele schip voerde onophoudelijk langs begroeide eilanden door de

Gang Kwini, Batavia.

smalle straat van Bangka vlak Zuid op Batavia af. Zondagmiddag kwamen wij in de haven van Tandjong Priok aan. Tengevolge der door de Nederlanders in acht genomen Zondagsrust had het nog voeten in de aarde om mijn omvangrijke bagage van het schip naar het aan de haven gelegen douanekantoor te krijgen en vandaar grootendeels (met uitzon-

---

[1]) Naar Prof. Giesenhagen.

dering van de handkoffers) direkt naar Buitenzorg te expedieeren. Het was reeds volslagen donker, toen ik eindelijk na een korte rit in spoortrein en rijtuig in het Java-Hotel aankwam en de voor mij bestemde kamer kon betrekken.

De inrichting der hotels is in Nederlandsch-Indië een geheel andere dan in de Engelsche koloniën. De huizen zijn in den zoogenaamden paviljoenstijl gebouwd. In het hoofdgebouw bevinden zich de eet-, lees- en gezelschapszalen. De kamers der logeergasten vindt men in zijvleugels. Ieder bewoont een eenvoudig gemeubileerde slaapkamer met ruime voorgalerij, met tafel, schommel- en luiaardstoel. Badkamers voor het dagelijksche bad staan voor iedereen in grooten getale ter

Gezicht in de Chineesche wijk te Batavia.

beschikking. Terwijl men in Engelsche hotels de gasten niet anders dan in volledig kostuum te zien krijgt, geeft het in de hotels op Java geen aanstoot, wanneer men zich overdag in een zeer gemakkelijk negligé in de voorgalerij aan de blikken van anderen vertoont. De heeren dragen daarbij meest gekleurde nachtbroeken en witte kabaja's, aan de bloote voeten pantoffels of sloffen. Bij de gehuwde vrouwen is de (half-)inlandsche dracht zeer geliefd, een tot op de bloote voeten vallende, dikwijls zeer kostbare sarong en een dunne, witte, met kant bezette kabaja, door een speld van voren gesloten. In dit kostuum verschijnen de dames ook bij het eerste en tweede ontbijt aan de hoteltafel en gaan daarin zelfs wel op straat, naar de markt of boodschappen doen. Bij het diner evenwel, dat tegen acht uur genuttigd wordt, verschijnen zij in groot toilet. De bedienden in het hotel zijn uitsluitend inlanders.

Maandagmorgen in de vroegte maakte ik van de gelegenheid gebruik om de stad Batavia eens in oogenschouw te nemen, en een bezoek te brengen aan het Duitsche „Generalkonsulat."

Batavia is een zeer uitgestrekte stad, eigenlijk uit twee steden samengegroeid, door de Nederlandsche bewoners als: „Benedenstad," het eigenlijke oude Batavia, en „Bovenstad" of „Weltevreden," onder-

Weltevreden.

scheiden. In de Benedenstad zijn de kantoren, in Weltevreden de woon-huizen, die alle — meestal van één verdieping maar ruim en luchtig — in tuinen verscholen liggen. De omvang der Bovenstad wordt door het wijd uit elkaar liggen der huizen zeer vergroot, en wanneer men geen buitengewonen overvloed van vrijen tijd heeft, is men wel genoodzaakt, bij alle boodschappen zich van een rijtuig te bedienen. Behalve dat Batavia-Benedenstad en Weltevreden elk een station aan den hoofd-spoorweg hebben, vindt men er elektrische en stoomtrams door de stad. Bovendien kan men in het hotel tegen vasten prijs een- en tweespannige wagentjes huren, en voor het verkeer in de straten dienen eindelijk de genummerde, tweewielige dos-à-dos, algemeen naar de Maleische uitspraak „sado's" genoemd, die door inlandsche koetsiers gemend en door kleine, flinke paardjes getrokken worden.

Langs de hoofdverkeerswegen in de beide stadsdeelen vindt men breede, gemetselde kanalen, op wier drabbig water groote transportbooten onder de bruggen door varen. Op iederen tijd van den dag ziet men in deze grachten, die meestal het midden van den weg beslaan en op sommige plaatsen aan weerszijden door lommerrijke lanen ingesloten zijn, inlanders van beide geslachten baden. De woningen der inlanders liggen van de hoofdverkeerswegen af, in afzonderlijke wijken of kampongs. In de nabijheid van het handelscentrum, de beide stadsdeelen met elkaar verbindend, ligt de Chineesche kamp (wijk). Bouwstijl en versiering der huizen gelijken eenigszins op hetgeen ik daarvan in Singapore had gezien, en verleenen hier, in de zoo geheel andere omgeving, een bijzondere bekoring aan den door de gracht doorsneden weg.

Openbare gebouwen van bijzondere schoonheid zijn in Batavia niet bepaald talrijk; toch bezitten het Paleis van den Gouverneur-generaal, het Museum van het Bataviaasch Genootschap aan het Koningsplein, eenige kerken en de gebouwen van de groote sociëteiten „Harmonie" en „Concordia" architektonische vormen, die de aandacht wel waard zijn. Vooral de laatstgenoemden zijn, in 't bijzonder inwendig, grootsch en weelderig ingericht; zij bevatten groote leeszalen, ruim van litteratuur voorzien, en sierlijke concert- en conversatie-zalen.

Iets wat Batavia van dergelijke steden in andere koloniën aanmerkelijk onderscheidt, is de omstandigheid, dat hier zoowel in het huiselijke als in het maatschappelijke leven der bewoners alles op een verblijf van langeren duur berekend is. De rustelooze jacht naar gewin, dat binnen weinige jaren alle ontberingen, die het tropische leven met zich brengt, vergoeden moet, drukt zijn eigenaardigen stempel op het leven in groote handelscentra als Colombo en Singapore. Maar de Hollander gaat niet naar Batavia, om na korten tijd naar het moederland terug te keeren: hij richt zich er huiselijk in en beschouwt het als een nieuw vaderland. Niet zelden treft men er lieden aan, die met hunne familie sedert dertig en meer jaren in de koloniën vertoefden. Zij laten wel hun kinderen, wanneer zij volwassen zijn, hun opvoeding in Europa voltooien, maar deze keeren dan naar het land hunner geboorte terug en dragen bij tot de meerdere ontwikkeling van het nieuwe vaderland, terwijl zij tevens de betrekkingen met het moederland onderhouden. Een in Batavia geboren jongmensch, behoorende tot een der eerste families van de stad, die

het voorafgaande semester mijn colleges in München bijgewoond had,
had mij verzocht, zijne groeten aan zijn ouders over te brengen; daardoor was ik reeds den eersten dag van mijn verblijf in Nederlandsch-
Indië in de gelegenheid een aangenaam uurtje door te brengen in het
met fijnen smaak gemeubileerde huis van een hoogstbeschaafde familie.

Wanneer men met den trein van Weltevreden naar Buitenzorg reist,
hetgeen met een sneltrein iets meer dan een uur, met een gewonen
trein ongeveer 't dubbele van dien tijd in beslag neemt, dan krijgt men
in 't eerst den indruk, alsof men bijna onafgebroken door een bosch

Groote weg, Buitenzorg.

rijdt. Loofboomen met breedvertakte kruinen en dicht bladerendak,
afgewisseld door de breede bladerenbundels der pisangs, en daar boven-
uit de fraai gevormde pluimen der slanke kokospalmen vergezellen den
ijzeren weg aan weerszijden. Langs den spoordijk en in de greppels aan
de kanten verdringen zich allerlei grassen en kruiden, waaronder bijzonder
vaak blauw bloeiende Verbenacëen en Cassia's met gele bloesems in
't oog vallen. Veelsoortige varens, vooral Gleichenia's, vormen met de
Lantana-boschjes, die met bonte bloesemtrossen prijken, aan den rand
van het vermeende bosch min of meer dichte hagen. Af en toe ontwaart
men bamboe-groepen, die met hun fraai gebogen, zachte, regelmatige
pluimen aan vaderlandsche wilgenboschjes doen denken. Bijwijlen kan

men onder 't voorbijrijden een dieperen blik in het bont samengestelde bosch slaan en ontwaart dan onder de looverkronen, tusschen de slanke stammen, de huizen der inlanders, door een bamboehaag omgeven; op het erf ziet men volwassenen aan den arbeid of kinderen aan het stoeien. Het duurt eenige weken, voor men zijn oog voldoende aan de ongewone vormen van den tropischen plantengroei gewend heeft, om in het hout-gewas, dat om de hutten staat, behalve kokospalmen, pisangs en bam-boe, de vele nuttige boomen te herkennen, die den inlanders tot levens-onderhoud dienen; voor men in 't snelle voorbijrijden leert onderscheiden of zich achter het gewaande woud een door schaduwboomen beschutte koffie-aanplanting, een cacaotuin of de erven met vruchtboomen van

De Tji Sĕdani bij Buitenzorg.

een inlandsch dorp verbergen. In werkelijkheid is het zonder uitzondering bebouwd land, waar de spoorweg door loopt. Dat de boomen de over-hand hebben, is een eigenaardigheid der vegetatie in de aan regens zoo rijke tropen, waar het aantal kruidachtige gewassen in het algemeen bijzonder bij de boom- en heesterflora ten achter staat. Slechts één soort van cultuur herinnert aan de toestanden bij ons, aan werkelijk bouwland: dat zijn de rijstvelden, die in de dalen en langs de oevers der rivieren door de uitgestrekte wouden omzoomd worden.

Mannen en vrouwen op 't veld aan 't werk, badende kinderen en op de wegen voetgangers, buffel- of sapikarren, en wagentjes met paarden vormen de levendige stoffage van het afwisselende landschap, dat ons in snelle vaart voorbij schiet. Soms ziet men ook wel een kudde kolossale, donkergrijze buffels of karbouwen met ver uitstaande horens in een riviertje of modderpoel rondwaden. De inlanders houden deze reusachtige, onbeholpen herkauwers als huisdieren en maken gebruik van hun geweldige kracht bij den veldarbeid en tot het trekken van last- en reiswagens.

Aan de kleine stations, waarvan men er tusschen Batavia en Buiten- zorg haast een dozijn passeert, staan inlanders, soms ook Europeanen, op den trein te wachten: met hen vullen verkoopers en verkoopsters van vruchten en allerlei ververschingen de ruimte voor het kleine, wit-

Straat in Buitenzorg.

gekalkte gebouwtje, dat aan de beambten tot verblijf dient. Na korte halt gaat het verder, langs rijstvelden en plantages, boven welke heel in de verte het blauwe gebergte met zijn vulkaankegels opduikt, tot eindelijk de trein het ruime Buitenzorgsche station binnenloopt.

Daar Buitenzorg de zetel van den Gouverneur-Generaal en der koloniale Regeering is, bovendien, op een hoogte van 265 M. liggende, als een soort gezondheidsetablissement voor de ambtenaren en kooplui van het warme Batavia dient, is het personenverkeer op dit trajekt nogal aanzienlijk. Ook de inlanders van nabij en verre maken met vrouw en kind gaarne van het moderne verkeersmiddel gebruik. In het ruime station zijn alle mogelijke maatregelen ten gerieve der reizigers getroffen. Hotelwagens en sado's wachten vóór de vestibule. Ik reed met een sado naar het hotel Bellevue, dat men mij als een der beste genoemd had. De rit bracht mij door de hoofdstraat der Europeesche stad, den „Djalan-bĕsar" die voor een deel ook langs den Botanischen Tuin loopt. Aan den anderen kant van den weg liggen in voortuinen de woonhuizen der Europeanen, in denzelfden bouwstijl als te Batavia.

Het hotel Bellevue is het eigendom van een ouden, eenigszins mopperigen Duitscher, die zich om zijn gasten totaal niet bekommert. Zijn vrouw, een energieke Hollandsche, heeft de opperste leiding; overigens is alles aan de inlandsche bedienden overgelaten, waarvan de oudste, de mandoer, in zekeren zin als oberkellner fungeert. Men leeft

Vijver in 's Lands Plantentuin.

in het hotel Bellevue niet beter of slechter dan in andere hotels van gelijken rang op Java of Sumatra; desniettegenstaande wordt het door hen die voor hunne gezondheid of voor hun vermaak reizen, zoowel als door vreemde botanici met voorliefde bezocht. Het bezit namelijk voor-deelen, waarop de andere hotels in Buitenzorg zich niet kunnen beroemen. Uit de galerijen der achter gelegen hotelkamers geniet men van boven een verrukkelijk uitzicht op de dalkloof van de Tji Sĕdani, op de palmen en vruchtboom-groepen van de inlandsche wijken, die zich langs deze rivier uitstrekken, en op den imponeerenden kegel van den Salak, tot aan den top met oerwoud bedekt, op den achtergrond. Een tweede voordeel van het hotel, vooral voor botanici, is dat het in de onmiddellijke nabijheid ligt van den grooten Botanischen Tuin en de talrijke, daarmede verbonden laboratoria en andere inrichtingen.

Nadat ik mij in mijn hotelkamer huiselijk had ingericht voor een verblijf van eenigen duur, golden natuurlijk mijn eerste bemoeiingen den Plantentuin. Door een bediende van 't hotel liet ik voor dien avond belet vragen voor een officieel bezoek bij den Directeur, Professor Treub, en kreeg als antwoord een vriendelijke uitnoodiging voor het diner. Het ging mij als allen anderen vakgenooten, die met dezen zeldzamen en eminenten man in aanraking gekomen zijn. Ieder roemt zijn beminnelijkheid, die hem nog tijd laat vinden, ondanks den enormen arbeid, dien het bestuur der grootendeels door hem geschapen inrichting hem op de schouders legt, om de bezoekers van den tuin als zijn persoonlijke gasten te ontvangen, ze in de nieuwe toestanden in te leiden, en te ieder uur met raad en daad te hunner beschikking te staan. Den eersten dag reeds na den in Professor Treubs gezelschap alleraangenaamst doorgebrachten avond, leidde hij mij door den Plantentuin, den rijksten en in wetenschappelijk opzicht eenigen tropischen tuin met zijn onuitputtelijke plantenschatten, die in de overzichtelijkheid en schoonheid hunner plaatsing, in de weelderigheid van hun groei steeds opnieuw den beschouwer in verwondering en bewondering brengen. De prachtige allée van reusachtige kanari-boomen, waarin iedere stam een andere klimplant draagt, de uitgestrekte palmenlanen, de geweldige bamboe-groepen, de aan soorten zoo rijke afdeeling der varens, het lianen-gedeelte, de orchideënverzameling, groote vijvers met prachtige waterplanten bedekt, omgeven door kolossale schaduwrijke Ficusboomen, en honderd andere, niet minder merkwaardige en belangrijke gewassen zijn hier vereenigd tot één groot tropisch park, dat in schoonheid zijns gelijke zoekt, in wetenschappelijke beteekenis door geen anderen tuin ter wereld geëvenaard wordt.

Het is niet mijn doel, hier een gedetaileerde schildering te geven van de botanische schatten, die de Buitenzorgsche tuin bevat. Zij zou boekdeelen moeten vullen. Een groot deel van het schoonste en interessantste heeft voor eenige jaren de Grazer botanicus Haberlandt uitstekend beschreven in zijn boek: „Eine botanische Tropenreise," voor leeken een even genotvolle lektuur als voor vakmannen.

Nadat de Directeur Treub mij ook met zijn wetenschappelijken staf, die uit meer dan twintig geleerden en technisch geschoolde beambten bestaat, bekend had gemaakt en mij in de met den tuin verbonden inrichtingen en laboratoria rondgeleid had, kon ik zonder verzuim mijn wetenschappelijken arbeid beginnen. Ik kreeg een plaats in het voor de vreemde bezoekers bestemde laboratorium, om te microscopeeren en om het onderzoekingsmateriaal te prepareeren, dat door den tuin in schier onuitputtelijken overvloed geleverd wordt.

De tropische dag begint om zes uur, als de zon zich boven den horizont vertoont. Daar in Buitenzorg 's nachts een aangename afkoeling der lucht plaats heeft, vindt men, aan de grootere hitte des daags gewoon, de morgenkoelte heerlijk verfrisschend; het zonlicht glinstert op de palmwaaiers en op het meerendeels lederachtige, glanzende loof der boomen als in duizend dauwdroppels; het is niet heel veel anders dan bij ons op een schoonen morgen midden in den zomer.

De inlandsche hotelbediende, aan wiens zorgen mijn lichamelijk wel

Victoria Regia in 's Lands Plantentuin.
Op den achtergrond het paleis van den Gouverneur-Generaal.

vertrouwd was, gewende zich spoedig aan mijn regelmaat, en als ik bij de eerste stralen der zon mijn slaapvertrek verliet, vond ik op de galerij den morgendrank al gereed staan, dien men zich toebereidt uit sterk koffie-extract, kokende melk en suiker naar welgevallen. Kort na zes uur begaf ik mij naar den Plantentuin, waarin ik dan gedurende de volgende uren, dikwijls tot bij negenen, waarnemingen deed en materiaal verzamelde voor het dagwerk of om te conserveeren voor latere bestudeering. Van 8 tot 9 wordt in de eetzaal van het hotel het eerste ontbijt gebruikt: eieren, ham, allerlei worst- en vischsoorten met versch brood en boter. Inmiddels is met de hooger rijzende zon de temperatuur al aanzienlijk gestegen. Hoewel een langdurig verblijf buiten ook niet bepaald onverdraaglijk, laat staan gevaarlijk, zou geweest zijn, gaf ik er toch de voorkeur aan, den tijd tot bij 1 uur in het voor de zonnestralen beschutte laboratorium door te brengen. Microscopeeren, prepareeren, teekenen en . af en toe ook ·photografisch werk namen· mij gedurende deze uren volkomen in beslag. Eén uur is in het hotel de tijd van de rijsttafel, een eigenaardige, specifiek Nederlandsch-Indische maaltijd. De grondslag wordt · gevormd door goed gekookte rijst, waarvan de korrels elk hun vorm behouden en niet kleverig zijn. Men overgiet ze op een diep bord met een scherpe kerrysaus, waarin allerlei groenten drijven en neemt daarbij allerlei vleezen, vischsoorten en eieren, die tegelijk voorgediend worden en die

Bamboelaan in 's Lands Plantentuin.

men op den rand van het met rijst gevulde bord of op een kleiner, daarnaast liggend dessertbord legt. In het hotel werden als nevengerechten steeds spiegeleieren, visch, gebraden kip en fricadel opgedischt. Alsof dit nog niet genoeg ware, gaat er nog een veelkleurige schaal rond, waarop in kleine schaaltjes allerlei eigenaardige, meest zeer scherpe lekkernijen liggen, die in hun geheel als sambal aangeduid worden: garnalen, gedroogde vischjes, kippeharten, -levers en -magen, fijn gehakt, gedroogd vleesch, fijngestampte klapper en diverse andere zaken, wier aard en oorsprong mij dikwijls ondoorgrondelijk bleven. Van deze dingen neemt men, eenigermate als specerij, kleine porties op het reeds overladen bord en begint dan met lepel en vorm het aan afwisseling rijke verdelgingswerk. Ik moet bekennen, dat het gerecht, wanneer het naar landsgebruik in alle finesses toebereid werd, mij te heet en te veelsoortig was: ik gaf er dus de voorkeur aan bij de met de vleeschsaus overgoten rijst een spiegelei en een stuk vleesch te eten, maar de sambal te laten passeeren. Daar na de rijsttafel gewoonlijk nog biefstuk met salade rondgediend werd, had ik altijd voldoende gelegenheid mij te verzadigen. Na de rijsttafel, op den heetsten tijd van den dag, is een rustuurtje zeer aangenaam. Bijna iederen dag barst gedurende dien tijd in Buitenzorg een hevig onweer met kolossalen regenval los en koelt de temperatuur in zooverre af, dat men na de rust en het daaropvolgende bad nog eenige uren zonder bezwaar werken kan.

Het bad heeft in Nederlandsch-Indië ook zijn eigenaardigheden. Bij uitzondering is bij het hotel Bellevue in Buitenzorg een klein, overdekt zwembassin, door een frissche bron gevoed, dat ik met voorliefde bezocht. Anders evenwel kent men als bad in Indië slechts een kamer met steenen of cementbodem, waarin in een gemetseld bassin of ook wel in daar geplaatste steenen kruiken water klaar staat om over het lichaam te gieten; zeldzamer treft men bovendien een douche aan. Men noemt dit overgieten van het lichaam met behulp van een klein emmertje: mandiën (van het Maleische mandi), de badkamer: kamar mandi.

De uren na het bad besteedde ik dikwijls om in het laboratorium de pas aangekomen vaklitteratuur te bestudeeren, of om werkzaamheden, die ik 's morgens had laten liggen, voort te zetten. Na het invallen der duisternis, die om zes uur na zonsondergang zeer snel aanbreekt, placht ik op de galerij van mijn kamer bij lamplicht te schrijven of te lezen, of Maleisch te leeren, wat voor mijn latere reisplannen dringend noodzakelijk was. Voor het afleggen en ontvangen van beleefdheidsbezoeken is in Nederlandsch Indië het uur van 7—8 bestemd. Kort na 8 uur begint het uit verscheidene gangen bestaande, op zijn Europeesch ingerichte diner. De avonduren blijven dan over voor de gezelligheid, het bezoeken der sociëteit met billard en leeskamer, of voor discours met de hotelburen; en als de maan schijnt, en de regen te rechter tijd is opgehouden, is de gelegenheid ook uitstekend voor een gemeenschappelijke wandeling in den maneschijn op den Djalan bĕsar.

Dit regelmatige dagprogramma werd niet zelden aangenaam onderbroken, doordat ik bij den Directeur Treub of bij een der andere Europeanen te gast was; en Vrijdagavonds reisde ik altijd gaarne naar Batavia, om als gast in het huis van den Duitschen Consul-generaal von Syburg te toeven en 's avonds in de Duitsche Klub mee te doen aan het edele kegelspel.

Onder de niet-Europeesche bewoners van Buitenzorg vormen de Chineezen slechts een zeer klein bestanddeel. Meest zijn het kooplui, voor een deel eigenaars van groote winkels, toko's, waarin alle mogelijke gebruiksartikelen als in een bazar of „warenhuis" in een groote stad naast elkaar opgestapeld en te koop zijn. De hoofdmassa der gekleurde bevolking behoort tot het Maleische ras. Men kan evenwel in 't algemeen op Java drie typen onder de bevolking onderscheiden, die zich uiterlijk door de kleeding kenmerken en een verschillende moedertaal hebben. West-Java is het eigenlijke stamland der Soendaneezen; daarnaast evenwel vindt men talrijke Javanen, die ik later in hun eigenlijke woonplaats, de Vorstenlanden en Midden-Java nader leerde kennen, terwijl eindelijk een niet gering bestanddeel gevormd wordt door de kosmopolitische Maleiers, die op Malakka en Sumatra inheemsch zijn, maar thans aan alle kusten van den Archipel en ver daarbuiten zijn te vinden, en hunne taal als lingua franca ingevoerd hebben bij alle volken, die de handel in den rijken Archipel samenbrengt. De raskenmerken der drie stammen zijn natuurlijk in de streken, waarin alle drie gemeenschappelijk optreden, dikwijls uitgewischt, zoodat slechts scherpe opmerkers de fijne verschillen in lichaamsbouw en gelaatstrekken, in dracht en zeden herkennen kunnen. De huidskleur is warmbruin met vele nuances. De uitdrukking van het gelaat wordt beheerscht door groote, donkere oogen met zachtgebogen wenkbrauwen, eenigszins vooruitstekende jukbeenderen, gevulde wangen, volle, maar niet overmatig dikke lippen en een ronde kin. Den Europeaan valt in het begin steeds de kleine, diepingedeukte stompneus 't meest in het oog; hij geeft een open, kinderlijken trek aan het gezicht. De mannen hebben maar weinig baardgroei, maar lang, sluik haar, dat onder een hoofddoek gedragen wordt. De vrouwen dragen het haar glad naar achteren gekamd en in een wrong gedraaid. De kleederdracht der mannen bestaat uit een katoenen baadje, korten broek en een doek van 2 à $2^{1}/_{2}$ M. lengte bij $\pm$ 1 M. breedte, bij voorkeur gebatikt, die twee maal om het lichaam wordt geslagen. De vrouwen dragen, als ze zonder kabaja zijn, soms de sarong tot over de borst opgetrokken, achter en terzijde glad om het lijf; meestal nog een lange kabaja, van voren door een speld samengehouden; wanneer ze uitgaan een slendang, van kleur ongeveer gelijk aan de sarong, maar langer en smaller, die als sjerp over borst en schouder loopt. In de omgeving van Buitenzorg zag ik evenwel de vrouwen bij het werk wel eens met ontbloot bovenlijf, de sarong om de heupen bevestigd; zoodra ze evenwel de nabijheid van een Europeaan bemerkten, trokken ze altijd dadelijk de sarong tot onder de armen op. Op mijn vraag, waarom ze deze kostuumverandering noodig oordeelde,

Javaansche bruid.

kreeg ik van een jonge vrouw ten antwoord: „Orang blanda tida boleh tanggoeng." Een raadselachtig woord! Het kan beteekenen: „De Europeaan kan het niet verdragen," of „de Europeaan is niet te vertrouwen;" maar het beduidt ook: „hij wil het niet dulden." Naar den toon en de eenigszins snibbige uitdrukking van het mooie gezichtje te oordeelen scheen het hier in de eerste beteekenis bedoeld te zijn.

De huizen der inlanders zijn in Buitenzorg en in het algemeen in West-Java's binnenland regelmatig en zorgvuldig gebouwd, zonder verdieping, met een groote inwendige ruimte, waarvan de ingang door een gordijn gesloten is, en een breede galerij onder het ver vooruitstekende, aan het benedendeel eenigszins vlakker loopende dak. De galerij, die door rolgordijnen tegen de zon beschut kan worden, vormt des daags de verblijfplaats van het gezin. De bouw van zulk een huis loopt gemakkelijk en snel van

stapel. Eerst wordt het geraamte van stijlen met de dakbalken opgezet,
dan wordt het dak gedekt, waartoe òf houten pannen gebruikt worden òf
atap. Deze laatste bestaat uit de vezels van palmbladen, die, aan een
stok naast elkaar vastgebonden, lange vlakken vormen, die naast elkaar
op de balken van het dak worden bevestigd. Een atapdak heeft, evenals
een Europeesch stroodak, boven een pannendak voor, dat het de hitte
beter afweert. Het biedt echter aan den hevigen plasregen, die de
tropische onweders vergezelt, niet zoo lang weerstand als goed gebrande
pannen; bovendien nestelt er licht ongedierte in, vooral ratten. De
wanden van het huis worden door gevlochten bamboematten gevormd.
Daar afwisselend donkere en lichte strooken gebruikt worden, ontstaan
eenvoudige, regelmatige vlechtpatronen, die het huis van buiten versieren

Inlandsche woningen, West-Java.

en in den schemerschijn van binnen het behangselpatroon vervangen. De
vloer is een weinig boven den bodem verheven, zoodat het geheele huis
op palen staat. Men heeft deze wijze van bouwen veelal ook bij Europeesche gebouwen nagevolgd, door in plaats van bamboe- of houten
stutten lage steenen pilaren te gebruiken, waarop de vloer der benedenverdieping rust.

Geheel zonder viervoetige medebewoners blijven niettemin noch de
huizen der inlanders noch die der Europeanen. Overal aan de zoldering
en aan de wanden, zelfs langs stoelen en tafels klauteren de kleine
tjitjaks rond, vingerlange hagedissen van het geslacht Hemidactylus, die
met groote behendigheid allerlei lastige, gevleugelde insekten, termieten

en muskieten vangen, en daardoor voor de bewoners van nut zijn. Men
went gemakkelijk aan hunne aanwezigheid, en aan hun overal hoorbare

Inlandsch dorp aan den postweg in de Preanger.

stemmetjes, die iets op het kwetteren van zwaluwen gelijken. Een grootere
soort van gekko, de *tokèk*, woont als kluizenaar tusschen de daksparren

van het huis. Men krijgt hem maar uiterst zelden te zien, maar des te vaker verneemt men in de avondstilte zijn geroep. Hij begint met een blatend gerochel en roept dan eenige malen met korte tusschenpoozen scherp geartiçuleerd: Gekko!

Soms leest men in reisbeschrijvingen dat men 's avonds voor het naar bed gaan het hoofdkussen moet oplichten, omdat zich daaronder een slang genesteld zou kunnen hebben, en dat het noodig is, 's morgens eerst de schoenen of pantoffels uit te schudden, daar er schorpioenen of vergiftige duizendpooten in konden zijn. Ik heb in de Indische huizen nooit slangen of schorpioenen gezien, maar heb trouwens op mijn geheele reis noch onder mijn hoofdkussen noch in mijn pantoffels ooit ernstig daar naar gezocht.

In vele inlandsche huizen vindt men de voorgalerij als winkel ingericht. Voor den ingang is een lange tafel aangebracht, waarop in schotels en manden allerlei vruchten en andere eetwaren te koop liggen. Geelrijpe pisangs in groote trossen, vruchten van den meloenboom (Carica), ananas, versche kokosnoot, de in vruchtvleesch verborgen pit van de doerian, mangga's en manggistan's, ramboetan's, doekoe's, djamboe's en hoe deze produkten van den Indischen boomgaard meer heeten mogen. Alles is netjes en smakelijk uitgestald; een rommel, zools men dien wel eens in de Münchener „Käselädchen" aantreft, bevalt den inlander niet. De vele soorten tropische vruchten, die zulk een verzameling bevat, hebben meestal een sierlijk en smakelijk voorkomen; in smaak echter kunnen ze zich niet met onze appelen, peren, kersen, perziken, druiven en aardbeien meten. Het smakelijkst vond ik altijd nog de aromatische ananas, die, van Amerikaanschen oorsprong, in alle tropische landen verbouwd wordt. Ook de pisangs kan men als een goed soort ooft aanmerken. Men onderscheidt daarvan een groot getal soorten, die in uiterlijk en grootte verschillen, maar ook ten opzichte van aroma en smaak even veel uiteen loopen als b.v. onze perensoorten. De fijnere soorten, zooals pisang mas en pisang radja-sereh zijn klein en hebben een zoet, smeltend, geurig, specerijachtig vleesch. De pompelmoezen, zoo groot als een kinderhoofd, en de djëroek's, welke hier hun Zuid-Europeesche soortgenooten, de sinaasappelen, vervangen zijn minder sappig dan deze en vooral zuurder en zonder het fijne aroma. Een goede mangga herinnert in smaak en samenstelling van het vruchtvleesch aan een meloen, maar de vrucht bestaat wel voor drie vierde uit schil en pit. Ook de manggistans, ter grootte van een appel, bevatten maar een betrekkelijk klein eetbaar gedeelte, het witte, als room smeltende vruchtvleesch der acht zaden, die door een dikke, roodbruine, oneetbare schil omgeven worden. De smaak van dit zoete zaadvleesch behoort in elk geval mede tot de fijnste onder alle tropische vruchten. Door hen, die in Indië gereisd hebben, of zich daar lang hebben opgehouden, wordt soms de doerian als de heerlijkste vrucht der tropen geroemd. Men zegt van de witachtige vruchtbrij, dat ze den zachten smaak van gesuikerde slagroom met dien van zoete amandelen en goede Sherry verbindt. Ik moet bekennen, dat ik ieder dezer smaken liever afzonderlijk geniet! Hun vermenging, tenminste wanneer die werkelijk door de doerian vertegenwoordigd wordt, vond ik flauw, kaasachtig, nietszeggend en wee, en in ieder geval veel te duur gekocht voor de mishandeling der reukzenuwen, aan het genot er van verbonden. Daar bovendien de reuk van de doerian zich aan den eter meedeelt, en daarenboven het gebruik der vrucht een voor den normalen mensch geheel overbodige, en soms onaangename physiologische werking moet hebben, heb ik het bij die eene proef gelaten. Ik kan het zeer goed begrijpen dat naar algemeene gewoonte het eten van doerian slechts in de afzonderlijk gelegen badkamer vergund is, en ik heb later, toen ik mij voor mijn reizen op Sumatra een Javaanschen bediende aanschafte, er bijzonder op gelet, een man te krijgen, die zich het doerian-eten niet tot een gewoonte gemaakt had.

Kokki, van de passar komende.

Het groote belang van den vruchtenhandel voor de bewoners van het boomrijke land blijkt wel 't best hieruit, dat, behalve in de *warongs* — de inlandsche winkels en gaarkeukens — ook door tal van venters nog vruchten te koop geboden worden en dat ook op de passar de vruchtenhandelaars een aanzienlijke ruimte innemen. Op al die plaatsen van verkoop vindt men ook de ingrediënten voor de gewone maaltijden der inlanders: gekookte rijst, kerry, gedroogde visch en allerlei sambal's. Voor eenige centen bereidt de koelie zich uit deze zaken zijn sober maal, dat gewoonlijk op straat vóór de warong of naast de draagmand van den rondventer genuttigd wordt. De inlanders kennen uiterst weinig behoeften, hun drank is zuiver of met vruchtensappen en suiker gemengd water, dat wordt afgekoeld door middel van 't kunstmatige ijs, dat de Europeesche nijverheid hun goedkoop levert. Alkoholische dranken zijn hun, als Mohammedanen, door den Koran verboden; maar ook zonder dat ligt gebruik of misbruik daarvan volstrekt niet in het Javaansche volkskarakter. Slechts twee narcotische genotmiddelen zijn algemeen verbreid: de tabak en de sirih. De tabak wordt in den vorm van siga-retten gebruikt: in een opgerold en recht afgesneden stuk dekblad van mais of van een jong nipah- of pisangblad worden eenige tabaksblaadjes gelegd. Na weinige trekken is het genot van zulk een „strootje" al ten einde. Gedurende mijn reis door Sumatra, toen mijn Europeesche sigaren op waren, heb ik eens eenige dagen lang mijn behoefte aan rooken

Rijstverkoopster.

uitsluitend met zulke strootjes moeten bevredigen, maar ik was erg blij, toen ik weer een havenplaats bereikt had, waar werkelijke, hoewel slechte, sigaren te · koop waren.

Het sirih-kauwen is haast nog meer verbreid dan het rooken en wordt door mannen en vrouwen, bij voorkeur door de laatsten, gedaan. Men neemt een sirihblad, veegt het even langs de mouw en knijpt er met de nagels het uiteinde af; daarna besmeert men het met behulp van het in het sirihstel aanwezige spaantje met een weinig fijne, tot een papje gemaakte sirihkalk, doet er een klein stukje pinangnoot bij en vouwt het blad om deze ingrediënten op. Na een kwartier wordt de uitgezogen sirihpruim uitgespuwd, daarna neemt men een pruimpje tabak, veegt daarmee tandvleesch en lippen af en houdt het pruimpje nog eenigen tijd in den mond, d. w. z. tusschen lippen en tanden. Op Sumatra wordt de tabak wel onmiddellijk na de sirihpruim in den mond genomen. Het zich ontwikkelende donkerroode sap kleurt met het speeksel tanden en lippen en draagt niet tot verfraaiing van het gelaat bij; bejaarde sirihkauwers hebben tenminste meestal een zeer slecht gebit [1]).

Ofschoon een deel van het huiselijk leven bij de inlanders zich buitenshuis afspeelt, ziet men toch nergens die levendigheid en drukte, die in de Chineesche wijk van Singapore den Europeaan verrassen. Men ziet hier en daar om de draagmanden der handelaars in eetwaren een groep mannen en vrouwen op den grond gehurkt, die na genoten maaltijd rookend of sirih kauwend kalm een gesprek met elkaar voeren.

Koperen sirihstel.
(Origineel in 's Rijks Ethn. Museum te Leiden).

Onophoudelijk passeeren ons koelies, den breeden, schotelvormigen hoed in de hand houdend; een paar bekenden begroeten elkaar, door met een linksche buiging een hand naar elkaar uit te strekken, om die daarna naar borst of voorhoofd te brengen. Een aantal inlanders, de vrouwen in bonte kleeding, de pajoeng — het inlandsche zon- en regenscherm van bamboe en geolied papier — boven het hoofd, gedeeltelijk met kinderen bij zich, die, als ze nog heel jong zijn, in de slendang op de linkerheup gedragen worden, een kar of een vrachtwagen, ook wel

---

[1]) Het sirihspeeksel kleurt de tanden onregelmatig en niet fraai zwart; daarom worden de tanden, nadat ze, zooals de Javanen gewoon zijn op een bepaalden leeftijd te doen, afgevijld zijn, al dadelijk kunstmatig zwart gemaakt. De inlanders schrijven aan het sirihpruimen een gunstigen invloed op mond en tanden toe.

eens een fietser met bloote voeten, of een *sado* (dos à dos) — dat alles gaat ernstig en rustig zonder geschreeuw of opwindende jacht zijns weegs. Een zekere levendigheid wordt evenwel aan het straattafereel verleend door de spelende kinderen, waarvan ieder gezin er een flink getal bezit.

Als uit het aantal en het gedijen der nakomelingschap tot de nationale welvaart van een volk mag worden besloten, dan bevinden de inlanders op Java zich klaarblijkelijk in een stadium van vooruitgang en de statistiek bevestigt eenigermate deze conclusie. De bevolking van Java is in den loop van de vorige eeuw van nauwelijks 4 millioen tot meer dan 30 millioen toegenomen en toch maakt de levenspraktijk der inlanders niettegenstaande deze vermeerdering geenszins den indruk, alsof de strijd om het bestaan de krachten der strijders op het uiterste inspant. Alles beweegt zich in kalme, gelukkige banen, werkelijke armoede en ellende ben ik niet tegengekomen [1]. Veel kan daartoe de wijze koloniale politiek der Nederlanders hebben bijgedragen, die van het beginsel uitgaat, dat op de welvaart der inlanders ook voor de Europeanen de bloei der kolonie berust. Een niet hoog genoeg te schatten invloed op de gelukkige toestanden heeft evenwel ook de aard der inlanders, hun weinige behoeften en de weelderigheid van den plantengroei, die iederen arbeid met honderdvoudige vrucht beloont.

De inlanders houden veel van kinderen en de geringe kosten, aan hun opvoeding verbonden, maken dat ze zonder zorg voor de toekomst op een talrijke nakomelingschap kunnen neerzien. Zoodra het bruine kleintje den moederarm kan missen en geleerd heeft zijn eigen beentjes te gebruiken, wordt het aan de zorg van oudere zusters of broers overgelaten en stoeit met hen in de buitenlucht, zoolang het weer het toelaat, in het minst niet door eenig kleedingstuk gehinderd. Zelfs geen beschutting tegen de brandende zon, die de Europeaan geen oogenblik kan ontberen, wordt door de kleinen gebruikt. Ja, de natuurlijke bescherming, de dichte haargroei, wordt zelfs nog geregeld afgeschoren, op een enkel kuifje na, dat naar oud gebruik nu eens in 't midden, dan aan de rechter- of linkerzijde, van achter of voor op 't hoofd zich bevindend, op het kale ronde hoofdje een eilandje vormt. Het spel der kinderen in Paradijscostuum biedt soms kostelijke tafereeltjes, die ik wel graag met de moment-camera had willen vasthouden. Zoo zag ik eens tusschen de

---

[1]) Het kan van genoegzame bekendheid geacht worden, al heeft Prof. G. dit tijdens zijn kort verblijf niet voldoende kunnen opmerken, dat de economische toestand van 't geheele Javaansche volk geenszins zulk een rooskleurige schildering wettigt. Bij de Soendaneezen, onder wie hij het langst woonde, is de toestand het gunstigst.

bloeiende stokrozen van den hoteltuin voor mijn galerij het naakte, bruine, nauwelijks éénjarige zoontje van een koetsier van 't hotel achter een tammen, zwarten ooievaar aanloopen, terwijl de vogel, als het ware wetend dat het maar spel was, met opgeheven vleugels op zijn lange stelten statig voor hem uit liep. Voor ik met mijn camera ter plaatse was, was het bekoorlijke tafereeltje al lang voorbij.

De tijd van 't Paradijs duurt voor de kleinen niet lang. Al dra krijgen ze kleeren van hetzelfde model als de volwassenen dragen. In de steden ziet men in plaats daarvan de jongens soms in een soort hansop, hemd en broek aan één stuk. Het komt mij voor, dat deze dracht niet oorspronkelijk is, maar overgenomen van de Europeanen, wier kinderen in zulk een kostuum bij 't spelen op den weg verschijnen. Het kleeding- stuk wordt overigens slechts door zeer kleine kinderen, en dan nog als een soort négligé gedragen; bij de inlandsche schoolkinderen, die ik op hun weg van en naar school dikwijls genoeg zag passeeren, heb ik deze dracht nooit gezien.

Het tijdstip der volwassenheid komt voor de inlandsche kinderen vroeger dan bij ons. Op den leeftijd, dat onze dochters nog als bak- vischjes vol vurig verlangen hun eerste bal tegemoet zien, dat onze zonen buiten schooltijd roovertje of Indiaantje spelen, is het Javaansche meisje misschien al vrouw en moeder, zoekt de Javaansche jongeling reeds door eigen werk zich een zelfstandige positie te veroveren.

Bij het kalme, bedaarde karakter van den inlander kan het geen verwondering wekken, dat hij niet van rumoerige en woeste feestelijkheden houdt; zachte muziek, een tooneelvoorstelling, waarbij hij, behagelijk sirihkauwend of rookend, kan toeluisteren en toekijken, zijn voor hem het grootste genot, en bij alle familie- of openbare feesten spelen derhalve de muziek van de gamelan, het optreden van danseressen, of een wajangvertooning een groote rol. Bijna alle avonden, wanneer ik na het diner in mijn galerij behagelijk mijn sigaar zat te rooken, hoorde ik van uit de inlandsche wijk, die onder de palmboomen verscholen lag, de zachte, gedempte, haast melancholische tonen van de gamelan tot mij opklinken. Meer van nabij leerde ik deze muziekuitvoeringen en het daarmede gepaard gaande ballet voor de eerste maal kennen door een klein onschuldig avontuur, dat mij geheel onverwacht in het huis en het gezelschap van een aanzienlijk Javaan bracht.

Op een avond in September 1899 geraakte ik aan tafel met eenige medegasten in gesprek over de inlandsche muziek, het tooneel en de danseressen. Tenslotte vroegen we den Maleischen mandoer, of er in Buitenzorg zulk een gezelschap van danseressen was, dat in het openbaar

ook voor Europeanen optrad. Wij kregen ten antwoord, dat men voor
15 gulden een dansvoorstelling met begeleiding van muziek in het hotel
zelf kon krijgen: bovendien was er in de *roemah règen* dien avond
gelegenheid om deze dansen te zien. „Roemah rĕgèn" beteekent: het huis
van den regent. In Buitenzorg en Batavia nu, als zetel van den Gouverneur-Generaal en van de koloniale regeering, heeft men niet, zooals in
de overige deelen van Java, regenten, maar ook de inlanders staan
onmiddellijk onder het Europeesch gezag. Wij wisten dus, dat met de
„roemah rĕgèn" geen huis van een werkelijk in functie zijnd regent
bedoeld kon zijn en verklaarden ons eindelijk de zaak zóó, dat de „roemah

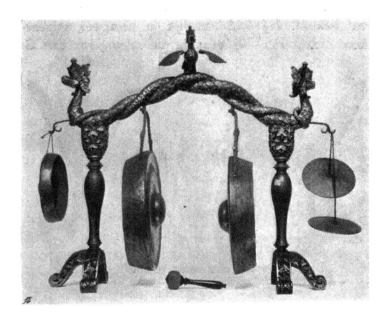

Gong. (Model in 's Rijks Ethn. Museum te Leiden).

regèn" zeker nog afkomstig was uit den tijd, dat ook in Bogor (Buitenzorg) een regent resideerde en dat het nu verlaten huis thans in 'n soort
komedie of opera — in inlandschen stijl — veranderd was. Vol ondernemingsgeest besloten wij met ons vieren op onze avondwandeling na
tafel het huis uit te vinden en de voorstelling bij te wonen.

Goed en wel kwamen we te bestemder plaatse. Het was een groot
gebouw met galerijen vóór en op zij, waaruit ons de zachte tonen van
de gamelan tegenklonken. Voor een zijgalerij verdrongen zich mannen,
vrouwen en kinderen. Nader komend zagen we, dat men daar het gezicht
had in een groote, open, hel verlichte hal, waarin de danseressen en
de gamelan aan 't werk waren. In de hal, vlak bij de galerij, stond een

ronde tafel met eenige Europeesche rieten stoelen. Wij meenden niet anders dan dat deze plaats voor eventueele Europeesche bezoekers bestemd was en drongen moedig door de menigte heen, om door de galerij bij de tafel en de stoelen te komen. Wij hoopten den ons onbekenden entreeprijs voor deze gereserveerde plaatsen in elk geval te kunnen opdokken. Maar juist toen we op 't punt waren te gaan zitten, gebeurde iets geheel onverwachts. Achter een soort kamerschut stond een oud inlandsch heer op en kwam op ons toe met een gezicht, waarop de vraag naar eenige opheldering, ja eenig misnoegen stond uitgedrukt. Een van mijn metgezellen, een jong ambtenaar bij het Binnenlandsch Bestuur, redde gelukkig terstond den toestand, en begroette den ouden heer zeer eerbiedig en beleefd. Hij had namelijk in hem een gepensionneerden regent herkend, aan wien hij eens in de salons van den Gouverneur-

Bonang-agĕng (agĕng = groot).
(Model in 's Rijks Ethn. Museum te Leiden).

Generaal was voorgesteld. Kortom, wij waren zoo ongegeneerd mogelijk het particuliere huis van een aanzienlijk inlander binnengedrongen, en zeker zou ons de deur gewezen zijn, wanneer onze metgezel ons niet met diplomatiek overleg uit de moeilijkheid gered had. Wij werden behoorlijk voorgesteld, en het gezicht van den „toewan regèn" klaarde op, toen hij vernam, dat er onder zijn gasten een Europeesch geleerde, onbekend met het land, was, die door zucht tot onderzoek van het zoo hoogst interessante Javaansche volksleven, op zulk een ongewoon uur in zijn huis werd binnengeleid. Hij bleek een beminnelijk gastheer, bood ons sigaren aan, betreurde het, dat hij ons geen drank kon presenteeren, verklaarde ons de beteekenis der dansen en veranderde, voor zoover noodig, den gang der voorstelling, om ons het schoonste en interessantste te doen zien.

Terwijl wij in gesprek waren met den ouden heer, waren spel en dans rustig voortgegaan. De danseressen, vier in getal, waren zeer jonge, en naar inlandschen smaak, bijzonder schoone meisjes, naar mededeeling van den regent tusschen 12 en 15 jaar oud. Zij waren rijk versierd en in prachtige gewaden gekleed, daarenboven veel vollediger en decenter gekleed dan onze Europeesche balletdames. Haar dans bestond niet uit kunstige passen op de maat der muziek, maar ze bleven meestal op ééne plaats staan, en wisselden op bevallige wijze van lichaamshouding, waarbij vooral de bewegingen van armen en handen, zelfs der vingers afzonderlijk, een groote rol speelden.

De muziek, die de dansbewegingen begeleidde, werd door meerdere muzikanten ten gehoore gebracht. Een, die op een verhoogden zetel tevens de rol van kapelmeester scheen te vervullen, streek op een soort viool met slechts twee snaren (de *rĕbab*). De slaginstrumenten van de gamelan zijn bijna alle van koper; het zijn in hoofdzaak de volgende: [1]

1⁰ De *gong*, een groot metalen bekken, hangende aan een houten schraag, de *gajor*, die gewoonlijk zeer fraai bewerkt is. Meestal heeft men meer dan één bekken, het grootste midden in; aan het verlengde der gajor hangt een kleiner gong, dan *kĕmpoel* geheeten. Op de afbeelding, blz. 287, hangen tusschen de pooten der gajor twee ongeveer gelijke gongs, links nog een kĕmpoel, en rechts een paar platte bekkens.

2⁰ De *bonang-agĕng* zie blz. 288. De bak, waarin de tien metalen bekkens op twee rijen rusten, heeft een bodem van latwerk; de bekkens, ook afzonderlijk *bonang's* genoemd, staan niet onmiddellijk op dien bodem, maar elk op twee, in de lengte gespannen koorden van touw, leer of rotan.

3⁰ De *kĕnong*, zie blz. 290, bestaat slechts uit één groote bonang, in, of liever boven een vierkante houten kist rustende op kruiselings gespannen koorden.

4⁰ De *dĕmoeng*, zie blz. 291. De zeven metalen toetsen die het instrument bevat, rusten los op den bak door daarin bevestigde pennen, welke door een gat in elk der toetsen gaan.

Een dergelijk instrument, maar met 16 à 18 *houten* toetsen, wordt *gambang* genoemd; de *saron* heeft weer metalen toetsen, 6 of 8 in getal.

Van geheel anderen aard is ten 5⁰ de *gĕnder*, zie blz. 292. Boven elk der daarin zichtbare twaalf bamboekokers hangt aan overlangs gespannen koorden een geelkoperen toets. De toetsen van de dĕmoeng, de bonangs en gongs zijn van *gongsô*, een mengsel van koper en tin.

---

[1] De volgende beschrijving der instrumenten is in 't reisverhaal van Giesenhagen ingelascht.

Als voorbeeld van een geheel ander type van slaginstrumenten worde hier nog vermeld de *kēndang*, een soort trommel: een uitgehold stuk *nongkö*-hout, aan beide zijden bespannen met bereide schapenhuid.

Zooals uit de beschrijving der instrumenten kan blijken, zijn het louter weeke, doffe tonen, waaruit de Javaansche muziek is samengesteld. Een scherp afgebakende melodie is voor een Europeesch oor in zulk een muziekstuk niet te hooren. De maat wordt streng volgehouden, maar af en toe afgewisseld in verband met de bewegingen der danseressen. In het algemeen geloof ik den ganschen avond slechts mol-akkoorden te hebben gehoord, die zich onophoudelijk om hetzelfde, weinig gemouvementeerde thema groepeerden.

Ik had in Singapore gelegenheid, in een Chineesch theater Chineesche muziek te hooren. Zij bereikt juist het andere uiterste en eischt sterke zenuwen, alle tonen zijn krijschend, gillend en donderend, terwijl de Javaansche metaalklankenmuziek op den duur te week is. Men ziet ten laatste reikhalzend uit naar een krachtige trompetstoot en een in forsche akkoorden uitklinkende melodie.

Kënong. (Model in 's Rijks Ethn. Museum te Leiden).

Zooals ik reeds zeide, bracht onze beminnelijke gastheer in den gang der voorstelling soms eenige afwijking, om voor ons het schoonste en interessantste te doen opvoeren. Op zijn wenk zweeg de gamelan en de danseressen verlieten de hal. Gedurende deze pauze liet de regent een veel gebruikte portefeuille met erg verbleekte photographiën brengen. Zoover ze mij duidelijk waren, bleken het momentopnamen van optochten, waarbij onze regent een rol gespeeld had. Er was ook een afbeelding van zijn oudsten zoon bij, die hij met rechtmatigen vadertrots toonde. Om blijk te geven, dat ik zijn gevoel begreep en eerbiedigde, vertelde ik hem, dat ik in mijn ver vaderland een „anak laki-laki, oemoernja tiga taoen" = een driejarig zoontje, had en dat het mij niet zeer gemakkelijk geweest was, hem zoolang te moeten verlaten om de verre reis te kunnen doen. Met genoegen bemerkte ik, dat de vertrouwelijkheid, die in mijn mededeeling lag, ondanks mijn nog zeer gebrekkig Maleisch niet misverstaan werd. Zuiver menschelijke aandoeningen als oudertrots en ouderliefde worden over de geheele wereld bij alle goede menschen even hoog geacht. Aan de uitingen daarvan herkent de kleurling in den Europeaan, hoe hoog deze ook in beschaving boven hem moge staan, zijn broeder, en ziet daaruit, dat er iets gemeenschappelijks bestaat, dat, onafhankelijk van beschavingstoestand en huidskleur, de harten gelijk doet kloppen. Nog dikwijls heb ik, ook in veel onbeschaafder streken en bij veel eenvoudiger menschen, gelegenheid gehad deze zelfde ervaring op te doen.

Na korte rustpoos begon de gamelan opnieuw, de *dalang* ving

Dĕmoeng. (Model in 's Rijks Ethn. Museum te Leiden).

weder zijn voordracht aan en de danseressen traden opnieuw de zaal binnen. Thans waren ze bijna nog rijker en prachtiger gekleed dan tevoren. Zij stelden helden uit de Javaansche mythologie voor en droegen op het hoofd vergulde helmen van eigenaardigen vorm en op den rug in den gordel de kris.

Het hoofdthema der voorstelling komt eenigszins overeen met dat van de Germaansche Hildebrandsage. Iedere twee vertoonsters vormen een partij en door elk der beide partijen worden dezelfde bewegingen uitgevoerd. Men ziet dus eigenlijk tweemaal dezelfde pantomime. De handeling is in het kort de volgende: Twee mythische helden, wier namen ik helaas niet dadelijk genoteerd heb en daardoor vergeten ben, ontmoeten elkaar zonder elkaar te herkennen. Zij strijden, maar geen hunner behaalt de overwinning. Afgemat door den zwaren strijd met den even sterken tegenstander gaan zij tegenover elkaar zitten en vertellen elkaar hun afkomst, waarbij dan blijkt, dat zij naaste verwanten zijn. Met de uitdrukking hunner vreugde over hun ontmoeting en herkenning eindigt daarna de urenlange voorstelling.

Men kan overigens deze dansen geen eigenlijke pantomime noemen,

Gĕnder. (Model in 's Rijks Ethn. Museum te Leiden).

want er wordt ook bij gesproken. Gewoonlijk is dit het aandeel van den *dalang*, den leider der voorstelling, die onder of naast de muzikanten zit. Soms evenwel moeten ook de danseressen van het eerste der beide paren het woord nemen. Deze onderbreking van het stille spel is zeer

Gamelanspelers.

aangenaam. Men verheugt zich er over, ook eens de stemmen der sier- lijke schepseltjes te hooren. Zij spraken eenigszins met de stem en het accent van een klein schoolmeisje uit de laagste klasse, dat voor het eerst bij een openbaar schoolfeest een gedicht moet voorlezen. Er ligt zooveel zachtheid en moedig overwonnen schuchterheid in, het geheele wezen der jeugdige danseressen is zoo onschuldig en decent, dat men den indruk krijgt alsof men de verpersoonlijkte onschuld voor zich heeft. Achter de schermen zal dat misschien anders zijn. *Koerang priksa* zegt de inlander, wanneer hij beleefd uitdrukken wil: ,,ik weet het niet". Letterlijk vertaald is het: (ik heb het) niet genoeg onderzocht [1]).

Na het einde van den dans naderden de danseressen vol eerbied den regent en lieten zich voor hem op de knieën neer. Hij wierp ieder van haar een handvol kopergeld in het houten bakje, dat ze ophielden. Daarna kwam het gezelschap bij mij en op de rij af bij de overige

Danseressen.

heeren, om van ieder eerbiedig knielend een belooning te vragen, die haar dan ook ondanks de protesten van onzen gastheer in ruime mate te beurt viel. Dit was het teeken, dat de voorstelling was afgeloopen. Met hartelijken dank namen wij afscheid van den *toewan regèn* en gingen zeer verheugd en hoogst voldaan over 't geen we bijgewoond hadden naar ons hotel terug. Ik heb later nog meer gelegenheid gehad om Javaansche danseressen te zien, o. a. bij het groote jaarlijksche feest der

---

[1]) Vergel. verder blz. 298 e. vlg.

beambten en arbeiders van 's Lands Plantentuin; maar ik moet bekennen, dat voor mij de eerste indruk de beste was, misschien ook wel omdat in het huis van den regent onder de oogen van den gestrengen heer met meer zorg gespeeld en gedanst werd.

HOOFDSTUK II.   DE WAJANG. [1]

De *wajang*, het hoogst merkwaardige Javaansche t o o n e e l, verdient wel een uitvoeriger beschrijving dan de ééne pagina, die Prof. Giesenhagen er in zijn reisbeschrijving aan wijdt.

Het woord *wajang* beteekent oorspronkelijk *schaduw*, maar thans wordt er ook onder verstaan een wajang-p o p. In het Hoog-Javaansch of *Krômo* luidt de naam dan ook *ringgit*, een woord dat eveneens gebruikt wordt voor „rijksdaalder" evenals men in 't Hollandsch een gulden wel een „pop" noemt. Oorspronkelijk was het dus een schaduw of schimmenspel; wij zullen later zien dat volgens de meest aannemelijke verklaring de oorsprong van de wajang-vertooningen gezocht moet worden in de vereering van de s c h i m m e n of geesten der afgestorvenen. Omtrent den tijd van het ontstaan dezer vertooningen bestaan geen historische gegevens, maar dat zij reeds sedert minstens een tiental eeuwen op Java gehouden worden, ja, zoolang terug reeds populair moeten geweest zijn, blijkt uit enkele plaatsen van Oud-Javaansche gedichten. Zoo o.a. uit de *Ardjoena-Wiwâha* (= Ardjoena's bruiloftsfeest), een Javaansch gedicht, dat vervaardigd is in de eerste helft der elfde eeuw na Chr., waar gezegd wordt: [2]

„Er zijn er, die, als ze kijken naar de tooneelpoppen, weenen, bedroefd en verbijsterd zijn in hun gemoed, hoewel ze toch weten dat het uitgesneden leer is, dat het vertoon maakt van te spreken; met hen kan men vergelijken menschen, die, dorstend naar de wereldsche dingen, in ijdelen waan verkeeren, en niet weten dat al het bestaande (zichtbare) en het onzichtbare slechts begoocheling is."

Een jonger gedicht, maar toch uit niet later tijd dan ongeveer 't midden der 12[de] eeuw, zegt:

„De bergen maakten op dat oogenblik den indruk alsof ze de boomen tot tooneelfiguren en den doorschijnenden, fijnen nevel tot scherm

---

[1] Hoewel de wajang eigenlijk in West-Java niet inheemsch is, wordt voor de goede aansluiting in het reisverhaal de beschrijving van de wajang hier ingevoegd.

[2] Vgl. Dr. G. A. J. Hazeu. Bijdrage tot de kennis van het Jav. Tooneel p. 9 e. vgl.

hadden; de holle bamboe's, waar de wind door heen speelde, ze waren (als het ware) de zacht ruischende *toedoengans* [1]); de kweelende kwartels waren (als het ware) de *saron's* [2]), harmonisch afwisselende met de zachte echo der herten; de tonen der verliefde pauwen vormden 't Madraka-gezang."

Nog niet zoo lang geleden meende men, dat de Javanen aan de Hindoe-kolonisatie, die omstreeks den aanvang van onze jaartelling moet begonnen zijn, ongeveer hun geheele beschaving te danken hadden, en daaronder werd ook de invoering van de wajang gerekend. Maar allengs is men van dit denkbeeld teruggekomen en heeft vooral op taalkundige gronden vastgesteld, dat o. a. de wajang — althans het spel als zoodanig, de tooneeltoestel en de wijze van opvoering — beslist van echt Javaanschen oorsprong moet wezen. Blijkt nu uit de geciteerde plaatsen uit oud-Javaansche gedichten dat ongeveer in 't jaar 1000 na Christus de wajangvertooningen niet alleen op Java reeds bestonden, maar ook reeds zeer populair waren

Wajangvertooning.

en op dezelfde wijze ongeveer plaats hadden als tegenwoordig — dan zou men er toe kunnen komen den oorsprong van het schaduwtooneel veel verder dan nog eens duizend jaren terug te verschuiven en aan te nemen dat het lang vóór de komst der Hindoe's op Java al bestond. Want minder aannemelijk is de veronderstelling, dat tijdens de Hindoe-overheersching zulk een echt Javaansche vertooning zou ontstaan zijn en niet in haar wezen den invloed der Hindoe's zou hebben ondergaan.

De *wajang* is een schaduwvertooning, een schimmenspel. Een groot wit katoenen doek met roode randen — de *këlir* — is tusschen een stevig houten raam gespannen en wordt geplaatst, wanneer de vertooning bij den gastheer aan huis plaats heeft, in de galerij, die bij de woning

─ ── ── ─

[1]) Een soort van fluit.
[2]) Zie blz. 289.

van een gegoed Javaan vóór- en achterhuis verbindt. Boven vóór het scherm, aan een der dakbalken of aan een boven de kelir uitstekend eind hout, hangt een groote metalen lamp, de *blèntjong*. Op den grond, tegen de kĕlir aan, liggen een paar pisangstammen; in het zachte weefsel, waaruit deze bestaan, steekt men de scherpe punten, waarin de wajang-poppen van onder uitloopen. Op eenigen afstand achter de kĕlir staat de *kotak*, de groote kist, waarin de vertooner zijn poppen bergt. We zien aan de naar den vertooner toegekeerde langszijde van deze kist aan een

Koperen blentjong (wajanglamp).
(Origineel in 's Rijks Ethn. Museum te Leiden.)

haakje een paar metalen of houten plaatjes hangen: ze worden door den *dalang* — den vertooner — met den linkervoet aangeraakt om krijgs-rumoer voor te stellen. Wan-neer nu nog vermeld wordt dat de dalang in de hand of soms wel tusschen de teenen van den rechtervoet een hou-ten of hoornen hamertje houdt, waarmee hij tegen de kist of tegen de *kĕpjak* (de genoemde houten of metalen plaatjes) slaat om teekens aan de mu-zikanten te geven, en dat een peervormig uitgesneden stuk buffelleer met bergen of boo-men beschilderd — vandaar *goenoengan* geheeten — midden vóór 't scherm in een der pisangstammen geplaatst, dienst doet als decoratie of om aan

te toonen dat de voorstelling nog niet begonnen is — dan zijn bijna alle rekwisieten voor het Javaansche tooneel opgenoemd. Maar het eigen-aardig godsdienstig karakter komt al dadelijk uit in wat er verder bij geen voorstelling mag ontbreken: de *padoepan* of reukofferschaal en een metalen kom om de *sadjèn* of 't spijsoffer te bevatten.

De vertooner, de *dalang*, is een man van gewicht, tenminste wanneer hij in functie is, die door de bewegingen die hij zijn poppen laat verrichten, de samenspraken die hij ze laat houden en hetgeen hij er verder al reciteerend of half zingend bij vertelt, zijn toehoorders uren aaneen, ja geheele nachten, wakker en in gespannen aandacht houdt. Toch is het dikwijls in 't gewone leven maar een eenvoudig landbouwer, die veel wajang-vertooningen heeft bijgewoond, en daardoor den slag er van gekregen heeft, om zelf op te treden. Er zijn er evenwel ook, die het vak van dalang als hun beroep kiezen, en reeds als jongeling in de leer gaan bij een te goeder naam en faam bekend staanden dalang; zulke dalangleerlingen noemt men *tjantrik*. Zij zijn steeds bij iedere voorstelling van hun leermeester tegenwoordig, en zien hem dus de kunst af; zoodra ze ver genoeg gevorderd zijn, mogen ze ook wel eens een voorstelling openen door een kort stukje, dat met het volgende, groote wajangstuk in geen verband staat.

Maar al is de dalang de hoofdpersoon, hij is niet de eenige, die bij een voorstelling handelend optreedt. Onmisbaar zijn hierbij de muzikanten, de bespelers van de gamelan. Zwijgend, met echt-Javaansche kalmte en ingetogenheid, verrichten zij uren achtereen hun wel niet zware, maar toch eentonige en vervelende taak; volkomen zeker van hun partij, die ze reeds zoo ontelbare malen gespeeld hebben, ontlokken zij aan het koper melancholische, zuivere tonen, als een held in den strijd gevallen is, of doen de lucht daveren van de wild-opwindende klanken der krijgsmuziek.

In de dessa hoogst zelden, maar in de steden (d. w. z. bij Javaansche ambtenaren) veelal, treedt nog een andere categorie van personen bij 't wajangspel op. Het zijn de dansmeisjes, in 't Westen van Java ronggèng, in Midden- en Oost-Java talèdèk genoemd. Voor het oog der meeste Europeanen heeft hun dans, bestaande in schuivende passen met de voeten en hoekige bewegingen van armen en handen, niet heel veel bekoorlijks; maar de inlander is er verrukt door. Onder dit dansen zingen de danseressen geïmproviseerde liedjes, waarbij hun schelle stem eenigszins gedempt wordt door de slendang, die ze voor den mond houden. Zij wonen gewoonlijk bijeen in de *pandjoenan*, een afzonderlijke kampong; de eigenaar van het erf waar de woningen dezer vrouwen zich bevinden verhuurt één van zijn vrouwelijk personeel aan den dalang die de voorstelling geeft; ook muzikanten wonen in die zelfde kampong, en worden door den *gĕrmô* — zoo heet de „baas" der pandjoenan — voor de opluistering der wajangvoorstelling, tegen betaling, afgestaan. De bordeelhouder houdt er n.l. altijd een gamelan-stel op na, en heeft op zijn erf daarvoor de vaste muzikanten. Deze noemt men, althans in Kĕdiri, *pandjak*, terwijl een muzikant die, alleen of met anderen, voor eigen rekening optreedt, daar *wyôgô* of *nyôgô* genoemd wordt. De laatstgenoemde categorie treedt daar bij voorkeur ten huize der inlandsche hoofden op.

Van genoegzame bekendheid is het, dat de Javaansche danseressen niet slechts priesteressen van Terpsichore, maar ook van Venus zijn. En terwijl ze om hun kunst in hooge achting staan, zou het door den eenvoudigen dessabewoner als een groote schande beschouwd worden, zoo een zijner dochters het gilde dezer ongelukkigen ging vergrooten.

Ten bewijze dat er ook Europeanen zijn, die een oog hebben voor de eigenaardige schoonheid van den Javaanschen dans wordt hier een plaats gegeven aan een gedicht van Otto Knaap:

DE RONGGENG.

Het bronzig-bruine lijf, met luidloos voetverschuiven,
Voortschrijdend op droom-loomen rhytmus en cadans.
De lichte slendang over schouders, in zacht wuiven
Gegolfd door teergevoel'gen vingerlijnendans.
De wijdope' oogen in een mijmerend vèr-staren,
Niet blikkend op 't beweeg van eigen lenig lijf,
Als innig welbewust der gratie van gebaren,
Plastieke weergaaf van heur ragfijn zielsbedrijf.
Hoe vlot die omtrekken van al heur wendezwenken!
De strak omspannen sarong vloeit de beenen na.
Een stoflijk lichaamspel, dat aan ònstof doet denken,
Ons zienlijk geopenbaard: Terpsichore's genâ.

Mogelijk is het ook, dat de dichter hier op 't oog heeft een dans, uitgevoerd door een corps de ballet van een Javaansch regent of van een der Javaansche vorsten. Deze danseressen mogen volstrekt niet met de zooeven genoemde taledek's op één lijn gesteld worden. Aan de hoven te Jogjakarta en Soerakarta onderscheidt men de bĕdôjô's en sĕrimpi's; deze laatste zijn steeds meisjes van vorstelijken of adellijken bloede; de bĕdôjô's evenzoo, maar als zoodanig kunnen ook als danseres gekleede adellijke jongens optreden. In de bĕdôjô's [1]) treden negen danseressen op, die even zooveel nimfen van de Ratoe Lôrô Kidoel, de Godin van de Zuidzee, voorstellen; de sĕrimpi's worden steeds gedanst door vier danseressen, en geven tooneelen weer, ontleend aan den Javaanschen roman-cyclus Mènak, welks verhalen zich, min of meer verwijderd, groepeeren om den Mohammedaanschen held Amir Hamza, den oom van Mohammed (Mènak = held). Een dans, die, bij uitzondering, door vijf sĕrimpi's gedanst wordt, is ontleend aan het Javaansche handschrift Angling Darmô.

---

[1]) Zoowel de dansen als de danseressen worden bĕdôjô en sĕrimpi genoemd.

De kleeding, zoowel van bĕdôjô's als van sĕrimpi's, munt uit door smaakvolle pracht. Een gebatikt benedenlijfskleed van vorstelijk patroon, in het kapsel en de ooren versieringen van gouden en zilveren trilbloemen en blaren, waarin juweelen schitteren, om het bovenlijf een zwartfluweelen krijgsrok, met goud geboord, een zijden gordel, met afhangende slippen, die, in gouden scheede, de „patrĕm" (vrouwenkris) draagt, dit zijn de hoofdbestanddeelen van het danskostuum, waaraan tal van gouden of zilveren, met juweelen bezette sieraden aan handen en armen, op borst en hals, nog meer luister bijzetten. Het dansen bestaat in een opeenvolging van houdingen en bewegingen, edel van lijn en vol expressie; geheel het lichaam, ook de vingers en beenen nemen er aan deel; met sierlijke bewegingen worden telkens naar vaste regels, de slippen van den zijden gordel opgenomen en weer losgelaten, of over de schouders geslagen; de voeten voeren bewegingen uit met de afhangende sleep van de *njamping* (het benedenlijfskleed). Geen woord wordt door de danseressen gesproken; alles moet door den dans zelf worden uitgedrukt, en dit gebeurt op een voor kenners voortreffelijke wijze.

Bij de sĕrimpi's voeren de danseressen (gelijk reeds door Prof. Giesenhagen werd opgemerkt zie blz. 291) twee aan twee precies dezelfde dansbewegingen uit; ze vormen dus samen één paar.

Ook regenten mogen sĕrimpi's en bĕdôjô's laten optreden; van de laatste evenwel nooit meer dan zeven.

De dramatische stof, die in de wajang ten tooneele gevoerd wordt, is veelsoortig en van zeer verschillenden oorsprong. Is de veronderstelling van Dr. Hazeu juist — en nog meer daarvoor aangevoerde bewijzen zullen hierna genoemd worden — dat de vertooning haar oorsprong vond in de oud-Javaansche voorouorvereering, dan mag ook aangenomen worden dat de daden en lotgevallen der vereerde voorvaderen aanvankelijk de stof voor de vertooningen zullen geleverd hebben. Maar daar verschenen, omtrent het begin onzer jaartelling, voor het eerst Hindoe-kolonisten op Java; steeds nam hun aantal toe, zij onderwierpen de toen zeker nog gering in aantal zijnde, oorspronkelijke bewoners; brachten hun, met tal van andere zaken, ook het letterschrift, en deden de meerbeschaafden onder hen in kennis komen met de oude Sanskrit-litteratuur. Geen wonder dat de aan allerlei sagen en legenden zoo rijke letterkunde der Arische heerschers een geweldigen invloed oefende, ook op de stof der wajangvertooningen. De oude, Heidensch-Polynesische sagen werden grootendeels verdrongen; de Sanskrit-heldendichten, voornamelijk het Mahâbhârata en het Râmâyana, gaven het aanzijn aan reeksen wajangstukken, door

Javaansche litteratuurbeoefenaars dikwijls zeer vrij naar de uitheemsche prototypen bewerkt. Maar menige trek uit de nationale sagen bleef behouden en werd in de tooneelstukken opgenomen; menig verkeerd of half begrepen Sanskritwoord had een groote afwijking in het dramatisch gegeven ten gevolge. Toch zijn het nog de oude Hindoegoden en -vorsten, die ten tooneele gevoerd worden, al meent ook de tegenwoordige Javaan dat hij de heldendaden van de voorouders zijner eigen vorsten, die ze op *Javaanschen* bodem volbrachten, ziet vertoonen. Dit alles

Lederen Wajang-pop: Rômô.
(Orig. in 's Rijks Ethn. Museum te Leiden.)

Lederen Wajang-pop: Ontô Koesoemô.
(Orig. in 's Rijks Ethn. Museum te Leiden.)

vormt het repertoire van de meest heilige der wajangsoorten, der eerbiedwaardige *wajang-poerwô*, die de geschiedenissen uit den grijzen oertijd ten tooneele voert. Vandaar dan ook, zoo meent de Javaan, haar naam; *poerwô* toch beteekent: het begin, oudtijds, oud; hier echter is het een verbastering van het Sanskrit *parwan* = de afdeelingen van 't heldendicht Mahâbhârata. (Parwa, paroewa, proewa, poerwa) De poppen, voor deze vertooning gebruikt, zijn steeds geheel uit buffelleer gebeiteld; in de woning van regenten en vorsten wordt geen andere dan deze wajang vertoond.

Op deze wajang naar tijdsorde volgend, er uit „voortgevloeid"
zooals een Javaansch schrijver zegt, vinden wij de *wajang-gědog*. De
Hindoe's zijn nu geen vreemdelingen meer, zij hebben hun hoogere
beschaving aan de Javanen meegedeeld, maar zich nu ook grootendeels
reeds in het Javaansche volk opgelost; op Java, vooral op Midden-
en Oost-Java, bloeit een Hindoe-Javaansche beschaving, met vorstenzetels
van machtige rijken als centra.

Om een nationalen held, Prins Pandji Koedô Wanèngpati, groepeert

Lederen Wajang-pop: Ratoe Ngastinô.   Houten Wajangpop: Menak Djinggô.
(Orig. in 's Rijks Ethn. Museum te Leiden.)   (Orig. in 's Rijks Ethn. Museum te Leiden).

zich nu de verhalen-cyclus, die den dramatischen inhoud der *wajang-gědog*
vormt. Eigenaardig wordt de verhouding van deze tot de voorgaande
wajangsoort gekenschetst door het feit, dat één der personen, die in
bijna alle stukken der wajang-poerwô optreedt (Sěmar) in de gědog reeds
een godheid geworden is, die zich echter ook weer als mensch incarneert.

Hoewel niet zóó sterk als de wajang-poerwô, kenmerkt zich toch
ook de gědog door een soort van heiligheid, die aan de beide nu volgende wajangsoorten niet in zoo hooge mate eigen is. De poppen, bij
de gědog in gebruik, zijn soms geheel van leer, anders zijn de lichamen

van fijn hout, terwijl de handen van buffelleer zijn. Eigenaardig is dat deze wajang eigenlijk niet in de tegenwoordige residentie Kediri mag* opgevoerd worden; dit zou allerlei rampen tengevolge kunnen hebben, daar 't oude rijk van Kediri er in genoemd wordt. De stukken van de wajang-gĕdog worden ook dikwijls als *topèng* opgevoerd, d. w. z. met gemaskerde personen in de plaats der poppen. De beide nu behandelde wajangs kunnen alleen bij avond en nacht gespeeld worden, daar het te doen is om de schaduwen, die de poppen, door de blèntjong verlicht,

Bekleede houten Wajangpop: Topeng
reges (booze geest).
(Orig. in 's Rijks Ethn. Museum te Leiden).

Bekleede houten Wajangpop: Kelôswôrô.
(Orig. in 's Rijks Ethn. Museum te Leiden).

op het scherm werpen. Met de beide nu volgende wajangsoorten — de kĕroetjil of kalitik en de golek — is dit niet het geval; de kĕlir bestaat bij deze soorten slechts uit een breeden rand van doek binnen het houten geraamte, zoodat in het midden een rechthoekige ruimte vrij blijft; tegenwoordig wordt zelfs de geheele kĕlir bij deze vertooningen gewoonlijk weggelaten. Ook zij die aan de andere zijde dan de dalang zitten, kunnen dus de poppen geheel zien, en de vertooning kan zeer geschikt b ij d a g plaats vinden. De verhalencyclus die de kern vormt der stukken, in de karoetjil ten tooneele gebracht, is die van Syoeng Wanôrô en Raden Damar Woelan („Prins Maneschijn"). Zoon van den Patih (Vizier of Rijksbestierder) van 't Hindoe-Javaansche rijk Môdjôpahit, komt Damar Woelan, als zijn vader kluizenaar geworden is, als stalknecht bij zijn oom Logĕndèr, die zich wederrechtelijk van zijns broeders waardigheid heeft meester gemaakt. Na wreed behandeld te zijn door zijn ontaarden oom, die in hem een gevaarlijk mededinger voor zijn beide zoons Lajang-Seta en Lajang-Koemitir ziet, maar innige liefde en bewondering te hebben gevonden bij zijn nicht Andjasmôrô, gelukt het hem eindelijk na tal van avonturen Vorst Menak Djinggò, vijand der Praboe Kĕnjô, der Maagdelijke Vorstin van Môdjôpahit, te verslaan; tot belooning door haar tot echtgenoot aangenomen, regeert hij nog lang over Môdjôpahit onder den naam van Vorst Brô-Widjôjô. Aan het slot van een andere l a k o n (kort beloop van een wajangstuk) evenwel heet het: „Soerja Pinoetra (een oudere broer van D. W.) huwde met de Praboe Kĕnjô; wat Damar Woelan aangaat, deze nam er genoegen mede, slechts legeroverste te worden en bleef gehuwd met Andjasmôrô."

De vierde der wajangsoorten, de wajang-*golek*, behandelt weder geheel en al uitheemsche stof en wel voornamelijk de reeks van verhalen, die zich groepeeren om den Mohammedaanschen held Amir Hamza, wiens geschiedenis uit Perzische bronnen tot de Javanen is gekomen en bij hen aanleiding gegeven heeft tot een geheele serie van romans, de Menakromans [1]). Deze stof wordt gedramatiseerd in de wajang-golek ten tooneele gevoerd. De beide laatstgenoemde wajangsoorten hebben poppen, die niet de spitse, excentrieke vormen der eerste twee bezitten. Zij bootsen min of meer de menschelijke vormen na; het verschil tusschen de poppen der wajang-karoetjil en die der wajang-golek is, dat de poppen van deze rond en gekleed, die van gene plat en beschilderd zijn. Met die ronde „golèk's" worden evenwel ook somtijds voorstellingen uit de poerwô gegeven, zoowel uit het Mahâbhârata als uit het Râmâyana.

De tot nu toe gemaakte onderscheiding in soorten berust in hoofdzaak op de behandelde stof; met 't oog op de wijze van opvoering kan men er nog twee soorten bijvoegen, de wajang-w o n g en de wajang-b è b è r. Maar de eerste behandelt steeds poerwô-, de laatste gĕdog-stukken.

De wajang-wong is, zooals de naam reeds aanduidt, een tooneelvoorstelling, waarbij de poppen vervangen zijn door menschen; maar slechts de bewegingen, de dansen enz. worden door hen uitgevoerd;

---

[1]) Zie bladz. 298.

ook hierbij is een dalang, die de beschrijvingen geeft, de samenspraken houdt enz. Deze wijze van opvoering, in het wezen der zaak een aaneenschakeling van karakterdansen, is in het midden van de 18de eeuw door Jogjakarta's eersten Sultan ingevoerd; en de echte wajang-wong wordt dan ook slechts aan het vorstelijk hof te *Jogjakarta*, en dan nog maar met groote tusschenpoozen, bij plechtige gelegenheden vertoond. De groote kosten voor de kostuums, die vaak zeer fraai zijn, en de omstandigheid, dat vele der ± 150 medespelers gedurende den tijd dat een stuk ingestudeerd wordt, aan hun ambtsbezigheden onttrokken zijn, veroorzaken de groote zeldzaamheid der opvoering. De laatste maal, dat er een werd opgevoerd, was van 24—27 Juni 1899, bij gelegenheid van de meerderjarigverklaring van den Kroonprins; hij zelf, met een aantal Prinsen van den bloede en leden van den hoogsten adel, behoorde tot de opvoerenden. Deze voorstelling muntte uit door buitengewoon fraaie uitbeelding van de voorgestelde personen en gebeurtenissen, door overweldigenden rijkdom en schoonheid der kostuums en werd door omstreeks dertigduizend onderdanen van den Sultan, die vrijen toegang tot den kraton hadden, bijgewoond. Het spreekt evenwel vanzelf, dat bij de wajang-wong het eigenlijk karakter van tooneelspel grootendeels is verloren gegaan en het zwaartepunt ervan is gelegen in de karakterdansen, die door de medespelers worden uitgevoerd.

De tweede, bovengenoemde wajang, de wajang-bèbèr, is ˙wel volkomen het tegenbeeld van de wajang-wong, die door vorstelijken overvloed tot een toonbeeld van echt-Oostersche pracht wordt gemaakt. Niet aan de hoven der vorsten vindt men ze, maar in afgelegen dessa's slechts sleept ze een kwijnend bestaan voort. In 1902 woonde Dr. Hazeu nog een wajang-bèbèrvoorstelling bij te Jogjakarta. De eigenaar van den toestel woonde in een dorpje, ergens ver weg in het Zuidergebergte en was de eenige in de residentie, die nog een wajang-bèbèr bezat; hij houdt haar˙ dan ook in zeer hooge eere; elken Donderdagavond brandt hij er wierook bij (de kotak is door al dien wierookdamp al bijna zwart geworden); niemand dan hij zelf mag de kist openen; en ook personen uit het dorp waar hij woont brachten wel offers van bloemen en *borèh* aan den toestel om genezing te vragen voor een zieke. Het groote onderscheid tusschen deze en alle andere wajangs is, dat de voorstelling niet gegeven wordt door middel van poppen, maar met behulp van op Javaansch papier (geklopte boombast) geteekende tafereelen. In de kist liggen dèze schilderijen opgerold om dunne, ronde stokjes, aan elk uiteinde één; Goenôkarjò (zoo heette onze dalang) had er zoo zeven, elk ± $^1/_2$ M. breed en 2 à 3 M. lang. Deze tafereelen worden den volke vertoond door de beide stokjes met de ondereinden in twee kokertjes te plaatsen, die, op ongeveer 70 cM. afstand van elkaar, tegen de achterzijde van de kist zijn aangebracht. Een deel van de schilderij is dus slechts tegelijk zichtbaar, maar door het papier om het eene stokje en dus van het andere af te wikkelen kan de geheele plaat vertoond worden. Er zijn aan de kist twee paren van zulke kokertjes: vóór de eene plaat is weggenomen, steekt de dalang de *sĕligi's* (stokjes) van een volgende in de nog leege kokertjes, om te vermijden dat iemand tijdens de voorstelling zijn gezicht ziet. En naarmate de dalang de verschillende voorstellingen aan de toeschouwers vertoont draagt hij, zacht en eentonig, zonder eenige muziekbegeleiding, het verhaal voor. Geen wonder dat de Jogjasche Javanen, die Dr. Hazeu vergezelden, verreweg de voorkeur gaven aan hun wajang poerwô, golèk, enz., waar leven en beweging in zit, waarbij de dalang zelfs de verschillende hoofdpersonen met onderscheidene stembuigingen ten tooneele voert, en waarbij de gamelan het gesproken woord afwisselt of onderstreept.

Thans rest ons nog, den gang van een wajangvertooning kortelijk te vermelden. Evenals bij ons een tooneelstuk volgens min of meer traditioneele techniek in elkaar dient gezet te worden, is dit ook het geval met de Javaansche wajangstukken. Ja, veel meer nog dan bij ons, want alle Javaansche kunst is traditioneel; en de Javaansche traditie bepaalt niet alleen het samenstel van ieder behoorlijk wajangstuk, maar doet zich zeer vaak zelfs gelden in het gebruik van dezelfde „kunsttermen".

De Javaansche wajangstukken dan bestaan in een afwisseling van reciet en samenspraak (natuurlijk ook deze laatste door één persoon, den dalang, ten gehoore gebracht). Van beide heeft men weer verschillende soorten, met onderscheiden namen genoemd. De *djantoeran* is hetgeen de dalang, onder begeleiding van zachte muziek, verhalend voordraagt; *rĕnggan* heet een onbegeleid reciet, ter verheerlijking van steden, landen of vorsten. Deze gedeelten van des dalangs voordracht zijn geheel traditioneel; dezelfde oude uitdrukkingen, door onhandige dalangs dikwijls hevig geradbraakt, komen er in voor, welk stuk ook wordt opgevoerd. Eveneens is dit het geval met de *soeloek's* (waarvan ook weer eenige soorten bestaan); zij geven een aanwijzing of wekken een stemming ten opzichte van een volgend tooneel, of een op te treden persoon. Nog treuriger gaat het dezen gedeelten in den mond van ongeletterde dalangs, want het zijn alle strophen uit Kawi- (= Oud-Javaansche) gedichten.

De samenspraken *(potjapan)* in 't algemeen geven meerdere vrijheid aan des dalang's (dikwijls allesbehalve reine) fantasie. Onder deze categorie kan men rekenen de *panantang* of uitdaging, de *pasoembar* — het gezwets van den overwinnaar — de *prĕnèsan* of erotische scènes, en de *banjolan* of klucht. Zelfs in deze gedeelten is nog heel wat conventioneel; in geijkte termen wordt gemeenlijk de een of andere *boetô* (booze geest, titan) door een dapperen prins ten strijde uitgedaagd, en het zijn veelal traditioneele scheldwoorden, die den armen overwonnene naar 't hoofd geslingerd worden — voor het origineele, artistieke schelden als hoogste uiting van kunst (à la van Deyssel) voelt de Javaan niet veel! Maar vooral in de klucht kan de dalang aan zijn fantasie vrij spel laten; en hij maakt van deze gelegenheid een ruim gebruik door toespelingen op bekende personen of gebeurtenissen van den dag, en vermaakt zijn toehoorders door zijn grappen, meestal van twijfelachtig gehalte. Het zijn wederom

Vervaardigen van leeren wajangpoppen.

vaste personen, die bij de banjolan optreden, en aan wie de aardigheden in den mond gelegd worden, nl. de zoogenaamde *pônôkawan's* of bedienden van een aanzienlijk persoon: Sĕmar met Nôlôgarèng en Petroek; of Sĕmar met Bagong. Zoo is het dus vooral de banjolan die het voor den geest geroepen verre verleden met het heden verbindt. „Nergens," zegt Prof. Kern, „kan men het oude en het nieuwe zoo naief met elkander verbonden zien als juist in de Wayangs. Terwijl ge op het eene oogenblik de goden en halfgoden der Indische mythologie ziet verschijnen, hoort gij op 't andere spreken van „de njaï's van gepasporteerde flankeurs"; nu eens verneemt ge de klanken van een strofe uit een of ander Kawigedicht; dan weer hoort ge een minziek maagdelijn en haren uitverkorene spreken in Hollandsch-Maleisch."

De beteekenis van de wajang voor het Javaansche volk is niet licht te hoog te schatten. Vroeger deel uitmakende van de vereering der voorouders, is wel langzamerhand haar karakter grootendeels veranderd, is zij wel meer en meer een middel tot vermaak voor oud en jong geworden — maar in menigen trek is toch het religieuse karakter nog behouden gebleven, en het didactische element, in zooverre de Javaan meent, zijn oude geschiedenis in de wajang te zien opgevoerd, treedt nog immer sterk op den voorgrond. Reeds werd vermeld dat spijs- en reukoffer bij geen voorstelling ontbreken mogen; nog sterker komt het godsdienstige karakter uit in de gewoonte van sommige dalangs om „eerst met het dampende wierook bij zich in een met een saroeng overdekte kooi (te) kruipen, vóórdat zij beginnen. Bij het einde der „taloe" ('t voorspel) laten zij de kooi weghalen, om direct de „goenoeng" (of goenoengan) in de hand te nemen en met de vertooning aan te vangen, en wel om de toeschouwers in den waan te brengen alsof de geschiedenis hun gedurende hun onderhoud met de geesten in de kooi, van hoogerhand zou zijn ingegeven". Voorts wordt door een wajangvertooning aan iedere feestelijkheid een hoogere wijding gegeven, en een Javaansch bruidspaar zou het zeer kwalijk nemen en als een bewijs van minachting beschouwen, zoo hun huwelijk niet met een flinke wajang gevierd werd. Ook kan een wajangvertooning 't voorwerp eener gelofte zijn; wanneer bijv. vrouw of kind herstellen mag uit een ziekte, zal de Javaan beloven een wajang te doen opvoeren, een bewijs dat hij meent daardoor aan de hoogere machten een dienst te bewijzen. Eindelijk kan ook een wajangopvoering dienen om iemand te verlossen van een vloek die door bijzondere omstandigheden op hem rust of om een te wachten staand onheil af te weren. Dit zijn de zoogenaamde „*ngroewat*"-voorstellingen; ze worden o. a. gegeven als men bij het rijstkoken den kookpot laat omvallen, of den steenen vijzel heeft gebroken; ook voor menschen, die door hun geboorte voor een ramp bestemd zijn, b.v. een éénig kind, of drie kinderen, waarvan alleen 't middelste een meisje is, enz. Voor deze ngroewat- of bevrijdings-voorstellingen worden steeds speciale wajangs opgevoerd; en het spreekt van zelf dat men hierbij vooral zooveel mogelijk het overgeleverde godsdienstig ceremonieel, o. a. het onder de met een sarong overspannen kooi kruipen van den dalang, bij andere voorstellingen vaak verwaarloosd, in eere zal houden.

De beteekenis, die de wajang heeft voor de verstandelijke ontwikkeling van den gewonen Javaan valt in het oog, wanneer men bedenkt dat het gros der Javaansche landbouwers niet lezen kan; maar door de wajang raakt ook de eenvoudigste dessabewoner op den langen duur bekend met den inhoud van een groot en belangrijk deel zijner nationale litteratuur. Jammer slechts is het, dat de invloed van de wajang niet gericht is, noch gericht k a n zijn, op zedelijke verheffing van het volk [1]).

---

1) Tegenwoordig zitten bij de vertooning de mannen aan den kant van den dalang, vrouwen en kinderen aan den anderen kant van het scherm; de heer G. P. Rouffaer heeft aangetoond dat vroeger al de toeschouwers aan laatstgenoemde zijde zaten.

HOOFDSTUK III. MIDDELEN VAN BESTAAN DER INLANDERS [1].

Wij hebben den inlander bij zijn onschuldige vermaken leeren kennen, thans moet ook een blik op zijn huiselijke en maatschappelijke bezigheden geslagen worden. Het hoofdmiddel van bestaan voor den Javaan, voor zoover hij niet bij Europeanen in dienst is, is de land- en tuinbouw; met zijn werkzaamheden in die bedrijven zullen wij later nader kennis maken. Er bestaat evenwel ook een huisindustrie op Java, die stellig vroeger, eer de Chineesche koopman den inlander voor lager prijs zijn kleeding kant en klaar leverde, een grootere beteekenis moet gehad hebben. Maar in de binnenlanden vindt men nog heden het kleermakersambacht in handen

Katoenspinsters.

der inlanders. Zij zijn met hun tijd meegegaan en maken, zooals ik op West- en Midden-Java verscheidene malen kon opmerken, gebruik van de naaimachine, door den blanke tot verlichting van het werk uitgevonden. Ook het spinnen en weven wordt nog menigmaal als huisindustrie uit-geoefend, vooral door vrouwen. Het weefgetouw is zeer eenvoudig van samenstelling; de weefster zit daarin op den vlakken grond. De opzet is om een plank gewikkeld, die in twee vorken rust, waar ze gemakkelijk uit genomen kan worden; de vorken zijn aan de beide einden van een met de voeten verschuifbaar blok bevestigd. Als tegenwicht, om de spanning te behouden, dient een rek, waartegen de weefster met de lenden rust, en waaraan met koorden de dwarsliggende lat bevestigd is,

---

[1] Naar Prof. Giesenhagen, met uitzondering der beschrijving van het batikken. Het voor-naamste bestaansmiddel, de rijstbouw, wordt in Hoofdstuk IV beschreven.

dienende om het afgewevene op te winden. Het schuitje.is een aan 't eene einde gesloten, gespitst bamboe-lid, in welks holte de spoel ligt. Twee afwisselend tusschen de draden van de ketting ingeschoven gladde stokken wijzen het schuitje den weg door het warnet van draden en dienen tegelijk om de doorgeschoten draden aan te zetten.

Het inlandsche witte lijnwaad, *lawon* genaamd, wordt tegenwoordig bijna niet meer voor kleedingstukken gebruikt; het dient slechts voor lijkkleed. Wel wordt tweekleurig, geruit inlandsch weefsel, zoogenaamd *loerik*, door vrouwen tot bekleeding van het bovenlijf aangewend. Voor onderlijfsbekleeding bij beide seksen, voor de hoofddoeken der mannen

Javaansche weefster.

en slendang's of sjaals der vrouwen is bij de Javanen het batikken het algemeen aangewende procedé om witte stof te verven.

De op deze wijze bewerkte stof is soms zijde, maar meestal *mori* = wit lijnwaad van Europeesch fabrikaat. Het wordt eerst uit de stijfsel gewasschen, uitgekookt en gedroogd; daarna eenige oogenblikken in rijstwater gedompeld en weer in de zon gedroogd. Dit inrijsten dient om het katoen eenigszins te stijven, en maakt bovendien dat de was niet uitvloeit. Om het zoo glad en effen mogelijk te maken wordt het nu opgerold en een uur lang op een plank met houten hamers of rijststampers geslagen. Eerst nu gaat de batikster (het zijn altijd vrouwen die deze bewerking

verrichten) er toe over, om met houtskool of potlood op den eenen kant
van het katoen het patroon te teekenen, niet volgens eigen inspiratie,
maar veelal naar vaste modellen, sommige reeds zeer oud en alleen
geoorloofd voor de kleeding van vorstelijke of adellijke personen [1]), andere
reeds onder meer modernen, Hollandschen of Chineeschen invloed staande.
Het patroon, dat men wenscht te volgen, wordt onder het te batikken
doek gelegd, en zoo worden de omtrekken der figuren nagetrokken. Het
zoo beteekende doek wordt nu over een bamboe-rek gehangen; bovenop
wordt een knijper van gespleten bamboe geplaatst, om het doek vast te

Batikkende vrouw.
(Model in 's Rijks Ethn. Mus. te Leiden.)

houden; ook hangt men wel aan de zijde, die op dat oogenblik aan den
anderen kant van het rek is, als tegenwicht, om de onder handen zijnde

Tjanting met vier tuitjes.

helft strak te houden, een zwaren
steen aan een touw. Aan haar
zijde heeft de Javaansche vrouw
een soort komfoor van aardewerk
staan, waarop een metalen pan;
in die pan smelt ze was en hars
tot een bruinachtig witte massa; koken mag het mengsel niet, vandaar
dat men de batikster af en toe de pan van het vuur ziet zetten. Is de

---

[1]) O. a. het patroon *parang-roesak*, zie pag. 312.

massa ir den goeden toestand van vloeibaarheid, dan begint de arbeidster haar eigenaardig werk. Ze heeft in haar hand de *tjanting*, een koperen bakje van misschien een halven deciliter inhoud, van 1 tot 4 fijne tuitjes voorzien, en gevat in een handvat van glagahriet. Dat bakje vult ze met de gesmolten was- en harsmassa; langzaam, zeer voorzichtig, volgt zij

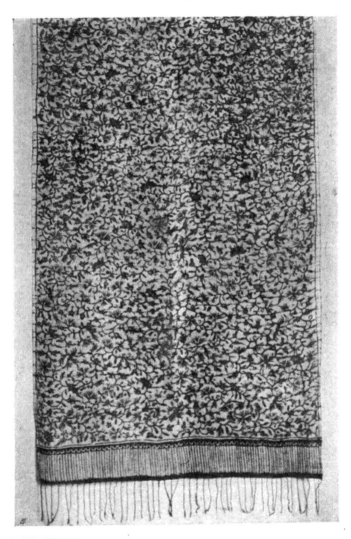

Zijden slendang van Samarang (Origineel i./h. Ethn. Mus. te Rotterdam).

met het fijne tuitje de lijnen van het patroon op 't voor haar hangende doek. Is aan den eenen kant alzoo het patroon volledig in waslijnen geteekend, dan wordt het doek omgekeerd, en aan de keerzijde op precies dezelfde wijze behandeld: de wasstrepen schijnen door het doek heen en kunnen dus gemakkelijk gevolgd worden. Nu wordt hier een blad of andere versiering geheel met een waskorst bedekt, dáár het lijnwaad onbedekt gelaten. Ze gaat daarmee voort, telkens de tjanting vullende, tot een bepaald deel van de figuren op de eene zijde van het doek geheel onder een wasbedekking verborgen is, en behandelt daarna de andere zijde precies op dezelfde wijze. Zoo is dus een deel van het patroon geheel

Gebatikte sarong (patroon *parang-roesak-barong*). (Origineel i./h. Ethnogr. Mus. te Rotterdam.)

vrij, de rest met was bedekt. Stel nu dat de batikster een tweekleurig doek wil maken, rood en blauw, dan heeft zij, bij de eerste bewerking, alle deelen van de lap, die blauw moeten worden, met was bedekt. Wanneer nu de in bewerking zijnde stof in de roode verfstof gaat, doordringt deze alleen de onbedekt gelaten gedeelten. Na droging, en nádat de was in warm water weggesmolten is, of wel afgekrabbeld, heeft men alzoo een wit en rood patroon. Opnieuw wordt nu het doek in rijstwater uitgespoeld, waarna eenzelfde werk als waarmee ze begonnen is de batikster wacht: de nu roode deelen moeten opnieuw met was

Gebatikte sarong. (Origineel in het Ethn. Mus. te Rotterdam.)

bedekt, opdat bij de straks volgende onderdompeling in een blauwe verf-stof alleen de nu nog witte deelen daarmede in aanraking komen. Na verwijdering van deze waschkorst is dus het „batikan" gereed. Voor drie-kleurige doeken is, zooals vanzelf spreekt, nog een derde bewerking noodig.

Wil men een deel van het blauw tot zwart met rooden weerschijn maken, dan worden, vóór de tweede indompeling, die deelen van het patroon niet met was bedekt, zoodat de blauwe verfstof daarop kan inwerken. Het rood, dat bij zulk een tweekleurig doek gebruikt wordt, is het zoogenaamde „sogô"; men verkrijgt dit door de bast van den sogô-boom (Peltophorum Vog.) twee à drie dagen af te koken en in dit afkooksel het doek te dompelen. Het sogô is bruin-rood en geeft een bijzonder fraai effect tegenover het blauw; voor aanzienlijken evenwel moet het een gelen weerschijn bezitten; daartoe moet het doek nog een afzonderlijke bewerking ondergaan, hetzij vóór het inrijsten, of na het „njogô" (sogô-verven).

Uit deze korte beschrijving van het batikken is reeds op te maken welk een arbeid een geheel naar de regelen der kunst uitgevoerd batiksel

Batikkende vrouwen.

vereischt. En toch, hoe luttel is de verdienste, die de vrouw met zooveel arbeid, geduld en kunstvaardigheid verkrijgt! Alleen de duurdere patronen, waarbij ook het doek een meer volledige bewerking ondergaat, kunnen door hun hoogen prijs nog eenigszins winst opleveren; maar sedert de inlander door den invoer van bedrukt Europeesch katoen zich voor bijna geen geld een volledig stel kleeren kan aanschaffen, worden gewone sarongs bijna alleen gebatikt voor eigen gebruik, omdat de Javaan toch altijd nog veel meer prijs stelt op echt „batikan" dan op Europeeschen namaak.

Voor den koophandel heeft de inlander geen bijzonder talent [1]). Krijgt hij gereed geld in handen, dan geeft hij het lichtzinnig voor 't een of ander onnoodigs uit, niet bedenkende dat hij als koopman deze som voor zijn bedrijf niet missen kan. De Europeesche importeurs op de kustplaatsen, die in streken waar geen Chineesche handelaars zijn, hunne goederen aan

---

[1]) Natuurlijk behoudens uitzonderingen: zoo woont te Koedoes een groot aantal welgestelde Javaansche kooplieden, die voor hunne zaken over het geheele eiland reizen.

de inlandsche waronghouders op krediet moeten leveren, rekenen er op, dat een zeker percentage van de waarde door de zorgeloosheid der inlandsche kooplui voor hen verloren gaat. De rest moet daarom een des te hoogere winst afwerpen. In dienst van den Europeaan is de Javaan een te waardeeren werkkracht. Hij is bekwaam, vlug en opmerkzaam, en, als er voldoende toezicht op hem gehouden wordt, ook vlijtig. De *Botanische Tuin* te Buitenzorg heeft ook behalve de tuinarbeiders een groot getal inlanders in dienst, die op de bureaux als schrijvers en teekenaars, voorts· als zetters op de drukkerij, als werktuigkundigen, preparateurs enz. bezigheid vinden. Bij partikulieren vindt men den inlander meestal als huisknecht, en verder voor allerlei bezigheden, als tuinjongen, koetsier en paardejongen, grassnijder, waterdrager en dergelijke. De vrouwelijke dienstboden zijn òf speciaal in dienst der huisvrouw, òf baboe. Het natuurlijke gevoel voor wellevendheid en een den Javaan eigen takt vergemakkelijken het verkeer met hem. Heftige tooneelen heeft men niet te vreezen; hij vertoont, zelfs als hij terecht vertoornd is, een groote zelfbeheersching, en wordt misschien alleen daarom voor wraakzuchtig en achterdochtig aangezien, omdat hij niet in de eerste opwelling handelt, omdat voor den Europeaan achter de afgemeten rust der gelaatstrekken de ware gezindheid verborgen blijft, tot een wel-overlegde handeling die openbaart. Het komt den Maleier in 't algemeen ongepast, ja bepaald verachtelijk voor, zijn gemoedsaandoeningen door gelaat en gedrag te verraden. Ik heb eens een tooneel bijgewoond, dat mij dit zeer duidelijk toonde. Een jonge Hollander was voor een rechtszaak als getuige naar een naburige stad opgeroepen; hij kon evenwel niet komen, en zond daarom, wel eenigszins op 't laatste oogenblik, een brief aan den betrokken rechter om zich te verontschuldigen. De brief moest op zijn laatst des daags vóór de zitting in handen van den rechter zijn; hij werd dus aan een ouden, volkomen betrouwbaren Soendanees met een nauwkeurige boodschap meegegeven. .Spoedig nadat hij den bode weggezonden had, zocht de jonge Hollander mij op, en terwijl wij in gesprek waren, werd mij gemeld, dat er buiten een bode met een brief voor mij wachtte. Wij gingen naar buiten en vonden den Soendanees met den voor den rechter bestemden spoedbrief. Hij was, de hemel weet door welk misverstand, op de gedachte gekomen, dat ik de geadresseerde was. Men kan begrijpen, dat de woede den schrijver van den brief het bloed naar 't gezicht dreef, en hij den schuldige met een hagelbui van krachtige verwijten overlaadde. De gescholdene bleef onder dat alles volmaakt kalm, zijn gezicht toonde verwondering noch beschaming; slechts toen ten slotte zijn meester hem den brief voor de voeten wierp, en hem woedend toeriep, dat hij naar den duivel kon loopen, vloog er een lachje over het bruine gezicht en hij wierp een in de nabijheid staanden landsman een blik toe, alsof hij wilde zeggen: de *orang blanda* is plotseling gek geworden. Ik was in twijfel, wie hier eigenlijk de berisping gekregen had, de bruine of de blanke man. Met geduld en kalmte bereikt men veel, hoewel niet altijd alles; toorn evenwel en vooral uitbarstingen van woede verlagen den blanke in het oog van den inlander.

Een andere maal woonde ik het bij, dat een Europeaan, die voor zijn genoegen reisde, en zonder dringende noodzakelijkheid met zijn geld al te spaarzaam omging, aan een der Javaansche mandoers uit den Plantentuin, die hem zeldzame en kostbare planten uit het gebergte gebracht had, een zeer klein geldstuk als belooning in de hand drukte. De in zijn soort voorname en welgestelde man, die niet van aalmoezen behoeft te bestaan, gaf met eerbiedige buiging het geldstuk, sierlijk tusschen de vingertoppen gehouden, aan den hooghartigen gever terug, en sprak, zonder in toon of gelaat de geringste opwinding te verraden: ,,soedah ada'' = ik heb reeds.

HOOFDSTUK IV. DOOR DE PREANGER-REGENTSCHAPPEN NAAR DEN VULKAAN GĔDÉ [1]).

In de tweede week van Oktober 1899 liep mijn verblijf in Buitenzorg voorloopig ten einde. Ik had van den tijd daar naar mijn beste krachten gebruik gemaakt, om mijn oog aan den tropischen plantengroei te wennen, en den blik te scherpen voor de onderscheiding tusschen het gewone en het ongewone, tusschen dat, wat overal veel voorkomt, en datgene, wat zeldzaam en een nader onderzoek waard is. De cultuurtuin van Tjikeumeuh, een filiaalinrichting van 's Lands Plantentuin, had mij gelegenheid geschonken, de vele tropische cultuurgewassen in hun voorkomen en levenswijze te bestudeeren. Waar zooveel te leeren is als in Buitenzorg, komt men niet zoo gauw uitgestudeerd, maar ik meende na verloop van twee maanden toch zoover te zijn gekomen, om mij verder ook in de groote plantagebedrijven en in de vrije natuur, zoo goed en zoo kwaad als 't ging, te kunnen oriënteeren. Met goeden moed ging ik dus nu tot de bronnenstudie over, waarvoor het bezoek van de Buitenzorgsche botanische inrichtingen mij eenigermate tot sleutel en inleiding gediend had.

---

[1]) Gedeeltelijk naar Prof. Giesenhagen.

Mijn vertrek uit Buitenzorg was op 10 Oktober vastgesteld. Het was mijn plan, voorloopig nog in West-Java te blijven. Door de intensief bebouwde Preanger-Regentschappen wilde ik naar den vulkaan Gĕdé reizen, om eenige dagen te vertoeven in den bergtuin van Tjibodas, die tot de Buitenzorgsche inrichtingen behoort, en van daar uit zwerftochten te ondernemen in het oerwoud, dat den vulkaan tot aan den krater bedekt.

Java wordt in zijn geheele lengte door een spoorweg doorsneden, die Batavia, in het Westen, met de oostelijke kustplaatsen Soerabaja, Probolinggo, Panaroekan en Banjoewangi verbindt. Voor het eerste deel van onze reis, namelijk van Buitenzorg tot aan het station Tjiandjoer,

Spoorbrug over de Tji-Badak.

konden wij van dezen spoorweg gebruik maken. Zoo begonnen wij dan in den vroegen morgen van den 10den Oktober, even over zevenen, den spoorrit van drie uren.

De spoorweg loopt van Buitenzorg af eerst in bochten door het heuvelachtige terrein op hooge dijken en in insnijdingen over bruggen en viadukten naar het Zuiden, overschrijdt het bergzadel tusschen de vulkanen Salak en Gĕdé, en keert zich bij het station Tjibadak oostwaarts, naar het plateau van Soekaboemi, een wegens zijn heerlijk bergklimaat beroemd gezondheidsetablissement. Vandaar af heeft de baan weer aanzienlijke stijgingen te overwinnen; een hooge dwarsrug, die het plateau van Soekaboemi van dat van Tjiandjoer scheidt, is door een tunnel doorboord. Het uitzicht, dat men op dezen rit van uit de gemakkelijk ingerichte, van groote vensters voorziene spoorwagens geniet, is zeer schoon.

Wanneer men de bijzonderheden van den voorgrond buiten beschouwing laat, herinnert de streek dikwijls zeer beslist aan de schoonste gedeelten in het Duitsche middelgebergte. De weg tusschen Tjibadak en Soekaboemi is met dien tusschen Münster en Pyrmont vergeleken. Men ziet zuidwaarts op een heuvelrij, waarachter zich, in blauwe verte, de schoone vormen van het Kĕndanggebergte verheffen. Nadat de tunnel gepasseerd is, voert de spoorweg een tijd lang door een nauw rivierdal, dat rijk is aan romantische partijen.

De dalen en hoogvlakten der doorreisde streek zijn overal als rijstvelden in cultuur. Aan de hellingen der bergen strekken zich theeplantages en koffietuinen uit. Het eigenaardige voorkomen van deze plantages is het wel in de eerste plaats, dat aan de West-Javaansche landschappen een bijzonder karakter geeft en deze, door de stoffeering van den voorgrond, er zoo geheel anders doet uitzien dan Europeesche landschappen. Het is derhalve hier de plaats, om den lezer een blik te geven in den aard dezer cultures.

De rijstbouw is hier geheel in handen der inlanders, en wordt door hem, naar oude adat, zeer zorgvuldig gedreven. Wij zagen op onzen rit overal de menschen op de rijstvelden aan den arbeid. De tijd van uitzaaiing en oogst is hoofdzakelijk afhankelijk van de hoeveelheid water, die voor 't rijstveld beschikbaar is. De rijst, een moerasplant, gedijt namelijk alleen op een geheel onder water gezet veld. Er bestaan wettelijke bepalingen, regelende de bevloeiing der afzonderlijke velden. Het water, dat op den eenen tijd een hooger gelegen veld besproeit, wordt op een anderen tijd door een lager wonenden landman op zijn veld gebracht. Zoo komt het, dat men niet, zooals bij ons, op alle velden den oogst tegelijk ziet rijpen, maar op het eene wordt geplant, daarnaast ziet men velden, die in weelderigen bloei staan, of waar het gewas reeds rijpt, alsook zulke, die na den oogst op nieuw voor beplanting gereed gemaakt worden.

De methode, om de rijst in water te verbouwen, en het daarmee samenhangende waterrecht, zijn reeds overoud. Overal vindt men in de dalen de velden gelijk gemaakt en met verhoogde randen omgeven, en waar men zich slechts van watertoevoer verzekeren kan, zijn zelfs de berghellingen tot op meer of minder hoogte geterrasseerd en door bewatering in sawah's (natte rijstvelden) veranderd. De watertoevoer wordt niet zelden door kunstig aangelegde kanalen over een grooten afstand bewerkstelligd; en om niet de op dezen watertoevoer berustende rechtsverhoudingen van afzonderlijke grondbezitters of van geheele gemeenten in verwarring te brengen, was men somtijds genoodzaakt, bij den aanleg van den spoorweg het water hoog boven de diep-ingesneden baan door middel van kunstmatige aquadukten, zonder vermindering van het verval, van den eenen rand der ingraving naar den anderen te voeren.

Na den oogst staan de rijstvelden gewoonlijk korten tijd droog en dienen met het snel opschietende gras en kruid tot weide voor de kar-bouwen. Zoodra men weer water tot zijn beschikking heeft, gaat de inlandsche landman zijn veld voor den verbouw gereed maken. Hij begint daarbij met een klein, goed begrensd deel, dat als kweekbedding moet dienen. Met schoffel en hak, ook wel met een lichte ploeg, wordt het een handbreed onder water gezette veld omgewerkt, de grovere aard-kluiten worden met de bloote voeten zooveel mogelijk fijn gemaakt, tot het geheel een tamelijk gelijkmatig, zooveel mogelijk waterpas liggend, breiachtig moeras vormt, waarvan de grond goed uitgezuurd en van onzuiverheden bevrijd is. In het zoo toebereide land wordt de „*bibit*" (Javaansch: *winih*) uitgezaaid, of uitgelegd. Het laatste gebeurt door de geheele pluimen van de rijstaar met de steeltjes in den modder vast te drukken en de zijtakjes eenigszins uit te spreiden (*oeritan*); bij de eerst-genoemde methode (*sèbaran*) worden de afzonderlijke korrels gelijkmatig uitgezaaid. Na vijf tot zeven weken (in het hoogland wat later) is de kweekbedding reeds bedekt met een vroolijk-groen grastapijt, waarvan de halmen nu op het eigenlijke veld uitgeplant kunnen worden. De bewerking van dit laatste heeft intusschen op dezelfde wijze als bij de kweekbedding plaats gehad. Op groote velden, waar handenarbeid niet voldoende zou zijn, en op zeer zwaren, harden grond, neemt men een met karbouwen bespannen ploeg ter hulp tot het omleggen van den grond.

Het uitplanten der zaailingen gebeurt meestal door vrouwen. In dikke bossen worden de omstreeks 20 à 30 cM. lange rijsthalmpjes aan de randen der groote, onder water staande velden neergelegd. Daar halen de blootsvoets gaande plantsters, de *sarong* of *tapih* hoog opgehaald, wat ze noodig hebben, en drukken, in rechte lijn achterwaarts gaande, op tamelijk gelijke afstanden telkens drie à vier rijstplantjes met de wortels in den weeken modderbodem vast. De planten wortelen zeer snel, en weldra steken de zacht-zwellende halmen met hun breede, frischgroene bladeren al hooger en hooger boven de spiegelende watervlakte uit. Nog eenige weken, en de sierlijke, zacht overhangende trossen schuiven uit de hen beschuttende bladscheeden naar buiten, om na korten bloei tot 40 of 60, ja tot 100 en meer korrels in de aar op te leveren, die door den gloed van de tropische zon weldra tot rijpheid gebracht worden.

Ofschoon de rijsthalmen even slank gebouwd zijn, als die van onze inheemsche granen, bezitten zij toch een meerdere inwendige stevigheid, die ze in staat stelt, aan de dikwijls wederkeerende, geweldige regenstroomen het hoofd te bieden. Misschien is ook de oplossing van de vruchtsteel in een uit veel deelen bestaande tros almede een oorzaak, dat op de rijstvelden het verschijnsel van het legeren der halmen veel zeldzamer voorkomt dan bij onze tarwe en rogge, met hun dikke, gedrongen aren, die door een flinke regenbui licht tegen den grond geslagen worden, tot schade van de opbrengst.

Velerlei vogels, vooral de kleine, prachtig gekleurde rijstvogeltjes, azen op de rijpende rijstkorrels. Om zich voor deze schade te vrijwaren, richt de Javaansche landbouwer midden in zijn veld op hooge bamboestaken een licht, met atap gedekt wachthuisje op, van waaruit lange draden, die van afstand tot afstand met lappen, droge palmbladeren of veeren behangen zijn, naar alle richtingen tot aan de grenzen van het veld loopen. Een wachter, gewoonlijk een halfvolwassen jongen, zetelt daar in de hoogte en kijkt vlijtig uit. Wanneer een zwerm der kleine dieven op het rijstveld wil neerstrijken, dan verjaagt hij die, door de draden, die naar het bedreigde punt voeren, in slingerende beweging te brengen.

Bij den rijstoogst heeft de Javaansche landbouwer een zeer omslachtige

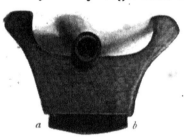

Rijstmesje; *a—b* metaal.

methode. Iedere halm wordt afzonderlijk met een in de rechterhand gehouden rijstmesje een eindje onder de aar afgesneden, en eerst zoolang in deze zelfde hand gehouden, tot die vol is. Daarna worden ze met de linkerhand overgepakt, en als de snijdster daar niet meer mee kan vasthouden, tot een bundel gebonden.

De rijst wordt bij droog weer op het veld aan bossen gedroogd, bij nat weer eerst naar huis gebracht en daar gedroogd; daarna wordt alles in de rijstschuur opgestapeld.

Deze wijze van oogsten is wel zeer tijdroovend, en slechts daar mogelijk waar, zooals op Java, het arbeidsloon zeer gering is. Ze heeft het voordeel dat niets van den oogst verloren gaat. Maar bovendien staat het voorzichtig snijden van halm voor halm ook in verband met de eigenaardige beschouwingen van het rijstgewas, die ook tot velerlei andere ceremoniën bij den rijstbouw op Java aanleiding geven.

Wij breken hier voor een oogenblik het verhaal van den Duitschen reiziger af, om te beschrijven hoe het a n i m i s m e, dat in algemeene trekken op blz. 113 en vlg. reeds werd geschetst, zich ten opzichte van het rijstgewas uit.

Onderscheidt men bij den mensch in hoofdzaak twee geestelijke bestanddeelen, in het Maleisch met de namen *njawa* en *soemangat* bestempeld, de laatste, beschouwd als een soort geheimzinnige stof, de z i e l e- s t o f, wordt ook aan planten, dieren, soms aan levenlooze voorwerpen toegeschreven. Ten opzichte van planten zal dit vanzelf bovenal het geval zijn met die gewassen, die als hoofdvoedingsmiddel voor den inlander van het hoogste belang zijn: in verreweg het grootste deel van den Archipel dus met de rijst. En niet alleen dat de rijst een soemangat bezit, maar men acht die in 't algemeen bijna gelijkwaardig en identisch met die van den mensch. Wat de soemangat van den mensch zou kunnen benadeelen of doen vluchten, dat zou ook hetzelfde ten opzichte van de

Rijststampen.

rijstziel tengevolge kunnen hebben. Bij schrik, of bij het zien van iets ongewoons, bijv. wanneer zij gephotographeerd zouden moeten worden, meenen de Dajaks van Centraal-Borneo dat hun soemangat er van door zou gaan, dus moet ze met geschenken gepaaid worden. Zoo zou ook, volgens algemeen heerschend volksgeloof, de rijstziel verdwijnen bij schrik, bij onvoegzaam gedrag of nalatigheid ten opzichte van dit gewas. Tal van verbodsbepalingen, zoogenaamde *pèmali's* of *pantangan's* zijn van deze beschouwing het gevolg. Zoo is het, om een paar voorbeelden te noemen, bij de Mĕnangkabausche Maleiers pantang = verboden, met ongedekt hoofd, boven- of onderlichaam op het rijstveld of in de rijstschuur te verschijnen, onkuische taal op het rijstveld te spreken, de rijst die men van 't veld gehaald heeft, onder het huis (de plaats waar 't kleine vee gestald wordt) op te bergen, en meer dergelijke. Soms zijn die verbodsbepalingen van zoogenaamd sympathetischen aard, d. w. z. men schroomt, in den tijd van het rijpen der padi, handelingen te verrichten, die de gedachte aan iets dat gemakkelijk verdwijnt, vervloeit, kunnen opwekken, bijv. het eten van sommige vruchten, die gemakkelijk door de keel glijden; de rijstziel mocht dan ook eens even gemakkelijk verdwijnen. Soms wordt dit zoover uitgestrekt, dat men alleen maar let op de overeenkomst der benaming van 't een of ander met een woord dat „verdwijnen" beteekent: bij de Toradja's van Midden-Celebes bijv. mag men tijdens het rijpen der rijst geen pĕpaja eten, want „paja" beteekent in hun taal: „verdwijnen".

Als teeken van eerbied tegenover de rijst kan men ook beschouwen de bij de Toradja's bestaande gewoonte om tijdens het rijpworden van 't gewas vele woorden door andere te vervangen; deze woordverwisseling komt bij vele volken van den Archipel voor: bij de Sangireezen terwijl ze op zee zijn, uit eerbied en vrees voor de zeegeesten; bij de Mĕnang-kabausche mijnwerkers uit ontzag voor de aardgeesten, bij de Javanen zoodra ze tegenover meerderen (landgenooten of Europeanen) staan, tot wie ze in het Kromô spreken, enz. [1]).

Het gevolg, dat men zich van dit verdwijnen der rijstziel voorstelt, is dit, dat de padi op het veld ziek wordt en kwijnt, of dat men slechts leege halmen zal vinden. Ook terwijl de rijst al in de schuur is kan de soemangat er van nog verdwijnen; dit geschiedt, volgens Mĕnangkabausch geloof, onder den vorm van een bijenzwerm, onder aanvoering van Saning Sari (over wie hier beneden).

Terwijl het dus reeds lastig genoeg is te zorgen, dat men niet door de een of andere handeling de rijstziel doet verdwijnen, terwijl het gewas in bloei staat of in de aren schiet, hoe bezwaarlijk moet het dan niet zijn, tegen het heengaan van die zielestof te waken, wanneer de aren gesneden moeten worden! Inderdaad, alle voorbehoedmiddelen en verbods-bepalingen, tot nu toe in toepassing gebracht, zullen op dien tijd falen, de rijstziel zal na een dergelijke behandeling niet kunnen blijven. Immers, evenals de soemangat des menschen bij den dood het lichaam verlaat, is dit ook bij de zielestof van dieren, planten en levenlooze voorwerpen het geval. De soemangat van dieren komt vrij, wanneer ze geslacht, die van levenlooze voorwerpen wanneer ze verbroken of beschadigd worden, van planten dus, wanneer ze afgesneden worden. Gansch bijzondere maatregelen moeten dus op het tijdstip van den oogst genomen worden om de rijst-

---

[1]) Over deze en andere verbodsbepalingen zal uitvoeriger gesproken worden bij de beschrijving der Toradja's van M.-Celebes.

zielestof tot blijven te noodzaken. Vandaar het aanwijzen van de zoogenaamde „rijstmoeder", en de vele en velerlei ceremoniën, die daarmede
plaats hebben. Men verstaat onder „rijstmoeder" een zeker aantal aren,
die door bijzondere plaatsing, of door eigenaardigheden in den groei, het
kenmerk dragen van een buitengewoon krachtige soemangat te bezitten.
Bij de Měnangkabauers worden daartoe zelfs eerst bijzondere korrels
uitgezocht, terwijl men, deze *indoea padi* (= rijstmoeder) in den groeitijd
uit 't oog verliezende, tegen den oogst weer bepaalde halmen als zoodanig
uitzoekt. De naam „moeder" moet in dit verband niet worden opgevat
als „voortbrengster" maar meer als „voornaamste", „sàmenhoudster van
al 't andere"; en zoo is dan de opvatting dat men de zielestof van het
geheele rijstveld „binden" kan, wanneer men, door gepaste maatregelen,
die van de rijstmoeder tot blijven kan nopen. Zij trekt dan de soemangat
van al de rijsthalmen aan, en behoedt ze voor ontvlieden. Met die r ij s t-
m o e d e r hebben dus tal van ceremoniën plaats, men spreekt haar vriendelijk
toe, men steunt en omringt haar door staken of doorntwijgen; het eerst
wordt *zij* gesneden, bewierookt en met bloemen versierd; wanneer ze
naar de rijstschuur gebracht wordt, geschiedt dit onder doodsche stilte;
de drager mag met niemand een woord wisselen; zelden, alleen in geval
van hoogen nood, zal de rijstmoeder tot voedsel gebruikt worden.

Zooals vanzelf spreekt wordt het oorspronkelijke animisme nog het
meest zuiver gevonden bij de meer onbeschaafde, Heidensche volken
van den Archipel, bij wie het in de verste konsekwenties, in allerlei
gebruiken zich openbarende, wordt aangetroffen. Maar ook voor de meer
ontwikkelde inlanders, voor de Javanen bijv., is de animistische natuur-
beschouwing de diepste ondergrond van alle voorstellingen. Niet zonder
diepe sporen van hunnen invloed achter te laten evenwel hebben de
godsdienststelsels der Hindoes zoolang op Java geheerscht. Soms strekte
die invloed zich niet verder uit, dan tot het toepassen van de vreemde
namen op de inheemsche voorstellingen en gebruiken, het verdoopen van
oude Javaansche geesten en goden; soms deed de inwerking der Hindoe-
mythologie gaandeweg de Javaansche voorstellingen afwijken van de
algemeen-Indonesische beschouwingen, zonder dat · ze daarom grootere
overeenstemming met de Voor-Indische gingen vertoonen. Een voorbeeld
van dit laatste zien wij in hetgeen er op Midden-Java van de „rijstmoeder"
geworden is. De Javaan stelt zich thans de rijst ook wel als bezield voor,
maar bij hem is de rijstziel meer een zelfstandige godheid geworden: het
rijstgewas is bezield door Déwi of Nji Sri[1]), de Çri of Lakshmi der Hindoes,

---

[1]) Bij de Měnangkabauers Saning Sari.

de gemalin van Wishnoe. Uit deze opvatting spruit de gewoonte voort om, als de rijst in bloei staat, zure vruchten, roedjak, enz. in het water der leidingen te doen: de rijst is dan zwanger, en heeft, evenals dikwijls zwangere vrouwen, trek in zure spijzen of dranken.

Een geheele reeks van plechtigheden en voorzorgen moet tijdens groei, bloei, en periode van rijpwording, in acht genomen worden, wil men zich van een goede opbrengst verzekeren. De gewone landbouwer zou zoo licht 't een of ander daarvan vergeten en overslaan, dat er een categorie van personen is, dikwijls vrouwen, die van al deze zaken hun bezigheid maken; *doekoen-sawah*, vrij, maar niet geheel nauwkeurig vertaald: sawah-doktoren. Zij zijn het ook, die, op een veld dat geoogst worden zal, de aren opzoeken welke dienen zullen als „Pari-pĕnganten" = Rijstbruidspaar. Daags te voren heeft zij of hij dat veld gezegend door het branden van wierook en het herhaald aanroepen van Dewi Sri; de uitgezochte aren worden met bloemen versierd en met boreh — gele welriekende zalf — bestreken, en afzonderlijk gedroogd. Aan dit Rijstbruidspaar worden nog een paar bossen, als bruidsmeisjes en bruidsjonkers, toegevoegd, en met deze, wanneer de geheele oogst gedroogd is, het eerst, en zeer plechtig, naar de schuur gebracht. De drager, in nieuwe kleeren gekleed, met frissche bloemen in het haar of den hoofddoek gestoken, mag onderweg geen woord spreken. Bij de rijstschuur aangekomen wordt eerst de „bruid" met hare bruidsmeisjes naar binnen gebracht en op een nieuw ligmatje neergelegd; eerst daarna brengt men er ook den bruigom en de bruidsjonkers binnen; een bamboe-geleding met helder drinkwater wordt er naast geplaatst. Gedurende veertig dagen mag nog niemand in de rijstschuur komen om rijst te halen; eerst na dien tijd mag dit elken dag gebeuren, behalve des Dinsdags.

De beteekenis der uitgezochte padi-aren als „rijstmoeder" is dus klaarblijkelijk hier op den achtergrond geraakt voor het denkbeeld, ontstaan doordat men zich de rijst door een bepaalde godin bezield achtte, van het huwelijk der Rijst, gepersonificeerd in de godin Sri; aan den echtgenoot der Hindoe-godin denkt men niet meer [1]).

Onder de door de Europeanen op Java ingevoerde en in het groot, op plantages, gedreven cultures zijn het wel 't meest de theeplantages, die een eigenaardig karakter aan 't landschap geven. Eenigermate zou

---

[1]) Voor meerdere bijzonderheden omtrent dit onderwerp zij verwezen naar Alb. C. Kruyt, De rijstmoeder in den Indischen Archipel. Verslagen en Meded. der Koninkl. Acad. v. Wetensch. Afd. Letterkunde, 4e Reeks, 5e Dl, 3e stuk. In 't nu in den tekst volgende is weder Prof. G. aan het woord.

men de thee-tuinen, naar hun uiterlijk, met wijngaarden vergelijken kunnen, daar ze, evenals deze, zich langs de berghellingen uitstrekken. De stammen

Theeoogst op West-Java.

zijn in regelmatige rijen geplant, waartusschen de bloote grond, van onkruid zuiver gehouden, zichtbaar wordt. Maar de theestruik bereikt nooit de hoogte, die onze wijngaardeniers aan de langs staken geleide wijnstokken geven; hij wordt kort gehouden, hoogstens 1 M., meestal veel lager. Vooral daardoor vormt een thee-aanplant een scherpe tegenstelling met de vrije boschvegetatie, met de boomgaarden der inlanders, die ook veel van bosschen hebben, en met de koffie- en cacao-tuinen. In het deel van West-Java, dat ik op mijn reis bezocht, is het aantal theeplantages niet bijzonder groot. De uitgestrekste thee-aanplantingen liggen wel tegen de hellingen van den Salak; ook verderop, dichter bij Soekaboemi, brengt de spoorweg af en toe langs theeplantages. Zij schenken, met de troepen arbeiders, die er in bezig zijn, een gewenschte afwisseling aan het landschap. Anders is dit in het bergland van Ceylon; daar spoort men urenlang onophoudelijk door theeplantages, die zich, zoover het oog reikt, in eeuwige eentonigheid langs de berghellingen uitstrekken.

De theecultuur staat onder Europeesche leiding, en aan de plantage is steeds een fabrieksinrichting verbonden, waarin het produkt verwerkt en tot verzending gereed gemaakt wordt. Bij deze cultuur spelen allerlei tuinbouwbezigheden een groote rol. Bij den aanleg moet bijzondere zorg aan het gereedmaken van den grond worden gewijd. Wil men voorkomen, dat een enkele krachtige tropische regen den geheelen aanplant van de helling naar beneden zal spoelen, dan moet de van het plantenkleed ontdane bodem zorgvuldig geterrasseerd, en van greppels tot afvoer van het water voorzien worden. De jonge, op afzonderlijke kweekbeddingen uit zaad gewonnen planten vereischen in den eersten tijd na de uitplanting een bijzondere verpleging. Zoodra de slanke stam een bepaalde lengte bereikt heeft, moet hij gesnoeid, en daardoor gedwongen worden zich als een struik in de breedte te vertakken. Tegen onkruid en schadelijke dieren moet men onophoudelijk strijd voeren.

Eerst in het tweede, ja zelfs wel eens in 't derde jaar pas kan de oogst beginnen. De plukkers en pluksters, allen inlanders, gaan van struik tot struik de rijen langs, en breken alle uiteinden der takken tot op het derde blad af. Deze takjes met den eindknop en de jongste, zachte blaadjes worden in manden verzameld en in de fabriek gebracht, waar naar de ingezamelde hoeveelheid het loon der plukkers berekend wordt.

De versch geplukte theebladeren worden eerst in vlakke manden uitgespreid, om te verwelken. Op vele ondernemingen worden, in plaats van deze manden, vaste bamboehorden, met doek bespannen, gebruikt. De verwelkte bladeren worden daarna gerold; in vele thee-produceerende landen is dit handenarbeid der inlanders, in moderne fabrieken op Java en Ceylon gebeurt het door middel van groote stoom-rolmachines. Door dit rollen, dat onder zachten druk plaats heeft, verliezen de bladeren een deel van hun sap, en tegelijk worden ze tot kleine klompjes of onregel-matige kogeltjes ineengedraaid. Gedurende korten tijd worden de gerolde kogeltjes, opeengehoopt en toegedekt, aan een fermenteeringsproces overgelaten, waarbij de temperatuur der halfvochtige massa niet boven een zeker maximum mag stijgen. Door dit fermenteeren moet het aroma van het gewonnen produkt werkelijk verhoogd worden. Later komen de zwartbruine massa's in de drooginrichting; een verhitte, droge luchtstroom ontneemt ze hun laatste vochtige bestanddeelen. Het op deze wijze ver-kregen produkt is de zwarte thee. Om groene thee te krijgen wordt de bewerking in zooverre gewijzigd, dat de pas ingezamelde bladen dadelijk gedroogd, en bij grooter warmte gerold en geroosterd worden. Ik heb evenwel dit proces niet uit eigen aanschouwing leeren kennen, daar op al

Uitleggen der theebladeren.

de groote ondernemingen, die ik bezocht, uitsluitend zwarte thee geprodu-ceerd werd. De gewonnen thee wordt dadelijk in de fabriek gesorteerd, en nadat hij, tenminste op behoorlijk bestuurde ondernemingen, nog op den smaak onderzocht is, in groote, met theelood beslagen kisten verpakt.

De theestruiken kunnen, als ze zorgvuldig behandeld worden, vooral wanneer het snoeien na den oogst oordeelkundig geschiedt, wel verschei-dene tientallen van jaren een goede opbrengst geven; daarna evenwel neemt de hoeveelheid sterk af. Men verjongt ieder jaar den stam door het wegsnoeien van de oude kroon. Op deze wijze wordt de vorming van een nieuwe kroon bewerkt, die telken jare op nieuw een goeden oogst geeft. Als eindelijk de vruchtbaarheid ophoudt, wordt de stam door een jonge, op de kweekbedding gecultiveerde plant vervangen.

Onder de koffie-produceerende landen der tropen neemt Java sedert lang een der eerste plaatsen in, en de als Java-koffie bekend staande handelsmerken behooren mede tot het beste, wat aan de markt komt.

De koffieboom gedijt het best op de hellingen der vulkanen, en de tuinen gaan dikwijls tot ver boven 1000 M. omhoog. De pyramidale, meer dan manshooge boompjes met hun donkergroen, glanzend loof, worden evenals de theestruiken op gelijke afstanden van elkaar in rechte rijen geplaatst. Om hun beschutting tegen zonnegloed en wind te geven, worden tusschen de rijen snel-opschietende schaduwboomen geplant. Men maakt daartoe meestal gebruik van Leguminosen, wier uit zachte veder-bladeren bestaande schermkruin een lichte halfschaduw over de koffie-boompjes werpt; vooral de dadapboom wordt veel gebezigd.

Op Java worden tegenwoordig in hoofdzaak twee koffiesoorten ver-bouwd, de Arabische en de Liberia-koffie. Van elk dezer beide soorten bestaan variëteiten, die zich van elkaar onderscheiden door zekere ken-teekenen, vooral door grootte en vorm der bladeren en der vruchten, en door meer of minder weerstandsvermogen tegen de invloeden van klimaat en bodem, evenals tegen schadelijke bacteriën. De benoodigde planten worden uit zaad gewonnen, en eenige weken oud op het veld uitgeplant. Men verwacht van een gezonden boom in het derde of vierde jaar den eersten oogst.

De koffieboom heeft niet, zooals onze vruchtboomen, een bloeitijd, die tot enkele weinige dagen beperkt is; onophoudelijk, het geheele jaar door, komen nieuwe bloesems uit de telkens bijgroeiende uiteinden der takken te voorschijn. Vooral geldt dit voor de Liberia-koffie; bij de Arabische koffie is tusschen den laatsten bloei en den rijpen oogst een tusschenpoos, zoodat men hier eer van een bloeitijd en een tijd van rijpheid der vruchten kan spreken. De uit de groote witte bloesems ont-staande, bezie-achtige vruchten zijn in het begin groen gekleurd; later gaat hun kleur in een glanzend rood over.

De geheel rijpe bessen worden door inlanders met de hand geplukt. Om den arbeid van 't inzamelen te vergemakkelijken, tracht men de boomen, door ze bijtijds te toppen, laag te houden. De Arabische koffie-boom kan ook het snoeien zeer goed verdragen; bij den Liberia-boom daarentegen, die zonder ophouden bloeit en vrucht draagt, wordt door het snoeien telkens een deel van den te verwachten oogst opgeofferd, weshalve men hem beter tot zijn natuurlijke grootte laat opgroeien, en de plukkers van lichte bamboeladders voorziet; de Liberia groeit dan ook niet onder schaduwboomen. Men heeft ook beproefd, Liberia-koffieboomen te kweeken die meer heesterachtig groeien en nauwelijks één M. hoog worden. Ik heb een met zulke heesters beplant stuk grond gezien in den cultuurtuin van Tjikeumeuh. Dr. van Romburgh[1]), de op het gebied van den tropischen landbouw wetenschappelijk zoowel als practisch even ervaren leider van deze instelling, verzekerde mij evenwel, dat de opbrengst van deze nieuwe variëteit, wat kwaliteit en kwantiteit betreft, nog niet op de gewenschte hoogte staat, zoodat er voorshands nog niet aan gedacht kan worden, de heesterachtige Liberia-koffie voor de groote cultuur te gebruiken.

De ingezamelde koffiebessen worden door dragers of op karren naar het etablissement gebracht. Waar de toestand van het terrein dit toelaat, spoelt men de koffievruchten ook wel door metalen buizen of in open goten met water, de helling af, naar het etablissement.

Koffie-oogst op West-Java.

Bij de verdere bereiding van den oogst onderscheidt men de droge en de natte behandeling. De inlanders gebruiken bij hunne bereiding in de Gouvernements-koffietuinen de eerste methode, die de oorspronkelijkste is. De verschgeplukte koffie wordt dun uitgespreid; wanneer het dreigt te gaan regenen harkt de Javaan de vruchten bijeen; op tegen regen beschutte droogvloeren worden ze nu verder gedroogd, en daarna gestampt, om de roode schil te doen springen.

Bij de natte behandeling wordt de geweekte koffievrucht in een machine van het vleezige deel van den vruchtwand bevrijd. De koffie-boonen blijven nog door een perkamentachtige schil omgeven, die met een slijmerige, brijachtige massa bedekt is. De Java-koffie laat men in

---

[1]) Thans Hoogleeraar te Utrecht.

gemetselde bassins 36—60 uren fermenteeren; de Liberia-koffie 3—5 dagen; de slijmachtige brij is dan tevens opgelost. Daarop worden ze terdege gewasschen, en na afloop dezer behandeling zien de boonen, nu „perkament-koffie" genoemd, er glad en zuiver uit.

De nog door de perkamenthuid omsloten boonen worden op gemetselde droogvloeren gedroogd. De gewasschen boonen worden daar op uitgespreid, en aan de zon blootgesteld. Zoodra er regen dreigt, moet de koffie op de vloeren bedekt worden, daar door herhaald bevochtigen en drogen de kwaliteit der boonen sterk lijdt. Men heeft, ten einde regenschade te voorkomen, allerlei inrichtingen verzonnen, om de droogvloeren in eenige oogenblikken te kunnen overdekken. Op vele ondernemingen heeft men geheel en al afgezien van het drogen in de zon, en gebruikt droogschuren of -huizen, waarin het drogen onder aanwending van kunstmatige warmte sneller en grondiger kan plaats hebben.

De gedroogde perkamentkoffie wordt door machines geschild, daarna met zeven gesorteerd, in een daarvoor ingerichte machine gepolijst, en eindelijk nog, om de minderwaardige en miskleurige boonen te verwijderen, met de hand gelezen.

Van veel minder beteekenis dan de koffiecultuur is voor Java de verbouw van cacaoboomen. Toch ontmoet men af en toe aanplantingen, waarin de krachtige, grootbladerige boom in groot aantal onder de lichte bladerkronen der schaduwboomen gekweekt wordt. De cacaoboom is zeer gevoelig voor rechtstreeksche inwerking der zonnestralen en voor wind, vandaar dat windvrije hellingen in bergstreken óf door bosch beschutte dalen de beste cultuurplaatsen voor cacao aanbieden.

De uit zaad geteelde boom kan een hoogte van 6 Meter en daarboven bereiken. Hij begint gewoonlijk in het vierde of het vijfde jaar te dragen. De bloesems en daarna de vruchten verschijnen niet, zooals wij het bij onze inheemsche vruchtboomen gewend zijn, aan de uiterste spitsen der dunnere takjes, maar direkt bij den dikken stam en aan de sterkere takken. Bloesems en vruchten in alle ontwikkelingsstadiën vindt men op elken tijd aan den volwassen boom, wiens ontwikkeling in het voor hem zoo geschikte, vochtigwarme tropische klimaat geen afbreking ondervindt. De kortstelige vruchten hebben eenigszins den vorm en de grootte van een korte, dikke komkommer. Zij zijn evenwel grofkorrelig van oppervlakte, hebben vijf stompe ribben overlangs, en zijn roodachtig bruin van kleur, op groenwitten grond. Als de vruchten rijp zijn, rammelen de twintig of meer zaden, die zich binnenin gevormd hebben. De inzamelende arbeiders kunnen aan dit kenteeken de rijpe van de onrijpe vruchten onderscheiden. De geoogste vruchten worden door een slag met een mes of stok geopend, en vervolgens peutert men de in èen rood vruchtvleesch liggende, door een harde schil omgeven zaden er uit, waarbij de flinke en vlugge handen van jonge arbeidsters goede diensten bewijzen.

De cacaozaden worden in overdekte ruimten op hoopen gelegd in manden of op tafels, soms ook wel op pisangbladeren, en daar eenige dagen aan zich zelf overgelaten. De optredende gisting maakt de nu nog vastzittende, slijmachtig-kleverige vruchtbrij los, verzacht den bitteren smaak

Soendaneesche cacao-pluksters.

der zaden en doet de lichte kleur der schillen in een roodachtig bruin overgaan. Na de gisting worden de cacaoboonen gewasschen en in de droogruimte gebracht, die verhit en geventileerd wordt. Nadat de cacao daar onder voortdurend omwerpen gedroogd is, wordt ze ter verzending naar Europa verpakt.

Rijst-, thee-, koffie- en cacao-cultuur zijn wel niet de eenige land-bouwbedrijven, die nevens de ooft- en groententeelt der inlanders het land in de Preanger-Regentschappen in beslag nemen; maar ze zijn toch degene, die in de door mij bereisde streek het meest op den voorgrond traden. Ik kan het dus hier bij de gegeven beschrijvingen laten. De schildering van een bezoek aan Midden-Java, dat ik later ondernam, zal mij nog gelegenheid geven, den lezer ook met de voor Java zoo belangrijke cultures van suikerriet en indigo bekend te maken; de tabaksbouw, die van het meeste gewicht is in Deli, is in het 3de hoofdstuk van dit werk reeds beschreven.

Toen ik des voormiddags van den 10^{den} Oktober 1899 met den spoortrein van Buitenzorg te Tjiandjoer aankwam, stonden daar de vooruit bestelde wagens tot vervoer van personen en bagage al klaar. Het waren tweewielige karretjes, elk met drie kleine Javaansche poney's naast elkaar bespannen. Met Mariô's hulp was de bagage weldra ordelijk geladen, en de reis kon zonder oponthoud verder gaan, met vroolijk zweepgeknal langs den goed onderhouden bergweg. Het is verwonderlijk, wat die kleine paardjes verrichten kunnen. In draf gaat het bergop en bergaf, over stijgingen, waaraan bij ons geen koetsier zijn paarden wagen zou. Daarbij komt, dat de wagens niet eens een reminrichting hebben, zoodat de paarden bij het afdalen den geheelen last tegenhouden moeten.

Tjiandjoer ligt omstreeks 600 M. boven zee. De streek langs het eerste deel van onzen weg was dus nauwelijks verschillend met die, welke we van uit den spoortrein gezien hadden. Overal rijstvelden in alle stadiën, van het ploegveld tot het oogstveld, naast elkander, voorts thee- en koffietuinen, en daartusschen hier en daar de gebouwen van een grootere onderneming, en Europeesche woningen met goedonderhouden bloemtuinen. Af en toe passeerden wij een inlandsch dorp, welks huizen geheel verscholen liggen in de schaduw van groote mangga- en andere vruchtboomen. De woningen zijn hier met wat minder zorg gebouwd dan in Buitenzorg, en zien er vaak erg verwaarloosd en half vervallen uit. Overigens echter zijn ze nog naar hetzelfde bouwplan ingericht, als de vroeger beschrevene. Bij den ingang bevindt zich een galerij, daarachter, door een deur ervan gescheiden, de eigenlijke inwendige ruimte van het huis, de slaapplaatsen der bewoners.

Van den weg zijn de huizen en de erven meestal door een bamboeheg afgescheiden, ook wel door een muurtje van op elkaar gestapelde steenen. Naast het huis staan breedbladige pisangs, waaronder, op den van onkruid zuiver gehouden grond, de kinderen spelen en kakelende kippen in 't zand scharrelen. De bewoners dezer streek zijn, afgezien van de enkele Europeanen, haast uitsluitend Soendaneezen. Op den weg ontmoeten ons af en toe breedgeschouderde mannen, die manden met vruchten of bossen rijst dragen aan een op den schouder liggenden, aan beide zijden naar boven gekromden draagstok. Zoodra ze den wagen zien aankomen, gaan ze naar den rand van den weg, en keeren ons den rug toe. Vrouwen en kinderen, die ons tegenkomen, hurken in heele rijen langs den kant van den weg neer, met afgewend gezicht. Dat is hier de gewone wijze, om den Europeaan te groeten. Het komt mij voor, dat deze vorm van groet als teeken van onderdanigheid een overlevering is uit lang vervlogen tijden van gewelddadige onderdrukking. De vrijmoedige manier van met den Europeaan te verkeeren, die ik later bij de Maleische stammen van Sumatra leerde kennen, staat hiermede in scherp kontrast.

De lieden zien er overigens gezond en krachtig uit, en hun kleeding getuigt van een zekere welvaart. Half-volwassen kinderen en jonge meisjes hebben niet zelden wangen, waar het rood zacht doorschijnt, hetgeen bij den warmen, lichtbruinen ondergrond der huidskleur allerliefst staat.

Het station Sindanglaja, dat we van Tjiandjoer uit met den wagen wilden bereiken, ligt omstreeks 1100 Meter boven den zeespiegel, aan den voet van den vulkaankegel, dus maar ongeveer 500 Meter hooger dan Tjiandjoer. De geheele stijging van den weg op den rit van bijna twee uren is dus volstrekt niet bovenmatig groot. Wij moesten evenwel een hoogte over, waar de steilte van den weg aanzienlijk meer was dan die, welke ik had leeren kennen op de berijdbare kunstwegen in de Europeesche Alpenlanden, ofschoon de stijging door een doorgraving nog aanmerkelijk verminderd was. Het was een dolle rit. In galop liepen de taaie paardjes tegen de steile helling op, en toen, na even te hebben uitgeblazen, op dezelfde wijze de helling aan den anderen kant af. De wagen vloog over wortels en steenen, zoodat men zich aan zijn zitplaats moest vasthouden, om er niet uit geslingerd te worden.

Toen we deze hoogte achter den rug hadden, naderden we meer en meer den eigenlijken bergkegel van den Gědé, rond welks voet de weg loopt. Aan den top, boven den krater, hing onbewegelijk een rookwolk. De hellingen van den berg zijn, evenals die van den tweelingtop Pangerango, tot boven toe met woud bedekt. Beneden de grens van het eigenlijke oerwoud evenwel ligt nog bebouwd land. In de door het berg-water uitgediepte ravijnen, die de van den berg uitstralende ruggen van elkaar scheiden, waren op vele plaatsen sawah-terrassen te herkennen; de inlandsche dorpen, door vruchtboomen overdekt, liggen als kleine boschjes op de hoogvlakten verspreid.

Na eenigen tijd passeerden wij een grootere plaats, Tjipanas, waar verscheidene Europeesche woningen tusschen de hutten der inboorlingen liggen. De Gouverneur-Generaal van Nederlandsch-Indië heeft hier een landhuis. Een warme bron, die uit den vulkanischen bodem opwelt, wordt voor baden gebruikt.

Tegen 1 uur bereikten wij Sindanglaja. De plaats bestaat in hoofdzaak uit een groot hotel, dat aan zieken en herstellenden, die in het gezonde bergklimaat genezing zoeken, komfortabel logies aanbiedt. Ik had het plan, hier te overnachten en den volgenden morgen te voet naar den bergtuin van Tjibodas te klimmen. Na de avonturen van den woesten rit genoot ik met welbehagen de rust in het goed ingerichte hotel, dat rondom door een schaduwrijken tuin omgeven is, en zelfs gelegenheid biedt voor billard-, kegel- en croquetspel.

De namiddag bracht mij nog een zeer aangename verrassing. In een bijgebouw van het hotel woonde een vakgenoot, Dr. Lotsy, een Neder-landsch geleerde, die zich door een aantal degelijke studiën in de litteratuur bekend gemaakt heeft [1]). Hij verrichtte toentertijd in het laboratorium van den bergtuin van Tjibodas wetenschappelijke onderzoekingen over de Cinchona-soorten, wier bast, zooals bekend is, kinine levert, en die sedert vele tientallen van jaren op Java in plantages geteeld worden.

---

[1]) Thans lector te Leiden.

Dr. Lotsy noodigde mij tevens uit naam zijner vrouw dien avond ten eten. Zoo kreeg ik geheel onverwacht het groote geluk, eenige uren in een aangenamen familiekring te kunnen doorbrengen. Ik kan niet zeggen, wat mij daarbij het meeste genoegen verschafte, het gesprek over wetenschappelijke onderwerpen met den ervaren en belezen vakman, of de beantwoording der vragen, waardoor de beminnelijke gastvrouw het gesprek op mijn eigen tehuis en op mijn gelieven wist te brengen, of eindelijk het schertsen met de aardige kinderen des huizes, een prachtigen jongen van zes jaar en een twee jaar jonger meisje, voor wie ik mij verstaanbaar trachtte te maken in een koeterwaalsch, bestaande uit brokstukken Hollandsch, vermengd met Platduitsch. Laat in den avond werd ik door een Soendaneeschen bediende bij lantarenlicht naar het hotel teruggebracht.

Nog vóór zonsopgang den volgenden morgen wekte Mariô's stem mij uit aangename droomen. De koffer was snel gepakt en werd met de overige bagage aan de bestelde koelies overgegeven, die alles aan bamboestokken op de schouders wegdroegen. Na het ontbijt was ik ook alras voor den afmarsch gereed, en nu ging het in de morgenkoelte vroolijk het bergpad op. Men kan langs verschillende wegen van Sindanglaja uit naar Tjibodas komen. De weg, dien ik op Mariô's voorslag koos, was een smal voetpad, dat ons over een heuvelrug langs allerlei aanplantingen en door eenige kleine dorpen voerde. Op sommige plaatsen ging de weg langs bloeiende Lantanahagen, daartusschen stonden hier en daar groote Datura-heesters (doornappel), die vol hingen met sneeuwwitte bloesemtrossen van een hand lengte. Een geheel ongewonen en onverwachten aanblik boden mij uitgestrekte aardappelvelden, die den rug van een uitlooper van den berg bedekten. Toen wij hoogerop kwamen, lagen de zachte hellingen van Gĕdé en Pangerango vrij voor ons, met diepe voren doorsneden en met oerwoud bedekt; ter halver hoogte zweefde nog de morgennevel in lichte wolken over de groene wildernis.

Ons voetpad bracht ons weldra op een breeden rijweg, die al kronkelend tegen den berg oploopt. De helling wordt langzamerhand steiler, de cultuurplanten houden op, en allerlei laag hout en struikgewas bedekt den grond langs den weg. Achterom ziende, geniet men een heerlijk uitzicht op het schoone berglandschap met de diepe, in sappig groen prijkende dalen, en de heerlijk gevormde bergketenen in de verte.

Wij moesten, vóór we den bergtuin bereikten, op onzen weg een der dalkloven doortrekken, die den voet van den bergkegel in een aantal uit het middenpunt loopende ribben verdeelen. De weg loopt aan de eene helling van de kloof tamelijk steil naar beneden. Daar is over het bergstroompje, dat in het diepst van de kloof met tal van watervallen zich

omlaag spoedt, een houten brug geslagen, en aan den overkant voert
de weg weer steil tegen den bergwand omhoog. Dergelijke ravijnen kunnen,
vooral op Sumatra, dikwijls lastige belemmeringen voor de reis opleveren.
Gewoonlijk echter is in de vochtige kloven, waar bovendien voor landbouw geen plaats is, een weelderige plantengroei ontstaan, die door zijn
afwisseling en schoonheid rijkelijk vergoeding schenkt voor de moeite van
het bergaf- en opklimmen. In het ravijn op den Gedé was mij voor het
eerst een blik gegund op een weelderige boschvegetatie, waarin vooral
de schaduw en vochtigheid zoekende boomvarens, de sierlijkste van alle
tropische boomen, op den voorgrond traden. De stammen waren met
epiphyten bedekt, terwijl allerlei klimplanten een ondoordringbaar gordijn
weefden onder en tusschen de lichtgroene kronen der sierlijk gevederde
pluimen. Het scheen niet raadzaam, bij het fraaie tooneel al te lang te
vertoeven, of zelfs in de ruigte naar beneden te klauteren, om de heerlijkheid van nabij te beschouwen, en uit den overvloed van al het voor
mij nieuwe, dat daar groeide, ook maar het allerinteressantste te verzamelen. Hoe gemakkelijk ware mijn tasch met nooit geziene schatten
gevuld geworden! Maar ik moest beducht zijn, dat dan mijn marsch zich
te ver tot in het heetst van den dag zou uitstrekken, en ik mocht
bovendien Mariô gelooven, die zeide, dat al deze dingen boven in het
oerwoud veel gemakkelijker en in nog veel rijker overvloed te krijgen
waren. Dus klauterden wij maar weer uit 't ravijn omhoog en vervolgden
onzen weg bergopwaarts.

Niet lang duurde het meer, of wij zagen bij een bocht van den weg
een wit bord met het opschrift: „'s Lands Plantentuin" voor ons, een
teeken dat wij weer het speciale arbeidsveld betraden van Professor Treub,
die voor zijne Europeesche gasten zoo vol voorzorgen is. Na een tocht
van nauwelijks twee uren lag ons doel voor ons. De plaats waar 't bord
staat is evenwel nog pas het begin van den tamelijk uitgestrekten bergtuin, in welks hoogste deel het oerwoud-laboratorium ligt. Wij moesten
nog een flink eind stijgen, en ik had daarbij voldoende gelegenheid, om
mij te overtuigen van de voorbeeldige orde, waarmee zelfs hier boven,
1400 M. boven de zee, de onder Treub's direktie staande aanleg onderhouden wordt.

De bergtuin is aangelegd als een fraai park. Groote grasvlakten
wisselen af met heerlijke boomgroepen; in het midden ligt een fraaie
vijver, in welks stil water de boomen en de bergtoppen op den achtergrond zich spiegelen. Een schoone laan van donkere coniferen wijst den
stijgenden hoofdweg aan, die naar het hoogste deel van den tuin voert,
waar, omgeven door rozepriëelen, althaeastruiken en bloembedden, het

gastvrije woon- en werkhuis voor de gasten uit Europa vriendelijk afsteekt
tegen den donkeren achtergrond der woudreuzen. Wanneer men dit einddoel
bereikt heeft, loont het de moeite, van de galerij van 't huis af den blik
achterwaarts te richten. Over de bloembedden op den voorgrond, over
vijver en grasvelden, en over de boomgroepen in het lagere deel van
het park weidt het oog ver, ver weg over het groene land met zijn
blinkende rijstvelden, met zijn heuvelketens en dalkloven, met de donker
begroeide vulkaankegels en de steil oprijzende kalkbergen aan den horizont, in blauwe verte. Voorwaar, dat is een landschap, gelijk er maar
weinige zijn, en het verwonderde mij niet, dat een Duitsch landsman,

Vijver op Tjibodas.

Max Fleischer, een fijngevoelig landschapschilder, die in zijn vrijen tijd
aan mosstudiën doet, hier boven zijn woonplaats had opgeslagen, waar
de natuur op even uitnemende wijze rekening gehouden heeft met de
behoeften van den kunstenaar als met die van den botanicus. Ik dankte
het aan deze omstandigheid, dat mij hier boven in dezen afgelegen uithoek
van de wereld een Duitsche welkomstgroet tegenklonk.

Kort na mijn aankomst in het gebouw verscheen een jong Nederlandsch beambte, de heer Wouter, om mij te begroeten; onder zijn
leiding moet het laboratorium met park en proeftuin door inlandsche
arbeiders in orde gehouden worden. Aan de als park aangelegde deelen

van den bergtuin, die we bij onze bestijging hadden leeren kennen, sluiten zich namelijk zijwaarts uitgestrekte proeftuinen aan, waarop, volgens instructies der wetenschappelijke leiders, allerlei cultuurproeven gedaan worden, die tot wetenschappelijke of praktische doeleinden dienen. Het kleine dorp der inlandsche arbeiders grenst aan deze proefvelden; het woonhuis van den tuinman ligt, verscholen onder boomgroepen en heester-gewassen, naast het laboratoriumgebouw.

Dit laatste is slechts bestemd voor de geleerden, die hier boven tijdelijk werken. Het heeft maar één verdieping, en staat op steenen neuten; het bevat vier slaapkamers, een eetkamer, een prettig ingerichte

Vreemdelingen-logies en laboratorium op Tjibodas.

gezelschapskamer, waar, in glazen kasten, ook de kleine wetenschappelijke en belletristische bibliotheek een plaats vindt, en een ruim laboratorium met gelegenheid voor mikroskopische en chemisch-physiologische onder-zoekingen. Keuken en badkamer vindt men in de bijgebouwen.

Onmiddellijk achter de door deze ingesloten plaats reeds begint het ware oerwoud met zijn boomreuzen, in wier takken de apen zich schommelen, met zijn lianen en reuzenkruiden, met boomvarens en mos-sluiers, en de duizenden andere gewassen, die als een verwarde massa om lucht en licht worstelen.

Men moet een maagdelijk tropisch woud niet met een Europeesch beuken- of dennenbosch willen vergelijken; de vergelijking gaat even slecht op, als wanneer men, om een Alpenweide vol bloemen te beschrijven, van een weide in ons laagland wilde uitgaan. Wij zijn gewoon, in onze bosschen een enkele boomsoort in overwegend aantal te zien, of anders hoogstens drie of vier in een gemengd bosch. In het oerwoud op Java echter kost het moeite, twee boomen van dezelfde soort te vinden tusschen honderden, die tot andere soorten behooren. Voor ons Europeanen is met den naam „bosch" de voorstelling verbonden van een gelijkmatig gesloten loofmassa der boomkruinen, die op slanke stammen zich hoog boven den bemosten grond verheffen. Het oerwoud der tropen stemt met deze voorstelling niet overeen. Tusschen enkele, tot geweldige hoogte groeiende reuzen-boomen, verheffen zich lagere, niet minder loofrijke gewassen. En daar-tusschen slingeren zich de lianen en vormen een weefsel tusschen hoog en laag; zoo ontstaan ongelijkmatige, afgebroken omtrekken, geen regel-matig doorloopend loofdak.

De korte marsch in den ochtend had mij zoo weinig vermoeid, dat ik niet nalaten kon, dadelijk na den maaltijd in gezelschap van mijn landgenoot een wandeling in het oerwoud te ondernemen, om onmiddellijk een sterken indruk te ontvangen van de overstelpende weelde van het plantaardig leven. In den beginne was ik werkelijk verrast en versteld, en wist niet, wat ik het eerst bezien, of voor een nader onderzoek zou verzamelen. Alles drong naar voren en bood zich mij aan; iedere schrede bracht nieuwe wonderen.

Van de kolossen, die eenigermate het geraamte van het bosch vormen, ziet men, er in zijnde, alleen de gigantische stammen. De kruinen, hoog boven, onttrekken zich aan het gezicht; van boven tot beneden zijn ze met een groen net van slingerplanten doorweven, wier stammen als zware koorden omlaaghangen of guirlandes van boom tot boom vormen. In de takken, aan de lianen, zelfs op de luchtwortels, die uit vele boomen omlaag dalen, hebben zich allerlei epiphyten vastgehecht, die door eigenaardigen bouw in staat gesteld zijn, zich hun voedsel te verschaffen en het noodige water vast te houden, ook zonder met de aarde in verbinding te staan. Tusschen de boomstammen echter is iedere duimbreed gronds door kleine planten ingenomen; bamboestoelen, boom-varens, kolossale Scitamineën met tweeduims-dikke stammen en wortel-standige bloeiwijze, Aäronskruiden, begonia's, varens in alle grootten, duizenderlei struiken en kruiden verdringen elkander of warren zich dooreen. En daartusschen liggen de overblijfselen van omgevallen boomen in half-vergane bladeren. Iedere vrije plek wordt door mossen en kleinere varen-soorten ingenomen; niet alleen op den bodem groeien ze, maar ook op de takken en zelfs op de bladeren van struiken en planten, op de stammen

der boomen tot hoog in den top, zelfs aan de luchtwortels en lianen-
strengen, die boven de groene ruigte zich verheffen. Als groene sluiers
golven ze van boven af — overal mossen en varens, natdruipend, en
boven beschrijving weelderig.

In het eerst schroomt men, door den indruk van den zwaar geschoeiden
voet, door aftrekken of -snijden een stuk van deze groene heerlijkheid te
vernielen, waarvan iedere voetbreed, kon ze zóó in een Europeesche
serre worden overgebracht, verwondering en bewondering wekken zou.
Maar spoedig wordt men driester, en baant zich een weg met de golok
(kapmes). Rechts en links vallen de reuzenstengels, de takken en zelfs

In het oerwoud van
Tjibodas.

de stammen van kleinere boomen onder geduchte houwen;
de worteltouwen en lianen
worden doorgesneden; wat op
den grond groeit, wordt ach-
teloos vertrapt. Zoo voortdrin-
gende ontwaart men telkens
nieuwe wonderen; en als men
terugziet op den weg, dien
men gekomen is, bemerkt men
niet eens een opening in den
muur van groen. Na eenige
dagen vindt men nauwelijks
de plaats meer terug, waar
de golok zoo duchtig heeft
huisgehouden.

Het is niet gemakkelijk,
te midden van het oerwoud
een fotografische opname te
doen. De ongelijke lichtver-
deeling en de weinige ruimte
geven de grootste bezwaren, zoodat inderdaad geen enkele mijner oerwoud-
opnamen tot reproduktie en illustratie der beschrijving van den plantengroei
geschikt is. Daarom voeg ik hier de reproduktie in van een boschgezicht,
door den heer Fleischer met de momentcamera genomen in de onmiddellijke nabijheid van het logement aan den ingang van het woud, op het
oogenblik, dat ik met gevulde tasch van een tocht terugkeerde. Het was
helaas niet mogelijk, mijn konterfeitsel uit de opname te verwijderen,
zonder tevens een deel van het bladerenweefsel te vernielen, welks vormenrijkdom den lezer juist een voorstelling van de verscheidenheid der

22*

vegetatie geven moet. Ik moet lezers en lezeressen dus vriendelijk om verschooning verzoeken voor de hinderlijke aanwezigheid van mijn portret op de afbeelding.

Wil men een grooteren tocht ondernemen, dan maakt men eerst gebruik van een der door de tuinarbeiders opengehouden paden, die tot hoog tegen den berg op loopen. Van daar uit kan men dan gemakkelijk in het struikgewas doordringen, waarin men zich met de golok zijn eigen weg baant. Door een eigenaardige inrichting is men steeds in staat, zoodra men, verder doordringende, weer op een van deze paden terecht komt, zich te oriënteeren en den kortsten weg naar huis te vinden. Langs de paden zijn namelijk de groote stammen van een nummering voorzien, die van het logement uit begint. Men behoeft nu van het eerstgevonden nummer in de richting van het volgende, lagere cijfer, zijn weg maar voort te zetten, om weer thuis te komen. Men kan dus zeer goed den inlandschen gids, Sapihin, die door Professor Treub als begeleider der vreemde botanici in het oerwoud is aangesteld, missen, zonder te moeten vreezen, dat men in de wildernis verdwaalt, en dikwijls genoeg heb ik ook zonder zijn gezelschap urenlange omzwervingen ondernomen. Maar Sapihin is niet alleen padvinder, hij kent ook een groot aantal planten van het woud, waarschuwt den nieuweling voor de aanraking met opstaande haren der Laportea, die de huid branden, bevrijdt hem uit de omwikkeling der lange, van weerhaken voorziene rotansnoeren, verwijdert de bijtende mieren, die onvoorziens den wandelaar overvallen, brengt de bezoekers naar de standplaatsen van eenige zeldzame gewassen, en haalt als behendig klimmer de verlangde epiphyten of bloesems en vruchten uit de boomen, die men zonder zulke hulp bezwaarlijk zou kunnen krijgen. Vandaar, dat hij mij op mijn zwerftocht steeds een gewaardeerd metgezel was, van wiens gezelschap ik alleen dan afzag, wanneer ik dat niet zonder oponthoud en tijdverlies kon krijgen.

Gewoonlijk was op mijn morgenwandelingen reeds na twee uren mijn tasch met schatten gevuld, zoodat ik om acht uur voor het ontbijt thuis kon komen. Den overigen tijd van den dag, zoo lang het licht was, had ik dan mijn handen vol met de bewerking van het verzamelde in het laboratorium. Minder vaak, als ik grootere tochten doen wilde, nam ik wat mee voor ontbijt in het bosch en kwam eerst tegen 10 uur, of zelfs tegen den middag, thuis.

Het middagmaal om één uur, en 't avondeten, om acht uur, werd door Mariô door middel van blikjes en in het dorp gekochte groenten, kip of visch op bevredigende wijze bereid. Bij zonsondergang en in de avondschemering vóór den laatsten maaltijd maakte ik graag met den schilder een wandeling door park en tuin. Hij had met zijn kunstenaarsoog overal uitkijkjes en stemmingsvolle tafereelen ontdekt, die mij steeds opnieuw de grootsche bekoring van het tropische natuurschoon deden gevoelen.

Misschien heeft het den lezer verwonderd, dat ik bij de beschrijving van het oerwoùd het dierenleven nauwelijks genoemd heb. In werkelijkheid echter is het oerwoud op den Gĕdé in het oog vallend arm aan groote dieren. Tijgers zijn er niet meer, evenmin als rhinocerossen, van wier vroeger voorkomen vele plaatsnamen nog getuigenis geven. De verhalen omtrent het optreden van een panter, dien men kort vóór mijn aankomst te Tjibodas in het bosch gezien zou hebben, zullen wel hoofdzakelijk aan de vrees der inlanders hun ontstaan te danken gehad hebben. Door onder-vinding geleerd, gaan die dieren den mensch schuw uit den weg. Op onaangename manier geven in de aanplantingen van den bergtuin soms de wilde zwijnen blijken van hun tegenwoordigheid. De eenige grootere dieren, die men hier boven vaker te zien krijgt, zijn apen van een groote, grijze soort, door de zoölogen Cercopithecus cynomolgus genoemd. Zij klauteren in de toppen der hoogste boomen rond, maar ontvluchten ook liefst de nabijheid der menschen. Op een morgen, toen ik toevallig alleen zonder het geleide van Sapihin was, hoorde ik in mijn nabijheid in het bosch een geluid, alsof iemand niesde, zoo natuurlijk, dat ik niet nalaten kon, met een vroolijk „prosit" te antwoorden. En op eenmaal had men in de boomtoppen boven mij het leven aan den gang. Een droge tak kwam naar beneden, en onder klagelijk angstgeschrei vluchtte een groote aap van boom tot boom. Mijn poging, om hem door vriendelijke woorden gerust te stellen, mislukte volkomen. Haastig maakte hij zich uit de voeten, en uit de verte kon ik nog lang zijn kreten van schrik hooren. Soms zagen en hoorden we van ons logies uit de apen in de toppen der naastbijzijnde boomen van het bosch. In de avondschemering zagen wij dikwijls enkele kalongs, vliegende honden, met zware vlucht hoog boven ons voorbijtrekken. Ook eekhorentjes vertoonden zich somtijds.

Ook aan vogels is het oerwoud op den Gĕdé niet bijzonder rijk; zelfs in den vroegen morgen, als in onze vaderlandsche bosschen de kleine zangers van nabij en ver hun lied doen weerklinken, hoort men nauwelijks iets anders dan het kirren der wilde duiven, hoogstens tjilpen enkele vogeltjes, nauwelijks hoorbaar, hoog in de toppen der boomen. Bijna lijkt het, alsof de overgroote weelderigheid der vegetatie hier geen ruimte laat voor de uitbreiding eener fauna van grootere dieren. Maar toch ontbreekt het nergens aan leven en beweging, zoomin als aan stemmen uit de dierenwereld. Vlinders, vliegen en muggen doorzwermen de lucht; de laatste kunnen voor den wandelaar vaak zeer lastig worden;

overal wemelt het van mieren van verschillenden vorm en grootte, en 's namiddags verneemt men 't schelle gesjirp van groote krekels. Het gemakkelijkst kan men zich een voorstelling maken van den rijkdom aan insekten daarboven, als men 's avonds in de voorgalerij een brandende lamp op tafel zet. Dadelijk komen honderden kleine insekten, en fladderen om de vlam of zetten zich neer op de verlichte tafel of aan de wanden. Wanneer toevallig een termietenzwerm in de nabijheid zijn uitvliegdag heeft, kan men het beleven, dat de tafel onder de lamp letterlijk ter hoogte van een duim met insekten bedekt wordt. Eens zag ik, hoe op klaarlichten dag voor mijn venster een termietenkolonie uit den grond uitzwermde. Weldra verzamelden zich mannen, vrouwen en kinderen voor het vlieggat van de onderaardsche woning, vingen de dieren en verzamelden de lichamen, nadat ze de zeer brooze, lange vleugels er af genomen hadden, in ketels en potten. Zelfs een dorpshond was meegekomen, en hapte vlijtig naar de insekten, die aan de menschen ontsnapt waren. Op mijn navraag vernam ik dat deze dieren, op allerlei manieren bereid, voor de inlanders een ware lekkernij vormen.

Slangen en ander kruipend gedierte, waarvoor men zich in acht te nemen heeft, ben ik te Tjibodas binnen noch buiten het oerwoud tegen-gekomen. Vermeldenswaardig schijnt mij daarentegen nog het voorkomen van patjets, een soort van bloedzuigers, die op wonderbaarlijke manier door de kleeding tot op het menschelijk lichaam weet door te dringen, en zich daar ongemerkt en dus ook ongestoord vol zuigt. Nadat het tot berstens toe gevulde dier is afgevallen, begint de kleine wond te jeuken en bloedt nog eenigen tijd door. Gevaarlijk is dit bloedverlies niet, vooral niet, wanneer het aantal patjets dat men bij een tocht oploopt, zoo gering is als in de bosschen van Tjibodas. Daar ik stevige schoenen en lederen slobkousen droeg, ben ik er de meeste dagen heelemaal zonder bloed-zuigers afgekomen. Ik herinner mij andere oerwoudtochten, op den Salak en in de Sumatraansche bosschen, na welke ik bij het bad die dieren bij dozijnen van mijn lichaam kon halen.

Onder de grootere uitstapjes, die ik van Tjibodas uit ondernam, behoort de bestijging van den vulkaan tot mijn aangenaamste reisherinne-ringen. Tot deelneming aan dezen tocht had zich namelijk de Duitsche consul-generaal von Syburg bij ons aangemeld. Vrijdag 20 Oktober ver-wachtten wij onzen gast. Te Tjipanas wachtte ik den Heer von Syburg op, vanwaar wij te paard naar den bergtuin reden. Om twee uur 's middags kwamen wij daar aan; de vlag was op ons logies geheschen, de Heer Fleischer had in de eetzaal een artistieke versiering van varens en palm-bladeren aangebracht, en heette den gast voor het huis welkom. Daarna gingen we aan tafel, waarvoor Mariô deze maal buitengewone maatregelen genomen had.

Zaterdagmorgen om zeven uur begonnen wij onzen bergtocht. Nog een Europeaan, die voor zijn genoegen reisde, sloot zich bij ons aan, zoodat wij met ons vieren de reis ondernamen.

De bergmassa, waarop ter hoogte van 1400 M. de bergtuin van Tjibodas ligt, heeft twee toppen, den Gedé, 2962 M. en den Pangerango, 3022 M. hoog. Tusschen beiden in ligt, 2400 M. boven zee, een zadel, dat Kandang Badak, „Rhinoceroskraal" heet. Daar was in de voorafgaande dagen een hut tot tijdelijk verblijf voor ons opgeslagen, waarin wij konden overnachten. Onze bagage: slaapdekens, dranken, eetwaren en het noodige eetgerei werd door een karavaan van koelies naar boven gepikoeld. Mariô en Sapihin vergezelden ons.

Waterval van Tjibeureum.

De weg, hoewel onafgebroken door het woud bergop voerende, is niet zonder afwisseling. Wel geniet men maar zelden een uitzicht op het landschap met zijn ravijnen en heuvelruggen, maar de afwisselende terreinvorming maakt dat men zelfs in het bosch niet den indruk van eentonigheid krijgt. Dat in het vochtige klimaat het stroomende water in het bosch niet ontbreekt, spreekt wel van zelf. Honderden kleine waterstroompjes kronkelen zich door het warnet van planten naar het dal, om zich verder beneden tot statige beken te vereenigen, die in de ravijnen ruischen, dikwijls in stroomversnellingen en watervallen over rotsbanken en steilten verstuivend.

Op eenige plaatsen waren reusachtige boomen over onzen weg gevallen. De vooruit gaande koelies hadden met het kapmes zoo goed mogelijk de hindernissen verwijderd, of tenminste in de takkenmassa een bres gemaakt, zoodat men onder de geweldige houtmassa van zoo'n gevallen boom door kruipen kon. Op grooter hoogte, omstreeks op 2000 M. kwamen we bij een bron, die vlak naast den weg uit de rotsen ontspringt, en den weg kruisend omlaag vliet. Het water van deze bron is zoo warm, dat men er nauwelijks de hand in kan houden. In deze koele berglucht is de omgeving van de warme bron steeds in een dichten nevel gehuld, en over de beek gaande, kan men zich verbeelden, in een goed verhitte badkamer te zijn. Van den eenen steen op den anderen stappend kwamen we over de warme beek heen, en langzamerhand op goede wegen steeds hooger. Nog eens moesten wij de bedding eener beek passeeren, en daarna langs een kronkelenden weg een steile rotshelling bestijgen. Na ongeveer $3^{1}/_{2}$ uur te hebben gemarcheerd bereikten wij onze hut op Kandang Badak.

Ons tijdelijk verblijf bestond uit een geraamte van boomstammen, die in de nabijheid in het bosch geveld waren. Dak en wanden waren uit atap vervaardigd, hetzelfde materiaal van palmbladeren, waarmee de inlanders hun huizen dekken. In de groote binnenruimte stond in het midden een tafel en aan elken kant een breede brits van hetzelfde materiaal. De britsen dienden als zitgelegenheid bij dag, en 's nachts als slaapplaats, elk voor twee personen. Het eenvoudige gebouwtje won heel wat in bewoonbaarheid toen onze dekens op de rustbanken waren uitgespreid, en nadat Mariô aan een lat, hoog boven de tafel, al onze eet- en drinkwaren, flesschen, bussen met verduurzaamde levensmiddelen, worsten, brood, doozen met cakes, theebussen en sigarenkisten in bonte mengeling had opgehangen. De koelies legden voor de hut een vuur aan, en na korten tijd pruttelde het water, uit een bron in de buurt gehaald, lustig in de twee ketels, die aan stangen boven het vuur hingen. Nu werd de tafel gedekt, de inhoud der busjes gewarmd, flesschen werden geopend, en weldra zaten we opgeruimd aan het maal, dat onder de bijzondere omstandigheden ook bijzonder goed smaakte.

Daar het nog vroeg was, en het weer zich tamelijk goed liet aanzien, besloten wij na het eten, om ongeveer twee uur, nog naar den top van den Gĕdé op te breken, die van het bergzadel uit in één uur te bereiken is. Welgemoed ging het dus weer verder den berg op.

Het oerwoud begint op deze hoogte een geheel ander karakter te vertoonen. Het aantal soorten der boomen neemt aanmerkelijk af; de reusachtige boomen, die hoog boven het loofdak der overige gewassen uitsteken, ontbreken hier geheel. De boomen zijn lager, tamelijk wel van gelijke grootte, de stammen dikwijls al dicht boven den grond vertakt, of van beneden af dadelijk in verscheidene hoofdtakken omhoog gaand. De werking der lagere temperatuur en van den wind zal wel in hoofdzaak de oorzaak van deze verandering in den aard van het bosch zijn; gebrek aan vochtigheid is stellig niet de reden. De dagelijksche regenbuien zijn, zooals wij later nog zouden ondervinden, juist hier boven bijzonder hevig en langdurig, en ook op geheel heldere dagen ziet men niet zelden de toppen van den Gĕdé en den Pangerango in dichte nevels gehuld. Terwijl door den wind de weelderigheid van den boomgroei, of althans de groote ontwikkeling van de afzonderlijke boomen, tegengehouden wordt, ontwikkelt zich de mosflora, die door het dichte bosch tegen den wind beschermd wordt, tot buitengewone volheid. Al de dicht opeen staande stammen met hun gevorkte en zijwaarts groeiende takken zijn met een dichte mospels bekleed, waaruit de op zich zelf staande pluimen der zachte huidvarens hun lichtgroene bladvlakken naar voren steken. Op de takken, die zich hooger op tot de kruin verheffen, liggen over de geheele lengte dikke, aan beide zijden ver uitstekende kussens, waaruit grovere varens met lang afhangende, enkelvoudige of gevederde pluimen, Vittarien of Grammatissoorten, hun water en voedsel trekken. Op den grond ligt een warnet van takken en twijgen, door een mostapijt overdekt; door ouderdom verteerd hebben zij zich onder het gewicht der van vocht overladene mosmassa niet meer kunnen staande houden. Op zulke plaatsen in het bosch komt de verscheidenheid der mossen nauwelijks uit door de massa's, waarin ze groeien. Het zijn maar betrekkelijk weinige mossoorten, die zulke dikke kussens vormen, of met de op deze wijze groeiende soorten door bijzonderen bouw kunnen concurreeren. Naast de dikke mosbedekkingen van stammen en takken vallen slechts de als sluiers afhangende vormen, meest Meteoriumsoorten, bijzonder in het oog, daar de bedekking aan de bovenzijde der takken hen niet benadeelt.

Ofschoon de vorming van onderhout hier zeer sterk op den achtergrond treedt, vertoont toch het oerwoud hier niet 't beeld van een bosch met rechtopgaande stammen, door de lage vertakking der dicht opeen staande boomen. Er was een begaanbaar voetpad door de ruigte, dat zonder bijzonder sterke stijging omhoog voerde. Weldra kwamen we uit het bosch op een open plek, en zagen nu ook den kraterkegel, die den bergtop vormt, onmiddellijk vóór ons. Terwijl we over een met struiken begroeide helling een eindweegs naar beneden klauterden, kwamen we op een kaal, met rolsteenen bedekt terrein, gevormd uit asch en vulkanische stukken, waartusschen nog slechts zeer enkele planten een

kommerlijk bestaan voortsleepten. Het contrast tusschen het dichte oerwoud waaruit we kwamen, en het aschveld was werkelijk aangrijpend,
en maakt een zeer eigenaardigen indruk, gelijk een tooneel uit Dante's
Hel: alles is doodsch en woest. Over steenblokken en aschvelden bestegen
wij den kegel tot aan den krater, waarboven een witte wolk opwervelde.
Reeds in het bosch hadden we af en toe de nabijheid van den krater
kunnen ruiken, wanneer de luchtstroom de wolken en den zwavelstank
naar onze zijde dreef. Boven op den kraterrand hadden we een vrij
uitzicht in de breede, trechtervormige kloof, op welks bodem onophoudelijk op verscheidene plaatsen de witte dampen met oorverdoovend

Aan den krater van den Gëdé.

sissen en koken opborrelden. De krater, dien wij van het Noordwesten
genaderd waren, is aan den Zuidoostkant door een steilen, halfcirkel-
vormigen bergwand omgeven, die het sissen en bruisen der uitstroomende
gassen versterkt weerkaatst.

Het uitzicht, dat wij van ons hoog standpunt af op de omgeving
genoten, werd zeer benadeeld door het ongunstige weder. Wij zagen wel
bij tijden den top van den Pangerango voor ons uit het bosch oprijzen;
en naar het Noorden werd ons ook af en toe een blik gegund over
boschrijke ruggen en ravijnen, tot beneden in het groen-schemerende dal;
maar weldra schoof dan weer een dichte nevel over den Zuidelijken

kraterrand, en wikkelde ons in een ondoorzichtigen sluier. Het was te vreezen, dat er gauw regen zou komen, en dus namen wij, vroeger dan we gewenscht hadden, afscheid van het grootsche natuurtooneel.

Nog voor wij het bosch weer bereikten, vielen de eerste droppels. Daar ik, ouder gewoonte, mijn regenmantel in de tasch op den rug meevoerde, kon ik mij tegen nat worden beschermen. Gelukkig bleef de regen in het eerst zacht, zoodat ook de overige deelnemers nog tamelijk droog de hut op Kandang Badak bereikten. Terwijl wij echter bij het invallen van de duisternis aan het maal zaten, brak een geweldig onweer los, en de regen kletterde bij stroomen op ons dak. Onze inlanders hadden naast den ingang der hut een afdak geïmproviseerd, waaronder zij bij het goed onderhouden houtvuur rookend en sirih kauwend bij elkaar hurkten. Wij zaten goed bezorgd binnen in de hut en lieten door de weersverandering ons humeur niet bederven. Een warme grog, door Mariô naar ons recept klaargemaakt, hielp ons de koele berglucht verdragen en verhoogde de gezelligheid in onze, door een flikkerende kaars verlichte hut. Zoo brachten wij den langen avond zeer aangenaam door in opgewekt gesprek, waarvoor ons onder meer de geheimen van den vulkanischen bodem, de vuurspuwende bergen en de aardbevingen, in aansluiting met het pas aanschouwde natuurtooneel, voldoende stof aanboden.

Er is geen tweede land op aarde, waar de vulkanen in zoo grooten getale op een even beperkte oppervlakte naast elkaar staan als op Java. De zacht afgeknotte kegel met de rookwolk aan den top is bepaald de typische achtergrond voor een Javaansch landschap. Behalve de nog werkende vulkanen vindt men er een groot aantal, die sedert lang hunne werkzaamheid verloren hebben. Warme bronnen, fumarolen en solfataren zijn over het geheele land verspreid. Dat op een zoo door en door vulkanischen bodem de aardbevingen niet ontbreken, is wel te verwachten, en dikwijls genoeg is dan ook het bericht van verschrikkelijke aardbevingen, die geheele streken verwoestten en honderden, ja duizenden menschen het leven kostten, van Java naar Europa gekomen. Gelukkig evenwel zijn zulke geweldige omkeeringen zeer zeldzaam. Zwakke aardschokken zal daarentegen ieder, die ook maar eenige maanden op het eiland vertoefde, wel eens bespeurd hebben. Ik heb het verschijnsel tweemaal waargenomen; van verscheidene andere aardstooten, gedurende mijn verblijf op Java door de dagbladen vermeld, heb ik volstrekt niets bemerkt. De eerste aardschok, dien ik werkelijk als zoodanig bespeurde, had plaats, terwijl ik nog in Tjibodas vertoefde. Ik werd 's nachts door iets ongewoons gewekt, en meende te voelen, dat mijn bed aan het voeteneinde een weinig werd opgeheven. Alles was echter zoo snel voorbij, dat ik weldra weer insliep, en het 's morgens nauwelijks waagde, de huisgenooten over mijn nachtelijke waarneming te spreken, tot ten slotte van andere zijde en ook door de couranten mijn observatie bevestigd werd. De tweede aardbeweging, waarover ik kan meespreken, was eenigszins krachtiger. Ze had plaats in den nacht van 14 op 15 Januari 1900. Ik was daags te voren van mijne reizen op Sumatra teruggekeerd, en vertoefde als gast in het huis van den Duitschen consul-generaal von Syburg. Nadat ik de voorgaande nachten in de nauwe, warme hut van een Hollandsche kustboot had doorgebracht, viel ik in het ruime logeerbed in de hooge, luchtige kamer weldra in diepen slaap. Maar na een kort poosje werd ik gewekt door een gerammel en geklapper. Ik meende niet anders dan dat de wind was opgestoken en de opengebleven deur en vensters in beweging gebracht had. Dat ik, door de kamer gaande, een beetje zwaaide, schreef ik aan mijn slaapdronkenheid toe. Ik sloot dus deur en vensters en had al gauw den slaap weer gevonden. De huisheer, die naar gewoonte nog voor het ter ruste gaan wat gelezen had, had het bewegen van den grond, het kraken der wanden en het klappen der deuren kunnen waarnemen. Hij had het evenwel niet noodig geoordeeld, voor zijn persoonlijke veiligheid eenige bijzondere maatregelen te nemen: men gewent ook zelfs aan zulke dingen. Op andere plaatsen was deze aardbeving eenigszins heviger te bespeuren geweest, zooals de telegraaf nog denzelfden dag meldde. In Soekaboemi, op 12 mijl afstand van Batavia, waren in de apotheek glazen en werktuigen van de planken geworpen, in 't hotel was een kleerkast omgevallen, verscheidene steenen Europeesche woningen hadden scheuren gekregen, en aan den spoorweg naar Buitenzorg was een der kleine, onbewoonde stationsgebouwen gedeeltelijk ingestort. Verlies van menschenlevens viel niet te betreuren.

Ik vat den draad van mijn verhaal over onzen tocht naar den Gĕdé weer op. De regen, die ons 's avonds in onze hut op Kandang Badak gevangen gehouden had, bleef ook 's nachts aanhouden, en ook de volgende morgen vervulde onze hoop op beter weer niet. Het regende onophoudelijk bij stroomen en wind en wolken gaven ons geen uitzicht op verbetering. Dus besloten wij, van het bezoek aan den tweeden top af te zien, en zoo goed en zoo kwaad als het ging, in den loop van den namiddag Tjibodas weer op te zoeken.

Den voormiddag gebruikten wij, om in de nabijheid der hut en een eind hooger op te botaniseeren, en het bosch bij regen in oogenschouw te nemen. Alles heeft zich hier aan de geweldige regenmassa's aangepast. De mosbedekkingen zuigen zich vol als een spons; ook de lange, groene mossluiers, die van de takken afhangen, nemen groote hoeveelheden water op en laten het overtollige vocht in drop bij drop langs de onderste uiteinden vallen. Op zich zelf staande, grootbladerige mossen vormen met hun bladeren ondiepe schotels, waarin na het ophouden van den regen een waterdroppel blijft staan, die goudgroen schittert. De varens op de boomen verspreiden hun wortels in 't vochtige mosbekleedsel, en krijgen van daar hun aandeel in den natten zegen. Andere soorten van varens weder houden met hun fijngespleten bladeren het water vast en verzamelen zoo een voorraad, waarop ze gedurende de uren van droogte kunnen teren, tot dauw of regen nieuwen voorraad brengt. Sommige varens, die uit het mos met hun wortels steeds voldoende vocht kunnen opnemen, en die benadeeld zouden worden door voortdurende bevochtiging der blader-vlakten, bezitten in hun lang afhangende pluimen, die bij 't minste koeltje in beweging geraken, een middel om het teveel aan water af te schudden. Alles druipt en sijpelt en lekt — dat is het beeld van het tropische regenwoud in zijn normalen toestand.

Toen wij kort vóór den middag in onze hut teruggekeerd waren, begon de regen te verminderen. Wij hadden dus voor den terugtocht de beste vooruitzichten. Wij begonnen onverwijld aanstalten tot vertrek te maken, en dadelijk na den maaltijd, even over twaalf, daalden wij af naar het dal. Hoe lager wij kwamen, des te minder werd de regen, en gedurende de laatste helft van den tocht lachte de blauwe hemel al weer door de toppen der boomen. Dus gaf ook de nederdaling ons nog een groot genot. Vooral was er voor mij nog veel te verzamelen, daar ik, om mijn bagage niet noodeloos vroeg te bezwaren, bij de beklimming maar weinig had meegenomen. Terwijl ik de plantenschatten op verschillende plaatsen aan een nauwkeurig onderzoek onderwierp, vond ik dus overal weer wat nieuws en belangrijks; weldra was alles wat voor de opname van het verzamelde materiaal bestemd was, geheel gevuld, zoodat ik nog tot een der draagmanden van onze koelies mijn toevlucht moest nemen.

Nog vóór het gewone krekelconcert van den avond in 't bosch begon waren we weer in ons logies in Tjibodas terug. Nadat de koelies betaald en de ingezamelde schatten voorloopig in veiligheid gebracht waren, brachten we met onze gasten nog een aangenamen avond in de gezellige lokaliteiten door.

Maandag voormiddags vergezelde ik den consul-generaal te paard naar Tjipanas, en keerde daarna nog voor eenige dagen naar den bergtuin terug. De weinige weken, die ik daar boven mocht doorbrengen, zullen mij steeds in de aangenaamste herinnering blijven. Het heerlijke klimaat, de aangename levenswijze te midden van een grootsche natuur en vooral de onuitputtelijke overvloed van dat wat ik in de tropen zocht: gelegenheid tot vorschen en onderzoeken, maakten mij het verblijf in Tjibodas zoo lief, dat ik bij 't scheiden een gevoel van weemoed niet kon onderdrukken.

Met hoogachting en dankbaarheid zal ik steeds den man gedenken, die dit paradijs voor de botanici der geheele wereld toegankelijk en ook mij het verblijf daar boven mogelijk heeft gemaakt — Professor Dr. M. Treub te Buitenzorg.

HOOFDSTUK V. NAAR DE VORSTENLANDEN OP MIDDEN-JAVA [1]).

Mijn reis naar de Vorstenlanden viel op een veel lateren tijd dan het verblijf in Tjibodas; ze werd pas ondernomen, toen ik goed en wel van mijn reis- en zwerftochten op Sumatra was teruggekeerd. Ik meen echter de beschrijving van hetgeen ik daarbij beleefd en gezien heb,

Aanzienlijk Javaan uit Jogjakarta.

toch hier te moeten invoegen, daar het zich onmiddellijk aanvullend aansluit bij wat ik tot nu toe over Java, zijn bewoners en plantengroei heb meegedeeld. Het was mij bij mijn reis naar Midden-Java er vooral om te doen, de teelt van suikerriet en indigo, die op Java een groote beteekenis hebben, uit eigen aanschouwing te leeren kennen. Tegelijk wilde ik van de gelegenheid gebruik maken, om een bezoek te brengen aan eenige overoude tempelruïnen, die getuigenis afleggen van den hoogen ouderdom der beschaving op Java.

Voor de reis maakte ik weer gebruik van den spoorweg, die het eiland in zijn geheele lengte doorsnijdt. In den ruimen salonwagen, die mij als eenigen passagier eerste klasse gedurende de geheele reis ter beschikking stond, was de lange rit, niettegenstaande de hitte, zeer goed uit te houden. Zoover de omstandigheden het vergunden, richtte ik mij geheel op mijn gemak in; en aldus was de reis even aangenaam als bij ons in een D-trein, terwijl de tafereelen van het tropische landschap in bonte afwisseling aan mijn oogen voorbij trokken.

---

1) Naar Prof. Giesenhagen.

Daar het schrijven onder het rijden wegens het schudden van den wagen niet goed mogelijk was, gebruikte ik telkens het korte oponthoud op de stations om aanteekeningen over de bijzonderheden van het zoo juist doorreisde trajekt in mijn dagboek in te schrijven. Terwijl ik deze korte notities over de pas ontvangen reisindrukken doorzie, krijgen de heerlijke beelden mijner herinneringen nieuw leven, en ik kan mij niet weerhouden, althans eenige dezer dagboeknotities met ophelderende uitbreidingen hier in te voegen.

De sneltrein verlaat Buitenzorg 's morgens even over zevenen. In 't begin had ik, tot Tjiandjoer, denzelfden weg te passeeren, dien ik bij de reis naar Tjibodas reeds eens gereden had. Voorbij Tjiandjoer behoudt de streek eerst hetzelfde karakter. De dalen worden ingenomen door rijstvelden, waarop vrouwen in bruine sarongs, met roode baadjes en groote zonnehoeden aan den oogst zijn, of halfnaakte mannen veldarbeid verrichten. Daarachter verheffen zich kopjes en heuvels, voor een deel met bosch bezet. In de ravijnen steken de sierlijke pluimen der boomvarens en breedbladerige Scitamineën boven de dooreengegroeide, met Gleicheniën bedekte, lagere struiken en kruiden uit. Bamboe en andere groote grassoorten vormen fraaie groepen aan de oevers der rivieren en beken, waar de trein op stevige ijzeren bruggen over heen ratelt. Hier en daar ziet men langs den spoorweg Lantana-hagen, waarboven soms grootere boomvormen uitsteken; in de greppels groeien blauwbloemige Verbenaceën, en Melastoma met sierlijke varenpluimen en roode bloemen. Zeer talrijk zijn in de sterk bevolkte streek de dorpen der inlanders, wier boschjes van vruchtboomen als eilandjes in de sawahzee liggen. Kokospalmen, mangga-, pisang-, meloen- en katoenboomen staan in bonte afwisseling rond de met atap gedekte, lage hutten. Ananasplanten vormen wel eens een levende haag om de erven. Ook velden met tapiocca en andere groenten liggen hier en daar tusschen de boomgaarden ingesloten. Aan het station Tjipatat zag ik een rij groote gomelastiek-boomen (Ficus elastica; Javaansch: karet), wier zware stammen duidelijk herkenbare tapringen hadden, een teeken dat de boomen hier gebruikt worden om caoutchouc te winnen.

De spoorweg bereikt tusschen Tjiandjoer en Bandoeng zijn hoogste punt, tusschen de Boekit Soesoeroe en de Boekit Masigit, en daalt dan eenigszins af naar het plateau van Bandoeng, dat ± 700 M. boven de zee ligt. Tegen het Noorden wordt het plateau afgesloten door een bergwand, waaruit een rij van vulkanen opstijgt, onder welke zich de Tangkoeban Prahoe, 2070 M., onderscheidt door zijn eigenaardigen vorm, die met een omgekeerd schip vergeleken wordt. Ook in het Zuiden en het Oosten heffen hooge kegels zich naar den blauwen hemel, alle van vulkanischen aard, en vele door een rookwolk aan den top als werkzame vulkanen kenbaar. Bij het station Tjimahi trok een groot gebouw in Europeeschen stijl mijn aandacht. Het is een groot militair hospitaal voor zieke soldaten van het Nederlandsch-Indische leger.

In Bandoeng, dat de trein tegen half één bereikte, werd mij een vooraf besteld middagmaal in den trein voorgezet. Een inlander vergezelde mij tot 't volgende station, om mij aan tafel te bedienen, en om eetgerei en emballage naar Bandoeng mee terug te nemen. Daarna kon ik, behagelijk op de kussens van de rustbank uitgestrekt, met een sigaar siesta houden, terwijl de trein onophoudelijk verder daverde, over bruggen en viadukten, langs diep-ingesneden dalen en wilde ravijnen. Men ziet, het reizen in de tropen is op zulke trajekten volstrekt niet ongemakkelijker dan wanneer men van Noord-Duitschland uit naar het Beiersche hoogland, of omgekeerd van het Zuiden naar Noord- of Oostzeekust reist. Ja, het is de vraag, waar men de grootste comfort vindt. Toen ik een jaar later met den sneltrein van München naar het Noorden reisde, en 's middags Würzburg passeerde, kon ik voor mij en de mijnen niets beters te eten krijgen, dan eenige inderhaast aan het buffet ingeslagen koude koteletten met droge broodjes. Mijn overvloedig maal in den trein op mijn reis naar Midden-Java kwam mij toen weer zeer levendig voor den geest.

Nadat de spoorweg het plateau van Bandoeng door een dalengte verlaten heeft, komt men in de vlakte van Leles; de afdaling daarheen, over een paar grootsche viaducten, wordt door velen als het schoonste deel van den geheelen Preanger-spoorweg beschouwd. Een tweede bergpas voert naar de vruchtbare vlakte van Tasik-mělaja. In de eerste helft van de vorige eeuw werd deze gansche streek verwoest door een uitbarsting van den Galoenggoeng, die zich in het Westen verheft. Deze geheele vlakte vormt één uitgestrekt rijstveld, dat zich nog juist in zijn fraaisten tooi, een frisch groen, vertoonde. Slechts zeer zelden zag ik in de nabijheid van den spoorweg afgeoogste stoppelvelden, waarop een kudde geiten weidde. Verder oostwaarts werd de landstreek wilder. De baan volgt vlak oostelijk het dal van de Tji-tandoej, dat zich hier en daar bijna tot een ravijn vernauwt, en de heerlijkste landschapsgezichten met weelderigen plantengroei te genieten geeft. Bij het station Langgen buigt de rivier naar het Zuiden om, recht naar de zee toe. Ook de spoorweg verandert hier van richting, en buigt zich zuidoostwaarts, naar een vroeger voor ontoegankelijk gehouden moerasstreek, die voor het grootste deel met ondoordringbaar oerwoud bezet is. Het bosch is hier op sommige plaatsen bijzonder rijk aan klimpalmen, de rotans, wier

touwachtige stammen het Spaansche riet van den handel leveren. De groote
vederblaren van deze palmen loopen uit in een lange, zweepvormige spits,
die met harde weerhaken bezet is. Met behulp dezer prikkels haken de
bladeren zich tusschen de takken der naburige boomen vast, en buigen
zoo den slanken stam om, die zijn eigen gewicht niet meer loodrecht
dragen kan. Door de bladerenstekels ondersteund, klimt het uiteinde
steeds hooger, tot het boven de hoogste boomtoppen zijn bladeren in
het licht ontvouwen en bloesems en vruchten kan voortbrengen. Waar
deze slingerplanten in het oerwoud in grooten getale optreden, daar is
de doortocht den mensch volkomen versperd. Dagenlange arbeid met de
golok is noodig, om ook maar een klein eindje af te leggen.

Op andere plaatsen in 't bosch kwam veel bamboe voor; ook djati-
boomen zag ik op verscheidene plekken Zij zijn door hun groote bladeren
gemakkelijk van andere woudboomen te onderscheiden. Af en toe verried
zich een Mussaenda door de porceleinwitte kelkbladeren, wier bloesemtrossen de insecten aanlokken. Op meer open plaatsen was de moerassige
bodem met meer dan manshooge struiken van een moerasvaren, Acro-
stichum aureum, bedekt. In waterplassen wies Pistia stratiotes, een water-
plant met lichtgroene bladrozetten. Meer kon ik van de samenstelling der
vegetatie van dit interessante, maar zeer ongezonde, gebied niet herkennen,
in de snelle vaart en in de duisternis van den invallenden avond.

Het was bijna geheel donker toen de trein na een rit van bijna
twaalf uren in het station Maos binnenliep. Daar de treinen op Java
slechts overdag rijden, moeten natuurlijk aan het nachtstation der door-
gaande sneltreinen flinke hotels voor de reizigers onderhouden worden.
Het Gouvernementshotel in Maos, welks helder verlichte gezelschapszalen
ik bij 't verlaten van het station onmiddellijk voor mij zag, telt, behalve
de vertrekken van den Europeeschen gérant, de eetzaal en de conversatie-
zalen, 29 slaapkamers en is dus, daar het in paviljoenstijl gebouwd is,
een tamelijk uitgestrekt gebouw, waarin het hotelbedrijf evenals in alle
andere hotels op Java geregeld is. In het begin was ik in het groote huis
de eenige gast voor dien dag, maar binnen een half uur werd de sneltrein
uit Soerabaja verwacht, die nog eenige passagiers medebracht.

Het was nog schemering, toen de trein het station Maos verliet.
Langzamerhand werd het lichter, en na een half uur rijdens glansden
vóór ons, in het Oosten, de eerste zonnestralen en overgoten de schoone
streek met rozig licht. Een echt Javaansch landschap. Dorpen met kokospalmen, als eilanden in de groene zee der golvende rijstvelden, in de
verte een bergketen en hoog daarboven uit een vulkaan met een lichte
wolk aan den top.

De grond is hier overal intensief bebouwd. Wijde vlakten zijn, zoover het oog reikt, geheel met rijstvelden bedekt. Daartusschen liggen dorpen met sierlijke paggers om het zindelijk gehouden, met vruchtboomen beplante erf. De nok der daken is hier wat hooger uitgebouwd, de dakstukken staan steiler op dan in de Preanger; overigens verschilt de vorm der huizen niet veel. Maar terwijl in West-Java de huizen meerendeels op palen, een paar voet boven den grond, staan, vormt op Midden- en Oost-Java de begane grond, een weinig opgehoogd, de vloer der woning. Verderop zag ik groote suikerfabrieken met hooge schoorsteenen, en uitgestrekte suikerriet- en indigo-velden. Ook djatibosschen waren van den spoorweg af zichtbaar; ze staan onder het Gouvernementsboschwezen,

Geldwisselaarster.

dat zorgt voor den aanplant in het groot en het onderhoud van den djati-boom, Tectona grandis, die het voor den scheepsbouw zoo kostbare teak-hout levert. In de nabijheid van een dorp was een kleine pepertuin aan-gelegd. Daarna volgen weer groente-velden der inlanders en groene rijst-vlakten met dorpsboschjes.

Des voormiddags nog kwam ik aan het groote station te Jogjakarta, het voorloopige doel van mijn uit-stapje, aan. Jogjakarta is de hoofd-plaats der gelijknamige residentie. In een afzonderlijk deel der stad, door een hoogen muur omgeven, den Kraton, resideert de Sultan van Jog-jakarta met zijn hofhouding en alle toebehooren, in het geheel ongeveer 15.000 personen. Deze vorst is nog slechts in naam heer van het land. Hij krijgt van het Gouvernement een hoog jaargeld, en heeft daartegenover, voor dwang wijkend, alle rechten op de regeering, zelfs de rechtspraak en politie, aan de Nederlanders afgestaan. Het werkelijk bestuur wordt door den Hollandschen resident uitgeoefend, die ten allen tijde aan zijn wenschen nadruk bijzetten kan door het sterke garnizoen, dat in het midden in de stad gelegen fort Vredenburg gehuisvest is. De stad Jogjakarta maakt met haar breede wegen, voor een deel aan beide zijden met zwaar geboomte beplant, een fraaien indruk. Als bijzondere bezienswaardigheid wordt het zoogenaamde Water-kasteel aangeduid, de uitgestrekte ruïne van een voormalig Sultanspaleis.

Aloen-aloen te Jogjakarta.

De inboorlingen van Jogjakarta behooren evenals hunne vorsten tot den Javaanschen tak van het Maleische ras. Zij zijn over het geheel sierlijker, slanker gebouwd dan de Soendaneezen van West-Java. Hunne gelaatstrekken zijn fijner, en dikwijls bepaald edel, daar de lange, fijne neus aan den wortel niet zoo ver ingedrukt is als de stompneus der kosmopolitische Maleiers op de strandplaatsen. De kleederdracht bestaat in hoofdzaak uit een *bĕbĕd*, die laag op de bloote voeten vallend gedragen wordt. In den gordel, die boven de heupen de bĕbĕd vasthoudt, draagt de Javaan op den rug de kris. Het bovenlijf wordt door een buisje bedekt, de *koelambi*, dat achter nauwelijks tot aan het kruis reikt, maar van voren in twee spitse punten uitloopt, die bijna tot op de knie hangen. De hoofddoek wordt zoo omgedaan, dat het voorhoofd in het midden hoog vrij blijft.

Behalve de Javanen herbergt de stad ook eenige Chineezen, die als kooplui hier gekomen zijn, en talrijke Europeanen. Er zijn verscheidene hotels, waar men op de in Nederlandsch-Indië gebruikelijke wijze zeer goed onder dak is; ik had voor den tijd van mijn verblijf het hotel Mataram als kwartier gekozen.

Op de uitstapjes, die ik van Jogjakarta uit ondernam, had ik volop gelegenheid, mijn verlangen om suikerriet- en indigo-cultuur te leeren kennen, te bevredigen. Het suikerriet is een reusachtige grassoort, waarvan de vijf en meer cM. dikke stengels in uiterlijk voorkomen aan bamboe herinneren. Maar het inwendige der geledingen is niet hol, zooals bij het laatste, maar met een sappig merg, rijk aan suikergehalte, gevuld. Bovendien blijft de stengel van het suikerriet, anders dan die van het bamboe, tot aan den bloeitijd onvertakt. De lange, op breede banden gelijkende, bladeren vormen aan het boveneind van den stengel een kroon, welke aan die van een Yucca of Dracaena, zooals wij in onze tuinen en kamers als sierplanten kweeken, doet denken.

Men kweekt het suikerriet uit stekken, door de van zijknoppen voorziene stekken van den voorafgaanden oogst in de voren van den zorgvuldig voorbereiden en gemesten grond te leggen. De uitkomende planten staan, overeenkomstig de voren, in lange, lijnrechte rijen; tusschen elke twee rijen is een breede ruimte opengelaten, waartusschendoor de arbeiders kunnen gaan om het onkruid uit te roeien, den grond tegen de opwassende stengels op te hoopen, en om de onderste bladeren, die verwelken of verdrogen, van de stengels te verwijderen. De stengels van suikerriet worden veel meer dan manshoog, vóór zich aan den top de groote, pyramidevormige bloesemtros ontwikkelt. In de suikerriettuinen wacht men evenwel dit tijdstip niet af, daar bij den groei van den bloesemtros veel van de suiker, als reservevoedsel in het sap opgehoopt, verbruikt zou worden. Zoodra de bladeren van den stengel tot op de bovenste kroon verwelkt zijn, wordt met den oogst begonnen. De stengels worden kort boven den bodem afgekapt, van de nog aanwezige bladeren en den top ontdaan, en in bossen naar de fabriek vervoerd, waar door uitpersen en indampen van het sap de suiker gewonnen wordt.

In andere suiker verbouwende landen kan men uit de nog in den grond gebleven wortelstokken opnieuw loten laten uitschieten; Java vormt in dit opzicht een karakteristiek onderscheid met den toestand elders. Want de grond die op Java voor suikerrietcultuur gebruikt wordt, is nimmer het eigendom van den Europeeschen planter; hij verkrijgt de

Suikerriettuin.

gronden gedurende één jaar in huur van den Javaanschen landbouwer, die ze daarna weer voor een bepaald aantal jaren, gewoonlijk twee, met rijst beplant, om ze vervolgens weer een jaar voor de teelt van suikerriet af te staan. Het doen uitloopen van dezelfde wortelstokken zou bovendien de gevreesde serehziekte zeer bevorderen. Daarom wordt er ieder jaar nieuw riet geplant; men verkrijgt de „bibit" of stekken van afzonderlijke bibitvelden, gewoonlijk in het gebergte aangelegd; in de Preanger heeft men o.a. op den Salak bibitvelden, die zeer hoog geschatte stekken leveren [1]).

In den laatsten tijd hebben de suikerrietplanters een sterken concur-

---

[1]) Tegenwoordig is de bibit-aanplant in de Preanger zeer verminderd.

rent gekregen in den Europeeschen suikerbietenbouw; vandaar dat zij tot groote verbeteringen in de vroeger hoogst eenvoudige wijze van verbouw en fabricage zijn moeten komen. In plaats van de vroegere suikermolens, bij welke een deel van het suikergehalte van den oogst verloren ging, vindt men thans overal groote fabrieken met de modernste machine-inrichtingen. Ook het werk op 'het veld berust thans niet meer alleen op ruwe empirie, maar op wetenschappelijken grondslag. Vooral heeft men er zich op toegelegd, rietvariëteiten te kweeken, die een zoo hoog mogelijk suikergehalte bezitten. Door deskundige inrichting van aanplant en fabricage hebben de suikerplanters op Java bereikt dat zij ondanks de concurrentie van Europa toch nog met winst kunnen werken, al zijn dan

Transport grobak's (vrachtwagens) met suiker.

ook hunne jaarlijksche inkomsten niet meer zoo fabelachtig hoog als vroeger in menig goed jaar.

Ook voor de indigoplanters op Java en in de overige tropische produktielanden is in Europa een meer en meer drukkende concurrentie opgestaan in de fabricage van kunstmatige indigo, welker bereiding langs chemischen weg door den Geheimraad Baeyer, Professor in de scheikunde aan de Universiteit te München, werd gevonden. Vandaar dan ook dat het op Java meer en meer uitzondering wordt, zoo de verbouw van indigo nog loonend is. Toch zag ik nog uitgestrekte velden voor deze cultuur gebruikt.

De indigoplant is een tot de Leguminosen behoorende, rijk vertakte lage struik, ruim 1 M. hoog en dicht met fijn gevederde bladeren bezet.

De dof-roodachtige, vlinderachtige bloemen staan in de bladhoeken. Op de plantages wordt de indigo in den zorgvuldig toebereiden grond uit zaad geteeld. Om den strijd tegen het onkruid gemakkelijker te maken, worden de zaden in rijen gelegd en dan met aarde bedekt. Nadat de kiemplantjes opgekomen zijn, moet het veld meermalen gewied worden, tot de opgroeiende planten den bodem beschaduwen en daardoor het onkruid onderdrukken. Onmiddellijk vóór het begin van den bloeitijd is het gehalte aan verfstof in de planten het hoogst. Voor dat nog de eerste bloesemknoppen zich openen wordt derhalve het veld met zeisen

Overvaart over de rivier Opak bij Krĕtĕg (res. Jogjakarta).

of maaimachines gemaaid. De planten worden in bossen naar de fabriek gebracht. Daar worden door een gistingsproces van een halven dag in water de verfstoffen uit de planten geloogd. Deze verfstof is in het begin niet blauw, maar geel met roode schakeering. Eerst wanneer ze in aanraking komt met de lucht, neemt ze de fraai blauwe, duurzame kleur aan, die de indigo zoo gezocht maakt voor het verven. Door roeren en slaan wordt deze verfneerslag voortgebracht in 't water, dat uit de gistkuip afvloeit, waarbij tegelijk de verfstofkogeltjes zich tot vlokjes vereenigen en tegen den bodem van het vat afzetten. De neerslag wordt daarna nog gekookt, geperst, in dobbelsteenen gesneden, gedroogd, en ter verzending verpakt. De stoppels op het veld loopen weer uit, en leveren hetzelfde jaar nog een of twee oogsten. Wanneer eindelijk de opbrengst vermindert, wordt het veld tijdelijk met andere cultuurgewassen beplant.

Terwijl een suikerrietveld, van zeer verre gezien, een zekere overeenkomst aanbiedt met een maïsveld, kan men een indigoveld eenigszins met een wikken- of linzenakker vergelijken: het donkere groen der fijnverdeelde bladvlakken maakt bij beiden een ongeveer gelijken indruk. Maar in Europa zal men nauwelijks een wikkenakker aantreffen van zoo groote uitgestrektheid als de indigovelden op Midden-Java hebben, die zich evenals de suikerrietvelden ver over de vlakte uitbreiden. Daartusschen verheffen zich, door goed onderhouden wegen met de groote wegen verbonden, de groote etablissementen en de woningen der planters, voorts de dorpen der inlandsche arbeiders, meest door rijstvelden omgeven. Aan de hoofdwegen, die het land in alle richtingen doorsnijden, liggen grootere dorpen met hun vruchten- en groententuinen, met opgewekt leven en vertier op de wegen en op de passar, waar het volk de produkten des lands verkoopt en de buitenlandsche waren van den vreemden koopman inslaat. Op de landwegen passeeren naast de ossenkarren der inlanders elegante rijtuigen van Europeanen of aanzienlijke Javanen. Telefoon- en telegraafdraden verbinden stad en land, breede wegen dienen om de van de spoorlijn verwijderde plaatsen te bereiken, terwijl een stoomtramweg van Jogjakarta uit naar Noord en Zuid voor het verkeer zorgt. Zoo maakt de geheele streek den indruk van een uit de oorspronkelijke wildernis nieuw opbloeiende, moderne beschaving. En toch is de beschaving van het land overoud; hare sporen gaan terug tot de tijden, dat een groot deel van Europa nog in heidensche barbaarschheid verzonken lag.

Wel heeft geen geschiedschrijver ons aanteekeningen nagelaten over de gebeurtenissen van dien tijd, maar kolossale tempels, wier bouw in de achtste tot de elfde eeuw onzer jaartelling valt, zijn als ruïnen bewaard gebleven en geven niet slechts getuigenis van de macht en den rijkdom, maar ook van de beschaving en den kunstzin, die op dien ver verwijderden tijd bij de bewoners van Midden-Java te vinden waren.

Vóór wij hier de beschrijving van Prof. Giesenhagen's bezoek aan eenige dier Hindoe-monumenten laten volgen, voegen we eenige mededeelingen in omtrent de godsdienststelsels, wier aanhangers deze tempelgevaarten deden verrijzen, en over den toestand van Java in die lang vervlogen eeuwen.

HOOFDSTUK VI. DE HINDOES EN HUN GODSDIENST-STELSELS. HINDOE-KOLONISATIE OP JAVA.

Zooals bekend is, drongen in vóórhistorische tijden lichtkleurige Ariërs, uit het N.-W. komende, het Vijfstroomenland binnen en onder-wierpen de donkerkleurige rassen, die de landstreek bewoonden. Steeds nieuwe scharen van immigranten kwamen aan, en drongen de vroegere òf oostwaarts op, òf trokken zelf in die richting, overal de oorspronkelijke bevolkingen onderwerpende, zoodat zij ten slotte tot aan Ganges en Indus de overheerschers werden, en Arische wetten en Arische beschaving zich door geheel Voor-Indië verspreidden.

De oudste schriftelijke oorkonden van den godsdienst, het geestelijk leven, de gebruiken en zeden van de Ariërs zijn ons bewaard gebleven in de Weda's. Deze heilige boeken zijn geschreven in het Sanskrit, nog steeds de klassieke taal voor literatuur, wetenschap en godsdienst der Hindoes, hoewel sedert 25 eeuwen geen gesproken taal meer; de tijd van de vervaardiging der verschillende Weda's valt, naar schatting, tusschen 2000 en 400 j. vóór Christus.

Hoewel reeds in de 16de en 17de eeuw zeer enkele Europeanen bekend waren met het bestaan van zulk een heilige taal in Indië [1]), werd er zoo weinig aandacht aan geschonken, dat men met recht van een ontdekking van het Sanskrit in het laatst der achttiende eeuw kan spreken. De voortgezette beoefening van deze taal en het bekend worden met het bestaan van een onuitputtelijk rijke literatuur in Indië zijn niet alleen het middel geweest tot de nadere kennis van den godsdienst en de geschiedenis der Indische volken, maar vormden tevens den grondslag voor een nieuwe wetenschap, die der vergelijkende taalstudie. Als haar grondlegger kan de Duitsche dichter en philosoof Friedrich Schlegel beschouwd worden, die in zijn werk „Sprache und Weisheit der Indier" (1808) de methoden, naar welke de nieuwe wetenschap zou hebben te werken, aangaf.

Groot is nog heden bij de Hindoes de eerbied voor de Weda's, de oudste overblijfselen hunner litteratuur. De Weda's bestaan uit vier deelen: de Rg- [2]), de Yadjoer-, de Sāma- en de Atharwa-Weda. Zij worden zoo genoemd naar de sanhita's of verzamelingen van hymnen en gebeden (mantra), onderscheidenlijk voor elk der drie eerstgenoemde Weda's

---

[1]) O. a. de Nederlandsche predikanten.
[2]) Uitspraak van r tusschen rĕ en ri in, als in 't Engelsche rill.

bestaande uit hymnen door de reciteerende priesters op te zeggen; verzen en formulieren, welke door de dienstdoende priesters moeten gemompeld worden; en verzen, voor de zingende priesters bestemd. De hymnen van Yadjoer- en Sama-Weda zijn grootendeels aan de Ṛg-Weda ontleend, maar gerangscbikt ten gebruike bij zekere offers; terwijl de Atharwa-sanhita voor een deel herhalingen van de Ṛg-Weda, voor een ander deel latere volkspoëzie bevat.

Behalve deze samhita's bevat elke Weda nog weer Brahmana's, of verhandelingen over de offers, met ritueele voorschriften voor de priesters; hierbij behooren de Oepanishads [1] en Aranyaka's of woudboeken, filoso-fische bespiegelingen en verhandelingen ten behoeve van hen, die zich in de wildernis hadden teruggetrokken.

De oudste bestanddeelen van elke W. zijn de Mantra's, en hieronder zijn weder die van den Ṛg-Weda het oudst; daarna volgen de Brahmana's, en ten slotte de Oepanishads en Aranyaka's. Deze opvolging kenschetst ook zeer duidelijk den ontwikkelingsgang van den Wedischen godsdienst; en houdt tevens verband met de drie tijdperken des levens van elken Arischen man.

De Mantra's, vooral die van den Ṛg-Weda, zijn lofzangen ter eere van de hemellichamen, en van natuurverschijnselen, als goden voorgesteld. Den diepen indruk, door de natuur op hun gemoed gemaakt, gaven de oude dichters weer in lofzangen ter eere van zon en maan, aarde en hemel, regen en stormen, uitspansel en Oceaan. Voor hun dichterlijke verbeelding waren het alle levende wezens — asoera's, schitterende of lichtende wezens — dewa's, ver verheven boven den eindigen mensch, onsterfelijk en almachtig. Tot hen zonden zij hun gebeden op om aardsche zegeningen, zoowel als om vergeving en verlossing van zonden.

In de eerste plaats golden hun hymnen de zon, Soerya, Mitra of Sawitṛ, die onder allerlei dichterlijke benamingen, zooals „zoon des hemels" werd aangeroepen; hij wordt beschouwd als de bestuurder, vestiger en schepper der wereld, gever van licht en leven, beschermer van al wat leeft, de Alziende, die den boosdoener gadeslaat, waar geen menschenoog hem ziet, dien de onschuldig aangeklaagde aanroept als getuige van zijn onschuld; wien men om vergeving smeekt voor de door hem aanschouwde zonden. Wishnoe, later de naam van een der goden van de Trimoerti, was oorspronkelijk ook een der namen voor de zon.

Hoe groot de vereering, aan Sawitṛ toegebracht, ook zijn moge, zoozeer zelfs dat men hem den god onder de goden noemde, toch leide

---

[1] Uitspraak van sh als in het Eng. ship.

men daaruit niet af, dat de oude Arische dichters monotheïsten waren. In de lofzangen treft ons het eigenaardig verschijnsel, door Max Müller met den naam van H e n o t h e ï s m e bestempeld, dat voor den dichter, op het oogenblik dat hij in zijn lofzang een bepaalden god verheft, alle andere goden als het ware wegvallen, zoodat hij den aangeroepene als den god bij uitnemendheid, verheven boven allen, kan aanspreken.

Zoo vindt men lofzangen aan Dyaus, den hemel, in de samenstelling Dyaus-pita = hemel-vader, dezelfde als Zeus pater bij de oude Grieken, Jupiter in Rome. Voorts aan Indra, den god van den regen en de onweders; wanneer na lange droogte de angstig verbeide regens op het land neerstorten, dan dankt men daarvoor Indra, die met zijn heerscharen van Maroet's, „de Waiçya's (leden van de 3de kaste) onder de goden", den boozen demon Wṛtra, die de wateren gevangen hield, heeft overwonnen.

Een zedelijk element mengt zich vaak in de lofliederen ter eere van Waroena, den god van de oneindige ruimte, het uitspansel of den oceaan.

Ook wordt wel één god, als schepper van hemel en aarde, boven alles, ook boven de andere goden gesteld, onder de namen Wiçwakarman, Maker aller dingen, of Pradjapati, Heer der schepselen. Tot een zuiver monotheïsme kwam het Indische denken echter niet; soms verviel het in een soort van scepticisme, zich uitende in een lied als het volgende:

„Wie kent het geheim, wie verkondde het hier?
Van waar, van waar ontsproot deze veelzijdige schepping?
De goden zelven kwamen eerst later in 't aanzijn.
Wie weet van waar deze groote schepping ontsproot?
Hij, uit wien deze gansche groote schepping voortkwam,
Hetzij zijn wil die schiep, of werk'loos daarbij bleef,
De allerhoogste ziener, die in den hoogsten hemel is,
Die weet het — of misschien weet ook hij het niet!"

Maar aan den anderen kant zijn reeds in den Ṛg-Weda de kiemen aanwezig van eene andere, pantheïstische wereldbeschouwing, die vooral in de Oepanishads tot vollen wasdom komt. Langzamerhand kwamen de Indische denkers er toe, in de verschillende natuurverschijnselen en krachten, tot nu toe als goden voorgesteld en vereerd, ten slotte slechts de verschijningsvormen te zien van één hoogste Wezen, eeuwig en onveranderlijk. Dit hoogste Wezen heet Brahman, de eeuwige wereldziel, het absolute, objectieve Zelf, en is identisch met àtman, den levensgeest in den mensch, het subjectieve Zelf. Hereeniging van den àtman met Brahman, uit wien hij ontsproten is, is het doel van den waren wijze. Slechts door af te sterven aan de zinnelijkheid, die den àtman gekluisterd houdt, door kennis van de ware verhouding van âtman tot Brahman, is die hereeniging te verkrijgen. „Ken u zelven" is dus de grondtoon der Oepanishads, ken uw ware ik, dat wat aan uw persoonlijkheid ten grondslag ligt; maar tracht het tevens te zien als identisch met het eeuwige „Zelf", dat wat aan de geheele wereld ten grondslag ligt.

„Welaan nu," zoo luidt het in de Katha-Oepanishad, „ik zal u dit geheim, het eeuwige Brahman verkondigen, en wat er met het Zelf na het bereiken van den dood gebeurt. Sommigen worden op nieuw, als levende wezens geboren; anderen gaan over in boomen en steenen, naar hun werk en naar hun kennis. Maar hij, de hoogste Persoon, die in ons waakt, terwijl wij slapen, die het eene beminnelijke gezicht na het andere schept, hij wordt Brahman genoemd, hij alleen wordt de onsterfelijke geheeten. Alle werelden zijn daarop gegrond, en niets gaat daar buiten. Zooals het ééne vuur, nadat het in de wereld gekomen is, verschillend wordt naar gelang van de dingen die het doet branden, zoo wordt dat eene Zelf in alle dingen verschillend, naar gelang der dingen, waarin het komt; en het bestaat ook nog daarbuiten.

„Zooals de zon, het oog der wereld, niet bezoedeld wordt door de uitwendige onreinheden welke het oog ziet: zoo wordt het ééne Zelf in geen ding ooit bezoedeld door het lijden der wereld, want het is daarbuiten.

„Wanneer alle begeerten, die in het hart wonen, ophouden, dan wordt het sterflijke onsterfelijk en verkrijgt Brahman.

„Wanneer alle banden des harten hier op aarde verbroken zijn, dan wordt het sterflijke onsterfelijk . . . . . hier eindigt mijn onderricht."

Het spreekt wel vanzelf dat dergelijke diepzinnige bespiegelingen geen voldoend geestesvoedsel boden voor het geringere volk, en slechts bereikbaar waren voor de hoogst ontwikkelden. Trouwens in den ontwikkelingsgang van de Indische gewijde litteratuur volgen de Oepanishads niet onmiddellijk op de Mantra's. De zangen, waarmede de goden tot het offer geroepen werden, werden in den loop der tijden uitgebreid tot een uitvoerig ritueel; de beschrijving daarvan, de uitleg van offerzangen en tooverspreuken, en allerlei beschouwingen, met het ritueel in verband staande, vindt men verzameld in die deelen der Weda's, welke onder den naam Brahmana's bekend staan. De richtige uitoefening der offerhandelingen was maar niet het werk van ieder en een; zij berustte bij den hoogsten stand van het Arische volk, de kaste der Brahmanen. Bij hun komst in Voor-Indië moet de hoofdverdeeling van het Arische volk in drie afdeelingen: Brahmanen, Kshatriya's en Waiçya's [1]) reeds een voldongen

---

[1]) Uitspraak van ç als ch in machine.

feit zijn geweest, en evenzoo de hoogste plaats onbestreden aan de Brahmanen zijn verzekerd. Het gros des volks, de Waiçya's, landbouwers en veetelers, zag in de Kshatriya's den feodalen adel boven zich, uit welke kaste ook hun koningen voortkwamen; in de Brahmanen hun geestelijke hoofden, zonder wier bemiddeling het onmogelijk was met de goden (hoe langer hoe meer als bepaalde personen opgevat) op een goeden voet te blijven. Als van zelve breidde zich met den tijd het ritueel van den godsdienst uit; steeds meer nam het aantal offers, ook bloedige, toe; en met deze uitbreiding won ook het aanzien der Brahmanen, der midde- laars tusschen de verschillende kasten, vooral tusschen de drie der Ariërs, der „tweemaal-geborenen" eenerzijds en dien der Çoedra's, der overwon- nene, tot knechten gemaakte oerbevolking, anderzijds. Voor elken Arischen man was het leven in drie tijdperken verdeeld: de studie van den Weda

Bôrô-Boedoer.   Koningin Mâyâ begeeft zich naar den tuin van Loembinî (waar de Boeddha geboren wordt).

aan huis bij den goeroe (leermeester), steeds een Brahmaan; het vestigen van een gezin, na terugkeer in de maatschappij en het verrichten van de voor den huisvader voorgeschreven offers; en eindelijk het vaarwel zeggen aan de wereld, om zich te wijden aan overpeinzingen in de stilte des wouds. Oók voor den Kshatriya en den Waiçya, al kwam het in de praktijk het meest daarop neer, dat de Brahmaan gansch dezen leefregel tot het einde volgde. Voor den Çoedra niets van dit alles; geen offer mocht hij brengen, geen Weda-vers uitspreken, voor hem geen inwijding door den leeraar, als „tweede geboorte".

Maar de Arische beschaving had zich al meer en meer over geheel Indië uitgebreid; de godsdienst der Ariërs was, op weinig uitzonderingen na, door de oorspronkelijke bevolking aangenomen. Hinderlijk en ver- nederend werd het voor de millioenen Çoedra's, niet zelf tot de godheid te mogen naderen, zich door strenge wetten van het naar verhouding kleine groepje Ariërs te zien afgesloten. Het Boeddhisme was het, dat, in de zesde eeuw vóór Christus, de formule vond, waardoor, althans op godsdienstig gebied, de slagboomen vielen; waardoor de afgetrokken bespiegelingen der Oepanishads als levende waarheden tot de groote menigte gebracht, en door deze als het verlossingswoord werden aangenomen.

Hij, die door zijn woord en leven dit alles tot stand bracht, algemeen bekend onder den naam Boeddha of „de Verlichte", heette eigenlijk Siddharta, en wordt ook wel genoemd Çakya moeni — de Wijze uit het Çakyageslacht. Zijn vader, Çoedodhana, wordt genoemd de koning van het rijk Kapilawastoe, in het Noorden van Indië; de oudere overleveringen kennen hem evenwel slechts als een adellijk grondbezitter, gelijk de andere leden van het Çakya-geslacht.

De legenden vertellen van hem, dat hij op wonderbare wijze door zijn moeder, Màyà, ontvangen was, en dat bij zijn geboorte de voor-

Bôrô-Boedoer. Belooning der Brahmanen die Màyà's droom uitgelegd hebben.

spelling was gedaan, dat hij òf een machtig vorst, of een koning in het rijk des geestes, de redder der menschheid zou worden. In de grootst mogelijke weelde liet Çoedodhana zijn zoon grootbrengen, en, naar de gewoonte van de edelen dier dagen, drie paleizen voor hem inrichten, om beurtelings den zomer, den winter en den regentijd door te brengen. Niets wat hij begeerde werd hem ontzegd, en zijn vader had last gegeven, dat het gezicht van alle menschelijke ellende van den jeugdigen ridder verre zou gehouden worden. Want hij hoopte hem eens als groot vorst te zien, en bemerkte met onrust, dat het hart zijns zoons meer neigde tot stil gepeins dan tot de genietingen dezer wereld. In de hoop zijn geest in andere richting te leiden, gaf Çoedodhana hem de schoone Yaçodharà tot vrouw; doch hoe gelukkig hij ook met haar leefde, zijn hart bleef hangen aan godsdienstige overpeinzingen.

Op zekeren nacht, zoo verhaalt de dichter, had Yaçodharà een droom, die haar scheen te voorspellen dat Siddharta haar zou verlaten.

Hij stelde haar gerust, en verzekerde, dat wat ook mocht gebeuren, zij van zijne liefde zeker kon zijn. Die nacht was ook de tijd, dat Siddharta's ure gekomen was; van nu af trok hij zich terug in de wildernis, om voor zich zelf en anderen den weg tot verlossing van het lijden te zoeken. Naar het voorbeeld der zoogenaamde Yogi's, die zich zelf martelen, meende hij eerst die te kunnen vinden door kastijding en ontbering, maar al spoedig kwam hij hiervan terug. Voortgezette bespiegeling, in verband met een leven van reinheid en barmhartigheid, deden hem ten slotte het doel bereiken. In den vooraf bestemden nacht verkreeg hij, zittende onder den Bodhiboom, den boom der kennisse, de hoogste verlichting, en werd de Boeddha, de Verlichte. Mara, de Booze, trachtte wel, met zijne trawanten, hem nog te doen bezwijken, maar ongeschokt bleef de Boeddha in zijn overpeinzingen verdiept. Onder den Bodhiboom

Bôrô-Boedoer. Ontvangst van den Boeddha te Oeroewilwâkalpa.

gezeten, lagen voor hem open zijn eigen voorafgegane incarnaties, 550 in getal; daar zag hij alle wereldstelsels in de oneindige ruimte, door aeonen heen, in wording en groei; en in dat alles aanschouwde hij de hoogste Wet, die daarin leeft en tot uiting komt.

Daarna ontdekte hij, op zedelijk gebied, de zoogenaamde vier heilige waarheden: de wet van het lijden, dat onverbreekbaar aan alle bestaan verbonden is; de oorzaak van het lijden; de opheffing van het lijden, en den weg tot opheffing van het lijden, uitloopende op en bekroond door het Nirwana, de hoogste zaligheid.

Volgens de dichterlijke voorstelling was op den dag, volgende op Boeddha's overwinning, als het ware een algemeene vrede voor korten tijd op het schepsel neergedaald; geen mensch deed eenig ander eenig leed, ja ook in 't dierenrijk werd de invloed van zijn geest ondervonden; terwijl door alle werelden heen het triomflied van den Boeddha weerklonk:

„Ik heb met smart belaân,
Geleefd in menig zin'lijk hulsel. 'k Zocht
Vergeefs naar hem, die mij deez' kerkers wrocht.
O, bitter droef bestaan!

               Maar nu,
Gij, stichter van dit woonhuis, ken ik u!
Nooit zult gij mij meer kwellen in 't gebouw
Van smart en rouw!

Gij dekt mij met uw leugendak niet weer,
Geen balken steunen 't meer!
Uw stichting viel in puin, haar nok verging,
     Uw werk, begoocheling!
'k Ben vrij, verlost van wat mij kluistren wou!" [1]

De hoofdinhoud van Boeddha's leer is alzoo een diep pessimisme, de grondtoon van alles is: alle leven is lijden; het doel der leer: de verlossing van dat lijden. Geboorte, ouderdom, ziekte, dood, vereenigd te zijn met wat men niet bemint, gescheiden te zijn van dat, wat men bemint, alles is lijden. In de Dhammapada, de spreuken- en gedichten-verzameling van het Boeddhisme, heet het:

„Hoe kunt gij schertsen, en naar uw lusten leven? Altijd door branden de vlammen; duisternis omgeeft u, zult gij 't licht niet zoeken? Bloemen verzamelt de mensch, aan den lust hangen zijne zinnen — evenals des nachts de watervloeden over een dorp komen, zoo komt de dood over hem, en rukt hem weg. Bloemen verzamelt de mensch, aan den lust hangen zijne zinnen. Den onverzadelijk-begeerende onderwerpt de Vernie-tiger aan zijne macht.

„Uit vreugde wordt leed geboren, uit vreugde wordt vrees geboren. Wie van vreugde verlost is, voor hem is er geen leed meer. Uit liefde wordt leed geboren, uit liefde wordt vrees geboren: wie van liefde verlost is, voor hem is er geen leed meer.

„Wie op de aarde neerziet als op een zeepbel, een luchtspiegeling, hem ontwaart de Heerscher, Dood, niet."

De tweede waarheid leert, dat 't Boeddhisme de oorzaak van het lijden zoekt in het hechten aan het bestaan, den wil om te leven en van het leven te genieten. Na den dood blijft die wil bestaan, en voert zoo van wedergeboorte tot wedergeboorte. Alleen de vernietiging van dien wil kan de keten van wedergeboorten verbreken en daarmee het lijden opheffen.

---

[1] Edwin Arnold, Het licht van Azië. Vertaling van Dr. H. U. Meyboom, pag. 139.

De oorzaak van het lijden wordt nader uiteengezet in een reeks van 12 oorzaken en gevolgen, waarvan vooral de derde en vierde term in de Boeddhistische leer van hoog belang zijn; zij bevatten de leer van het Karma. Zij heeten: ,,bewustheid'', en ,,naam-en-vorm''. ,,Bewustheid'' is hier op te vatten als het geestelijk bestanddeel, dat bij de ontvangenis ver- eenigd wordt met 't lichamelijke, en dus ,,naam en vorm'' aanneemt. Hoedanig lichaam dat geestelijk bestanddeel zal aannemen, hoe 't lot zal zijn van zijn bezitter, wordt door de wet van het Karma bepaald. Want deze leert, dat van de in een gegeven bestaan bedreven daden de toe- stand in een volgend leven afhangt. 's Menschen daden zijn als ,,de inslag, waarmee, op de schering van den onzichtbaren tijd'' de nieuwe bestaans- vorm geweven wordt. ,,Mijne daad,'' zegt het Boeddhisme, ,,is mijn bezit, mijn erfdeel, de moederschoot, die mij baart, mijn daad is het geslacht waaraan ik verwant ben, mijn daad is mijn toevlucht. Niet in het lucht- gewelf, niet in bergholen, vindt gij op aarde een plaats, waar gij de vrucht van uw booze daad ontloopen kunt.''

De wet van oorzaak en gevolg wordt dus hier tot een zedelijke wereldorde verheven, daar zij 's menschen lot geheel afhankelijk stelt van zijn daden. Maar hierin wijkt het Boeddhisme af van (en staat dus uit een zedelijk oogpunt boven) het determinisme, dat het de vrijheid van 's menschen wil handhaaft. Want voor hem, die wil (aldus de derde waarheid) kan 't lijden worden opgeheven, bestaat er een plaats of toe- stand, het Nirwana, waar de wet van oorzaak en gevolg is opgeheven, de vlam des lijdens gebluscht, de wedergeboorten geëindigd.

De weg tot opheffing van het lijden (dit is de vierde waarheid) is het ,,achtvoudige pad'': het ware geloof, het rechte besluit, het rechte woord, de rechte daad, het ware leven, het ware streven, de ware gedachte, de rechte bespiegeling.

Hierin vindt dus de zedeleer van het Boeddhisme hare uiting, welke zedeleer gewoonlijk kort samengevat wordt in de drie voorschriften van: rechtschapenheid, bespiegeling, wijsheid, alle drie weer ten nauwste met elkaar samenhangend.

De rechtschapenheid heeft betrekking op 's menschen gedrag tegen- over den naaste en zich zelf; hieromtrent gelden vooreerst, negatief, deze 5 verboden: geen levend wezen te dooden, zich niet aan een anders eigendom te vergrijpen, de vrouw van een ander niet aan te raken, geen onwaarheid te spreken, geen bedwelmende dranken te drinken.

Van de positieve zijde beschouwd, schrijft de zedeleer van het Boeddhisme medelijden en barmhartigheid, vriendelijkheid en hulpvaar- digheid tegenover alle schepselen voor; evenzoo de meest onbegrensde weldadigheid, terwijl het ieders plicht is, zooveel mogelijk het welzijn van alle levende schepselen te bevorderen.

In vele opzichten staat dus de zedeleer van het Boeddhisme niet achter bij die van het Christendom. Een vergelijking van beide zou te ver voeren; slechts zij hier opgemerkt, dat het b e g i n s e l der zedeleer bij beide godsdiensten hemelsbreed verschilt, terwijl ook waar het Boeddhisme welwillendheid en barmhartigheid aanprijst, de aard van den godsdienst een zekere koelheid medebrengt. Immers, de Boeddhistische monnik gevoelt zich ver boven al het aardsche te staan, en evenmin als vijandschap of beleedigingen van menschen hem deren kunnen, evenmin is daar plaats in zijn hart voor ware naastenliefde; aan niemand mag hij zich hechten, want dit zou zijn een zich opnieuw verstrikken in de vreugden, en daardoor in het lijden der vergankelijkheid.

Ook het voorschrift van onbegrensde weldadigheid legt meer den nadruk op het geven en de gevolgen daarvan voor den gever, dan op de weldaad, die men daardoor aan anderen bewijst; zoodat er ook niet op gelet behoeft, of de gift goed besteed is. De beoefening van alle deugden heeft in de eerste plaats ten doel het heil en de verlossing van den beoefenaar zelven, in zooverre ze namelijk dient tot bereiking van dien gemoedstoestand, welke den monnik geschikt maakt tot bespiegeling, tot het schouwende leven, want dit is de hoogste trap op den weg naar de zaligheid. Als voorbereiding tot het opwekken der rechte stemmingen kent het Boeddhisme een uitgewerkt stelsel van voorschriften omtrent lichaamshoudingen enz. Daardoor wordt het zinnelijk oog voor deze wereld der verschijnselen gesloten, en het geestelijk gezicht verhelderd; de monnik, in overpeinzing verzonken, aanschouwt zijn eigen ik in de ontelbare, voorafgegane incarnaties; het worden en vergaan van wezens, werelden en wereldstelsels; hij verkrijgt ongekende tooverkrachten en bovenmenschelijke wondermacht.

Die overpeinzingen zijn 't voorportaal van de eindelijke zegepraal na den langen, bangen strijd, door duizenden van jaren, door ontelbare wedergeboorten, door tallooze wereldstelsels heen, gestreden. Duizelingwekkend is de hoogte, door den overwinnaar in eigen kracht bereikt. Geen god heeft hij te danken, zoomin als hij onder zijn strijd tot een god om hulp geroepen heeft; ja, de goden buigen zich voor hem, die het einddoel bereikt heeft.

Dat einddoel, het is bekend, is het Nirwana.

Niet gemakkelijk is het, zich een juist denkbeeld te vormen van hetgeen er eigenlijk onder dit woord, letterlijk „uitblussching" beteekenende, verstaan wordt. Echter is het nauwelijks aan te nemen, dat een algeheele vernietiging als hoogste doel van 's menschen streven door bijna $\frac{1}{3}$ van de bevolking der aarde zou zijn aangenomen. Dat de naam Nirwana dan ook andere gedachten bij de vromen opwekte dan aan vernietiging, blijkt wel uit uitspraken in de oud-Boeddhistische spreuken als de volgende:

„Als zich de golven, de vreeselijke, verheffen, waar vinden dan de door de wateren omringden, de door ouderdom en dood bedreigden een veilig eiland?

„Dat verkondig ik u!

„Waar geen „iets" is, waar geen hechten aan het bestaan meer is, daar is het eiland, het eenige; het Nirwana noem ik het, het einde van ouderdom en dood. De wijzen, zij die geweldig geworsteld hebben, grijpen het Nirwana, het loon waarboven geen loon gaat, het Nirwana, de hoogste zaligheid. De wijzen, die geen schepsel eenig leed doen, die steeds hun lichaam in toom houden, zij wandelen naar de eeuwige plaats; wie haar bereikt heeft, weet van geen leed. Wie van goedheid doordrongen is, de monnik die aan Boeddha's leer vasthoudt, hij wende zich tot het land des vredes, waar de vergankelijkheid rust vindt, tot de zaligheid" [1]).

Reeds op aarde kan de toestand van het Nirwana bereikt worden, zooals uit de volgende uitspraak blijkt:

„De jongere, die lust en begeerte van zich geworpen heeft, die rijk is in wijsheid, hij heeft hier beneden de verlossing van den dood gevonden, de rust, het Nirwana, de eeuwige plaats."

Voor hem, die op dit standpunt is aangekomen, is het onverschillig, hoe lang zijn vergankelijk hulsel nog voortleeft; desnoods kan hij zelf aan dit schijnbestaan een einde maken, maar de meesten laten dit eenvoudig aan de natuur over, gelijk een der voornaamsten van Boeddha's jongeren gezegd heeft:

„Ik verlang niet naar den dood, ik verlang niet naar het leven: ik wacht, tot de ure komt, als een knecht, die zijn loon verwacht."

Uit het voorafgaande kan genoegzaam gebleken zijn, dat het Boeddhisme in hoofdzaak een godsdienst was voor hen, die zich geheel en al aan overpeinzing in de afzondering wilden wijden, een gemeenschap van monniken dus. Deze ascese ontleende de nieuwe godsdienst aan het Brahmanisme, maar met dit groote onderscheid, dat het laatste dezen hoogsten trap op den weg ter verlossing slechts voor de leden der drie hoogste kasten, in de praktijk in hoofdzaak voor de Brahmanen, openstelde; terwijl de Boeddhistische monnikenorde voor leden van alle kasten, ook

---

[1]) H. Oldenberg, Buddha; sein Leben, seine Lehre, seine Gemeinde. 3e Aufl., S. 328.

voor de Çoedra's, open stond, in overeenstemming met Boeddha's woord
aan het begin van zijn optreden: „Geopend zij voor allen de poort der
eeuwigheid; wie ooren heeft, hoore het woord en geloove." En terwijl de
Brahmaansche *goeroe* of leeraar steeds boven den *brahmatjarin*, den leerling,
bleef staan, vormden de Boeddhistische monniken als het ware een godsdienstige republiek, waarin geen monnik hiërarchisch boven den ander stond.

Ook vrouwen konden als nonnen toetreden, maar werden scherp
afgescheiden gehouden van de mannen, en namen een geheel ondergeschikte plaats in.

De Boeddhistische monniken waren *bhikshoe's* of bedelmonniken; geen
bezittingen mochten zij hebben, maar ze moesten leven van de weldadigheid der vrome leeken. Ze woonden in 't woud of in 't gebergte in
eenvoudige hutten, ook wel dichter bij stad of dorp, maar niet er binnen.
Soms ook in fraaie, groote gebouwen, door de mildheid van een geloovig
vorst voor hen opgericht, waarvan er soms verscheidene in elkaars nabijheid
lagen, of die voor velen als woning waren ingericht; de zoogenaamde *wihara's*
of kloosters. De ruïne van een bijzonder fraaie wihara vindt men in de nabijheid van de desa Prambanan, bij de grens der residentiën Soerakarta en
Jogjakarta; ze is bij de Javanen bekend onder den naam van Tjandi Sari.

De oorspronkelijke eenvoud steekt sterk af bij de groote praal en
weidsche plechtigheden van den lateren Boeddhistischen eeredienst. Doch
men vergete niet, dat de Boeddhistische kerk niet enkel was een gemeenschap van monniken: ook leeken waren er in opgenomen en hebben er
te allen tijde de overwegende meerderheid van gevormd. Voor het grootste
deel der menschen toch waren de eischen van het ascetische leven te
zwaar; niet ieder kon maar huis en have, vrouw en kinderen in den
steek laten, om in het bosch een kluizenaarsleven te gaan leiden. Het
was trouwens ook noodig, dat er leeken waren, die in het onderhoud
der monniken wilden voorzien, opdat zij, die den moed hadden al
't aardsche vaarwel te zeggen, zich ongestoord aan hun overpeinzingen
konden wijden. Ook leeken, die zich wilden aansluiten, werden dus
aangenomen; geen wettelijke band bond hen aan de gemeente, geen
dwang werd op hen geoefend; slechts was het hun vergund, monniken en
nonnen wel te doen, en was het hun plicht, in het dagelijksch leven zich
naar Boeddha's zedeleer te gedragen; daarmede konden zij hemelsche
belooningen (wel te onderscheiden van het Nirwana) deelachtig worden,
of hadden het vooruitzicht, in een nieuwen bestaansvorm wellicht reeds
zoover gevorderd te zijn, dat ook zij, het aardsche verachtende, naar
de bereiking van de ware kennis zouden gaan streven.

Het is zeker niet te verwonderen, dat de nieuwe leer binnen kort grooten aanhang verwierf. Zij bood plaats zoowel aan hen, die, ver van het gewoel dezer wereld, de verlossing uit het lijden wilden nastreven, als aan de groote menigte, voor welke deze eisch te zwaar was, en die toch niet meer bevredigd werd door de Brahmaansche offers en plechtigheden. Naar geen kastenonderscheid werd gevraagd bij de toetreding tot de orde of tot de leeken-gemeente; geen tallooze offers waren voortaan meer noodig om de goden te verzoenen; geen schaar van bemiddelaars en offerkundigen was bij den nieuwen godsdienst vereischt. Op de eischen eener zachtzinnige zedeleer werd de nadruk gelegd, als eerste schrede op den weg, die naar de volmaking voerde.

Nissen met Dhyâni-Boeddha-beelden (Bôrô-Boedoer).

Bijzonder groote uitbreiding verkreeg de gemeente, toen koning Açoka van Magadha omstreeks 250 vóór Christus de nieuwe leer tot staatsgodsdienst verhief. In volgende eeuwen namen duizenden ver buiten Indië, op Ceylon, in Achter-Indië en in den Archipel, in Tibet, China en Japan „hun toevlucht tot den Boeddha, tot de leer, tot de gemeente". Maar deze uitbreiding had niet plaats zonder dat in den loop der tijden ingrijpende veranderingen in de leer hadden plaats gehad. Het meest afgeweken van de oorspronkelijke leerstellingen is het z.g.n. Noordelijke Boeddhisme, gelijk dit gevonden wordt in Tibet, Nepal, China en Japan. De scheiding tusschen dit en het Zuidelijk Boeddhisme in Achter-Indië en Ceylon kreeg omstreeks 100 j. n. Chr. haar beslag. Sedert ontwikkelden beide opvattingen zich in al meer uiteenloopende richting. De Noordelijke school, die hare leer het *Mahâyâna*, „het groote voertuig", „de groote wagen" noemde, nam in hare bespiegelingen veel over van de oude Brahmaansche wijsheid.

De leer dat er vijf trappen van religieuse contemplatie zijn, gaf aanleiding tot het ontstaan van de meening, dat elk der menschelijke Boeddha's (reeds verscheidene waren er vóór Siddharta opgetreden) zijn geestelijk proto-type had in de verschillende, boven de verblijfplaats der goden gelegen hemelen. Deze werden *Dhyâni-boeddha's* of Mijmerboeddha's genoemd, naar 't Sanskrit-woord dhyâna = contemplatie. Zoo was de laatst ver-schenen Boeddha een ema-natie van den Dhyâni-boed-dha Amitabha; maar niet rechtstreeks, want elk der Dhyâni-boeddha's had weder een geestelijken zoon, of Dhyâni-bodhisatwa (letter-lijk: een wezen, welks eigen-schap de ware kennis is), en die de „toekomstige" Boeddha, de „wordende" Boeddha was, uit welken een Boeddha vleesch werd. Door reeksen van wedergeboorten, waarbij zijn goede daden, in elk bestaan verricht, hem telkens hooger stijgen deden, was ook Gautama reeds in den hemel der Bodhisatwa's, den Toeshita-hemel, aange-komen, maar daalde van daar weer neder, om als

Bodhisatwa-beeld (Wairotjana) v/h. boven-terras van Bôrô-Boedoer.

mensch den menschen den weg der verlossing te wijzen.

In deze wereldperiode is nog één menschelijke Boeddha te wachten, nl. *Maitreya*, „de Liefdevolle", wiens Dhyâni-boeddha Amôghasiddha en wiens Bodhisatwa Wiçwapani heet.

Het Zuidelijk Boeddhisme hield zich met dergelijke bespiegelingen veel minder op; het werd door de Noordelijke school het Hînayâna — „het kleine voertuig, de minderwaardige weg" — genoemd, omdat de Zuidelijke monniken slechts eigen verlossing nastreefden, terwijl de Noordelijke school het Bodhisatwa-schap als ideaal vooropstelde, en dus de verlossing der geheele menschheid bedoelde.

Van den oorspronkelijken eenvoud, die het Boeddhisme kenmerkte, is evenwel ook de Zuidelijke leer, die op Java niet of slechts sporadisch voor-

Stoepa (gevonden te Tandjoeng Tirtô, in 1880 overgebracht naar het residentiehuis te Jogjakarta).

kwam, ver afgeweken. Hoewel de Boeddha, naar luid der overleveringen, steeds streng verbood hem meer dan menschelijke eer te bewijzen, was de liefde en vereering zijner aanhangers, zoowel als de onuitroeibare begeerte naar een voorwerp van aanbidding, oorzaak dat hij al zeer spoedig na zijn dood als godheid beschouwd en aangeroepen werd. Ook de beweerde overblijfselen van den Boeddha, zoowel als van de grootsten onder zijn eerste aanhangers, werden als kostbare relieken beschouwd. Koning Açoka zou Boeddha's overschot plechtig hebben laten verbranden, en de asch in acht duizend deelen verdeeld naar even zooveel Boeddhistische steden gezonden hebben. Daar waar een of ander gedenkwaardig feit uit Boeddha's leven was voorgevallen, bouwde men „stoepa's", klokvormige gebouwen; deze dienden ook om de reliek van Boeddha of een heilige te bevatten, en worden dan *dagob's* genoemd (Skr. dhâtagarbha = reliekenschrijn, Singaleesch. dâgaba).

Zulke dagob's of stoepa's konden soms van geweldige afmetingen zijn,
zooals b.v. uit de Bôrô-Boedoer in de residentie Kedoe blijkt.

Naar dergelijke heiligdommen en naar de plaatsen, waar Boeddha
het eerst was opgetreden, werden bedevaarten ondernomen, offers van
bloemen en wierook gebracht. Groote schatten werden door vermogende
leeken besteed aan het bouwen van heiligdommen en wihara's. Een uit-
gebreide feestkalender kwam in gebruik: sabbathdagen, kerkelijke feest-
dagen, vasten- en heiligendagen werden ingesteld of van bestaande sekten
overgenomen.

Trimoerti (Tëlaga).

Brahma (Pëkalongan).

Terwijl dus het Noordelijk Boeddhisme in zijn speculatieve wijsbegeerte in sommige opzichten de Brahmaansche traditiën voortzette, vonden
in het Zuidelijk Boeddhisme de polytheïstische volksgodsdiensten, min of
meer gelouterd, een onderkomen. Toch zou de invloed van het Boeddhisme
op het Indische leven sterk onderschat worden, indien men wilde beweren,
dat het slechts een verandering van de namen der vereerde wezens of
der afgetrokken begrippen bewerkt had. Want het Brahmanisme kon alleen
tengevolge van groote concessies aan de Boeddhistische leer in Voor-Indië
tegenover deze laatste het veld behouden, en kwam in vele opzichten
veranderd uit de worsteling te voorschijn. Ook het Brahmanisme predikt
thans groote zachtheid tegenover alle levende schepselen, heeft de dieren-

offers grootendeels afgeschaft, en hecht groot gewicht aan goede werken ter verkrijging van de zaligheid. In de, sedert de verdrijving van het Boeddhisme, in Voor-Indië heerschende godsdienststelsels, maakt men wel onderscheid tusschen het Brahmanisme, het stelsel van pantheïstische wijsbegeerte, zooals dit door de Brahmanen uit de Weda's ontwikkeld is, en het Hindoeïsme — het geheel van volksgodsdiensten, die ook wel in de Weda's hun oorsprong hebben, maar veelal bestaan in allerlei polytheïstische lee-ringen, vermenging van Boed-

Wishnoe (Kĕdiri).

Brahma. [1]

dhisme en Brahmanisme on-derling, en ook nog vele elementen van den godsdienst der oorspronkelijke rassen bevatten. De Brahmanen lieten deze stelsels ongestoord onder het volk bestaan, en gaven er leiding aan, mits hunne overmacht slechts werd erkend. Het leerstuk, dat alles wat bestaat, een uitvloeisel is van de godheid, en een deel van haar geest bevat, werd zoo uitgebreid dat in het Brahmaansche stelsel het bestaan werd aangenomen van een reeks van halfgoden, goden, goede en booze geesten. Eerst betrekkelijk laat ontwikkelde zich het leerstuk der Trimoerti, de drieledige openbaring van het Alwezen als Brahma, Wishnoe en Çiwa,

[1]) Naar het origineele beeld (in het bezit van Pater Ferd. Leydekkers, S. J., leeraar a/h. Canisius-College te Nijmegen), opgegraven in Asahan, distr. Tandjoeng Balai, Sumatra; volgens mededeeling van een Brahm. priester stelt het Brahma en Wishnoe in één persoon voor.

Çiwa met attributen van Wishnoe.

in de beeld-
houwkunst
voorgesteld als
drie hoofden op
één lichaam.
Gewoonlijk
wordt in dezen
trits Brahma de
Schepper ge-
noemd, Wish-
noe de Onder-
houder en Çiwa
de Verdelger. In
het volksgeloof
evenwel werd
met voorliefde
aan één dezer
drie goden de
hoogste rang
toegekend; ver-
eerders van
Çiwa en van
Wishnoe waren
en zijn veel tal-
rijker in Voor-
Indië dan die van
Brahma, welks
wezen te afge-
trokken was, en
te veel de ken-
merken ver-
toonde, aan de
diepzinnige be-
spiegelingen
der Brahmanen
ontleend te zijn,
om de groote
menigte tot ver-
eerders te kun-
nen krijgen.

Het werkzame beginsel, de *çakti*, van elk der drie goden werd vrouwelijk gedacht, en langzamerhand als godin vereerd.

Grooten aanhang verwierf zich Çiwa, „de Gezegende", die veel eigenschappen van allerlei goden in zich opgenomen heeft, en dus een veelledig karakter vertoont: onder niet minder dan duizend en acht namen is hij bekend. Als Mahàkala is hij de Vernietiger, de personificatie van

Doerga (Bandoeng).

den alverwoestenden Tijd. Maar aan den anderen kant is hij de Voortbrenger, en wordt vereerd onder de symbolen der voortplanting, linggam en yoni, een van boven ronde zuil op een tuitvormig voetstuk. Zijn rijdier is in deze hoedanigheid de *nandi* of stier.

Een derde vorm, waaronder hij wordt voorgesteld, is die van den goddelijken leeraar (Djagad-goeroe = wereldleeraar), die het hoogste punt van overpeinzing bereikt heeft; dan wordt hij afgebeeld als een zwaarlijvig man met langen baard, zoodat zijn beelden soms veel overeenkomst hebben met die van den Boeddha; nadat het Boeddhisme uit Indië verdreven was, werd menig Boeddhabeeld daar gebruikt als een voorstelling van Mahàyogi, den „grooten Kluizenaar".

De çakti van Kala heet Kali en heeft een even bloeddorstig karakter als haar gemaal; zij wordt voorgesteld met een keten van menschenschedels om den hals. Als Doerga is zij de overwinnaar van den boozen geest Mahishàsoera, die zich in een buffel geïncarneerd had. Talrijk zijn de op Java gevonden beelden, die een voorstelling van haar overwinning geven: staande op den buffel, grijpt zij den boozen geest, die uit den hals van den buffel poogt te ontsnappen, bij de haren.

Een groot beeld van Doerga in deze voorstelling wordt gevonden in den hoofdtempel van Tjandi Prambanan; de Javanen zien er de dochter in van een hunner legendaire vorsten, Ratoe Bôkô, en noemen het beeld Lôrô Djonggrang; de omwonende dorpelingen brengen er offers van boreh en wierook, daar Lôrô Djonggrang vruchtbaarheid en voorspoed schenkt.

Talrijk zijn (ook op Java) de beelden van Çiwa's zoon, Ganeça; hij is de god der wijsheid en wordt voorgesteld met een olifantskop.

Niet minder groot was en is nog in Voor-Indië het aantal der vereerders van Wishnoe, den ouden zonnegod der Weda-hymnen, die zich vooral openbaart als de goddelijke kracht, die alles doordringt. Vandaar de leer zijner talrijke incarnaties, die ten doel hadden de wereld in kritieke oogenblikken te redden. De eeredienst van het Wishnoeïsme lost zich vooral op in de vereering van twee zijner menschelijke incarnaties: Rama, den held van het groote Indische epos Ramâyâna [1]), en Krishna, den „zwarten god", in zijn aardsche verschijning de wagenmenner van Ardjoena, een der helden van het Mahàbhàrata.

Ganeça (Blitar).

Ook tot Java (het bleek terloops reeds uit het voorafgaande) heeft zich de kolonisatie der Hindoes uitgestrekt; wel zijn geen vaste gegevens daaromtrent voorhanden, maar het is aan te nemen, dat omstreeks het begin onzer jaartelling de stroom van Voor-Indiërs zich naar den Archipel gericht heeft, en dat van ongeveer 700 tot 1000 jaar na Chr. de toevloed zijn hoogtepunt heeft bereikt. Onder alle streken van den Archipel blijkt Java het meest den invloed der Hindoe-cultuur te hebben ondervonden; de taal vertoont daarvan de onmiskenbare sporen, de litteratuur is voor een zeer groot deel aan die der Hindoes ontleend, het Javaansche schrift is van Hindoe-oorsprong enz. Vroeger werd zelfs aangenomen dat zoowat alle hoogere beschaving der Javanen aan de Hindoes te danken was; men meende dat bij de komst der Hindoes de Javanen op ongeveer denzelfden trap van beschaving, of liever van barbaarschheid, stonden als nu nog vele Alfoersche

---

[1]) Het gedicht zelf wordt door sommigen van Boeddhistischen oorsprong geacht.

stammen en Papoewa's. Maar het is op verschillende, vooral op taalkundige gronden door Kern, Brandes en Wilken aangetoond, dat men
zich met die voorstelling vergiste, dat de Javanen al een tamelijk hooge
eigen beschaving deelachtig waren geworden, dat, om iets te noemen,
de natte rijstcultuur niet door de Hindoes is ingevoerd, en ook de wajang
het oorspronkelijk Javaansche tooneel is.

De zichtbare sporen, door de Hindoes op Java nagelaten, zijn van
velerlei aard: inschriften op
steenen, of op koperen platen,
dikwijls bevattende de oorkonde eener schenking, hebben,
voor zoover ze ontcijferd konden worden, reeds menige
belangrijke opheldering verschaft over Java's oude geschiedenis; godenbeelden, tempels
en dagobs leggen, ook nu
nog als ruïnes, getuigenis af
van den vromen zin en de
bewonderenswaardige kunst
hunner bouwmeesters. Het
talrijkst en schoonst zijn de
monumenten op Midden- en
Oost-Java; tot nu toe is het
aantal beelden enz., op West-
Java gevonden, gering, en hun
kunstwaarde staat niet hoog;
de bijgevoegde afbeeldingen
van enkele vondsten uit die
streek bewijzen dit voldoende

Beschreven steen en steen met voetindrukken
(Batoe Toelis, bij Buitenzorg).

(pag. 376 en 379). Het is dan ook wel aan te nemen dat de aanrakingen
der Hindoes met de bevolking van West-Java veel minder veelvuldig zijn
geweest, hun invloed veel oppervlakkiger dan op Midden-Java. En daar nu
toch West-Java het eerst voor hen openlag, is de veronderstelling gemaakt
(door Dr. J. Brandes) dat juist omdat de Midden-Javaansche maatschappij
niet zoo groot verschil vertoonde met de Hindoesche van Voor-Indië, de
stroom der kolonisten zich vooral dáárheen zal hebben gericht. Brahmanistische kolonisten openden den weg, maar werden aldra door Boeddhistische gevolgd; onder de Brahmanistische Hindoes had het Çiwaisme
de overhand, al zijn ook vele beelden van Wishnoe, en enkele van

Brahma gevonden. In enkele streken moet het Boeddhisme overheerschend geweest zijn, b.v. Kĕdoe; in andere het Çiwaisme, zooals in den omtrek van het Diëng-plateau; maar blijkbaar waren op Java die godsdiensten zeer verdraagzaam, zoodat men niet alleen een Çiwa-tempel (Tjandi Prambanan of Lôrô Djonggrang) te midden van Boeddhistische heiligdommen vindt, maar de tempels van den eenen godsdienst soms plaats gaven aan beelden en symbolen van den anderen, en omgekeerd. Een groote verzameling Çiwaitische tempels vindt men op het plateau van den Diëng,

dat zich daar verheft, waar de gewesten Pekalongan, Banjoemas, Bagelen, Kĕdoe en Samarang samenkomen. Niet minder beroemd is de Tjandi Prambanan, die in het volgende hoofdstuk beschreven wordt. Voorts verdient vermelding de Tjandi Panataran, aan den Z.W.-voet van den Kloet in Kĕdiri, Afd. Blitar, het grootste Hindoe-monument van Java na de Bôrô-Boedoer. De muren bevatten basreliefs met voorstellingen uit het Ramâyâna, terwijl de trapopgangen van groote

Ardjoena-tempel (Diëng-plateau).

beelden van Çiwa als Kala voorzien zijn. De medaillons (op de afb. op pag. 383 zichtbaar) bevatten deels voorstellingen aan het Indische dierfabelboek Pantja Tantra ontleend.

De bakermat van het Boeddhisme op Java is de residentie Kĕdoe, waar de Bôrô-Boedoer en de Tjandi Mĕndoet getuigenis afleggen van den vromen zin der Boeddhistische vorsten op Java, en van den verwonderlijk hoogen trap, waarop de Hindoe-Javaansche beeldhouwkunst omstreeks de tiende eeuw stond; het volgende hoofdstuk bevat van de Bôrô-Boedoer een beschrijving.

Het Boeddhisme, dat op Java bestond, was het Mahâyânisme; dit

Tempel (Panataran).

Badplaats (Panataran).

blijkt o. a. uit het groot aantal beelden van Bodhisatwa's, op Java gevonden.
Opmerkelijk is wel dat de Javaan den vóór-Islamitischen tijd steeds noemt
„djaman boedô", Boeddhistische tijd; blijkbaar heeft dus het Boeddhisme

Tempel (Panataran).

den meesten invloed op Java uitgeoefend, en vormde dit voor den Javaan
van eeuwen her een grooter tegenstelling met zijn voorvaderlijk animisme

dan het Çiwaisme, dat zich lichter bij zijn oorspronkelijken godsdienstvorm aanpaste. Maar nog opmerkelijker, en wel geschikt om de eigenaardigheid van het Javaansche geestesleven te doen uitkomen, is het feit, dat de Javaan van heden zijn offers van bloemen en wierook brengt zoowel aan Boeddha-beelden als aan de statuen van Çiwa, Wishnoe of Ganeça, zonder er iets van te weten, wie er door worden voorgesteld. De beelden van de goden der voorouders ontvangen nog de hulde van het tegenwoordige geslacht: maar op dezelfde wijze als de Javaan het groote kanon te Batavia vereert, of een bezoärsteen, of zijn tortelduif of een erfstuk der vaderen. De Islam heeft aan Boeddhisme en Çiwaisme een einde gemaakt, maar den oorspronkelijk-Indonesischen godsdienst niet kunnen aantasten. Zouden Boeddhisme en Çiwaisme voor het gros des volks ooit wel iets meer gedaan hebben, dan zijn pantheon van enkele andere namen voorzien?

— — —— ——

HOOFDSTUK VII. BORO-BOEDOER EN PRAMBANAN [1]).

De grootste, nog betrekkelijk goed bewaard gebleven Boeddhistische tempelruïne, de Bôrô-Boedoer, ligt omstreeks vier Duitsche mijlen ten N.W. van Jogjakarta aan den rechteroever van de Prôgô. Om den tempel te bezoeken, kan men een eindweegs van de stoomtram gebruik maken, die van Jogjakarta naar Magelang loopt. Ik reed des voormiddags van Jogjakarta af en bereikte kwart voor twaalf het station Moentilan, van waaruit ik met een wagen den tocht zou moeten voortzetten. Tegen een kleine belooning bood een inlander zich aan, om mij een wagen van den wagenverhuurder in de plaats naar 't station te zenden. De taal der inlanders is hier overal de Javaansche; ik kon ze niet verstaan, maar kwam toch met mijn Maleisch ook hier goed terecht, daar steeds enkele lui, vooral die, welke met vreemdelingen te maken hebben, Maleisch verstaan.

Het inspannen van de tweewielige sado ging tamelijk vlug; om 12 uur zat ik al in het wagentje, en om kwart voor één was ik er al weer uit, dat wil zeggen, niet uit eigen beweging. Op den weg, juist toen we het snelst reden, viel een der beide paarden, en juist datgene, dat de boomen droeg. Bij een tweewielig karretje heeft dat natuurlijk ten gevolge, dat het achtereinde naar boven vliegt, en men moet nolens volens meevliegen, vooral wanneer men op zulk een gebeurtenis in 't minst niet voorbereid is. Ik kwam er onbeschadigd af en kon het paard aan den teugel houden

---

[1]) Naar Prof. Giesenhagen.
BEZEMER, *Door Nederlandsch Oost-Indië.*   25 .

tot ook de koetsier onder de kap van het karretje vandaan gescharreld
was. Wij maakten de strengen los, en schoven den wagen terug, zoodat
het dier kon opstaan. Daarna werd weer ingespannen, en de reis liep
verder zonder ongelukken af. Na een rit van een uur kwam ik aan den
voet des heuvels, welks top met den reuzenbouw van den Bôrô-Boedoer
gekroond is.

Het is moeilijk, den indruk weer te geven, dien het reusachtige

Bôrô-Boedoer.

bouwwerk op den beschouwer maakt. Als de zon op haar middaghoogte
staat, als licht en schaduw gelijkmatig over de terrassen en galerijen
verdeeld zijn, dan vertoont het geheel zich van verre als een vlakke,
gelijkmatige koepel, boven, in het midden, door een massieven klokvormigen top gekroond. Maar wanneer de zon daalt, dan beginnen de
helverlichte vooruitspringende deelen en versieringen af te steken bij de
in diepe schaduw liggende hoeken en nissen, en laten de details van het
geheel ook onder den totaalindruk zich gelden. De eigenaardige schoonheid

van het bouwwerk komt evenwel eerst dan tot haar volle recht, als men zoo dicht genaderd is, dat de details der uitvoering te herkennen zijn; en hoe meer men zich in de beschouwing der afzonderlijke deelen verdiept, hoe langer men in de gangen en galerijen rondwandelt, des te meer groeit de verbazing over de kunst des meesters, die het plan voor den bouw gevormd en tot in bijzonderheden doorgezet heeft. Men beweert wel, dat de kunst van alle volkeren en tijden eerst den totaalindruk op het oog heeft gehad, en daarna ook aan de uitvoering der details haar zorg is gaan wijden. Dit bouwwerk evenwel, waarvan de details zulk een hoogen bloei der beeldende kunst verraden, maakt een totaalindruk van massiefheid en plompheid. Maar 't is niet moeilijk, deze eigenaardigheid te verklaren, wanneer men bedenkt, dat de bodem van Java te allen tijde, en in vroegere perioden misschien nog meer dan tegenwoordig, een onzekeren grondslag voor hooge gebouwen opgeleverd heeft. Een bouwwerk, dat bestemd was voor eeuwen, kon derhalve niet sierlijk gevormd zijn.

De basis van den tempel in zijn tegenwoordige gedaante wordt gevormd door een vierkant terras, welks circa 150 M. lange zijden tweemaal rechthoekig naar buiten uitspringen. Op deze 36-hoekige grondvlakte is de tempel, in den vorm eener trappenpyramide, opgetrokken. Klimmen wij langs een der vier trappen, die elk in het midden der kwadraatzijden omhoog voeren, tot de eerste, ongeveer 3 M. boven het buitenterras liggende verdieping, dan bevinden wij ons op een twee M. breede, geheel rond loopende galerij, van buiten door een $1^1/_2$ M. hoogen muur omgeven. Van deze galerij voeren de vier trappen op gelijke wijze tot een tweede, dergelijke, en zoo voort tot de derde en vierde galerij, die elk 3 M. boven de voorgaande liggen. Van de vierde galerij komt men langs de trappen op het bovenvlak des tempels. De buitenmuur hiervan omsluit drie, telkens $1^1/_2$ M. boven elkaar liggende terrassen. Op het buitenste terras staan op een cirkelronden onderbouw 32 opengewerkte, $1^1/_2$ M. hooge koepels, die elk een Boeddhabeeld bevatten en met een obelisk gekroond zijn. Het tweede terras draagt 24 en het bovenste 16 dergelijke koepels, die echter slechts voor het kleinste deel in hun oorspronkelijken toestand bewaard zijn gebleven. De opengewerkte bouw was niet zoo goed als het massieve metselwerk in staat aardbevingen en aanvallen van vandaalsche verwoesters te weerstaan. Het midden van het bovenste terras eindelijk, wordt ingenomen door een hoogen massieven koepel, die vroeger stellig ook wel in een obelisk zal hebben uitgeloopen. Dit is in groote trekken het grondplan van het werk. Het bouwmateriaal is grijs, trachiet, dat in goed behouwen blokken zonder bindmiddel de muren vormt. De sokkels en de kroonlijsten van alle muren bevatten een rijkdom van

architektonische versieringen, alle gladde vlakken zoowel aan den binnen-
als aan den buitenkant der galerijen zijn met zorgvuldig bewerkte reliefs
bedekt. Aan den buitenmuur des tempels boven het benedenste terras
bevinden zich twee reliefvoorstellingen op meer dan halve levensgrootte:
een man in zittende houding bij een wierookaltaar of een bloemvaas, en
een, door twee dienaressen begeleide man in staande houding. Tusschen
deze twee, telkens terugkeerende beelden, is een steenen vrouwenfiguur
ingevoegd. De afzonderlijke, door de figuren ingenomen muurvlakken,
zijn door vooruitspringende zuilen gescheiden. Boven de zware kroonlijst,
die dit beeldhouwwerk van boven begrenst, staan met regelmatige tusschen-

Koepels, bevattende beelden v/d. Dhyâni-Boeddha Wairotjana (Bôrô-Boedoer).

ruimten kleine, rijk geornamenteerde tempeltjes, die een diepe nis met
een Boeddhabeeld insluiten, en daarmee afwisselend altaarvormige steenblokken, die met een klokvormigen, boven een obelisk dragenden,
koepel gekroond zijn.

Interessanter dan deze, meer architektonisch optredende buitenversie-
ringen der tempelmuren, zijn de reliefbeelden, die de muurvlakken der
galerijen in onafgebroken rij bedekken. In het geheel waren er vroeger
meer dan 2000 van zulke beeldhouwwerken, die in half-relief uit den
steen gehouwen zijn. Het grootste aantal er van is sterk beschadigd of
geheel vernietigd. Andere zijn nog in allen deele duidelijk herkenbaar,
en laten een verklaring hunner beteekenis toe. Men heeft vastgesteld, dat

een gansche serie dezer beelden betrekking heeft op den levensloop van Boeddha, van zijn ontvangenis tot zijn einde; bij de meeste beelden is evenwel een nauwkeuriger aanduiding niet meer mogelijk; zij moeten hoogstwaarschijnlijk Boeddhavereeringen voorstellen. Op eenige reliefs zijn voorstellingen der Hindoegodheden Brahma, Çiwa en Wishnoe te herkennen,

Vorst en Vorstin met danseres (Bôrô-Boedoer).

die bij de Boeddhisten van Noordelijk Indië eveneens in hun Pantheon een plaats gevonden hebben. Men heeft uit het voorkomen van deze Hindoe-godheden aan den tempel en uit verscheidene andere aanduidingen wel terecht het besluit getrokken, dat de verbreiding van het Boeddhisme naar Java van Noordelijk Indië is uitgegaan.

De details der reliefs geven menige aanduiding omtrent de zeden en levensgewoonten der tempelbouwers en laten ons evenzeer als b.v. de

Relief v/d. Bôrô-Boedoer.

tempelbeelden en wandschilderingen in het oude Egypte, een blik slaan op den beschavingstoestand van het land in dien tijd. Zoo toont b.v. de vorenstaande afbeelding van een der reliefs een schip met volle zeilen, dat zeewaardig gemaakt is door dergelijke uitleggers als ze heden nog aan de eenriemsbooten in de haven van Colombo in gebruik zijn. Ook een huis is er op voorgesteld, dat evenals heden nog in Maleische landen op palen gebouwd is, en welks dak aan het geveleinde van boven ver uitsteekt. Ook over kleeding en bewapening, over haardracht en opschik laten zich aanduidingen vinden.

Nadat ik uren lang in de gangen en op de terrassen rondgedoold had, moest ik tot het besluit komen, dat deze bezienswaardigheid tot diegene behoort, waarmee men bij een enkel, kort bezoek in 't geheel niet klaar komt. Hoeveel vragen van beschavings- en kunstgeschiedenis wachten hier nog op een oplossing!

Voor ik den terugtocht aannam, besteeg ik den grooten middenkoepel, die het gansche gebouw bekroont, om van dit punt uit, dat zich 40 M. boven den top des heuvels verheft, het uitzicht op het heerlijke landschap te genieten. Men ziet hier, over de meerendeels in puinhoopen liggende koepels der tempelterrassen heen, ver over de schoone, vruchtbare vlakte, die zich met hare spiegelende rijstvelden, met de palmbosschen en bamboegroepen, die de dorpjes omgeven, in het Westen tot aan den voet van het steile Menoreh-gebergte uitstrekt. In het Oosten rijzen geweldige vulkaankegels op,

Algemeen Boeddha-type en profil (Bôrô-Boedoer).

daaronder op den voorgrond de Mërapi met de rookwolk aan den top.

Van bijzondere schoonheid moet het uitzicht van de ruïnen bij zonsopgang zijn. Mij bleef voor dit genot de tijd niet. Na korte rust in het logement, dat verbonden is met de woning van den, door het Gouvernement aangestelden tempelopziener, keerde ik met mijn karretje naar Moentilan, en vandaar met de stoomtram naar Jogjakarta terug.

Een tweede tochtje, dat ik van Jogjakarta uit ondernam, gold de tempelruïnen van Prambanan. De plaats Prambanan ligt ongeveer $2\frac{1}{2}$ mijl Oostelijk van Jogjakarta aan den hoofdspoorweg. Ik reed met den morgentrein kort na zonsopgang uit Jogjakarta en kwam kort na zevenen op het kleine station Prambanan aan. Daar boden verscheidene lieden zich als

gids aan; ik nam tegen afgesproken loon een twaalfjarigen jongen mee,
die mij naar de ongeveer een kwartier verwijderde tempelresten zou brengen.
Wij moesten op onzen weg het dorp door, dat alleen door inlanders
bewoond is. Ik maakte, ondanks het protest van mijn kleinen gids, die
mijn doel, dat ik in 't Maleisch aangaf, niet begreep, een omweg over
de passar, om te zien wat de sirihkauwende marktvrouwen in hun manden
te koop boden. Daar was evenwel niet veel bijzonders bij: allerlei groenten,
rijst, kokosnoten, betelnoten, tabak, maiskolven, zoo maar versch op de
plaats zelf boven een open vuur geroosterd, suiker: dus slechts allerlei
artikelen voor de dagelijksche behoeften van het Javaansche huishouden.
Aan een gesprek met de marktlui, die geen Maleisch verstonden, was
helaas niet te denken. Ook mijn kleine gids verstond slechts enkele
brokstukken; wij konden echter tenminste over weg en richting elkaar
het noodige vertellen.

De ruïnen van Prambanan zijn de overblijfselen van een groot aantal
tempels, die door hunne regelmatige rangschikking en door eenheid van
onderbouw als één geheel beschouwd kunnen worden. De geheele tempelgroep was oorspronkelijk door drie muren omgeven, waarvan echter bijna
alleen nog de fundamenten overgebleven zijn. Tusschen den tweeden en
den derden muur bevinden zich overblijfselen van 157 kleine tempeltjes,
die in drie, elkaar omsluitende kwadraten gerangschikt waren. Te midden
van dezen aanleg, omsloten door den binnensten muur, bevindt zich een
vierhoekig terras, dat de acht hoofdtempels der geheele groep draagt.
Van deze acht tempels liggen er drie in één rij langs de Westzijde van
het terras, drie andere daar tegenover aan de Oostzijde; de twee over-
schietende tempels zijn op de Noord- en de Zuidzijde van den onderbouw
tusschen de beide rijen der andere ingeschoven. De acht hoofdtempels
zijn in denzelfden bouwstijl, maar van verschillende grootte. Op een
vierkant grondvlak, dat bij de groote tempels der Westelijke rij aan
iedere zijde eenmaal rechthoekig naar voren uitspringt, verheft zich de
pyramidevormige bouw, welks terrassen met muren als met een borstwering omgeven zijn. Een breede trap, die van terras tot terras voert,
leidt boven in het binnenvertrek des tempels, waarin een godenbeeld was
opgesteld. De trappen zijn alle zoo aangelegd, dat zij opstijgen in het
midden van die tempelzijde, die naar het middelpunt van den geheelen
aanleg gekeerd is. De tempels der Westelijke rij hebben dus de trap en
den ingang aan hun Oostzijde, en ómgekeerd. Bij den grootsten tempel,
den middelsten der Westelijke rij, zijn behalve de hoofdtrap aan de Oostzijde ook aan de overige drie zijden nog trappen aanwezig, die naar
kleine zijvertrekken des tempels leiden. De architektonische versieringen,

sokkels, rand- en kroonlijsten boven en beneden aan de muren, zijn hier
bijna nog rijker en afwisselender dan bij Bôrô-Boedoer. Ook de totaal-

De drie Westelijke hoofdtempels van Tjandi-Prambanan; in het midden de Çiwa-tempel.

indruk der afzonderlijke tempels, die in verhouding tot hun grondvlak
hooger oprijzen dan de reusachtige Boeddha-tempel, is bevalliger. Daar

de regelmatige groepeering der verschillende groote gebouwen de verdeeling van het enkele gebouw vervangt, maakt de tempelgroep van
Prambanan als geheel op den beschouwer niet slechts, zooals die van
Bôrô-Boedoer, een indruk van massiefheid, maar ook werkelijk van schoonheid, trots de sporen van verval, die overal bemerkbaar zijn. Bij nadere
beschouwing trekken de beeldhouwwerken, die de tempelwanden sieren,
nog meer dan het geheel de aandacht. Het materiaal is een jong-vulkanische andesietlava van aangenaam grijze kleur. De beeldhouwwerken zijn
met buitengewone zorgvuldigheid uitgevoerd, zeer fraai en van krachtige
werking. De figuren zijn niet half verheven, zooals bij Bôrô-Boedoer,
maar voor een deel bijna geheel vrij uit den steen gehouwen. Van een
zeer bijzondere schoonheid zijn de overblijfselen eener rij van beeldhouwwerken, die eens de borstwering der eerste galerij aan de drie tempels
der Westelijke rij van buiten sierden. Het best is deze serie nog aan den
middelsten tempel der Westelijke rij bewaard gebleven. Zij wordt gevormd
door vooruitspringende nissen, die terzijde door schoon gevormde pilasters
begrensd, en door arabeskachtig versierde kransbogen met allerlei diergestalten gedekt zijn. In deze nissen zijn drie staande of dansende vrouwen
in verschillende houdingen voorgesteld. De gelaatstrekken dezer vrouwen-
gestalten, de proportioneering der lichamen en de groepeering zijn van
een edele schoonheid, en de zorgvuldige uitvoering getuigt van een hoogontwikkelde techniek.

De vlakken tusschen de vooruitspringende nissen zijn eveneens met
beeldhouwwerk versierd; voor zoover nog herkenbaar, stellen ze dansende
figuren met muziekinstrumenten voor, door een eenvoudiger randversiering
omlijst. Onder en boven de zooeven beschreven beeldenrij zijn bij den
middelsten tempel der Westzijde nog andere beeldreeksen bewaard gebleven. De voet van den geheelen bouw, onmiddellijk boven den sokkel,
wordt gesierd door een rij van nissen, waarin kleine leeuwen met regelmatig gelokte manen liggen. Pijlers en kroonlijsten van deze nissen zijn
weer met schoone arabesken versierd. De vlakken rechts en links naast
iedere nis vertoonen in half-verheven arbeid een gestyliseerden boom,
waarnaast aan weerszijden mythische diergestalten, vogels met menschenhoofden, en dergelijke te zien zijn. Door sierlijk bewerkte pilaren worden
de nisgroepen en hun omgeving tegenover elkaar afgesloten.

De derde, bovenste, beeldenrij van dezen tempel vertoont, in half-
verheven arbeid, zittende Hindoegodheden, waarnaast rechts en links op
afzonderlijke vlakken groepen van twee of drie mannen als vereerders
zijn voorgesteld. Aan de kleinere tempels der Oostelijke rij ontbreken de
bovenste beeldenreeksen, slechts de leeuwennissen en de daarbij behoo-

rende mythische diergestalten onder den boom sieren ook bij hen den sokkel.
Bij deze beeldwerken komt nu bij de drie hoofdtempels nog een

Reliefs aan den grooten tempel van Tjandi Prambanan.

reeks beelden op den binnenwand der borstwering van het terras. Bij den middelsten tempel, waar deze reeks nog bijna volledig bewaard gebleven is, blijkt zij een voorstelling in steen van een deel der Râma-legende te zijn. Waarschijnlijk vormden de overeenkomstige sculpturen aan de beide andere tempels de voortzetting van deze voorstelling, maar daarvan zijn nog slechts onbeduidende resten overgebleven.

De nevenstaande illustratie, die een enkel der 24 met beelden bedekte muurvlakken weergeeft, moge een voorstelling geven van de artistieke opvatting, van de levendigheid der voorstelling én de schoonheid der uitvoering. Ze bevat van links naar rechts drie op elkander volgende tooneelen uit den Indischen roman. De eerste scène vertoont den strijd der tweelingbroeders Soegriwa en Wali. Râma, de held van het epos, die gekomen is om Soegriwa te helpen, zit met zijn broeder en zijn gevolg op den voorgrond. Hij kan zich echter niet in den strijd mengen, daar de tweelingbroeders zoo op elkaar gelijken, dat hij zou moeten vreezen, Soegriwa in plaats van Wali te dooden. Derhalve omgordt Soegriwa zijn lendenen met een schort van bladeren, als herkenningsteeken voor Râma. De middelste partij van het beeldhouwwerk toont nu, hoe Râma, door dit teeken geleid, den boozen Wali neerschiet.

Op het derde tafereel is dan de van den vijandigen broeder bevrijde Soegriwa voorgesteld. Naast hem zit zijn gemalin, die hem door Wali ontroofd was. Voor hem verschijnt zijn volk, dat uit aapmenschen bestaat, om hem als hun rechtmatigen koning te huldigen. Men heeft in het apenvolk van Soegriwa, dat Râma zich door zijn daad tot bondgenooten maakte, de Wedda's willen zien, het volk, dat men voor de oorspronkelijke bewoners van Ceylon houdt, waar de laatst overgeblevenen in afgelegen bosschen een nauwelijks menschwaardig bestaan leiden.

De inwendige ruimten der tempels van Prambanan, die men langs de trappen bereikt, zijn in den jongsten tijd van het puin der ingestorte bovendeelen bevrijd en weer toegankelijk gemaakt. Men vond onder het puin de brokstukken van groote, uit steen gehouwen godenbeelden. Eenige daarvan waren zoo goed bewaard gebleven, dat de deelen weder samengevoegd, en op het nog aanwezige voetstuk opgesteld konden worden.

Uit de verklaring dezer beelden blijkt, dat de drie tempels der Westelijke rij aan de drie hoofdgoden van den Hindoegodsdienst gewijd waren. De grootste tempel, de middelste dezer reeks, bevat in zijn hoofdkamer een Çiwa-beeld dat bijna 3 M. hoog is; het is thans, zoo goed het ging, uit de brokstukken weder opgesteld. Het staande beeld met het lotuskussen, waarop de voeten rusten, was uit een enkelen steenklomp gehouwen. De drie-oogige god draagt een kroon met doodshoofd en maansikkel. De vier armen, aan beide zijden één naar boven, de ander naar onder gebogen, dragen verschillende voorwerpen in de hand, die als attributen van deze godheid ook op het Indische vastland op oude voorstellingen voorkomen. Een gekroonde brilslang is om de schouders en het bovenlichaam gekronkeld. Op den wand der tempelkamer zijn gestyliseerd lofwerk en lotusrosetten uitgehouwen.

Gelijk reeds vermeld, leiden bij den Çiwatempel ook aan de drie overige zijden trappen omhoog. Zij brengen ons in kleinere zijkamers, die eveneens godenbeelden bevatten. De Noordelijke zijkamer bevat een steenen beeld, een vrouw op een gedooden stier staande voorstellend. De archæologen verklaren, naar de attributen, deze figuur als Doerga, gemalin van Çiwa, die over den boozen geest Mahishâsoera, in de gestalte van een stier optredend, triomfeert [1]. De Javanen zien daarentegen in het beeld een voorstelling van Lôrô Djonggrang, de dochter van een legendarischen Javaanschen vorst (Ratoe Bôkô) en hun Mohammedanisme verhindert hen niet, aan dit godenbeeld ook tegenwoordig nog een zekere

---

[1] Vgl. pag. 379.

vereering te bewijzen, geloften

Wishnoe.
(Noordelijke tempel v/d. Westelijke rij.)

er voor af te leggen en hulp in allerlei nood er van af te smeeken. Zelfs Chineezen moeten aan de wondermacht van dit beeld gelooven, ja, men vertelt wel, dat bij sommige gelegenheden jonge dames van Europeesche afkomst uit Jogjakarta een bedevaart naar Lôrô Djonggrang ondernemen, om haar steun in allerlei hartsaangelegenheden af te smeeken.

In de Westelijke zijkamer troont Ganeça[1]), de zoon van Çiwa, met den olifantskop, op een lotuskussen, en in de Zuidelijke ruimte eindelijk is Çiwa als leeraar voorgesteld.

De tempel, die Noordelijk naast den Çiwatempel in de Westelijke rij staat, bevat slechts een enkele ruimte, wier wandvlakken geen versieringen vertoonen. Uit de overblijfselen, die de met puin gevulde cel bevatte, heeft men een meer dan twee M. hoog standbeeld van Wishnoe kunnen reconstrueeren, dat, evenals het Çiwabeeld, uit één steen gehouwen was. Ook deze god is voorgesteld met vier armen; de bovenste rechterhand houdt een vlammend rad, symbool der stralende zon. In de linker bovenhand herkent men de gevleugelde schelptrompet, die als attribuut van dezen god veelvuldig in de voorstellingen aan Hindoetempels terugkeert. De benedenste rechterhand, die sterk beschadigd is, rust op het zwaardgevest, de linker houdt een driehoekig voorwerp, welks beteekenis niet geheel zeker is. Misschien moet het een vaas of een omgekeerde pyramide, symbool van het water, zijn.

_____

[1]) Vgl. pag. 380.

De tempel, die naar het Zuiden de Westelijke rij afsluit, is aan Brahma gewijd. Hij gelijkt in grootte en uitvoering op den Wishnoe-tempel, maar is niet zoo goed bewaard gebleven als deze. Het Brahma-beeld, dat in zijn binnenruimte stond, was, evenals het Wishnoebeeld, meer dan 2 M. hoog. De onder het puin gevonden brokstukken zijn niet weer aaneengevoegd; zij liggen van puin ontdaan en gereinigd op den grond van de tempelkamer. Men kan zien, dat het beeld vier gezichten had en evenals de beide andere godenbeelden vier handen, die de attributen van dezen god dragen. Nog drie, veel kleinere Brahma-beelden, die in het puin gevonden werden, zijn insgelijks in deze tempel-kamer geplaatst.

Van de drie Oostelijke tempels bevatten slechts twee nog de over-blijfselen van den vroegeren inhoud. De Noordelijke tempel bevatte een kleiner Çiwabeeld, waarvan nog slechts brokstukken zijn overgebleven. In den middentempel neemt een levensgroote en fraai gevormde heilige stier van Çiwa (nandi) de middenruimte der cel in. Daar achter staan twee kleinere beelden. Een der figuren, op een met zeven paarden bespannen wagen, is naar de verklaring der archæologen Soerja, de zon; de andere, wier wagen door een tienspan getrokken wordt, Tjandra, de maan. De overige drie tempels van de hoofdgroep zijn zoo zeer verwoest, dat er van hunne tempelkamers en haar inhoud niets herkenbaars meer is overgebleven.

Men schat den ouderdom der tempelwerken van Prambanan op ongeveer 1100 jaar. De bouw zou dus niet veel later plaats gehad hebben dan die van den reuzentempel van Bôrô-Boedoer. Voor de onderzoekers was het nu een zwarigheid, dat van twee oudheden, uit denzelfden tijd afkomstig en slechts weinig mijlen van elkaar verwijderd, het eene ontwij-felbaar een plaats van Boeddhistischen cultus is geweest, terwijl de andere de Hindoegodheden Brahma, Wishnoe en Çiwa verheerlijkt. Dr. Groneman, de hoogstverdienstelijke onderzoeker van Javaansche oudheden, uit wiens geschriften ik rijke leering omtrent de tempelruïnen geput heb, is van meening, dat ook de tempelstad van Prambanan een Boeddhistisch heiligdom was. De geheele aanleg was naar het gevoelen van dezen geleerde een doodenstad, de afzonderlijke tempels zijn de grafsteden der vorsten van het Boeddhistische rijk en van hunne grooten. De voorstelling der Hindoe-godheden is niets ongehoords, wanneer men bedenkt, dat deze oude goden bij de Boeddhisten van Noordelijk Indië, door wie Boeddha's leer naar Java gebracht is, als voorloopers van Boeddha goddelijke eer genoten. Ook onder de beeldhouwwerken aan den Bôrô-Boedoer zijn eenige voor-stellingen van Hindoegoden te vinden. Bij de grafteekenen van Prambanan zou alzoo de plaatsing der godenbeelden mutatis mutandis denzelfden zin hebben, als het aanbrengen van heiligenbeelden in de grafkapellen van moderne Katholieke kerkhoven, en het ontbreken van eigenlijke Boeddha-beelden zou nauwelijks in het oog vallend schijnen. Een steun voor zijne opvatting ziet Dr. Groneman hierin, dat op de tempelwanden van Pram-banan overal zekere ornamenten terugkeeren, zaken voorstellende welke met het Boeddhisme in verband staan; vooral wijzen de gestyliseerde boomen met de mythische diergestalten, de vogels met menschenhoofden, die de basementen van al de hoofdtempels in een onafgebroken reeks sieren, er op, dat de tempelbouwers Boeddhavereerders waren [1]).

Dat men bij de tempels van Prambanan met grafmonumenten te doen heeft, blijkt uit vondsten, die bij het opruimingswerk in 't inwendige van eenige tempels zijn gedaan. Onder de voetstukken van de godenbeelden waren diepe putten aanwezig, die bij opening met stukken steen en allerlei puin tot boven toe gevuld waren. Onder dit puin evenwel vond men in de groeve van den grooten Çiwatempel een vierkante, steenen kist, met een steenen plaat bedekt. De inhoud van deze kist bestond uit een mengsel van aarde en onvolkomen verbrande overblijfselen van een men-schelijk lichaam. Daarnevens bevonden zich gouden, zilveren en koperen sieraden, een aantal Hindoe-munten en eenige halfedelsteenen. Bovendien werden eenige koperen plaatjes met ingesneden oud-Javaansche schrift-teekenen uitgegraven; het schrift was helaas onleesbaar geworden. De groeve van den Brahmatempel bevatte onder anderen een urn en sieraden, en in een der kleinere tempels was wederom een mengsel van aarde en lijkasch ingesloten. Bij de meeste tempels echter zal de inhoud der putten wel reeds vroeg door schatgravers geroofd, of verstrooid zijn.

Men moet aan de oudheidkundige vereeniging van Jogjakarta, wier eerevoorzitter Dr. Groneman is, er dank voor weten, dat zij de syste-matische opruiming en vrijlegging der tempels van Prambanan ter hand genomen heeft, en de prachtige ruïnes, zooveel in haar vermogen is, tegen verder verval beschermt. De vereeniging heeft een Javaanschen opzichter bij de tempelvlakte aangesteld, bij wiens woning nog een groot aantal beeldhouwwerken is opgesteld, die onder het puin en in de naaste omgeving der ruïnes gevonden werden. Bij het huis is bovendien een

---

[1]) Toch staat Dr. Groneman in zijn opvatting tot nu toe tamelijk wel alleen. Vooreerst behoeft het op korten afstand van elkaar voorkomen van Boeddhistische en Brahmanistische heiligdommen evenmin te verwonderen als het in elkaars onmiddellijke nabijheid gelegen zijn van Protestantsche en Katholieke kerken in Europeesche steden. En ten tweede kan de gelijkheid van ornamentiek voldoende verklaard worden door het feit, dat de Indische beeldhouwkunst in oorsprong niet Brahmanistisch, maar Boeddhistisch is geweest.

luchtige galerij bijgebouwd, waarin men wat bekomen kan van de krachtige
werking der Javaansche zon, die alle gangen en terrassen doorgloeit en

Tjandi Kalasan of Tjandi Kali Bĕning (Vlakte van Prambanan).

door den ingestorten bovenbouw zelfs in de diepste hoeken der binnenste
tempelkamers haar licht verspreidt.

De tijd, dien ik in het uitgestrekte ruïnenveld doorgebracht had zal mijn jongen gids zeker zeer lang gevallen zijn. Hij marcheerde evenwel, nadat wij in 't huis des opzichters een korte rust genomen en ons door een dronk verfrischt hadden, in afwachting van 't toegezegde loon dapper mee voort, toen ik hem beduidde, dat ik ook nog de ruïnen van Tjandi Sewoe wilde bezoeken, die ongeveer een K.M. verder Noordwaarts van Prambanan liggen.

Deur en nis van Tjandi Kalasan.

Tjandi Sewoe is de naam van een tempelstad, die in haar geheelen aanleg eenige overeenkomst met die van Prambanan vertoont. Het midden wordt ingenomen door een grooten hoofdtempel, die helaas door een aardstoot in 't jaar 1867 sterk beschadigd is geworden. De bovenbouw stortte in, en beschadigde in zijn val ook een deel der rijke versieringen, die de buitenwanden van het gebouw tooiden. Toch geeft nog altijd dat, wat overgebleven is, een voorstelling van de kunstvolle architektuur en van de heerlijke beeldhouwwerken. Rondom den hoofdtempel lagen 240 kleinere tempels, thans nog slechts puinhoopen, in vier elkaar omsluitende kwadraten gerangschikt. In deze kleinere tempels waren Boeddhabeelden opgesteld, waarvan nog meer dan twintig bewaard zijn gebleven. Zij zijn ten deele van hun oorspronkelijke standplaats afgevallen; eenige der bijna levensgroote figuren liggen met het gezicht in het gras, een waar beeld van verwoesting, dat niet zoozeer van de onvastheid van den vulkanischen bodem, als wel van de fanatieke vernielzucht van het later ingevoerde Mohammedanisme getuigt, dat met het geloof aan de macht der oude goden zelfs den schroom voor de heiligheid van de plaats, waar de voorvaderen hunne dooden begroeven, uit het hart van het volk poogde te wisschen. Tegen de machten die daarmede ontketend werden, konden de veel meer dan levensgroote, steenen wachters, die twee aan twee aan elk der vier toegangen tot de tempelstad knielen, het heiligdom niet beschermen. Slechts zij alleen hebben onbeschadigd de eeuwen getrotseerd. De steenkolossen boden weerstand aan de woede der Mohammedaansche beeldstormers, wien gelukkig buskruit en dynamiet nog niet ter beschikking stonden.

In de verdere omgeving van Prambanan en ook elders in Midden-Java zijn nog een groot aantal oudheden gevonden, zooals Tjandi Loemboeng, Tjandi Plaosan, Tjandi Kalasan en andere meer. Mijn hoofdzakelijk aan andere doeleinden gewijde tijd vergunde mij niet, aan al de genoemde zelfs een kort bezoek te brengen. Ik moest mij er mee vergenoegen, datgene gezien te hebben, wat men mij als het meest grootsche en schoone genoemd had. Mijn weg voerde mij van dit oostelijkste punt, dat ik op mijn keerkringsreis bereikte, naar Jogjakarta en spoedig ook van daar naar West-Java terug.

Tempelwachter van Tjandi Sewoe.

HOOFDSTUK VIII. DOOR OOSTELIJK JAVA [1]).

We waren te Batavia aan boord van de Koningin Regentes gegaan, naar Soerabaja. De reis ging om Madoera heen: zonderlinge gewaarwording. Het Westgat, Soerabaja's natuurlijke toegangsweg voor alle schepen uit Europa of uit westelijke havens, dus voor verreweg de meeste, heeft voor de groote geen diepte genoeg. Het Oostgat is iets dieper en — de modder is er slapper, zoodat de kapitein bij de aangegeven diepte der vaargeul gerust nog een paar voet kan tellen; zoo varen de grootste schepen, na een flinken omweg van 14 tot 16 uren, op en door de modder tot voor de grootste havenstad van Nederlandsch-

Straat in Soerabaja.

Indië. Als troost mag gelden dat het Westgat thans weer iets vooruitgaat, sedert de noordelijke tak der Brantas, de Kali Soerabaja of Kali Mas, door sluizen is afgesloten en voor modderbandjirs bevrijd, en sedert de lange dam aan den Madoera-wal gelegd is, waardoor de mond vernauwd en eenige uitschuring verkregen werd.

De reede van Soerabaja, beschermd door Madoera, is de veiligste van Java, maar voldoet niet meer aan de eischen der scheepvaart; het laden en lossen gebeurt er, als op elke reede, met prauwen, wat noch snel noch goedkoop is. Een goede haven is voor handel en verkeer noodzakelijk; thans trekt Singapore beide tot zich. Het rapport der com-

---

[1]) Naar een onuitgegeven dagboek van den Heer en Mevrouw J. F. Niermeijer.

missie, die de nieuwe havenplannen onderzocht heeft, is reeds lang verschenen; het is zeer belangrijk; belangrijker nog zal de dag zijn waarop de eerste koelie de spade in den grond steekt.

Met een tambangan, een menschenprauwtje, gaan we naar den wal, de Kali Mas binnen. Aan den „Oedjoeng", de kaap kortweg, dat wil zeggen de landpunt tusschen de lijnrechte Kali Mas-monding, gegraven in 't midden der 18de eeuw, en de oostelijker loopende Kali Pagirian, ligt het uitgestrekt marine-etablissement, met groote werkplaatsen en magazijnen, flinke woningen en drie societeiten, met de oud-vaderlandsche namen Eendracht en Bellevue en den sprekenden naam Modderlust. Daarna volgt een aaneengesloten rij van lage huisjes met spitse daken, echt Hollandsch, waarin veel matrozen-herbergen en winkeltjes van scheepsbehoeften gehouden worden.

Bijna zoover als Batavia van den Grooten Boom — de oude toegang tot de reede — tot Meester Cornelis, strekt zich Soerabaja langs de Kali Mas tot Wônôkrômô uit. Het is een stad van gansch ander karakter dan de westelijke metropolis. Allereerst van veel meer eenheid. Hoe langgerekt de vorm zij, en hoe groot het verschil in uiterlijk tusschen beneden- en bovenstad, er is één band tusschen alle wijken: de rivier. Batavia mist noode zulk een levensader, die, druk bevaren, door de getijstroomen schoongehouden, het stadsbeeld verfraait en verlevendigt, zoowel waar nabij de Roode brug het prauwengewriemel duizelen doet en de groote kantoorgebouwen staan, als waar hoogerop deftige huizingen zich rijen langs hare kaden. De Roode brug is het middelpunt der oude stad en van Soerabaja's handelsdrukte; de breede straat, die hier den stroom kruist, loopt aan den linkeroever door de Europeesche stadsdeelen, terwijl aan de overzijde de Chineesche en de Maleische kampen en andere, vroeger Europeesche, thans door inlanders en Arabieren bewoonde wijken zijn gelegen, waartusschen zich eenige groote passars bevinden, o. a. dicht nabij de brug de bekende Pasar Gĕlap, de „donkere markt", dicht overdekt, opgepropt met allerlei koopwaar, vooral uit de veelsoortige inlandsche nijverheid der stad.

Vroeger lagen aan den zuidrand der oude stad twee uitgestrekte pleinen naast elkander, de groote paséban — passeerbaan, zeiden onze voorvaderen — , waaraan de dalĕm van den regent stond, en de kleine paséban, ten noordwesten daarvan, waar de mĕsigit was. Beide pleinen zijn bedorven door den aanleg van wallen en van een breede vestinggracht, waarmede sedert 1835 de oude stad omsloten werd. Deze werken zijn nooit voltooid en thans voor 't grootste deel weer verdwenen. De gracht omzoomt de stad nog in 't noordwesten en noordoosten; in 't zuidwesten is ze een moeras, verder zuidwaarts heeft men haar weer gedempt. De groote paséban is thans ten deele met huizen bezet, ten deele in een stadsparkje veranderd. Van de kleine is nog een stuk te herkennen, waaraan de měsigit staat. De regent woont ver in 't zuiden der nieuwe stad, maar heeft hier zijn kantoor.

Buiten de oude stad zuidwaarts bouwende, is men dit niet als in Batavia gaan doen, ieder huis op eigen erf, maar op de oude wijze, alleen met wat breedere hoofdstraten, eerst twee, later een, aldus de smalle nieuwe stad steeds maar voortzettend, vooral links van den stroom. Meest staan de huizen aaneengesloten, vooral in de vele zijstraten en steegjes, zonnig en stoffig, te smal om er boomen te zetten. De aanlei-

De Roode Brug te Soerabaja.

ding tot deze bouworde zal wel zijn, dat men voor zoo kleine en op elkaar gepakte woningen huurders vond in de leden van die Europeesche volksklassen, welke hier veel sterker vertegenwoordigd zijn dan in Batavia: opzichters en werklieden van de marine-inrichtingen, den artillerie-constructiewinkel, en andere werkplaatsen. Ruimer en fraaier wordt het uiterlijk der bovenstad pas als men de mooie laan Simpang nadert, die op de brug bij Goebeng aanloopt. Aaneengeschakeld tot Dinôjô, verspreid tot Wônôkrômô, liggen verder nog de Europeesche huizen langs den linker-oever van den stroom. Hier, en reeds bij Simpang, grenzen de inlandsche kampongs onmiddellijk aan hunne erven.

We namen onzen intrek in het Hotel Embong Malang, een der weinige van Indië waar men logeeren kan op bovenkamers. De beroemde

chemicus Gerrit Jan Mulder, die, in zijn jeugd door brand verschrikt,
nooit op een bovenverdieping slapen wilde en eens een halven nacht door
Amsterdam liep, zoekend naar een hotel met gelijkvloersche slaapgelegenheid, had in Indië terecht gekund. Het geeft een Hollandsch idee, zulke
bovenkamers, gezellig naast elkaar gepakt, met het uitzicht op één boom
en op een roodpannen dak. Maar het eten is er goed, Hollandsch eten,
makanan blanda; voor 't eerst in Indië dat ons ongevraagd de keus
gelaten wordt tusschen dit en rijsttafel, een keus die ons nooit moeilijk
viel. Na tafel slaapt natuurlijk zelfs Soerabaja, maar tegen vijf uur begint
het te toonen dat 't de eenige stad van Indië is, waar een heidensch
straatrumoer te hooren valt. Langs den hoofdweg een onafgebroken gerij;
de hoofdnoot in 't spektakel is 't geweldig klappen met de zweepen,
vooral door de koetsiers der kleine sado's, die altijd probeeren elkaar
voorbij te rennen. We zijn verheugd door de mededeeling dat 't kort
geleden nog veel erger was; toen hadden ze fluitjes; de resident heeft
die pas verboden. Gelukkig is 't plaveisel uitstekend. We wandelen naar
Grimm, het groote koffiehuis, op een drukken viersprong; gelegenheid
tot buitenzitten, op een terrasje; consumptie duur, als overal; heel veel
fietsers, en ouderwetsche, gesloten kantoorkoetsen, waarin de heeren
naar ,,boven" rijden.

Bij een tweede verblijf beproefden wij ter afwisseling het hotel
Simpang, mooi gelegen aan de laan die zoo heet, toenmaals het zinde-
lijkste van Java, waarlijk goed in de verf en waar zelfs de koperen sloten
gepoetst werden. Het meest blijft ons de herinnering bij van een mooien rit
in een makkelijken hotelwagen langs de Kali Mas, in prachtigen maneschijn.

In Bangil is het hotel beneden kritiek, een oude Javaansche woning;
de vleermuizen vliegen door onze kamer, uit een gat in de zoldering;
maar de hotelhoudster, een echt Indische dame, zegt dat 't allemaal in
orde is, een heer van den Waterstaat heeft 't pas nagezien.

's Morgens tegen half zeven rijden we naar Prigen, bijna drie uur;
't is lekker frisch. Een langzaam stijgende weg, door rietvelden en sawahs,
langs een hoofdleiding der Pategoewan-waterwerken, die een grootschen
indruk maken. Bij Pandahan een drukke passar, een suikerfabriek, eenige
Europeesche woningen. We verwisselen van paarden, daar de helling
steiler wordt; de Ardjoenô nadert steeds meer, de krater van zijn werkenden, dichtstbijstaanden top, den Wělirang, is duidelijk te onderscheiden.
Bij Prigen landhuisjes van Soerabaja-menschen; de laatste tien minuten
te voet naar 't hotel. We genieten er van 't heerlijk uitzicht op de voorgalerij; rechts dadelijk een ravijn, rechtuit het panorama der vlakte van

Pasoeroean, links de logge Pĕnanggoengan met zijn dikke heupen. Het hotel heeft een mooien tuin, in terrassen aangelegd, vol Europeesche bloemen, waaronder mooie rozen zijn; en ook de prachtige boeketten der Bougainville's, die men overal op Java's bergen ziet.

Prigen en het naburig Trètès zijn vooral bekend bij liefhebbers van watervallen; en er zijn daar mooie onder; maar we troffen er — 't was in September — niet veel water in. En toch, hoe frisch was in dit droge jaargetijde overal het landschap op dezen berg. De Ardjoeno is, beneden duizend meter, verbazend rijk aan grondwater, bronnen en beken. Uit de overvloedigste wel, de Kasri bron bij Pandahan, wordt Soerabaja's nieuwe waterleiding gevoed. Prachtige wandelritten hebben we gemaakt in dit lieflijk stuk bergland. De koffietuinen, die vroeger boven Prigen alles in beslag namen, zijn sedert jaren weer verdwenen, en het bosch nam hunne plaats weer in; parkachtig bosch, met groote woudboomen er tusschen, vooral kemiri's, fraai wijd-uitgegroeid, misschien doordat men ze als schaduwboomen in de koffietuinen heeft laten staan. En komt men dan aan een der vele ravijnen, dan is het omgekeerd als op de meeste bergen, waar men de bosschen vooral in de kloven vindt; hier zijn de ravijn-hellingen met bouwlanden bedekt en de nette dorpen liggen er tusschen. In de bosschen zien we veel meer dieren dan elders; apen, eekhoorntjes, en vooral veel vogels; nergens op Java hebben we er zooveel hooren zingen.

We brachten een tweeden nacht in Bangil door en gingen den vol-genden morgen met den eersten trein, om zes uur, naar Singôsari, om er den Hindoe-tempel en de beelden te bekijken. Veth schreef van deze overblijfselen: De Singôsarische oudheden kunnen wel als de ongelukkigste van Java beschouwd worden; met geene andere is op zoo onverantwoor-delijke wijze gesold. We vonden dat opnieuw bewaarheid: de fraaie Ganeça was verdwenen, het bekende beeld met den olifantskop, symbool van wijsheid en voorzichtigheid, eigenschappen die den zoon van Çiwa en Doerga sierden. Door Verbeek wordt deze Ganeça nog vermeld, zoodat de ontvreemding niet lange jaren geleden moet hebben plaats gehad. Dat de eenig overgebleven tempel nagenoeg geheel van beelden ontbloot is, is bekend. We vroegen naar de overige tempelruïnen, waarvan Bik in 1822 nog belangrijke overblijfselen vond, maar die veertig jaar later, bij het bezoek van Brumund, al grootendeels gesloopt waren. Roesah, soedah lama — al lang verwoest — was het eenig antwoord; er is geen spoor van overgebleven.

Op reis moet men alles probeeren; zelfs hoe het bevalt, langs een postweg in Java's vlakte te — loopen! Hoewel we hier op een hoogte van 500 meter waren, zou ieder op Java de totoks hebben uitgelachen die van Singôsari naar Lawang wilden gaan wandelen. De totoks gingen vol moed op weg, zooals men dat altijd pleegt te doen. De weg was breed; hij was dicht bewoond en werd druk beloopen; alleen door inlanders natuurlijk. Schaduwrijk was hij niet; langs 't grootste deel stonden alleen djati-boomen, die niet zeer geschikt zijn als schaduwboomen in dit warme land, omdat ze in den drogen, en dus heetsten tijd, hun blad verliezen. Wel waren er aan warongs stukjes suikerriet te koop, waaruit men, flink zuigende, genoeg vocht trekken kan, om te maken dat de tong het gehemelte even loslaat; de onderhandelingen met Javanen, die men tegen luttel bedrag de klapperboomen in kan zenden om een noot te plukken, gingen ons toen nog niet best af. Klapperwater smaakt wat lauw en flauw, maar is gezocht bij reizigers in de binnenlanden door gebrek aan concurrentie en omdat vervalsching is uitgesloten, wanneer de noot onder eigen toezicht geopend wordt en zoo aan den mond gezet.

Na volle drie en een half uur kwamen we te Lawang aan, gezondheidsoord voor Pasoeroean; 't leek ons nogal aardig saai; veel huisjes van renteniers en gepensionneerden. Den volgenden morgen reden we in een karretje binnen 't uur naar Poerwôdadi. Daar zouden we ons tot den mantri-koppi wenden om paarden te huren, teneinde den Tengger te bestijgen. Koppi is koffie en een mantri is een inlandsch opzichter, maar een deftige, een man van rang en stand, als alle Javaansche ambtenaren. Deze was extra deftig en beleefd, waardoor wij weinig wisten in te brengen tegen de kleine afzetterij die hij zich in den prijs der paarden veroorloofde. Twee echte „kampongbiekjes" waren het, die zeer langzaam liepen. Voor 't eerst rijden we op inlandsche houten zadels, met een kruk in 't midden. Als mijn vrouw vraagt of er niet een deken is, om wat zachter te zitten: o, een *slimoet*, ja wel zeker, en er wordt een oude, vuile koffiezak gebracht. De weg naar boven is uitstekend onderhouden, daar hij veel gebruikt wordt voor 't vervoer van groenten en koffie. Eerst tusschen maïsvelden door, toen door koffietuinen, die erg leelijk staan, dan door een stukje heel mooi bosch, vol apen; nu en dan een gehucht. En vervolgens weer uitgestrekte koffietuinen, waar 't ontzettend stil en eenzaam is, en die er goed uitzien; de lucht wordt steeds frisscher. De ravijnen worden dieper, een paar ervan moeten we door. Na vier uur rijden zijn we te Nôngkôdjadjar, op 1200 meter hoogte, en besluiten er te overnachten in het zeer bescheiden hotel, waar 't 's avonds, alles dicht, maar zestig graden is. Er is geen andere wandeling dan den bergrug op en neer, tusschen twee ravijnen, die vol nevel hangen; we zien er de eerste Europeesche groenten van den Tengger, en volop rozen, haast zoo mooi als aan de Riviera, vooral in den tuin der villa van een notaris uit Pekalongan.

Men had ons gezegd dat we zeer wel van Nôngkôdjadjar uit, den Brômô konden gaan bezoeken en dan voor de rijsttafel op Tosari aankomen. Dit behoort waarschijnlijk tot het hotel-programma van Nôngkô-djadjar. In werkelijkheid kwamen we in plaats van om 1 uur om half vijf op Tosari, na van 's morgens half acht niets genuttigd te hebben dan een paar boterhammen en wat wijn uit de veldflesch. Maar de maag komt op zoo'n tocht niet aan 't woord; de indrukken zijn te machtig, en aan 't slot, als de honger zich had kunnen melden, wint het de vermoeienis.

De Tengger is een reuzenvulkaan; de westelijkste der drie kolossen die — met den kleineren Lamongan — uit de kust der straat van Madoera verrijzen; Jang en Idjen zijn de beide andere. Om van een reus de pro-portiën te zien, moet men niet vlak aan zijn voet gaan staan. Het beste gezicht op de grootsche vormen dezer bergen heeft men van het scheepsdek in straat Madoera of van den wal van het eiland zelve. Het was mij gegund op een heerlijk helderen morgen van Soemenep den heuvelrug te bestijgen, die de vlakte dezer stad in 't zuidwesten afsluit. Over den platten kam gekomen, opent zich voor u het prachtigst tafereel dat te denken valt: de heerlijk blauwe zeestraat, met de groene eilandjes, fel donker en scherp belijnd, als drijvend op het lichtend water; en als achtergrond, hoog tegen de lucht, maar even daartegen afstekend, in prachtig parelgrijzen tint, de geweldige omtrekken van Java's bergen. Dat panorama houdt ge voor u op den langen, verrukkenden rit langs den postweg, die den strandzoom volgt en dan weet ge voorgoed, hoe sterk wisselende, maar steeds harmonische vormen, de vulkanische bergen vertoonen, van welke men wel gezegd heeft dat ze zulke eentonige kegels zijn.

In zijn volkomen vorm is de vulkaan een kegel, of liever een lichaam, dat de kegelfiguur nadert, maar in den regel naar omhoog steeds steiler wordt. De top is altijd even afgeplat om ruimte voor den krater te laten; even vast is de regel, dat de buitenmantel van den kegel is ingesneden door diepe ravijnen. Deze beginnen meestal, althans bij de werkende vulkanen, niet vlak onder den top maar eenige honderden meters lager, zoodat het topstuk een effen, kalen gruiskegel vormt. Het is de uitschu-ring door het water, die de ravijnen heeft doen ontstaan en waar nu en dan eene uitbarsting nieuwe, dikke zand- en aschlagen neerlegt, wordt die erodeerende werking telkenmale belemmerd.

Te halver hoogte der kegels bereiken de ravijnen ongeveer hunne grootste diepte: 75—100, soms 150, ja 200 meters. Maar bij andere vulkanen worden de grootste diepten dicht onder den kraterrand aange-troffen; en wel bij die bergen, die sterk zijn afgestompt, waarvan het topdeel ontbreekt. Zulk een is de Tengger, en door zulk een diep ravijn voert weldra onze weg. Het is de kloof van Klètoh, met prachtig begroeide wanden; er zijn er zoo honderden op Java, maar door hoe weinige voert een bruikbaar pad. Want de paden, die tegen de vulkaanhellingen omhoog voeren, houden meestal de ruggen tusschen de ravijnen, die nu eens breed, dan weer zoo smal zijn dat men de diepe afgronden onmiddellijk te weerszijden heeft; en daar de ruggen dikwijls zijn kaalgebrand door de vriendelijke zorgeloosheid der inlanders, die nooit hunne vuurtjes blusschen, heeft men ook dan meestal het gezicht op de weelderige flora der kloofhellingen; maar van beneden af gezien lijkt het alles nog veel grootscher; en langs het pad stroomt de snelle beek, vol schietstroomen en met een kleinen, mooien waterval.

Het is levendig op het pad; we ontmoeten een menigte pikolpaarden [1]), beladen met de groenten van den Tengger. Nooit laten hun geleiders na te vragen waar wij heen gaan; toeristen hier te ontmoeten is veel ongewoner dan op het pad van Tosari uit. Verderop bestijgt het pad de noordelijke dalhelling, en we komen in de streek der groentenvelden. Wat een merkwaardig en uiterst fraai landschap! Dubbel treffend omdat het eenig is op gansch Java, en een zeldzame afwisseling vormt in het groen der bergen. Al deze hoogere Tengger-hellingen, tot de steilste toe, zijn, behalve de diepten der kloven, beteeld met aardappelen en Europeesche groenten; groote lappendekens zijn het, waarover de paden zich heenslingeren; de dorpjes liggen ertusschen, hun huizen niet onder boomen verbergend; wel zijn vele akkers en paden afgezet met tjemara-boomen, de bekende casuarinen, die met het donkergroen van hun naaldvormige bladen zeer tegen de lichte vakken der bouwlanden afsteken. Uien en kool, vooral groene kool, nemen, met aardappelen en maïs, de meeste ruimte in; maar er groeien ook vele andere groenten, en perziken en aardbeien. De nadeelen der ontwouding — grooter verdamping, uitdroging van den bovenkorst, geringe watermassa der beken — gaat de regeering door nieuwe tjemara-aanplantingen zooveel mogelijk tegen. Door zulk een boschje voert het pad, dan door een ravijn en eindelijk over een helling, begroeid met alang-alang. Men is op den Moenggal-pas, op 2400 meters hoogte.

Plotseling staat men voor het onverwachte, het geheimzinnige, het grootsche, het vreeselijke: een geweldig groote ruimte, zeer wijd en zeer diep, en, in onbegrijpelijk contrast met het pas doorreisde land, zonder

---

[1]) Een pikol (pikoel) is een last, een vracht; de aanduiding van een bepaald gewicht is uit de eerste beteekenis ontstaan. „Pikelen" is het verhollandscht werkwoord dat men algemeen in Indië voor dragen hoort gebruiken, met name dragen aan een bamboe (pikolan) over den schouder, de gewone wijze der inlanders.

eenig leven. Zonder andere kleuren dan grijs op grijs; zoo doodsch moet de hel kunnen zijn. Het gezicht is zoo ontzettend, dat men, angstig turend, lang noodig heeft voor de enkele dingen alle zijn onderscheiden. En toch is het tooneel zoo eenvoudig, en heeft een eenheid van bouw, die weer denken doet aan een opzettelijke schepping, en dan vanzelf aan een vreeselijk doel, dat met die schepping noodzakelijk moet zijn verbonden. Ja, het is wel noodig zich even te vermannen, daar op den Moenggal-pas, voor wie als nuchter onderzoeker zijn werk wil doen en zich rekenschap geven van wat hij voor zich ziet. Wat waren we blij niet in 't gezelschap te zijn van een Tosari-karavaan, met luidruchtige Indische vroolijkheid, maar overgelaten aan ons zelven; want de stille Javaan, die bij de paarden waakt, is even onhinderlijk als onmisbaar.

Tengger en Smeroe van den Moenggal-pas.

We staan op den rand van een wijden ringwal, steil afdalend naar een vlakken kraterbodem, de Zandzee, door de Javanen Dasar (d. i. grond, bodem) genoemd, bedekt met donkergrauw, vulkanisch zand, waarin hier en daar zwarte vlekken; het zijn kleine lavaklippen, uitsteeksels der steenstroomen, die onder het zand bedolven liggen. Midden in de Zandzee verheft zich een groep van vijf nieuwe eruptiepunten, gevormd nadat de top van den grooten kegel, die thans eindigt in den wijden kraterwal, bij een geweldige katastrophe was ingestort of in de lucht geblazen. Van die vijf is de Bromo het werkende. Vrij rijst vóór ons uit de Dasar op de zeer regelmatig gegroefde Batok, die niet grijs is, maar geelgroen; dun gezaaide tjemara's, waaronder alang-alang groeit, bedekken de flanken; de top heeft een kratertje van een tiental meters diepte. Even daarachter, naar links, is de Bromo te zien, een naakte, grijze helling met de wittige wanden van zijn krater erboven; een lichte rook walmt er langzaam en gestadig uit. Meer zuidwaarts is alleen de lange wal van het grootste der vijf, de Widodaren, te onderscheiden. Zijn elliptische ringmuur is met grassen en acacia montana begroeid en vier- tot vijfhonderd meter hoog. Het noordelijk deel ontbreekt, doordat zich daar, tusschen Bromo en Widodaren, een jongere kegel heeft opgeworpen, die van den Moenggal-pas onzichtbaar is, en waarvan de ronde kraterkuil, 100—150 M. diep, door de Javanen Sĕgôrô wĕdi lor, de noordelijke Zandzee, genoemd wordt, in tegenstelling met den sikkelvormigen Widodaren-krater, de zuider zandzee, Sĕgôrô wĕdi kidoel. Oostwaarts van de eerste ligt het vijfde punt, de kleine platte top Kembang, met een ondiepe trechter in den schedel; hier en daar draagt hij dichte wouden.

In een wijden boog strekt zich in 't zuiden om deze gansche groep de groote steile wal, die het geheel omsluit; hij is er hooger dan waar wij staan, tot meer dan 500 meters boven de Zandzee. En achter zijn donkeren wand rijst ver weg de hooge, lichte kegeltop van Java's hoogsten berg, den Smeroe, die met den Tengger één vulkaangroep vormt. Juist stoot hij een machtigen aschbol uit, op dikken steel, zwaar en dicht; men ziet hoe zand en steenen er loodrecht uit neervallen, terwijl de fijnere asch tot een pluim wordt uitgewaaid.

Naar 't noordoosten is de Zandzee slechts afgesloten door een lagen wal, niet boogvormig, maar rechtlijnig; steil, maar slechts een honderdtal meters hoog. Deze richel, de Tjemara Lawang, is een belangrijke scheiding. Ze is geen rudimentaire kraterwal, maar een verheffing in den grooten krater; want diens ringmuur zet zich, vooral in 't noorden, zeer duidelijk voort als een hooge, ruime boog; het hoogste punt van den ganschen berg ligt daar waar de Tjemara Lawang tegen dien boog sluit; het is de Penandjaän (2780 M.). Zijn top geeft het treffendst vergezicht over den ganschen berg. Van den Moenggal-pas ziet men slechts den helleketel, en deze beperking tot het doodsche hol maakt den indruk te dieper. Maar op den Penandjaän treft sterk de tegenstelling tusschen de „vallei des doods", de „diepe, gapende wonde" en de levende wereld, „zoo zalig en zoo rijk van licht", waarin ze ligt omsloten; zoo schreef Borel in een zijner beste, gansch doorleefde bladzijden.

„Koud en genadeloos wreed blikt het vaalgrauwe woestijngelaat op ten hemel, uit de donkere afgronddiepte daar vèr, vèr beneden ....

„Het ligt daar zoo gansch droef verloren, onverbiddelijk en onher-

roepelijk, in een sombere, genadelooze ommuring van hooge rotsge-
vaarten — alòm. Als donkere, gigantische wachters staan aan alle zijden
de resoluut rijzende, steile berg-wanden, wakend over dat vale, veege
dal des doods.

— — — — — — — —

„Nu even òmzien, met den rug naar den grauwen afgrond, naar
den kant vanwaar we zijn gekomen. Daar liggen de golvende bergkammen,
en de ravijnen; daar blinken de prachtige dessa's, en vèr, vèr schemert
de vlakte, en de zee, en ziet! rijst daar niet in 't allerverste Westen,
aan den lichten horizon, Ardjoeno's goddelijk lichaam, in maagdelijk blauw
omhoog, met een blinkende glorie van witte, pure wolken droomende
om zijn statig hoofd? — Het is of de wereld nu ál grooter wordt, ál
grooter .... het is of mijn ziel zich nu ál wijder spreidt, ál wijder ....
Het is zoo zalig en zoo rijk van licht, het is zoo in volmaakte, grenzen-
looze goedheid uit een God gegeven; het is blinkend, en het is aanbid-
delijk, en het is eindeloos ....

Ook treft van den Penandjaän de beteekenis van den lagen Tjemara
Lawang, „de scheiding van een paradijs en een hel! Rechts ligt de vale
vallei der dooden, naakt en kaal. Links, boven de lavabeddingen van
den wal, liggen al bloeiende terrassen en velden, rijk begroeid, en blinkende van lichte, gele en groene kleuren. Het stralende, glanzende Leven
vlak aan den rand van den Dood."

Wij dalen langs het steil en rotsig pad van den Moenggal in de
Zandzee af. Het ziet er alles zoo verraderlijk rustig uit. Jammer dat er
zoo'n harde, koude wind waait als we in de Dasar rijden, de stilte is
niet goed waar te nemen. Drie kwartier duurt, op onze vermoeide
paardjes, de rit tot aan de pondok — het hutje — aan den voet van
den Brômô. Dan loopen naar omhoog, wat niet moeilijk gaat. 't Is alsof
we een duin beklimmen. De bovenste laag van het vulkanische zand is
op de ribben verhard, alsof er lappen op liggen van grilligen vorm;
tusschen de ribben zijn de ondiepe uitspoelingskloven, met zeer vlakken
bodem, geheel droog. Het hoogste deel van den kegel is steil en zonder
ravijnen. Een ladder ligt ertegen, van een 150 treden. Zoo komen we
op den zeer smallen kraterrand en zien in den verschrikkelijken kuil,
zuiver trechtervormig, en zonder vlakken bodem, zooals de meeste kraters
hebben; het sist er en borrelt en stoomt en als de damp wegwaait
schitteren in de zon de felle kleuren der steenen en korsten, paars, violet,
lichtgroen, helgeel vooral.

We dalen af; de gids komt ons halverwege tegemoet met het paard mijner vrouw. Hoewel we nu op 't heetst van den dag de Zandzee door-rijden, waait er een koude wind, die ons huiveren doet. Een zware trek voor de paarden, den Moenggal-pas op; 't is half drie eer we boven zijn. Nu krijgen we de beruchte wolken van Tosari. Rondom nevel en een kou om van te rillen; geheimzinnig, zoo'n sluier, vooral waar ze over de afgronden hangt en nu en dan door een scheur de groene diepte te zien komt. Dalend gaat het naar Tosari, van ruim 2400 tot 1770 M. Dicht bij de dessa trekt plotseling de wolk weg en zien we een prachtig panorama: berghellingen met de groentetuinen, hier en daar jonge aan-plant van tjemara's; schilderachtig liggen de dorpen der Tenggereezen op de uitstekende bergpunten, hun lange huizen niet onder geboomte verber-gend. Goed onderhouden paden slingeren zich tegen de hellingen. Aardig al die Europeesche bloemen langs den weg, onkruid, dat met 't groentenzaad is meegekomen; veel Oost-Indische kers en wilde radijs. Om half vijf is het hotel bereikt. Het prachtig uitzicht zullen we pas den volgenden dag genieten, bij zonsopgang, als 't meestal helder is; nu is er geen gedachte meer voor iets anders dan een blik hutspot en dan naar het bad en naar bed.

* * *

Wat een contrast tusschen de Noord- en de Zuidkust van Java, die dikwijls maar een paar dagreizen van elkaar liggen. Een heel ander land, een heel andere zee. De Java-zee is in de meeste tijden des jaars een stille plas; de branding ligt ver uit de kust en is haast niet zichtbaar aan het vlakke strand, waar het water zoo stil tegen kabbelt als in de Naardermeer. Tenzij de blanke mensch kunstmatig branding gemaakt heeft, als in de prauwen-haven van Probolinggo. Daar loopen de pieren met hun kopeinden wijd uit elkander, in plaats van naar elkaar toe; het draait ertusschen geweldig, met hooge golven en alle jaren slaan er eenige prauwen stuk. Dat is heel lastig voor een drukke havenstad, die veel suiker, tabak en koffie verscheept; maar verbetering zou veel geld kosten en het Gouvernement moet zuinig zijn.

Op den kop van een der pieren staande, kort voor zonsondergang, als de stilte van den Indischen nacht, die altijd zonder wind is, al nadert, scheen ons de Java-zee een meer, zoo rustig. Ver weg lagen twee groote booten en een zeilschip op de reede en niet wijd van daar het kleine eiland Ketapang, als een schotel vol groen op het water; links de licht-roode, bleeke zonnebol, die ondergaat zonder pracht. Keer u om, naar 't land, en ge herinnert u: volmaakt zóó zien die gekleurde gravures in vijftig, zestig jaar oude boeken over Indië er uit; die leelijke plaatjes, zooals we nu zeggen, maar die niets leelijker zijn dan dit akelig landschap, en dus net precies goed. De bergen zitten in de wolken. De voorgrond is een viezig groene strook van het strandbosch, de rizophoren; daarboven een rijtje klapperboomen, hun groote bladveeren allemaal apart te zien, en daarachter de lage helwitte muren en hooge roode daken der pakhuizen. Ge zoekt naar de heeren met zeer hooge, zuiver cilindrische hoeden, zwierig gerand, met eng getailleerde jassen en lichte, spits toeloopende broeken, die zich op deze plaatjes aan het strand plegen te diverteeren, in gezelschap van dames, van onderen even wijd gekleed als de heeren nauw, blootshoofds, met fraaie mantilles, en voor wie de waaier even onmisbaar is als het badinetje voor hun geleiders.

Neen, Java is niet altijd en niet overal mooi. Hoe leelijk kunnen de vlakten zijn in den laten oostmoeson, als de droogte alle groen verschroeit en de felle zon de tinten doodslaat; als de heiïge lucht de bergen, wanneer ze al zichtbaar zijn, een tint geeft tusschen paars en blauw, zoo wonderlijk valsch.

Probolinggo zelf is een vriendelijke plaats, als de meeste, met mooie lanen; het is heilig bij Panaroekan, het type van een vieze havenplaats, met onoogelijke woningen, eenige pakhuizen en twee steigers in zee. Europeanen — behalve enkele zwervende exemplaren, zooals wij — komen er alleen om zaken te doen; ze wonen te Sitoebondô. Maar er is heel wat vertier, vooral als de suiker verscheept wordt; en we troffen er de zee mooi blauw.

Ga nu echter mede naar de Zuidkust en ge zult wat anders zien. Laat ons, om in Besoeki te blijven, het strand van Watoe oeloe bezoeken.

Welk een verschil, ook in het land! In de vlakten der Noordkust de oude rijstteelt, waartusschen zich de suikercultuur genesteld heeft. Mooi of niet, de schilderij is àf: de velden met die lange, rechte dijken, de door hagen ingesloten dorpen, de breede, effene wegen, de lanen der steden en hun vierkante aloen-aloens, het is alles geacheveerd. Spoor nu een paar uur van Probolinggo zuidwaarts; een verbazend mooie rit in den vroegtrein. De zon komt prachtig op, in een menigte rozeroode schapenwolken — wolken zijn het eenig bestanddeel der natuur dat in Indië en in Holland, en overal, hetzelfde is, en men voelt zich zoo met hen vertrouwd — en verlicht allerfraaist den Tengger. Daarnaast komt meer naar achteren de Smeroe-kegel te voorschijn, zijn rookpluim rustig uitstootend. De Lamongan, links, rookt veel bescheidener. Op den achtergrond het Jang-gebergte, met heel mooie lijnen der tallooze étages, waarin het zich geleidelijk verheft. Dor is de streek langs de spoorlijn, op het zadel, tusschen Tengger en Lamongan, onvruchtbaar alleen door watergebrek. Meer zuidwaarts overschrijdt de trein op kleine bruggen droge kali's, met zeer steile wanden en volmaakt vlakken bodem, die de Javanen, als de Spaansche boeren, voor rijweg gebruiken. En dan, voorbij de bocht, naar 't oosten, komt het nieuwe Zuiderland, dat een tabaksland wordt, de afdeeling Djember, met wild bosch, alang-alang, glagah, maar niet onafgebroken meer. Hier is een stuk ontgonnen en daar een, altijd voor tabak. De groote boomen zijn tusschen de velden blijven staan en zoo'n woudreus, die bijna nooit regelmatig is uitgegroeid, staat er zoo zielig verlaten; een titan, dien men niet aandorst, die al zijn makkers verloren heeft.

De heer Sanders, op Kali Wates, hoofd-administrateur der tabaks-maatschappij Oud-Djember, was onze gastheer en stelde ons in staat tot een uitstap naar het Zuiderstrand.

Java's Zuiderstrand.

's Morgens vroeg gaat het eerst in gemakkelijke bendi's tusschen jong bouwland door, verderop in „karretjes" over een meer primitieven weg langs pas ontgonnen terreinen, het laatste eind door een mooi bosch, waar de weg nog slecht en het schokken hevig is; maar deze door particulieren aangelegde route is de eenige waarlangs men rijdend het zuiderstrand van Besoeki kan bereiken. Al lang voor het bosch zich opent, hoort ge het gebrom van den Oceaan. Vlak bij de kleine kampong Watoe oeloe moeten we uitstappen om door het mulle zand de pondok te bereiken, het „optrekje", dat de familie Birnie—Sanders heeft laten bouwen op den zandrug — hij is te laag om van duinen te spreken — die het strand begeleidt.

Een prachtig zeegezicht. Als watermuren, loodrecht, komen de golven aanrollen; en dan plotseling stort de kop er overheen, als een witte sneeuwval over het groene muurvlak, dat onder dien last bezwijkt en instort; in groote schuimfonteinen spuit nu de gansche massa hoog op, en maakt dan plaats voor volgende waterbergen, die in snelle vaart komen aanvliegen; ontzaglijk is het donderend geluid.

Ver weg rechts, waar de bergklomp uit zee rijst, die de vlakte van Watoe-oeloe afpaalt, steekt een kaap vooruit van spierwit zand; die dan ook *Pasir poetih* heet. Het onbewoonde eiland Noesa Baroeng ligt ervoor, aan den horizon. Dicht bij ons, een weinig links, rijst vlak voor 't strand een miniatuur archipel van steile rotspieken; de golven slaan er hoog tegen op. We wandelen er heen, tusschen de zee en den zandrug, die begroeid is met pandanen, de steltloopers onder de tropische flora. Op de rotseilanden leven wilde geiten en alle zijn ze verpacht aan Chineezen, voor den vogelnestpluk.

Vermoeiend is de wandeling over het mulle strand oostwaarts, waar ver weg de steile kust van Besoeki's Zuidergebergte aanvangt. Te eener zijde de onvermoeide, geweldige branding; te anderer, achter den lagen strandreep, eerst de smalle, stille lagune en dan het ongerepte woud, waar 't nog vol wild gedierte is; tijgers en bantengs, wilde pauwen en leguanen; bunzings en natuurlijk allerlei soort van apen, die dikwijls op 't strand komen, naar ons verteld wordt, om krabben te vangen, die hier bij duizenden huizen. De listige aap steekt zijn staart in het gaatje dat de krab in het zand gemaakt heeft; de krab krijgt 't benauwd en grijpt de staart, die hem fluks aan 't daglicht trekt. Het gebergte is eindelijk bereikt en maakt aan onze wandeling een einde. Ik beklim den eersten, steilen wand en zie dat het volslagen onmogelijk is, verder de kust te volgen. Diepe nissen heeft de branding uitgehold tusschen de haast loodrechte rotspunten en bliksemsnel stuift ze daarin voort om zich te pletter te slaan, met wolken van fijn waterstof de lucht vervullend. Hoe eenzaam is 't hier en hoe stil zou 't zijn zonder de geweldige stem der zee, die te meer treft omdat ze door niet 't geringst geluid van anderen aard wordt gestoord.

Thans naar den Idjen, Java's oostelijksten vulkaanreus.

Een dichte, kille mist hing over het stille Bôndôwôsô toen we op een Augustusmorgen den eersten trein bestegen, die ons oostwaarts naar de halte Pradjëkan zou voeren. Het heeft iets Hollandsch, een mistige morgen in Indië, en niets geschikter dan zulk een mist om aan menschen in tropenkleeding de sensatie van koude te geven in een land, waar de thermometer schier nooit onder onze kamertemperatuur daalt. Maar de tropische zon heeft met het verjagen der nevelen niet lang werk. Zoo schitterend en zoo heet als ooit bescheen ze de witte muren van de suikerfabriek Pradjĕkan en van het weinig verder gelegen, bescheiden haltegebouw. Daar werden we aangenaam verrast door de aanwezigheid van een der employés van Pantjoer, het koffieland onder administratie van den besten kenner van 't gebergte, den heer T. Ottolander, die zich bereid had verklaard onze gids te zijn in het vulkaanland, dat nooit te voren uitvoerig was beschreven, — zelfs niet door Junghuhn, die het niet geheel doorkruiste — en dat we daarom gaarne nauwkeurig wilden leeren kennen.

De employé, de heer Bendien, kwam aan den trein een voorraad kleingeld halen voor de uitbetaling der arbeiders en kon ons in één moeite meenemen. Om half negen was de kleine karavaan gereed voor den tocht naar Pantjoer. Voorop twee aan den toom geleide pikolpaarden, met den muntschat beladen, daarna de heer B., met een revolver gewapend, terwijl de stoet door ons werd gesloten, ongerekend eenige koelies die, op de gebruikelijke wijze aan een bamboe, onze koffers droegen, maar het weldra opgaven gelijken tred te houden met onze paardjes van het gewone kleine en magere, maar taaie slag. Eerst ging het een eindweegs langs den grooten weg terug, tot nabij de suikerfabriek en we hadden gelegenheid te bespeuren dat de stoffigheid van dezen weg, waarover Junghuhn klaagt, in een halve eeuw niet is verminderd.

Hoe droog en zandig deze noordoostelijke hoek van Java is, dat zouden we pas goed ondervinden toen we den onbebouwden, uiterst zacht glooienden Idjen-voet bereikten. Deze is grootendeels een dorre steppe, slechts hier en daar afgewisseld door eenige complexen sawah, waartusschen de weinige kleine kampongs van het gebied liggen, en door een paar stukken ijl bosch. Sommige gedeelten zijn met dun gezaaide struiken en grassen bezet, thans, in den oostmoeson, dik bestoven en erg verflenst; andere, geheel onbegroeid, zijn ware woestenijen, waar de droge vulkanische tuf bij elken stap der paarden verstuift. Men kan zich nauwelijks voorstellen op Java te zijn. Wel nergens op dit eiland bevindt zich een tegenhanger van deze woestijn, zelfs niet op den zandigen Kĕloet. Het is het klimaat, de geringe regenval, die de onvruchtbaarheid dezer vlakte veroorzaakt. Geen enkele beek bevat hier in den oostmoeson een druppel water en ook de westmoeson is nergens op Java zoo regenarm. Wel is het verschil met de kustlanden van Probolinggo en Pasoeroean niet groot, maar daar geven de beken der regenrijke hellingen van Tengger en Jang voldoende besproeiing. Minder hoog en minder steil dan Tengger en Jang is de noordhelling van den Idjen, zoodat zij veel geringer

condensatie veroorzaakt. Toch is de jaarlijksche regenhoogte hier anderhalf
maal zoo groot als in Nederland, maar deze massa is bij de geweldige
tropische verdamping onvoldoende.

Na enkele palen wordt de stijging van den weg, hoewel nog gering,
toch duidelijker merkbaar. Terwijl de beekbeddingen aan den voet zeer
weinig ingesneden zijn, splitst thans de helling zich in een menigte ruggen,
door ravijnen gescheiden. Steeds dieper en tegelijk steeds groener worden
die ravijnen, hoe hooger wij komen; de rug, dien wij volgen, blijft
voorloopig nog kaal en dat dit niet alleen aan het uitdrogen van den
bodem, maar ook aan de handen der menschen is te wijten, blijkt ons
uit een paar brandjes in de struiken langs het pad.

Een paar kleine, armoedige kampongs, uit enkele hutten bestaande,
verbouwen wat djagoeng en tabak; de laatste, voor de inlandsche markt
bestemd, wordt met een primitieve, maar goed werkende snijmachine in
verschen toestand zeer fijn gesneden en daarna gedroogd.

Ten slotte komen we bij de koffietuinen en na den middag is de
„bĕsaran" of administrateurswoning van Pantjoer bereikt. Zeer steil zijn
hier de hellingen, waartegen de tuinen moesten worden aangelegd. Levend
water is op deze hoogte — ongeveer 1000 M. — in alle ravijnen te
vinden en natuurlijk ook over het etablissement geleid.

De heer Ottolander heeft vele tochten door het Idjen-gebergte
gemaakt, op de meeste alleen vergezeld van inlanders, maar soms in
gezelschap van gasten, o. a. den heer en mevrouw Van Kol, Dr. Koor-
ders, den inspecteur der koffiecultuur Dr. Burck en vooral van den heer
Bresser, administrateur van het koffieland Djamboe, aan de Banjoewangi-
zijde van het gebergte gelegen en dus een buurman van Pantjoer, twee
deuren verder wonende — daar slechts het land Sĕmpol tusschen beide
ligt —, maar op een afstand van zes uur gaans in rechte lijn. Sĕmpol
is de oudste der beide koffie-aanplantingen, die, merkwaardig geval, op
den bodem van den ouden krater zijn aangelegd.

De volgende dag werd gebruikt om vrij uitvoerige toebereidselen te
treffen, daar wij eenige dagen en nachten in 't oerwoud en in de wildernis
zouden doorbrengen; en ook moest onze komst aan den heer Stovelaar,
bewoner van Sĕmpol, aangekondigd worden. Maar toen onze gastheer
mij voorstelde in den namiddag een rit naar den grooten kraterrand te
maken om alvast het panorama te fotografeeren, was ik gaarne bereid;
helaas zijn mijne foto's niet geslaagd; ook de heer Ottolander had vroeger,
zelfs met een fotograaf van beroep, gering succes gehad.

Wij reden door koffietuinen, door het ongerepte oerwoud, langs
steilwandige, diepe ravijnen, prachtig begroeid in velerlei schakeering van

groen; alleen waar het pad een eindweegs gaat over een zeer smallen
rug met aan weerszijden zeer steile, voor nieuwe ontginning geheel ont-
bloote hellingen, waar slechts de grootste stammen als verbrande dooden
op verspreid lagen, daar kon men neiging gevoelen af te stijgen en het
paard aan den toom te nemen, wanneer men niet wist hoe verbazend
vast de stap der Javaansche bergpaarden is. Op dezen van bosch beroofden
rug opende zich een prachtig vergezicht, omlaag langs de hellingen van
het gebergte en dan weer omhoog, over den in tal van étages oprijzenden
bergklomp van den Jang. Daarna rijdt men het bosch weer binnen; steeds
omsluit dit het al steiler wordend pad, totdat het zich plotseling opent,
afbreekt, en het uitzicht openlaat over den kratercircus. Wij stegen af
en bonden onze dieren vast.

Idjen (relief, van boven af gefotografeerd).

De aanblik van dit reusachtig panorama is niet minder overweldigend
dan op den Tengger. De eerste indruk is die van een groote, in de
rondte geheel door bergreuzen ingesloten vlakte. Welk een eenheid in dit
tooneel! Eenheid van tint, ondanks alle verscheidenheid van geel en groen;
eenheid van bouw, waaraan de kringvormige insluiting ook hier dadelijk
doet denken. Maar bij alle overeenkomst in bouw met den Tengger-
circus — welk een verschil! Niet alleen dat deze Idjen-krater veel grooter
en veel dieper is, dit onderscheid is maar graduëel; essentiëel daarentegen
is het contrast dat slechts door één omstandigheid wordt veroorzaakt,
maar die hier alles afdoet: de kleur. Wel een bewijs hoe gevoelig het
menschelijk oog voor den indruk der tinten is. Hier geen enkele gedachte
aan doodschheid, als boven de grauwe Zandzee; verrukkelijk mooi en

27*

zacht was al dit geel en groen bij de hoogst gunstige belichting door de
reeds laag staande zon.

Na eerst, als altijd in zulke gevallen, getracht te hebben met één
blik het geheel te omvatten, huivert men bij het plotseling neerzien in
de geweldige diepte aan zijne voeten; eene diepte die men, door de
enorme afmeting in horizontale richting, eerst geneigd was te onderschatten.
Vijfhonderd meters — van 1700 tot 1200 boven het zeevlak — daalt
de Kěnděng-wand, de regelmatig boogvormige kraterrug waarop wij staan,
in steile, onafgebroken glooiing omlaag. De helling is deels met ijlstaande
tjěmara's, wilde pisang en alang-alang begroeid, deels komen de tuffen
naakt te voorschijn. Men kan dit slechts bespeuren doordat de Kěnděng-

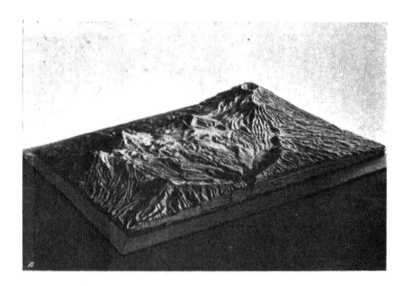

Idjen (relief, van ter zijde gefotografeerd).

rug een boog beschrijft. Want ziet men recht naar omlaag, dan ontdekt
men van de hier buitengewoon steile helling slechts een klein deel en
schijnt het alsof men in een bijna loodrechten afgrond staart. Daar beneden
in dien afgrond aanschouwt men het bladerdak van een oerwoud, een
uiterst fraaie en bijzondere aanblik; allerlei tinten van groen: donkergroen,
grijsgroen, hel lichtgroen.

Achter het bosch liggen oude lavastroomen, die in golven erheen
afdalen, met hoog riet begroeid. Van hier gezien lijkt de oppervlakte
zoo kort geschoren als een Engelsch grasperk; maar enkele groote, alleenstaande boomen verbergen in het riet hunnen voet en toonen zoo het
gezichtsbedrog; ze schakeeren het beige tapijt met kleine, zwarte schaduw-
vlekken. Rechts is dit gele kleed door een met woud begroeid ravijn in

tweeën gedeeld. Links ligt langs den boschrand het vlakke koffieland van Sěmpol, een zeer lichtgroene plek, en ver weg, op den voet van den Kěnděng-rug, de ontginning van Blawan.

Achter de zachte golven dezer verweerde lavastroomen komt hooger en steiler de „Rèdjèngan" uit, jonge stroomen van ruwe, sintelachtige blokkenlava; ze zijn begroeid met ver uiteenstaande tjemara's, maar de zwarte steenmassa's steken er tusschen door. Daarachter, meer links vooral, volgen weer oudere, met hoog rietgras bedekte lavastroomen, die steiler in sprongen afdalen. En achter deze ligt de arena, die naar het zuiden

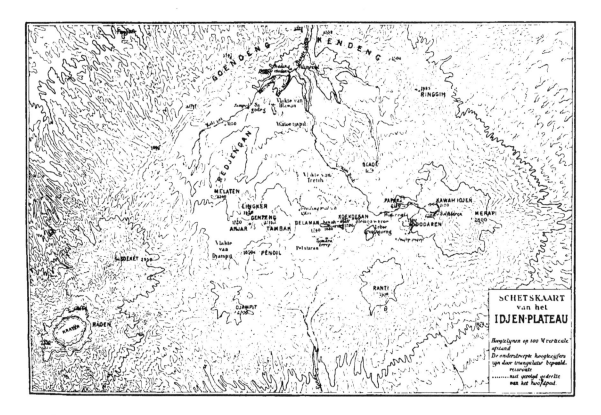

geleidelijk rijst, bedekt met eenige kleine kraters, twaalf in getal, waarvan de westelijke het laatst gewerkt schijnen te hebben en de genoemde Rèdjèngan hebben uitgezonden. Merkwaardig regelmatige vormen vertoonen deze miniatuurvulkanen meestal. Zoo het fraaie, naar ons standpunt geopende hoefijzer van den Mělatèn, zoo de lichtbruine Anjar, een puddingvorm, van hier nog regelmatiger schijnend dan de Batok in de Zandzee van den Tengger.

Mooi contrasteeren met de lichte kleuren van al deze meest met gras begroeide, lichtgele of lichtgroene vulkaanheuvels, de donkere tinten der beboschte bergkegels, die den hoogen achtergrond van het tafereel vormen:

oostwaarts de Ringgih (1992 M.) en vervolgens de Merapi (2120 M.), de Ranti (2618 M.) — aan de ons tegenovergestelde zijde van den krater-circus, op niet minder dan 15 KM. afstand staande —, de Djampit (2338 M.), de Soekět, 2929 M. hoog gemeten, maar overtroffen door den daarnaast zichtbaren, verder afstaanden Raoen (3332 M.). Twee witte plekken verbreken het donker dezer bergen: het zijn de gebleekte binnen-wanden der beide werkende kraters, de Kawah Idjèn, die naar ons stand-punt geopend is, en de Raoenkrater, wiens scherpgetande rand, hoewel geheel gesloten, een smalle strook van den binnenwand laat zien. Vóór de Kawah zijn de hooge voorbergen van den Merapi, de tweelingen Papak en Widodarèn, duidelijk zichtbaar.

De Kěnděng-rug, waarop wij staan, zet zich rechts naar den Soekět en links ver weg met fraaie bocht naar den Ringgih in regelmatige krom-ming en met ongeveer gelijkblijvende kamhoogte voort, om bij beider helling geleidelijk aan te sluiten. Alleen is zij ter linkerzijde, halverwege, plotseling en diep ingesneden door de kloof van de Banjoepait, de afwatering van den krater.

Verweg komt achter den Ringgih nog de regelmatige kegeltop van den Baloeran te voorschijn, op den noordoosthoek des eilands gelegen, die door een zadel van slechts 225 M. hoogte van den Idjen gescheiden is.

Den volgenden morgen aanvaardden wij — mijne vrouw, de heer Ottolander en ik — den tocht in groot gezelschap. Niet minder dan twintig koelies, onder een mandoer en vergezeld van den huisjongen, waren noodig om eten en drinken, kussens en dekens, potten en pannen te dragen, de paarden te verzorgen, de hutten te herstellen.

De afdaling van den Kěnděng-wand was sedert kort zeer vergemak-kelijkt. De heer O., die ook het land Sěmpol beheert, heeft een uitstekend pad doen aanleggen voor het vervoer der koffie op pikolpaarden. Het loopt in ééne langzaam dalende, geheel rechte lijn, schuin de steile helling af, in de zachte tuffen ingesneden. Toch was er een eenigermate angstig oogenblik, doordat we midden op 't pad eenige met koffie beladen paarden tegen-kwamen. Javaansche paardjes zijn alleen ongeschikt als ze hun natuurgenooten ontmoeten; ze willen onmiddellijk kennis maken onder allerlei capriolen. We drukten ons tegen den wand en de inlanders hielden onze paarden vast, die ze bij de afdaling aan den teugel voerden; alles liep gelukkig af.

Heerlijk was, omlaag gekomen, de rit door het oerwoud, waar we van den rand op hadden neergezien. Reusachtige woudboomen maakten 't er schemerdonker en de koelte deed goed na de brandende hitte langs den bergwand. Nog een korte rit door de jonge koffietuinen en het eerste nachtverblijf Sĕmpol is bereikt. De eenvoudige bamboewoning is meer gesloten dan gewoonlijk op deze hoogte, want de nachten zijn hier zeer koud.

De afwatering langs dit laagste deel der hoogvlakte wordt gevormd door de Kalisat, waarin de Sĕmpol en de Blawan uitstroomen. Beide laatste hebben gedeeltelijk een onderaardschen loop onder de jonge lavastroomen door. Na de rijsttafel gaan we over den zeer lastig te beklimmen lavastroom, die om de vele kantelende steenen Sigodĕg (godĕg: kantelen) heet, naar het koffieland Blawan, om vandaar de kloof der Banjoepait te bezoeken. Allermerkwaardigst is het, dat een deel der lavabrokken kunstmatig is opgestapeld of afgeslecht tot vrij regelmatige muren, wat op de vroegere bewoning van den krater wijst.

Steil en lang is de afhelling naar het dal der Blawan, vanwaar de Kalisat spoedig bereikt is. Deze afwaarts volgende, komen we aan de beide warme bronnen, die aan haar noordelijken oever dicht bij de uitmonding in de Banjoepait gelegen zijn. De eene is zeer heet en draagt den naam Banjoewèdang (kokend water), de andere is lauw en heet Djĕding, wat kom beteekent. Hier is een cirkelvormig bassin gevormd van ± 20 M. doorsnede. Kleine stalactieten hangen af van den harden rand; in de kom vallende takjes drijven naar den rand toe en worden daar gepetrifiëerd. Het water stroomt over den rand heen en dan over met modder gevulde terrasjes, die van harde, enkele decimeters hooge randen voorzien zijn; te samen zijn die terrassen ongeveer 5 M. hoog. Men kan ze vergelijken met sawahs op steile hellingen.

Van hier gaan we naar de uitstrooming van de Kalisat in de Banjoepait. ·Dit· is het eenig punt van onze reizen, waarvan de herinnering in staat blijft ons een rilling te bezorgen. Na op een paar bamboes de Kalisat te zijn overgestoken, plaatst men zich op een rotspunt en ziet dan neer op den hoogen, schuimenden waterval, waarmee deze beek zich met donderend geweld in het smalle, diepe, door loodrechte wanden ingesloten ravijn der Banjoepait stort. We hebben vele watervallen gezien, maar er bij het vallen van den avond een van boven af te beschouwen die in een sombere, lugubere kloof springt, terwijl men staat op een glibberige plek, waar men elkaar de hand moet reiken om niet al te veel gevaar te loopen omlaag te storten, is iets waarnaar wij niet meer verlangen. Als altijd beseft men eerst later dat men toen gevaar geloopen heeft.

Het was al avond toen we van het land Blawan, waar de heer Timmermans ons gastvrij ontving, naar Sĕmpol terugreden. De avond·koude deed zich flink gevoelen, zoodat mijn vrouw dankbaar was dit eind niet te paard, maar in een fluks klaargemaakte tandoe te kunnen afleggen, in een dikke winterjas en wollen deken gewikkeld. Zulk een zwijgende stoet door de wildernis, met het schijnsel der fakkels op de glimmende ruggen der koelie's, maakt altijd een onvergetelijken indruk; hier werd deze door den sterken geur van panter-uitwerpselen, de eerste, die wij op Java bespeurden, met een eigenaardig element versterkt.

Ook den volgenden dag nemen wij eerst weder het lastige pad over de Sigodeg, maar gaan dan oostwaarts; wij blijven het meest begane pad over 't plateau volgen, dat wel eufemistisch „djalan bĕsar" (de groote weg) betiteld wordt; sommige gedeelten zijn geheel dicht gegroeid! Uiterst vermoeiend is het rijden door het manshooge, stijve gras; zoo dicht groeit 't opeen dat men een man die voor 't paard uitloopt, niet in 't oog kan houden, de halmen slaan dadelijk achter hem samen. In een droog ravijn wordt de eerste halt genoten; een heerlijke verkwikking zijn hier de sappige djĕroek bali, roode pompelmoezen, een der weinige vruchten van Java, die een nieuweling dadelijk lekker vindt. Langer rust houden we in het schaduwrijke kleine dal bij de bron Gĕnding waloeh, waarvan het water een eindweegs verder smoort in het zand. Hier stond nog een overblijfsel van een oude pondok (hut), die aan vroegere bezoekers tot nachtkwartier had gediend. Hier zullen wij de „djalan besar" verlaten, die naar de Banjoepait en verder naar den werkenden krater leidt.

Onze weg gaat tegen den fraai hoefijzervormigen, naar 't noorden geopenden kraterwand van den Tambak (vijver) op. Verrassend is 't gezicht van den kam in den krater, waarin men, behalve de door een diepe kraterpijp doorboorde Gĕntĕng en de spitse top van den Pandéjan, een menigte kleine topjes, ronde en onregelmatige, onderscheidt, benevens een lavastroom met onregelmatige topjes erop. Alles ziet licht bruingeel, door het hooge gras. De Pĕndil .staat dichtbij in 't zuiden, de Djampit en de geweldige Raoen vormen den achtergrond. — Na de afdaling van den Tambak krijgen we een spoor van een voetpad te zien, dat uit de vlakte van Djampit komt en over den zadel tusschen Tambak en Pĕndil leidt naar de vlakte van Pĕlataran. Zij ligt voor ons als een schier geheel horizontaal vlak, slechts met laag gras begroeid en zoo effen dat men er een racebaan zou kunnen aanleggen. Aan het einde dezer vlakte ligt ons nachtverblijf, Tjĕmara kĕrĕp, bij een ravijntje, dat fraai met hooge woud- boomen en zeer mooie boomvarens begroeid is. En wat van 't meeste belang is, het ravijn bevat een bron met wel weinig, maar uitstekend water, het eerste drinkwater sedert Gĕnding Waloeh, en het laatste dat wij vóór de afdaling naar Banjoewangi zullen aantreffen. — De pondok, niet veel meer dan een afdakje, is nog vrij goed; de avond valt juist, en welkom is de rust na dezen zeer vermoeienden dag. We laten bossen lang gras snijden en met een matje erover strekken wij ons er heerlijk op uit. De koelies zijn bedrijvig aan 't scharrelen, vuurtjes branden onder hun rijst-potjes en ook ons avondmaal is spoedig gereed. De temperatuur is er ongeveer 50° F. op een hoogte van ± 1400 M. Na den maaltijd gaan we dadelijk ter ruste en slapen heerlijk na den vermoeienden dag. De volgende zou nog erger worden. Merkwaardig was de onvermoeidheid van twee kleine honden, die den heelen dag en de volgende met groote sprongen door het hooge gras hadden meegehipt!

Zondag 14 Augustus geeft een killen morgen. We breken pas laat op, door al de inpakkerij. De beek bij ons bivak steken we over en dan weer te paard. Maar een pad ontbreekt! Koelies gaan vooruit met kap-messen, maar 't helpt haast niets in het dichte struikgewas. Het is ont-zettend moeilijk, de voeten, die in de takken verward raken, met de stijgbeugels er door te trekken; bovendien is de bodem vol gaten, waardoor de paarden telkens struikelen! De bovenmenschelijke inspanning die 't ons kostte om deze hoogte te beklimmen, zal ons lang heugen; 't laatste eind moesten we wel afstijgen. Het is de Goemoeh-gadoeng-rug, een uitlooper van den wand der Tělôgô wéroe. Eindelijk op den rand gekomen blikken we neer op den horizontalen kraterbodem. Links verheft zich de wand als een loodrechte, onbegroeide muur; het is de Koekoesan, aldus genoemd naar den vorm van den top (1820 M.). De bodem is, behalve het kaalgebrande middelste deel, met alang-alang begroeid, waarin zich langs de randen eenige groepen tjemara's verheffen. Volgens de verhalen van oude jagers stond er vroeger water in den krater, zooveel zelfs dat de herten er door zwommen; vandaar de naam: het breede meer (wéroe = wijd in het Banjoewangisch dialect).

Moeilijk is de afdaling langs den steilen wand door het manshooge gras. Onder een groep tjemara's aan den voet rusten we uit, terwijl de heer Ottolander den krater oversteekt om ons op de eenig mogelijke wijze een weg te banen aan de overzijde, nl. door het dichte onderhout in brand te steken. Al spoedig staat alles aan den noordoostkant van het veld in lichte laaie! Voor wie het niet gewoon is, is zulk een brand een angstwekkend gezicht, vooral wanneer men hem steeds naar zich toe ziet voortwoekeren, maar het kale middendeel van den krater stuitte de vlammen, die alleen 't onderhout wegbrandden, maar de groote boomen bijna niet aantastten. Eerst na een min aangename anderhalf uur te hebben gewacht, in onzekerheid omtrent zijn lot, zagen wij den heer Ottolander eindelijk weer te voorschijn komen. Hij voerde ons nu over het kraterveld; alvorens dit te verlaten dejeuneerden we te midden van rook en vlammen! Dan weer te paard over 't verbrande terrein; de grond is nog heet en hier en daar komen we in aanraking met smeulende takken. Merkwaar-

digerwijze is de brand gestuit door de Djalan besar, 't nauwelijks te
vinden hoofdpad van het plateau; de heer O. wist van te voren dat ze
geen te groote uitbreiding zou krijgen. Als een scherpe lijn scheidt het
pad de verbrande struiken te eener, de levende te anderer zijde.

Langs een steile glooiing dalen we nu af in het hier nog niet kloof-
vormige, een honderd meter diepe dal der Banjoepait. Het water heeft een
samentrekkenden inktsmaak en werkt bijtend op schrammen aan de vingers.
Na de beek te zijn overgestoken kan men een goede rustplaats vinden
in een eenige meters boven de bedding gelegen gewelf, dat klaarblijkelijk
bij hoogere standen door het water in de vaste rots is uitgespoeld. De
steenen in de bedding maken het ons mogelijk, springend en stappend, de

Ravijn met rivier op Oost-Java.

beek droogvoets op te gaan, een weinig verder valt ze van een fraaien, 12 M.
hoogen rotswand neer. Na een moeilijke klim weer tegen de dalhelling
gaat het, eenmaal boven, recht door, zeer langzaam stijgend, naar Ongop-
ongop, het zadel tusschen Merapi en Ranti. De weg voert door prachtig
tjemara-bosch; wijd uiteenstaande, hooge, rechte stammen, mooi verlicht
door de ondergaande zon. Het herinnert werkelijk aan de naaldbosschen der
Duitsche bergen; men kan zich bijna niet voorstellen dat dit bosch door
de uitbarsting van 1817, de eenige groote eruptie die van de Kawah Idjen
bekend is, bijna geheel is vernield en dus slechts tachtig jaren oud is.

Zeer voldaan over den dag bereiken we onze hut, die weelderig
mag heeten bij die van Tjĕmara-kĕrĕp! Daar ze van een deur voorzien
is, maken we 't ons er licht en warm; op den grond behoeven we niet

te slapen: er is iets dat op een bale-bale gelijkt en de hut is nog door
een wand in twee vertrekken gedeeld. Het is gelijk een hotel aan den
Djalan besar, met bijgebouwen — een klein afdak voor de koelies. —
Dezelfde bedrijvigheid van den vorigen dag begint weer, weldra krijgen
we koffie, de biefstuk wordt gebakken en de soep gewarmd; niets ontbreekt ons dan — water! Door de avonturen op den dag is er niet op
't waterverbruik gelet en rest ons een halve ketel voor drink- en waschwater! Maar vergenoegd leggen wij ons ter ruste en maken een heerlijken
nacht onder de dekens. De temperatuur is slechts 42° F.; we zijn hier
op 1870 M. hoogte.

Als de nevels weggetrokken zijn den volgenden morgen, maken we
ons op om den werkenden krater te bestijgen, een klim van 500 M.
De eerste 200 M. kunnen we nog te paard doen, maar dan wordt 't pad
al te steil en bovendien zoo glad van de tjemaranaalden. De paarden
blijven achter en het duurt niet lang of we laten ons op de hier gebruikelijke manier aan een om 't midden gebonden slendang door de vroolijke
Madoereesche koelies wat naar boven trekken; voor geschoeide voeten is
't moeilijk op dit steile pad te blijven staan. Aan weerszijden is de afgrond.

Plotseling als altijd staan we aan den rand van den krater en overzien
een der meest helsche tooneelen, die Java te aanschouwen geeft: een
ovaal meer, volmaakt stil, groengrijs van kleur, met gele plekken van
drijvende zwavel; 900 M. lang en 760 M. breed; 260 M. beneden onze
standplaats gelegen. Een huiveringwekkende aanblik! Het is ingesloten
door geheel kale, steile wanden in lichte, schelle kleuren — wit, rood,
rose, grijs —, door de felle zon beschenen. Het regelmatigst is de rand
tegenover ons; naar links daalt hij langzaam af naar het punt waar de
Banjoepait de afvloeiing vormt. In den drogen tijd geschiedt die afvloeiing
alleen ondergrondsch, het water sijpelt door de zachte lagen heen; in den
regentijd loopt het meer over en geeft aan de beek veel meer water.

Terwijl we daar nog zoo staan, in den eersten aanblik gansch verzonken, zien we een inlander naderen, in eerbiedig hurkende houding.
Het is geen onzer koelies, het is de postbode. Hij is den heer Ottolander
van Pantjoer met de post achterna gezonden, al wandelende....

Rechts van ons standpunt daalt de wand een weinig en verwijdert
zich tevens van 't meer, waarbij de helling minder steil en de afdaling
mogelijk wordt. Toch is ze moeilijk door de tallooze evenwijdige groeven
met loodrechte wanden, die het regenwater hier in de zachte tuffen heeft
uitgespoeld. Wij gaan slechts halverwege naar omlaag, maar hebben daar,
aan den rand van een steilen afgrond, een beter gezicht op de solfataren,
die zich ten oosten van het meer bevinden. De plaats waar ze te voorschijn

komen, wordt Pawon (fornuis) genoemd. Tijdens ons bezoek is hunne werking gering, al is een scherpe reuk duidelijk te bespeuren. Maar er waait een krachtige wind; bij stiller weer blijft de damp veel meer hangen.

Na een lange rust wordt de terugtocht aanvaard, waarbij de ravijnen in 't tjemarabosch prachtig verlicht zijn door de dalende zon; tegen donker zijn we weer op Ongop-ongop terug. 's Avonds giert een harde wind door de tjemara's, maar 't is minder koud.

's Morgens dikke wolken rondom, triestig weer. We nemen afscheid van onzen vriendelijken leidsman en beginnen de afdaling. Tot het reeds genoemde Djamboe hadden we 1400 M. te dalen. Vooral op de eerste 1000 M. was het steile pad door het mooie bosch bijzonder slecht; de regens hadden 't schier onbruikbaar gemaakt. Als de helling zachter gaat glooien, geeft ze plaats aan een bamboebosch, zooals er zoovele op de zuidelijke hellingen der vulkanen van Oost-Java worden aangetroffen. Het was het eerste dat wij zagen en het maakte op ons een onvergetelijken indruk. Men kan zich niets plechtigers voorstellen dan de spitsbooggewelven die door de ontmoeting der reusachtige bamboestengels worden gevormd.

Te Djamboe kwamen we weer in de bewoonde wereld en vonden bij den heer Bresser een voortreffelijk onthaal.

Den volgenden dag wandelen we naar Litjin; waar twee pasanggrahans zijn, een van het gouvernement, een van de Engelsche kabelmaatschappij, die in Banjoewangi een groot kantoor heeft, waar de telegrammen worden overgeseind langs de kabels van Australië (Port Darwin en Roebuck Bay) en van Singapore. Mooi is hier het uitzicht over straat Bali en over dat eiland, met zijn hoogen vulkaan. Van hier gaat het per rijtuig verder, door groote klapper-aanplantingen en door dorpen, die geheel van den op Java gewonen vorm afwijken. Meerendeels zijn de bamboezen huizen regelmatig naast elkaar gebouwd, niet door erven gescheiden, maar een of meer straten vormend; boomen vindt men niet in het dorp, zoomin als pleinen. De klappertuinen en boomgaarden zijn altijd buiten de kom van 't dorp gelegen. De loemboengs (rijstschuren), dikwijls met fraai snijwerk versierd, staan alle op één rij, meest aan de grens van 't dorp. De woningen zelve zijn zonder eenig versiersel en zelfs zonder voorgalerij; klein en zoo eenvoudig mogelijk.

Onder de 18000 inwoners van Banjoewangi treft men grooter verscheidenheid van landaard dan in eenige andere plaats des eilands. De meerderheid zijn Javanen, maar er wonen ook veel Madoereezen en, in ruime kampongs, Balineesche handwerkslieden; dan Chineezen, ruim vijfhonderd, waaronder veel arme visschers; Arabieren in even grooten getale; Mandareezen en andere Boegineezen, ook allen in eigen wijken, de Mandareezen in meerendeels ruime, met snijwerk versierde huizen, die dicht op elkander aan het strand staan; eindelijk een kolonie van Atjehsche bannelingen, die zich hier geheel thuis schijnen te gevoelen.

Onze oostelijkste dagreis op Java, van Banjoewangi noordwaarts langs het laatste stuk van den weg, die in de geschiedenis de postweg van Daendels heet, was een ongeluksdag. De kar en de weg waren beide slecht; zoo slecht dat ze samen het rijden onmogelijk maakten. De helft der levende lading heeft dien dag uren naast de kar moeten wandelen. In 't eerst is dat niet erg. Wel zitten Java's bergen Idjen en Baloeran al spoedig in de wolken, maar prachtig blijft het uitzicht op Bali en zijn hoogen piek. Maar dan gaat de weg het land in, door het meest dorre en troostelooze bosch; boomen, zoo spichtig en schraal dat ze struiken lijken, zonder schaduw, haast zonder blad. In een kleine kampong gelukt het met veel moeite en na lang wachten twee mannen te huren, die de kar van den koffer zullen ontlasten, en een ellendig mager paardje, waar ik op rijden mag, als ik kan; maar de eigenaar gaat mee. Vertrouwde hij 't niet of begreep hij dat zijn ros, al murw geranseld door dagelijksche kastijdingen, geen stap verzetten zou onder de aansporingen van den blanke, die onbekend is met zweepen van ijzerdraad — ik bewaar er een als herinnering aan de onmenschelijkheid der Javanen voor hun paarden, in zoo mal contrast met hun haast bijgeloovige zorg voor den karbouw, dien dikhuidigen reus —. Met dezen drijver achter mij ging het redelijk wel voort, en ook de kar, waarin mijn vrouw gezeten was, kwam goed vooruit. Niet vlug genoeg echter naar den zin van den koetsier die, toen eindelijk ook de weg wat beter werd, eens toonen wilde dat alleen deze en niet zijn paarden schuldig waren. Hij begon zoo onbarmhartig op de beesten los te slaan dat waarlijk de grens van het geduld van een Javaansch paard bereikt bleek. Het bijdehandsche dier sloeg heftig achteruit, zoo hoog dat hij zijn meester een bloedende wond voor 't voorhoofd schopte. Mijn bloedstelpende watten deden dienst en evenzoo de cognac-flesch, die eerst geweigerd, maar op de aansporing dat dit als obat (medicijn) toch wel door Allah veroorioofd zou wezen — de Javaan zag bijna wit van schrik — gretig aangesproken werd. Deze ellendige rit duurde tot zonsondergang. Toen wachtte ons een betere wagensoort, met flinke paardjes, eigen spul, ons tegemoet gezonden door den administrateur der groote suikerfabriek Asĕm bagoes, Jhr. Trip. Zie, daar lichten plot-seling in den nacht de groote booglampen der fabriek. Het contrast van wildernis en electriciteit vond wel zelden twee zoo dankbare harten; een bad, een maal, een praatje, en het leed was geleden.

Bosch van palmen en boomvarens.

CELEBES.

HOOFDSTUK I. VAN MAKASSAR LANGS DE WEST- EN NOORDKUST NAAR AMOERANG [1]).

De Lloydstoomer „Stettin" doet op zijn twaalfweeksche route van Singapore over Duitsch Nieuw-Guinea en terug ook eenige havens van Nederlandsch-Indië aan; hij bracht mij in drie dagen van Batavia naar Makassar. Het was de tijd der voorjaarskentering, door windstilten en plotseling opkomende buien gekenmerkt. De zee lag daar, glad en azuur-blauw, als een eendenkom. Af en toe dook een troep dolfijnen op, die met het schip om 't hardst zwommen en sprongen, en groote scharen vliegende visschen scheerden als zwaluwen over 't water. Een onverdra-gelijke hitte heerschte er, slechts zelden door een briesje getemperd, en van het voordek, waar de Chineesche kok voor de scharen naar Duitsch Nieuw-Guinea bestemde koelies zijn kunst uitoefende, stegen waarlijk gru-welijke geursymphoniën tot het promenade-dek op.

Des avonds van den derden dag kondigde de in dofgroen veranderde kleur van het water aan, dat we dien nacht ons doel bereiken zouden. Werpen wij dus eerst nog snel een blik op de gesteldheid van 't land, dat we zullen bezoeken!

De vorm van het eiland Celebes op de kaart is niet ongelijk aan dien van een reusachtige spin. De Westzijde heeft geen insnijdingen van eenige beteekenis, terwijl aan het Oosten en het Zuiden drie groote bochten, die van Tomini, Tolo en Boni, in het land dringen. Het oro-graphische karakter van het land is geheel verschillend van dat van Sumatra en Java. Terwijl hier machtige, boven de bergreeksen uitstekende vulkanen, met vruchtbare hoogplateaux aan hunnen voet, en breede, moerassige alluviaalkusten het landschap typeeren, rijzen op Celebes lange heuvelrijen uit zee op, en verheffen zich terrasvormig tot geweldige centrale berg-ketenen. Zoover onze nog zeer gebrekkige kennis reikt, is het geheele binnenland van het eiland oerwoud, maar, in overeenstemming met het

---

[1]) In hoofdzaak naar Dr. Pflüger.

drogere klimaat, niet zoo dicht als op Sumatra. Vele meren, waaronder het groote Posso-meer, verleenen bekoorlijkheid aan het landschap. De rivieren zijn er onbeduidend, en 't land is slechts op weinig plaatsen in cultuur gebracht.

De dierenwereld van Celebes, die een eigenaardige plaats in den Archipel inneemt, is (volgens de nieuwste onderzoekingen op dit gebied door de beide Zwitsersche reizigers Dr. F. en P. Sarasin) te beschouwen als een betrekkelijk jonge, gemengde fauna. Tot hare vorming zouden de Philippijnen en Java het belangrijkste aandeel hebben geleverd; voorts de

Pier en kade te Makassar.

Molukken en Flores met de Kleine Soenda-eilanden. Het is namelijk aan te nemen, dat in vóórhistorischen tijd Celebes met de genoemde eilanden en groepen door „landbruggen" verbonden was, die nu nog worden aangeduid door de als het ware naar die richtingen wijzende „vingers" van het eiland. Langs deze landbruggen hadden verhuizingen van dieren plaats; sommige soorten trokken verder over Celebes heen, andere vestigden zich er voor goed en vormden er nieuwe soorten. Een nog oudere samenhang met Azië doet zich kennen uit 't bestaan van ouderwetsche diervormen; zoo bijv. onder de zoogdieren het hertzwijn (babiroessa).

Dat inderdaad Celebes minder aanraking had met Australië dan met het Westelijk vastland, zooals vooral door Weber is aangetoond, wordt door het overwegend Aziatisch karakter zijner fauna bevestigd; Wallace heeft overeenkomstig den toenmaligen stand der wetenschap de verwantschap met Australië voor grooter gehouden. Er heeft echter waarschijnlijk slechts een sterke bijmenging van Australisch bloed plaats gehad, door middel van de oostelijk en zuidelijk van Celebes uitloopende landbruggen.

Onze kennis van het binnenland is, gelijk reeds gezegd werd, zeer beperkt, en derhalve kan het geen verwondering baren, dat het Nederlandsche Gouvernement tot voor korten tijd slechts op weinig punten van het eiland werkelijk macht uitoefende. In het Zuiden waren het de stad Makassar met de zoogenaamde Noorder-, Zuider- en Oosterdistricten, alles bij elkaar slechts een klein deel van het zuidelijk schiereiland; verder de Minahassa — de uiterste Noordoostpunt van het eiland —, en westelijk daarvan de kleine Afdeeling Gorontalo. Al het overige stond onder inlandsche vorsten, met wie het Gouvernement suzereiniteits- en bondgenootschapstraktaten heeft gesloten. Een geheel nieuwe toestand is evenwel aanvankelijk reeds ingetreden na de militaire actie tegen de voornaamste staten van Zuid-Celebes, als Boni, Gowa, Loewoe, enz. Deze actie, die zich tot ver in Centraal-Celebes uitstrekte, behoort op het oogenblik nog niet tot het verleden; en vandaar dat het voorshands nog niet te zeggen is, hoe de kaart van Zuid- en Midden-Celebes er uit zal zien, wat de politieke indeeling betreft, wanneer eenmaal het zwaard voorgoed in de scheede is gekeerd.

Overeenkomstig den ouden toestand bestaan er op Celebes twee bestuurscentra: Makassar, de zetel van den Gouverneur van Celebes, en Menado in de Minahassa, standplaats van den Resident van Menado.

De handelsbetrekkingen der Compagnie met Makassar dateeren uit het midden van de 17de eeuw. Zij leidden in 1667 en 1669 tot de vernietiging van het toenmaals machtige Makassaarsche rijk (waarvan het rijk Gowa het overblijfsel was) en tot de opperheerschappij der Hollanders over de kleine vorstendommen in het Zuiden. De 19de eeuw zag hevige oorlogen van het Gouvernement met het intusschen krachtiger geworden rijk van Boni, dat eerst in de jaren na 1860 onderworpen werd. Toch flikkerde tot in den jongsten tijd het verzet in kleine opstanden nog af en toe weer op, en leidde ten slotte tot het krachtig ingrijpen, waarop boven gedoeld werd.

De Minahassa sloot in 1679 het eerste contract met de Compagnie. In het begin der 19de eeuw bewerkten de invoering van de gedwongen cultuur, en vooral de ijverige werkzaamheid der zendelingen de volkomen verandering van het ruwe Alfoersche koppensnellersvolk in de tegenwoordige beschaafde, Christelijke bevolking.

Op het Zuidelijk deel van 't eiland behooren de inwoners tot het ras der Boegineezen en Makassaren, lieden, die sedert overouden tijd in hun plompe prauwen de wateren van den Archipel doorkruist hebben, en wier energie en handelsgeest zich bij dit werk gesterkt heeft. Zij staan als dapper bekend en leveren het leger voortreffelijke soldaten. Boegineesche handelaars vindt men in de nederzettingen zoowel aan de kust van Celebes als in den geheelen Archipel verspreid. Hun zeevaart getuigt meer van moed dan van bekwaamheid. Hun prauwen zijn zeer primitief van bouw en door het bekendworden met Europeesche vaartuigen minder in hun voordeel gewijzigd dan men eigenlijk zou verwachten. Zoo vertelt b.v. Jacobsen, dat aan de lieden, met wie hij maanden lang in de Bandazee rondvoer, het gebruik van het reven der zeilen onbekend was. Bij sterken wind moest met veel moeite het groote zeil ingehaald, en een kleiner geplaatst worden. Verre tochten, zooals b.v. naar de Aroe-eilanden, worden in den herfst met het invallen van de gunstige moeson ondernomen; de terugkeer heeft dan in het voorjaar, als de moeson gewisseld is, plaats.

Heerenweg te Makassar.

De heerschende godsdienst is de Islam, hier evenals overal in den Archipel sterk met herinneringen aan vroegere denkbeelden en gebruiken doorweven. Het komt overeen met het karakter der inboorlingen, dat zich ook in de vrijere lichaamshouding en de trotsche gelaatsuitdrukking uitspreekt, dat zij den roep hebben van goede ruiters te wezen, en de edele sport van het amokmaken meer te huldigen dan andere Maleiers.

Op een Aprilmorgen kwamen wij op de reede van Makassar voor anker. Het stortregende weer met de gewone kracht, en daar de boot niet aan de pier had aangelegd, ging de ontscheping met eenige onaangenaamheden gepaard. Eindelijk was ook dat doorstaan, en het kleine Marinehotel, het eenige van de stad, opende mij zijn ongastvrije poorten. Zeker, ongastvrij; want zulk een model van ellendige bediening, slecht eten, duffe, vochtige kamers en een vuile, onaangenaam riekende binnenplaats had ik na de tot nu toe opgedane goede ervaringen niet verwacht. Wat een zegen is toch de concurrentie! Hoe snel zou het onvriendelijke, onbeleefde gedrag der hotelhoudster in zachte welwillendheid veranderen, wanneer ze een mededinger kreeg! En in dit afschuwelijke, van licht en lucht verstoken hol moest ik, nog ziek op den koop toe, het volle acht dagen uithouden, omzwermd door muskieten, die in deze spelonk in ontelbare scharen uitgebroed werden!

De Hollandsche boot naar Menado had namelijk vijf dagen vertraging. Hier in 't Oosten neemt men het met het vaarplan zoo nauw niet, en de reiziger, die zoo onvoorzichtig is op een krappe aansluiting te rekenen, kan wel eens bittere ontgoochelingen ondervinden. Daarom is 't wel

Protestantsche kerk te Makassar.

noodig, vooraf goed te informeeren, en zijn reisplan wat rekbaar in te richten.

Van de zee uit gezien biedt Makassar bepaald een fraaien, vriendelijken aanblik. De haven is voortreffelijk en door een groot aantal er voor gelegen kleine, groene eilandjes en koraalriffen, deel uitmakende van den Spermonde-Archipel, voldoende beschut. Op de reede liggen haast altijd eenige oorlogsschepen en handelsstoomers voor anker, benevens een geheele vloot van prauwen.

Een smalle, morsige, van menschen wemelende, met waren volgepropte kade strekt zich over een aanzienlijke lengte van het Noorden naar het Zuiden uit. Daarachter liggen de witgeverfde toko's en kantoren, allen met slechts één verdieping, en daarachter strekt zich de smalle, zeer lange hoofdstraat uit, ongeveer twintig minuten ver links en rechts met groote en kleine toko's bezet.

Hier kan men zeer goedkoop koopen, want Makassar is een vrijhaven. Dat de bedrijvige Chineezen het hoofdkontingent der handeldrijvende bevolking vormen, spreekt van zelf. Onmiddellijk vallen ons groote, ruime winkels in het oog, waarin alles te krijgen is wat de Europeaan tot zijn aardsch geluk behoeft, van den phonograaf af tot tandenborstels toe. Maar deze brandpunten der beschaving zijn slechts weinig in aantal, omstreeks twee dozijn. Daarentegen telt men er bij honderden de kleinere zaken, waar handel gedreven wordt in al de kleine artikelen, die het levendige verkeer van Makassar met de achter Celebes liggende eilandenwereld noodig heeft; met de Molukken, de Kleine Soenda-eilanden, de Kei- en Aroe-eilanden en Nieuw-Guinea. Daar ziet men massa's ruilartikelen:

messen, katoentjes, primitieve sieraden, kralen, lucifers, blikken doozen, scheepsbehoeften, spijkers — ik laat het aan des lezers fantasie over, zich een denkbeeld van het bonte mengelmoes te maken. In de nauwe straat verdringen vrachtwagens, lastdragende koelies en kleine tweewielige wagentjes elkander. Op de hoeken heeft de Chineesche beginneling in de koopmanskunst zich neergelaten, en biedt Javaansche tabak in kleine porties of in groote palmbladpakken tegen ongeloofelijk lagen prijs te koop aan. Geheel aan het noordelijk einde der straat, waar de huizen steeds slechter en meer vervallen worden, begint de inlandsche wijk, en hier zien wij de eenige Maleische winkels, met blikartikelen, touwwerk enz., vooral echter de kleine werkplaatsen, waarin de Makassaar met de

Hoofdstraat in Makassar.

primitiefste werktuigen de fraaie scheeden en gevesten zijner krissen vervaardigt. De huizen staan hier op palen van manshoogte, zijn met palmblad of blik gedekt en zien er vervallen uit. De gevelzijde is van den weg af gekeerd, en achter de huizen bevindt zich een ontzettend smerig erf, met allerlei tuig bedekt, met waggelende palen of koraalblokken tegen de zee beschermd. Dikwijls voert een smal bruggetje naar een klein boven 't water staand huisje, welks doel gemakkelijk te raden is. Ook bemerkt men kleine hutjes, op een hooge bamboestelling ver in zee vooruitgeschoven. Boven in zitten mannen, schijnbaar in diepe overpeinzing verzonken — ze hengelen naar zeetongen volgens de een of andere eigenaardige methode. Op het water schommelen de plompe prauwen, met hun mast van drie schuin tegenover elkaar geplaatste bamboestangen, en in kleine, gebrekkige kano's peddelen halfwassen jongens rond.

.   De dracht der inlanders bestaat uit een lage, kegelvormige muts, korten broek tot boven de knie, baadje en sarong, waarin de kris gewikkeld is, over den schouder. Armere lieden gaan half, kinderen geheel naakt. Bij de laatsten neemt een metalen hartvormig plaatje, aan een ketting om de heupen bevestigd, de plaats in van het vijgenblad in onze musea. Deze naïeve luidjes zien blijkbaar nog het natuurlijke zonder verbazing. Om vrij met Goethe te spreken, zij dichten nog niet, zooals onze zwartgerokte vrienden, de eenvoudige natuur eigen leelijke gedachten toe.

Loodrecht op de hoofdstraat voeren een menigte dwarsstraten landwaarts in. Daar liggen de huizen der inlanders onder boschjes van kokospalmen verscholen. Zij zien er, zoolang ze nieuw zijn, over het geheel

Gouverneurswoning te Makassar.

béter uit dan de armzalige visschershutten aan het strand. Hun wanden zijn van bamboe; bijna alle hebben een galerij, en vele zijn met werkelijke vensters gesierd. Natuurlijk rusten ze op palen, die met het toenemen van den ouderdom vermolmd en waggelend worden, buigen en het huis als een oude, versleten kartonnen doos uit elkaar trekken.

Volgt men de hoofdstraat naar het Zuiden, dan worden de winkels steeds grooter en deftiger, en de openstaande deuren der Europeesche toko's noodigen tot binnentreden uit. Daar zien we nu den overvloed der produkten van den Archipel, die van hier uit de reis naar Europa beginnen. Groote massa's *damar* (boomhars), die door koelies gereinigd en in kisten verpakt wordt; *tripang*, de gedroogde Holothuria, een der grootste lekkernijen van de Chineesche keuken; ze ziet er uit als een met roet bedekte, vieze worst; alle mogelijke paarlemoerschelpen, schildpad, rotan, gedroogde visschen, copra (het gedroogde vruchtvleesch van de kokosnoot, waaruit de kokosolie bereid wordt), enz. De fijnere produkten, zooals paradijsvogels en specerijen, liggen zorgvuldig voor profane oogen verborgen. Eindelijk bereiken wij het einde der straat. Hier opent zich rechts het uitzicht op de zee, rechtuit ligt, aan een groot, met gras begroeid plein het oude, grijze fort, daarachter de Europeesche wijk, en links strekt zich een prachtige tamarindenallee uit, waaraan de voornaamste gebouwen, het Post- en Telegraafkantoor, de Societeit, het hotel, een Maleisch theater en het kerkhof met onbeschrijfelijk grove monumenten liggen.

En hiermede zijn dan ook de bezienswaardigheden van Makassar ten einde; de omgeving bestaat uit rijstvelden, en aan den horizont verheft zich een blauwe bergketen, waaruit in het Zuidoosten de baak der zeelui, de Piek van Bonthain, zijn hoofd verheft. Ik kon derhalve met een gerust geweten de volgende dagen in het hotel de noodige rust nemen.

Onder de firma's ter plaatse zijn vele Duitsche; hun vriendelijke vertegenwoordigers leerde ik bijna allen kennen, en met bijzonder genoegen maakte ik gebruik van de vriendelijke uitnoodiging van onzen consul, om met hem den „Koning" van Gowa een bezoek te brengen.

Het rijk van dezen vorst, eenmaal een groot deel van Zuid-Celebes omvattend, daarna aanmerkelijk ingekrompen, ligt ten Zuiden van Makassar [1]).

Gezantschap van Boeton te Makassar.

De vorst bepaalde, op onze aanvraag, het receptie uur op den volgenden morgen half tien. In een rijtuig, dat op een landauer geleek, reden we door eentonige rijstvelden; maar de weg was goed; over zijn aanleg loopt een aardig verhaal.

De vorige radja bleef doof voor alle vertoogen der Regeering, om in zijn land een fatsoenlijken weg naar Makassar aan te leggen. Totdat de Gouverneur hem berichtte, dat er een prachtige karos voor hem gekomen was, een geschenk der Regeering; ze stond in Makassar te zijner beschikking. Dit hielp: in minder dan geen tijd was de weg klaar, en trotsch reed Zijne Majesteit in zijn nieuw vehikel heen en weer.

De residentie bleek te bestaan uit eenige hutten, een steenen moskee, witgekalkt, en een groote, open, schots en scheef op palen rustende hal van gevlochten bamboe: het „Parlementsgebouw" van Gowa. Een hoop

---

[1]) Gelijk bekend is, werd tengevolge van ons laatste optreden op Zuid-Celebes aan het onafhankelijk bestaan van Gowa een einde gemaakt; de vorst wordt nog steeds door onze troepen opgespoord.

bruine kerels stond er te praten. We vernamen, dat de radja nog niet was opgestaan, en bekeken dus alvast de woningen en daarna de moskee eens; deze biedt niets merkwaardigs aan. Een marmeren vloer, gewitte, baksteenen wanden, Europeesche vensters en een driedubbel dak van denzelfden vorm als in de Padangsche Bovenlanden.

Met grooten trots toonde men ons een rijstmolen, die door een kleinen stoommotor gedreven werd, of liever: gedreven moest worden. De machine was, natuurlijk, niet in orde, niemand wist ze te behandelen, en dus was de ruimte gevuld met vrouwen, om naar voorvaderlijken trant het rijststampen eigenhandig te verrichten.

Daar het Zijne Majesteit (niet gedachtig aan het spreekwoord, dat stiptheid de beleefdheid der vorsten is) nog steeds niet behaagd had, *lever* te houden, reden wij in een half uur naar de graven zijner vaderen:

„Parlementsgebouw" in Gowa.

lage, vervallen gedenksteenen, die, met onkruid begroeid, op een heuvel lagen.

Toen wij terugkwamen, was alles voor de ontvangst gereed. Al bukkende kropen wij onder de palen van het „Parlementsgebouw" door — want ze waren op de grootte van inlanders berekend — naar een plein, waar zich het steenen huis van den Vorst verhief. Het was met zink gedekt, maar overigens geheel in inlandschen stijl gebouwd. Wij werden in de benedenverdieping naar een groote, ongezellige, witgeverfde zaal gebracht, wier vloer nog haastig door dienstbare geesten met bezems en handen gereinigd werd. Aan de wanden hingen de olieverfportretten der verheven „neven" van Zijne Majesteit, een reeks Europeesche en Aziatische souvereinen. Weldra verscheen de radja, een krachtige gestalte, in nationaal kostuum, de voeten in pantoffels, begroette ons met een handdruk, en stelde ons zijne rijksgrooten voor. Een breede gouden band om de muts die hij op 't hoofd droeg, was het teeken zijner waardigheid. Zeer vriendelijk werden wij uitgenoodigd, op eenvoudige schommelstoelen om een groote ronde tafel te gaan zitten, terwijl het talrijke gevolg, de ministers incluis, op den grond neerhurkte — want zóó wil het de etikette. Naast den radja was een knaap neergehurkt met kwispedoor en beteldoos, die door Zijne Majesteit duchtig werd aangesproken. Men diende koffie en gebak rond, en weldra liep het gesprek over de gewone onderwerpen: hoe groot Duitschland was, wat het voor een vorst had, of het in goede vriendschap met Holland leefde, enz. Ook een prins kwam zijn opwachting maken, een schuchter kereltje, de muts met goud doorwerkt; hij liet zich schuw op den achtergrond op een stoel neer. Een radja uit het Noorden van Celebes, hier op bezoek, trad binnen, en ten slotte liet de vorst een monster koffie komen, dat hij graag aan onzen consul verkocht had. Nadat we er omstreeks een uur vertoefd hadden, verzochten we verlof, afscheid te mogen nemen, en namen bij gloeiende middaghitte den terugtocht aan.

Een deel van den tijd, dien ik nog te Makassar doorbracht, wijdde ik aan de liefelijke bezigheid van het „shopping", zooals de globetrotter zou zeggen. Alleen vormden niet elpenbeenen kostbaarheden en nagemaakte oudheden, maar meer of minder soliede ruilartikelen, die ik in de Molukken dacht te gebruiken, het voorwerp mijner zorgen. Onze vriendelijke consul gaf mij een Chineeschen kantoorbediende mee, wiens hulp mij zeer te stade kwam, anders zou ik stellig geducht afgezet zijn. Want de gewone prijzen waren voor een deel verbazend billijk. Zware boschmessen, van Borneoosch maaksel, kostten 13 gld. de honderd. Toen ik eenige dagen later alleen en niet herkend in dien zelfden winkel kwam, vroeg men mij tachtig gulden. Een vierde of een derde van de gevraagde som, zooals reizigers van mijn kaliber gewoonlijk betalen, zou dus nog altijd te veel geweest zijn. Verder voorzag ik mij van goedkoope messen, kralen, sarongs, hoofddoeken, tabak, en een menigte andere blinkende en schitterende kleinigheden.

Eindelijk sloeg het lang verwachte uur van afscheid. De boot van Soerabaja was aangekomen, en ik kon met een duchtige verkoudheid, als afscheidsgeschenk van mijn vochtig hol in het hotel, aan boord der „van Goens" gaan. Op Paaschzondag ging onze koers eerst in zuidoostelijke richting door de tallooze kleine eilanden en koraalriffen van den Spermonde-Archipel. Sedert de Hollanders in deze streek nauwkeurige metingen verricht hebben, heeft de scheepvaart veel van haar vroegere verschrikkingen verloren. Toch heet het nog altijd duchtig oppassen en de plaatsen vermijden, waar de groene tint van 't water een koraalrif aanduidt. Ook de talrijke, door visschers uitgezette houten balken, die ik in 't begin voor primitieve bakens hield, moeten omgevaren worden, en eindelijk hebben we 't land uit het gezicht verloren en zijn in volle zee. De prachtige kleur van het water, niet, zooals in de Javazee, matgroen, maar kobaltblauw, toont dat we hier een aanzienlijke diepte hebben. Inderdaad is dan ook Celebes van Borneo gescheiden door de diepe spleet, welke Wallace aanleiding gaf, hier de scheidingslijn tusschen Azië en Australië te trekken.

Den geheelen volgenden dag voeren wij dicht langs de kust. Terrasvormig achter elkaar verhieven zich lange bergreeksen, in geknikte lijnen, een uitgestrekte „terra incognita". Waarheen 't oog zich wendde prachtig oerwoud, van het strand tot op de hoogste hoogten één dichte, groene mantel. De nacht was reeds aangebroken, toen wij de baai van Palos binnen voeren en een korten tijd bij 't kleine plaatsje Donggala voor anker lagen. In donkere omtrekken kon men een kleine, zachtrondende baai herkennen, omgeven door met dicht bosch begroeide heuvels, en op den achtergrond de weinige lichtjes der huizen. Evenals op de meeste kustplaatsen van Celebes, wordt ook hier het hoofdbestanddeel der bevolking gevormd door Boegineezen, eenige Chineezen en Arabieren, die met de stammen van het binnenland handel drijven. De betrekkingen van agent der Paketvaart en posthouder worden door halfbloeden bekleed. Deze laatste is hier, evenals op vele buitenposten in den Archipel, de vertegenwoordiger van het Gouvernement, en heeft dikwijls als zoodanig grooten invloed.

Nadat lading gelost en ingenomen was ging het in de duisternis van den nacht verder. De volgende morgen deed weer de begroeide, bergachtige kust zien, en tegen den middag ontwaarden we het hooge massief van den Tominiberg. Daarna verlieten we, om kaap Dondo varend, straat Makassar en kwamen in de zee van Celebes. Rechts verschenen de groene eilanden Sĕmatan en Kapĕtan, en om drie uur kwamen we voor Toli-Toli (Tontoli) ten anker.

Hier toont zich een tafereel, zooals het aan de West- en Noordkust van Celebes zich gedurig herhaalt. Een kleine, fraaie baai, blauwgroen water, rondom door weelderig begroeide heuvels omgeven, binnen in en aan den ingang een paar kleine, groene eilandjes, op den achtergrond, aan den oever de plaats, met enkele eenvoudige, op palen rustende hutten en een of twee betere huisjes: de woningen van den agent of van een gegoeden Chinees.

Bij Toli-Toli denke men zich bij het zoo even geschetste tafereel nog den machtigen breeden rug van het Tomini-gebergte op den achtergrond.

Als wij de baai invaren, verlaten booten den oever. Meest zijn het groote, slanke kano's, elk bestaande uit één kolossalen uitgeholden boomstam, maar ook plompe, op prauwen lijkende gevaarten zijn er onder. De luidjes schijnen er niet van te houden riemen te gebruiken, want haast alle vaartuigen worden met kleine pagaaien bewogen. Voor laden en lossen dienen bamboevlotten, door twee kano's gedragen. Een groote menigte rijst, petroleum, huisraad, kisten en kasten werd gelost. Damar, rotan en copra, de voornaamste uitvoerartikelen, worden alleen bij terugkeer naar Makassar ingenomen. Ook eenige Chineesche en Arabische passagiers kwamen en gingen. Ik zelf voer in een kano aan land, waar intusschen niets karakteristieks te ontdekken viel. De slecht onderhouden planken huizen, met borstelig palmblad gedekt en door kokospalmen overschaduwd, rustten op manshooge, dikke palen. Een klein riviertje zocht zijn weg door de

Tontoli (Toli-Toli).

vlakte, waarachter onmiddellijk de bergen zich verhieven. Veel vuil bedekte de dorpsstraat en werd aan 't strand door de eb achtergelaten. De inlanders waren slechts met sarong of lendengordel bekleed, de kinderen liepen naakt.

Daar gedurende het laden de duisternis was ingevallen, moest onze boot, wegens het lastige uitvaren, tot den volgenden morgen voor anker blijven. Daarna ging de reis verder. Een paar minuten werd gestopt in de kleine, fraaie baai van Boesak, waar men slechts drie of vier huisjes uit het groen der boomen zag gluren. Nog eenige uren stoomens, en we waren te Bwool, hoofdplaats van den gelijknamigen vazalstaat. Hier vloeit een groote rivier, die een breede, vóór de bergen gelegen alluviaalvlakte doorstroomt, in zee. Aan 't strand, ter weerszijden van de rivier, bemerkte men een groot aantal hutten. Voor de monding lag een breede zandbank, en de branding (bij het regenachtige, buiige weer van dien dag bijzonder sterk) maakte iedere landing onmogelijk. Derhalve bleven we weer een nacht voor anker liggen wachten.

Bwool was vroeger, evenals Toli-Toli, een berucht zeerooversnest. Sedert het eenmaal duchtig getuchtigd is, drijft het dit edele handwerk nog slechts in 't verborgen; zeker wordt van hier uit ook heden nog menige prauw gekaapt en naar den bodem der zee gezonden.

Den volgenden morgen was de wind gaan liggen, wij konden een boot naar den wal sturen en, vermeerderd met een Engelsch mijningenieur, verder stoomen. Reeds na enkele uren kwam het groene voorgebergte der baai van Palele in het zicht, die wij invoeren. De witte rotsen van koraalkalk, die ons tot nu toe begeleid hadden, maakten plaats voor de donkerder kleur van vulkanische gesteenten, en rechts aan den ingang der baai herkende men de draadbaan en de gebouwen der goudmijnen.

Goudmijn op Celebes.

Ook hier bleven we weer den geheelen nacht voor anker. Ik deed een wandeling aan land, door het dorpje Palele, dat met uitzondering van een inlandschen groote, den minister van den radja van Bwool, niets merkwaardigs aanbood. Verder landwaarts in prachtige plantengroei.en op den weg naar de goudmijn interessante voorbeelden van de concentrisch gelaagde afzettingen, zooals men ze dikwijls aan eruptieve gesteenten waarneemt. De huizen der mijnopzichters lagen schilderachtig tegen de helling van den berg, met wonderlijk schoon uitzicht op de blauwe, witomzoomde baai en het groene voorgebergte, terwijl slanke palmen het tafereel omlijstten.

Ons volgende station was Soemalata, waar wij den volgenden morgen, na een korte vaart, het anker uitwierpen. Ik maakte een uitstapje van eenige uren aan wal, door 't kleine dorp aan 't strand, door palmbosschen, over een schuimende rivier, naar de goudmijn en in het maagdelijk woud, waarheen een voetpad langs de primitieve waterleiding voerde. Zelden heb ik zulk een overvloed van groote, prachtig gekleurde vlinders gezien, en zelfs de vogelwereld liet zich door de nabijheid der mijn niet storen. Evenals in de vorige door ons aangedane kustplaatsen, staat ook hier alles in het teeken van het goud, en verflauwt allengs het oorspronkelijk karakter van 't land. Slechts weinig inboorlingen bemerkt men onder de scharen van vreemde, vooral Chineesche koelies. De breede weg met zijn smalspoorbaan gaat voorbij kleine winkels in wankele houten huisjes en langs de eenvoudige woningen van het mijnpersoneel. Hij is bezaaid met pas uitgebroken steenen, glinsterend van 't ingesprenkelde erts. Slechts hier en daar ziet men de hut van een inlander, meestal tevens een klein winkeltje.

In den namiddag deed onze boot Kwandang aan. Van hier loopt een postweg dwars over het eiland naar Gorontalo, omstreeks 50 K.M. verwijderd aan de bocht van Tomini gelegen. Onder het dichte groen aan den oever en op de kleine eilandjes bemerkte men enkele huisjes, waaronder ook de vestiging van een Duitsche firma; weldra ging het weer verder, thans ver uit den wal, naar Amoerang, waar we den volgenden voormiddag aankwamen; daarmee was het uitgangspunt voor de reis door de Minahassa bereikt.

Voor we Dr. Pflüger op die reis volgen, mogen hier enkele mededeelingen over de bewoners van Zuid- en Midden-Celebes een plaats vinden.

HOOFDSTUK II. EEN EN ANDER UIT 'T LEVEN DER MAKASSAREN EN BOEGINEEZEN; EN DER TORADJA'S.

Nog steeds is het een onopgelost vraagstuk in welke betrekking de verschillende volken en stammen van den Indischen Archipel tot elkander staan. Hebben de grootendeels lichtbruine, sluikharige Maleische stammen en de roetbruine, kroesharige Papoea's in het verre verleden dezelfde stamouders gehad? Op grond van de taalverwantschap beantwoordt menig linguist deze vraag bevestigend, maar hij kan den anthropoloog, die 't oog vestigt op het groote physieke verschil tusschen beide rassen, niet overtuigen. En beschouwt men elk der grootere eilanden afzonderlijk, dan rijst de vraag: zijn de verschillende volksstammen, die elk eiland bewonen loten van één stam, die zich door wisselende bestaansvoorwaarden aldus gedifferentiëerd hebben; of hebben verschillende stammen op verschillende tijden zich op onderscheidene punten van het eiland neergezet?

Gedeeltelijk moge het laatste het geval geweest zijn, in den regel zal wel het eerstgenoemde als het meest waarschijnlijk mogen worden aangenomen. Want op elk der groote Soenda-eilanden vindt men een zekere éénheid van bevolking, waarbinnen zich wel onderlinge verschillen toonen, maar die toch tamelijk scherp van de bewoners van andere eilanden onderscheiden is. Zoo behooren de bewoners van Java stellig oorspronkelijk tot één volk, al onderscheidt men tegenwoordig in hoofdzaak de eigenlijke Javanen van de Soendaneezen in het Westen en de Madoereezen in het Oosten en op Madoera. Zoo mag men Sumatra het eiland der Maleiers noemen, zonder daarbij de eigenaardige plaats uit 't oog te verliezen die zoowel Atjehers als Bataks tegenover hun naaste buren innemen. En zoo zou Celebes het Boegineesche eiland genoemd kunnen worden, met uitzondering wellicht der Minahassa, want bijna over het geheele eiland heeft in vroeger en later tijd Boegineesche invloed zich doen gelden. De woeste Toradja's van Midden-Celebes gevoelen zich geheel afhankelijk van den vorst van 't Boegineesche rijk Loewoe, dien ze haast als hun God beschouwen; en tot ver in 't Noorden, in 't rijk Bolaäng-Mongondau, heeft de Boegineesche macht zich doen voelen.

Wie Boegineezen zegt, voegt er gewoonlijk aan toe: Makassaren; beide volksstammen, één in oorsprong, thans in taal gescheiden, vertoonen ethnographisch zooveel overeenkomst dat ze gevoegelijk gezamenlijk behandeld kunnen worden. Om herhalingen te voorkomen en met het oog op ons bestek worden hier slechts die bijzonderheden uit het leven der bewoners van Zuid-Celebes vermeld, welke bijzonder typisch voor hen zijn, in onderscheiding van hunne overige Indonesische rasgenooten. Derhalve wordt alleen wat langer stilgestaan bij den bestuursvorm in de Boegineesche landen en bij den volksgodsdienst van Zuid-Celebes. Het laatste der hier genoemde onderwerpen zal dan tevens 't uitgangspunt vormen om over het s j a m a n i s m e in den Archipel iets mede te deelen.

De Boegineezen bewonen in hoofdzaak de oostelijke helft van de zuidwestelijke landtong, maar zijn ook veel noordelijker doorgedrongen dan hun Makassaarsche stamverwanten. Deze vindt men in het westelijk deel; de hoofdplaats Makassar en de andere kustplaatsen worden door een mengelmoes van Makassaren met Maleiers, Boegineezen en Javanen bewoond, maar den echten Makassaar heeft men te zoeken in de binnenslands gelegen regentschappen, vooral in het regentschap Polombangking van de Onder-Afdeeling Takalar.

In de kleeding wijken Makassaren noch Boegineezen veel af van het algemeene kleedingtype der meeste beschaafde inlanders: hoofddoek, baadje, en sarong of *kain pandjang*[1]), waaronder meestal een broek. Hun karakter evenwel vertoont eenige sterk-sprekende trekken, waardoor ze zich van vele andere Archipelbewoners onderscheiden. In het grootendeels dorre en steenachtige land der Makassaren, met zijn ruw klimaat (hooge temperaturen, afgewisseld door hevige winden) is de strijd om het bestaan niet gemakkelijk. Door het droge klimaat mislukt menigmaal de rijstoogst, daar de velden bijna geheel van den regen afhankelijk zijn; maïs is dus het hoofdvoedsel der bevolking, en daar de teelt van dit gewas hier telkens verwisseling van bouwgrond vereischt, leeft de bevolking zeer verspreid. Onder deze omstandigheden zijn de Makassaren tot een krachtig, maar ruw volk geworden, moeilijk onder geregeld bestuur te brengen, gewend en in de noodzakelijkheid voor eigen veiligheid alleen op eigen kracht te vertrouwen, en dus in het bezit van een groote mate van zelfvertrouwen en onafhankelijkheidsgevoel. Opvliegendheid, wraakzucht en krijgshaftigheid behooren tot het karakter zoowel van den Boeginees als van den Makassaar; en maar al te gauw is de laatste gereed zijn scherpe *bodig* te trekken om een ondervonden of vermeende beleediging te wreken. Als stoute zeevaarders staan beide volken bekend; inzonderheid der Boegineezen ondernemingszucht en bevarenheid kunnen blijken uit het groot aantal hunner kolonies in de havenplaatsen van alle streken van den Archipel.

Onder zulk een bevolking een geregeld, Europeesch bestuur te vestigen was de zware taak, die het Nederlandsch-Indische Gouvernement wachtte, toen het omstreeks 1860 voorgoed het grootste deel der westelijke kuststrook aan zijn rechtstreeksch gezag had onderworpen. En te verwonderen is het niet dat vele der ingevoerde veranderingen slechts maatregelen op het papier zijn gebleken.

Van oudsher bestaat op Zuid-Celebes een soort van feudalen adel, de Karaëng's en hunne familie-leden, de anak-Karaëng (Anakaraëng). Het criterium of een Karaëng als zoodanig door de bevolking erkend wordt, is het bezit van zoogenaamde „rijkssieraden", op Zuid-Celebes „ornamenten" geheeten. Onder deze voorwerpen, in het Boegineesch *aradjang*, in het

---

[1]) In onderscheiding van de eigenlijke *sdroeng*, die een aaneengenaaide lap lijnwaad, dus een rok, is, wordt in het Maleisch aldus de „lange lap" katoen genoemd, die eenige malen om het lichaam wordt geslagen, en in den gordel ingestoken.

Makassaarsch *kalompowang* genoemd, zijn enkele zaken van waarde, maar
ook een aantal waardelooze voorwerpen, als beentjes, stukjes hout, steentjes
enz., en daaronder een voorwerp, de *gaoekang*, dat als 't gewichtigste bestanddeel beschouwd wordt. Het is een steen, of stokje, of eenig ander ding,
door den oorspronkelijken eigenaar gevonden op een bijzonder verborgen
plaats, onder buitengewone omstandigheden of op geheimzinnige wijze
verkregen. De vereering, aan deze rijkssieraden bewezen, draagt geheel
een fetisistisch karakter: bij de voornaamste Karaëngs heeft men bijzondere
priesteressen, *pinati's* genoemd, die met den dienst van deze voorwerpen
belast zijn. De rijkssieraden worden in het huis van den Karaëng in een

Prins van Gowa en rijksgrooten.

afzonderlijk vertrek bewaard, en zijn slechts onder geleide van de pinati's
te bezichtigen; nu en dan komt een inlander met het verzoek om er een
gelofte bij te mogen afleggen, of er een offer voor ondervonden uitredding
uit ziekte of nood aan te mogen brengen. Bij plechtige gelegenheden
worden ze door de pinati's naar buiten gebracht en aan de eerbiedige
blikken der inlanders vertoond.

Volgens de opvatting van den oud-resident Kooreman is de gaoekang
niet slechts het symbool, maar ook het uitgangspunt der waardigheid van
den Karaëng; de vinder zou eerst de bewaker van het heilig voorwerp
geweest zijn; er werd een huis voor gebouwd, andere voorwerpen werden

er aan toegevoegd, ook gronden, „ornamentsgronden", werden ten behoeve
van de gaoekang gereserveerd, waarvan de bewaker eerst het vruchtgebruik genoot, tot ze ten slotte als zijn eigendom beschouwd werden,
terwijl ook overigens zijn macht zich steeds uitbreidde, maar alleen voor
zoover hij de bewaker en eigenaar van de gaoekang bleef. Hoe het
hiermee ook gesteld zij (en de genoemde schrijver brengt vele argumenten
tot staving zijner opvatting bij), van de tegenwoordige vereering dezer
rijkssieraden vindt men ook in andere deelen van den Archipel tal van
analogiën. Zoo wordt ook aan de Javaansche rijkssieraden (*oepôtjôrô*) en
aan de Maleische (*kabĕsaran*) afgodische hulde toegebracht. De huidige

Pakarena's (koninklijke danseressen) v/d. vorst van Gowa.

vereering kan wel eenige aanwijzing geven van wat men onder *fetissen*
te verstaan heeft: voorwerpen, die hunne godsdienstige beteekenis te
danken hebben aan de „zielestof" die er nog van de voorouders aan is
blijven kleven. Hierbij is dus volstrekt geen sprake meer van een persoonlijk wezen, een geest die vereerd wordt; het is alleen te doen om
die geheimzinnige stof, die den bezitter allerlei voordeelen kan aanbrengen.
    In die streken van Zuid-Celebes nu, waar rechtstreeksch bestuur
werd ingevoerd, zijn van die Karaëngs door het Gouvernement sommige
tot regenten, andere tot districtshoofden aangesteld; zooveel mogelijk
wordt de erfelijkheid van deze betrekkingen in hun geslacht gehandhaafd.

Voor de bevolking evenwel ontleenen zij hun gezag niet aan het Gouvernement, maar aan hun Karaëng-schap; van de ondergeschiktheid van den eenen Karaëng, die tot districtshoofd is aangesteld, aan een anderen die regent geworden is, hebben zij geen begrip; de eene Karaëng kan aan den anderen niet ondergeschikt zijn. Zelfs wordt iemand, die uit het geslacht van een Karaëng voortgesproten is, al is hij niet tot regent of districtshoofd aangesteld, door de bevolking veel meer ontzien en gehoorzaamd dan de officiëele vertegenwoordiger van het Nederlandsche gezag, die op geen Karaëng-rechten aanspraak kan maken.

Dat onder dergelijke toestanden geen krachtig centraal gezag zich

Vorstin van Tanette met hare ministers.

ooit heeft kunnen doen gelden, valt in het oog. Dit blijkt ook uit de bestuursinrichting der zelfbesturende Boegineesche en Makassaarsche rijken [1]). Men vindt aan 't hoofd van zulk een rijk een vorst of vorstin, maar met tamelijk beperkte macht, omdat er tevens een rijksraad bestaat, in Boni en Soppeng zeven, in Gowa negen leden tellende. Daar zij den troonopvolger kiezen worden ze ook wel „kiesheeren" genoemd. In Boni en Tanette moet het Gouvernement deze keuze bekrachtigen. Zeer eigen-

---

[1]) Tengevolge van de militaire actie op Zuid- en Midden-Celebes heeft veel van de nu volgende beschrijving van het inlandsche bestuur slechts historische waarde. Daar de zaken evenwel nog lang niet definitief geregeld zijn vinde ze toch hier een plaats.

29*

aardig is de bestuursinrichting van Wadjoe; dit rijk wordt geregeerd door zes vorsten, met een zevenden, die den titel Aroe Matowa draagt, als president. De zes anderen stellen den Aroe Matowa voor een onbepaalden tijd aan, en kunnen hem ook weer afzetten. Alleenheerscher is slechts de vorst van Sidènrĕng, wiens macht door geen rijksraad beperkt wordt. Klaarblijkelijk is dus over het algemeen op Zuid-Celebes de vorst als de eerste onder zijns gelijken te beschouwen; gemeenschappelijke belangen en gevaren kunnen eenige Karaëng's tot een bondgenootschap gevoerd hebben, waarbij de aanzienlijkste of de krachtigste persoonlijkheid onwillekeurig een zeker overwicht verwierf.

De vorst van Wadjoe.

Ook bij het vazallenstelsel blijkt de groote mate van vrijheid, die aan de leenmannen en achterleenmannen gelaten werd: wanneer de vazallen aan hun verplichtingen tot 't leveren van produkten, materialen en werkkrachten voldoen, zijn ze geheel vrij in het besturen van hun land.

Het „volgelingen"-stelsel, hoewel in zijn oorsprong een bewijs van de rechteloosheid van den gewonen inlander, vertoont toch eveneens weer sporen van de losheid van alle gezag op Zuid-Celebes. Om te ontkomen aan de onrechtvaardige behandeling en willekeur van den kant der Anakaraëng's, zocht de mindere man bescherming bij één hunner, wiens „volgeling" hij werd. De „volgeling" was verplicht zijn heer bij landbouwwerkzaamheden de behulpzame hand te bieden, hem bij te staan en te verdedigen als hij werd aangevallen of bedreigd, in alles zijn bevelen op te volgen, en bij feesten hem kleine geschenken te brengen. Daartegenover moest de Anakaraëng zijn client beschermen tegen willekeur van wien ook; werd een volgeling bestolen of beleedigd, dan was het zoo goed alsof dat zijn heer was aangedaan. Het aantal volgelingen van iederen Anakaraëng hing vooral van diens macht en aanzien af; omgekeerd werden deze door een groot getal volgelingen verhoogd. Ook van de goede behandeling die de volgelingen ondervonden was hun getal afhankelijk, want de band was geheel vrijwillig, en kon van beide zijden verbroken worden. De Anakaraëng kon een volgeling wegens ongehoorzaamheid en wan-praestatie ontslaan; de volgeling kon een anderen heer kiezen wanneer deze hem te drukkenden arbeid oplegde of niet voldoende beschermde. Maar niet licht kwam de volgeling tot zulk een uitersten stap, uit vrees voor de wraak van zijn vroegeren meester.

Het volgelingenstelsel bestaat althans in de binnenlanden nog in volle kracht, en strekt zich zelfs zoover uit, dat menigmaal van daar uit zaken voor den een of anderen „volgeling" door diens beschermheer bij de rechtbanken worden voorgebracht en verdedigd.

Na deze korte uiteenzetting van den maatschappelijken toestand der bevolking van Z.-Celebes een enkel woord over hun godsdienstige denkbeelden en gebruiken.

Reeds in de 17de eeuw heeft de Islam hier ingang gevonden, maar een oppervlakkige beschouwing doet al zien, dat het hier met de praktijk van dien godsdienst vooral niet beter staat dan bijv. op Java en Sumatra. Ja, men kan zeggen dat zóó openlijk als hier de anti-Mohammedaansche uitwassen van het animisme niet op de genoemde eilanden aan den dag treden. Dat groote waarde wordt toegekend aan toover-middelen, amuletten (men denke aan de hiervoor genoemde gaoekang) en voorspellingstabellen is op zich zelf niet in strijd met den Islam, en vindt ook elders in den Archipel zijn tegenhangers. Maar wat te zeggen van de Mohammedaansche gezindheid eener bevolking, die nevens, misschien wel in de plaats van Allâh, goddelijke eer bewijst aan Karaëng Lowé of den „Grooten Heer", een soort nationale godheid van Zuid-Celebes. Jaarlijks worden te zijner eere groote feesten gevierd, waaraan duizenden deelnemen. Volgens sommiger opvatting zou men hierin een overblijfsel van den Çiwa-dienst moeten zien.

Bijzondere aandacht verdient de klasse van personen, onder den naam *bissoe's* bekend, die vooral in de Boegineesche landen grooten invloed hebben. Het zijn *sjamanen*, personen, die de macht hebben, de geesten in zich te doen neerdalen, en alzoo als medium tusschen menschen en geestenwereld te dienen. Het sjamanisme (vgl. pag. 117) is over den geheelen aardbol verspreid, en komt ook in alle streken van den Archipel voor. Een eigenaardigheid bij het Indonesische sjamanisme is, dat de hierbij optredende personen veelal vrouwen zijn; ook mannen houden zich er wel mee op, maar gaan dan gewoonlijk als vrouwen gekleed. Veel overeenstemming heerscht in de verschillende streken van den Archipel in de wijze waarop de nederdaling van den geest, de gemeenschap met de geestenwereld wordt tot stand gebracht; gewoonlijk geschiedt zulks door het branden en laten inademen van wierook, het maken van muziek of eentonig geluid, het uitvoeren van allerlei dansen. Ook de openbaringen van het bezield zijn stemmen overal tamelijk wel met elkaar overeen: het is alsof het medium aan zenuwtoevallen, aan aanvallen van razernij soms, ten prooi is. De orakels worden gewoonlijk gegeven in een zoogenaamde geestentaal, bestaande uit verouderde en poëtische woorden of omschrijvingen, terwijl ook woorden uit vreemde talen gebruikt worden.. Een en ander maakt gemeenlijk de hulp van een tolk noodig, althans wanneer de bezwering plaats heeft om aan den geest vragen te kunnen stellen. Eén punt van verschil evenwel is er tusschen de sjamanen bij sommige volken van den Archipel tegenover die bij andere, dat van veel gewicht is: bij eenige volkstammen hebben zich de sjamanen ontwikkeld tot een soort van priesterschap, tot een afzonderlijken stand, waarvoor een inwijding van nieuw-toetredenden vereischt wordt. Deze ontwikkelingsgang is licht verklaarbaar: zij, die steeds met de geesten in aanraking kwamen, waren 't best in staat aan te geven, wat bij de offers den geesten het meest welgevallig was, wanneer en hoe de offers moesten gebracht worden enz. Vandaar kregen zij langzamerhand de leiding bij de groote offerplechtigheden, en werden al meer en meer de officiëele offerkundigen, de middelaars tusschen de geesten en hun vereerders. Ook begonnen zij van lieverlede zich bezig te houden met alles wat met den godsdienst in verband stond: wichelarijen, bezweringen, geestenbannen enz.

Dezen ontwikkelingsgang hebben o. a. de sjamanen bij de Olo-ngadjoe-Dajaks aan den Barito doorgemaakt. Men vindt onder hen zoowel mannen, die *basir* genoemd worden, en als vrouwen gekleed gaan, als vrouwen, *balian* of *bëlian* geheeten. Vooral treden zij op den voorgrond bij de groote plechtigheden, die bij gelegenheid van de definitieve lijkbezorging plaats hebben, en onder den naam van *tiwah*-feest bekend staan. Evenzoo vond men in den heidenschen tijd in de Minahassa een groot aantal zoogenaamde *walian's*, oorspronkelijk ook sjamanen, aan wier hoofd in elk district een opperhoofd stond; ook zij vormden derhalve een afgesloten stand, en hadden zich geheel tot een priesterschap ontwikkeld, die een groote rol speelde bij de talrijke *fosso's* of groote offerfeesten, welke bij allerlei gelegenheden gehouden werden. Dat ook de bissoe's van Zuid-Celebes zich tot genootschappen vereenigd hebben, zal hierna blijken.

De bovengenoemde sjamanen staan derhalve tegenover die bij andere volken, waar ze geheel zelfstandig optreden. Dit is o. a. het geval met de *si-baso's* der Bataks, personen die in het dagelijksch leven zich met 't een of andere ambacht onledig houden en slechts bij bijzondere gelegenheden zich onder den invloed der geesten stellen. Bij de Bataks heeft men een andere categorie van personen, welke zich met wichelarijen en voorspellingen bezig houden, en daarin hun bestaan vinden, nl. de *datoe's* of *goeroe's* (zie blz. 118).

Een voorbeeld van wat men noemen kan „erfelijk sjamanisme" vindt men onder de Maleiers van de O.-kust van Sumatra, die aan de Brouwer-straat (dus op den Sumatra-wal en op 't eiland Bĕngkalis) wonen. De bewoners der kustdorpen bestaan voornamelijk van de vangst van *troeboĕk*, een soort van elft, die vooral om haar kuit gevangen wordt Deze visschers vormen een bond, aan wier hoofd een vrouw staat, de *djindjang-radja*; hare waardigheid is erfelijk. Haar hoogen rang heeft zij te danken aan de haar toegeschreven bekwaamheid om de geesten, die over de troeboek heerschen, te bezweren. Het gebeurt namelijk wel eens dat in den voor-naamsten vangtijd de troeboek weg blijft. Men wijt dit aan den toorn der geesten over een of ander verzuim; het is nu de taak der *djindjang-radja*, zich met die geesten in contact te stellen en te weten te komen, wat er gedaan moet worden om het verzuimde weer goed te maken. In twee orakels, het een gegeven te Boekit-Batoe, het andere te Bĕngkalis, geeft zij de uitspraak der geesten weder. Al dien tijd is zij als het ware met koninklijke waardigheid bekleed, met gele zijde, de vorstelijke kleur, is de divan overtrokken, waarop zij zich neerzet, en zelfs de Sultan van Siak, wanneer hij bij de bezwering tegenwoordig is, is verplicht haar bevelen te volgen. Dagen lang verkeert zij soms in een soort van geest-verrukking. De inlanders weten menig verhaal van den goeden uitslag der bezwering te vermelden.

De *doekoen's* of inlandsche geneeskundigen op Java brengen wel bij hare genezingen allerlei bezweringen, toovermiddelen en tooverformules te pas, maar van een zich laten bezielen is bij haar geen sprake meer. Dit is nog wel 't geval bij die personen, welke men op Java *doekoen prewangan*, in 't Madoereesch *doekon kĕdjhiman* noemt. De namen duiden reeds aan wat men van deze personen denkt; de laatste is afgeleid van *djhim*, 't Arabische woord *djin*, of geest; 't Javaansche woord heeft tot stam *réwang*, makker, metgezel; dat is dus hier de geest, die tijdelijk bezit neemt van het lichaam der doekoen (ook op Java en Madoera zijn het gewoonlijk vrouwen). Over het algemeen wordt onder de Madoereezen meer waarde gehecht aan dergelijke bezweringen dan onder de Javanen. Soms komt de geest ongeroepen zijn medium bezielen, nl. op Woensdag en Zondag; op andere tijden moet hij worden opgeroepen. Dit gebeurt door het inademen van den rook van *mĕnjan* (wierook) en wordt door den heer C. Lekkerkerker aldus beschreven [1]): „Met het hoofd boven het potje zittende, waarin de mĕnjan brandt, wordt de rook als het ware met de handen voor het gelaat gebracht en ingeademd. Het is onbegrijpelijk, dat de kĕdjhiman daarbij niet stikt. De geest wordt aangeroepen in de eerbiedige taal, afgewisseld door *doa's* (gebeden). Langzamerhand treedt de trance-toestand in. De kĕdjhiman huilt en schreeuwt, slaat met armen en beenen, de oogen draaien rond zoodat soms alleen het wit zichtbaar is, de gelaatstrekken zijn verwrongen en onherkenbaar, de haren fladderen woest om het afschuwelijke gezicht. In dezen toestand is de dhoekon kedjhiman zeer gevreesd, en in ontzetting treden de omstanders achteruit.

„Het binnentreden van den geest gaat van eenige hevige spasmen vergezeld. Daarna worden de bewegingen kalmer en het gehuil gaat over in een regelmatig zacht kreunen, waarna geheele bewusteloosheid intreedt, die soms een halven dag kan duren.

„Op het oogenblik, dat de bewegingen kalmer beginnen te worden, dus even vóór het intreden van de bewusteloosheid, wordt het orakel door den geest uitgesproken. De djhim spreekt door den mond van zijn medium zijn eigen taal, want gewoonlijk is hij geen landsman, maar een Maleier of een Javaan, soms zelfs een Arabier, een Chinees of een Hollander. Dit Maleisch of Javaansch wordt door een helper of helpster in de landstaal overgebracht.

„De geheele plechtigheid maakt een diepen indruk op het gemoed van den Madoerees en daarom hecht hij groot gewicht aan de uitspraken van het orakel. Het geloof aan de kracht van de godspraak is dan ook diep geworteld."

Een bijzonder belangrijke rol spelen de sjamanen bij de bevolking van Zuid-Celebes, vooral bij de Boegineezen. Dikwijls zijn het ook hier vrouwen, terwijl de mannen onder hen als vrouwen gekleed gaan, en zich kenmerken door hun verwijfd uiterlijk. Zij vormen een afgesloten stand, waarin men eerst na allerlei inwijdingsplechtigheden kan worden opge-

---

[1]) Tijdschrift voor Ind. Taal-, Land- en Volkenkunde, uitgegeven door het Bataviaasch Genootschap van Kunsten en Wetenschappen. Dl. 45, blz. 283.

nomen. Zeven à acht dagen duren die ceremoniën, en daarbij hebben dingen plaats, die den oningewijde allervreemdst, ja ongeloofelijk toeschijnen. Wanneer door middel van allerlei litaniën, bezweringsformules, besprenkelingen met wierook en spiegelgevechten de geesten bewogen zijn geworden in de voor hen gereed gemaakte slaapkamer binnen te komen, dan wordt aan den novitius een bad toegediend, dat hem op eens als het ware tot een lijk maakt. Met het hoofd naar 't oosten wordt hij nu neergelegd; aan neus, navel en voeten hecht men vischhaken vast, opdat de levensgeest niet ontvliede. Dagen achtereen blijft de nieuweling zoo liggen; alleen des morgens, wanneer hij gebaad wordt, komt hij een oogenblik tot zich zelven, maar verzinkt daarna weer tot bewusteloosheid. Zijn geest, zegt men, vertoeft dien tijd in het rijk der geesten, die hem in hunne geheimen inwijden. Ook met de benedenwereld moet hij kennis maken, en wordt derhalve soms in een mat gewikkeld te water gelaten, waarna men hem in de nabijheid van het strand laat ronddrijven. De plechtigheden worden besloten met een grooten feestmaaltijd, op kosten van den nu ingewijden nieuwen broeder, die na al de ontberingen wel een flink maal noodig heeft om weer op krachten te komen. Natuurlijk laten ook de andere leden van het gilde zich alles goed smaken.

De bissoe's staan bij de bevolking in groot aanzien, en worden wegens hun bovennatuurlijke krachten zeer gevreesd. Bij allerlei gebeurtenissen treden ze op, bij het vervullen eener gelofte, de inhuldiging van een vorst, de genezing van zieken enz. Op Makassar worden er nog maar weinigen gevonden, maar in de binnenlanden, vooral onder de Boegineezen, hebben ze nog niets aan aanzien verloren. Op welke wijze zij zich in een toestand van bezieling brengen, en wat ze dan al zoo vertoonen, moge blijken uit 't volgend verhaal van een ooggetuige (Pastoor Asselbergs) van nog tamelijk recenten datum (1893):

„Reeds in de vroegte kon men het aan de inlandsche bevolking bemerken dat er iets buitengewoons op handen was. Langs verschillende wegen kwamen zij aan, ouden en jongen, allen in hun beste plunje; om acht uur hoorden wij reeds de tonen der muziek, die de bissoe's in opgewonden toestand moest brengen. En inderdaad, hoewel eentonig, had die muziek door afwisseling van maat, door nu eens zacht, dan weer hard, nu eens langzaam, dan weer snel en sneller te klinken, iets hartstochtelijks, wel in staat om iemand op te zweepen.

„Zoo hadden we reeds twee uren lang van die muziek genoten, toen we aan het geluid der tonen gewaar werden dat de stoet allengskens naderde. Begeleid door eenige lieden met lansen gewapend, omringd door eene groote menigte van volk traden de toovenaars het park der controleurswoning binnen. Zij vormden een kronkelenden stoet langs de perken, die met rozen, crotons en palmen waren beplant. Een zekere zorgelooze wanorde heerschte er bij hun verschijnen. Zij naderden niet twee aan twee op rij als in een geregelden optocht, neen, de een gaat vlugger, de andere langzamer; ge vindt er, die alleen en die met anderen voortwandelen, met soms vrij groote tusschenruimten. Maar toch, hunne neergeslagen oogen, de deftigheid van hun gang, hun stilzwijgen: alles zegt u dat zij overtuigd zijn van hunne waardigheid en in vollen ernst de verrichtingen zullen doen, die van hen verlangd worden.

„Waarlijk, bij het nadertreden bemerken we wederom dat vrouwelijke, dat weekelijke, wat spreekt uit hun kleederdracht, uit geheel hunne houding en uit al hunne bewegingen. We zien onder hen mannen van nog vrij jeugdigen leeftijd, met anderen die den ouderdom reeds zijn ingetreden, eenigen met een gunstig, innemend uiterlijk, met wie men medelijden gevoelt dat zij dit beroep van uitzuigerij en duivelskunsten hebben gekozen; anderen met een afstootend voorkomen, waarop bedrog, geslepenheid, sluwheid en laagheid geschreven staan. Het haar is opgetooid als dat eener vrouw, bloemen en andere sieraden zijn om de lokken gebonden, gouden oorbellen, met kostbare steenen ingelegd, hangen zwaar op de schouders af; armbanden, reusachtig van omvang, insgelijks uit fijn gewerkt goud, omknellen de polsen, terwijl een waaier deftig met de hand op en neer bewogen wordt. Om den gordel, op borst en rug zijn sieraden van verschillenden vorm en grootte van goud en zilver aan kettingen gehangen, die als amuletten moeten dienst doen. Hunne kleeding is bont en veelkleurig; terwijl sommigen meer door opzichtigheid uitsteken, zijn anderen met waarlijk rijke, van zijde en goud gestikte mantels, sarongs, lipa's en slendangs getooid. De onontbeerlijke kris met breed uitgewerkt handvat hangt aan de linkerzijde langs de lendenen af.

„Zoo komen zij in volle statigheid gewandeld naar het huis van den controleur. Daar was geheel de europeesche bevolking vertegenwoordigd; de commandant der benting, de militaire dokter, de inspecteur van het inlandsch onderwijs, die juist daags te voren was aangekomen, met meerdere anderen behoorden tot de genoodigden. Geheel de stoet trad binnen in eene groote galerij aan de linkerzijde van het etablissement. Wij, Europeanen, namen plaats aan een groote tafel, afwachtende de dingen die komen zouden.

„Eerst hurkten alle bissoe's op den grond, terwijl de muziek zweeg. Eenige oogenblikken daarna gaf de *Pocwa-matowa* een teeken, en de gangrang begon te spelen met gematigd, eenigszins langzaam tempo en zacht geluid. We zien hen allen bij elkander, tien in getal, in het midden der zaal voor de tafel staan, de oogen langzaam naar boven slaande; de handen maken langzame, deftige gebaren, ze treden voor- en achterwaarts, met afgemeten passen zich ter linker en ter rechter keerend en om elkander heen en weder draaiend, totdat zij hunne eerste plaatsen weer veroveren. Allengskens wordt de muziek hartstochtelijker, de bewegingen volgen nu sneller op elkander, het schudden van het hoofd, het draaien en wenden der oogen, de gebaren der handen, het door elkander loopen en dansen, geeft iets onrustigs, iets vreesachtigs te kennen. 't Is als zijn ze in tegenwoordigheid van een onzichtbaar wezen, wat zij ontvluchten willen; zoo drukken zij verschillende gemoedsstemmingen uit, ze loopen voor- en achterwaarts en door elkander, wenken met hunne handen en kleederen, dansen en springen met drift, met uitdrukking van toorn, en hoe langer zulks duurt hoe heviger hun gemoedsstemming wordt, tot ze eenmaal op het toppunt gekomen plotseling nederhurken terwijl de muziek nu eens hare tonen staakt. De eerste vertooning is daarmede afgeloopen. Ge hadt het moeten zien met welk een aandacht de neergehurkte inlanders al hunne bewegingen volgden, hoe ze opgingen in hetgeen ze zagen.

„Na eenige oogenblikken vangt de muziek wederom aan. En nu is het of zij smeekend de oogen ten hemel heffen om den bijstand der geesten in te roepen. Met regelmaat volgen wederom de bewegingen der handen, de buigingen des lichaams op de maat der muziek. Ziet, hoe de hand zachtkens het gevest van de kris nadert, hoe zij haar terug trekken, hoe zij wederom nieuwe pogingen in het werk stellen om het wapen te gebruiken, hoe zij immer bij nadering terugtrekken, en dan telkens de oogen ten hemel slaan en op hun aangezicht en door hunne verschillende houdingen de uitdrukking van smeeking, wilsinspanning, toorn en geweld aan den dag leggen. 't Is duidelijk, daar bestaat een strijd tusschen hen en den geest, die de kris bezielt; het kost moeite hem voor zich te winnen. Eindelijk slaan ze de hand aan het gevest, het lemmet schittert buiten de scheede, als in triomf wordt het opgeheven; nu worden de tonen der muziek sneller en immer luidruchtiger en krachtiger; als vertoont zich een· onzichtbare vijand aan hunne oogen zoo zwaaien zij het staal in de rondte, 't is als ontwijken zij hem, als vallen ze hem aan, als wachten ze hem op, als zijn allen in een verwoeden kamp gewikkeld, terwijl de krissen flikkerend woeden totdat ze de overwinning bevochten hebben.

„Nu volgde weer eene andere vertooning. Met opgeheven kris vertoonen zij zich op een rij in het midden der zaal. De muziek begint te spelen en langzaam schermend verheft zich het wapen in hunne hand en daalt neder en zwaait en steekt en strijdt blijkbaar weer tegen een onzichtbaren vijand. Onmerkbaar wordt de muziek weer hartstochtelijk, hetgeen hunne bewegingen en uitdrukkingen getrouw weergeven. Het is inderdaad een prachtig schouwspel hen, met de kris gewapend, de ruimte te zien doortrekken achter elkander, dan een weg zich door elkander banend, dan draaiend en wendend, nu eens zich krommend, dan recht opstaand, terwijl zij altijd toeslaan en afwenden en mikken met de kris, tot zij eindelijk het wapen in woede in de rondte zwaaien, wat verblindend is voor het gezicht.

„Toen de gemoedsspanning haar hoogste toppunt had bereikt, ziet, daar valt een der toovenaars plat voor ons neer en slaat mij, die aan den hoek der tafel gezeten was, met geweld de kris toe, wat met huivering door mijne medegenoodigden werd aanschouwd. Zóó snel was de beweging ten uitvoer gelegd, dat, vóór ik het wist, de punt op mijn borst was gericht. Zich daarna achterwaarts wendend, terwijl de anderen op den achtergrond schermend bleven ronddansen, steekt hij de linkerhand uit; de opgeheven rechterhand laat met een geweldig krachtigen stoot de kris op de uitgestrekte hand nedervallen, doch geen wond; nogmaals heft hij het wapen op, nogmaals daalt het krachtiger neder, doch wederom geen bloedvlek, geen verwonding. Nu wordt de kris vertoond, opdat een ieder zien zou hoe scherp haar punt, hoe scherp hare zijden zijn, en recht vóór ons staande hakt hij altijd forscher, met immer sneller opvolgende stooten in de palm der hand, doch immer te vergeefs, totdat hij nederhurkt, de hand op den grond legt, de punt van het staal daar op zet en met geweld het wapen er in tracht te dringen en te wringen, doch immer met hetzelfde gevolg; eene roode plek alleen is aanwezig, waaruit blijkt dat waarlijk de punt de hand geraakt heeft.

„Terwijl nu deze eerste dit kunststuk vertoonde waren de anderen, de een voor, de ander na, zich bij hun makkers komen voegen; iedereen herhaalde wat de eerste gedaan had en zoo zagen we na eenige oogenblikken een tooneel, waarop een tiental mannen zich met uiterste krachtsinspanning vermoeiden, om zich te verwonden; doch de met kracht en immer grootere snelheid dalende krissen veroorzaakten niet ééne wonde, geen enkelen bloeddruppel. Wederom herstellen zij zich; op ééne rij geplaatst beginnen ze wederom te schermen, de bewegingen hebben op bijna dezelfde wijze plaats als de boven beschrevene. Wederom valt een hunner neder, nu niet voor mij, maar in het midden der zaal, de anderen springen er dansend omheen. Hij aanschouwt eerst de scherpe punt van het wapen, werpt zijn hals achterover en stoot den dolk met kracht in de keel. Tot aller verbazing trekt hij hem ongeschonden terug, nogmaals herhaalt hij den slag en, als ware hij verstoord over zijne onkwetsbaarheid, steekt hij met immer grooter woede, met immer krachtiger stooten in de keel, maar geen letsel deert hem. Nu zet hij de scherpe punt op de keel, met twee handen omvat hij het heft van de kris en stoot en duwt en wringt om het wapen eene wond te doen veroorzaken, maar wederom alles te vergeefs. Zooals vroeger waren hem zijne makkers hierin gevolgd en zoo aanschouwden wij een tafereel, zoo akelig en afschuwelijk als mijne oogen ooit aanstaarden. Het gezelschap had er dan ook blijkbaar genoeg van, zoodat de controleur den toovenaars een teeken gaf de vertooning te staken en naar huis terug te keeren."

Bij de Maleiers der Padangsche Bovenlanden, wederom dus een Mohammedaansch volk, treden de doekoens dikwijls nog geheel als sja-manen op. Ook zij meenen dat ziekten veroorzaakt worden door de afwezigheid der soemangat, die door booze geesten ontvoerd is. Het is dus de taak der doekoen, zich in gemeenschap te stellen met de goede *djihin's* (geesten) om hen te verzoeken, haar behulpzaam te zijn in het opsporen van de verloren soemangat. Nadat op last der doekoen ver-schillende ingrediënten voor haar gereed gezet zijn, gaat zij onder een deken liggen; uit de weldra intredende trillingen harer beenen blijkt het, dat haar soemangat op ·reis is naar het geestenland. Slaagt zij, met behulp der geesten, in haar pogen om de soemangat terug te krijgen, dan zal de patient genezen. Nieuwe trillingen in de beenen kondigen de komst der djihin's aan, die onder aanvoering van de oudste vrouwelijke djihin, Mandé Roebiàh, de soemangat komen terugbrengen. De geluiden, die van onder den deken komen, zijn de stemmen der djihin's: zij ver-zoeken een „titihan" — een vlonder over een diepte — gereed te maken, dat is hier: wat benzöe te branden, om de op de trap staande soemangat te verwelkomen. Terwijl de djihin's worden uitgenoodigd, de gereedstaande spijzen en sirih te nuttigen, geeft Mandé Roebiàh aan hare volgelingen last, de soemangat weer in het lichaam terug te brengen. Dit doen zij onder het opdreunen van verschillende pantoen's. Mandé Roebiah geeft daarna nog verschillende voorschriften voor den patiënt, bepaalt het offer voor den geest, die op deze voorwaarde de soemangat heeft afgestaan, en schrijft zelve de geneesmiddelen voor of laat dit over aan de doekoen. Deze geeft ze pas later op daar ze, pas uit haar bezwijming ontwaakt zijnde, daarvoor nog te zwak is. Zooals men ziet berust een dergelijke geneeswijze geheel op geestenbezwering en treedt dus de Maleische doekoen in dergelijke gevallen als sjamane op.

Groote overeenkomst vertoont deze bezwering met die, bij de Toradja's van Midden-Celebes in gebruik. Als bij hen iemand ziek is, dan is zijn *tanoana* of „zielestof" door *Poeé di Songi*, den Hemelheer, weggenomen. Om haar terug te krijgen wordt de hulp ingeroepen van een *tadoe*, zooals hier de sjamane genoemd wordt. Deze laat haar ziel naar de geestenwereld opstijgen; in een lange litanie schildert zij, de oogen gesloten houdende, de door de ziel afgelegde reis naar boven. Zij begint met te vragen om rijst, ei en kip, die gekookt worden; de tanoana van deze spijzen zal aan den Hemelheer als geschenk worden aangeboden. Vervolgens kruipt de tadoe onder een loodrecht opgestelde sarong van foeja (geklopte boomschors), en beschrijft daaronder zittende haar reis: hoe hare tanoana langs de stijlen van het huis tot aan de nok van het dak opstijgt, om een der met haar bevriende luchtgeesten aan te roepen. (Deze luchtgeesten heeten *woerake* — vandaar dat de geheele plechtigheid met den naam *mowoerake* bestempeld wordt). Deze luchtgeest begeleidt haar nu op haar reis naar zijn land. Daar aangekomen bestijgt zij een prauw, en wel den regenboog; zoodra de prauw bemand is, wordt de wind aangeroepen en deze voert de prauw met de tadoe naar het rijk van Poeé di Songi. Nadat zij bij hem is aangediend, biedt zij hem haar offer aan, ontvangt de gezochte tanoana terug, en giet deze, na haar terugkeer, op het hoofd van den zieke uit.

Genoeg voorbeelden om te doen zien, hoe algemeen het sjamanisme nog in den Archipel verspreid is: niet alleen onder de „heidensche" maar evenzeer onder de Mohammedaansche volksstammen. Genoeg ook om te doen zien, dat ook op Zuid-Celebes het Mohammedanisme nog verre van zuiver is. Toch zal voor een deel zeker aan den invloed van dien gods- dienst (die voor vele laagstaande volken tot op zekere hoogte een goede tuchtmeester kan zijn) zijn toe te schrijven, dat de beide Alfoersche stammen, onder den naam van Boegineezen en Makassaren bekend, zich ver verheven hebben boven hun nog half wilde stamgenooten in Centraal- Celebes. Dáár wonen de nog onvervalschte Alfoeren, die als kleedingstof in hoofdzaak de *foeja* — geklopte boomschors — gebruiken, en bij wie de lendengordel meer gewoon is dan broek of andere beenbekleeding; de sarong (*hoemoe*), gewoonlijk reeds van katoen, dragen ze over den schouder, en gebruiken hem 's nachts als deken [1]). Zij hebben de oude gebruiken bijna onveranderd behouden, en hun beschavingsstandpunt verheft zich nog weinig boven dat van wilden. De naam „Toradja" wordt gewoonlijk afgeleid van het Boeg. To-ri-adja, d. w. z. menschen uit het binnenland; en met „To" beginnen al de namen dier talrijke stammen, die derhalve genoemd worden naar hun plaats van afkomst. Al deze onderscheidingen

---

[1]) Voor de beschrijving der Toradja's werd voornamelijk gebruik gemaakt van de opstellen door Alb. C. Kruyt geplaatst in de Mededeelingen van het Nederlandsch Zendelinggenootschap.

hebben evenwel niet ten doel rasverschil aan te wijzen, want niet slechts de taal, maar ook de zeden en denkwijzen toonen de duidelijkste verwantschap. Zelfs de bevolking van 't rijk Loewoe, aan den zuidkant van Celebes' oostelijke landtong, kan in hoofdzaak nog als oorspronkelijk uit Toradja's bestaande beschouwd worden. De talen dezer stammen vertoonen in alle opzichten meer verwantschap met die der zuidelijke landen, dan met die der Minahassa, waarin overeenkomst met Filippijnsche talen te herkennen is. Eigenaardig is het, dat de Toradja's de verschillende talen of dialecten niet onderscheiden met namen, van 't rijk of 't landschap afgeleid, maar door de verschillende woorden, welke in iedere taal voor de ontkenning gebruikt wordt. De Toradja's van Posso (waartoe we ons hier bepalen), gebruiken daarvoor „barée", de Parigiërs „tara"; derhalve spreekt men van „mobarée" = „de Barée-taal gebruiken", en van „motara" = „de Tara-taal bezigen".

In het heuvelland van 't landschap Posso, dat zich in den omtrek van 't meer van dien naam tot een hoogvlakte verheft, wonen de Baréesprekende Alfoerenstammen in hunne kleine, uit slechts weinige huizen bestaande dorpen, die bijna altijd op een heuveltop gebouwd zijn. In 'naam zijn ze onderworpen aan een der radja's van de inlandsche rijkjes Sigi, Parigi, Todjo en Loewoe; soms wel aan twee of drie van hen; en dit zegt al genoeg omtrent de waarde, die aan deze onderworpenheid te hechten is [1]). Met de levering van een paar slaven en wat foeja, af en toe een gezantschap met wat rijst, sirih en een haan, en een eerbiedige ontvangst wanneer de „heer" of zijn afgezant verschijnt, zijn de plichten der onderhoorige stammen al. ongeveer afgeloopen. Toch kan die invloed van een of anderen despotischen inlandschen vorst genoeg kwaad stichten, en veel goeds tegenhouden. Toen de zendeling Alb. C. Kruyt te Posso een school wilde stichten, was de tegenwerping der Toradja's dat dit toch niet aanging, zoolang hun „heer" te Todjo zelf nog geen school had. Vooral de invloed van Loewoe, eenmaal het machtigste rijk van Celebes, is allerverderfelijkst voor de toestanden op Midden-Celebes. Niet slechts dat de gezantschappen van dien vorst zich op de meest aanmatigende wijze tegenover de vreesachtige bevolking gedragen en door hen met een mengsel van bijgeloovigen eerbied en vrees worden behandeld, maar hij ziet in hen gereede werktuigen voor het volbrengen van zijn

---

[1]) Ook in het hier volgende moesten wellicht eenige werkwoorden uit den tegenwoordigen in den verleden tijd worden overgebracht (vgl. de noot op pag. 451). Maar daar de regeling van nog veel zaken aan den toekomenden tijd blijft overgelaten, is het beter, de beschrijving te behouden zooals zij, vóór het militaire optreden, op schrift werd gesteld.

wil, wanneer hij, om een oproerigen stam te straffen, bevel geeft, bij dien stam koppen te gaan snellen. Om andere bevelen, door de gezantschappen overgebracht, bekommeren de Toradja's zich weinig, wanneer maar eerst die gevreesde heeren uit 't gezicht zijn. Hoezeer ook Loewoe sedert lang van zijn hoogen rang op Celebes is afgedaald, zoo gaat toch vandaar in hoofdzaak alle tegenstand tegenover 't Gouvernement uit, en wordt van Loewoe uit voortdurend geïntrigeerd, om den Hollandschen invloed in Midden-Celebes te keeren. Dr. Adriani zegt hiervan o. a.: „Komt de Controleur aan het Meer, en zijn er Loewoeërs, dan durft hem geen Toradja rijst verkoopen; zijn zij er niet, dan ondervindt men nimmer moeielijkheden van dien aard" [1]. En de zendeling Kruyt vertelt dat hem wel eens, wanneer hij tot de Toradja's van God sprak, geantwoord werd: „De radja van Loewoe is onze God."

De eigen bestuursregeling der Toradja's is patriarchaal; iedere nederzetting bestaat uit één familie, en meestal de oudste daarvan staat onder den naam *kabosenja* aan 't hoofd daarvan. Toch heeft hij niet heel veel macht; alleen die bevelen kan hij doen uitvoeren, welke het algemeen belang beoogen; maar daar hij de rijkste en invloedrijkste is tracht toch ieder liefst met hem op goeden voet te blijven; den voornaamsten invloed evenwel moet hij ontleenen aan zijn bekwaamheid in 't houden van redevoeringen, want daarvoor is de Toradja bijzonder gevoelig; en wie 't laatste woord heeft, heeft bij hem steeds gelijk.

De toch al weinig geregelde orde van zaken in het land der Toradja's wordt nog voortdurend gestoord door de onophoudelijke oorlogen der stammen onderling. De geringste kleinigheid kan soms tot een oorlog aanleiding geven. „Twee hoofden van de Topebato zouden huwen met Tonapoe-meisjes. Alles was reeds afgesproken, toen de Topebato eensklaps van hun huwelijk afzagen, — en de oorlog brak uit" [2].

Wel zijn deze oorlogen niet zeer bloedig, maar ze geven aanleiding tot roof en brandstichting, en alle veldarbeid moet gedurende oorlogstijd stilstaan. Groote troepen vallen soms geheele dorpen aan, kleinere moeten zich beperken tot de huisjes, die als tijdelijk verblijf in de velden zijn opgericht; gewoonlijk echter zijn die in oorlogstijd verlaten. Alles wat weerbaar is in den stam trekt mede, gewapend met zwaard, lans en schild en een aantal amuletten, in een zakje om den hals gedragen, en, om den vijanden ontzag in te boezemen, een muts van apen- of buidelrattenvel op 't hoofd. De stoet wordt voorafgegaan door de *tadoelako's*

---

[1] Meded. Ned. Zend.-Gen., Dl. 45, blz. 162.
[2] Meded. Ned. Zend.-Gen., Dl. 29, blz. 107.

of voorvechters, die op hun muts nog twee blikken of koperen horens dragen, waartusschen een houten menschenhoofd geplaatst is.

Wordt een dorp ingenomen, dan wordt alles wat bruikbaar is geroofd, de rest verbrand; maar 't hoofddoel bij deze tochten is toch het buitmaken van koppen (bij één stam, de Tonapoe, van scalpen) der vijanden. Want de Toradja's zijn nog echte koppensnellers. Het is dus hier de plaats om wat langer stil te staan bij dit gebruik, dat ook bij vele andere volken van den Archipel bestaat, en de verhouding daarvan tot de godsdienstige voorstellingen van 't volk in 't licht te stellen.

De Toradja's snellen koppen in den oorlog; en óm den rouw, die bij den dood van iemand uit den stand der vrijen voorgeschreven is, op te heffen.

Het afslaan van koppen in den strijd zou beschouwd kunnen worden als een uiting van groote woede, of als het middel om zooveel mogelijk zegeteekenen mee uit den strijd te brengen. Maar de verschillende plechtigheden en gebruiken, die ook met deze schedels in verband staan, wijzen duidelijk op den animistischen grondslag van deze gewoonte. Vooreerst de behandeling van den schedel door de deelnemers aan den tocht: elk raakt hem aan om zijn gemeenschap er mee te kennen te geven, en terwijl (op een veilige plaats gekomen) de kop op den grond gelegd wordt met de voorbehoedmiddelen der tadoelako's er om heen, en een offer van sirih en pinang er naast, heffen de strijders, in een kring om den kop geschaard, den krijgszang aan.

In hun dorp aangekomen, worden ze tegemoet gesneld door de achtergeblevenen, die om strijd den schedel aanraken, er aan ruiken, ja sommigen worden door een plotselingen waanzin aangegrepen, die niet eer bedaart, voor ze in den schedel gebeten, en er wat water of palmwijn uit gedronken hebben.

In 't dorp aangekomen, wordt de krijgszang weer aangeheven en nadat men een offer van een hond, en een buffel, varken of geit gebracht heeft, wordt de schedel voorloopig in een rijstschuur opgehangen. Thans begeeft men zich naar de *lobo*, en nadat weer de krijgszang gezongen is, wordt de versperring van dit gebouw weggenomen. De lobo is het geestenhuis der kampong, daar huizen de *anitoe*, de geesten der voorouders, daar worden ook vreemdelingen geherbergd, terwijl de volwassen jongelingen van 't dorp er hun nachtverblijf vinden. De anitoe hebben de krijgslieden op hun tocht vergezeld, en daarom mocht niemand der achtergeblevenen 't gebouw betreden, uit vrees dat de geesten, 't gedruisch hoorende, naar huis zouden gegaan zijn, en de strijders in den steek gelaten hebben.

Verschillende plechtigheden hebben hier plaats, maar nog altijd wordt de schedel er niet in gebracht. Dit kan zelfs maanden duren, want bij die gelegenheid wordt een groote plechtigheid gevierd, waarbij de deelnemers nieuwe, met verschillende kleuren beschilderde hoofddoeken dragen moeten, die vooraf gereed gemaakt worden. Aan den aard der beschildering is het te zien, hoe menigmaal de drager al aan een sneltocht heeft deelgenomen: is de hoofddoek effen rood, dan is hij er pas ééns op uit geweest; teekeningen van karbouwenhorens op den doek duiden aan dat men reeds vijf maal gesneld heeft, enz.

Op het groote feest, ter eere van 't brengen van den schedel in de lobo gevierd, heeft ook tevens de besnijdenis der jongens plaats. Op den schedel zittende ondergaan ze deze operatie; daardoor zullen ze sterk en moedig in den strijd worden. Is eindelijk de schedel in de lobo geplaatst, dan zenden eerst de hoofden der huisgezinnen beurt om beurt gebeden tot de anitoe op. Dit gebed heeft alleen betrekking op den oorlog, en men werpt daarin de schuld op de tegenpartij, de hulp der anitoe inroepende, terwijl men hun (en hierop komt het vooral aan) belooft te zorgen, dat er steeds nieuwe koppen zullen zijn.

Uit de talrijke ceremoniën, welke verder nog plaats hebben, vermelden we hier alleen nog een deel van den zoogenaamden *ento*-zang, dat een samenspraak tusschen de strijders en 't afgeslagen hoofd voorstelt:

Het hoofd: „Van wie is deze wildernis?''

De strijders: „Dit is de wildernis van Maseka.''

Het hoofd: „Ik kijk maar van uit de mand (waarin men 't hoofd vervoert); mijn adem is vermoeid (van 't schokken). Van welke lieden is dit versterkte dorp?''

De strijders: „Dit is ons versterkte dorp.''

Het hoofd: „Van wie is dit geestenhuis?''

De strijders: „Dit is ons geestenhuis.''

Het hoofd: „Van wie is die trap?''

De strijders: „Eene trede is de *awadala*; de andere trede is de *oele rondo*'' (namen der 2 treden van de lobo).

Het hoofd: „Ik ben op de middelste plank in de lobo aangekomen; spreidt mijn matje uit.''

De strijders: „Ik heb het matje uitgespreid. Geeft den gast sirihpinang te eten. Ik heb hem sirihpinang te eten gegeven.''

Tot het opheffen van den rouw na een sterfgeval is bij de Tonapoe een menschenscalp noodig. Bij de meeste Toradja-stammen wordt daarvoor een slaaf of slavin van een anderen stam gekocht; ook wel eens een vrije, n.l. iemand, die van hekserij beschuldigd is, en toch anders door de stamverwanten gedood zou worden. Alleen wanneer men niet in staat is een slachtöffer te koopen, zal men op een sneltocht voor dit doel uitgaan; maar voor vele Barée-sprekers zijn daaraan zeer groote moeilijkheden verbonden, want ze zijn verplicht, dan terecht te komen bij een der stammen met wie ze in erfvijandschap leven, b.v. de Tokinadoe, die ten Z. van Tomori wonen. In oorlogstijd kan natuurlijk een pas gesnelde kop dienst doen.

Heeft men nu een slaaf van een anderen stam gekocht, dan wordt deze onverwacht gegrepen en gebonden. „Men beschuldigt hem van allerlei kwaad, waarvan het slachtoffer zich niet bewust is. Hij smeekt om erbarmen, en zegt dat hij nimmer eenig kwaad heeft gedaan. Dikwijls geeft men hem ten antwoord: „Wanneer gij geen kwaad hebt gedaan, heeft uw vader het gedaan." Als de dag gekomen is, waarop hij zal worden geslacht, grijpt een der verwanten van den overledene het slachtoffer bij het lange haar, een ander geeft hem een niet doodelijken houw in den arm, een derde hakt hem b.v. in den anderen arm, en eindelijk de vierde hakt hem het hoofd af. Zoodra dit is geschied, hakken alle deelnemers op het lichaam in, wat geen andere beteekenis kan hebben, dan dat allen deel willen hebben aan dit offer" [1]). De Tonapoe-Alfoeren martelen het slachtoffer nog veel erger; reeds twee of drie dagen vóór hij ter dood wordt gebracht, graaft men een gat in den grond, waarnaast de ongelukkige, stevig gebonden, neergelegd wordt. Steeds herinnert men hem er aan, dat hij in dien kuil gestopt zal worden, slijpt in zijn tegenwoordigheid de zwaarden, en beproeft hunne scherpte op zijn armen en beenen. De andere stammen dooden het offer in zijn eigen land, en worden door de achtergeblevenen met evenveel hartelijkheid ontvangen alsof ze uit den oorlog terugkeerden. Onder velerlei ceremoniën begeeft men zich naar de stellage, waarop de lijkkist staat, en eenige stukjes van de scalp worden met houten pennen op de lijkkist en op de palen van de stellage bevestigd. Door deze ceremoniën zijn de rouwvoorschriften opgeheven.

Uit de voorafgaande korte beschrijving van al de ceremoniën, welke bij 't koppensnellen in acht genomen worden, blijkt duidelijk, dat men hier niet te doen heeft met een uiting van wraakzucht of wildheid, maar dat de zaak met de godsdienstige voorstellingen der inlanders in verband gebracht moet worden. De schedels in de lobo zijn offers, die men brengt aan de geesten der voorouders; en, naar de Toradja's zelven zeggen, zouden de anitoe hen zelven dooden, wanneer zij met koppensnellen

---

[1]) Alb. C. Kruyt, Het koppensnellen der Toradja's v. M.-Celebes en zijne beteekenis, pag. 43.

ophielden. Ook bij 't doodhakken van een slachtoffer om den rouw op te heffen is 't denkbeeld hetzelfde: 't is een offer aan den pas overledene om mogelijke wraakoefeningen op de overlevenden af te wenden.

Maar nog andere voordeelen levert het buitmaken van koppen op. Immers de zielestof of levensaether van iemand, die een plotselingen dood is gestorven, is nog geenszins verbruikt; ze zetelt wel in 't geheele lichaam, maar toch het krachtigst in hoofd en hoofdhaar; ze kan dienen om de zielestof van den nieuwen bezitter van 't afgeslagen hoofd te versterken, en tevens om den levensgeest van andere personen uit vreemden stam aan te lokken, zoodat men kans heeft, nog meer koppen buit te maken. Dat het om die „tanoana", zooals de Toradja's die geheimzinnige stof noemen, te doen is, blijkt onder meer hieruit, dat een scalp verdeeld kan worden, en dat met één scalp de rouw over verschillende personen kan worden opgeheven; wilde men een beschermgeest verkrijgen, of een afgestorvene een slaaf of slavin in 't zielenland bezorgen, dan kon van een dergelijke verdeeling eener „persoonlijkheid" geen sprake zijn.

Bij andere volken, waar het koppensnellen, of 't eenvoudige slachten van een slaaf of pandeling bij den dood van een aanzienlijke, voorkomt, zooals bij de Dajaks in de binnenlanden van Borneo, de Papoea's op Nieuw-Guinea, de bewoners van Ceram en Zuid-Nias, de Alfoeren van Halmaheira en sommige stammen in de binnenlanden van Timor, vindt men dezelfde animistische denkbeelden aan dit gebruik ten grondslag liggende. Bij de Dajaks aan de Melawi (Wester-Afdeeling van Borneo) evenwel is tegenwoordig bij 't dooden van een slaaf na den dood van een hoofd de uitgesproken bedoeling van deze handeling: den overledene een dienaar in het schimmenrijk te bezorgen. Aan zulk een slaaf, die op de wreedste wijze wordt doodgemarteld, geeft men dan ook allerlei boodschappen mede voor familieleden, die zich al in 't zielenland bevinden. De een zegt tot hem: „Voorzichtig roeien, als je met vader de stroomversnellingen passeert, zorg dat de sampan niet omslaat". Een ander: „Droog hout moet je kappen voor brandhout, vergeet dat niet, anders wordt vaders rijst niet gaar, hoor!" Een derde: „Hier heb je tabak en zout van Sintang, neem dat mee voor moeder. Ga eerst goed na waar zij woont" en dergelijke opdrachten meer [1]). Nu kan het zijn dat dergelijke denkbeelden secundair zijn, en eerst ontstaan waar men meer aan de persoonlijke „ziel" dan aan de zielestof ging denken; in elk geval blijkt ook hieruit, dat niet wreedheid de inlanders tot zulke onmenschelijke praktijken dreef, maar alleen hun godsdienstige beschouwing.

---

[1]) E. L. M. Kühr, Schetsen uit Borneo's Wester-Afd. Bijdr. Kon. Inst. VI. Volgr. Dl. 2, pag. 222.

Slaan we thans nog een enkelen blik in 't leven van den Toradja in vredestijd. Is de Posso-Alfoer niet op het oorlogspad, dan is hij met hart en ziel landbouwer; met den landbouw staan zoowel het grootste aantal zijner feestelijkheden als van zijn offers aan goden en geesten der voorvaderen in verband. Het sterk geaccidenteerde terrein dwingt de Possoërs (met uitzondering van de Tonapoe, die op een hoogvlakte wonen en dus natte rijstvelden kunnen aanleggen) om hun rijst en *miloe* (mais) op droge velden, tegen de hellingen der bergen te verbouwen. De verdeeling van de landbouwwerkzaamheden regelen ze naar den stand van zekere sterren; en bij alle werkzaamheden in den „tuin", maar vooral bij het rijstplanten, geldt het beginsel van onderling hulpbetoon voor de bewoners van een zelfde kampong. Dit verhoogt niet slechts de gezelligheid van het werk, maar heeft ook deze goede zijde voor de deelnemers, dat de eigenaar van den tuin voor een flinken maaltijd zorgt, eerst den avond vóór men begint, daarna nog eens als 't werk is afgeloopen. De rijstkorrels worden geplant in 6 cM. diepe gaten, door de mannen op afstanden van 1 voet met een scherpen stok in den grond gestoken; de vrouwen volgen hen, en werpen in elk gat eenige rijstkorrels. Is alles afgeloopen, en ook 't maal genuttigd, dan worden op dezelfde wijze de maiskorrels tusschen de rijst in geplant.

Het ligt voor de hand dat de Alfoer ook het zoo belangrijke rijstgewas van een „tanoana" voorzien acht; vandaar dat middelen, die deze tanoana kunnen versterken of voeden, gunstig werken op den groei van 't gewas; zoo „voedert" men o. a. de jonge rijstplantjes met rijstepap. Niet minder noodig is het, zich te onthouden van al wat „verboden" (*kapali*, elders *pĕmali* geheeten) is; eigenaardig komt hierbij weder de leer der zoogenaamde sympathie of transmigratie uit; het wegwerpen van rijst in stroomend water bijv. is streng verboden, daar anders de tanoana der rijst eveneens zou worden weggevoerd.

Dat bij de verschillende werkzaamheden de geesten en goden niet vergeten worden spreekt vanzelf: zoowel aan *Poewempalaboeroe*, den Alregeerder, als aan *Poewe-wai*, den god der tuinen, worden offers gebracht. Deze gebruiken zijn voor de Christelijke zending natuurlijk een geschikt aanknoopingspunt om het gevoel van afhankelijkheid van en dankbaarheid aan den Schepper aan te kweeken of te versterken.

Uit een maatschappelijk oogpunt van veel gewicht is de eigenaardigheid dat in iedere maanmaand acht dagen voorkomen, waarin het den Alfoer verboden is, tuinarbeid te verrichten. Daardoor heeft hij gelegenheid, zich ook aan andere nuttige bezigheden te wijden, die hij anders voor 't allesbeheerschende landbouwwerk allicht verwaarloozen zou.

Opmerking verdient het voorts, dat het opgeven van raadsels en het verhalen van fabels, een uitspanning waarvan de Toradja's groote liefhebbers zijn, alleen geoorloofd is in den tijd tusschen de eerste bewerking van den tuin en den oogst; gewoonlijk heeft dit plaats in het huisje, in den tuin opgericht, waar eenigen bijeen zijn om 't gewas tegen vogels en viervoetige dieren te bewaken.

Het grootste feest voor den Toradja is de oogst. In gewone gevallen oogsten alleen de vrouwen; alleen wanneer het noodig is, den oogst vlug binnen te halen, doen ook de mannen mee. De gebruiken, met de „rijstmoeder" in verband staande, werden in algemeenen zin reeds op pag. 320 e. vlg. besproken. Bij den oogst komt ook weer een praktische toepassing van het kapali te pas: de vrouwen, eenmaal met snijden begonnen zijnde, mogen daarmee niet ophouden om te drinken, alleen even om een sirih-pruimpje te nemen.

Een andere verbodsbepaling is van meer ingrijpenden aard: voor hen, die zich in den tuin bevinden, is gedurende den oogsttijd het gebruik van de gewone taal verboden. Men moet dan van andere woorden gebruik maken, of sommige zaken met woorden uit de gewone taal omschrijven: b.v. hout = *kadjoe* wordt: *poawa* = om op den schouder (te worden gedragen) en oor = *talinga* wordt: *pandonge* = waarmede men hoort. Dit eigenaardige verschijnsel, algemeen voorkomende onder de volken van het Maleisch-Polynesische ras, verdient een eenigszins uitgebreider bespreking. Het hangt samen met de verbodsbepalingen in het algemeen, waaronder men te verstaan heeft, dat sommige zaken of handelingen v e r b o d e n zijn, niet door de wet, maar door de adat; en in zooverre de adat de van de vaderen overgeleverde instellingen bevat, zijn feitelijk dergelijke dingen door de geesten verboden. Vandaar dan ook dat men door overtreding meestal niet voor straf van de zijde der menschen te duchten heeft, maar den toorn der geesten zich op den hals haalt. Deze zaken worden, in onderscheiding van hetgeen de Mohammedaansche wet *haram* = verboden noemt, bij de verschillende volkeren van den Archipel met onderscheidene benamingen aangeduid. Veel voorkomende woorden voor deze verbodsbepalingen, vooral in het westelijk deel van den Archipel, zijn afgeleid van den stam *pali* (b.v. *pĕmali* in het Maleisch en Soendaneesch, *kassipali* bij de Makassaren, *kapali* bij de Toradja's); op Sumatra treft men ook het woord *pantang* aan, terwijl 't Javaansch onderscheidene woorden voor dit begrip rijk is; in het Oosten (te beginnen met de Minahassa) wordt van *poso*, *posan* en stamverwante benamingen gesproken.

Sommige van deze bepalingen komen bij al de volken van het wijde gebied met elkaar overeen, andere komen bij 't eene volk wel, bij 't andere niet voor; sommige gelden voortdurend en voor iedereen, andere zijn beperkt tot bepaalde tijden, personen, plaatsen of gelegenheden. Algemeen verspreid is o. a. de gewoonte dat aan zwangere vrouwen allerlei zaken verboden zijn, niet slechts uit een oogpunt van hygiène, maar eenvoudig omdat die zaken nu eenmaal pĕmali zijn: overtreding van deze bepalingen zou voor de kraamvrouw of voor 't kind noodlottige gevolgen kunnen hebben. Zoo mag bijv. een Javaansche vrouw, die in zulk een toestand verkeert, geen dier dooden, niet in de deuropening blijven stilstaan, niet op een *aloe* (rijststamper) zittende, eten, enz. Ook tot den man worden bij vele volken deze bepalingen uitgestrekt: een Batak b.v. mag ook zelf, terwijl zijn vrouw in blijde verwachting verkeert, geen dier dooden.

Niet minder algemeen is het voorkomen van het verbod, zijn eigen naam, dien van ouders, schoonouders, hoofden en aanzienlijken te noemen. Vraagt men aan een Dajak hoe hij heet, dan zal hij liefst een ander, daarbij aanwezig, voor zich laten antwoorden. Vele inlandsche eigennamen zijn ook tevens gewone zelfstandige naamwoorden; ook deze worden dan, althans voor de betrokken personen, aan het dagelijksch gebruik onttrokken. Nog grooter invloed kan dit gebruik op de taal hebben, wanneer men niet slechts de woorden zelf, maar ook die, welke met den verboden naam een gelijken uitgang of ongeveer gelijken klank bezitten, uit de dagelijksche taal verbant. Dit vindt men o. a. in het Galelareesch, een taal, die in het noorden van Halmaheira gesproken wordt: voor de Galelareezen zijn in het algemeen de namen der oudere leden van de aangetrouwde familie verboden. In het uiterste Westen van het Maleisch-Polynesisch taalgebied, op Madagaskar, heeft het verbod zich zelfs uitgebreid tot al die woorden, waarin lettergrepen voorkomen, die ook in den *fady* of verboden naam gevonden worden. Bij volken zonder geschreven taal kan dus het genoemde verschijnsel groote veranderingen in de taal teweegbrengen, door sommige woorden buiten gebruik te stellen en door synoniemen of omschrijvingen te vervangen.

De invloed van de pantang-voorschriften op de taal beperkt zich evenwel niet tot het verbieden van eigennamen of daarmee overeenstemmende woorden. Het bij de Toradja's bestaande verschijnsel van een oogsttaal, dat zijn analogiën vindt bij vele andere volken van den Archipel, is evenzeer van groote beteekenis uit een taalkundig oogpunt. Enkele voorbeelden mogen hier volgen.

Bij de Soendaneezen worden sommige zaken anders genoemd, wanneer er een tijger in de buurt is. Een geit b.v., die in de ruimte onder het op palen staande huis gestald wordt, noemt men dan: 't hert, dat onder het huis woont. De tijger zelf wordt door de Javanen, wanneer er een in de buurt is, Kjai, oude heer, of Toewan, heer genoemd; en bij de Maleiers van Midden-Sumatra gelden voor hem zoowel als voor den olifant allerlei andere verbodsbepalingen, die niet op de taal alleen betrekking hebben. Dat ook dit verschijnsel met 't geloof aan de geesten, in dit geval de voorouververeering, in verband staat, blijkt o. a. al uit de Krômô-benaming van den tijger in 't Javaansch; in plaats van *matjan* wordt hij in de beleefde taal si-mô genoemd, dus zooveel als „Oom" of „Vader". Men houdt dan ook deze dieren, evenzoo de krokodillen, voor een incarnatie van de geesten der voorouders, en vandaar dat ze zoo ontzien worden; liefst zal men ze niet dooden, zoolang ze zich niet aan een mensch vergrepen hebben. In dat geval is hun dood dan ook als een straf, hun opgelegd, te beschouwen.

Bij jagers en visschers op Java schijnen ook nog vele pantang-voorschriften te bestaan, maar in deze richting is nog weinig onderzoek gedaan. Dr. Hazeu vermeldt o. a. de volgende: 's avonds en 's nachts worden vele woorden door andere vervangen; de *oela* (slang) b.v. noemt men *ojod* (boomwortel); de *klabang* (vergiftige duizendpoot) *sěmoet-abang* = roode mier. De kalk, voor de sirihpruim benoodigd, anders *ěndjět* geheeten, noemt men nu *tahi manoek* = vogeldrek. Hier kan nog bij gevoegd worden dat de blauwverver zijn inrichting, *pawědělan* geheeten, liever ook niet bij den waren naam noemt, maar met dien van *madjan*.

Grooter uitbreiding heeft dit gebruik bij de Měnangkabausche Maleiers. Bij hen vindt men n.l. een afzonderlijke taal voor de mijnwerkers in de goudmijnen; men vermijdt het in de mijngroeven, de gewone woorden te gebruiken, uit vrees de geesten van den grond te vertoornen. Iets dergelijks, maar nog weer verder doorgevoerd, vindt men bij de bevolking der Sangir-eilanden, ten N. van de Minahassa. Daar heeft de gewoonte om, wanneer men op zee is, in de eerste plaats voor alles wat met zee, schip en· vischvangst in verband staat, andere woorden te gebruiken, geleid tot het ontstaan van een afzonderlijke zeetaal, het Sasahara. Dit bestaat in hoofdzaak uit omschrijvende benamingen, of synoniemen. Het woord voor varken, *bawi*, b.v. wordt in het Sasahara: *masimboeloengan* = van lange haren voorzien; voor *meo* = kat wordt gebruikt: *mangkahoe-kang* = krabbelaar, en *tahiti* = regen, wordt vervangen door: *mahon-dosang* = dat wat neervalt.

Terwijl nu in het Javaansch, gelijk wij zagen, nog slechts sporen van deze taal-pantangs aanwezig zijn, vindt men in die taal een ander verschijnsel, dat evenzeer aan dezelfde gewoonte zijn oorsprong moet te danken hebben. Tegenover meerderen en door aanzienlijken onderling n.l. wordt in het Javaansch het zoogenaamde Krômô gebruikt, dat is, voor de meest voorkomende woorden worden andere gebruikt, geheel verschillend van de gewone (Ngoko) woorden, of zich onderscheidende door andere klinkers met behoud der medeklinkers, of door wijziging van den uitgang. Zooals nu de Maleiers onder den grond, uit vrees voor de aardgeesten, de Sangireezen op zee, uit vrees voor de zeegeesten, de Toradja's tijdens den oogsttijd, zich van een andere taal moeten bedienen, zoo zullen ook oorspronkelijk de Javanen uit ontzag voor hunne meerderen tegenover hen synoniemen of omschrijvingen van de gewone woorden hebben moeten gebruiken. En niet alleen tot hen, maar ook van hen sprekende, bezigt de Javaan als het bezittingen, handelingen, gemoedsaandoeningen, familiebetrekkingen zijner meerderen geldt, zoogenaamde Krômô-inggil (hoog Krômô)-woorden, voor zoover die bestaan. Bijzondere opmerking verdient het nu, dat vele dier Krômô- of Krômô-inggil-woorden bestaan uit omschrijvingen, namen van een eigenschap voor 't geheel, of wat wij zouden noemen poëtische uitdrukkingen. Een baadje b.v., in 't Javaansch *koelambi* genoemd, heet in 't Krômô *rasoekan*, d. i.: 't geen aangetrokken wordt; een eend, *bebèk*, wordt *kambangan* = dat wat op het water drijft; het Krômô-inggil-woord voor begraven is: *njarèkake*, dat eigenlijk beteekent: te slapen leggen; en dat voor ziek, *gèrah*, wil eigenlijk zeggen: benauwd warm. Hetzelfde verschijnsel merkt men op bij het Sasahara, zooals uit de opgenoemde voorbeelden blijken kan; en opmerkelijk is het dat het gebruik der Sasahara-woorden gedeeltelijk samenvalt met dat van het Krômô in het Javaansch. Maar niet hiertoe en tot het gebruik op zee is het Sasahara beperkt; het vindt ook zijn aanwending in de Sangireesche poëzie. Deze wordt gekarakteriseerd door het parallellisme, het herhalen van een zelfde gedachte of beschrijving met andere woorden, gelijk men dat o. a. ook in de Hebreeuwsche poëzie vindt. Brengt men dit in verband met 't geen over de Javaansche Krômô- en Krômô-inggil-woorden gezegd is, dan kan het mijns inziens niet .betwijfeld worden of wij hebben hier een uiterst gewichtige aanwijzing omtrent de richting, waarin de oorsprong der poëtische uitdrukking gezocht zal moeten worden. Deze zou dan kunnen ontstaan zijn onder invloed van den godsdienst, hier op te vatten als de vrees voor de geesten, die de verplichting oplegde, voor sommige woorden andere, verouderde, omschrijvende te gebruiken. Te dezer plaatse kan een en ander slechts aangestipt worden, en moge er alleen nog aan herinnerd worden dat ook door de mediums (sjamanen) in den Archipel tijdens hun extase van een andere, zoogenaamde geestentaal, gebruik gemaakt wordt, welke eveneens bestaat uit verouderde, omschrijvende, „poëtische" uitdrukkingen en woorden.

Over de andere verbodsbepalingen die in den Archipel gelden, kunnen wij verder kort zijn. Allerlei zaken en handelingen kunnen daardoor getroffen worden, en gewoonlijk worden ze door de inlanders streng in acht genomen. Bijzonder talrijk zijn ze bij den kleinen stam der Badoej's of Badoewi's, die op de helling van den Pagëlaran, in het zuiden van de Afdeeling Lëbak, residentie Bantam wonen. Men beschouwt ze als afstammelingen van hen, die niet voor den Islam hun oude godsdienstige overtuigingen wilden verwisselen; zij hebben steeds hun afzondering van de overige Bantammers weten te handhaven, vooral zij, welke in de drie b i n n e n dorpen, Tji-Beo, Tji-Kartawana, en Tji-Keusik wonen. Bij hen nu geldt voor verboden o. a. het gebruik van tabak, het schrijven, het brengen van paarden in een der binnendorpen, het op andere wijze slapen dan met het hoofd naar het Noorden en nog veel meer, hoofdzakelijk dingen, die op het tijdstip hunner vrijwillige vereenzaming nog niet in gebruik waren. Bij hen heeten deze verboden zaken *boejoet*; denzelfden naam geven de Soendaneezen aan alles wat aan bijzondere families verboden is, in tegenstelling met de algemeen verboden zaken, die pëmali heeten. Dergelijke familieverboden vindt men ook bij de Javaansche aanzienlijken; de leden van de eene familie zullen een bepaald soort kris niet mogen gebruiken, die eener andere een paard van die of die kleur niet mogen berijden, omdat in 's lands kroniek staat opgeteekend, dat een hunner voorvaderen door zoo'n soort kris, of zulk een paard een ongeluk heeft opgeloopen, en daarom die zaken voor al zijn afstammelingen verboden heeft verklaard.

Een practische toepassing der verbodsbepalingen zagen we bij de Toradja's, waar op sommige dagen der maanmaand tuinwerkzaamheden verboden zijn. Iets dergelijks heeft men ook op Ambon, waar de zaak van Gouvernementswege erkend en onder toezicht der Europeesche ambtenaren is gebracht. Het is 't zoogenaamde *sasi*, waaronder men verstaat het verbieden van den pluk der vruchtboomen, die op de woeste gronden der negorij voorkomen. De vruchtboomen dezer gronden, gemeenschappelijk eigendom van alle negorijbewoners, worden van een merk voorzien, of er wordt een droog klapperblad aan bevestigd; aldus worden de boomen ontoegankelijk verklaard en aan willekeurige berooving door enkelen onttrokken. Vooral in den tijd dat de doerian rijp wordt, waarop de Ambonees bijzonder verzot is, wordt het sasi streng gehandhaafd; niet slechts dat men bij overtreding straf van den *këpala kewang*, zooveel als den opperhoutvester, te duchten heeft, maar ook de geesten zouden het er niet bij laten.

Keeren wij na deze uitweiding nog even terug tot ons punt van uitgang, den oogsttijd der Alfoeren, doch slechts om een plaats te geven aan een paar strophen uit een oogstlied, zooals dat bij de Posso-Alfoeren in dien tijd gehoord wordt. In deze oogstliederen bestaat eveneens een parallellisme, waarbij eerst de gewone, daarna de oogsttaal gebruikt wordt, tenzij het rijm afwijking noodig maakt. Om het huis van een of ander hoofd verzameld, scharen zich jongelieden en meisjes in twee rijen, en zingen het oogstlied als beurtzang; b.v.

,,Vanwaar waait de wind? De bladeren der boomen bewegen zich niet.
Waar waait de wind nu? De bladeren der boomen bewegen zich niet.
Daar komt de wind herwaarts, Ik verheug er mij over,
Ik verheug mij, want daar komt de wind herwaarts.
Laat ons naar de zee gaan zien, of zij geschikt is tot zeilen,
Of de golven goed (niet hoog) zijn, laat ons gaan zien de zee.
Haast u gezwind, want de zon is aan het ondergaan.
De zon is aan het ondergaan, dus haast u gezwind.
Als het pad donker is, glijdt gij uit, zooals ik zie,
Als het pad donker is glijdt gij uit op den weg.''

Avond aan avond gaat dit zoo door, en telkens brengen jongens en meisjes voor elkaar bestemde geschenken mee, als zwarte suiker, gambir, sirih, stukken katoen. Op den laatsten avond richt men een pinangstam op, van dwarslatten voorzien; al de genoemde geschenken worden aan de dwarslatten gehangen, en na afloop van den zang wordt alles verdeeld.

Van den Posso-Alfoer, met zijn vrijheidszin, en, betrekkelijk, onbedorven karakter (al uit zich dat ook meer door de afwezigheid van groote ondeugden dan door de aanwezigheid van deugden), is zeker wel wat te maken. Dat zijn oorspronkelijke godsdienst hem niet verheffen kan, bleek uit het meegedeelde omtrent het koppensnellen; een toestand van voortdurende onrust en onzekerheid wordt er door in het leven geroepen. Een ander gevaar is de invloed van Loewoe en andere inheemsche staatjes, door de Alfoeren als souverein beschouwd. Derhalve kunnen Gouvernement en Christelijke zending samenwerken om den toestand der bevolking van Midden-Celebes te verheffen; en inderdaad heeft die samenwerking steeds plaats gehad. Gaan de Alfoeren niet tot het Christendom over, dan zullen ze vroeg of laat den Islam aannemen. Bij de beantwoording der vraag, wat voor hen te verkiezen zou zijn (hier alleen van een maatschappelijk standpunt gesteld), behoeft men zijn blikken niet verder dan het eiland Celebes zelf te richten. In het Zuiden de Boegineezen en Makassaren, sedert eeuwen Mohammedanen, en dus wel geen koppensnellers meer, maar toch nog altijd gereed staande om bij de geringste aanleiding naar het mes te grijpen; het leven van een mensch zeer weinig tellende; in één woord, levende in een maatschappij die nog geenszins geordend kan heeten; in hunne godsdienstige opvattingen trouwens nog nader bij hunne heidensche landgenooten van Centraal-Celebes staande dan bij een middelmatig, niet al te streng en niet al te onwetend, Mohammedaan. In het Noorden de Minahassers, sedert ongeveer een halve eeuw voor het grootste deel tot het Christendom bekeerd. Hoe door dezen overgang

Koppensnellershoed uit de Minahassa.

de uitwendige gedaante van volk en maatschappij veranderd is, daarvan getuigt iedere reiziger, die de Minahassa bezoekt, evenals Dr. Pflüger het doet in zijn hierna volgende beschrijving. Of het alleen bij die uitwendigheden gebleven is? Stellig niet, men leze slechts de verslagen der zendelingen en hulppredikers, die niet verzuimen zoowel op de schaduw- als op de lichtzijden te wijzen. Is vroeger van den kant der zendingsvrienden, gewoonlijk door onbekendheid met de plaatselijke toestanden, wel overdreven, zoodat men de bekeerde inlanders als een soort van halve heiligen beschouwde en beschreef, onbillijk aan den anderen kant is het verwijt dat het niets dan schijn-Christendom zou zijn, omdat in de pas gekerstende inlandsche maatschappij niet alles onmiddellijk van Christelijken geest getuigt. Onbillijk, omdat men vergeet hoeveel onchristelijks er na zoovele eeuwen van Christendom nog in Europa is overgebleven, omdat men een maatstaf aanlegt die voor een maatschappij, zoo kort pas onder Christelijken invloed, niet past. Niet met de Christelijk-Europeesche maatschappij moet die der Minahassa vergeleken, maar met de toestanden, zooals ze nu nog in Centraal-Celebes gevonden worden. Voor 50 of 60 jaren kwam ook in de Minahassa het koppensnellen voor: de nevensstaande illustratie is de afbeelding van een hoed, dien, naar men zegt, hij als eereteeken dragen mocht door wien honderd koppen gesneld waren. Talrijk waren de offerfeesten, gewoonlijk ontaardende in de walgelijkste tooneelen van dronkenschap en ongebondenheid; en een sluwe priesterschap, wier leden bij gelegenheid ook als sjamanen optraden, hield al dergelijke gebruiken in stand om het voordeel dat er voor haar uit voortvloeide. Onrust en onzekerheid, voortvloeiende uit de onderlinge oorlogen der stammen; onzindelijkheid, verwaarloozing der jeugd, grove onzedelijkheid, juist zooals die nu nog op Midden-Celebes bestaan, bestonden vroeger ook in de Minahassa. Neemt men dit in aanmerking, dan is reeds de uitwendige verandering een zaak van niet geringe beteekenis, en neemt men, met de veranderingen van meer beteekenis, gaarne de half-Europeesche kleederdracht op den koop toe. En terwijl Dr. Snouck Hurgronje van den Islam zegt dat hij „de inlandsche bevolking op den duur niet wezenlijk verheft, en den Europeeschen invloed niet dan kwaad spelt", kan de Christelijke Minahassa wijzen op de groote volksvergadering, vóór enkele jaren door den heer van Kol te Tondano belegd, waar onder algemeenen bijval van hoofden en bevolking verklaard werd, dat de Minahassa „een deel van Nederland" wil zijn en blijven.

In het volgende hoofdstuk is weder Dr. Pflüger aan het woord, voor zijne beschrijving van de Minahassa.

HOOFDSTUK III.   DE MINAHASSA.

De lezer zal zich herinneren, dat de groote vulkanenketen, die door den Archipel loopt, zijn weg tusschen de Molukken en de Filippijnen juist over de uiterste noordoostpunt van Celebes neemt. Dit deel van het eiland is de heerlijke Minahassa, het kleinood der Nederlandsche koloniën, door een hoogst merkwaardig volk bewoond, uitmuntende door de schoonheid van hare landschappen — en aan de huisvrouwen bekend door hare voortreffelijke Menado-koffie.

Ook de bevolking, kan men zeggen, is het tegendeel van die we gisteren [1]) nog zagen. In Kwandang waren het nog donkerkleurige, half-naakte kerels; hier echter, als we uit de boot op het zwarte vulkanische zand van het strand springen, zijn we omringd door een schaar licht-kleurige menschen, in den vorm van hun gezicht eenigszins op Japanners gelijkende, krachtige, gedrongen gestalten in katoenen broek en baadje, een zwartvilten hoed op 't hoofd — de Alfoeren der Minahassa, in wie niemand op het eerste gezicht een tak van het Maleische ras zou zien. Overigens moet hier opgemerkt worden, dat de naam Alfoeren slechts een voorbeeld geeft, hoe weinig de anthropoloog raad weet met de menigte volkstypen, die de Archipel hem te zien geeft. Er bestaat geen grooter onderscheid dan tusschen deze Japanners en de donkerkleurige, negerachtige inwoners in sommige streken van Halmaheira, die ook Alfoeren genoemd worden.

In het begin der vorige eeuw nog een halfwild volk, met een fantastisch geestengeloof, de edele sport van koppensnellen en menscheneten beoefenend; thans, onder den invloed van een vaderlijk-despotische regeering, de gedwongen koffiecultuur en de zending, beschaafd, vlijtig, Zondags in een zwart pak naar de kerk wandelend, in de school niet alleen in de kunst van lezen, schrijven en rekenen onderwezen, maar ook — hoor het en sta verbaasd! — Schiller en Goethe lezend.

De menschen zijn vriendelijk, beleefd en toonen den Europeaan den betamelijken, verschuldigden eerbied, die gelukkig nooit in kruiperij ontaardt. Sommige kenners van land en volk zijn wel is waar van een ongunstiger meening; maar ik zelf kan slechts mijn eigen, trouwens vluchtige, indrukken meedeelen. De Nederlandsche regeering verdient werkelijk voor het hier door haar verrichte beschavingswerk onbeperkten lof; hierbij toonen zich alle voordeelen van haar wel langzame en zwaar-wichtige, maar zekere methode [2]).

Amoerang is een onbeduidende kustplaats, maar voor ons interessant, omdat wij hier voor 't eerst kennis maken met de woningen der inlanders. De wegen in de negorij staan loodrecht op elkaar, en worden door bamboeheggen of struiken omzoomd. Rechts en links staan, te midden van vriendelijke, welonderhouden erven, de huizen op dikke houten palen of steenblokken; ze zijn uit planken getimmerd, witgekalkt, en met een stroodak gedekt. Nergens ontbreekt de kleine, vriendelijke voorgalerij, met eenige Europeesche meubelen en een hanglamp. De geheele plaats maakt een indruk van welgesteldheid en behagelijkheid.

---

[1]) Vgl. pag. 446.

[2]) Een ·woord van lof voor de Christelijke zending ware hier stellig niet minder op zijn plaats geweest.

Eindelijk, om zes uur den volgenden morgen, was na een vaart van drie uren Menado, de hoofdplaats der Minahassa, bereikt. Een prachtig panorama strekte zich onder de stralen der morgenzon uit. De zachte buiging der met boomen en huizen omzoomde baai, op den achtergrond; in blauwe verte, de schoone, trotsche kegel van den Klabat (2000 M.), den hoogsten vulkaan; rechts hooge, groene bergen met de toppen van Lokon en Tompaloean; links, eenzaam uit zee oprijzend, het kleine vulkaaneiland Menado Toewa (800 M.).

De boot ankerde op eenigen afstand van de kust en de in herstelling zijnde, maar slechts voor kleine schepen bestemde pier. Met leedwezen zei ik kapitein Schmitz, een zoon van het Rijnland, vaarwel, en dankte hem voor het vriendelijk onthaal, dat hij mij, door mijne ziekte wat veeleischend, had bereid. Weldra was ik, na een zeer tegemoetkomende behandeling van de beambten der inkomende rechten, in het Marinehotel geïnstalleerd, welks vriendelijke eigenaar mij reeds aan boord onder zijn hoede had genomen.

De bevolking van Menado is sterk met vreemde bestanddeelen gemengd. Men ziet er een groote menigte Chineesche en Arabische toko's, een groote passar, en rechts, niet ver van de pier, een oeroud, grauw geverfd fort met grachten, een omheining van aloë's en dreigende kanonnen uit voorvaderlijken tijd. Hier langs gaat de hoofdweg, waaraan de woning van den resident, het postkantoor, het hotel enz. gelegen zijn. In een kleine binnenhaven aan den mond van het riviertje ankeren talrijke prauwen, aan den oever ziet men hout opgeslagen, en eenige op palen in 't water gebouwde hutten. Verscheidene wegen voeren verder het land in, en daaraan liggen de witte huizen der Europeanen en inlanders, te midden van fraaie tuinen. Zeer aardig is een kleine Chineesche tempel met zijn fantastische versiering van vergulde draken en bont snijwerk, door kokospalmen overschaduwd.

In de eerste plaats ging ik mijn opwachting bij den Resident maken; in Nederlandsch-Indië vordert de etikette dat men bij alle bezoeken, ook particuliere, eerst per brief vraagt, of en wanneer het bezoek gelegen komt. Zoo begaf ik mij dan om 11 uur naar den Resident, die mij zeer vriendelijk ontving, den aanbevelingsbrief van den Gouverneur-Generaal in ontvangst nam, bereidwillig mij toestond, de pasanggrahans te gebruiken en mij een aanbevelingsbrief aan de dorpshoofden meegaf.

De vraag die nu beantwoord moest worden, namelijk hoe ik aan paarden zou komen voor de reis naar het binnenland, werd veel eenvoudiger opgelost dan ik mij voorgesteld had, afgaande op de berichten van vroegere reizigers, die van vele bezwaren wisten te vertellen. De hotelhouder van het Marinehotel gaf mij niet alleen uitstekende raadgevingen voor den te nemen weg, maar verhuurde mij ook voor den geheelen duur van de reis een lichte éénspans-buggy, twee paarden en een jongen. Daarvoor betaalde ik de som van ƒ 35 voor de beide eerste dagen, en ƒ 7.50 voor elken volgenden, zeker geen te hoog bedrag in vergelijking met Java en Sumatra; voor den geheelen tijd was ik nu geborgen.

Wie langeren tijd en met veel bagage reist, is genoodzaakt deze 's nachts in een ossenkar vooruit te zenden. Ik stelde mij tevreden met eenige handbagage, die aan de buggy vastgegespt kon worden, en met een voorraad blikjes en wijn. Een jongen bereed het tweede paard; de andere kwam op den smallen bok naast mij zitten, en zoo reden wij

Dorp in de Minahassa.

den volgenden morgen bij 't aanbreken van den dag vroolijk het land in, den weg naar Tomohon op.

De wegen zijn in de geheele Minahassa uitstekend, maar zeer steil aangelegd. De afstanden worden in palen van 1507 M. berekend en door groote witte steenen aangeduid. In Batavia had ik mij de groote gekleurde kaart van het Topographisch Bureau aldaar aangeschaft, die zeer goed en overzichtelijk op een maatstaf van 1 : 100,000 is uitgevoerd. Het is jammer dat de terreinverheffingen er niet met de gewenschte nauwkeurigheid op zijn aangegeven, zoodat men zich niet voldoende oriënteeren kan ten aanzien van de plaatsen waar de weg stijgt.

De weg gaat door aanplantingen, in de schaduw van fraaie boomen, en begint na drie paal het gebergte in te loopen. Uitgestrekte muskaatnoottuinen maken weldra plaats voor den weelderigen, wilden plantengroei der ravijnen. Boven het kreupelhout en de lagere, met slinger- en woekerplanten begroeide boomen steken de prachtige, donkere sagoeweerpalmen en de hooge niboengpalmen uit. Langs den weg staan op korte afstanden kleine, schamele bamboehutten, waar men uit flesschen en bamboekokers den zuren palmwijn schenkt.

Kort achter Lotta, een klein aardig dorpje, wordt de weg van paal zeven tot paal tien buitengewoon steil, en het zou dierenmishandeling zijn, in de buggy te blijven zitten. Voor de moeite van het klauteren wordt men beloond door prachtige vergezichten op de blauwe zee, het groene bergland beneden, en den wondermooien kegel van den Klabat. Bij het dorp Kakaskassen heeft men 't hoogste punt van den zadel tusschen den Lokon rechts en den Mahawoe links bereikt, en in stevigen draf komen we na een rit van zes uren bij de pasanggrahan van Tomohon, eene vriendelijke, zich over een groote lengte uitstrekkende negorij. De temperatuur, in Menado gewoon afschuwelijk, was hier, op een hoogte van 780 M., zeer aangenaam, en te vergelijken met die van een zachten zomerdag in Europa.

In den pasanggrahan vond ik een wel niet bepaald uitstekend, maar toch dragelijk onderkomen. Naar de lengte te oordeelen, scheen het bed voor inlandsche lichaamsgrootte berekend te zijn; en ik was blij, dat ik een paar bussen Hollandsche beschuit bij mij had, want brood was er niet.

In den namiddag bracht ik een bezoek aan den burgemeester van de plaats, hier majoor genoemd. Ik had nu al genoeg gezien, om niet verbaasd te zijn, toen ik in de gezellige, met gemakkelijke, Europeesche meubelen ingerichte voorgalerij door een vriendelijk oud man in zwarte jas begroet werd, die er precies uitzag als een brave Duitsche plattelandsburgemeester. Alleen zette hij mij een zeer veel betere sigaar en een beteren cognac voor, dan ik bij ons te lande onder dergelijke omstandigheden verwacht zou hebben. Hij sprak perfekt Hollandsch, en een weinig Engelsch, en zijn optreden was zoo ongedwongen vriendelijk, dat men in den goeden ouden kerel nooit den kleinzoon van een menscheneter zou hebben vermoed. Wij voerden een gesprek over de gebeurtenissen van den dag, en ik nam afscheid, nadat hij mij beloofd had, den volgenden dag een half dozijn koelies voor de beklimming van den Lokon in Kakaskassen gereed te zullen houden.

Heel in de vroegte reed ik naar Kakaskassen, waar het hoofd van deze negorij werkelijk met de koelies op mij wachtte. Volgens de berichten van vroegere reizigers is men in de Minahassa nog niet tot de erkenning gekomen, dat tijd geld is, en ik had eigenlijk verwacht, ondanks de belofte, niets gereed te zullen vinden. Derhalve weer een gunstigen indruk te meer, die mij tot dankbaarheid stemde, en voldaan marcheerde ik er met mijn lieden op los.

Zacht stijgend gingen we eerst op smalle paden door rijstvelden en koffietuinen, daarna door dicht alang-alang en laag hout. Van den weg was nu eigenlijk alleen het spoor maar te zien, en links en rechts vielen de struiken onder de houwen van mijn koelies. Na krap twee uur stonden wij aan den rand van een grooten krater aan de oostelijke helling van den Lokon, 400 M. onder den top, bij een uitbarsting voor ongeveer 30 jaren gevormd. De boschvegetatie, die het tooneel der verwoesting na korten tijd weer bedekt had, is door de giftige dampen van een solfatara vernietigd, en ver in den omtrek steken doode, witte boomen hun takken omhoog. Beneden deze evenwel kiemt vroolijk jong leven en bekleedt de helling en den bodem des kraters met frisch groen. Verrukkelijk schoon is de blik op den hoog torenenden berg, de lage heuvelen en het dal van Kakaskassen. Nu gaat het steil bergop, eerst door alang-alang, over omgevallen boomen, door dicht struikgewas. Stap voor stap moeten we met het hakmes baan breken. Eindelijk, op omstreeks 1300 M. hoogte, komen we in een woud van grillige pandanen, dat den geheelen top van den vulkaan bedekt. Het onderhout verdwijnt, in de plaats daarvan bedekken dikke lagen scherpgetande pandanusbladeren den grond, en vormen een glibberige baan, waarop we ons, uitglijdend en vallend, naar boven werken. Rechts en links ziet men de merkwaardige wortelstoelen, waaruit dijdikke stengels als reusachtige asperges naar beneden schieten en een welkom handvat bieden. Na twee uren is de hoogte bereikt: een houten paal te midden van dicht alang-alang geeft het hoogste punt aan, in ronde cijfers 1550 M.

Van het verwachte uitzicht toonde zich evenwel geen spoor. Uit den top van een hoogen pandanus genoot ik een kijkje op den half in wolken verborgen Masarang. Al het overige werd door dichten plantengroei afgesloten. Misschien biedt de tweede top een betere gelegenheid. Ik zelf had er genoeg van en klauterde in $2^1/_2$ uur weer naar beneden, naar Kakaskassen. Mijn koelies waren, o wonder! met een gulden per persoon ten hoogste tevreden. De luidjes hadden mij door hun uitgelaten vroolijkheid, hun vergenoegd juichen en volstrekt niet kruipende dienstvaardigheid veel genoegen verschaft, en ik had hun gaarne het volgens Javaanschen maatstaf berekende loon geheel laten behouden; maar door het dorpshoofd werd mij een deel, als te veel berekend, teruggegeven; voor hunne bloedende voeten en verscheurde broeken hadden zij het wel verdiend. Wonderlijk land! Hoe spoedig zal de naïeviteit van uw zeden verdwijnen, wanneer maar eerst de zwerm van globetrotters zich over uw gezegende velden verspreidt.

Nadat de vriendelijke huisvrouw van het hoofd mij een verfrissching aangeboden had, reed ik naar Tomohon terug. Weder verheugde mij onderweg het beschaafde, nette gedrag der inlanders, die zonder uitzondering den vreemdeling met een: tabé, toewan begroetten, de volwassenen daarbij den hoed afnemende, de kinderen met een vergenoegd, vroolijk lachen. Geen spoor van kruiperij, die ons op Java zoo onaangenaam aandoet, maar ook geen brutaliteit en aanmatiging. De mannen dragen het vroeger beschreven kostuum, katoenen broek en baadje, de vrouwen sarong en kabaja. Lief zien de kleine meisjes er uit, met witte korte rokjes, bloote beenen, en lang, zwart, sluik haar. De jongens zijn een verkleinde editie hunner ouders. Wanneer die afschuwelijke, stijve, zwarte, Europeesche vilten hoed er niet was, die in alle stadiën van verval de zevenzoowel als de zeventigjarige hoofden der leden van het mannelijk geslacht bedekt! 's Avonds luidde de klok van het eenvoudige, houten, met stroo gedekte kerkje. De kinderen in de school antwoordden in de maat en zongen allerlei schoone liederen op de wijs van „Heil dir, im Siegerkranz", „Mit dem Pfeil, dem Bogen" enz. Het werd mij te moede alsof ik in 't vaderland was. Op mijn avondwandeling bezocht ik nog het oude steenen graf van een Alfoersch opperhoofd, in den voortuin van een huis niet ver van de pasanggrahan: een merkwaardig gevormde steen met een paar ruwe, menschelijke figuren.

Den volgenden morgen zond ik, om de paarden voor de lange dagreis te ontlasten, een jongen met de bagage per ossenkar naar Kakas. De brave eigenaar van het span vroeg daarvoor eerst tien gulden, maar stelde zich al gauw met drie tevreden. In stevigen draf ging het daarna op een goeden landweg naar Sonder (acht paal). De streek was eentonig: lage heuvels, begroeid met rijst en alang-alang, af en toe een stukje wilde plantengroei. Kort voor het dorpje Lahendong en even daar voorbij waren in de bedding van een beek een paar solfataren en in een melkwitten vijver een zwavelbron te zien.

Links van de kerk in Lahendong voert een steil veldpad, desnoods met een buggy berijdbaar, naar een hoogte, vanwaar men een wonderschoon uitzicht op het kratermeer Linow-Lahendong heeft. De vorm van den ouden vulkaan is duidelijk herkenbaar: zijne wanden zijn met een weelderigen plantengroei bedekt.

In de pasanggrahan te Sonder vertoefde ik eenige uren, om aan de paarden rust te gunnen. Daar alle beschikbare paarden van het dorp op het veld aan 't werk waren, moest ik afzien van den rit naar Tintjep

(3 paal) met zijn waterval. Omstreeks den middag ging het verder naar Kakas (14 paal). De weg gaat tot Kawangkoean door kleine, vriendelijke dalen met rijke vegetatie, en heeft eenige zeer steile hellingen. Een paar beken worden overspannen door houten bruggen, die door groote atapdaken tegen den regen beschut zijn.

Op een veldje in de nabijheid van den weg had juist de rijstoogst plaats, waarbij evenveel overtollige tijd en arbeid werd aangewend als op Java. Op het hoogstens 50 M.^{2} groote stuk grond stonden omstreeks twintig mannen en vrouwen op een rij dicht naast elkaar. Onder eentonig gezang plukte ieder der arbeiders de rijstaren een voor een af en legde ze, zoo zorgvuldig als wij een bouquet binden, in de linkerhand tot een bundel samen. De Regeering heeft beproefd, de menschen een wat snellere methode te leeren, maar zonder gevolg.

Van Kawangkoean loopt de weg bijna vlak, met slechts één verheffing, over Tompasso en Langowan naar Kakas. De dorpen gelijken hier als twee druppels water op elkaar. Goede, zindelijke, rechthoekig op elkaar staande wegen, de huizen, precies als in Amoerang, wit gekalkt, met tuin en bamboepagger. Alles ziet er netjes, welgesteld en vriendelijk uit. Op een pleintje staat de houten, witgekalkte kerk, met groote glasramen en kolossaal stroodak; ter zijde een kleine houten stellage voor de klok. In de nabijheid vinden wij de school, van waar het eentonige, klassikale spellen naar buiten klinkt.

Aan het einde der negorij ligt het kerkhof, waar een menigte eenvoudige, behouwen steenen met opschrift de plaats der graven aanduiden. Daar leest men de echt-Alfoersche familienamen met de meestal Oud-Testamentische en Christelijke voornamen, en menigmaal ook een Bijbeltekst in het Hollandsch.

Het landschap is heuvelachtig, met weinig bosch en kleine aanplantingen bedekt, een vreedzaam gezicht. Kort voor Kakas, waar de weg door uitgestrekte rijstvelden loopt, zien we links een ongeveer 100 M. hoogen, met gras begroeiden krater. Recht vooruit vertoont zich de Klabat, en links liggen de heuvelketenen, die het meer van Tondano insluiten.

In de pasanggrahan aan den oever van het meer vond ik een zeer gezellig en zindelijk onderkomen. De avond was verrukkelijk; met tropische pracht ging de zon ter ruste, van het meer woei een zachte wind over, en het melodische gelui der nabijzijnde kerk mengde zich met het gezang van een vroolijke schaar. De sterrenhemel was zoo wonderhelder, als ik hem slechts zelden gezien heb In het Noorden stond de Groote Beer, in het Zuiden het Zuiderkruis, omgeven door tallooze, dicht opeenstaande, schitterende sterren, waardoor dat deel des hemels zich kenmerkt, en

Venus straalde met zulk een glans, dat ik haar eerst voor een sterk licht op een der naaste bergen hield. Later weerklonk tromgeroffel uit de negorij, en de stem van een omroeper verkondigde op zangerigen toon, welke mannen den volgenden dag in heerendienst aan een nieuwen weg moesten uitkomen.

Met het aanbreken van den dag ging ik langs den oostelijken oever van het meer naar Tondano (15 paal). De nieuwe, op de kaart niet aangegeven, weg voert eerst om de kleine bocht aan den Zuidoosthoek heen, en hier heeft men voor het eerst een uitzicht, waarbij men het geheele meer kan overzien. Breed en rustig ligt het daar tusschen lage heuvelen, die het in het Oosten in onafgebroken rij, hier en daar steil in 't water afdalend, begrenzen. Recht vooruit, in het Noorden, rijst de

Aan het meer van Tondano.

Klabat, ondanks zijn, in vergelijking met de vulkanen van Java en Sumatra, geringe hoogte, als een geweldige reus boven al die dwergen op. Aan de westzijde zijn de heuvels afwisselend van hoogte, met een diepe insnijding. Achter hen verheffen zich de Lokon en de Masarang.

Het meer is 11 KM. lang, 3 tot 5 KM. breed, en zijn grootste diepte bedraagt 25 M. Het is ongetwijfeld geen kratermeer, zooals het in oudere reisbeschrijvingen genoemd wordt, maar een afdammingsmeer, zooals Wichmann het terecht genoemd heeft. Noch zijn vorm, noch de geologische gesteldheid van de omgeving komen overeen met die van een krater. Gevoed wordt het door eenige kleine riviertjes; zijn afwatering verlaat het noordelijk einde van het bekken, stroomt door Tondano, snelt door een diep ravijn in verscheidene fraaie watervallen bergaf en stort zich bij Menado in zee.

De weg blijft eerst dicht bij den oever. Rechts rijzen de prachtig begroeide heuvels steil omhoog. Waar de aarde open ligt, herkent men dikke lagen van vulkanische asch en zand, vermengd met groote blokken van hard, blinkend andesiet. Links heeft men, door bamboe en palmboschjes heen, prachtige uitzichten op den tegenoverliggenden oever. Het meer wordt verlevendigd door kleine, uiterst primitieve houten bootjes, beter: ruwe, uitgeholde boomstammen, waarin de visscher staande voortroeit. Merkwaardig, dat deze plompe, onvaste dingen, bij den ommekeer die al het andere aangetast heeft, behouden zijn gebleven!

Wij passeeren een heele reeks van kleine, vriendelijke dorpjes. Af en toe voert de weg door een vlakke streek met rijstvelden, ongetwijfeld

Woning van den Controleur te Tondano.

vroeger de bodem van het allengs inkrimpende meer. Bij het dorp Eris rijden we voorbij een klein voorgebergte, welks roode lavablokken steenen voor bestrating leveren; kort daarop krijgen we weer een dergelijk vooruitspringend gedeelte, duidelijk herkenbaar als een stroom zwarte, porcuse lava. Nu hebben wij het noordelijk uiteinde bereikt en komen door een groote, bebouwde vlakte te Tondano in het kleine hotel aan.

De plaats, 700 M. hoog gelegen, is na Menado de grootste der Minahassa, en ziet er precies uit als alle overige. Alleen vindt men er meer kerken, scholen en groote huizen der enkele hier wonende Europeanen en der welgestelde inwoners, zich onderscheidende door reusachtige, als torens zoo steile stroodaken. Ook zijn er een paar Europeesche en Chineesche toko's. De smalle rivier van Tondano loopt in bochten door de stad, en van de brug heeft men een bekoorlijk gezicht op het dicht geboomte der aangrenzende tuinen.

Aan het noordelijk einde der stad loopt de weg naar Ajĕrmadidi (15 paal) door het dal der rivier, die bij 't plaatsje Tonsea Lama, ongeveer een kwartier van Tondano, met een prachtigen waterval in de diepe, door steile wanden omgeven kloof valt. Slingerend loopt de weg verder bergaf, door diepe, steile ravijnen met weelderige vegetatie, waaronder de hooge, slanke niboengpalmen, met dunne, groene, door witte ringen verdeelde stammen in 't oog vallen.

Fraai is ook de weg naar Tomohon over den zadel tusschen den Masarang en den Tompoessoe. Door de groote vlakte rijdend passeert men eerst een paar kleine dorpjes, dan loopt de weg, zacht stijgend, de hoogte in, en daalt weder tot Tomohon.

Het schoonste uitstapje is echter ongetwijfeld dat naar Roeroekan, het hoogste dorp der Minahassa, tegen de noordelijke helling van den Masarang, niet ver van den top gelegen. Op een landweg rijden wij in omstreeks $1^1/_4$ uur naar boven, met fraaie uitzichten op den Klabat, de zee, met zijn bochten, bij Kema, en het meer van Tondano, hetgeen, van het dorp af gezien, een betooverend geheel vormt. Het best kan men dit en het uitstapje naar Tomohon vereenigen, door over Roeroekan naar Tomohon door te rijden en daarna op den grooten weg terug te keeren.

Nadat ik deze uitstapjes achter den rug had, reed ik op een morgen van Tondano langs de Westzijde van het meer naar Kakas terug. De weg buigt voorbij Tataäran Zuidwaarts van dien naar Tomohon af en stijgt snel tegen de helling van den vulkaan Tompoessoe. Bij paal 21 gaat het nog steiler bergop. Het is jammer dat 't prachtige uitzicht op het meer meestal door den plantengroei belet wordt, maar het weinige dat ik er van te zien kreeg, rechtvaardigt de lofprijzingen in vroegere reisbeschrijvingen.

In de negorij Remboken, aan den oever van het meer, luidden juist de klokken en wandelden mannetjes en vrouwtjes naar de kerk. Is de dagelijksche dracht der Minahassers al niet mooi, de Zondagskleeding is eenvoudig afschuwelijk. Men stelle zich de mannen voor in wijde, flabberende broeken en buisjes van dun, verkleurd, zwart calicot, de vrouwen in dito rok en kabaja, als een maskerade-domino.

Voorbij Remboken loopt de weg op eenige hoogte langs den oever. Helaas, het uitzicht is ook hier belemmerd; wie het genieten wil, beklimme kort voor Posso de met meterhoog gras begroeide kalkheuvelen. Hij zal de geringe moeite ruimschoots beloond vinden.

Voorbij Posso gaat het weer door rijstvelden over den vroegeren meerbodem, en omstreeks den middag was ik goed en wel in de pasang-

grahan van Kakas· geïnstalleerd, waar de grijze oude mandoer mij vergenoegd ontving. Ik betrok mijn oude kamer, en vond zooals het behoorde
in de gordijnen van het bed nog de lijken der beide muskieten, die ik
voor eenige dagen 's nachts wreedelijk vermoord had.

Daarmede wil ik niet zeggen, dat ik over mijn daad eenig berouw
gevoelde. Ik ben voorzeker zachtmoedig tegenover het schepsel, maar
openlijk belijd ik: geen grooter genot ken ik, dan het vermoorden van
muskieten. Een muskiet sparen is een misdaad; ze staat buiten alle
aardsche en goddelijke wetten. Wanneer er een schepsel is, wien alles
vijandig is, dan is het de muskiet. Wanneer er een schepsel is, dat

Landschap bij Tondano: op den achtergrond de Lokon.

eenvoudig vernietigd, uitgeroeid moet worden, dan is het de muskiet.
Is er een schitterender bewijs tegen de doelmatigheidstheorie der oude
wijsbegeerte te bedenken dan het bestaan der muskieten? Wie is bloed-
dorstiger dan alle tijgers der wereld bij elkaar, zoo niet de muskiet?
Wanneer gij vreedzaam 's avonds bij de lamp zit, om uw dagboek te
schrijven, zooals ik thans, dan gonst ze om u heen, steekt u in handen,
voeten en gezicht. Ge wuift met den zakdoek — het geeft niets. Ge slaat
er tien dood — vergeefs, voor iedere doode staan tien wrekers op.
Vloekend werpt gij het schrijfgerei weg en legt u te bed, nadat gij
zorgvuldig met een lichtje uw klamboe's afgezocht, en alles vermoord
hebt, wat ge kunt vinden. Ge slaapt in, maar reeds na eenige uren

ontwaakt ge weer, handen en gezicht krabbend, met het zachte gezoem om uw ooren. Ge maakt licht, en waarlijk, daar zit ze, een enkele maar, 't achterlijf zoo dik als een druif van uw levenssappen. Kets, dood is ze. En zoek nu het gat, zoo groot als een erwt, waardoor ze binnengedrongen is, en maak het toe, anders begint de geschiedenis weer van voren af aan.

Nu, de pasanggrahan van Kakas was goed, maar het muskietengaas slecht, en dezen nacht hadden er verscheidene slachtingen plaats. En zooals het bij veldslagen veelal het geval moet zijn, de hemel betrok, en 's morgens vroeg regende het bij stroomen, toen ik de buggy besteeg om naar Liwoetoeng te rijden. Maar ik had geluk. Weldra sloten de sluizen des hemels zich, en openden zich in den loop van den dag slechts dan weer, als ik juist in de nabijheid van een dier talrijke, overdekte, bruggen was.

Liwoetoeng, aan de zuidhelling van den Sapoetan (19 paal), zou mijn nachtstation vóór Totok zijn. Eerst reden we langs den ons bekenden weg tot Langowan, dan door dicht bosch, en eindelijk steil tegen den zadel tusschen Soepoetan en Kawatah op. Bij paal 37 was het hoogste punt bereikt, en ongeveer een uur lang ging het naar beneden door een heerlijke boschkloof — een verkleinde uitgave van de Aneikloof in de Padangsche Bovenlanden. Jammer maar, dat de omlaag voortbruischende beek door dicht struikgewas aan het oog onttrokken was. Het dorp Pangoe werd gepasseerd, en steeds bergaf ging het voort door grootendeels onbebouwd, met laag hout begroeid land tot Ratahan (13 paal). Welk een oppervlakte vruchtbare grond wacht hier, gelijk in de geheele Minahassa, nog op den ploeg! Dicht bebouwd land heb ik gedurende de geheele reis alleen in de vlakten van het meer van Tondano gezien, waar een groene zee van rijstvelden in den wind golft. Anders wisselt dicht bosch af met kleine, in den onmiddellijken omtrek der dorpen liggende aanplantingen.

Voorbij Ratahan ging 't bergop, bergaf, over beken en bruggen, met fraai uitzicht op de zee, tot ik bij den pakhuismeester van Liwoetoeng mijn intrek nam. In bijna alle grootere plaatsen der Hollandsche koloniën [1] valt den reiziger een groot, zwartgeverfd, houten gebouw op, dat goed afgesloten is. Het is het Gouvernementspakhuis, waarin de door de bevolking opgeleverde koffie wordt opgestapeld. De opziener, steeds een inlander, is een persoon van eenig gewicht. Van zijn gunst (evenals zooveel in de wereld voor het goud niet ongevoelig) hangt ten deele de mate

---

[1] Voor zoover Dr. Pflüger die bezocht.

van onaangenaamheden af, die voor de inlanders met de levering en in-ontvangstname van hun produkt verbonden zijn.

Ik stapte derhalve af bij dezen man, die mij bereidwillig een goed bed voor den nacht afstond. Het huis onderscheidde zich alleen door zijn bouwstijl van een boerenhuis in Duitschland; binnen een paar eenvoudige kamers, met gewone Europeesche meubels en bedden, aan de wanden portretten der familieleden, enz.

Na het middagmaal hield ik met hem een ernstig gesprek over mijn doorreis naar Totok. En toen vernam ik, dat de nieuwe, slechts te voet of te paard begaanbare boschweg door den regen der laatste dagen in een ontzettend moeras veranderd was. Ik was derhalve gedwongen, per as nog acht paal verder naar de kustplaats Belang te gaan, daar den nacht door te brengen, en den volgenden dag met een bootje naar Totok te varen.

De weg ging bergaf door vriendelijke kleine dalen en ten slotte over vlak kustland, waar ik voor het eerst in dit land een groote koffieplantage zag. De meeste zijn in het Noorden, op de hellingen van den Klabat gelegen. Weldra was Belang bereikt, en als met één slag iedere herinnering aan de Minahassa verdwenen. Boegineezen met bruine gezichten vulden de dorpsstraat, de huizen zagen er slechts nauw merkbaar zindelijker uit dan hunne collega's aan de Noordkust, en de pasanggrahan, die onder een Boegineeschen opzichter stond, was erg gammel en onzindelijk.

In den nacht had er tot afwisseling een hevige aardbeving plaats, die verscheidene minuten duurde, en het huis geducht door elkaar schudde. Hier te lande maakt men van zulk een natuurverschijnsel even weinig ophef als bij ons van een onweer. De voorstelling van de „vast gegrondveste aarde" ontbreekt aan alle bewoners van deze vulkanische streken. Voor hen spreekt het van zelf, dat de grond ook wel eens schudden kan. De paarden hinnikten, de menschen in huis luisterden, of de zaak erger zou worden en legden zich gerustgesteld op het andere oor.

Drie uren varens in een lange, smalle, door peddelriemen voortbewogen kano brachten mij den volgenden morgen naar Totok. Weer hetzelfde landschap als aan de Noordkust: blauwe baaien, groene eilanden, steile, rotsachtige, dicht beboschte oevers en getande bergen met hun mantel van oerwoud. En beneden in het kristalheldere water een wonderbare koraalwereld, in doffe groene en roodbruine kleuren, verlevendigd door honderden schitterend groene en ultramarijnblauwe vischjes.

In Totok stonden aan het strand slechts enkele loodsen van de goudmijnmaatschappij, die aan de armzalige hutten van de plaats beteekenis geeft. Ik vond een vriendelijke ontvangst in het huis van haren vertegenwoordiger, en vlug werd mij een paard bezorgd, waarop ik den circa zeven mijl langen weg naar de mijn zou afleggen.

Na een korten rit over vlak, moerassig kustland begon de weg de steile en bezwaarlijke klimming, het gebergte in. Rechts en links dicht, maagdelijk woud; slanke, door lianen omslingerde boomreuzen, hier en daar witte kalkrotsen te voorschijn komend. Af en toe verbreedde zich de weg tot een open plaats in 't bosch, waar verkoolde en omgehouwen stammen op den grond lagen, planken voor de herstelling der talrijke bruggen gezaagd werden, en in kleine maistuinen de hutten der arbeiders lagen. Eindelijk, na twee uur klauteren, was de hoogte bereikt, en nu ging het bergaf in een groot boschdal. Beneden zag men de huizen der nederzetting, en de steile bergwand rechts was met witte puinhoopen en kabelsporen bedekt. De vriendelijke directeur gaf mij een gids mee, daarna klauterde ik in en tusschen de horizontaal in den berg geboorde mijngaten rond.

De mijn is een geologische curiositeit. De kalkmassa van den berg is doorweven met goud bevattende kwartsaderen. Daar voegt zich een donker dioriet bij, dat op verscheidene plaatsen te voorschijn treedt en misschien gangen in de kalk of in het daaronder liggende gesteente vormt. Op vele plaatsen van den weg treft men alle drie de gesteenten dicht naast elkaar aan, en het zal bij de dichte boschbekleeding geen gemakkelijke taak zijn, den geologischen bouw te ontdekken.

Door de mijngaten worden de goud bevattende kwartsgangen aangeboord, vervolgens het gewonnen materiaal in een stamperij verbrijzeld en het goud door spoelen afgezonderd. Dit alles klinkt zeer eenvoudig, maar men moet bedenken dat de plaats van de mijn zoowel als de daar heen leidende weg voor weinige jaren nog dichte wildernis was. Welk een moeite en geld moet het gekost hebben, de machines ter plaatse te brengen, en de gebouwen in te richten, voor aan een geregelde exploitatie gedacht kon worden.

Donkere nacht was het, toen ik in mijn huisje aan 't strand aankwam, om spoedig daarop den slaap des rechtvaardigen te slapen. Toen ik des morgens ontwaakte, was aan den horizont de stoomer al zichtbaar, die, van Makassar over Menado komend, mij naar de Molukken zou brengen.

Tot laat in den namiddag bleven wij in de baai voor anker, daar het lossen van zware machinedeelen voor de mijn groote moeite veroorzaakte. Eindelijk was alles gereed; ik voorkwam nog juist dat mijn koffers, die men in Menado aan boord gebracht had, bij vergissing ook gelost werden, en de reis ging verder.

Al zeer vroeg voeren we den volgenden morgen de prachtige haven van Gorontalo binnen. In de kale, steile granietbergen van de kust ontsluit zich hier een breede poort, waardoor zich de rivier van Gorontalo een uitweg gebaand heeft. Deze bergen sluiten de achter hen gelegen vlakte als een muur tegen de zee af. Door de opening ziet men een wijde, groene vlakte, op den achtergrond de lijnen van blauwe hoogten. Daar liggen, onttrokken aan onze blikken, Gorontalo en het meer van Limbotto. Wij ankeren aan den linker oever der trechtervormige monding van de rivier, waar de granietrotsen steil in zee vallen, hier, evenals er tegenover, slechts plaats latend voor een paar loodsen en kantoren. Een bootje brengt mij naar de andere zijde, waar de rijweg langs den voet der bergen in enkele minuten naar Gorontalo voert.

Gorontalo is de uitvoerhaven voor den handel van de Tomini-bocht. Men bemerkt aan den ingang van de stad een klein fort, verder de societeit, het fraaie, tot hotel dienende huis van den agent der Paket-vaartmaatschappij, en een paar straten met Chineesche winkels.

De bevolking bestaat uit Boegineezen; ze hebben dezelfde dracht als de menschen van Makassar. Alleen zijn de korte broeken der mannen tot niets meer dan zwembroekjes ingekrompen, en ziet men levendige kleuren. Gele hoofddoeken, roode en gele sarongs maken bijzonderen indruk op het oog, gewend aan de matte kleuren der Javaansche dracht. De vrouwen omhullen het hoofd met de sarong, die ze onder het gaan met opgeheven armen uitspreiden, zoodat 't is alsof hun gezicht uit een door den wind opgeblazen, open zak kijkt.

Tweewielige, met ponney's bespannen wagentjes zijn gemakkelijk te krijgen, en met zulk een reed ik langs den weg naar Kwandang, naar het meer van Limbotto. De rit was niet bepaald interessant. Links en rechts de wankele, bouwvallige hutten van de inlanders op palen, dikwijls in 't moeras staande en door sago- en kokospalmen, mais- en pisang-aanplantingen omgeven. Kort voor paal 8 gaat een weg links af, die in tien minuten naar de warme bronnen, Ajërpanas, leidt. Temidden van een vuile, leemige kleine vlakte borrelt een beetje heet water op en vormt een paar waterloopjes. Een half uur verder ligt de onbeduidende vuile plaats Limbotto, de hoofdstad van het gelijknamige vorstendom, midden in het moeras, dat het groote, vlakke, alle bekoring missende meer omgeeft.

Omstreeks den middag was ik weer aan boord. „Celebes I had done" — zooals de globetrotter zeggen zou, en voorwaarts ging het door den blauwen vloed naar Ternate, naar de Molukken.

———

DE MOLUKKEN EN NEDERLANDSCH NIEUW-GUINEA.

HOOFDSTUK I. TERNATE EN BATJAN.

Tusschen Celebes en Nieuw-Guinea strekt zich een diepe zee uit, waarvan de bodem van het Noorden naar het Zuiden doorploegd is door een aardspleet, waarlangs zich de vulkanen der Moluksche eilanden als zoovele geweldige veiligheidskleppen scharen. Het zijn eenige groote, en een ontelbare menigte kleine eilanden; vele der laatste bestaan slechts uit een enkelen uit zee oprijzenden vulkaan. Gemakkelijk zijn ze tot twee hoofdgroepen te brengen, namelijk vooreerst Halmahera of Djilolo met zijn trawanten, en ten tweede Ceram, Boeroe en de Ambonsche eilanden, benevens de Banda-groep, met welken verzamelnaam wij de Aroe- en Kei-eilanden, en de reeks eilanden van Wetter tot Timorlaoet aanduiden. Vele eilanden dragen werkzame of uitgebluschte vulkanen, of tenminste de sporen van jong-vulkanische werkzaamheid; maar ook zulke, die niets meer dan opgeheven koraalriffen zijn, ontbreken niet.

Door natuurschoon, vruchtbaarheid, waarde hunner produkten, zoowel als door de merkwaardigheid hunner fauna en flora zich onderscheidende, waren de Molukken voor eeuwen het voorwerp van heeten strijd tusschen de handeldrijvende en koloniale machten van Europa, en zijn zij tegenwoordig het Dorado van den natuuronderzoeker, voor wien ze een onuitputtelijke bron van steeds nieuwe ontdekkingen vormen. Aan de wereldmarkt leveren ze hun kostbare specerijen, den geleerde verrukken ze door de menigte en de schoonheid hunner vogels en insekten, vooral van hunne vlinders. Karakteristiek zijn hunne prachtig gekleurde papegaaien, duiven en ijsvogels, bij welke zich in het Oosten ook enkele paradijsvogels voegen, wier eigenlijk vaderland Nieuw-Guinea is. Daarbij komen verder merkwaardige hoenders, en de kasuaris op Ceram, Boeroe en de Aroe-eilanden. Het aantal zoogdiersoorten is beperkt; wij treffen op Batjan den Celebes-baviaan, op Boeroe het babi-roessa (hertzwijn) aan, op bijna alle eilanden herten en zwijnen, en als bijzondere eigenaardigheid eenige kleine buideldieren, die de nabijheid van Australië aankondigen.

De bevolking is op vele der kleine eilanden, tengevolge van de oorlogen, die om het bezit van den schoonen archipel gevoerd werden, en van het levendige handelsverkeer, zoo gemengd, dat er van een oorspronkelijke bevolking zoo goed als niets meer over is. Voor de waarschijnlijk autochthone, althans vóór zeer langen tijd geïmmigreerde stammen wordt gewoonlijk de naam Alfoeren gebruikt, hetgeen echter niet meer dan een naam is. In 't algemeen kan men zeggen, dat van het Westen naar het Oosten het Maleische type met een groot aantal overgangen in het Papoeasche overgaat. In de aanzienlijkere handels-plaatsen komt er nog een duchtige dosis Portugeesch en Hollandsch bloed bij; en al deze elementen, te zamen met scharen Arabische, Chineesche en Maleische handelaars van verschillenden stam, en vreemde *koelies* geven aan de kustplaatsen een eigenaardig kosmopolitisch karakter. Op vele eilanden hebben het Christendom en de Islam wortel geschoten. Maar bij haast alle proselieten zijn heidensche gebruiken onverzwakt blijven bestaan, zooals de reiziger tot zijn droefheid bemerkt, als hij van een zoogenaamden Christen diens huisgoden zou willen koopen, maar ze voor geld noch goede woorden kan bekomen.

Op vele plaatsen oefenen de Hollanders slechts een schaduw van gezag uit; uitgezonderd op eenige plaatsen, die al lang met de beschaving in aanraking zijn geweest, bestaat de handel bloot in het opkoopen der bosch- en andere produkten: copra, paarlemoer, damar, tripang enz. Evenals op de groote en de kleine Soenda-eilanden wachten hier nog reusachtige oppervlakten van den maagdelijken bodem, in het groene donker der heerlijke oerwouden, op den ploeg. Groote eilanden, zooals Halma-hera, zijn nog nooit geheel door een Europeaan doorkruist, en hier zoowel als op de zuidelijke eilanden mogen wij nog van toestanden spreken van volkomen wildheid, met kannibalisme en koppensnellerij verbonden.

De Halmahera-groep vormt, te zamen met Nieuw-Guinea, de resi-dentie Ternate, al het overige hoort onder de residentie Amboina. Het Gouvernement wordt op de kleinere eilanden vertegenwoordigd door een posthouder, bijna altijd een halfbloed. Europeanen, wien men vroeger dezen post toevertrouwde, onttrokken zich door zelfmoord aan het ver-schrikkelijke leven onder wilden. Ook Europeesche kooplui treft men, behalve op de hoofdplaatsen, slechts zeer zelden aan. De handel is bijna overal in handen van Arabieren, Chineezen en Boegineezen.

Desniettegenstaande zijn de stoombootverbindingen uitstekend. De fraaie booten der Paketvaartmaatschappij doen zelfs de afgelegenste plaatsen aan, en, het moet dankbaar erkend worden, de Maatschappij stuurt niet slechts hare oudste kasten daarheen, maar volgens een bepaalde beurt maken zelfs de nieuwste booten hun opwachting voor de dorpen der wilden. Men kan van Makassar om de twee weken direkt of over Noord-Celebes, Ternate, Batjan en Boeroe naar Amboina. Van hier uit kan men maandelijks op een reis van $2^1/_2$ week Banda, de Kei- en Aroe-eilanden, Dammer, Wetter, Kisser, Letti, Babber, Selaroe, Larat, Skröe en Sekar aan de Mac-Cluer-golf op Nieuw-Guinea, Gisser op Ceramlaoet en alle twee maanden ook Merauke op Zuid-Nieuwguinea bezoeken. Eens in de twee maanden worden van Amboina uit Wahaai op Ceram, Gani en Patani op Halmahera, Saonek op Waigeoe, Samate op Salawati, Sorong, Doreh, Roon, Ansoës, Djamna en de Humboldtsbaai op Nieuw-Guinea aangedaan.

Na acht en twintig uren stoomens van Gorontalo wierp de boot laat in den avond voor Ternate het anker uit. Een heerlijk panorama werd door de morgenzon beschenen. Vlak in de nabijheid de breede, afge-stompte kegel van den vulkaan van Ternate, die zich met zachte, allengs toenemende helling uit de blauwe zee verheft, tot aan den top bedekt met groene plantages en oerwoud. Daar tegenover het bergachtige eiland Tidore, aan het zuidelijk uiteinde daarvan de Piek van Tidore (1600 M.), een prachtig regelmatige spitse vulkaankegel. Niet ver van daar de kleine Meitari, die er uitziet als een jongere broeder van den Piek van Tidore; in de verte blauwen de bergen van Halmahera, en de vulkaan-eilanden Mareh, Motir en Makjan.

Verscheidene van deze vulkanen, waarbij nog eenige op Halmahera gevoegd moeten worden, zijn nog werkzaam. Verwoestende uitbarstingen zijn niet zeldzaam, en aardbevingen behooren bij het dagelijksch brood. Hier, waar alle vaste grond niets meer is dan een uitbarstingsprodukt, een molshoop midden in den oneindigen oceaan, die in evenveel minuten ineenstorten kan, als hij eeuwen voor zijn opbouw noodig had, hier kan men veel minder zich tegen een gevoel van onrust verzetten, dan wanneer men uit een oeroud vastland een vuurstraal ziet oprijzen.

Het eiland Ternate bestaat alleen uit zijn vulkaan. Op de smalle, vlakke kusten zijn eenige dorpen en visschershutten gevestigd, en de hellingen zijn tot op groote hoogte bebouwd.

Ternate is de hoofdstad van het eens machtige sultanaat van dien naam. Voor driehonderd jaar nog ging de Sultan rond met een schitterend gevolg, pronkend met goud en diamanten, die hem door den voordeeligen handel in de beroemde specerijen der Molukken verschaft werden. De Portugeesche, en daarna de Hollandsche heerschappij trok hem langzaam maar zeker den grond onder de voeten weg, zijn bronnen van inkomsten stond hij af voor een vast jaargeld der Regeering, en thans is hij niets meer dan een schijnvorst, zooals zoovele zijner kleinere collega's in den Archipel. Nog altijd echter strekt zich in naam zijn heerschappij uit over een flink stuk van de aardkorst, namelijk een groot deel van Halmahera, een menigte naburige eilanden en het landschap Toboengkoe op de Oostkust van Celebes. Zijn buurman, de sultan van Tidore, verheugt zich, behalve in het bezit van zijn vuurspuwend eiland en eenige naburige, nog in de erkenning van zijn gezag door geheel Noordwest Nieuw-Guinea, het zuidelijk deel van Halmahera, en de groote eilanden Waigeoe en Misool. Of hij het echter zou durven wagen, zijn hoofd in den schoot van hunne bewoners, de booze Papoea's te leggen, is aan twijfel onderhevig, en inderdaad bestaat zijn geheele regeeringswerkzaamheid in het ontvangen van gezantschappen, die schatting komen brengen, waarbij stellig meer de overoude gewoonte, dan het gevoel van genegenheid voor den landsvader gevolgd wordt.

Ternate is verder de zetel van den Resident voor het noordelijk deel der Molukken. Het eigenlijke gouvernementsgebied omvat echter in theorie slechts de onmiddellijke omgeving van de stad Ternate, het fort en de Christennegorij op Batjan en een paar kleine eilanden.

De stad, als men ze zoo noemen mag, biedt den gewonen aanblik: langs het strand een mooie promenade, eenige woningen en kantoren van Europeanen, de societeit, het Residentshuis en een door ouderdom vergrijsd fort. Daarbij sluiten zich, wanneer men langs de Oostzijde van het eiland noordelijk gaat, het Chineesche en het Makassaarsche kamp aan; dit laatste grenst ten Noorden aan het sultansgebied. Aan den hoofdweg bevindt zich hier de groote moskee met zeven daken boven elkaar, en verder op, aan 't einde van den weg, het paleis van den Sultan, een witgekalkt, met gaba-gaba gedekt steenen gebouw, met de achterzijde tegen de helling van een lagen heuvel gebouwd.

De bevolking is zeer gemengd. Het hoofdbestanddeel wordt gevormd door de eigenlijke Ternatanen en de zoogenaamde Makassaren [1] ($\pm$ 2000);

---

[1] Onder „Makassaren" worden te Ternate verstaan „alle inlanders, landzaten of inboorlingen van den Nederlandsch-Indischen Archipel, die zich buiten het gewest, vanwaar zij oorspronkelijk afkomstig zijn, hier ophouden; hun hoofd heeft den titulairen rang van kapitein bij het korps schutterij. Waarschijnlijk is hun kern werkelijk afkomstig van Boegineesche en Makassaarsche handelaren, die voor eeuwen voor den nagelhandel hier kwamen, of van krijgsgevangenen uit Zuid-Celebes" (zie de Clercq, Residentie Ternate, p. 17 en 36).

voorts heeft men er nog een 500-tal Chineezen, ruim 200 inlandsche
Christenen (burgers), en een kleiner getal Arabieren, Papoea's en Halma-
hera-Alfoeren. De Europeanen zijn er zeer gering in aantal. Op een
wandeling ziet men dan ook het merkwaardigste mengelmoes van gestalten
en drachten, van den bruinen visscher in zijn lendendoek af tot den waar-
digen, getulbanden en bontgebroekten zoon van den Islam.

De beteekenis van Ternate is sedert de tijden der Compagnie, toen
de Molukken nog het middelpunt der heerschappij vormden, aanmerkelijk
gedaald. Thans begint de handel, voornamelijk met Nieuw-Guinea, weer
wat op te leven. Paradijsvogels, wilde muskaatnoten en damar gaan van
daar over Ternate naar Europa. Op het eiland zelf worden koffie en
muskaatnoten gewonnen.

Ik voer bij het aanbreken van den dag aan land, om eerst een
wandeling te maken langs de Oostkust tot aan de Noordpunt van het
eiland. Dat ging echter niet zoo snel als ik gehoopt had. Hoe verder
men naar het Oosten van den Archipel gaat, des te meer neemt, mèt de
goedkoope en zonder moeite te verkrijgen sagoevoeding, waarover wij
nog spreken zullen, de luiheid der inboorlingen toe. De belofte van een
blanken gulden verlokte niemand der aan 't strand bungelende dagdieven,
om mij als gids te dienen. Ook een boot was met den besten wil niet
te krijgen. Ik ging derhalve naar den vertegenwoordiger der zendings-
genootschappen, den heer Beijer, tegelijk bezitter van een klein hotel,
waar men een goed logies vindt. Door zijn bemoeiingen trok een kerel
er op uit, om makkers voor een boottocht te werven. Helaas, zonder
gevolg. Nu werden de debatten geopend over de kwestie, of een der
bruine heeren de vriendelijkheid zou willen hebben, mij te begeleiden en
mijn hand-camera te dragen naar het einddoel van mijn tochtje, het kleine
kratermeer Soela-Takomi (± drie uur). Een lange beraadslaging ontspon
zich, alsof het om een reis naar de Noordpool ging. Ten slotte ontving
ik de verklaring, dat vooreerst de weg zeer lang was, een geheelen dag
reizens, en dat, ten tweede, één gids alleen bang was voor de booze
geesten dier onherbergzame oorden. Er moesten minstens twee of drie
mannen met een hart in 't lijf zijn. Toen dit was toegestaan, meldde
zich nog niemand aan, om het waagstuk te ondernemen. Ik beperkte dus
mijn plannen tot de uitrusting van een minder gevaarlijke expeditie naar
den ouden lavastroom aan de Noordkust van het eiland, en nu deed zich
een liefhebber op, die tegen de belofte van een gulden mijn geologische
tasch en de gezegde camera omhing, en moedig als voorhoede er op
los marcheerde. Ik zelf vormde de hoofdmacht, en mijn jongen volgde
als achterhoede.

De weg ging eerst door de stad, voorbij de moskee en het paleis van den Sultan, daarna ongeveer een half uur lang tusschen inlandsche huizen, met kleine, verwaarloosde tuintjes. Wegens de veelvuldige aard-bevingen zijn de huizen licht uit bamboe en de hoofdbladnerven der sago-palmen (gaba-gaba) opgetrokken, en rusten op een stevig steenen fundament.

Onderweg kwamen we een waardigheidsbekleeder van den Sultan tegen, een groote statige verschijning. Zijn kleeding bestond in rooden broek, pantoffels, wit baadje en zwarten tulband. Over het witte baadje had hij evenwel nog een kolossale, niet meer geheel nieuwe, zwarte jas aangetrokken, hetgeen, tegen de bedoeling, onbeschrijfelijk komisch werkte. Een rietstok met knop maakte den luister der verschijning vol-komen; drie, als ganzen achter hem aanloopende, bedienden gaven er een waardig relief aan.

Ternate; de vulkaan en de moskee.

Na omstreeks 40 minuten bereikten wij het kleine, vervallen fort Tolokko, met struikgewas begroeid en schilderachtig op een oude lavarots in zee uitgebouwd. Het uitzicht van het terras van het oude bouwwerk is prachtig.

Nu gingen we $1\frac{1}{2}$ uur lang op een smal voetpad langs de kust, deels vlak bij zee, deels in de verstikkend heete lucht van kleine tuintjes. Visschershutten lagen in grooten getale overal verspreid; er voor bemerkte men vaak een klein laag gebouwtje, met stroo gedekt, aan de randen uitgerafelde bladen als franje afhangend. Het zijn bij den voorouderdienst dienende offerhuisjes; ze bevatten een schaal, waarin aan de geesten betel, tabak en eetwaren geboden worden, en daarnevens liggen eenige, door ouderdom verteerde houten schilden, het eigendom der overledenen; in een er van vond ik ook een ruw houten beeld. De schilden zijn smal en klein, meer geschikt tot het opvangen van houwen dan tot dekking van het lichaam. De nakomelingen werden niet door piëteit weerhouden, mij een ervan, een exemplaar dat door ingelegde schelpen versierd was, te verkoopen.

In naam zijn de lieden Mohammedanen, maar hier zoomin als overal in den Archipel (en elders) heeft de Islam de oude heidensche gebruiken geheel kunnen verdringen.

Na twee uur stonden wij aan het doel van onzen tocht, een zwarte lavastroom, als een muur tusschen het struikgewas oprijzende. Hij dateert uit 't jaar 1763 en strekt zich als een donkere streep langs de noordelijke helling van den vulkaan tot aan zee uit. In Ternate noemt men hem den ,,verbranden hoek''.

Gelukkig ontkwam ik aan de wandeling terug in de brandende middaghitte. Een visscher verklaarde zich met beangstigende snelheid — hij had hoogstens vijf minuten noodig om te overleggen — bereid, mij voor $1^{1}/_{2}$ gulden in zijn bootje naar de stad te brengen. Toch ging de zaak nog langzaam genoeg. Het beetje wind ontsnapte voor de helft door de gaten en reten van het zeil van matten, en de stuurman beproefde te vergeefs, Aeolus door fluiten tot krachtiger werkzaamheid aan te sporen. (Het bijgeloof, dat men den wind door fluiten kan aanlokken, is onder de zeelui der geheele aarde verbreid.) Eindelijk kwam de wind, nadat we met vereende krachten gefloten hadden, tot ons, maar natuurlijk van den verkeerden kant. Met een bezwaard hart besloten de bootslui de riemen ter hand te nemen, en omstreeks den middag was ik weer in mijn hotel.

Dicht bij de landingsplaats bevond zich een plaats waar papegaaien verkocht werden. Voor weinig geld kan men hier de fraaiste, prachtig gekleurde lorries en witte kakatoes koopen. De diertjes zijn aan een ring bevestigd, die over den dwarsstang van een kleinen metalen boog glijdt, maar ondanks deze afschuwelijke bevestiging vroolijk, levendig en mak. Overal in de Molukken ziet men ze bij dozijnen voor de huizen bengelen, door de lieden op de wandeling en in de boot meenemen en op de stoomboot in alle hoeken en gaten hangen.

Na tafel dwaalde ik aan den anderen kant van het eiland rond, en bezocht de Lagune. De breede, goede weg leidt op eenigen afstand van de kust door de verwilderde tuinen van vroegere villa's, waarin nog slechts eenige muurbrokken van vervlogen pracht getuigen, door boschjes van sagopalmen en mangroves, met enkele heerlijke oude waringins. Later wendt hij zich naar de helling van den vulkaan, waar de Lagune, een kleine waterspiegel, door loodrechte wanden ingesloten, na $1^{1}/_{2}$ uur bereikt wordt.

Daarmede had ik, met uitzondering van het meer Soela-Takomi, alle bezienswaardigheden genoten, die het kleine eiland bij een kort bezoek biedt. De bestijging van den vulkaan moest ik mij tot mijn spijt ontzeggen. De weg naar boven is, vooral aan het einde, zeer steil en bezwaarlijk. Van de Oostkust uit kan men de drie toppen van den berg onderscheiden, die door woeste onbegroeide kloven van elkaar gescheiden zijn. Voor hem, die den berg van de reede, in 't Zuidoosten, beschouwt, doet hij zich daarentegen als een breede kegel voor.

Laat in den avond stoomden we verder, en zagen in den voormiddag van den volgenden dag in het Oosten de talrijke, dichtbegroeide kleine en groote eilanden der Batjan-groep voor ons. Van 't Zuiden af de straat tusschen Mandioli en Batjan invarend, wierpen wij na 15 uren stoomens voor de negorij Batjan het anker uit.

Het eiland wordt door een vlakke, moerassige landengte, aan welker westelijke zijde de plaats Batjan ligt, in twee bergachtige helften verdeeld. In het Zuiden, steil uit de baai oprijzend, verheft zich de Laboeha, waarvan ik de hoogte op 1700 M. schat. De bergen der noordelijke helft schijnen lager te zijn. Achter de plaats, misschien op 6 à 7 KM. hemelsbreedte, rijst geïsoleerd uit de moerassige vlakte een kleine, begroeide, afgestompte kegel tot ongeveer 400 M. hoogte op, onge-twijfeld een vulkaan. Het speet mij, hem niet te kunnen bezoeken, daar de weg er heen wegens de vele moerassen minstens een dag in beslag neemt. Door inlanders werd mij echter verzekerd, dat zich op den top een cirkelvormig meer, stellig dus een oude krater, bevindt. Ik houd, overeenkomstig de beschouwing van Prof. Martin, die den berg naar 't uiterlijk eveneens een vulkaan noemt, en op grond van een vondst van lava in de stad, het bestaan van tenminste één vulkaan op Batjan voor bewezen. Het wordt trouwens reeds door de aanwezigheid van warme bronnen waarschijnlijk gemaakt. Wanneer het mocht gelukken, hetzelfde voor het zuidelijk gelegen eiland Obi te bewijzen, dan zou daarmede de vulkanenketen van Ternate over Makjan en Batjan naar Amboina gesloten zijn.

Het geheele binnenland van het eiland is dicht oerwoud, tot aan den top der bergen. In het noordelijk deel heeft men goud, koper en steenkolen gevonden; de mijnen zijn evenwel weer verlaten. Misschien door Maleische landverhuizers of kooplieden ingevoerd, komt hier de zwarte Celebes-baviaan voor. Ook een soort paradijsvogel werd door Wallace ontdekt.

De hoofdproducten van het eiland zijn damar, copra en een weinig paarlemoer.

Het binnenland is onbewoond; de bevolking der enkele kustplaatsen is gemengd, zooals op Ternate; Maleische kolonisten en Christen-inlanders vormen het hoofdbestanddeel. De eenen zoowel als de anderen zijn grenzeloos lui, daar de sagoepalmen en de zee hun voldoende levensonderhoud opleveren; de Batjan-maatschappij werkt derhalve met vreemde koelies. Verder komen nog kolonisten uit Tomori op Celebes voor; deze wonen in het dorp Tomori, zuidelijk van de hoofdplaats Batjan; ze waren vroeger, toen Wallace hen bezocht, derhalve voor eenige tientallen jaren, nog vlijtige landbouwers, maar zijn nu al net zoo gedegenereerd als de overigen; slechts eenige verwilderde maisvelden in de omgeving van hun dorp herinneren aan vroegere tijden. Eindelijk moeten wij nog de Galelareezen van Halmahera vermelden, die op bepaalde tijden van het jaar hierheen komen, damar en andere boschprodukten inzamelen en aan de handelaars ter hoofdplaats Batjan verkoopen. .

Batjan staat onder de heerschappij van een Sultan. Slechts de kampong der „orang Serani" (inlandsche Christenen) en het kleine fort behooren tot de residentie Ternate. Een wandeling aan land levert weinig merkwaardigs op. Links hebben wij het Mohammedaansche kamp met de woning van den Sultan, rechts dat der orang Serani. Zijn we het eerstgenoemde door, dan komen we aan een rivier met een houten brug er over. Men passeere ze met zedig neergeslagen oogen, want vele planken zijn verdwenen, — en waarom zou men er nieuwe op spijkeren? denkt de inlander. Eenmaal er over maakt weldra een tweede riviermonding een einde aan onzen zwerftocht; men moet ze doorwaden als men verder in de wildernis wil doordringen.

Op het Christendorp aan de rechterhand volgt een breed moeras met sagoepalmen en mangroves; daarbij sluit zich het dorp Tomori aan, welks maisvelden zich tot aan den voet van den Laboeha en de groote koffieplantages uitstrekken.

Het achterland is heuvelachtige wildernis. Over een brug en langs een smal voetpad komt men eerst aan het kerkhof; door kiezelranden begrensd, bedekken de graven er een verwilderden heuvel. Dan volgt weer moeras, met sagoepalmen en bosch. Midden in het moeras ligt ook het kleine fort achter het Christendorp.

Met een paar woorden moeten we bij de huizen stil staan. Ze zijn zindelijk, door tuintjes omgeven en geheel en al vervaardigd uit materialen van den sagoepalm, die in het Oosten van den Archipel den kokospalm in belangrijkheid voor den mensch overtreft, en hem bijna verdringt. De bladstelen der geweldige, tot 10 M. lange vederbladeren, licht en met een vast merg gevuld, geven een verwonderlijk goed bouwmateriaal.

Slechts het geraamte der huizen bestaat uit houten palen; de wanden worden eenvoudig gevormd door de naast elkaar geplaatste, boven en beneden in een sponning der dwarsbalken zittende bladstelen; bovendien past de langszijde van elke nerf in de langsvoor van een volgende. De vloer bestaat uit gespleten bladnerven en het dak uit de bladeren der palmen; deze worden, evenals die van den kokospalm, tot atap verwerkt, door de afgeplukte vederbladeren om een stok heen te buigen en een weinig dooreen te vlechten. De daksparren zijn weer bladnerven; kisten en kasten in huis, transportkisten voor de koopwaren worden er van getimmerd, waarbij gespleten stukken der vaste bast als spijkers dienst doen.

Het merg der palmen eindelijk levert het hoofdvoedingsmiddel voor de inlanders in het Oosten van den Archipel, met inbegrip van westelijk

Sagoekloppen.

Nieuw-Guinea, de sagoe. Prof. Martin beschrijft als volgt het „sagoe-kloppen", gelijk hij dat op zijn reis dwars door Ceram door zijn inlandsche begeleiders zag uitvoeren:

„De gevelde boomen werden overlangs in tweeën gespleten, waarna een aantal lieden achter elkaar er ruitersgewijze op gingen zitten, om het merg er uit te halen. Sommigen gebruikten daarbij een werktuig van rotan, van vorm gelijk aan den Ambonschen sagoeklopper, anderen een stuk hout met als handvat dienenden tak. De trog wordt vervaardigd van de bladscheede van den palm; de emmers, waarmee het water gehaald wordt, om het merg in de trog te. bevochtigen, hebben denzelfden oorsprong. Dicht bij de breede basis van de bladscheede, die als trog dienst doet, is een zeef bevestigd, gemaakt uit aan elkaar geregen strooken van de vezelige, benedenste bladstelen van den kokospalm; deze zeef sluit derhalve het eene deel van den trog, dat een weinig naar beneden helt, af. Het bovenste deel van de zeef wordt samengebonden en met een touw aan een veerkrachtigen stok bevestigd, die naast de trog in den bodem staat; daardoor wordt de zeef dus strak gespannen. De sagoe-wasscher drukte nu met korte tusschenpoozen de zeef op de vochtige mergmassa, waardoor het sagoe bevattende water door de kokosvezels vloeit. Men liet het vervolgens in een andere bladscheede loopen, welker smalle uiteinde eenigszins naar beneden gericht was, en vervolgens in een trog, waar de sagoe bezinken moest. Ook deze trog was weer van twee bladscheeden vervaardigd, door eenvoudig de onderste breede uiteinden een beetje in elkaar te schuiven, en door stokken en rotan-touwen de zijden zoo aaneen te voegen, dat er bijna geen water door kon. Met uitzondering van de zeef, die de lui van de kust hadden meegenomen, was derhalve alles op de plaats zelf zonder moeite in een minimum van tijd in elkaar gezet."

Het spreekt van zelf, dat men, wanneer men meer tijd heeft, ook wat meer zorg aan het werk en de werktuigen besteedt; doch de manier van sagoe-winning is in hoofdzaak overal dezelfde als boven beschreven.

Van het aldus verkregen sagoe-meel wordt vooreerst *papeda* gemaakt, een kleverige pap of brij, die men verkrijgt door het meel met water tot een dunne brij te mengen, en er daarna kokend water op te gieten. De papeda wordt met water en zout genuttigd; ze is het voornaamste voedingsmiddel der Alfoeren, die er de rijst voor laten staan.

Op Ambon en de Oeliassers wordt daarentegen meer gebruik gemaakt van sagoe-broodjes, in vormen zeer hard gebakken; vóór het gebruik worden ze in water geweekt.

Wallace zegt, dat een boom van gemiddelde grootte genoeg sagoe levert, om één man een geheel jaar te voeden. Daar de bereiding ongeveer tien dagen vordert, kan men zelf nagaan hoe goedkoop deze spijs is, en begrijpen, welken invloed zij op het gansche maatschappelijk leven oefent. De meeste inlanders der Molukken voeden zich slechts met sagoe en zonder moeite gevangen visschen. Zoo komt het, dat het volk ongeloofelijk indolent en traag is, en zoo goed als in het geheel niet werkt.

Wegens de rijke lading bleef de boot tot den volgenden namiddag voor Batjan. Na een stormachtige reis van achttien uren bereikten we den volgenden morgen B o e r o e en wierpen in een groote, fraaie baai voor K a j e l i het anker uit.

Daar Dr. Pflüger aan elk der eilanden Boeroe en Ceram slechts één bladzijde wijdt, zal later dit deel der residentie Amboina uitvoeriger worden behandeld. Thans volgen wij den reiziger eerst op zijn tocht naar de hoofdplaats der residentie.

HOOFDSTUK II. AMBON EN DE OELIASERS [1]).

In den namiddag voeren wij af, en kwamen 's nachts, na een vaart van acht uren, bij Amboina, het doel mijner reis.

Onze boot lag, toen ik wakker werd, aan de pier voor de vriendelijke stad, waarachter zich groene bergen verheffen. In een grooten cirkel strekte zich rondom de beroemde baai van Amboina uit, ingesloten door heuvelen, en lichtend in de stralen der morgenzon.

De agent. der Paketvaartmaatschappij verschafte mij een wagen, waarop ik mijn bagage naar het hotel kon laten rijden; ik vond hier een uitstekend logies. Het vroegere logement, volgens de berichten een pendant van het Makassaarsche roovershol, zoowel wat betreft het logies als de eigenares, is gelukkig door de aardbeving vernield. Ik zal niet zoo onchristelijk zijn, mijne hospita in Makassar juist precies hetzelfde te wenschen, maar toch iets dergelijks.

Amboina bestaat uit twee eilanden: Hitoe, het noordelijke, grootste, en Leitimor, het zuidelijke, door de ongeveer 1200 M. breede, vlakke landengte van Paso met elkaar verbonden. De westelijke der aldus ontstane baaien is de langste; hieraan ligt de stad Amboina, op een smalle strook vlak land, die zich voor de bergachtige kern van het schiereiland Leitimor uitstrekt.

Ook Hitoe is bergachtig en hooger dan Leitimor. De hoogste berg is de 1300 M. hooge Salhoetoe, een vlakke, gekartelde kegel; daarop volgt de Wawani (900 M.). Voorts nog een reeks van andere toppen, alle met dicht bosch bedekt en gedeeltelijk steil in zee afdalend.

De hoogste bodemverheffingen op Leitimor zijn de Hori (548 M.) in het Oosten, daarna volgen westelijk de Sĕrimau (459 M.) en de Nona (448 M.). Zij verheffen zich als vlakke golven boven de maar weinig lagere bergruggen. Aan de Zuidzijde zijn ze met dicht bosch bedekt, aan de Noordzijde, die naar de baai toegekeerd is, met groote weiden van hoog gras. Ook hier rijst het gebergte met weinig uitzonderingen zonder een daarvóór liggende vlakke kust, in eens uit zee op.

---

[1]) In hoofdzaak naar Dr. Pflüger.

In het Oosten sluiten zich aan Ambon de Oeliasers: Haroekoe, Saparoea en Noesalaoet, alle eveneens bergachtig en beboscht.

De Wawani is een vulkaan; maar de verhalen omtrent zijne uitbarstingen zijn verzinsels gebleken. Ook de Salhoetoe en de Oeliasers worden door Prof. Martin, aan wien we een uitstekend geologisch onderzoek der eilanden danken, als overblijfselen van vulkanen gekenschetst.

De bevolking is een mengelmoes van allerlei inlandsche bestanddeelen, met een tamelijk sterke toevoeging van Hollandsch en Portugeesch bloed; vandaar dat zij bijzondere karakteristieke kenteekenen mist. De huidskleur variëert van lichtbruin tot het donkerste zwartbruin. Van karakter zijn de lui vroolijk en opgewekt; men hoort hier eindelijk weer

Amboneezen.

eens hartelijk lachen, den echten Maleier een gruwel, en ook in de Minahassa zich niet verheffend tot die mate van uitgelatenheid, welke men hier dikwijls kan opmerken. Zij spreken de edele sagoweer vlijtig aan, maar hun voedsel bestaat in hoofdzaak uit sagoe en visschen. De lezer weet derhalve zonder naderen uitleg, dat de bevolking lui, vreeselijk lui is. De groote meerderheid heeft het Christendom aangenomen en laat zich daarop niet weinig voorstaan — zonder echter aan de schoone spreuk, dat het leven goed geweest is, wanneer het vol moeite en arbeid was, iets anders dan een platonische vereering te bewijzen.

De bevolking der Ambonsche eilanden — dit ter aanvulling van 't weinige wat Dr. Pflüger hieromtrent meedeelt — wordt onderscheiden in burgers (*orang bebas* of vrijen) en negorijvolk (*orang negori*); zoowel

Mohammedanen als Christenen worden onder beide categoriën gevonden; maar slechts zeer weinig burgers zijn Mohammedanen. Ten tijde van de O.-I. Compagnie werden sommige inlanders, ter belooning van aan dat lichaam bewezen diensten, tot vrije burgers of zoogenaamde maardijkers verklaard; in hoofdzaak de afstammelingen van deze zijn de Ambonsche burgers. Elk burger acht dezen naam een grooten eeretitel, en het is voor den negorijman het hoogst denkbare voorrecht, dezen eerenaam deelachtig te worden, waarom er ook wel zijn, die zich in een vreemde negorij als burger laten inschrijven, hetgeen hun, bij gebreke van afdoend onderzoek naar hun identiteit, wel gelukt. Toch zijn de voorrechten van den burger boven den negorij-man tegenwoordig niet noe-menswaard; ja, eigenlijk heeft de eerste meer lasten, terwijl voor den laatsten ook *lusten* aan zijn staat verbonden zijn. Immers, wel zijn de burgers vrijgesteld van eenige heeren-diensten, maar deze zijn tegen-woordig niet drukkend; terwijl de burgers de schutterijen vormen; tegenover de vrij-stelling der laatsten van een belasting (hoofdgeld) staat, dat zij niet deelen in de be-langrijke inkomsten, door den negorijman getrokken uit de zoogenaamde *dati-doesoens* — waarover hieronder nog iets zal vermeld worden.

Ambonsche Christennegorijvrouw.

In kleeding bestaat ver-schil, niet alleen tusschen burgers en negorijvolk, maar ook, onder deze beide cate-goriën, tusschen Christenen en Mohammedanen. Het meest in 't oog vallend onderscheid is, dat alleen Mohammedanen den hoofddoek dragen; en juist daardoor is een andere hunner gewoonten niet in het oog vallend, n.l. van steeds het hoofd kaal te scheren. Onder de Mohammedanen bestaat geen verschil in kleeding tusschen burgers en negorij-menschen: voor de mannen een gebloemd of wit katoenen baadje en dito broek, voor de vrouwen een gebloemd baadje en gebatikte sarong. Gaan de vrouwen naar de moskee, dan zijn ze geheel in 't wit.

Onder de Christenen zijn burgers en negorij-menschen wèl aan hun kleeding te onderkennen. De burger draagt een langen of om de kuiten sluitenden broek, een witten gesloten borstrok, en daarover een open kabaja van gekleurd of zwart katoen; de negorijman is kenbaar aan zijn lang zwart baadje, en op de Oeliasers en in de strandplaatsen op Ceram en Boano aan zijn broek met reusachtig wijd kruis van rood of blauw geruite stof. En terwijl hij zijn haar kort draagt, volgt de Christen-burger meer de Europeesche haardracht.

De Christen-negorijvrouwen dragen korte, zwarte of geruite baadjes, een groote sarong van Saleyer en daarover, los om de heupen geslagen, een Makassaarschen van fijner maaksel; maar geen Christenvrouw, tenzij regentsdochter of half-bloed, zal ooit een gebatikte sarong dragen, gelijk hare Mohammedaansche landgenoote. Alleen bij feesten draagt ze een gekleurde kabaja en een fijnen *kain* (doek, hier zooveel als sarong, maar niet als deze, aaneenge-naaid) van Makassaarsch of Europeesch maaksel. Dit is tevens de gewone dracht van de Christen-burgervrouw, die bij fees-ten een witte kabaja aan-trekt, met nauwsluitende mouwen, aan de pols

Ambonees.

gesloten met zeven of negen zilveren of gouden knoopjes.

In de kerk evenwel en bij andere godsdienstige gelegenheden ver-schijnen alle Christenen, mannen en vrouwen, burgers zoowel als negorij-menschen, in het zwart, waartegen alleen de witte *banian* (borstrok) van den burger, en de fijne witte kousen van de burgervrouw afsteken.

Boven werd gezegd, dat de negorij-menschen inkomsten trekken, die de burgers moeten missen, n.l. uit de zoogenaamde *dati-doesoens*. Dati's zijn de eenheden, waarin de bevolking verdeeld is met het oog op belasting enz. Reeds de Compagnie vond deze verdeeling, en met het oog op den invloed, die in vroeger eeuwen van uit Zuid-Celebes op de Molukken werd geoefend, meent van Höevell in dit stelsel een overblijfsel van een leen- of vazallenstelsel te mogen zien [1]). De sagoe-bosschen van een negorij waren verdeeld onder de dati's; de Compagnie, die het stelsel handhaafde, legde aan elke dati den plicht op, een deel

Ambonsche Burgers (Bruid en Bruigom).

van de gronden voor de teelt van kruidnagelen af te zonderen, en een bepaald aantal personen voor „hof"diensten en voor de hongi-tochten te leveren. Vanzelf spreekt het dus dat de vrije lieden, de burgers, die geen diensten verrichtten, niet bij de nagelcultuur ingedeeld waren, noch aan de hongi-tochten deelnamen, niet bij de dati's werden inge-deeld; maar vandaar dan ook, dat zij de inkomsten moesten missen. Terwijl nu nagelcultuur en hongi-tochten verdwenen zijn, zijn de inkomsten uit de dati's verkregen, gebleven. Elke negorij is in een zeker aantal dati's ver-deeld; aan het hoofd van elk staat de *kapala-dati*, terwijl de overige leden *anak-* of *toelong-dati* worden genoemd. Van de haar toegewezen gronden heeft de dati het erfelijk vruchtgebruik; de kapala dati krijgt natuurlijk van de opbrengsten een grooter aandeel dan

---

[1]) Vgl. ook voor het voorafgaande G. W. W. C. Baron van Höevell. Ambon en meer bepaaldelijk de Oeliasers.

de overige leden. Wanneer alle leden van een dati gestorven zijn, vervallen hare gronden weder aan de gemeente, die ze kan toewijzen aan andere, minder met gronden gezegende dati's.

Daar over de bewoners van andere, tot de res. Amboina behoorende eilanden hierna nog 't een en ander zal worden vermeld, moge omtrent de bevolking van Ambon en de Oeliasers dit weinige volstaan. Ook van het invoegen in het vorige hoofdstuk van een beschrijving der Alfoeren van Halmahera moest worden afgezien.

De stad Amboina was vroeger zeer fraai, tot zij door de vreeselijke aardbeving van het jaar 1898 bijna geheel verwoest werd. Terwijl men eerst lang in twijfel gestaan heeft of het niet raadzaam zou zijn, den zetel van den Resident naar een ander, minder gevaarlijk, eiland te verleggen, is de stad thans weer geheel voor een vast verblijf ingericht. Zelfs het fort is geheel herbouwd voor eenige tonnen gouds. De herbouwde woningen zijn echter slechts ten deele (± 1 M. hoog) van steen opgetrokken; de wanden zijn van gaba-gaba, terwijl de gebinten van hout zijn. De horizontale balken rusten los in sponningen, zoodat ze bij aardbevingen speling hebben.

Van de aanlegplaats af gaat men eerst links de markt over en door eenige straten met Chineesche en Arabische toko's. Verder 't land in liggen de huizen der Europeanen en de woning van den Resident, waarachter onmiddellijk de heuvels oprijzen. Aan 't strand staat het groote fort met de kazernes der soldaten.

De prachtigste tochtjes kan men hier doen. Maar — de wegen zijn afschuwelijk. Meest smalle voetpaadjes, afwisselend modderig of met boomwortels of omgevallen boomen versierd, of wel ongeloofelijk steil en steenachtig. Een genot is het heldere, frissche — althans voor de tropen frissche — water der talrijke beekjes die men, wadend, springend of op rotsblokken balanceerend, passeert. Wanneer men maandenlang deze vloeistof slechts in den vorm van „ajer blanda" (= Hollandsch water, de Maleische naam voor het in den geheelen Archipel verbreide Apollinariswater) genuttigd heeft, is zulk een weelde niet te versmaden.

Daar de hellingen voor paarden te steil zijn, is het gewone transportmiddel de draagstoel. Ik had in dezen toestel een grooten tegenzin, en gaf er de voorkeur aan, mij te bedienen van de terecht zoo gezochte bergschoenen uit de meesterhand van Herr Haupt te Bonn. Dik en met spijkers beslagen moeten echter hunne zolen zijn, zooals wij dadelijk zien zullen.

Dat namelijk Amboina uit een geologisch oogpunt hoogst interessant is, kan zelfs de leek inzien, wanneer hij 's avonds na een ordentelijken marsch den toestand zijner laarzen beschouwt. Tot op de hoogste toppen van het eiland treft men jonge koraalkalk aan, die in breede gordels en terrassen op het gesteente ligt. Ze is poreus, en door de verweering ontstaan aan de oppervlakte tallooze spitsen en kartels, die aan de bloote voeten van den inlander zoo duidelijk blijk geven van hun aanwezigheid, dat hij, bij uitzondering, de moeite niet schroomt, hun een naam — *karang* — te geven.

De aanwezigheid van deze kalk toont, dat de zeespiegel in het jongste tijdvak der aardgeschiedenis hier aanmerkelijk veranderd is, dat namelijk òf het land opgeheven òf de zeespiegel gedaald is. Wij vinden hier alzoo een zoogenaamde negatieve strandverschuiving.

Wanneer men op zijn gemak reizen, en in een of ander der talrijke dorpen overnachten wil, dan vraagt men van den Resident een aanbeveling aan de dorpshoofden, hier Regenten genoemd. Heeft men bijtijds bericht vooruit gezonden, dan kan men er zeker van zijn, een goed onderkomen voor den nacht te vinden. Wil men een vluchtig overzicht hebben, dan kan men het echter best ook zoo inrichten, dat men alles in uitstapjes van niet langer dan één dag elk afdoet.

Een wonderfraaie weg is die over Soja naar de zuidkust van Leitimor. Men beklimt, gedeeltelijk langs steile wegen, de grazige heuvelen die vóór de bergkern van het eiland liggen. Daarna gaat het bergop, bergaf door diepe ravijnen, tot men na vijf kwartier het kleine dorp Soja bereikt. Reeds hier worden we verrast door merkwaardige vormen van het graniet, dat verweerd is in kleine blokken, naar een stelsel van rechthoekig elkaar snijdende spleten, of tengevolge der afzondering van concentrische lagen met straalsgewijze verloopende spleten; deze granietblokken worden als natuurlijke trappen gebruikt. Van Soja bereikt men na 25 minuten stijgen den top van den Sĕrimau, waar een prachtig uitzicht de moeite beloont. De blauwe baai beneden, daartegenover het bergachtige Hitoe, daarachter de blauwe bergen van Ceram, en rechts de Oeliasers: Saparoea, Haroekoe en Noesalaoet.

Nu gaat het twee uur lang bergop, bergaf over zeer steile hellingen, door de negorijen Hatalai en Ema, waar men zeer interessante granietrotsen waarnemen kan, naar beneden naar de baai van Hoekoerila, en nog eens $2^{1}/_{2}$ uur in noordoostelijke richting langs de kust naar de negorij Roetoeng.

Toen ik daar aankwam, oefende zich juist de schooljeugd onder toezicht van den onderwijzer, maar niet in 't spellen, doch in 't uitvoeren van wilde krijgsdansen met bontbeschilderde schilden en houten zwaarden. Een kleine duivel speelde voor voordanser en sprong als bezeten tusschen de beide rijen der jonge krijgslieden rond. Twee muzikanten maakten met bamboes en stokken een helsch lawaai, dat mij als tafelmuziek bij mijn ontbijt in het huis van den Regent diende.

Aan het strand in Roetoeng staan in de zee zonderlinge oude, knoestige boomen, en op de doorvreten koraalriffen van 't ondiepe water ziet men honderden van die merkwaardige visschen zitten, die niets liever doen dan ter afwisseling eens op de naaste boomen klauteren.

Van Roetoeng komt men in nauwelijks vier uren weer te Amboina terug. Onmiddellijk achter het dorp loopt de weg ongeveer 300 M. ver steil op; verder gaat het bergop, bergaf door het bosch en eindelijk over met gras begroeide heuvels met prachtig uitzicht op de baai. In een diep ravijn passeert men een schuimende beek, en daalt ten slotte van Batoe Merah, den heuvel die haar in het Oosten begrenst, naar de stad af.

Overigens kan men van Sěrimau ook langs een voetpad op dezen weg komen, door een bosch waarin men talrijke boomen vindt, waar de damar uit druipt. Van het snijpunt bereikt men in $\pm$ 1$^{1}/_{2}$ uur Roetoeng.

De baai van Ambon is beroemd door haar prachtige koraaltuinen. Om deze te bezichtigen voer ik 's morgens vroeg, toen er nog volkomen windstilte heerschte, in een bootje omstreeks een half uur oostelijk langs de kust, tot een in zee uitspringende rots. In het kristalheldere, groene water opende zich hier een wonderwereld, schooner dan alles, wat ik in de baaien van Ceilon en aan de kust van Celebes gezien heb. De kleine aquariums onzer groote steden geven slechts een zwakke afspiegeling van de veelsoortige pracht dezer zeetuinen, zooals ze treffend genoemd worden. Dáár zien wij een bosch van koralen, in bruine, violette en groenachtige kleuren, van den grooten, plompen stok af tot de sierlijkste, fijnvertakte boompjes. Lichtende, kleurige visschen, ultramarijn blauw, geel en zwart gestreept en paarlemoerkleurig schieten heen en weer, zeerozen strekken honderd armen naar hun buit uit, op den bodem liggen zwarte holothuriën en groote blauwe zeesterren, en in de schaduw van een koraalstok een zeeslang met lichte ringen. Door den zwakken stroom meegevoerd glijdt onze boot over de oppervlakte, en als een panorama trekken de beelden daar beneden aan ons oog voorbij.

Oostelijk van Amboina springt de kust van Hitoe bij Roemah-tiga ver zuidelijk vooruit, daardoor aan het uiteinde der baai een zakvorm gevende. Op Leitimor ligt hier het dorp Halong, waar wij na een uur roeiens de boot verlaten. Een fraaie, schaduwrijke weg voert door palmbosschen en dorpen in 1$^{1}/_{2}$ uur naar de landengte van Paso. Het dorp Paso wordt doorsneden door een smal riviertje, dat de beide baaien verbindt. Bij laag water moeten de booten hier over een strook lands van 10 M. lengte getrokken worden. Nog een half uur, en wij komen te Lama, aan den Noordoosthoek der baai van Amboina, waar de boot ons wacht om ons in twee uur naar huis terug te brengen.

Een klein voormiddag-uitstapje is dat naar de grot Liang Ikan. Men beklimt de met gras begroeide en met karang bedekte heuvelen achter het huis van den Resident. Vervolgens bereikt men op een smal voetpad, door een klein dorp, in een weelderig begroeiden dalketel gelegen, in een uur den ingang der grot, te midden van een patate-veld. Langs slijkerige treden daalt men af, en gaat dan ongeveer tien minuten door de onderaardsche, van vledermuizen wemelende gangen. Hier en daar vindt men kleine zijgangen en ten slotte wordt de zoldering zoo laag, dat men slechts op handen en voeten vooruit kan. De wanden zijn zwart berookt en bedekt met groote letters, daar vroegere bezoekers het noodig gevonden hebben, hun namen er op te schilderen met de weinig smakelijke spijsverteringsproducten der vleermuizen. Stalaktieten, stukgeslagen en vuil, hangen er bij menigte.

Semon houdt het voor waarschijnlijk, dat de grot niet haar ontstaan dankt aan uitslijting door stroomend water, maar oorspronkelijk als een gaping in het koraalrif door de kleine bouwmeesters is vrij gelaten. Men vindt zulke gangen veel in levende riffen, en mogelijk heeft Semon gelijk, zijn beschouwing ook op andere bekende grotten over te brengen.

Volgens zeggen van mijn gids strèkte de grot zich uit tot aan het zeestrand, westelijk van Ambon, en heeft daar een uitgang, Batoe Lobang genaamd. Vóór een kwart eeuw moet dat deel nog begaanbaar geweest zijn, maar thans door naar beneden gestorte rotsen versperd.

De mededeeling van den overigens betrouwbaren gids scheen mij niet waarschijnlijk, en door een bezoek aan de plaats vond ik mijn meening bevestigd. Een weg van vijf kwartier, eerst door dorpen, daarna langs de kust, bracht mij op een plaats, waar de branding de vooruitspringende steile rotsen ondermijnd en het strand met fantastische, getande klippen bedekt heeft. Hier bevindt zich in de koraalkalk de Batoe Lobang, met prachtige, frissche, witte druipsteenvormingen gesierd. Trots ijverige nasporingen gelukte het mij niet, eenige aanduiding van een inwendigen gang te vinden; het geheel is stellig niets meer dan een door de branding gevormde uitholling van bijzonder groote afmetingen.

In de nabijheid heeft de zee een pijler van koraalkalk laten staan, die zich naar boven als een tafel verbreedt en met frisch groen bedekt is. De met tal van organische overblijfselen, met zand enz. bedekte kalk levert bij verweering een zeer vruchtbaren bodem. Overal waar men vrij-liggende stukken aantreft, zijn ze met een plantenkleed bedekt.

Op denzelfden weg kan men den waterval van Batoe-Gantoeng bezoeken. Bij Tanalapan, vlak achter Amboina, gaat links een weg die in tien minuten langs de beek naar een dorp voert, en verder naar een kleine fraaie kloof. Aan het einde daarvan schuimen watervalletjes over rotstrappen en vormen een zwembassin met helder, groen water — een verzoeking, die niemand kan weerstaan.

Op Hitoe bestaat maar één weg, die de dorpen Roemahtiga en Hitoe (op de Noordkust) verbindt. Van hier af komt men, Westwaarts het strand volgend, te Hila, van waar de Wawani in vier uur beklommen kan worden.

Op een morgen voerde de stoomer, die om de vier weken de boven vermelde Zuidroute neemt, de „Papoea-boot" zooals hij hier genoemd wordt, mij weg van het schoone eiland, waarop ik werkelijk aangename dagen had doorgebracht. Bij heerlijk weer doorvoeren wij de baai, bogen om kaap Alang heen en bereikten na een vaart van vijf uren langs de Zuidkust van Leitimor en Haroekoe het hoofdeiland der Oeliasers: Saparoea. In een wonderfraaie baai, omgeven door begroeide heuvels, met de vriendelijke plaats en het kleine, schilderachtig op een lage koraalrots gebouwde fort in het gezicht, gingen wij voor anker.

De plaats zelve noch de omgeving, waar overal de karang in groote en kleine blokken uit den bodem steekt, biedt veel merkwaardigs. Fraai zijn de door de branding uitgeholde, overhangende en begroeide oevers oostelijk van de stad, die men bij ebbe begaan kan.

Den volgenden morgen lagen wij voor Banda, het beroemde vaderland van de muskaatnoot. Het bezoek aan deze heerlijke eilandengroep vormt een waardig slot voor de Molukkenreis. Ik zal daarvan later melding maken.

Ook Toeal op Kei, na een vaart gedurende den nacht den volgenden morgen bereikt, wordt waardig bevonden, er voor de tweede maal aan te loopen, en ook daarvan zal ik later vertellen. Thans begeleide de welwillende lezer mij naar die belangwekkende eilanden, die de ruimte tusschen Aroe en Timor vullen; wij willen daar menschen in den natuurtoestand, werkelijke „wilden" bezoeken.

HOOFDSTUK III.   DE ZUIDWESTER- EN DE ZUIDOOSTER-EILANDEN.

Na een oponthoud van één dag verlieten wij Toeal, en stuurden in den namiddag door de tallooze, vlakke, groenbeboschte, witgezoomde koraaleilandjes heen, die zich voor de Keigroep gelegerd hebben. Het vaarwater is zeer lastig; rechts en links verraden lichtgroene strepen te midden van de blauwe zee den schipper de gevaarlijke nabijheid de riffen. Eindelijk hebben wij er ons doorheen gewerkt, en zetten nu me volle kracht koers naar het Westzuidwesten. Den volgenden morgen vroeg verschijnt rechts het boschrijke eiland Nila, bestaande uit een grooten, werkzamen vulkaan met een laag voorgebergte. De krater bevindt zich, voor ons onzichtbaar, aan de Noordzijde van den berg. Aan de Zuider-helling stijgt uit een solfatare een dikke witte wolk op, die het woud in hare omgeving vernield heeft. Eenige uren later passeeren wij Tiouw (Teon); het is een vlakke, boven breed afgestompte en uitgekartelde vulkanische kegel, die met 20 tot 25° helling met dichte bosschen bedekt uit zee oprijst. Aan zijn voet ontdekt men een paar hutten. In den middag eindelijk zien wij het bergachtige eiland Dammer (Damar), in welks ooste-lijke, diep ingesneden baai wij 't anker uitwerpen.

Aan alle kanten zijn wij omgeven door steil oprijzende, omstreeks 300 M. hooge bergen, met het prachtigste oerwoud getooid. *In het* Noorden der baai verheft zich tot een hoogte van misschien 600 M. een onregelmatig ingesneden berg, in welks groene Zuidhelling verscheidene solfataren groote gele gapingen gevreten hebben, en hem als vulkaan ken-merken. Aan zijn voet bemerken wij een paar stroodaken en een haven, slechts voor kleine prauwen plaats en bescherming tegen de zee biedend, die door de Oostmoeson met volle kracht in de open baai wordt gedreven.

Reeds vele uren voor onze aankomst hadden vlijtige handen zich op de boot geroerd. Chineesche, Arabische en Boegineesche handelaars pakten kisten en koffers uit, en veranderden het voordek in een uitdragerswinkel. Daar zag men al de heerlijkheden uit Makassar: messen, sarongs, kabaja's, rood katoen, ja zelfs schoenen, hemden en pajoengs, en als toppunt van slimheid werd zelfs een kastje met odeurfleschjes te voorschijn gehaald. Het volk echter, dat spoedig daarop in groote, zwaarbemande kano's de kleine haven verliet en op de hooge golven wiegelend ons naderde, beloofde naar het uiterlijk niet veel goeds voor de jongeren van Mercurius. Bruine kerels, slechts met een schaamgordel gekleed, op zij, in ruwe houten scheede, de klewang, met een bosje geitenhaar aan het gevest versierd. Onder trommelslag en gezang kwamen de booten aan, in een oogenblik waren de lui tegen de valtrap opgeklauterd, en nu was het op 't voordek een gewoel als op een jaarmarkt, een loven en bieden, waarbij meestal met geld, niet met natuurproducten betaald werd.

Ik ontvluchtte de niet bepaald aangename atmosfeer, en voer in een scheepsboot met een koffer vol ruilartikelen aan land. Van de landings-plaats bereikte ik in vijf minuten het dorp, een dozijn ongeloofelijk armzalige, wankele hutten, of beter, daken zonder zijwanden. Het aanzienlijkste gebouw was de school, of liever, de schoolhut. Het is werkelijk al hetgeen ze doen kan, dat de Regeering niet alleen hier, maar ook op alle overige eilanden, die wij nog bezoeken zullen, de bevolking deze zegening ten deel laat vallen. Het onderwijzerspersoneel bestaat voor 't meerendeel uit Ambonsche Christenen, wien men nageeft, dat ze talent hebben voor dit beroep, zoowel als voor dat van prediker onder de wilden.

Het inwendige der hutten is in overeenstemming met hun uiterlijk. De bloote grond vormt den vloer. Rechts en links aan de zijwanden staan wankele bamboebanken als slaapplaatsen. Het armelijke huisraad slingert in de hoeken rond, of bengelt aan rotantouwen aan het dak. De stookplaats bevindt zich onder een afdakje, en varkens, hoenders en honden deelen de woonplaats der menschen.

Daar de mannen op de boot waren, trof ik van de bevolking alleen de vrouwen en kinderen aan. De laatsten loopen naakt, de eersten dragen een sarong om de heupen. Zoodra de eerste vrees overwonnen was, sleepte men voor mij als éénige voorwerpen van belang bogen en pijlen bij elkaar, die voor de vischvangst dienen. Ik verkreeg ze voor geld en kralen; voor een gulden aan geldswaarde had ik weldra een ganschen bundel van de meest verschillende vormen bij elkaar. Anders was er in het jammerlijke dorp absoluut niets voorhanden; alle huisraad was er van den primitiefsten vorm, zonder eenige versiering, of van Europeeschen oorsprong.

De lezer heeft nu al zooveel van „tot aan den top met dicht bosch begroeide" bergen en van „prachtigen plantengroei" gehoord, dat hij zich verwonderen zal, wanneer ik hem beschrijf, welke aanblik ons den volgenden morgen, na een vaart van vijftien uren, wachtte. In het morgenlicht vertoonde zich een lange keten van hooge, getande, bijna geheel kale, of slechts spaarzaam met boomen begroeide bergen. Wij bevinden ons in straat Wetter, en de kale toppen behooren tot de Portugeesche helft van het eiland Timor.

Inderdaad zijn we hier in het gebied gekomen, dat door den uit het binnenste van Australië komenden drogen Zuidoostmoeson van April tot November bestreken wordt. Hoe verder wij van hier naar het Westen gaan, over den keten der kleine Soenda-eilanden tot Java, des te grooter wordt de door den moeson aangeraakte zeeoppervlakte, des te grooter zijn vochtigheid, en de rijkdom van het plantenleven, dien hij, in afwisseling met zijn druipenden broeder uit het Noordwesten, te voorschijn roept. Op Timor zijn de tegenstellingen der jaargetijden op 't scherpst uitgedrukt, en daardoor wordt het karakter van de vegetatie bepaald. Bosch komt er niet voor. Evenals in Australië vindt men er Eucalyptussoorten, die met groote tusschenruimten groeien, en grassen. Dus bieden de

33*

hooge, steile, gekartelde bergen met hun rotstinnen, en hun gele hellingen, waarop, als groene stippen, enkele boomen staan, een recht triestigen aanblik.

De lengteas van Timor, tevens de hoofdrichting van zijn gebergten, staat met een stompen hoek op die van Java en de kleine Soenda-eilanden. Ook bezit Timor slechts een enkelen kleinen vulkaan in het midden van het eiland. Het ligt derhalve buiten den geweldigen vulkaanketen, en is daardoor, evenzeer als door zijn geologischen bouw, van bijzonder belang.

De westelijke helft van het eiland is Nederlandsch, de oostelijke Portugeesch bezit. De halfwilde bevolking van het binnenland staat onder inlandsche vorsten en leeft in voortdurende veeten. Het reizen in deze onherbergzame bergwereld op ellendige, steile wegen, is zeer lastig. Het wordt door Forbes en Jacobsen op aanschouwelijke wijze geschilderd.

Inboorlingen van Portugeesch Timor.

Dat ik een bezoek kon brengen aan de Portugeesche hoofdstad Delhi, had ik te danken aan het gelukkige toeval, dat onze boot bij uitzondering de plaats aandeed. De handel van Timor is zeer gering; sandelhout en wat koffie zijn de voornaamste uitvoerartikelen, en een goede lading van deze welriekende produkten gaf ons aanleiding, omstreeks den middag het anker uit te werpen in de groote baai voor Delhi.

Volgens de berichten van Wallace, trouwens reeds van vijftig jaren her, verwachtte ik een afschuwelijk, moerassig gat te zullen vinden. Hoe aangenaam was ik derhalve verrast door den vriendelijken aanblik, die zich ons aanbood. Lange rijen van fraaie, witte, steenen huizen, kokospalmen en een laan van mooie groote boomen omzoomden het strand; daarachter verhieven zich de bergen.

Het bezoek aan den wal bracht nog meer verrassingen. Goede, breede wegen, werkelijke bronnen en fonteinen, gevoed door een heuschelijke waterleiding, iets dat ik in lang niet gezien had, een reeks van zindelijke openbare gebouwen — meer kan men al niet verlangen.

Of overigens de beteekenis van Delhi in overeenstemming is met dit uiterlijk vertoon, laat ik daar. Handel bemerkt men zoo goed als in het geheel niet. Daarentegen vertoonen zich onder het mengelmoes van rassen dat het strand verlevendigt, twee nieuwe typen: de zwarte soldaat uit het verre Afrika, en de naakte, slechts met een schaamgordel of hoogstens een als mantel omgeslagen sarong gekleede Timoreezen; zij komen uit den omtrek en van de bergen, om hunne vruchten te koop te bieden. Wallace merkt terecht op, dat de inlanders meer op Papoea's dan op Maleiers gelijken, met hun kroeshaar, deels kort gedragen, deels met een versierde kam tot een kuif opgestoken, hun langen neus, eindigend in een overhangende punt, en hun donkerbruine huidskleur. Ik kreeg alleen armelijk, onzindelijk volk te zien, met halskettingen van kralen, enkelen ook met dunne zilveren of schelpen armbanden getooid. Ieder van hen droeg een van stroo gevlochten tasch om den schouder, enkele benoodigdheden bevattende, waaronder sirihkokers enz. de hoofdrol speelden. Voorts droegen ze nog een leelijk mes in een scheede van gevlochten stroo, en om de enkels banden van stroo, van voren met een pruik haar versierd.

Achter de stad vindt men de inlandsche kampong, met armzalige atappen hutten. De weinige andere bezienswaardigheden, de kerk, de heete, stoffige straten met Chineesche toko's en woningen van particulieren, de kazerne met haar negerbevolking, zijn spoedig gezien. De omgeving is moerassig en rechtvaardigt den slechten roep waarin Delhi als koortsnest staat.

Tegenover de stad, op 15 zeemijlen afstand, verheft zich het Portugeesche eiland Kambing, met zeer duidelijk zichtbare strandlijnen aan den voet van zijn heuvels. Men kan diezelfde vormingen op een punt van Timors Noordkust waarnemen; zij wijzen op een verheffing van het land, beter gezegd, een negatieve strandverschuiving.

Over het Portugeesche bestuur oordeelt Wallace zeer ongunstig, en het is niet onmogelijk, dat hij ook thans nog gelijk zou hebben. Wat men van blanken zag, droeg òf uniform, òf den zwarten rok der Jezuieten. Een wezen dat een koopman had kunnen zijn, of een Europeesche winkel was niet te bespeuren. In de haven lag slechts één Engelsch-Australische passagiersboot. Er bestonden maar twee booten waardoor men aan land gebracht kon worden: die der Regeering en die van den agent. Van pakhuizen, of welke andere zaken ook die op handel wijzen, was absoluut niets te zien, behalve de op het strand liggende hoopen sandelhout en

koffiezakken; er was gebrek aan werklui om ze te te laden, zoodat **wij**
tot den volgenden voormiddag voor anker moesten blijven. De bevolking wordt door priesters en ambtenaren uitgezogen, zonder dat **daar**
tegenover iets voor haar gedaan wordt in den vorm van het aanleggen
van wegen, bevordering van den landbouw, aansporing tot arbeid. **Voor**
de eerste en eenige maal in den geheelen Indischen Archipel kwamen
hier in lompen gehulde, met zweren bedekte bedelaars op mij af, die als
tot hoon messingen medaljes met Christelijke symbolen aan touwen om
den hals droegen. Priester- en bureaucratenregeering — de keerzijde der
medalje, en het slot van den aanvankelijk gunstigen indruk. En dit eiland
is al drie honderd vijftig jaren in het bezit der Portugeezen, zonder dat
men verder is kunnen komen dan de cultuur van een beetje koffie.

Hierbij komt nog, dat de grond uitstekend voor cultuur geschikt
moet zijn; rijst en koffie, in de hoogere streken mais, kunnen er tieren,
en de bodem zou een groot aantal schapen kunnen voeden. *Wanneer het*
juist is, wat men mompelt van een verdrag, waardoor aan Duitschland
bij een verkoop door ·Portugal ook Timor verzekerd zou worden, dan
zouden wij er misschien niet slecht af komen. Macao, dat thans volstrekt
niets is, tot een mededinger van Hongkong en een gelijke van Kiautschau
te maken — werkelijk geen slechte toekomstmuziek! Komt daarbij dan
een verstandig overleg met Holland, dat aan dezen kleinen staat de
zekerheid van zijn bezit tegen Engelsche, Amerikaansche of Japansche
begeerigheid waarborgt, en ons het medegenot zijner heerlijke koloniën
geeft, Poelau Wè op Sumatra met Duitsch geld en Duitsche energie tot
een konkurrent van Singapore maakt, waardoor wij in staat gesteld zullen
worden de geweldige schatten van den Archipel, die Holland niet exploiteeren kan, te voorschijn te brengen; welk een droom! [1])

Een vaart van enkele uren bracht ons den volgenden namiddag door
Straat Wetter naar Ilwaki, den zetel van den Nederlandschen posthouder
op Wetter (Wetar). Het eiland is een grillig gevormd bergland, met diep-
uitgeschuurde kloven en steile toppen, en, zoover het oog reikte, met
dicht bosch tot aan den top bedekt. Slechts hier en daar vertoonden zich
kleine plekken naakte rots. Ik moet dus Jacobsen tegenspreken, die de
bergen deels met gras, dikwijls ook met Eucalyptus enz. begroeid noemt.
Achter Ilwaki, dat in den westelijken hoek van een kleine, naar het Zuiden
uitspringende landtong, met vlakke heuvels bezet, op een smalle kuststrook ligt, rijzen de bergen steil omhoog, maar zeker tot niet grooter
hoogte dan 400 M. In het Westen bereiken ze misschien 600 M. Ook

---

[1]) Een droom inderdaad!

blijkt bij nadere beschouwing, dat het klimaat aanmerkelijk vochtiger
moet zijn dan op Timor. Hevige regens vielen juist neer, en de plantengroei, hoewel niet buitengewoon rijk, was toch welig en frisch.

Ilwaki is een uitstekend voorbeeld van de snelheid waarmee de voort-
dringende Westersche beschaving de oude zeden en kleederdrachten van
het volk doet verdwijnen. Jacobsen, die 't eiland voor twaalf jaar (1888)
bezocht, vertelt van de oorspronkelijke kleedij der mannen, die slechts
den schaamgordel, en van de vrouwen, waarvan slechts zeer enkele
behalve den sarong nog een kabaja dragen, en spreekt van het kapsel,
dat ook bij de mannen als een kuif met kam en naalden opgestoken wordt.

Ik was derhalve niet weinig verwonderd, haast alle mannelijke inlanders in een katoenen broek en baadje, de vrouwen in sarong en witte

Ilwaki op 't eiland Wetter.

kabaja te vinden. Slechts bij uitzondering zag men de kuif, de meeste
mannen droegen het gladde, sluike haar kort geknipt en met een scheiding.
Ook zag men personen met kort kroeshaar. De huidskleur is lichter dan
men ze op de overige eilanden vindt, en het type der vrouwen herinnert
aan het Mongoolsche ras, zooals ook door anderen reeds is opgemerkt.

Gelukkig was in het dorp alles bij het oude gebleven. Een goede
grintweg, door bamboeheggen omzoomd, voerde in vijf minuten naar de
woningen van posthouder en onderwijzer, de kerk, en de school, alle
eenvoudige, witgekalkte gebouwen met wanden van gevlochten bamboe.
Achter deze huizen ligt het dorp, een paar dozijn armelijke hutten, door
een bamboe-omheining omgeven. Men ziet, evenals op Dammer, niets
meer dan een atapdak, drie voet boven den grond beginnend, en door
balken- gedragen. Onder deze schuren, waar men van alle zijden in kruipen

kan, staan bamboebanken van verschillende hoogte voor slaapplaats. De bloote grond onder en tusschen deze banken dient menschen, varkens, geiten en hoenders tot verblijfplaats. Aan de daksparren hangen de wapenen der mannen, aan touwen verder kleedingstukken, vaatwerk enz. Alleen het huis van den Orang-kaja, het dorpshoofd, is gesloten, uit gevlochten bamboe vervaardigd, en witgekalkt. Er naast zien we het groote raadhuis, een op palen rustend dak met een groote bamboestellage er onder.

Ook in den krijgsdos der mannen, de lansen met breed, glad blad en ijzeren punt, het drie M. lange blaasroer met bamboepijlen, het eigenaardig gevormde lederen schild, en de overige sieraden van mannen en vrouwen was geen verandering gekomen. Ik kreeg een fraaie collectie van allerlei voorwerpen, waaronder ook de uit koraal geslepen projectielen voor de voorlaadbuks. Maar ik kwam tot de ontdekking, dat men aan geld de voorkeur gaf boven ruilartikelen, waardoor men niet bepaald goedkoop zaken doen kan, daar de luidjes, zonder eenig vermoeden van de marktwaarde der zilverstukken, onzinnige eischen stellen; een rijksdaalder is de gemiddelde prijs voor een of ander groot voorwerp; en daarvan zijn ze niet af te brengen, zooals ook de posthouder bevestigde.

Matakau's, nabootsingen van allerlei dieren, die het veld of het huis, waarop of waarin ze op stokken geplaatst zijn, tegen dieven en dieren moeten beschermen, waren noch op de velden te zien, noch door beloften te krijgen. Vóór 12 jaren waren ze nog in menigte voorhanden, thans zijn ze zoo goed als verdwenen [1]).

Over Kisser (Keisar), waar we den volgenden morgen heel vroeg voor enkele uren het anker uitwierpen, kan ik slechts weinig mededeelen. Het eilandje verheft zich als een zachtgolvend heuvelland tot hoogstens 50 M. boven den zeespiegel. In scherp geteekende steile trappen van koraalkalk rijst de kust uit zee op. Waarheen men den blik ook wendt, ziet men groene weiden met kudden grazende schapen, slechts hier en daar enkele boomen en wat struikgewas. De bevolking is arbeidzaam, en houdt zich bezig met weven, veeteelt en landbouw.

Aan het strand staan slechts enkele hutten. Het voornaamste dorp, Woerili, bereikt men, door een klein, in de koraalkalk ingesneden dal, in omstreeks een half uur. Wegens den hevigen regen en het korte oponthoud moest ik van deze wandeling afzien.

De bevolking vertoont hier, evenals op de andere naburige eilanden,

---

[1]) Matakau beteekent in de Ambonsche dialecten rood oog; de naam is ontleend aan de roode pitjes die voor de oogen der dierfiguren gebruikt worden. De dierfiguren drukken symbolisch den aard der straf uit, die dieven treffen zal: muizen zullen zijn kleeren doorknagen, de slang hem bijten enz.

geen scherp uitgedrukt type. Men ziet alle mogelijke schakeeringen in de huidskleur, en zoowel kroes- als sluik haar. In het oog vallend zijn de Waladas, menschen met blond haar en Europeesche gelaatstrekken, de nakomelingen van Hollandsche soldaten uit den ouden tijd, die zich nu verheven achten boven de andere inboorlingen, zich met hen niet inlaten en zich daardoor tamelijk onverbasterd gehouden hebben. De mannen dragen broek en baadje, de vrouwen, waarvan enkele er bepaald aardig uitzien, sarong, witte kabaja, en sloffen. De overige inboorlingen dragen alleen den schaamgordel.

Tot mijn spijt gelukte het mij slecht, voorwerpen te krijgen, daar bijna niemand zich bereid verklaarde, naar het dorp te gaan om het verlangde te halen. Zwaard, boog en pijlen, een klein voorouderbeeld en eenige sieraden was alles. De inlanders staan als Christenen te boek,

Toetoekai op Letti.

maar volgens Jacobsen wemelt het in 't binnenland van matakau's, voorouderbeelden en andere overblijfselen van het heidendom.

Na een vaart van drie uren bereikten wij Letti, een bergachtig eiland, dat in het midden tot op een hoogte van omstreeks 40 M. stijgt, en naar alle kanten in zachtgolvende heuvelen naar zee afloopt. Een uitgestrekt groen grastapijt, slechts hier en daar met enkele boomen bezet, bedekt het. Aan het strand zijn, behalve enkele kokospalmen, verscheidene dorpen te zien. Een daarvan, Toetoekai, is op een breed, in zee vooruitstekend rotsplateau gebouwd, en ziet er, omgeven door zijn grijze muren, recht schilderachtig uit. Slechts eenige minuten daar vandaan ligt beneden aan het strand Sĕrwaroe, waarvoor wij, op een eerbiedigen afstand van de kust met haar koraalriffen, het anker uitwerpen.

Aan het strand werden wij ontvangen door een hoop levendige,

wilde, bruine kerels, slechts van een schaamgordel voorzien, met **speer**
of klewang gewapend. Het korte haar is versierd met een strook **boom-**
bast van 1 duim breedte, die om het hoofd geslagen en van **achteren**
en van voren ineengedraaid is; de uiteinden van een voet lang **staan als**
hoornen naar boven. Onder hen zag men hier en daar fatsoenlijker **lui,**
met broek en baadje aangedaan. Dit zijn bewoners van het Christendorp
Sĕrwaroe, de eerstgenoemden beroemen zich op hunne afkomst **uit het**
heidensche Toetoekai.

In Sĕrwaroe merken wij als voornaamste gebouw de kerk op, **wit-**
gekalkt, met stroo gedekt en uit kleine rolsteenen gemetseld; **daarnaast**
het schoolgebouw en het huis van den posthouder, waarvoor de Hollandsche vlag aan een hoogen mast lustig in den wind wappert. **Voor deze**
huizen, evenwijdig met het strand, loopt tusschen de omheiningen der **erven**

Bewoners van Toetoekai.

een weg naar het rotsnest Toetoekai. Er achter liggen een paar inlandsche
huizen, wier voorkomen zich alleen door grootere zindelijkheid onderscheidt
van die in het verreweg meer interessante Toetoekai. Boomen, kokospalmen,
een paar stoppelige maisvelden op den achtergrond, sluiten het landschap af.

Door een troep der naakte, indringerige kerels gevolgd, liep ik op
het rotsplateau aan, met mijn jongen en de monsterkoffer (want ik werd
nu handelsreiziger in galanterieën). Langs een steilen trap van koraalblokken gingen wij naar boven, en kwamen vervolgens door een gat in
den ruwen, met aarde gepleisterden muur in het dorp, waar een dertigtal
hutten onregelmatig door elkaar stonden. Het zijn ware paleizen vergeleken met de krotten op Dammer en Wetter. Zij rusten op een laag
fundament van rolsteenen, de wanden zijn van kokosplanken, soms ook
van gevlochten bamboe en met een hoog atapdak gedekt.

Het inwendige kreeg ik tot mijn spijt niet te zien; men stond mij niet toe, binnen te gaan, en toen ik na afloop van den ruilhandel wat meer bekend en eigen voor hen geworden was, kon zelfs de belofte van een fraai groot mes den ban niet opheffen. Ik moet mij er dus mee tevreden stellen, uit Jacobsen over te schrijven. De bamboe-slaapplaatsen zijn door matten gescheiden, terwijl een gemeenschappelijke ruimte, waar zich ook de stookplaats bevindt, vrij blijft. Een zoldering bestaat niet; door de reten van eenige planken, tot berging van voorraad bestemd, ziet men het dak.

Voor een opening in den wand staan de houten beelden der voorouders, wier geest door deze opening vrij in- en uit kunnen gaan. Er vóór, buiten, hangen de offervaten.

Letti is namelijk met Kisser en Loeang een der voornaamste burchten van de voorouderverecring [1]). De geesten der afgestorvenen worden vereerd, terwijl men er geen eigenlijke goden heeft. De kleine, tien tot twintig cM. hooge figuren stellen de persoon gewoonlijk in zittende houding voor, naar rang en stand van den overledene met bijzondere attributen versierd.

En inderdaad wemelde het van deze kunstwerken. Ik opende den koffer, liet mijn heerlijkheden zien, en maakte hun duidelijk, wat ik verlangde. Natuurlijk beweerden ze eerst, dat er niets dergelijks was. Maar toen een groote, levendige woordvoerder met een handvol tabak begiftigd was, verzamelde zich weldra de heele bende om mij heen, beladen met beeldjes, huishoudelijke voorwerpen en wapenen. Onder gelach en gebabbel begonnen de zaken, en gingen zoo vlot, dat het mij bijna benauwd om het hart werd. Helaas gaf men ook hier de voorkeur aan zilvergeld. Maar ook messen, kralen en tabak werden graag aangenomen. Naar kleedingstukken, zelfs maar ter grootte van een zakdoek, was intusschen geen vraag.

In het dorp is belangwekkend het heilige huis, een op palen rustend dak, waartoe mij evenwel ook de toegang verboden werd. Er binnen bevinden zich volgens Jacobsen een aantal voorouderbeelden en andere voorwerpen van vereering.

Op de velden en in het geboomte achter het dorp hingen hoopen matakau's. Ik kreeg een paar merkwaardige exemplaren, uit palmmerg gesneden. Het eene stelt een persoon, het andere een huis met een daar voor zittende vrouw voor. Zij hangen aan stokken, met grashalmen en blaren vastgebonden, en moeten dieven en andere dergelijke onheilen afweren.

Ik nam afscheid van mijn handelsvrienden, die joelend en schreeuwend

---

[1]) In een afzonderlijk hoofdstuk zal nog nader over de vooroudervereering in den Archipel gehandeld worden, voor zoover sommige onderdeelen daarvan niet reeds vroeger besproken werden.

met hun buit tusschen de huizen ronddansten — inwendig zeer in **mijn**
schik over de vele kostbare inkoopen, uiterlijk beleefd maar koel, **want**
de kerels waren ongeloofelijk onbeschaamd. Gevolgd door een langen
sleep van het gespuis marcheerde ik naar Sĕrwaroe terug, onderweg **in**
de gelegenheid een reeks groote, bont beschilderde en versierde oorlogs-
kano's te bewonderen, die onder afdaken van stroo stonden.

Het strandtafereel was werkelijk schilderachtig. De blauwe zee **en**
de rots op den achtergrond, op het witte zand een honderdtal vroolijke
gezellen, luid lachend, de speren zwaaiend, en ronddansend onder ver-
draaiingen der ledematen als clowns in een circus; daartusschen de bedaarde
Maleische schepelingen, wien de tegenzin tegen het huppelende volk op
het gelaat te lezen staat, groote zakken rijst uit de booten lossend.
Onder de inboorlingen was er nauwelijks een enkele, die een handje
meehielp. De gansche bende leeft van de hand in den tand, werkt niets
of weinig, en heeft er liefhebberij in, kloppartijen met de naburige dorpen
te houden en koppen buit te maken.

In het huis van den vriendelijken posthouder werden de zaken
opgewekt voortgezet. Van de zoogenaamde Christenen kreeg ik nog
eenige voorouderbeeldjes, trommels enz., en toen ik in de boot ging,
was ik zwaar beladen. De huilende menigte hief ten afscheid een triomf-
geschrei aan. Onbeschrijfelijk merkwaardig kwam het hun voor, dat ik,
door een inlander op de schouders naar de boot gedragen, in zeer diep
water komende mijn fotografie-toestel hoog boven mijn hoofd hield. Het
volkje kent geen voorwerpen, die door zeewater beschadigd kunnen
worden; hoe belachelijk moest hun dus de blanke man lijken, die een
gewone zwarte kist zoo angstig tegen het natte element trachtte te bewaren.

Nat, maar vroolijk, kwam ik aan boord en zat weldra op het dek
in de koele bries aan het lekker toebereide maal van versche visch,
asperges, Frankforter worstjes met zuurkool en duiven met compôte.
Ik vermeld dit, om ook den lezer een begrip te geven van de eigenaardige tegenstellingen, die deze reis in zoo grooten overvloed aanbiedt.
Zoo even nog onder halve kannibalen op de primitiefste wijze ruilhandel
drijvend, en dadelijk daarop in het aangenaamste gezelschap voor een
helderwitten, van zilver glanzenden disch, zoo behagelijk als in Europa
in een goed hotel. Ik geloof dan ook niet, dat er een plaats op den
aardbodem is, waar men onder overeenkomstige omstandigheden even
gemakkelijk reist, zulk een overvloed van interessante indrukken in zich
opnemen, totaal onbeschaafde volken, onbetreden oerwouden bezoeken,
en daarbij 's nachts over een goed bed beschikken, overdag in enkele
minuten uit wildernis, barbaarschheid en hitte naar gemakkelijke zetels

en ijskoude dranken terugkeeren kan. De Paketvaartmaatschappij verdient werkelijk alle lof, en al moeten wij ook bij de buitensporige prijzen waarschuwend den vinger opsteken, we kunnen niet ontkennen, dat ze daarvoor tenminste wat geeft. Denk ik daarbij aan de „British-India-Company" dan krijg ik kippevel, brrr!

Maar rukken wij ons los van den laatstgenoemden akeligen indruk, samengesteld uit een mengsel van petroleumsoep, ranzige visch en muf schapevleesch, met dunne saus, en dwalen wij door ons schip om vroolijke, kleurrijke beelden in ons op te nemen. Uit de behagelijke rust van het achterdek met zijn groote luierstoelen, groene speeltafeltjes, zachte sofa's en het blikken kastje met de eeuwig glimmende sigaren-aansteker komen wij, de grens van dit allerheiligste overschrijdend, op het voordek, waar het van bont leven wemelt. Daar staan waardige Arabieren met groote, zware sandalen, geslepen lachende Chineezen in wit linnen buis, verlakte schoenen aan de bloote voeten, den met rood doorvlochten staart in een zijzak gestopt, op het hoofd een stijven, zwarten, Europeeschen hoed. Onder deze lui is zeker menigeen, en van enkele weet ik het zeker, een schatrijk man. Maar hij reist tweede klasse, en hoogst zelden komt het voor, dat hij zich op het achterdek onder het Europeesche gezelschap waagt. Op den grond liggen en hurken de dekpassagiers, die daar 's nachts op een matje slapen, Javanen, Boegineezen, vrouwen en kinderen van alle mogelijke rassen, Chineesche koelies, tusschen kisten en koffers, touwwerk en schotels met rijst, die ze smakelijk verorberen. Aan de zonnetent, die over het geheele schip gespannen is, hangen bonte, krijschende papegaaien. In een hoek is een heusche veestal gevestigd: ossen, schapen, hoenders en duiven zien daar den dag tegemoet, waarop ze in onze magen verdwijnen.

Op het benedendek heerschen, wanneer wij ons voor eilanden bevinden zooals wij ze thans bezoeken, een bedrijvigheid en handelsdrukte als op een jaarmarkt. Alles is volgepropt met koopwaren, en temidden van zijn schatten zit hier de bruine Arabier met de beenen onder het lijf, ginds de gele zoon van het Hemelsche rijk. Bewonderend verdringen elkander op den smallen gang de naakte, bruine wilden, met vederen en schelpen versierd, de blanke speer in de hand. En langs de kleine valreep een voortdurend op- en afgaan Want buiten ligt een geheele vloot van kleine kano's en groote dorpsbooten, de laatsten versierd met de Hollandsche vlag. De statige, wit geverfde boot daar is die van den posthouder, den bruinen Ambonees, die den kapitein verwelkomt, door zijn pet met gouden biezen zijn waardigheid doet uitkomen, maar het niet beneden zich acht, lucifers, nachtpitjes, zeep en schoenen te koopen of op crediet te nemen.

Want de handelaars, die hier telkens terugkeeren, stellen zijn gunst en klandizie op prijs. Op eens weerklinkt luid gelach, een kano is vol water geslagen; behendig zwemmen de bruine manschappen in het diepblauwe water en scheppen met kokosdoppen en palmblademmers hun vaartuig leeg. Het is een wonder, hoe de kerels de bootjes regeeren, hoe dozijnen der gebrekkige dingen met hun lange uitleggers in elkaar verward zitten, en toch weer gemakkelijk los weten te komen.

Daar weerklinkt dreunend de stoomfluit. In een oogenblik is de boot ontruimd en de kano's sturen op het land af; langzaam wendt het schip onder de slagen der schroef, en terwijl de scheidende zon den hemel rood kleurt en de nacht daalt, zetten wij tusschen dreigende klippen door koers naar zee, om den volgenden morgen dezelfde handeling, maar op een ander tooneel, bij te wonen.

Bewoners van Babber.

Wij liggen voor Babber (Babar). Het met een weinig bosch bedekte eiland, een laag heuvelland, toont, evenals zijn kleinere buren, duidelijke strandterrassen, en is nauwelijks iets meer dan een opgeheven koraalrif.

Het volk, dat in bootjes en kleine prauwen kwam aanroeien, om de scheepsjaarmarkt te bezoeken, zag er juist zoo fantastisch uit, als men zich in het vaderland de echte „wilden" voorstelt. Slanke, flink gebouwde, naakte kerels, slechts met den schaamgordel aan. Het lange golvende hoofdhaar is door behandeling met kalk en loogwater vaalblond gekleurd, en hangt als een kolossale vlaspruik naar achteren, door een grooten, tulbandachtigen rooden voorhoofdsband aan den wortel bij elkaar gehouden. Lange, dunne bamboekammen met hoogopstaande bosjes kleurige hane-veeren dienen als sieraad. Om den hals hangt een stijve ring van groote, witte schelpen, in het eene oor bengelt een witte of zwarte oorring, van zeekoetand of hout, van den vorm en de grootte van een solied hangslot, in het andere een zware, zilveren van eigenaardigen vorm. Een kameraad stapte trotsch rond met een werkelijk slot van messing in zijn gehoororgaan; er ontbrak nog maar aan, dat hij den sleutel in het andere oor gestoken had. Een dozijn dikke armringen van ebbenhout of ivoor, stevig om den bovenarm opgestroopt of los om den pols hangend, kniebanden met witte schelpen

Tepa op Babber.

bezet, over den schouder een langwerpige, vierhoekige, versierde tasch, aan de zijde het zwaard, den speer in de hand, en een sirihpruim ter dikte van een vuist uit den mond hangend — zoo treedt de trotsche jonkman van Babber ons tege-

Babber: Arabier, met inboorlingen handel drijvend.

moet. Daar de lieden meest goed gevormd zijn en zich ordentelijk gedragen, zien ze er volstrekt niet zoo kwaad uit, en het lichte haar past zeer goed bij hun geheele verschijning, die bij ons een aantrekkelijkheid van een kermis zou vormen.

Ook de vrouwen, die wij in het dorp te zien krijgen, zijn rijk versierd met hals- en armbanden. Een klein meisje verheugde zich in het bezit van 38 armringen. Zij dragen het zwarte, niet vaal gemaakte haar geolied en met een kam opgestoken. Een korte rok van een soort gras, met een palmbladnerf als gordel, of een bonte katoenen sarong, van een handelaar gekocht, laat van boven en beneden een aanmerkelijk deel van het lichaam onbedekt. De huidskleur van beide geslachten varieert van licht tot donker bruin. Een paar mannen waren zoo geel als Japanners.

Het dorp Tepa bestaat uit ongeveer 30 huizen van voortreffelijke bouworde, met wanden van kokosplanken en een hoog, spits dak. Geheel tegen de verwachting, door het uiterlijk der lieden gewekt, toonde men zich vriendelijk, rustig en beleefd, en het inwendige der huizen werd gaarne en met zekeren trots getoond. Wij vonden er twee afdeelingen in, door een wand met een balustrade, van snijwerk voorzien, gescheiden. De kleinste dient als werkruimte voor de vrouwen, in de andere staan de bamboeslaapbanken langs de wanden en laten een middengang open. Men vindt er een zoldering, waaraan eenig huisraad is opgehangen. De voorlaadbuksen, lansen, klewangs, halsbanden enz. hangen aan den tusschenwand of aan de buitenmuren. Buiten is aan een der dwarszijden een soort galerij aangebracht, door het overhangende dak bedekt.

Offerplaats op Tepa. Rechts poerèka-trommel.

Op een groot, ruim plein, te midden der onregelmatig staande huizen, verheft zich een heilige boom, die den dorpsgeest beschaduwt. Dit is een zwarte sinjeur, een Meter hoog, gekleed met hoofddoek en sarong, op een dikken paal staande, die uit een hoop steenen van 1 M. hoog steekt. Het geheel staat binnen een kwadraat van soortgelijke steenen, van 10 M. in het vierkant, nabij de eene zijde ervan, zoodat vóór het beeld nog een groote ruimte overblijft voor den nog te beschrijven dans.

Op eenigen afstand bemerken wij, geïsoleerd op het dorpsplein staand een met snijwerk versierde, breede ladder. Ik kon slechts te weten komen, dat dit meubel in de een of andere betrekking stond tot den genoemden of tot een anderen kleineren afgod, die eenige passen terzijde op een steenhoop troonde.

Eindelijk moeten we nog de beide, voor en achter het groote steen-kwadraat staande, heilige huizen vermelden. Ze zijn gebouwd op palen van manshoogte, ± 4 M. lang en 2 M. breed, en door een spits toe-loopend dak bedekt. Een ladder geeft toegang tot de inwendige ruimte, die in mystiek donker gehuld en slechts door een gat in het dak zwak verlicht is. Er gingen eenige kreten op toen ik, in gezelschap van den posthouder, naar binnen klauterde; maar de verzoening volgde spoedig, toen ik een $2\frac{1}{2}$ centstuk offerde aan de beide houten, tegen den muur staande beelden, Opolere („Heer Zon") en zijn gemalin Oponoese („Vrouw Aarde"). Twee in het donker op den bodem hurkende menschelijke wezens, zeker priesters, waren bezig, rijst en betel in offerschotels te doen; hun ontevreden gemompel maakte plaats voor een vergenoegden grijns, toen mijn koperstuk op den bamboevloer klonk.

Overigens scheen er in de ruimte, behalve eenige schotels, niets aanwezig te zijn. Het tweede huis geleek op het eerste, maar ik vond daarin slechts één houten beeld.

Ook buitenshuis bij den zwarten afgod heerschte een opgewekte drukte. De groote trommels, staande op met snijwerk versierde menschen-beenderen, werden bewerkt, en een paar oude mannen stonden op den steenhoop, brachten offers en mompelden het een of ander. Tot mijn niet geringe vreugde vernam ik, dat het heden de eerste dag van het Poerĕkafeest was, dat tegen het einde van den Oostmoeson ter eere van Opolere (of: Oepoelero) gevierd wordt. Ten bewijze hiervan hing aan een hoogen bamboestaak een Poerĕka-teeken in den vorm van een menschelijke figuur, uit katoen gesneden en voorzien van een gesneden houten hoofd.

De offers vormden de inleiding van het feest. 's Avonds tegen vijf uur begon de hoogst eigenaardige dans. Binnen het vierkant, door de steenen gevormd, lagen twee paar bamboelatten kruiselings over elkaar. Om ze niet in den van den regen doorweekten bodem te laten zinken, had men de uiteinden op dwars gelegde stukken bamboe laten rusten. Uit de fantastisch versierde menigte, die prijkte in den glans der pas gekochte heerlijkheden, vooral oude uniformen, traden vier mannen naar voren. Zij hurkten neer en grepen de uiteinden der bamboelatten, die zij nu, in de maat met de trommels en het eentonige gezang der trom-melslagers, telkens twee maal tegen elkaar, en twee maal op een afstand van $1\frac{1}{2}$ voet van elkaar, op de stukken bamboe sloegen. Vier dansers plaatsten zich kruiselings tegenover elkaar en huppelden onder het **ver-draaien** van het lichaam in rijen nu eens tweemaal tusschen de bamboe-latten, wanneer deze op een afstand van elkaar gehouden werden, **dan** weer in de vrije ruimte daarnaast, wanneer de bamboelatten tegen **elkaar** geslagen werden. De dans werd nog hierdoor afgewisseld dat **ieder der** dansers op zijn beurt rondhuppelde in het kleine vierkant in 't midden, zoo lang dit open was; of door de veranderingen der bewegingen met lichaam en voeten. Eerst dansten vier jongelingen, daarna vier meisjes, dan een grijsaard, een knaap, een oude en een jonge vrouw, enz.

Na ongeveer een uur brachten de vrouwen uit alle huizen borden rijst, met een roode saus overgoten, en plaatsten ze in een grooten kring rond om de dansers op den grond. Voor mij eindigde het schouwspel

Tipa of Tepa. Inboorlingen, gereed voor den poerĕka-dans.

hiermede, want de stoomfluit maande tot vertrek. Ik liet mij vertellen dat de rijst, door den dans in tegenwoordigheid der geesten gewijd, gemeenschappelijk genuttigd, en het feest tot laat in den nacht, bij het schijnsel eener olielamp, die op een bamboestok naast de trommels stond, wordt voortgezet. Den volgenden morgen heeft dan een vaart plaats in de groote, feestelijk versierde booten, en na den terugkeer den geheelen avond weer dezelfde dans, afgewisseld door wilde krijgsdansen der mannen. Zoo duurt de feestelijkheid acht tot tien dagen lang, een menigte varkens moeten het leven laten, en als de godheid gunstig gezind is geeft ze van hare dankbaarheid blijk door de ziekte, of wat anders het hart bezwaart, te laten verdwijnen.

De oogst van den dag bestond voor mij in een menigte voorwerpen van dagelijksch gebruik, benevens de gewone wapenen en sieraden. Messen en hoofddoeken hadden grooten aftrek; het meeste succes echter had ik met kleine kralen met metaalglans, die voor de lui nieuw waren, en die des avonds aan alle halzen, armen en beenen verschenen. Voor-ouderbeelden waren er niet.

Den volgenden morgen weer een ander tooneel. Wij lagen voor een langgerekt, vlak koraaleiland, op welks oever zich verscheidene honderden huisjes onder een bosch van kokospalmen vertoonden. Wij bevinden ons in het Zuidelijk deel der Timor-laoet-groep, voor het dorp Adaoet op Sëlaroe.

De inboorlingen, die in tal van kano's onder gezang en trommel-slag komen aanroeien, vertoonen over het algemeen een zelfde type.

Mannen en jongens van Tipa (Babber).

Slanke gestalten van middelbare grootte, waaronder prachtig gebouwde jongelingen van een egaal licht chocoladebruine huidskleur. De meesten hebben het haar met loog uitgebeten, maar slechts weinigen laten het tot een wrong uitgroeien, zooals op Babber. De meesten dragen het kort geknipt. Tatoeëering in den vorm van een blauw kruis bemerkt men op voorhoofd, wangen of borst. De lichaamsversiering komt veel overeen met die op Babber gebruikelijk, maar is minder rijk. Dezelfde hangsloten in het oor, dezelfde halskettingen en beenringen met schelpen belegd, lendengordels en armringen. In het oog vallend door fraaie bewerking en verscheidenheid van vormen zijn de speeren. Behalve die met een breed blad ziet men blanke, fraai gesneden punten met gebogen weerhaken.

34*

Het zwaard is een oude bekende, alleen zijn hier scheede en gordel met schelpen versierd. Ook de pijlpunten vertoonen een rijke afwisseling; beenderen, bamboe en ijzer worden als materiaal daartoe gebruikt.

Het dorp is zeer groot. Verscheidene honderden hutten staan onge-regeld, maar dicht bij elkander op de smalle, ongeveer 100 M. breede kuststrook, en strekken zich onder de palmen langs het strand uit. Een weg is niet te herkennen, maar een voetpad loopt in kronkelingen door het dorp in zijn geheele lengte.

De huizen zijn eigenlijk slechts daken met bovengevels, op $1^1/_2$ M. hooge palen rustend en met de voorzijde naar zee gekeerd. Men klimt langs een ladder door een opening in den vloer in een ruimte, die door

Adaoet op Sĕlaroe (Timor-laoet-groep).

gaten in de dakwanden licht ontvangt, en niet in afdeelingen verdeeld is. Het huisraad staat in de hoeken of hangt aan het dak. Tegen een langs-zijde staat het godenbeeld, een ruw uitgesneden figuur; bovendien bemerkte ik meermalen meterlange palen met een ruw in 't hout uitge-sneden gezicht, aan de stijlen der huizen vastgebonden. De ruilhandel leverde mij, behalve deze figuren, een reeks kleine voorouderbeelden op, die, evenals de andere, *waloet* genoemd worden. Men beweerde wel dat het speelpoppen der kinderen waren, maar Jacobsen noemt ze echte voorouderbeelden, en in Ridol op Larat ontving ik ze met de verklaring, dat het voorouderbeelden waren. Ze zijn derhalve òf tot den rang van poppen gedegradeerd, òf men heeft mij om de een of andere reden· wat

op den mouw willen spelden. Grooten eerbied schijnt men den trans-
cendenten heeren niet te bewijzen. Ze werden onder luid gelach als
waardeloos oud vuil voortgesleept. De uitdrukking van mijn gelaat scheen,
om den prijs niet in de hoogte te brengen, hetzelfde te zeggen, en er
verhief zich steeds een gejubel, wanneer ik het hout, inwendig juichend,
maar voor het uitwendige verachtelijk aarzelend in de hand woog, en
den brenger eindelijk met een handvol tabak beloonde. Trouwens, tabak
was hier zeer in trek. Voor een pakje Makassaarsche ter waarde van twee
gulden heb ik minstens 50 verschillende voorwerpen gekregen, afgoden,
matakau's in den vorm van dieren, kammen, huishoudelijke benoodigdheden en zoo meer. Maar nooit was er een met de eerste handvol tevreden,
hij verlangde steeds wat meer en was in zijn schik, wanneer hij nog een
klein beetje toekreeg. Geld werd niet zoo bijzonder begeerd. De lui
hebben geen besef van de waarde van het zilver en verlangen gewoonlijk:
„satoe ringgit" d. i. een rijksdaalder. Maar geeft men ruilartikelen dan
kan het gebeuren, zooals het mij overkwam, dat de een of andere jongeling een snoeimes en een hoofddoek ter waarde van 24 cents samen
evenveel waard acht als een rijksdaalder.

Een scherpe tegenstelling met het treurige snijwerk aan de goden-
beeldjes vormden de overige, zeer fraai bewerkte sieraden. De houten
kammen en de houten gespen der gordels vertoonen zeer smaakvolle en
zuivere ornamenten; de verdiepingen zijn met kalk bestreken, en het
lofwerk steekt goed bij den witten achtergrond af. Ook het vlechtwerk
van sirihmandjes en -taschjes, de schelpversiering der groote hangtasschen
en de sierlijke eetlepels uit Nautilusschelpen zijn de vermelding waard.
Kunstzin bezit het volk dus wel, en daarom is het merkwaardig, dat het
aan zijn godenbeelden zoo weinig arbeid besteedt.

Bijzonder interessant leek mij een werkelijk deurslot met sleutel,
beide groot en massief, maar niet zonder werktuigkundige bedrevenheid,
uit hout vervaardigd. Het mechanisme kwam overeen met dat onzer letter-
sloten. Ik vond ook ruw pottebakkerswerk, en van leem was ook de
eenig betrekkelijk goed bewerkte *waloet*, die ik kon krijgen.

De ruilhandel ging hier, evenals tot nu toe, steeds op vermakelijke
wijze, maar eischte niettemin veel inspanning. Ik plaatste mijn koffer onder
het uitstekende dak van een huis op een bamboebank en liet de heerlijkheden zien. Daarna vroeg ik om godenbeelden en wapenen. Eerst werd
dan aarzelend 't een of ander gebracht, gekocht en goed betaald. Langzamerhand wordt de kring, die mijn jongen en mij omgeeft, grooter.
De een of ander houdt mij een volgens zijn meening waardelooze mand
of iets dergelijks voor. Juichkreten weerklinken nu, de domme blanke

koopt ook zulk tuig voor goede tabak, messen en hoofddoeken. En nu schijnt hun een licht op te gaan; van alle zijden stroomt het volk toe en brengt mij alles wat niet nagelvast is: kookpannen, lepels, goden-beelden, pijlen, weefgestoelten, tasschen, vlechtwerk, sarongs, kistjes, oorringen, rijststampers, keukenvormen, gordels, halsringen, kammen enz. Van rechts en links, van voren en van achteren duwt men mij den rommel onder den neus, ieder wil de eerste zijn, en na een handel van vele uren te midden van het geschreeuw en de afschuwelijke kokosolielucht ben ik als gebroken, en blij, weer op de boot te zijn. Mijn Maleischen jongen gaat het net zoo. „Bad smell, headache, master; people laugh and cry like monkeys," zegt hij. De man kent namelijk Engelsch en een hoop inlandsche dialecten, en is mij daardoor van groot nut.

Het volk op Timorlaoet gaat voor oorlogzuchtig door, maar in Adaoet is het tegenover blanken bijzonder vriendelijk en beleefd. Evenals op de andere eilanden wordt hier een verdeeling in drie standen gevonden, namelijk: aanzienlijken, minderen en slaven. Op de Kei-eilanden is de eigen-lijke adel van vreemden oorsprong. Slavenhandel is algemeen verbreid. In vroe-gere jaren was Nieuw-Guinea het jachtveld voor dit wild, en het is niet onmogelijk, dat door de ingevoerde Papoea's veel

Bewoners der Tanimbar-eilanden (Timor-laoet).

vreemd bloed, en daarmee die levendigheid in het volk gekomen is, die veel meer een Papoesche dan een Maleische karaktertrek is. Dat op Timor-laoet een tamelijk eenvormig ras woont, werd boven reeds vermeld. De bevolking der overige eilanden, misschien met uitzondering van Babber, toont daarentegen de trekken van een gemengd ras, een tegenstelling, die zelfs bij een vluchtig bezoek in 't oog valt.

Den volgenden morgen ankerden wij in den Noordoosthoek der eilandengroep, in den nauwen zeearm tusschen het hoofdeiland Jamdena en het kleinere Larat. Op Jamdena bemerkte men aan het strand eenige huisjes, op Larat was achter de smalle kuststrook, waar een paar huizen en schuren stonden, een steile helling van koraalkalk, ± 8 M. hoog, en hier lagen dicht naast elkaar de dorpen Ritabel en Ridol, elk uit omstreeks 15 woningen bestaande. Ridol is pas sedert eenige jaren hier heen verplaatst; vroeger lag het een kwartier hier vandaan.

De inboorlingen gelijken volkomen op die van Adaoet. Hier, evenals daar, dragen de vrouwen de korte, uit palmvezels geweven sarong, opgehouden door een breeden gordel van palmbladnerf met fraai versierde sluiting. Het haar is zwart en wordt met fraai bewerkte kammen in een knoop opgestoken.

Eenige der jonge meisjes kon men aardig noemen. In het algemeen zijn evenwel de vrouwen, hier gelijk overal, de lastdieren der mannen, door arbeid gekromd en op rijperen leeftijd afschuwelijk rimpelig en leelijk. Rekent men daarbij den door betel bloedrood gekleurden mond met zwarte tanden, dan is het te begrijpen dat de totaalindruk niet bepaald aangenaam is.

Bewoners der Tanimbar-eilanden a/b. van een Nederl. oorlogschip.

Des te schooner zijn de mannen. In 't bijzonder onder de jongelingen ziet men figuren van klassieke vormen. Het is niet slechts het weeke, fluweelachtige bruin, dat tot de vergelijking met de schoonste antieke bronsstandbeelden leidt. Ik zag een knaap den boog spannen, die door zijn welgeproportioneerden, slanken lichaamsbouw en onberispelijke vormen voor een jongen Apollo had kunnen modelstaan. Hierbij komt nog de aangeboren gratie der bewegingen en van den trotschen, rechten gang, dien men in het stijve vaderland van frak en cylinderhoed zelfs niet kent of vermoedt. En wat wil een standbeeld zeggen tegenover een levenden, ademenden mensch! Een beeldhouwer zou hier in verrukking raken, en ons misschien wat anders schenken, dan die vergroeide, kromme snuiters, met misvormde voeten en eenzijdig ontwikkelde spieren, die men in den laatsten tijd op kunsttentoonstellingen als normale beelden van menschelijke schoonheid mag bewonderen. Athletengestalten heb ik, in strijd met Forbes' mededeelingen, evenmin gezien als Jacobsen. De lichaamslengte is gemiddeld, en de spieren zijn goed, maar over het algemeen niet sterker ontwikkeld dan met een slanke verschijning vereenigbaar is.

Jammer slechts, dat men hier, evenals bij alle wilde volken dezer streken, zoo dikwijls dien schurftachtigen huiduitslag vindt, die het fluweel-bruin van het lichaam in een leelijk, witbeplekt vuilgrijs verandert.

De gelaatstrekken zijn niet bepaald schoon, maar sympathiek. Ik zou ze bij sommigen een middending tusschen het Maleische en het Euro-peesche type noemen.

De kinderen met hun dikke buiken zijn volstrekt niet aardig. Wellicht wordt deze opzetting, evenals op Java, door het onmatig volproppen der kleine schepsels veroorzaakt, misschien ook wijst ze op een abnormale milt, en daarmede, volgens Prof. Robert Koch, op het bestaan van malaria. Ook overigens gaat men met het kroost niet bepaald zacht en volgens de regelen der hygiëne te werk. Forbes vertelt dat de zuigelingen 's nachts in een mand in den rook van het vuur gehangen worden, om ze tegen de muskieten te beschermen.

De huizen zijn van dezelfde soort als in Adaoet. In Ritabel is de voorgevel der groote huizen voorzien van een versiering in gesneden hout, bestaande in twee elkaar kruisende hoornen. Hier en daar troont er een kleine figuur op. Een dorpsgod vindt men zoowel in Ridol als in Ritabel. Hij bestaat uit een paal met ruw uitgesneden hoofd, die uit het midden van een vierkant van steenen omhoog steekt. Ook naast de huizen en in de kleine velden staan zulke sinjeurs. Voorouderbeelden, ruw bewerkt, waaronder ook eenige van gebrand leem, werden mij, evenals in Adaoet, voor een handvol tabak verkocht. Het volk was indringerig, betastte mij en mijn zaken, en maakte den ruilhandel bepaald onaangenaam.

Interessant is de wijze van lijkbezorging op Timorlaoet. Overledenen uit het gewone volk worden, in dunne kisten, aan het strand der zee in holen der koraalkalk of op koraalblokken gelegd. Reeds na korten tijd is het omhulsel der lijken vernield, en het strand wordt bedekt met schedels en beenderen, zooals men op Jamdena, aan den anderen kant van den zeearm kan zien. Groote piëteit wordt tegenover de afgestorvenen niet in acht genomen. Zoo vertelt Jacobsen, dat tot zijn niet geringe ontzetting een man hem eens den nog niet geheel van vleesch ontdanen schedel van zijn vader verkocht. Alleen de hoofden worden met meer praal ter aarde besteld. Zij rusten in doodkisten in den vorm van booten, die op vier dikke palen ter hoogte van 1 M. staan. Ik zag aan het strand van Jamdena, en ook op Larat niet ver van Ridol zulk een stellage, maar zonder de door Jacobsen beschreven versiering, die echter waar-schijnlijk vergaan en afgevallen was.

Ons oponthoud hier duurde helaas maar tot den middag, terwijl ons tot nu toe steeds een geheele dag ter beschikking gestaan had. Wij stoomden het heuvelachtige eiland Vordate voorbij, het noordoostelijkste deel van de groep, die wij in den nacht te voren reeds omgevaren waren — want de kortere weg, de zeeëngte tusschen Larat en Jamdena is gevaarlijk — en zetten koers naar Aroe, vroolijk dansend op de geweldige, door den Zuidoostmoeson opgedreven golven. Den volgenden morgen ankerden wij in een zeeëngte tusschen vlakke boschrijke koraal-eilanden. Voor ons lag op een kleine landtong de handelsplaats Dobo, met zijn daken van gegalvaniseerd ijzer in het zonlicht schitterend.

De groep der Aroe-eilanden bestaat uit een groot centraal eiland,

Aroenees.

met kleine, daar omheen geschaarde eiland-jes, die vooral in het Oosten zeer talrijk zijn en het hoofdeiland als een krans om-geven. Ze zijn allen uit koraal opgebouwd en zeer vlak. Als hun grootste hoogte geeft Wallace 200 voet aan. Het hoofd-eiland wordt door verscheidene, meeren-deels zeer smalle, kanalen in stukken gedeeld. Het ontstaan dezer kanalen is nog niet verklaard. Wallace neemt aan, dat de eilandengroep vroeger een deel van Nieuw-Guinea vormde, en dat de kanalen niet anders dan oude riviermondingen zijn, die behouden zijn gebleven, nadat de bodem tusschen Nieuw-Guinea en Aroe onder den zeespiegel gedaald was. Ze zijn inderdaad zoo smal, dat zij door de inboor-lingen en handelaars riviertjes genoemd worden. Misschien laten ze zich evenwel meer ongedwongen als lacunen in de koraalriffen verklaren.

Hoe dit ook zij, in elk geval behoort de groep naar fauna en flora bepaald tot Nieuw-Guinea. De eilanden zijn bedekt met dicht weelderig bosch, waarin het wemelt van kakatoes, lorries, prachtige vlinders, fraaigekleurde duiven, voor het grootste deel soorten die Aroe slechts met Nieuw-Guinea gemeen heeft. Het herbergt verscheidene soorten van paradijsvogels, een klein soort kangoeroe en een casuarissoort. De bewo-ners zijn Papoea's, voor een deel, tengevolge van het levendige handels-verkeer, sterk met vreemde elementen vermengd, zoodat men zeer verschillende typen kan waarnemen.

Tripang, schildpad, paarlemoer, paarlen, paradijsvogels en eetbare vogelnestjes zijn de voornaamste uitvoerartikelen der eilanden. De groote stapelplaats is Dobo, waar sedert lang een levendige handel met Nieuw-Guinea en de naburige eilanden eenerzijds, met Europa en Azië over Makassar anderzijds bloeit. Met den Westmoeson komen de schippers in November van Makassar hierheen en blijven tot aan de verwisseling van de moesons in April, om dan met den Oostenwind terug te keeren. In dezen tijd is het verkeer in Dobbo hoogst interessant. De kleine, zandige landtong is bedekt met vier rijen huizen, waarin Chineezen, Arabieren en Boegineezen hunne winkels openen. Hier koopt men gebruiks-artikelen, zooals wij ze reeds in Makassar bewonderen konden. Natuurlijk zijn er geen phonographen, zooals daar, maar alle dingen die het hart der inboorlingen, de voornaamste afnemers, verheugen kunnen. Rood katoen, sarongs, hoofddoeken, kleine ijzeren artikelen, lucifers, lichtjes, kralen enz. enz. worden tegen natuurprodukten geruild of ook wel in geld betaald. Inmiddels genieten de prauwen, op het vlakke strand getrokken en door palen gestut, de welverdiende rust.

Ten tijde dat ik Dobo bezocht, lag de plaats stil en verlaten, en vele huizen waren gesloten. Slechts enkele Chineesche toko's, die er tamelijk uitverkocht uitzagen, waren geopend. In de drie kleine straten slenterden eenige lediggangers rond, of hadden zich op den grond neer-gelegd. Een paar prauwen lagen op het zand — in 't kort, het was er zeer triestig en vervelend. Het was al mooi, dat eenige Aroeneezen, donker, met een kroezigen haarwrong, mijn belangstelling konden gaande maken.

Ik nam dus de buks ter hand en doolde het woud in. Men gaat eerst een paar, door Maleiers bewoonde huizen van Boegineeschen bouw-trant voorbij, en daarna ongeveer een half uur in westelijke richting langs het strand, daar de strook lands vlak achter Dobo moerassig en onbegaanbaar is. Een duizendstemmig concert, uit de dichte mangrove-boschjes klinkend, geeft ons een voorgevoel van de wonderen, die wij in het bosch daarachter aanschouwen zullen. Nu gaan wij, na een kleine nederzetting van visschers gepasseerd te zijn, het land in, langs een pad dat ons door een moeras met enkele boomen naar het oerwoud brengt.

Overal wemelt het van leven. Luid krijschend vliegen groote, witte kakatoes om de hooge kruinen der boomen, heele zwermen roode en groene lorries vermaken zich onder geschreeuw en getwist in de lagere toppen, van alle kanten klinkt het kirren van duiven en het eigenaardige gezang van kleine en groote vogels. Over den grond schieten hagedissen bij hoopen, en in de lucht zwenken vlinders in een overvloed en kleuren-pracht, waarvan men zich nauwelijks een voorstelling kan maken. Hoog boven vliegen de prachtige, 'groote Ornithoptera-soorten, met zwart-groene vleugels, een dik lichaam en karmozijnroode borst. Ze zeilen zoo licht en zeker, dat men meent, kleine vogels te zien. Als schitterende edelgesteenten zwermen hun kleine verwanten om ons heen — ik kan mij het gevoel van opwinding voorstellen, dat zich hier van den natuur-onderzoeker meester maakt, wanneer hij, gelijk Wallace, met kennersoog deze niet bevroede pracht aanschouwt.

En thans dringen wij het vochtige duistere oerwoud binnen. De bodem is moerassig, de lucht verstikkend en zwaar, maar gelukkig het onderhout niet zoo dicht, dat men niet zonder kapmes, zij het ook langzaam en met moeite, zou kunnen doordringen. Daar schieten witte reuzenstammen omhoog, in wier toppen, buiten het bereik van mijn buks, scharen van vogels dartelen. De grond is door wilde zwijnen omgewoeld; ik kreeg daarvan tot mijn spijt geen onder schot; daarentegen werd mijn moeite beloond met een aantal duiven, verrukkelijke diertjes met koraalroode pooten en groene veeren, zoo fraai, dat men 't haast betreurde, deze pracht voor den kookpot bestemd te zien. Ik schoot ze op een open plek midden in het woud. Hier borrelde een kristalheldere bron uit den zwarten vetten bodem op, hetgeen mij op het vlakke, slechts zwak golvende eiland merkwaardig voorkwam; als een statige beek verloor zij zich in het bosch.

De prachtige papegaaien, die hunne aanwezigheid door geschreeuw verraden en veel minder schuw zijn dan de duiven, werden door mijn lood gespaard. Ze zijn werkelijk een te gemakkelijke buit en bovendien is hun vleesch niet erg smakelijk. Maar een kolossale arend hoog boven in den top van een reuzenboom moest zijn leven laten; een gelukkig schot haalde hem naar beneden. Ook die andere bonte, langsnavelige dieren, de prachtig gekleurde ijsvogels liet ik loopen, of liever vliegen, en zelfs een paar groote kaketoes, die een verschrikkelijk lawaai maakten, werden voor hun onwelluidende muziek niet gestraft.

Welk een eigenaardige bekoring is er toch aan zulk een zwerftocht verbonden. En toch, hoe heerlijk, hoe veel schooner is het in een Euro-peesch bosch, in de schaduw van onze beuken, eiken en dennen. Daar ademt de borst koele, welriekende lucht in, de voet drukt een zachten, drogen bodem, en het oog aanschouwt hooge tempelbogen, zacht-lichte en donker-groene, sappige kleuren. Hier is alles verbijsterende overvloed, beangstigende verwarring. Geen rustpunt vindt het oog, dat òf door dicht ineengegroeide struiken, lianen en ranken poogt te dringen, òf slechts ten koste van pijn in den nek en de lenden door het groene dak een opening kan ontdekken, om hoog omhoog op een witten reuzenmast een fatsoenlijke loofkroon te kunnen bespeuren. Tegelijkertijd evenwel verzinkt men tot aan de knie in de weeke humuslaag, en om het hoofd krijgt men de afschuwelijke, kleverige webben van reuzenspinnen, zoo groot als een hand. Neen, het is interessant, eigenaardig, maar schoon? Schoon is het niet. Ik zou hier het „vreeselijk mooi" van onze jonge dames het eerst accepteeren.

Paradijsvogels kreeg ik niet te zien. Volgens Wallace zijn ze slechts op het hoofdeiland inheemsch. Op Aroe wordt de zoogenaamde groote paradijsvogel geschoten, wanneer de in den vollen tooi hunner kleuren-pracht prijkende mannetjes op een bepaalden tijd van het jaar zich in groepen van vele tientallen verzamelen en op een boom geregelde dans-partijen houden. Een stompe pijl verdooft het dier, dat naar beneden valt en zonder bloedvergieten gedood wordt. In groote menigte worden de huiden door de handelaars in Dobo, Banda en Ternate opgekocht en over Makassar naar Europa verscheept. Afhankelijk van de vraag, die zich regelt naar de wisselende luimen onzer dames, schommelen de prijzen tusschen 6 en 15 gulden per stuk. Tot mijn spijt viel de tijd van mijn bezoek juist in den tijd van een kolossale hausse, en 15 gulden was de marktprijs, dien ik voor een goed exemplaar moest neerleggen. Een levende vogel kost dertig tot veertig gulden. Hij is in Europa het tienvoudige waard — wanneer men hem namelijk goed en wel overbrengt.

Den tweeden dag van ons oponthoud besteedde ik voor een uitstapje naar Ammer, het eenige inlandsche dorp in de nabijheid. In een bootje ging de reis westwaarts langs de kust. Overal nadert hier het bosch dicht tot den oever, en afwisselend wordt het omzoomd door het witte strand of moerassige, met mangroves begroeide stroken. Op eenige plaatsen rezen koraalrotsen met uitgespoelde holten tot een hoogte van eenige meters op, op hunne oppervlakte met dicht geboomte begroeid. Bijna overal maakte het spiegelgladde water de landing gemakkelijk, en enkele schreden brachten mij weder in de wereld die ik den vorigen dag bezocht had. Onder andere eetbare dieren maakte ik een fraaien, grooten zeearend buit, en daarmede als gratis toegift een anderhalven Meter lange, dikke slang, die de witgevederde sinjeur juist verorberen wilde, een afschuwelijk, giftig, geel en zwart geringd reptiel. Om den Noordwest-hoek van het eiland gingen we daarna naar Ammer, wanneer men onaf-gebroken doorvaart in anderhalf uur te bereiken.

Het dorpje heeft slechts weinig huizen. Het wordt door Christen-inlanders bewoond en kan zich op het bezit van een kerkje en een school beroemen. De mannen droegen slechts een lendengordel, de vrouwen een korte sarong. Het zijn ontwijfelbaar Papoea's, zwartbruin, met een grooten neus, eenigen met zwaar kroeshaar, maar ook zag men enkele kinderen met Maleisch type, derhalve geen zuiver ras. Een Amboneesche onderwijzer was mij behulpzaam bij het monsteren van de woningen, die echter te veel Europeesch huisraad bevatten om karakteristiek te zijn. De huizen staan op palen, hebben een trap en een deur, atappen of planken wanden, en zien er zeer zindelijk uit; het zijn echter ongetwijfeld geen origineele Aroesche huizen, ze hebben Maleischen invloed ondergaan, zoodat ze geen nauwkeuriger beschrijving verdienen.

Den terugweg legde ik te voet af, gedeeltelijk langs het strand, gedeeltelijk door diep-moerassigen grond met mangroves, of door het bosch op een weg, waarvan slechts de sporen nog aanwezig waren. Met smakelijken buit beladen kwam ik in den namiddag weer op het schip aan, dat kort daarop het anker lichtte om naar Groot-Kei koers te zetten.

Bewoners van Ammer.

De Kei-groep bestaat uit een lang, smal, bergachtig hoofdeiland, Groot-Kei genaamd, en een aantal groote en kleine ten Westen daarvan liggende koraaleilandjes, waaraan zich op een afstand van circa 45 mijlen van Groot-Kei eenige vulkanische eilanden aansluiten. De geheele eilandengroep is bedekt met dichte bosschen, waarin uitstekende houtsoorten groeien.

De bewoners zijn van gemengd ras, met Papoesche en Maleische trekken. Hun wollig haar, de donkere kleur en de krachtige, tamelijk groote gestalte wijzen naar Nieuw-Guinea. Maar hun rustige aard, afstekend bij het kwikzilver-temperament der Papoea's, is geheel Maleisch. Aan de kust vinden wij Maleische nederzettingen. Het zijn nakomelingen van Bandaneezen, ten tijde der Compagnie uit hun vaderland verdreven.

De Kei-eilanders staan als goede scheepsbouwers bekend. Met de eenvoudigste werktuigen verwerken zij het voortreffelijke ijzerhout van hunne bosschen. Een ander uitvoerartikel zijn groote, uit één stuk hout gesneden potten, en aardewerk, in welks vervaardiging de genoemde Bandaneezen uitmunten. Voorts, gelijk overal, copra, tripang en paarlemoer. Bovendien werkt in Toeal een zaagmolen, Duitsch eigendom, die uitmuntende planken en balken in groote hoeveelheden zaagt en verzendt.

Wij lagen vroeg in den morgen in een fraaie baai aan de Westzijde van Groot-Kei voor anker. Vóór ons verhieven zich dichtbegroeide bergen tot een hoogte van ongeveer 600 M. Tamelijk regelmatig gelaagde gesteenten rijzen als steile rotsen uit de blauwe zee op. Aan het strand

Kei-eilanders.

lagen in een cirkel om de baai en rechts tegen den berg op de huizen der nederzetting Elat, onder bescherming van een op een hooge rots gebouwde moskee.

Het dorp gaf niet veel eigenaardigs te zien. De bewoners zijn Bandaneezen met scherp uitgedrukt Maleisch type en op zijn Maleisch gekleed. Af en toe bemerkt men een wolharigen, slechts met een schaamgordel gekleeden Keinees. De vervallen huizen, met gaba-gaba-wanden en atapdak, zijn op palen in zee uitgebouwd. De moskee is van een anderen bouwstijl dan we tot nu toe in den geheelen Archipel gevonden hebben. In plaats van de drie pagode-achtige daken slechts één, dat naar buiten uitbuigend spits toeloopt en van boven, als een soort van dak, een kleine, vierhoekige bekroning draagt. Een klein riviertje, als watervalletje over gladgeschuurde rotsen stortend, deelt het dorp in twee helften.

In de huizen bemerken wij overal een levendige industrie. Groote, met roode figuren beschilderde, gebrande leemen potten staan in het rond, van ongeveer denzelfden vorm als de Voor-Indische dikbuikige, korthalzige vazen. Ze zijn zoo uitstekend afgewerkt, dat ik in 't eerst naar de draaischijf zocht en met verbazing ontdekte, dat deze potten alleen met de hand gevormd worden.

Nog interessanter leek mij het werk van den scheepstimmerman, die op verscheidene plaatsen zijn werkplaats had opgeslagen. Een Keiboot wordt evenals een Europeesche uit planken en kiel gebouwd. Terwijl echter onze scheepstimmerlui eerst de kiel leggen, en dan de planken van den romp en de spanten aanbrengen, gaat hier de zaak andersom. Eerst wordt de scheepshuid vervaardigd. De kromming der planken gebeurt echter niet zooals bij ons door buigen in het vuur, maar elk afzonderlijk wordt kant en klaar uit den boom gehakt. Dan worden ze met pinnen aan elkaar gevoegd, tot de geheele romp klaar is. Nu eerst worden de spanten zoo gehakt, dat ze juist op de behoorlijke plaats van den binnen-

Doodenhuisje bij Banda Elat (Groot-Kei).

wand passen, en ten slotte worden ze met pinnen bevestigd aan uitsparingen, die men in de planken gelaten heeft.

De booten zijn tamelijk ondiep, maar moeten zeer soliede en zeewaardig zijn, snel loopen en gemakkelijk zijn om mee te manoeuvreeren, wat men van de gewone Makassaarsche prauwen niet kan zeggen. Ze worden in de Molukken overal graag gekocht, en men zegt dat er zelfs vaartuigen van 50 ton vervaardigd worden. Wanneer men de eenvoudige werktuigen ziet, waarmee de lui werken, komt men in de verzoeking, het niet te gelooven. Maar ik heb zelf vaartuigen van twintig ton op stapel zien staan. Bij deze bestaan de langsplanken uit verscheidene aan elkaar gelaschte deelen, en het geheele schip maakt een zeer goeden, solieden indruk.

Tegen den middag stoomden wij verder. Het profiel van Groot-Kei vertoont een bergland van gelijkmatige hoogte, waarboven zich enkele hoogere koppen als lage golven verheffen. Weldra voeren wij tusschen lage, witomzoomde, groene koraaleilanden, alsof we op een zeer breede rivier waren, en na twee uren lagen wij weer voor Toeal op Klein-Kei voor anker. De haven wordt beschut door de talrijke, er voor liggende koraaleilanden en is zoowel bij West- als bij Oostmoeson bruikbaar.

Toeal ligt aan de achterzijde van een kleine baai. Een aantal huizen groepeeren zich om de moskee, van denzelfden bouwstijl als te Elat, en om het houten gebouw van den zaagmolen. Links en rechts verheffen zich heuvels tot een hoogte van ongeveer 40 Meter, met hoog en laag hout begroeid. In de haven liggen eenige prauwen. De nederzetting zelf bestaat uit verscheidene straten, met huizen van alle mogelijke vormen, van planken, atap, bamboe, gaba-gaba, met zinken daken. Het meeren-deel der inwoners zijn Boegineezen, Arabieren en Chineezen. Verder vindt men er de beide Duitsche eigenaars van den zaagmolen, de heeren Kühn en Weil, de eerste als ethnograaf en natuuronderzoeker bekend.

Verder biedt Toeal absoluut niets merkwaardigs. Het naastbijgelegen inlandsche dorp is Katholiek, en zoo weinig origineel dat ik er van afzag, het te bezoeken, om liever met de buks het eiland in te gaan.

Het bosch is bijna geheel uitgekapt. Slechts hier en daar zijn eenige partijen verschoond gebleven, waarin het wemelt van vogels en vlinders. Overal schiet laag geboomte op, door smalle voetpaden doorsneden. Een genoegen is het op jacht gaan niet. In het bosch zoowel als op de open plekken komt overal de scherpe koraalrots voor den dag. Men moet bij het loopen oppassen, niet in gaten of over steenen te vallen, en het lage hout is voor een deel zoo dicht, dat men er zonder boschmes niet door-heen komt. Veel van de jachtbuit ging in de ondoordringbare ruigte verloren, daar ik dit nuttige instrument niet bij mij had. Ook heeft men veel te lijden van boschmijten, die met voorliefde hunne opmerkzaamheid aan voeten en enkels wijden, en wier beten afschuwelijk jeuken. Prettig is alleen de droogte van den grond in vergelijking met de moerassen op Aroe, hoewel ik nog bijna aan laatstgenoemde de voorkeur zou geven.

Wij lagen op de heen- en op de terugreis hier telkens vier en twintig uren voor anker, en mijn schoenen en voeten waren volkomen tevreden, toen het eindelijk verder ging. Ditmaal was Nieuw-Guinea ons doel, het groote, interessante wondereiland, dat wij in de laatste maanden stap voor stap nader gekomen zijn, terwijl we den langzamen overgang uit de Aziatische in de Australische, uit de Maleische in de Papoesche wereld konden waarnemen.

HOOFDSTUK IV. VOOROUDERVEREERING IN INDONESIË.

Op pag. 523 vindt men de opmerking van Dr. Pflüger, dat Letti met Kisser en Loeang een van de voornaamste burchten der voorouder-vereering vormt. Wel te verstaan, van dien vorm der vooroudervereering, die gekenmerkt is door het gebruik van voorouderbeelden als media. Want onder andere vormen vindt men die vereering den geheelen Archipel door, bij Mohammedaansche zoowel als bij Heidensche stammen. Zij houdt zich bezig met dat onstoffelijk deel des menschen, dat na den dood een persoonlijk bestaan voortzet; en onder die vereering worden niet alleen de eigenlijke voorouders, maar alle afgestorven familieleden begrepen.

Het hoofdmotief voor den inlander, om zich met deze geesten te bemoeien, is de vrees dat ze zich te veel met hèm bemoeien zullen; men meent dat de overledene naijverig is op zijn nog op aarde vertoevende familieleden, en hun, indien eenigszins mogelijk, allerlei kwaad zal berokkenen of zelfs dooden. Vooral is dat het geval met de zielen der pas gestorvenen, die het meest naar hun aardsche leven terug verlangen. Vandaar dat de gebruiken, kort na den dood toegepast, eigenlijk niet den naam van „vereering" kunnen dragen, en alle gegrond zijn op het streven, zich de ziel van het lijf te houden. En terwijl men nu aan zielen der afgestorvenen veel meer macht toekent dan aan de levenden, denkt toch de inlander, zonderling onlogisch, dat de geesten zeer gemakkelijk om den tuin te leiden zijn. Hij zal dus trachten, de zielen op een dwaalspoor te brengen, en zoo min mogelijk hun aandacht vestigen op de achtergeblevenen. Vandaar het verbod van gedruisch maken, het afleggen van sieraden, het dragen van rouwkleederen (versleten kleederen, of stukken van het lijkkleed; dit laatste om de ziel in den waan te brengen, dat men reeds „lijk" is); de gewoonte om het lijk eenige malen snel om het huis te dragen, vóór men het naar de begraafplaats brengt; of om het niet door de deur, maar bijv. door een raam uit te dragen; alles dus om de ziel (nog zeer materieel gedacht en met het lijk onafscheidelijk verbonden) het spoor bijster te maken. Tal van voorbeelden hiervan zijn door Alb. C. Kruyt bijgebracht in zijn onlangs verschenen werk: „Het Animisme in den Indischen Archipel". Deze verboden gelden geruimen tijd; en voor de weduwe (of den weduwnaar) zijn ze het strengst.

Het opheffen van den rouw ging, en gaat bij sommige volken nog, gepaard met het brengen van een menschenoffer, om zoo mogelijk met een afdoend middel den toorn der ziel te bezweren. De beteekenis van het koppensnellen bij het opheffen van den rouw werd te voren (pag. 466—467) reeds besproken; waar men niet meer snelde werd een slaaf gekocht van een naburigen stam, en den overledene geofferd. Met Kruyt kunnen wij aannemen, dat dit doel: het verzoenen van de ziel des overledenen, de oorspronkelijke bedoeling van het menschenoffer geweest is; later is bij vele Indische volksstammen het idee meer op den voorgrond getreden, dat den doode een dienstknecht in het zielenland verschaft werd. Dit blijkt o. a. uit hetgeen de controleur Kühr daaromtrent meedeelt van de Dajakstammen aan de Mĕlawi (Wester-Afd. van Borneo):

„De Dajaks van de Mĕlawi-streken, en naar ik geloof ook overal elders, maken een onderscheid tusschen de schimmen van verdronken of gesnelde personen, en van hen, die aan ziekten of wegens hoogen ouderdom zijn gestorven, of door neervallend hout bij het ladangkappen gedood.

„Voor de laatstbedoelden worden er geen koppen gesneld. Maar gewoonlijk eenige maanden na de lijkplechtigheden en de verbranding of na den eerstdaaropvolgenden rijstoogst — dit hangt er van af, of de voorhanden rijstvoorraad voldoende is voor de feestviering — offert het naaste oudste familielid aan den overledene — wanneer deze heel rijk was —, een pandeling of slaaf.

„Vroeger werd daarvoor een der pandelingen of slaven uit den boedel bestemd, en onmiddellijk na de verbranding van het lijk gedood.

„Had de overledene geene bezitting in den vorm van menschen nagelaten, dan bezorgde het naaste lid der familie zulk een stuk levend huisraad. En was de rouwende zoon erg verdrietig, zoo liep hij als een razende Roeland door de gemeenschappelijke woning. Wee den hem toevallig in den weg tredenden, aan anderen toebehoorenden pandeling of slaaf! Zonder plichtplegingen werd die dan neergestoken.

„Om zulk een lot te ontloopen, verschuilen zich nu nog gewoonlijk alle zich in een Ot-Danom-Dajaksch huis bevindende slaven en pandelingen, zoodra daarin een sterfgeval van een rijke of aanzienlijke plaats heeft. Tegenwoordig echter wordt er, uit vrees voor het Nederlandsch gezag, van de in het centrum van Borneo wonende stammen, waarop het Europeesch bestuur nog geen vat heeft, een slaaf of pandeling door de bloedverwanten van den overledene gekocht en in het geheim aan diens schim gewijd.

„Gedurende mijn plaatsing in de onder-afdeeling Mĕlawi zijn er, zoover ik weet, vier menschenoffers gebracht. De schuldigen kon ik wegens gebrek aan bewijzen niet vervolgen."

Van een ouden Landak-Maleier, die met een Dajaksche vrouw was getrouwd, en langen tijd onder hare stamgenooten had gewoond, ernam

de genoemde Controleur het volgende over zulk een door dien Maleier bijge-
woonde *toloï*-partij, zooals het slachten van zulk een slaaf·genoemd wordt.

„Waart u bij het afroeien tegenwoordig geweest, dan hadt u niet
het gevoel gehad, dat de tocht aan een ongelukkigen Dajak het leven
zou kosten. Men lachte en slierde met de roeispanen elkander water in
het gelaat. Verscheidene meisjes zelfs — nieuwsgierigen — hadden hare
beste kleeren aan.

„Ook bij het stappen uit de *sampans* (bootjes) en het volgen van
het pad, dat van den rivieroever leidt naar de *sandoong*[1])-plaats, werden
er aardigheden verkocht ten koste van den aan zijn ooren voortgetrokken
geboeide, en verdrong men elkaar om een goede kijkplaats te zoeken
tusschen en in de boomen.

„U zult wel opgemerkt hebben dat de Dajaks van nature niet wreed
zijn. Zelfs Dajaksche kinderen zijn tegenover elkaar en jegens hunne
honden, kippen of karbouwen hoogst zelden ruw. Daarom begrijp ik niet
dat zij het in koelen bloede doodprikken van een stamgenoot als offer
aan een overledene bijna gelijkstellen met het harpoeneeren van bedwelmde
visch bij de Toebafeesten. Ik geloof dat het daarmee is als bij ons met
't slachten van kippen. Het is een plicht en de macht der gewoonte.

„Intusschen hadden de deelnemers aan het offerfeest de alang-alang
en de struiken om en bij de sandoong neergetrapt en weggekapt, en
werd de pandeling daarheen gevoerd. Met twee rotantouwen om zijn
middel gebonden, dwongen al trekkende twee Dajaks hem zich overeind
te houden en op dezelfde plek te blijven.

„De arme kerel leek wel een woedende stier, die geslacht moest
worden. Rukkende aan zijne banden en verwenschingen uitstootend, of
dol zich op den grond werpende met het hoofd voorover, dan eens
smeeken en huilen, dan weer driftig stampvoetend vragen waarom men
hèm had uitgekozen om getoloïd te worden . . . . o, 't was als een nacht-
merrie; mijne handen en voeten waren koud, mijn hoofd gloeide. Ik had
grooten lust, amok te maken, maar ik kon me niet verroeren; ik was verstijfd.

„De leider van de offerande, gewoonlijk de oudste mannelijke bloedverwant van den overledene, of een ander persoon, die zulk een werk
al meer bij de hand gehad heeft, scheen echter geen oor te hebben voor
de hartverscheurende·kreten van het offerdier. Want na zevenmaal met
geel gemaakte rijst in de richting van de opkomende en de ondergaande
zon geworpen te hebben, ten einde dat hemellichaam getuige te doen zijn

---

[1]) Sandoong of sandoeng is een huisje op een hoogen paal, waarin, bij de definitieve lijkbezorging, de lichamelijke overblijfselen (of de asch der overledenen) worden bijgezet.

35*

van het te brengen offer, riep hij met een langgerekten gil den overledene
aan, en gaf hem kennis dat straks aan hem de schim van den te toloïen
slaaf zou worden overgedragen; dat deze zus en zoo heette, behoorende
tot dien en dien stam, en daar en daar gevestigd; dat de overledene
hem nu als zijn pandeling kon beschouwen, aangezien aan diens bloedverwanten en schuldeischers de *pati* (schadeloosstelling voor iemands leven)
en het bedrag der schulden waren afbetaald.

„Als die bekendmaking was uitgegalmd, sloegen eenige bèlians en
hare helpsters al zingende met de hand op hare kètoeboongs (kleine
kokervormige trommen). Daarna haalden de vrouwelijke en de mannelijke
bloedverwanten van den overledene en de verdere deelnemers aan de
offerande hunne kleine messen voor den dag en verwondden, ieder op
zijn beurt, den armen kermenden en gillenden geboeiden slaaf, met elken
prik hem opdragende boodschappen of kleine geschenken over te brengen
aan bloedverwanten in het schimmenland.

„„Voorzichtig roeien als je met vader de stroomversnellingen passeert, zorg dat de sampan niet omslaat.""

„„Droog hout moet je kappen voor brandhout; vergeet dat niet,
anders wordt vaders rijst niet gaar, hoor!""

„„Hier heb je tabak en zout van Sintang; neem dat mee voor
moeder. Ga eerst goed na waar zij woont.""

„Dergelijke opdrachten werden er gedaan, zoolang tot de pandeling,
bloedende uit tientallen wonden, eindelijk buiten kennis ineenzakte.

„'t Was verschrikkelijk! ik zie hem nog daar staan. Eerst zich ver-
werende en bij de eerste steken om hulp schreeuwende. Dan druipende
van bloed en als onverschillig zijne beulen aankijkende, om eindelijk te
waggelen en als dood ineen te storten.

„Daarop liep de leider van de offerande naar het lijk toe; wentelde
het om, zóó dat het gelaat naar den grond was gekeerd, ten einde geen
blik van den stervende op te vangen of getroffen te worden door zijne
vervloekingen; scheidde het hoofd, bij de haren dit vasthoudende, met
eenige paranghouwen van den romp, en bracht 't naar de sandoong,
waaraan het met een haak werd bevestigd.

„In een kuil niet ver van de lijkaschbergplaats begroef men den
romp in tweeën gebogen met het zitvlak naar boven, en plantte in de
opening daarvan een stek van de Sabang darah [1]).

„Misselijk was ik en ik had hoofdpijn. Hoe ik thuis ben gekomen,
weet ik niet goed meer" [2]).

---

[1]) Colodracon Astro-Sanguinea Hassk.
[2]) E. L. M. Kühr. Schetsen uit Borneo's Westerafd. Bijdr. Kon. Inst. Dl. 46 (1896), pag. 218—222.

Volgens het geloof der Indonesiërs blijft de ziel in den eersten tijd nog bij het lijk; ze houdt zich dus in den omtrek van het graf op, althans in het dorp der achtergebleven familieleden. Zelfs is het een algemeen verspreid geloof dat de overledene (d. w. z. de ziel) nog niet dadelijk tot het bewustzijn komt, dat zijn betrekking met deze aarde is afgebroken; dat gebeurt gewoonlijk eerst op den derden dag. Volgens de Galelareezen (op Halmahera) brengen vroegere afgestorvenen haar · dit aan het verstand. „Merkt ge wel, dat ge geen lichaam meer hebt," zeggen ze, „noch handen? waar zijn ze, ze zijn afgevallen. Dan ziet de ziel dat ze geen lichaam meer heeft, en zij weent" (Kruyt, Animisme, pag. 325).

De meening, dat de ziel zich eerst nog op het graf blijft ophouden, verklaart ook, waarom de Indonesiër niet gaarne in den vreemde begraven wordt, en evenmin graag toelaat, dat dit met zijn familieleden gebeurt. De ziel zou zich dan n.l. met voor haar vreemde zielen moeten onderhouden, hetgeen niet aangenaam voor haar zou zijn. Sterft een Karo-Batak in den vreemde, dan zal men trachten, althans zijn hoofd naar zijn geboorteplaats terug te brengen. Elders weder brengt men de scalpen der in den vreemde gesneuvelde landgenooten mede (de To-Napoe in Midden-Celebes); of de kleederen; of wel men maakt een popje voor den in verre landen gestorvene; alles om althans zijn ziel in het vaderland te halen. „Toen ik," zoo vertelt de heer Kruyt in zijn boven aangehaald werk, „eens een zoon van een der voornaamste Toradja-hoofden wilde meenemen op een reis naar de Minahassa, wilde de vader mij doen beloven het lijk van zijn zoon mee te brengen naar Posso, ingeval deze onderweg mocht komen te overlijden" (Kruyt, p. 327).

Maar niet voor goed blijft de ziel in zoo nauwe betrekking tot het lijk; hare bestemming is het oord der overledenen, het schimmenrijk of zielen-land. De plaats van dat zielenland denken de onderscheidene volksstammen zich verschillend: sommige op, andere onder, weer andere boven de aarde. Oorspronkelijk zal men wel algemeen (en niet slechts in den Indischen Archipel) het doodenrijk dáár gezocht hebben, waar iederen dag de zon „sterft", in het Westen, en onder de aarde. Maar later zocht men 't ook menigmaal daar, waar volgens de overleveringen het stamland was; waarheen de lijken in den beginne misschien nog werden heen-gebracht, als de volksverhuizing zich niet heel ver had uitgestrekt. En waar men zich het zielenland boven de aarde voorstelt, daar is het toch gelegen boven het stamland; zoo zoeken de Kajan-Dajaks het boven Apoe Kajan, hun stamland in Centr.-Borneo.

De toestand der zielen in het zielenland is in hoofdzaak een voort-zetting van het leven hier op aarde; wie hier tot de rijken en aanzienlijken behoort, zal daar ook rijk zijn; wie hier arm was, komt ook als arme in het zielenland. Ook vindt men er verschillende afdeelingen, bestaande uit zielen van hen die op dezelfde wijze gestorven zijn; zelfmoordenaars wonen er bij elkaar, verdronkenen, enz. Veelvuldig echter treft men ook de voorstelling aan, dat in sommige opzichten alles andersom is als hier op aarde: wit hier heet dáár zwart; wat men hier met de rechter-hand doet gebeurt dáár met de linker; enz. Van vergelding van goed en kwaad is op het eerste gezicht alzoo geen sprake; maar men vergete niet, dat de maatstaf van goed en kwaad bij hen geheel anders is; dat bijv. iemand die een gewelddadigen dood gestorven is, en die, volgens de opvatting van vele volksstammen, niet in 't zielenland mag komen, eigenlijk beschouwd wordt als een, die misdadig geweest is, waarom de goden hem met zulk een plotselingen dood gestraft hebben. Onder den invloed van het Mohammedanisme heeft zich evenwel bij vele volksstammen het begrip van vergelding een plaats in hun beschouwingen omtrent het hiernamaals verworven.

Wanneer gaat nu de ziel naar dat zielenland? Wanneer de plech-tigheid plaats heeft die men de „definitieve lijkbezorging" zou kunnen noemen; hetzij door bijzetting van het lijk of door verbranding. En deze definitieve lijkbezorging geschiedt dikwijls pas zeer laat, soms jaren na den dood. Twee voorwaarden moeten daartoe n.l. vervuld zijn; vooreerst moeten alle zachte deelen van het lijk zijn vergaan; zoolang dat niet gebeurd is, „stinkt" de ziel nog voor de andere zielen; zij ruiken dan het menschenvleesch (men denke aan den reus in Klein Duimpje); ten tweede moet de familie alles bijeengebracht hebben wat voor de plechtigheid noodig is. En dat is niet weinig. Al nemen wij met Kruyt aan, dat oorspronkelijk alles wat men den doode meegaf dienen moest om zijn toorn te bezweren, door hem althans een deel te geven van wat hij, uit deze wereld scheidende, moest achterlaten; dan blijkt toch ook, dat in zeer vele streken deze primaire beschouwing heeft plaats gemaakt voor een andere; deze n.l. dat men de ziel, die in het zielenland in hoofdzaak haar aardsch bestaan voortzet, voorzien wil van alles wat ze daar zal noodig hebben. Vooral is dat het geval met hoofden en aanzien-lijken, die, toegerust met alles wat hun rang meebrengt, in het schim-menrijk moeten aankomen. Doch niet elk voorwerp zelf, slechts de „ziel" ervan kon den doode naar het hiernamaals vergezellen; zoo moesten dan slaven gedood, buffels, paarden of ander vee geslacht, voorwerpen verbroken of beschadigd worden, alles om de ziel vrij te maken. Het vleesch dat van de dieren overblijft kan dus zonder gewetensbezwaar door de achtergeblevenen genuttigd worden. Ziehier dus den oorsprong der groote feesten, die bij de definitieve lijkbezorging plaats hebben; bij sommige volken, zooals bij de Olo-ngadjoe-Dajaks op Borneo, waar men dit feest het *tiwah*-feest noemt; bij de Toradja's op Midden-Celebes; bij vele Papoea-stammen enz. hebben deze feesten een grooten omvang verkregen. De reden dat het veelal zoo lang duurt, eer men tot de definitieve lijkbezorging overgaat, zit juist hierin, dat men zoo véél moet bijeenbrengen; voor een deel ook hierin, dat de inlanders, de Dajaks bijv., het in hun hart toch wel jammer vinden, zooveel voor de zielen te moeten opofferen; maar het is nu eenmaal de adat, dus men moet er wel toe overgaan. Door dit lange wachten, dat soms jaren duurt, viert men in een Dajakstam met één tiwahfeest de uitvaart van alle afgestorvenen van den stam. Maar dan is er ook zoo'n overvloed van spijs en drank, dat zulke tiwahfeesten in echte bachanaliën ontaarden.

Bijzondere vermelding verdienen nog deze plechtigheden bij de Baliërs, waar, onder den invloed van het Hindoeïsme, de lijken bij de uitvaart verbrand worden. Vooral bij aanzienlijken gaan groote feesten daarmede gepaard; men vervaardigt meters hooge, fraaie pyramidevormige gevaarten, prachtig versierd, zoogenaamde *wadah's*; deze worden verbrand met de lijken, die in houten kisten, in de gedaante van een rund liggen. Is iemand gestorven op zee, of wordt het feest zoolang na de begrafenis gevierd, dat men niets meer van het lijk kan opgraven, dan wordt een popje van hout, of op bamboe geteekend, als vertegenwoordiger van het lijk verbrand.

Bij de doodenfeesten der Dajaks, en ook van andere volken, is het optreden van priesters of priesteressen noodzakelijk. Deze personen toch, in staat om hun *soemangat* of zielestof (vgl. p. 113—114) uit hun lichaam te doen gaan en naar hooger sferen te verplaatsen, waren als aangewezen om de ziel te geleiden op haar moeilijken tocht naar het hiernamaals. Want vele zijn de bezwaren, die zij bij dien tocht te overwinnen heeft; volgens de Dajaks in Koetei bijv. moet zij o. a. een vuur passeeren (bij de Olo-Ngadjoe-Dajaks zelfs een waterval van vuur) en ontmoet allerlei schrikwekkende wezens, die ze op de een of andere manier tevreden moet stellen. De priester of priesteres, die met het geleiden der zielen naar het zielenland belast is, dreunt een litanie op, waarin de ervaringen die hij of zij (zijn of haar soemangat) op den weg naar het zielenland opdoet, worden medegedeeld. Op grond van onderzoekingen, door den zendeling Braches te Bandjermasin, kon door den heer Kruyt worden vastgesteld, hoe deze litanie, althans wat de Olo-Ngadjoe's betreft, ontstaan is. Zij is een beschrijving van w e r k e l ij k e ervaringen, op een w e r k e l ij k e n tocht opgedaan. Deze Olo-Ngadjoe moeten namelijk afkomstig zijn van Mambaroeh, tusschen de Boven-Kahajan en de Mělawi; langs eerstgenoemde rivier zijn ze naar het benedenland gekomen. Vroeger zal men dus de lijken der afgestorvenen hebben teruggevoerd naar het stamland (vgl. p. 549); later deed men dien tocht alleen in de verbeelding, en werden de plaatsen langs den weg door den „zielegeleider" opgenoemd. Op dien weg, den Kahajan op, passeerde men een streek genaamd: „Sating malenak boelau" = de satingbloem, glinsterende als goud; in de litanie wordt gesproken van een afdeeling op den weg naar het zielenland, die geheel van goud is. Kwam men verder den Kahajan op en den Koeron in, dan konden de groote vaartuigen niet meer gebruikt worden, maar bezigde men kleinere, in de litanie genoemd: *banama rohong* (banama = schip; rohong = prauw). Dit *rohong* nu correspondeert met het gewone woord voor lijkkist: *raoeng;* de doodkist was dus wellicht oorspronkelijk het vaartuig, voor de overbrenging der stoffelijke over-blijfselen gebruikt. Houdt men in het oog dat het zielenland volgens de voorstelling van vele stammen gelegen is over zee, of over een rivier, en dat zoowel de bootjes als de doodkisten bij vele stammen niet meer zijn dan uitgeholde boomstammen, dan springt het verband tusschen „doodkist" en „zielenschip" nog te meer in het oog.

Met het groote doodenfeest is bij de meeste volken de rouw opge-heven, en voorloopig met de afgestorvenen afgerekend; de zielen zijn bezorgd dáár waar ze hooren, in het zielenland. Van daar uit evenwel kunnen ze nog wel weer op aarde terugkeeren, en het is dan de plicht der overlevenden hen van de noodige offers te voorzien. Doet men dit, dan kan men op hun hulp en steun rekenen; laat men het hun evenwel aan de noodige zorg ontbreken, dan straffen ze met ziekten, rampen en misgewas. Het blijkt dus dat men aan die geesten, nadat ze goed en wel ter bestemder plaatse zijn bezorgd en zich aan hun toestand wat hebben gewend, een eenigszins vriendelijker en verhevener karakter toe-schrijft dan onmiddellijk na hun dood; zij stellen veel belang in hun nagelaten betrekkingen, trekken met hen mede ten strijde, zien toe op het onderhouden der oude adat; zij helpen den rechtvaardige, en weer-staan den onrechtvaardige. De invloed van dezen voorouderdienst op het geheele leven van den inboorling is dus geenszins gering te schatten; ja, zijn gansche bestaan wordt er door beheerscht.

Onder de verschillende soorten van voorouderzielen vallen niet allen in de termen om bepaalde vereering te genieten. Voorbeelden van zekere categorieën van geesten, die bij voorkeur vereerd worden, zijn reeds gegeven bij de beschrijving van de *begoe's* der Bataks (pag. 118—121).

Een enkele soort van zielen is er zelfs, die steeds gevreesd en nooit vereerd wordt, die men zich eenvoudig op alle manieren van het lijf moet trachten te houden; het zijn de *pontianak's*. Men verstaat onder dit woord, dat men met geringe verschillen bij vele volken van den Archipel aantreft, de ziel van een vrouw, die in het kraambed of vóór de bevalling is gestorven; het geluk dat zij niet heeft mogen smaken, misgunt zij ook anderen vrouwen, en daarom tracht zij tijdens de bevalling in het lichaam der kraamvrouw te dringen, de verlossing te bemoeilijken en de kraamvrouw te dooden. In sommige streken gelooft men, dat zij het ook op de mannen gemunt heeft; òf, om hen te emasculeeren, òf, zooals bij de Minahassers, om een man mede te nemen in het graf, en zoo aan het kind, waarvan zij na den dood bevallen is, een vader te geven.

Men stelt zich de pontianak meestal voor in de gedaante van een vogel, maar ook wel als een schoone vrouw, om de mannen te bekoren; op Ambon als een vogel met een vrouwenhoofd. Doet men, gelijk we hiervóór zagen, bij een gewoon sterfgeval reeds alle moeite om zich de ziel van de(n) overledene van het lijf te houden, nog meer zal men natuurlijk bij een tijdens de bevalling gestorven kraamvrouw maatregelen nemen, om te verhoeden, dat haar ziel pontianak worde. En in de meening dat de lotgevallen der ziel, althans in den eersten tijd, nauw samenhangen met hetgeen er met het lijk gebeurt, wendt men alle middelen aan om te maken, dat die ziel niet als vogel (pontianak) opvliege uit de kist. Zulke middelen zijn o. a. de volgende: men legt een stuk pisangstam in de lijkkist; de overledene houdt dit voor haar wicht, en zal zich rustig houden (Toradja's). Men geeft het lijk eieren onder de oksels, en steekt naalden in de handpalmen, alles om het vliegen te beletten (Maleiers van Malakka, Boegineezen en Makassaren). In Atjeh legt men bij het lijk een kluwen garen dat in de war is, met een naald zonder oog. Voor ze uitgaat, wil ze zich van het lijkkleed een broek naaien, maar tevergeefs tracht ze tijdig het garen te ontwarren en het oog van de naald te vinden. Ook het vastspijkeren van het hoofdhaar aan de kist of tusschen kist en deksel komt voor.

De vereering der zielen heeft plaats bij alle mogelijke gelegenheden en op allerlei plaatsen. „Wanneer," zoo vermeldt de heer Kruyt, „een Toradja eenig feest viert op een akker of in huis, kan men dikwijls vóór den aanvang van den maaltijd hooren: „„hebben de zielen al hun deel?"" Dit aandeel der zielen wordt veelal op het voorportaal bij de trap gelegd." Men doet hen dus deelen in alle aangelegenheden van het huiselijk en maatschappelijk leven. Komen de geesten weer op aarde, dan stelt men

zich veelal voor dat ze in huis verblijven; men maakt soms miniatuur-
huisjes voor hen, die men binnenshuis ophangt; bij den Minahassischen stam
der Tontemboan vindt men in de huizen een toestel, *temboan* genaamd,
waarin het aandeel der geesten, die boven onder het dak wonen, bewaard
wordt. Boven dat toestel, welks naam beteekent: „dat, waarop wordt
neergezien", loopt de zoldering niet door, om den zielen het neerdalen
gemakkelijk te maken. Terwijl nu op deze wijze de eigen familieleden
vereerd worden, richt men voor de geesten, die van een geheelen stam
of een gansch dorp hulde ontvangen, bijzondere gebouwen in, die men
tempels zou kunnen noemen. Zulke algemeen vereerde geesten, die als
stamgoden zijn te beschouwen, zijn oorspronkelijk de zielen van hen die
boven de groote menigte uitstaken, als aanzienlijke opperhoofden, dappere
aanvoerders, hoofden eener nieuwe nederzetting, enz. Zelfs op Java wordt
nog de geest van den eersten ontginner eener dessa, onder den naam
van *tjakal-bakal-désa*, vereerd. In den kring der familie-geesten verdringen
de later afgestorvenen de herinnering aan de zielen der voor lang overledenen; maar deze algemeene geesten blijven in de herinnering der
stam- of dorpsgenooten leven, en kunnen eindelijk tot den rang van
goden opklimmen. Over het verband tusschen tempel, raadhuis en mannenhuis zal gehandeld worden in het hoofdstuk over het *kakéhan*-verbond op
Ceram; onnoodig schijnt het, hier de namen dezer geestenhuizen in de
verschillende deelen van den Archipel op te noemen.

Behalve de vereering der zielen zonder bepaald medium, komt het
gebruik van media zeer veelvuldig in den Archipel voor, en wel voornamelijk in het Oosten. Als media, om zielen tot welke men zich wilde
wenden te doen neerdalen, zullen wel in de eerste plaats lichamelijke
overblijfselen gebruikt zijn. Vooral werd daartoe de schedel gebruikt.
Van de Karauw-Dajaks in de Doesoen-Ilir op Borneo verhaalt de heer
Bangert: „Als een merkwaardigheid toonde Ngabëi Anom mij zijns vaders
schedel. Dit voorwerp, als een heiligdom bewaard, was in een fraai vervaardigd kistje geborgen, waarin het op een gewoon tafelbord stond.
Bij het openen van het kistje, en totdat het weder gesloten werd, brandde
men een weinig reukwerk (aloëhout), en prevelde eenige onverstaanbare
woorden. Een der vrouwen kwam en sloeg een hoenderei op den kop
aan stuk. Dit maakte het tooneel afschuwelijk: de vloeibare inhoud van
het ei liep langs het afzichtelijk doodshoofd naar omlaag. De oude Ngabëi
Anom zalfde daarop het hoofd met klapperolie, en sloot vervolgens het
kistje, dat uiterst zorgvuldig tusschen de hanebalken van het huis werd
geborgen" (Tijdschr. Bat. Gen., Dl. IX, pag. 196).

Een overgang tusschen het gebruiken van lichamelijke overblijfselen en beelden als media vindt men op Nieuw-Guinea in de zoogenaamde *schedel-korwar's*. Deze bestaan uit den schedel met de bovenkaak van een over-ledene, geplaatst in een mandje, met kleurige doeken omwonden, of in een houten onderstel geplaatst. Gewone *korwar's* zijn houten beelden, gewoonlijk in zittende houding met hoog opgetrokken knieën, terwijl de handen een schild omvatten (zie de afb.). Zoodra de overledene begraven is, wordt een korwar voor hem gemaakt; is deze gereed, dan maakt men een geweldig leven, om de ziel van den overledene te verjagen van de plaatsen waar ze zich mocht bevinden, en in de korwar te

Korwar's van Nieuw-Guinea (Origin. in het Ethn. Mus. te Leiden).

drijven. De maker van het beeld houdt dit vast, en schudt het heen en weer; plotseling valt hij neer, hetgeen een teeken is, dat de ziel er in gevaren is. Voortaan is de korwar 't medium tusschen de familie en de ziel des overledenen. „Om de korwar te raadplegen," vertelt de zendeling Goudswaard, „plaatsen ze het beeld voor zich, brengen de handen tegen elkander ter hoogte van het voorhoofd („sĕmbah"), buigen zich voorover en doen in die houding de vragen waarop zij een antwoord verlangen. Die vragen zijn natuurlijk altijd zoo ingericht, dat er j a of n e e n, een goedkeuring of een afkeuring moet volgen. Ondervinden ze nu bij dit raadplegen niets ongewoons, dan wordt zulks als een goedkeuring beschouwd; maar bevangt hen daarentegen, tengevolge van een verwijt des gewetens, bijvoorbeeld eenige beving of ontroering, dan houden zij dit voor een afkeuring. Een voorbeeld moge dit ophelderen. Zeker man had een zweer aan den vinger gekregen. Niet wetende aan welke oorzaak dit toe te schrijven, plaatste hij de korwar vóór zich om van dezen de aanwijzing daarvan te verkrijgen. Hij deed verschillende vragen; bij geene daarvan werd hij in het minst ontroerd, of bespeurde hij eenig slecht teeken. Maar toen hem ten laatste inviel, dat hij de wet der gewoonte geschonden en zijne plichten verwaarloosd had omtrent de weduwe van zijnen broeder (die hij had moeten huwen of althans verzorgen), en hij daarbij de vraag deed of die pijnlijke zweer hem ook om die reden was toebeschikt, begon zijn geweten hem te beschuldigen. Met zijne landge-

Voorouderbeeldjes van Ilamahoe op Saparoea (Origin. in het Ethn. Museum te Rotterdam).

nooten in de overtuiging verkeerende dat de dooden bij machte zijn de levenden wegens eenig vergrijp of plichtverzuim te straffen, zoo deed de vrees voor den toorn des afgestorvenen hem bij het uitspreken van die vraag eenige ontroering ondervinden: deze had nu de korwar bewerkt, door haar gaf de korwar zijn antwoord. En hij ging heen en nam de weduwe zijns broeders tot zich, en zorgde voor haar onderhoud" (A. Goudswaard, De Papoea's van de Geelvinksbaai, pag. 78—79).

.Het gebruiken van dergelijke voorouderbeelden is ook zeer algemeen bij de stammen der Molukken; onnoodig is het, hierover verder uit te weiden, waar Dr. Pflüger telkens spreekt van door hem verzamelde voorouderbeelden. Slechts moge hier worden opgemerkt, dat het verkeerd is, dergelijke beelden afgodsbeelden te noemen, en nog minder juist te

meenen, dat die volken houten beelden aanbidden. Het beeld is op zich
zelf niets waard, het is slechts een woonplaats voor de ziel, die men
wenscht te raadplegen, of die men offers wenscht aan te bieden.

Eigenaardig is het, dat, terwijl het gebruik van beelden als media
bij den voorouderdienst vooral en bijna uitsluitend voorkomt bij de oostelijk
wonende volken, men in het uiterste Westen van den Archipel een volk
vindt dat in dit opzicht (en in dit opzicht niet alléén) groote overeenkomst
toont met de oostelijke stamverwanten. Het zijn de Niassers, bij wie de
voorouderbeelden een zeer groote rol spelen. Deze beelden heeten bij
hen *adoe*; en eigenaardig is de wijze, waarop de ziel van een overledene
in zijn beeld wordt gebracht. Men stelt zich n.l. voor dat die ziel zich
op het graf blijft ophouden in den vorm van een spinnetje van bepaalde
kleur en teekening, *moko-moko* geheeten. Soms vergeet men wel, de ziel
te gaan afhalen, doch dan worden de nabestaanden wel door eenige ramp
of ongeval er aan herinnerd, dat men te kort geschoten is in zijn plichten
jegens den overledene. Men begeeft zich nu naar het graf, en eindelijk
heeft men, na lang zoeken, het rechte beestje gevangen. Eerst wordt
deze incarnatie van de ziel voorgesteld aan de oer-voorouders, die in den
vorm van steenen vereerd worden, en daarna bij het beeld gebracht,
waarna men veronderstelt, dat de ziel in de adoe haar intrek heeft
genomen. Komt er evenwel later een scheur in het beeld, dan meent men
dat de ziel is ontvloden, en is het beeld van geen nut meer.

Behalve van beelden, wordt ook van andere voorwerpen gebruik
gemaakt bij de vooroudervereering. Op het kleine eilandje Boano, ten
W. van Ceram, bezigt men daartoe kleine porceleinen of verglaasde
potjes, *boeli-boeli* genaamd. Men onderscheidt ze in mannelijke en vrouwelijke; de eerste zijn hoog, en zonder stop of deksel; de laatste lager en
van deksels voorzien. Ze zijn de verblijfplaatsen van de zielen der afgestorvenen; voor oude eerwaardige personen zijn ze groot en kostbaar;
voor kinderen heeft men kleinere, voor pasgeborenen zeer kleine fleschjes.
De vereerders dezer boeli-boeli zijn de inlandsche Christenen van Boano;
met den dienst der boeli-boeli zijn bepaalde priesters of priesteressen
belast, evenals op Ceram *maoewèn* geheeten. Ze zijn zeer gevreesd en
houden voor hun eigen voordeel dezen voorouderdienst in stand. De
eigenaar van de boeli-boeli moet er een afzonderlijk huisje voor oprichten,
waarin alleen een tafel staat; daarop moet hij van tijd tot tijd spijzen
neerzetten voor de zielen.

De priester raadpleegt bij sommige gelegenheden de boeli-boeli,
waarbij hij bezield wordt door den daarin wonenden geest. Door zijn
mond geeft dan de ziel antwoord op de gestelde vragen, en maakt op

dezelfde wijze gebruik van de haar aangeboden spijzen. Bij goede verzorging der boeli-boeli kan men op den steun der voorouders rekenen;
verwaarloost men ze, dan heeft men allerlei rampen te duchten [1]).

Over het raadplegen der geesten door een mensch als medium (sjamanisme) werd reeds uitvoerig gehandeld (pag. 453 tot 462). Daaromtrent
worde hier nog slechts opgemerkt, dat de heer Kruyt in zijn meermalen
aangehaald werk op het groote onderscheid wijst tusschen het uitzenden van
zielestof (soemangat) of ziel, om de soemangat van zieken op te sporen
(priesterschap) en het eigenlijke mediumschap der sjamanen. In onze
beschrijving van het sjamanisme is het optreden der sjamanen in eerstgenoemden zin ook reeds ter sprake gekomen.

Boeli-boeli van Boano.
(Origin. in het Ethn. Museum te Rotterdam.)

---

[1]) Vgl. M. Teffer in Meded. Ned. Zend. Gen., Dl. 4, blz. 77—83.

HOOFDSTUK V.   BOEROE EN CERAM [1]).

Tot de minst bekende en bezochte deelen van den Archipel behooren de groote eilanden der Molukken: Ceram, Boeroe, Halmahera. Sedert de Paketvaart hare geregelde lijnen opende is de vaart door de Molukken — het blijkt uit Pflüger's reisverhaal — een pleiziertocht geworden. Men doet op dien tocht ook enkele havenplaatsen der grootere eilanden aan en kan er voet aan wal zetten. Maar niemand der toeristen dringt in het binnenland door, zelfs niet op een kort uitstapje, wat op de kleine eilanden zoo gemakkelijk valt. In de Molukken heeft altijd de regel gegolden dat de kleine voorgaan bij de groote. Ternate en Tidore hebben van oudsher bijna het gansche Noorden beheerscht; in 't Zuiden werden Ambon, de Oeliasers en Banda de steunpunten van de macht der Compagnie en de bronnen van haren rijkdom. Daar kon zij gemakkelijk onderwerpen wat zich verzetten mocht. Maar de Alfoeren van Boeroe en Ceram lieten zich niet onderwerpen. Zij hadden een binnenland en vluchtten daarheen; hoogstens kon men ze „tuchtigen", wat echter geen geld geeft, maar geld kost en dus alleen in den uitersten nood gebeurde.

Zoo is nog thans het binnenland van Boeroe en Ceram nagenoeg onafhankelijk van het Nederlandsch gezag. Duidelijk bleek dit op de reizen volbracht door een der jongste bezoekers van beide eilanden, Dr. K. Martin, hoogleeraar in de geologie te Leiden. Nog nooit was het binnenland van beide eilanden door een geoloog bereisd; omtrent de gesteldheid van hunnen bodem was ongeveer niets bekend. Maar niet alleen door het groot gewicht zijner geologische onderzoekingen is de arbeid, door Martin na voltooiïng zijner reis in 't licht gegeven, van beteekenis: niemand heeft beter dan hij de natuur dier zoo weinig bezochte streken geschilderd en de geschetste beelden vereenigd tot een zoo aangenaam geschreven reisverhaal als er in de litteratuur over het Oosten van den Archipel weinig gevonden worden. Reeds in de Inleiding is daarop gewezen.

Behalve een aantal tochten van verschillende punten der kust meer en minder ver landwaarts, heeft Martin beide eilanden doorkruist van Noordkust tot Zuidkust. De grootste bezwaren ondervond hij op den tocht door Boeroe. Hier had de doorkruising plaats op het breedste deel des eilands — dat ruim een vierde der grootte van Nederland beslaat — vooral met het doel, een bezoek te brengen aan het bergmeer, in 't hart

---

[1]) In hoofdzaak naar Prof. K. Martin.

des lands gelegen. Op Ceram werd de route door een smaller deel afgelegd, van de baai van Elpapoetih naar die van Sawai. Plannen tot meerdere doorkruisingen moesten worden opgegeven ten gevolge van de tegenwerking en onbetrouwbaarheid der bevolking. Op Boeroe mocht men last hebben van de groote moeilijkheden die het terrein oplevert, de bevolking was daar volkomen te vertrouwen.

Merkwaardig, dit contrast in geaardheid tusschen de bewoners van Boeroe en die van het grootste deel van Ceram, waar koppensnellen en rooven aan de orde zijn en alleen in den oostelijken hoek vreedzamer toestanden schijnen te heerschen. Beide eilanden worden door Alfoeren bewoond, zooals men gemakshalve alle heidensche, Papoea-achtige bewoners der Molukken betitelt. Alleen aan sommige kuststreken zijn koloniën van andere eilanden gevestigd, die meestal den Islam belijden en daar hebben ook een aantal Alfoeren dien godsdienst aangenomen en zich veelal met de kolonisten vermengd. Ook de Protestantsche zending heeft op beide eilanden posten, waar een klein aantal bekeerlingen gemaakt zijn.

Volgen wij eerst Martin op zijn belangrijken tocht door Boeroe. De toebereidselen tot de reis moesten gemaakt worden in de voornaamste plaats des eilands, Kajeli, een dorp van ruim duizend inwoners, dat van het schip af gezien een statigen indruk maakt, langgestrekt gelegen op een oeverterras, waar de missigits hunne puntdaken boven de boomen doen verrijzen; een illusie die onmiddellijk verdwijnt — als bij zoovele strandplaatsen in allerlei streken der aarde — wanneer men de plaats zelve betreedt, die wel goede wegen heeft en waar vele vruchtboomen op de erven groeien, maar die uit woningen van het meest armzalig type bestaat, laag, met wanden van palmbladen, meestal zonder eenig venster.

Het overheerschend landschapstype op de heuvel- en lagere berg-hellingen, die de plaats omringen, is de veelvuldig op Boeroe voor-komende savanne: het hooge, stijve alang-alang-gras — hier *koesoe-koesoe* genoemd —, afgewisseld door kajoepoetih-boomen, die de bekende gelijk-namige olie leveren. Het veelvuldig voorkomen dezer boomen wijst steeds op onvruchtbaarheid van den bodem. De olie, als geneesmiddel vermaard en ook in gebruik bij het opzetten van dieren, om ze tegen insecten te beschermen, wordt door destillatie uit de bladeren verkregen. Ze wordt ook op Ceram bereid, maar Kajeli is de voornaamste uitvoer-plaats. De bereiding geschiedt hier door vreemdelingen, lieden van de Soela-eilanden, die buiten de plaats, in het strandmoeras, op hooge palen staande hutten bewonen. De boom heet kajoe-poetih, wit hout, naar de kleur van de bast, waardoor zij aan onze berk herinnert, evenals door het fijne loof en het doorzichtige van de kroon. Met damarhars is kajoe-poetih-olie, Boeroe's voornaamste uitvoer-artikel. De rijke bosschen, die het grootste deel des eilands bedekken, worden nog bijna niet geëxploiteerd, hoewel daarin kostbare houtsoorten, o. a. zeer fraai ebben-hout voorkomen.

Op 15 Mei 1892 verliet Martin Kajeli, in gezelschap van den post-houder, den eenigen Europeaan ter plaatse, en daarom, zegt de schrijver, mag ik maar niet zoo eenvoudig weg vertellen dat ik op weg ging, want bij den aanvang eener dienstreis wordt al de glans ontvouwd, die een posthouder als vertegenwoordiger des Bestuurs, in zulke afgelegen streken omgeeft. Alle aanzienlijken der plaats doen uitgeleide: de dokter-djawa, die de intelligentie vertegenwoordigt en tijdens de afwezigheid van het Bestuur de loopende zaken moet afdoen; de luitenant der schut-

Straat in Kajeli.

terij; de particuliere schrijver des posthouders, en de vaccinateur. Per draagstoel gaat men naar de boot en vandaar naar de orembaai, een statig vaartuig, met ongeveer twintig Mohammedaansche roeiers bemand en van Europeesche takelage voorzien, hoewel het in Kajeli gebouwd is. Deze orembaai's, gewoonlijk wat kleiner, met tien tot twaalf roeiers, zijn het gewone middel van vervoer voor de waardigheidsbekleeders in deze streken, althans waar men zich tot kustvaart bepalen kan[1]). De naam is een verbastering van orang-baïk, — goed volk! —; ze is afkomstig uit den tijd der hongi-tochten. Een hongi is een inlandsche oorlogsvloot, die in den tijd der Compagnie werd uitgerust om, onder aanvoering van hare dienaren, specerijboomen te gaan uitroeien op eilanden waar hunne kultuur

---

[1]) Vergelijk de afbeelding op blz. 581.
BEZEMER, *Door Nederlandsch Oost-Indië.*   36

verboden was. Ook in de 19de eeuw hadden nog voortdurend hongi-
tochten plaats om te gaan rooven, moorden en vernielen. In 1862 werd
bepaald dat ze slechts plaats mochten hebben met machtiging van den
gouverneur-generaal, dus als maatregel van gerechte weerwraak. In tegenstelling met de hongi's was de gemoedelijke uitroep „orang-baïk!" niet
overbodig.

Thans uit zich de gemoedelijkheid alleen nog in het uiterst langzaam
tempo waarin het vaartuig voorwaarts kruipt, als een oude grootmoeder,
zegt Martin, altijd vlak bij de kust — uit vrees voor de in deze streken
sterke stroomingen —, de vele ronde bochten van den oever getrouwelijk
volgend; · onverdroten wordt haar gewichtige gang voortdurend begeleid
met een treurigen trommelslag, van geklop op de gong vergezeld. Zonder
die muziek kunnen de Cerammers en Boeroeneezen onmogelijk roeien en

Huis van Soelaneezen bij Kajeli [1]).

zelfs met begeleiding gaat het gewoonlijk nog maar half in de maat.
Onvermoeid werken de muzikanten door; al vallen hun de oogen van
uitputting toe, de handen slaan mechanisch voort, zooals men dat op
Java bij de gamelan zien kan. Ook de roeiers blijven dikwijls den heelen
dag aan de riemen, als ze maar betel kunnen kauwen; ook staat nu de
eene, dan de andere eens op, omdat er telkens weer wat moet worden
verschikt of vastgesjord. Maar als ze meenen dat er eenige kans is op
gunstigen wind, dan is er aan roeien geen denken en probeeren ze langen
tijd door fluiten den gewenschten luchtstroom op te wekken — een onder
zeelui over de gansche aarde verspreid bijgeloof; ze zijn bijna niet te

---

[1]) Deze en de volgende vijf afbeeldingen zijn welwillend door Prof. Martin ten gebruike
afgestaan; de beide van Waëpote verschenen nog nimmer in druk.

overtuigen dat het vergeefsche moeite is. Als werkelijk een voldoend windje in de goede richting begint te waaien, wat Martin op al zijn tochten maar zelden gebeurd is, dan geniet de roeier met volle teugen van zijn rust; de stuurman zingt een liedje voor en het koor valt in, natuurlijk weer onder begeleiding van trommel en gong.

In de meeste gevallen hielp Martin zich op zijne kustreizen door zelf in een vlugger varende, kleine prauw plaats te nemen, waarmede hij beter telkens landen kon, terwijl hij de orembaai alleen als drijvend station gebruikte. Met zulk een vaartuig te reizen, zegt hij, eischt stompzinnigheid of engelengeduld; wie geen van beide bezit, moet er liever uit blijven.

De orembaai van Kajeli heeft een zeer ruime kajuit, waarin voor eenige personen ruime slaapplaatsen zijn en op het dak ervan kan men

In Waëpote, N.kust van Boeroe; 't kleine huisje op den achtergrond is een bidhuisje.

bij goed weder de maaltijden gebruiken en in heel goede luierstoelen klimaat schieten. Alles wat de eigenaar bezit aan flesschen, glazen en zulk gerei is aan boord gebracht, en als op een mailstoomer, zeevast bevestigd; er hangen zelfs fraaie wapenen tot sieraad aan de wanden. Want de beheerscher der afdeeling moet een goed figuur maken. De zeilen worden geheschen, de vlaggen wapperen lustig in den wind. Uit een klein kanonnetje, dat veel op kinderspeelgoed lijkt, valt een schot; er wordt op de tataboean gespeeld, weer een schot — en nu vaart de in eigen oogen bijna onbeperkte heerscher des lands daarhenen!

De reis door het binnenland ving aan bij de monding der Waë Lalmata (= droge rivier), een watertje dat in 't midden der noordkust uitmondt niet ver van de kampong Waëpote. De begeleiding bestond uit niet minder dan 133 man, ongerekend de Alfoeren die vooruitgezonden

waren om het pad open te kappen. Om 10 uur 's morgens van den
19^{en} Mei is alles tot den opmarsch bereid, nadat de instrumenten voor
de laatste maal aan het zeestrand waren afgelezen. Het is een eigenaardig
gevoel — zegt Martin — dat iemand bekruipt, wanneer hij zoo het
onbekende ingaat en nog heden kan ik het mij levendig herinneren, hoe
duizenden vragen mij telkens weer door 't hoofd gingen. Toen ik het
binnenland van Suriname inging, toen ik de reis naar Honitetoe (op Ceram)
ondernam, dan weer bij den aanvang der doorkruising van Ceram —
steeds had ik het gevoel als deed ik een geweldigen sprong in het donkere
en ongewisse. Het is geen vrees voor gevaren, want ik meen die nooit
gekend te hebben en zelfs den soldaat, die den vijand tegemoet gaat, is
zij in de meeste gevallen vreemd. Bijna iedereen draagt, overeenkomend
met den onbewusten drang tot zelfbehoud, met zich mede een zeker ver-

Alfoeren van Waëpote, bezig met zingen.

trouwen op zijn goed gesternte, zonder welk vonkje elk waagstuk onmogelijk zou zijn, al is het zelf ook zoo bedriegelijk als een dwaallichtje.
Maar zal de sprong gelukken? Zal de uitkomst de moeite loonen? Zal
het lichaam den dienst niet weigeren? Waarheen zal de weg leiden? Al
die vragen komen het eerst bij iemand op, sneller dan zich neerschrijven
laat en — daar is het gevoel, alsof de voet zijn dienst weigert op het
eigen oogenblik dat hij moet afstooten en uithalen tot den sprong —
maar het duurt ook maar een ondeelbaar oogenblik; dan is 't voorbij en
het doel, dat men nastreeft, lokt nog sterker dan te voren.

Terwijl sommige stammen in onze Oost, en met name wel de Dajaks,
ten zeerste geroemd worden om hun gaaf van waarnemen, hun orientee-
ringsvermogen, de kunst van het schatten der afstanden, geeft Martin

den Alfoeren voor dit alles een slecht testimonium. Hun observatievermogen is zeer gering, indien de waarneming niet op eenigerlei wijze recht-streeksch nut afwerpt: dieren die ze niet jagen, planten die ze niet gebruiken, bergen die ze niet bestijgen, hebben in den regel geen naam. In het taxeeren van afstanden schieten ze zeer te kort, zelfs op bekende wegen, want ze verplaatsen zich gewoonlijk langzaam, jagend en zoekend, houden halt waar ze willen, daar ze overal gemakkelijk hun nachtleger kunnen opslaan en bekommeren zich niet om den tijd, van welker indeeling ze geen begrip hebben. Veelal durven ze ook hun meening niet zeggen, uit vrees van zich te vergissen. Het bleek te wezen zooals Wilken op zijn sterfbed tegen Martin gezegd had: Ge zult door Boeroe kunnen reizen, maar 't is heel moeilijk [1]).

Het reeds genoemde bergmeer van Wakollo, in het centrum des eilands gelegen, bevindt zich op een merkwaardig scherpe grens tusschen twee geheel verschillende geologische formaties. Benoorden de alluviale vlakte, die het meer omzoomt, vond Martin, van de noordkust af, niets dan gesteenten uit het oudste tijdperk van de geschiedenis der aardkorst, de archaeische periode, waarin nooit versteeningen worden aangetroffen: alles kristallijne schalies [2]), vooral de bekende bladerige glimmerschalie (mica). Bezuiden het meer werden deze oude gesteenten nergens gevonden. Daar ging de weg eerst over grauwakke [3]), die de waterscheiding uit-maakt, daarna grootendeels over kalkgesteenten, die hier een even groote breedte beslaan als de schalies aan de noordzijde.

Menig lezer zal wellicht vragen of deze geologische bizonderheden ook nog nader belang hebben dan uit hun bloote opsomming schijnt te blijken. Dit is inderdaad het geval. De vorm van den bodem staat daar-mede in 't nauwst verband. Zoowel ten Noorden van het meer als ten Zuiden van het waterscheidend grauwakke-gebergte vormt het land een golvende hoogvlakte; de noordelijke, het plateau der glimmergesteenten, is ongeveer 800 M. hoog en behoudt die hoogte tot dicht bij de noord-

---

[1]) De bekwame ethnoloog Wilken had zijn collega op deze reis willen vergezellen. De weten-schap der volkenkunde leed in hem een groot verlies; hoe had hij bijvoorbeeld op deze reis een schat van uitstervende gebruiken en verdwijnende gewoonten kunnen redden. Begrijpelijk, maar helaas vergeefs, heeft Martin in zijn boek op het aanstellen van een ethnoloog van regeeringswege aangedrongen, met de taak een systematisch onderzoek der Molukken te voltooien. Men moet zeggen dat hij zelf gedaan heeft wat hij kon om licht te verspreiden ook over dit vak, dat zijn eigen studieterrein niet eens begrenst.

[2]) *Schalie*: aldus vertalen we, op het voorbeeld van den betreurden Schroeder van der Kolk, met een oud-Hollandsch woord het Duitsche *Schiefer*; de vertaling *lei* geeft tot verwarring aanleiding.

[3]) *Grauwakke* is een zandsteen, die veel veldspaat en andere bestanddeelen bevat.

kust, waarheen ze zeer steil afdaalt; de zuidelijke, het Mala-kalkplateau, daalt geleidelijker naar 't Zuiden. Maar veel grooter dan dit verschil is het onderscheid in karakter des lands, veroorzaakt door den verschillenden graad van uitschuring der gesteenten. De oude schalies van 't Noorden zijn grootendeels zachte steensoorten en zoo hebben de rivieren zich hier zeer diepe dalen kunnen uitschuren. Daar het dichte bosch de oppervlakte van het plateau naast de rivieren beschermt, zijn de wanden dier dalen steil gebleven, niet glooiend geworden, zooals gebeurt op minder dicht begroeide terreinen, waar het regenwater in ongebroken kracht van de dalwanden afstroomt en hunne helling geleidelijk geringer maakt. Door deze omstandigheden is het hoogland van noordelijk Boeroe, dat er met zijn zacht golvende kimlijnen zoo gemoedelijk uitziet, inderdaad even moeilijk begaanbaar als een hooggebergte. Soms liggen de beekdalen zoo dicht naast elkander, dat ertusschen slechts ruggen, zoo scherp als messen, zijn blijven staan. Het zuidelijk hoogland daarentegen heeft veel minder dalen, en deze zijn lang niet zoo diep ingesneden: kalksteen laat het regenwater gemakkelijk door, zoodat de circulatie van het water grooten-deels ondergronds plaats heeft. Dit grondwater zakt naar de rivieren, die in het veel harder gesteente hunne dalen niet zoo diep uithollen. De vruchtbaarheid is met dat al veel geringer, maar de begaanbaarheid oneindig grooter.

De steile helling van de noordkust tot op het plateau werd door de expeditie in de beide eerste dagen bestegen. Tot ongeveer 300 Meter hoogte is het terrein bedekt met de reeds bij Kajeli aangetroffen savanne van alang-alang en kajoepoetih-boomen, die tot de meest in 't oog loopende karaktertrekken des eilands behoort, daar ze over groote afstanden het lage heuvelland en de kusthellingen bedekt. Het bosch, dat opwaarts volgt, blijft licht tot ruim 500 M. Dan betreedt men tot het Wakollo-meer onafgebroken oerwoud. Deze opeenvolging staat in verband met den regenval, die aan de lagere hellingen der noordkust geringer is dan verder omhoog, zoodat het gesteente daar minder verweert en de vrucht-baarheid daar minder groot is.

De geaardheid van het terrein was niet de eenige moeilijkheid in het noordelijk deel der reis. Een andere werd veroorzaakt door de veel-vuldige boschbranden, waardoor een groote menigte woudreuzen waren omgevallen. Zoo om de tien pas moest men over een ervan heenklimmen, waartoe de Alfoeren dan ook laddertjes hadden meegenomen. Ze ver-haalden dat boschbranden in het droge jaargetijde soms van zelf ontstaan kunnen, door het wrijven der takken tegen elkander. Klinkt dit niet wat apocrief? Martin is dan ook van meening dat in de meeste gevallen de onvoorzichtigheid der rondtrekkende jagers wel de schuld zal dragen. Inderdaad ziet men in tal van streken in Indië deze laatste oorzaak aan 't werk.

·De vermoeiende dag werd niet altijd door een rustigen nacht gevolgd. De posthouder, die bij het intreden der duisternis zich zoolang de beenen liet pidjitten tot hij snurkend insliep, werd wel eens heel vroeg wakker en dan sprak 't vanzelf dat hij iedereen in den slaap stoorde, die binnen 't bereik van zijn stem was. Want — zegt de schrijver — deze heeren kunnen nu eenmaal niet ademen zonder te kommandeeren en roepen voortdurend om hun bedienden, zooals de kinderen om hun baboe; het is werkelijk verbazingwekkend om aan te zien, hoe zij den geheelen dag een schaar van bedienden met niets weten bezig te houden.

Was de weg reeds in den aanvang niet gemakkelijk, in de volgende dagen deden zich moeilijkheden voor, tegen welke de vorige maar kinderspel waren. Hellingen van ruim 30° zijn geen zeldzaamheid en die der beekdalen rijzen soms onder een hoek van 40° en meer omhoog; in één geval werd zelfs 57° gemeten. Het eenig middel om daartegen op te komen was met behulp van korte stokken, die de Alfoeren in den grond sloegen om steun te verschaffen aan handen en voeten. Dikwijls moesten er nog dwarshouten over gelegd worden om een trede te vormen en kwamen er rotantouwen bij te pas om zich aan op te hijschen. Op die steile hellingen was de grond tot overmaat van ramp meestal glibberig, en voor geschoeide voeten onbegaanbaar, waartoe ook slingerplanten en wortels nog het hunne bijdroegen. Maar de Alfoeren — zoo lezen we — zorgden voor mij als voor hun oogappel. Zij verklaarden liever te willen sterven dan dat de Compagnie een ongeluk overkwam en zoo waren ze altijd voor mij, achter mij, onder of boven mij bij de hand om mij dadelijk op te vangen als ik uitgleed of struikelde. En dat gebeurde dikwijls genoeg; want ik had niet alleen de moeilijkheden van het gaan te overwinnen, in de allereerste plaats moest ik bovendien het profiel der streek ontwerpen, zoodat ik het pad niet altijd de noodige opmerkzaamheid schonk. Ook op de steilste hellingen moesten voortdurend afstanden geschat en richtingen gepeild worden; de barometer voor de hoogtebepaling, die mijn bediende allerzorgvuldigst over alle hindernissen in de hand heendroeg.

Waar de weg niet door het woud ging, daar volgde ze de rivieren en beken stroomopwaarts. Menigmaal werden ook deze door vele boomstammen versperd of in de nauwe, dikwijls maar weinige passen breede kloven lagen talrijke rotsblokken en rolsteenen, die het voortgaan bemoeilijkten; maar in den regel was de marsch door de rivierbeddingen een verkwikking voor me, omdat ik er op mijn gemak in mijn draagstoel kon zitten en uitrusten, terwijl die op de steile boschpaden, zelfs ledig, alleen met de grootste moeite getransporteerd kon worden. Toch zou ik niemand aanraden zonder draagstoel de reis te doen, want ze beloont het meenemen rijkelijk, doordat men niet in doornatte kleeren behoeft te loopen en onontbeerlijk is ze in moerassen voor ieder die niet barrevoets gaat.

Helaas duurden de tochten door de beddingen, waarbij niet alleen de rust, maar vooral ook het zonnig landschap en het vrij uitzicht een kostelijke verkwikking gaven, altijd maar kort. Maar al te spoedig ging het weer omhoog op de steile boschpaden en bij al de vermoeienissen, die hier onophoudelijk verduurd moesten worden, kwam nog de voortdurende zorg, toch vooral niets over 't hoofd te zien, en eindelijk de reeds zeer wankele staat van mijn gezondheid. Zoo was deze reis ontzettend inspannend, ondanks de honderden primitieve ladders en trappen, met behulp waarvan groote boomstammen, beken en kloven overschreden werden en dikwijls was 't mij nauwelijks mogelijk de onderweg gemaakte aanteekeningen 's avonds in den rusttijd nog eens in samenhang door te lezen. Toch is dat regelmatig gebeurd en voor zonsondergang was de route van den dag telkens nauwkeurig nagegaan en het profiel zoover geconstrueerd.

De gang van den dag was gewoonlijk aldus:

Altijd werd er geruimen tijd voor zonsopgang, uiterlijk om half zes, opgestaan. Velen der inlanders zijn dan al wakker en zitten bij de vuren, een cigaret rookend, of wel een of ander blaadje (jonge nipahbladeren worden hiervoor nogal gebruikt); eenigen hurken daar al uren lang, want allen slapen zeer onregelmatig en dezen of genen hoort men den heelen nacht door praten. De meesten hebben al een klein ontbijt naar binnen, bestaande uit sago, vruchten, visch of wat vleesch van de koeskoes [1]); nu worden ze in hun rust gestoord door een slag op de gong, die aan mijn hut hangt en de dragers komen aanloopen om hun bagage in ontvangst te nemen. Terwijl de hangmat en andere benoodigdheden worden ingepakt, houdt de tolk toezicht op de geregelde verdeeling van de barang en mijn Javaansche jongen voorziet mij van chocolade en droge beschuit. Om 6 uur precies worden de instrumenten nog eens afgelezen en dan gaan we dadelijk op marsch.

Voorop gaat de voornaamste vrouw van den Matlea Ikan [2]), die de Nederlandsche vlag draagt en dikwijls ook nog een geweer; zij is voor

---

[1]) *Koeskoes*, een boomkruipend buideldier, zoo groot als een kat.
[2]) *Matlea:* een inlandsch hoofd van vrij hoogen rang. Ikan woonde in het dorp Waëpote, het uitgangspunt der reis aan de noordkust. Hij had vijf vrouwen, wat veel is voor Boeroe; ze gingen allen mede — en hadden nooit ruzie.

mij een gewichtig personnage, daar ik de vlag niet alleen om nationale
overwegingen den stoet laat openen, maar haar gelijktijdig als mikpunt
gebruik bij kompaspeilingen. Tusschen de vlag en mij loopt een lange slang
van dragers, die de meest onontbeerlijke dingen dragen, opdat die onder
de hand zijn als ik ze noodig heb. De groote tros van dragers komt echter
achteraan en is dikwijls zeker een half uur achter. In mijn onmiddellijke
nabijheid bevinden zich de tolk, eenige lieden met instrumenten, die
telkens ter hand genomen moeten worden en de Alfoeren, aan wier
bijzondere hoede ik ben toevertrouwd, allereerst de Matlea Ikan en een
kenner van den weg. Zelf droeg ik, behalve mijn stok, alleen maar een
hamer, een kompas, een horloge, een notitieboek en een potlood, maar
dikwijls was ik gedwongen ook nog hamer en stok af te geven, daar
de marsch zich nu en dan in een reeks gymnastische toeren omzette.

Gerust werd er maar één keer tegen den middag, en meest niet
langer dan een half uur, om aan een beekje een kop chocolade gereed
te maken en daarbij eenige droge beschuiten te eten, bijna altijd het
eenige voedsel dat ik voor of onder den marsch gebruikte. Alleen bracht
de vrouw van den Matlea Ikan mij nu en dan een vrucht, meestal een
batate, die ze tegen een beschuit inruilde; een aangename afwisseling.
Op het station werd de hoofdmaaltijd verorberd, die voornamelijk uit
droge rijst bestond, daar de jacht heel weinig opleverde. Wel ontbrak
het mij niet aan blikjes, maar daarvan had ik al maanden lang genoten,
zoodat ik er een bijna niet te overwinnen afschuw van gekregen had en
er maar een heel klein beetje van gebruiken kon, om den ergsten honger
te stillen: dit is een ervaring, die vele reizigers hebben opgedaan en
waartegen men vergeefs door redeneering tracht te strijden [1]).

's Avonds werden in een kring de kampvuren aangestoken; zooveel
mogelijk won ik inlichtingen in voor den volgenden dag en maakte toebereidselen; dikwijls regende het dat het goot en de vochtigheid eischte
een menigte voorzorgsmaatregelen voor de goede verpakking der verzamelde voorwerpen. Eindelijk is alles klaar, behalve dat de hoofden nog

---

[1]) Aardig schrijft bijv. Henry Drummond in zijn boekje Tropical Africa: Geen mensch heeft
er een voorstelling van, wat er alzoo in blik te krijgen is, tot hij een reis in de binnenlanden
gaat doen. Tegenwoordig wordt eenvoudig alles ingemaakt, alles wat men maar bedenken kan,
verteerbaars en onverteerbaars — visch, vleesch, gevogelte, wildbraad, groenten, vruchten, soep,
entremets, dessert, zuur en zoetjes. Maar na twee of drie maanden van deze voeding komt men
tot de slotsom dat het maar larie is met die zoogenaamde rijke keuze. Het heele verschil tusschen
deze aanlokkelijke artikelen bestaat in het etiket. Plumpudding en kreeft smaakt precies hetzelfde;
en ook is 't hetzelfde of men met wat zoets begint en met wat zuurs eindigt of omgekeerd. Na
zes maanden is men tot alles in staat en zou ook het blikje kalm slikken, als 't zich maar slikken
liet. Wat den smaak betreft, die zou stellig volmaakt hetzelfde zijn als van den inhoud.

hun slokje arak moeten hebben, dat ze alle avonden bij mij komen halen en waarop ze zeer verzot zijn; dan strek ik mij in mijn hangmat uit bij het matte schijnsel van mijn lichtje, tot denken niet meer in staat, om weldra in diepen slaap den volgenden, even zwaren dag tegemoet te gaan.

Een week reizens had men noodig om de vlakte van het Wakollo-meer te bereiken. Bij de reeds geschetste moeilijkheden kwam nu en dan nog de plaag der muskieten en, wat erger was, gebrek aan levensmid-delen. De jacht bracht weinig of niets op, en de inboorlingen waren met hun etensvoorraad zoo roekeloos als kinderen, al waarschuwde men ze nog zooveel. Den zesden dag kwam men gelukkig langs een aanplant der Alfoeren, en iedereen begon onmiddellijk de aardvruchten uit den grond te halen, vooral aardnoten en bataten.

Bekend met de wouden van Suriname, viel de grootschheid van het bosch op Ceram en Boeroe Martin niet mee. Toch waren er nu en dan mooie tooneelen. Sommige deelen van het woud zijn zoo rijk aan palmen, dat het begint te lijken op de onjuiste voorstelling die de meeste Euro-peanen zich van een tropisch woud plegen te maken, waarin in den regel palmen volstrekt niet overheerschend zijn, ja betrekkelijk zelden voor-komen. Hier daarentegen begon het op een palmenkas te lijken. Daarbij veel pandanen, groote, fraaie boomvarens en bamboestoelen. Prachtig was het gezicht in de kloof van de Likoesima, een zijrivier van den Waë Nibe, den hoofdstroom, die de afwatering van het Wakollo-meer vormt. De Likoesima, ongeveer vijftig pas breed, wordt aan weerszijden door steile, donkere rotsmassa's ingekneld en pijlsnel dringt zich het water erdoor; verder stroomaf liggen er rolsteenbanken in, met hoog gras begroeid, dat soms een hoogte van vier meter bereikt. Aan den oever wiegelen zich de sierlijke bamboehalmen, door wind en water bewogen en daarachter volgt het hoogwoud, waaruit talrijke rotanpalmen hun kronen nieuwsgierig te voorschijn steken. Zelfs de Alfoeren komen in hooge mate onder den indruk van de schoonheid van het tafereel en alleen de Javaan-sche bedienden zijn er onverschillig voor, als voor alles. De tegenstelling tusschen hun indolentie en de levendigheid der Alfoeren heeft mij dik-wijls getroffen.

Meer naar 't binnenland vermeerdert het aantal mossen op den woudgrond en tegen de boomen, maar de mosvegetatie is toch veel minder weelderig dan in 't centrale gebergte van Ceram of op den Wawani op Ambon (of in Borneo's binnenland, kan men er bijvoegen), waar moskussens gansche boomen bekleeden. Wel hangen vele baardmossen van de takken af en dragen zoo tot verfraaiing van het boschgezicht bij.

Het is hier overal vochtig en de vele regens maken de reis nog minder aangenaam dan anders. Er heerscht volmaakte windstilte; geen blaadje beweegt zich; ondanks alle weelderigheid van den plantengroei maakt de natuur door deze roerloosheid een doodschen indruk, zoodra men het stroomend water verlaat.

Op den voorlaatsten dag brengt een vooruitgezonden Alfoer de eerste voorbode uit Wakollo: een kip voor den leider der expeditie; nog nooit, zegt deze, heb ik zooveel vreugde betoond bij de begroeting van dezen vogel, aan wiens taaie vleesch de Europeaan in Indië met tegenzin en uit gebrek aan beter jaren lang kauwen moet. Wie meegekauwd heeft, zegt het hartgrondig na.

Op 25 Mei, des middags om 2 uur, wordt het meer van Wakollo aan den horizon zichtbaar. De Alfoeren zouden het temperament van hun stam geheel verloochend hebben, als ze op dat oogenblik niet in een luiden jubelkreet waren losgebarsten en ook de trommelslag mocht bij deze gelegenheid niet ontbreken. Drie kwartier later is men in de vlakte van Wakollo afgedaald; dan wordt halt gehouden en alle inlanders, vooral ook de vrouwen, maken grondig toilet om op waardige wijze hun intocht te kunnen houden; niet anders dan de Europeaan in zijn eigen land ook zou doen. Tegen vier uur trekt men met vliegende vaandels, onder gong- en trommelslag, het dorp Wakollo binnen, om ontvangen te worden door een aanzienlijke schare menschen. Behalve de bewoners van de meervlakte behooren daartoe een groot aantal lieden van de zuidkust, Christenen, Mohammedanen en Alfoeren, 150 in getal, onder leiding van den posthouder van Tifoe, Hogendorp. Allen zijn feestelijk gekleed en zakken ter begroeting op hun hurken.

Om het vertrouwen te winnen liet Martin de hoofden van Wakollo roepen en gaf hun allen geschenken, die ze echter slechts met grooten tegenzin aanvaardden. Men vertelde hem toen dat de Alfoeren gewoon waren, alles onder elkaar te deelen en dat hij goed zou doen met de geschenken niet aan bepaalde personen, maar aan de streek te geven. Maar toen hij dit den volgenden dag deed, ging het even weinig vlot en sommige hoofden maakten zelfs mine om weg te loopen. Toen heette het dat de Alfoeren van Wakollo de strandbewoners verzocht hadden, de geschenken voor hen te bewaren, maar dat dezen dat niet wilden, omdat ze dat niet tegenover „de Compagnie" op hun verantwoording durfden te nemen. Ten slotte bleek de geheele zaak daarop neer te komen, dat de inboorlingen, zoover hun heugenis reikte, nog nooit geschenken hadden ontvangen en nu zeiden dat ze er niet aan gewoon waren! Dit gaven ze ook bij latere gelegenheden nog herhaaldelijk ten antwoord. De menschen hangen zoo aan het aloud gebruik, dat elke onbekende gewoonte hen achterdochtig maakt of hun als nieuwigheid verboden schijnt. Later verheugden ze zich echter van ganscher harte over de uitgedeelde gaven en als dank voor de goedheid van den gever brachten ze hem heel wat mandjes djeroeks [1]).

Na de uitdeeling der geschenken had de begroetingsdans, de menari, plaats. Martin wijst er, zoowel hier als elders, met nadruk op dat bij deze dansen in de Molukken van onzedelijkheid niets te bespeuren valt; tenzij misschien in een havenstad als Ambon en dan ten genoegen van toekijkende Europeanen.

Evenals de bewoners der kust, vereeren de menschen aan het meer

In Wakollo; tweede huis links de *tilan*.

hunne voorvaderen, de *nitoe-nitoe*, waaronder geen speciaal goede of booze geesten zijn, maar die boos kunnen worden, wanneer men vergeet, aan hen te offeren, waartoe kippen en varkens dienen. De Alfoeren gelooven wel dat ze na hun dood ook tot de nitoe-nitoe gaan behooren, maar over het hoe en waar schijnen ze volstrekt geen bepaalde voorstelling te bezitten. Bij navraag verklaarden ze lachend dat ze niet zeggen konden, waar ze zich na hun dood ophielden, en of ze dan nog leefden, want zulke dingen waren alleen bekend aan de knappe lieden van het zeestrand.

Door een bizondere aanleiding was Martin toevallig getuige van een gebed tot de nitoe-nitoe, dat, schrijft hij, in zijn eenvoudige vroomheid

---

[1]) Djeroek — de Indische variëteit van den sinaasappel, meestal groen van kleur.

een diepen indruk op mij maakte. Op den avond van onze aankomst zaten het opperhoofd van Wakollo — de *toewan-tanah* (heer des lands) — met de lagere hoofden bij ons in den *tilan* (het vreemdelingen-huis, dat in elk groot dorp gevonden wordt), zooals later nog herhaaldelijk gebeurde, om onthaald te worden en tegelijk uitgevraagd naar zeden en gewoonten. De posthouder van Kajeli hield het nu voor zijn plicht, de Wakolloneezen ertoe te brengen, naar zijn woonplaats te komen, om hem daar hun opwachting te maken; hij beloofde, hun dan kleeren te zullen geven en wilde op die manier nauwere betrekkingen met het binnenland verkrijgen. De lieden weigerden echter beslist op het voorstel in te gaan en verklaarden dat het voor alle aan 't meer wonende Alfoeren verboden (*koïn*) was, Kajeli te betreden; aanvankelijk hoorde men op alle voorstellen van den ambtenaar steeds maar „mòh", d. w. z. „ik wil niet", maar eindelijk beloofden ze naar de kust benoorden 't meer te komen, waarbij ze in hun eigen landschap bleven. Meteen zij vermeld dat een der hoofden dat werkelijk gedaan heeft en ons later aan de noordkust zijn opwachting maakte.

Nu meende de posthouder, deze afspraak eerst door een slok arak te moeten bekrachtigen, maar de op den grond hurkende toewan-tanah wilde niet naderbij komen om te klinken, als een beer bijna weerde hij van zich af met zijn diep „mòh". Toen liet de ambtenaar een geweer brengen en loste snel achter elkaar een rij losse schoten in den tilan — alles uit simpele druktemakerij, zooals dat halfbeschaafden menschen eigen is. Maar nauwelijks was het schieten begonnen of de gebieder des lands vloog er met alle teekenen van ontzetting vandoor en de andere hoofden hem achterna. Ik gaf nu last de menschen terug te halen om ze gerust te stellen en na lang wachten gelukte dat eindelijk met behulp van de strand-Alfoeren; de toewan-tanah verklaarde nu, dat hij maar een dom mensch was en niet op had met al de onbegrijpelijke dingen, die de posthouder van hem verlangde; daarop liet ik hem zeggen, dat ik niets van hem zou eischen dat *koïn* was en een herhaald, toeschietelijk *boleh*[1]) toonde ons dat zijn argwaan weer was geweken.

Nu trad de man voor den tilan in de open lucht, strekte zijn rechterhand omhoog naar den donkeren nachthemel, legde de linker op de borst en sprak met diepe, luide stem, op gedragen toon zijn gebed: De nitoe-nitoe moesten niet schrikken van het schieten, want er was geen gevaar bij en het was alleen een teeken, dat er hooge heeren in het dorp waren; en of ze nu goed weer wilden zenden, zoodat de aanwezigheid der gasten vroolijk gevierd kon worden. De inhoud was zoo vroom-naïef als van een

---

[1]) *Boleh* = moge, d. w. z. het moge zoo zijn; uitdrukking voor instemming.

kindergebedje en het werd toch zoo ernstig en waardig uitgesproken door den man in zijn lang gewaad, dat hem op een priester lijken deed.

Zelfs de beide posthouders komen onder den indruk van het gebed tot de overtuiging: „het lijkt werkelijk alsof zulke menschen eer door God verhoord worden dan wij", en de eene herinnert zich nu dat de *nitoe-nitoe* ook onderweg reeds met goeden uitslag waren aangeroepen. Maar al gauw beginnen ze weer hun flauwe moppen over de voorvaderen der Alfoeren te verkoopen, tot ik ernstig verzoek daarmee op te houden, omdat ik niet wilde dat ze de bereidwillige Wakolloneezen zouden krenken en hun achterdocht opwekken. Na alles wat ik van de Alfoeren in 't binnenland heb bespeurd, houd ik ze voor goedhartige, eerlijke, maar tegenover elken vreemden invloed zeer wantrouwige menschen.

Het streven, deze lieden in nauwere betrekking tot Kajeli te brengen, houd ik overigens niet alleen voor geheel overbodig, maar zelfs voor verwerpelijk. Overbodig is het omdat de Alfoeren van Wakollo hun rechtmatigen heer, den regent van Lisella [1]), onbeperkt gehoorzamen en door diens bemiddeling weer een diepen eerbied betoonen aan het Nederlandsch gezag; verwerpelijk, omdat die menschen in Kajeli den Mohammedaanschen invloed niet ontgaan kunnen en er bovendien gevaar loopen, bedrogen en bestolen te worden [2]).

In scherpe tegenstelling met de woeste bergstammen van West-Ceram zijn Boeroe's Alfoeren een zeer vreedzaam menschenslag, ja wel een der vredelievendste der onafhankelijke stammen van den Archipel. Ze hebben geen andere wapenen dan mes en lans. Schilden zijn geheel onbekend en toen Martin naar de reden daarvan vroeg, was het merkwaardig antwoord: ge zijt in een vrouwenland, waar geen oorlog gevoerd wordt. Alle twisten worden namelijk door het opleggen van boeten beslecht en wenscht men het verkeer met zijne buren af te breken, dan steekt men maar de bekende randjoe's — gepunte bamboestokken — in den grond, die dus hier wel een teeken zijn van geschil, maar niet van krijg.

Het bezoek aan het meer van Wakollo — zoo verhaalt Martin verder — welks spiegel 749 Meter boven de zee ligt, vormt een der aangenaamste episoden uit mijne reizen op Boeroe. De aangrenzende

---

[1]) Het aan de noordkust grenzend landschap, waartoe Wakollo geacht wordt te behooren, hoewel het, door de onbegaanbaarheid van het terrein in 't Noorden, alleen met de zuidkust handelsbetrekkingen heeft. De regent woont, als de meeste regenten der landschappen, waarin Boeroe verdeeld is, te Kajeli.

[2]) Op verschillende plaatsen toont Martin aan, hoe nu reeds de berg-Alfoeren van Boeroe langs den weg van leverantiën en heerendiensten door de strandhoofden worden uitgeperst en geknepen.

vlakte is bedekt met reusachtige riet- en bamboegewassen of met laag woud, waarvan hooge varens, waaronder vele sierlijke boomen, in ver-eeniging met pandanus en galoba het onderhout vormen. De boomen zijn met vele kleinere varens behangen, daarentegen is de mosvegetatie niet bijzonder weelderig ontwikkeld, wat aan den oostkant van het meer wel het geval moet zijn.

Weldra zagen we door een kleine opening der weelderige oever-vegetatie het meer vlak voor ons liggen. Eenige prauwen van zeer primi-tieve samenstelling, met slecht aangebrachte uitleggers, lagen gereed. Uit den ongewonen bouw dezer booten zou men reeds kunnen verklaren dat de onbekwame bouwmeesters voor het bevaren van het meer een

Het meer van Wakollo; in de boot twee hoofden uit Prof. Martins gevolg.

groote vrees vertoonen, maar ik zoek de voornaamste oorzaak van hun afkeer in het ongewone van zoo'n massa water in het binnenste van het eiland. Want zelfs de posthouder van Tifoe, een geboren Saparoeanees, gordde zich met groote moeite tot het bezoek aan het meer en verklaarde later dat hij er angstig geworden was omdat hij iets dergelijks nog nooit had gezien.

Nauwelijks waren wij aan den oever aangekomen of de inboorlingen begonnen al de nitoe-nitoe aan te roepen, opdat er geen ongeluk gebeuren zou en onderwijl eischte de toewan-tanah een cent van iedereen die het water wou bevaren en dit nog nooit te voren had gedaan. Dit gold dus ook alle strand-Alfoeren, die mij hierheen begeleid hadden en de giften waren, zooals ik later zou bespeuren, bestemd als offer voor de geesten der afgestorvenen. Verder waarschuwde men ons, het meer niet met een baai der zee te vergelijken, omdat dit koïn[1]) was. Of dat verbod misschien ermee samenhangt dat de Wakolloneezen, evenals de Alfoeren van Ceram, geen zout mogen bereiden? Want ook dat is koïn voor hen. Helaas was het eveneens verboden, de diepte van het meer te meten; daarentegen niet, zijn omtrek te bepalen, maar hiervoor konden in den korten beschikbaren tijd aan den moerassigen, dicht begroeiden oever, niet de noodige toebereidselen gemaakt worden. Tot mijn verwondering hadden de Wakolloneezen er ook niets tegen dat ik mijn camera bij het meer gebruikte, hoewel ze zich zelven niet wilden laten kieken, „omdat ze 't niet gewoon waren". Van wat er gebeurde, begrepen ze natuurlijk niets en zoo slaagde ik er dan ook gelukkig in den toewan-tanah te foppen met behulp van den momentsluiter en hem met eenige volgers op de plaat te brengen; hoewel hij er achterdochtig genoeg uitziet op dat moment.

Het meer ligt volkomen effen; geen zuchtje rimpelt het wijde watervlak, waarin alles zich zoo scherp weerkaatst dat op de foto's de grens tusschen lucht en water met moeite te vinden is. De zon, die wij in Wakollo zelden te zien kregen, begint juist door de wolken heen te komen; roode libellen spelen om kleine, met riet begroeide eilandjes vlak bij den oever, die bezet is met hoog, rank riet en ver overhangende bamboe, met pandanen afwisselend. Daarachter volgt het woud, en dan aan alle kanten een bergland met platte toppen, gescheiden door ondiepe zadels, en hier en daar door wolken gekroond; ze verheffen zich 150—300 M. boven het meer. Uit het riet vliegt ter plaatse waar de Nibe ruischend het meer verlaat, een vlucht wilde eenden op, maar ze zijn in 't geheel niet schuw en sommige zwemmen vlak bij onze drie booten. Een gewijde vrede ligt over het donkere water, de vrede der diepste eenzaamheid.

De toewan-tanah roept voortdurend in korte tusschenpoozen de nitoe-nitoe aan, waarbij hij van tijd tot tijd een cent in 't water gooit, terwijl een der hoofden van de noordkust hem bijstaat in 't gebed. Beiden smeeken om het welzijn van ieder onzer, in de eerste plaats voor mij, dan voor den posthouder en de regenten en eindelijk voor alle anderen tegelijk. Zoo wordt de eene helft van het geld geofferd; de andere zal later in het offerhuisje worden gebracht.

Het is jammer dat wij het punt niet kunnen bezoeken, waar de ongeveer tien pas breede afvloeiing der Nibe tusschen het riet te zien

---

[1]) *Koïn* worden op Boeroe handelingen genoemd, die verboden zijn, omdat ze heilige plaatsen, voorwerpen enz. zouden ontwijden, andere verboden handelingen worden er *poto* genoemd. Koïn is eigenlijk de naam van een categorie van geesten, die op Boeroe zeer gevreesd zijn. Wat met de koïn in verband staat, is dus gewijd of verboden.

was; de inboorlingen vreezen door den sterken stroom te worden meegevoerd en blijven daarom op een eerbiedigen afstand. Onze vaartuigen
zijn ook al te klein en schommelen zoo dat men zich niet eens op zijn
plaats kan omdraaien, waardoor veel verloren gaat van het vergezicht
over de watervlakte en haar omgeving; toch was de vaart zeer belangwekkend en ze werd me te plotseling afgebroken toen zich op een der
naburige hoogten een donkere wolk vertoonde en de toewan-tanah daarom
met spoed naar den oever terugstuurde. Wel was het een kleine moeite
geweest, een ruim vlot te laten maken om daarmee het meer in alle
richtingen te onderzoeken; maar ook dat was weer koïn. Het verbod
bestond al in 1668, toen, naar Valentijn verhaalt, Leipzig, waarschijnlijk
als de eerste Europeaan, het meer bezocht.

Van dierlijk leven zag ik geen spoor in het water, en de menschen
verzekerden me dat er maar één soort visch in huisde. De posthouder
van Kajeli had dien vroeger eens gegeten en noemde het een paling.
Ondanks dagen lang voortgezette pogingen der inlanders wilde het helaas
niet gelukken, er een te vangen.

Aan de kust van Boeroe loopen verhalen over een wonderboom,
lagoendi, die van tijd tot tijd uit het meer opkomt en al wie ervan eet
weer jong maakt. Dit was het eerst bespeurd door een vrouw, die een
gerecht van den boom bereid had voor een ouden Chinees; beide werden
weer jong. Dit fabeltje is echter bij de Wakolloneezen geheel onbekend.

Behalve het bezoek aan het meer bood het verblijf te Wakollo niet
veel aanlokkelijks. Dag en nacht hadden we zware regenbuien, die lang
aanhielden; dan weer eens kleine buitjes onder helderen zonneschijn; en
als het 's nachts droog was keken de sterren somber door de mist die
er heerschte. Kwam de zon door, dan verrees uit den modderbodem van
het dorp een ondragelijke stank en daarbij stroomde het water voortdurend onze woning binnen, die maar half dicht was en dus ook geen
voldoende bescherming gaf tegen de nachtelijke koelte; want de thermometer daalt tot beneden 52° Fahrenheit, zoodat ik van kou en nattigheid
in mijn hangmat haast niet in slaap kon komen. Aan alle kanten hoorde
men hoesten en velen hadden de koorts.

De wanorde op de kleine ruimte, waarop om den *tilan* een half
dozijn huizen opeengepakt staan, neemt bij het groot aantal menschen
voortdurend toe; want de Alfoeren gooien alle afval maar neer en telkens
kreeg ik het gevoel dat ik op een mesthoop woonde. Eenige varkens,
die 's nachts in hooge, smalle hokken van boomstammen, op schildwacht-
huisjes lijkend, worden opgesloten, wentelen zich overdag bij ons in den
modder, wat er niet toe meewerkt die mesthoop-gewaarwording te doen

verdwijnen. Alleen naar den plantengroei die den achtergrond vormt, kan men met genoegen kijken. Daar ziet men niet alleen de slanke waaiers der sagopalmen en de boomvarens, waarvan geen veertje geknakt is; maar de *Artocarpus*, de *nangka*-boom van Java, die gewoonlijk alleen in zijn prille jeugd mooi is, en later krom wordt, ontwikkelt zich in dit windstille land tot een statigen boom, met ronde, gevulde, alleen hier en daar sierlijk doorbroken kroon en in zijn vorm herinnert niets meer aan de kale, grijze, alleen aan de punt een bladpluim dragende takken zijner armzalige broeders in de strandvlakten, die op mij steeds den indruk maakten alsof ze geplukt waren. Daarbij komen vele sinaasappelboomen, die hier bijzonder smakelijke vruchten geven.

Ondanks al het onverkwikkelijke konden we Wakollo toch niet zoo gauw weer verlaten. Ten eerste had iedereen behoefte aan rust en aan meer en beter eten dan we allemaal de laatste dagen op reis gehad hadden. Dan moest er een groote reiniging plaats hebben, daar we van de kust af niet uit de kleeren geweest waren, ook 's nachts niet. Zelfs de Alfoeren voelden daar behoefte aan — aan de reiniging namelijk —, schudden hun lange haren, die stijf en grijs waren van het vuil, maakten ze uit de war, voor zoover dat zonder kam mogelijk is, en zochten dan met veel volharding en geduld het ongedierte van elkaars hoofden. Mijn menschen waren ijverig met de wasch bezig, die ze bij dat weer haast niet droog konden krijgen en de insectenvanger moest een vuurtje stoken om het in den laatsten tijd verzamelde behoorlijk te kunnen conserveeren en verpakken. Tegelijk werd met behulp der inboorlingen nog een rijke nieuwe voorraad kevers verzameld en zoodra de zon doorkwam ging er een van ons op de kapellenjacht. Natuurlijk was er ook nog heel wat te noteeren, te teekenen en te photografeeren; de onderweg afgeslagen steenen en eenige dingen werden aan strand-Alfoeren van de noordkust toevertrouwd, die ze daarheen terug zouden brengen; de zware kisten behoefden dan niet nog verder meegesleept te worden. Ik kon dit aan die menschen met een gerust geweten toevertrouwen, zooals later ook gebleken is.

Een van mijn voornaamste bezigheden was het ondervragen der Wakolloneezen naar hun zeden en gewoonten, naar aardrijkskundige bijzonderheden enz., wat ik alleen kon klaar spelen met behulp van den regent van Lisela aan de noordkust, die evengoed Bahasa [1]) als Maleisch verstond, en mijn vasten tolk, den onderwijzer.

Stellig had Wakollo nog nooit zooveel menschen tegelijk gezien als nu en toch hadden we in 't geheel geen moeite met het verkrijgen van

---

[1]) Bahasa tanah, de landstaal, is de Maleische naam voor de Alfoersche talen, die op Ambon, de Oeliassers, Boeroe en Ceram gesproken worden.

levensmiddelen, dank zij de groote uitgestrektheid der aanplantingen aan het meer, vooral van aardnoten. Om een en ander in te ruilen, had ik kisten vol sarongs, hoofddoeken, ringen enz. meegenomen, genoeg om ook voor de menschen van de zuidkust de teerkost te betalen. Maar ik moet erbij zeggen, dat de inboorlingen dit volstrekt niet eischten en aan de laatsten reeds ongevraagd volop vruchten en zelfs eenige varkens verstrekt hadden.

Maar het op reis ondervonden gebrek aan eten lag me nog versch in 't geheugen en daarom wist ik van den posthouder van Tifoe gedaan te krijgen, dat hij zeventig menschen vooruit daarheen zou zenden. Die van Kajeli ging er op mijn aandringen toe over, de helft van zijn zes bedienden naar huis te sturen; meer kon hij er onmogelijk missen, zei hij, en dat ik zelf aan één jongen genoeg had, maakte volstrekt geen indruk op hem. Natuurlijk moesten ook de Alfoeren van de Noordkust weeromgaan, maar hierbij ontstond eenige moeilijkheid, want die van de Zuidkust wilden pas verderop, van de landgrens af, in dienst treden, hoewel ze dagen lang aan het meer den boel hadden helpen opeten. Ik liet daarom den regent (*orangkaja*) van Okki en de zeventien andere hoofden (kapala-soa's) roepen en legde hen uit waarom dat niet ging, waarop ik om geen ander antwoord verzocht dan „ik wil" of „ik wil niet". Misschien is dat een beetje hard gebeurd, maar ik heb hen verder niet gedreigd en toch sidderde de regent van Okki, die beweert van een witte krokodil af te stammen, als een espenblaadje, toen hij schielijk zijn bereidwilligheid te kennen gaf. De anderen volgden zijn voorbeeld en binnen het kwartier was de zaak in orde. De menschen hebben op de reis naar Tifoe gedaan wat ze konden en toen ik hen later aan de Zuid-kust had afgedankt en daarna den orangkaja en de kapala-soa's nog ieder een kleinigheid ten geschenke gaf, alles als een bewijs van mijn tevreden-heid en als een aandenken, waren ze allen overgelukkig; genoegelijk streek de spruit van het roofzuchtige pantserdier zich over zijn door zooveel vriendelijkheid getroffen hart.

De reis naar de Zuidkust viel erg mede. Grootendeels ging het over een kalkplateau, waarin de ravijnen der beken minder talrijk en ook minder diep waren dan aan de noordzijde des eilands. Hier geen duisternis van 't oerwoud, dat elk vergezicht onmogelijk maakt, maar wijde alang-alang-vlakten, door de zon doorgloeid, herinnerend aan een Europeesch middelgebergte, terwijl alleen de weelderig begroeide dalen nog de tropenpracht vertoonen.

Lustig wappert de vlag in den wind, die de hitte der grasvlakten een weinig tempert, en snel gaat het voorwaarts onder trommelslag, als

37*

er geen steenen geklopt moeten worden. Helaas kennen de menschen
geen enkelen naam voor de vele toppen, die aan weerszijden van den
weg te zien zijn en door hun steeds wisselend profiel het genot van het
reizen zoozeer verhoogen. Ze heeten allemaal eenvoudig „berg". Zoo
wordt zonder veel moeite in een vijftal dagen de Zuidkust bij Tifoe
bereikt, en daarmee alles wat men na zulk een reis zoozeer waardeert:
een bad en een bed, schoon goed en rust, goed voedsel, en bovenal:
een opwekkende conversatie in het huis van den ontwikkelden zendeling,
den Heer H. Hendriks, — het contrast was zoo groot, dat ik bijna niet
wist hoe ik het had.

Toen later de tijd gekomen was om Tifoe te verlaten, kon ik noode
scheiden. Ik had daar en in het naburige Mefa, bij den zendeling Storm,
niet alleen rust en ontspanning gevonden, maar was ook geestelijk verfrischt door den omgang met menschen, die andere dan zuiver stoffelijke
behoeften kennen. Bij de missionarissen bracht ik in aangenaam gesprek
vele leerrijke uren door en vele inlichtingen over de bevolking der Zuidkust heb ik hun te danken, vooral den Heer Hendriks, die door zijn
jarenlang verblijf een schat van kennis verworven heeft. En wie den
omgang met beschaafde vrouwen lang heeft ontbeerd, zal beseffen dat
ik niet minder dankbaar terugdenk aan het gezelschap der beide echtgenooten der zendelingen! Zij deelen met hun mannen niet alleen het lot
der afzondering, maar ook de moeiten en de vreugden van gemeenzamen
zendingsarbeid. Mogen de laatsten in de toekomst de bovenhand hebben
en moge een gezond geestelijk leven gewekt worden bij een bevolking,
die thans nog zoo dof van geest is.

*
 * *

Het zou te veel ruimte in beslag nemen, wilden wij Martin ook bij
zijne verschillende tochten door Ceram op den voet volgen. Wij kiezen
daarom een paar fragmenten, waarvan het eerste, een beschrijving van
een tocht door de Piroe-baai, in 't westelijk deel der Zuidkust, ons trof
als een proeve van fraaie natuurbeschrijving, terwijl het een denkbeeld
geeft van de vermaarde koraaltuinen der Molukken; het tweede doet
ons kennis maken met de bevolking van West-Ceram's binnenland, wier
oorlogzuchtigheid in zoo scherp contrast staat tot de vredelievendheid
der Alfoeren van Boeroe.

De Piroe-baai vertoont een bijzondere schoonheid van landschap.
Daar ze bijna over den ganschen omtrek wordt ingesloten, eenerzijds
door Ceram, anderzijds door Ambon en de Oeliassers, en zelfs van het
strand van Hoeamoeal, Ceram's zuidwestelijk schiereiland, de bergen van

Saparoea nog te onderscheiden zijn, zoo krijgt men menigmaal den indruk als bevond men zich op een reusachtig meer. De klippen, die op vele plaatsen de oevers der bocht omgeven, daar bijna overal de bergen dicht het strand naderen, zijn toch nergens zoo uitgestrekt dat men ze niet reeds op korten afstand van de kust uit 't oog verliest; en bijna onafgebroken is het bergland van den voet tot den top door een dicht plantenkleed bedekt. Dichtbij vertoont dat een sappig groene kleur, maar met geleidelijken overgang ziet men deze kleur zich op grooteren afstand in het blauw verliezen, totdat de verste toppen in het teederst hemelsblauw met de lucht samenvloeien; daartusschen alle mogelijke schakeeringen tot het donker indigo toe, veroorzaakt door de diepe slagschaduwen der

Piroe-baai met orembaai.

over de dalen trekkende wolken. Wanneer het op het land regent, terwijl buiten over het water klare zonneschijn is uitgegoten, legeren zich in de dalinsnijdingen van het blauwe bergland grijswitte en witte wolkenmassa's, op kolossale wattenproppen gelijkend, en niet zelden neemt men dan een regenboog waar, die met den voet in de zee staat en in de volste kleurenpracht tegen den donkeren achtergrond afsteekt. Dan weer zijn de hoogste toppen (vooral die van Ambon en van het kustgebergte, dat zich op Ceram tegenover de Oeliassers bevindt) door een dichte wolkenkap gesluierd en bij kalme lucht leggen zich dikwijls uitgestrekte massa's van cumulus-wolken zoo tegen het gebergte van Ambon en tegen de gansche kust van Hoeamoeal, dat ze met een volmaakt horizontaal vlak van onderen zijn afgesneden, terwijl daarboven nog even blauwe spitsen uitsteken. Dit verschijnsel, gemakkelijk verklaarbaar uit de verschillende temperatuur der luchtlagen, was niet zelden zoo sterk geprononceerd, dat ik die onderste, aan den zeespiegel evenwijdige grens der wolkenlaag tot een ruwe vergelijking van de hoogte van verschillende toppen kon gebruiken.

De zee heeft in de verte staalgrijze tot blauwe tinten, de ondiepe deelen om de eilanden schitteren zilver met groenen weerschijn; bevindt men zich in de nabijheid van Poeloe Kasa — het eenige eiland, in het midden der baai gelegen — dan ziet men een lichtgroene waterstrook van daar uit ver in de blauwe zee voortschieten; het eiland zelf met blinkend wit zand aan den oever en met lichtgroene casuarinen begroeid; ver op den achtergrond weer een nevelig bergland. Donkerblauw is het water, wanneer men bezijden het schip in de diepere deelen van boven

Straat te Piroe (West-Ceram).

neerziet; en dan ontdekt men bij rustig weer beneden talrijke, met blauwigen of lichtgroenen glans lichtende puntjes, door kleine, vrij zwemmende dieren veroorzaakt, en welker licht men langzamerhand ziet verbleeken, wanneer zij te dicht bij de oppervlakte van het water komen. Hier en daar steekt een wit zeil tegen den horizon af, dicht bij de kust, behoorend tot kleine inlandsche vaartuigen, de eenige getuigen van menschelijk leven in deze wateren.

Vlak aan het strand groeien schier overal koralen, welker bouwwerken, vooral die van Ambon, reeds zoo lang vermaard zijn om hun hooge schoonheid; maar stellig zijn deze „zeetuinen", zooals men ze pleegt te noemen, aan de kust van Hoeamoeal niet minder prachtig dan aan die van Ambon; ik zou bijna durven zeggen, dat ze de riffen van het laatste eiland ver overtreffen, en hoeveel koraalvelden ik ook in de Molukken gezien heb, geen enkel ander heeft toch zoo diepen indruk op mij gemaakt als die welke Hoeamoeal omgeven.

Wanneer men 's morgens vroeg, voor nog een windje de watervlakte rimpelt, in een kleine prauw langzaam langs den oever glijdt, liggen deze koraaltuinen in wonderbare schoonheid voor het oog uitgespreid. Kijkt men op den boeg naar voren, het groenige, kristalheldere water in, zoo maakt het door de straalbreking natuurlijk den indruk alsof de bonte, vormenrijke bodem vlak bij de oppervlakte gelegen was en zoo schijnt hij dan onder 't verder varen, een sprookjeswereld gelijk, in de diepte te zinken. Maar hij verzinkt niet geheel; men kan duidelijk een aantal meters ver naar omlaag zien en daar neemt men dan alle goede bekenden onzer verzamelingen waar, zoodat zonder eenige moeilijkheid het geslacht, bij enkele, karakteristieke vormen zelfs de soort bepaald kan worden; en men vindt er geweldige kolonies onder, soms tot een meter in door-snede, zooals ze wel zelden naar Europa gebracht zullen worden en ik ze althans nog nooit gezien had. De kleuring van het water wordt door die der dierenwereld op menigvuldige wijze geschakeerd, en evenzoo door de verdeeling van licht en schaduw tusschen de witte, lichtgele, grijze, bruine, violette en roode koralen en alcyonariën. Men weet niet wat meer te bewonderen, de kleurenpracht of den vormenrijkdom. Daar woekeren de reusachtige, halfbolvormige kolonies der Maeandrinen, de veelvertakte, tot de grootere soorten behoorende Madreporen, de bloemachtige Trachy-phylliën, de blad- en bekervormige Montiporen, de slanke, bevallig gebogen bundels van Alcyonariën en zoo talrijke andere vormen. En daar-tusschen glinsterende, bonte, veelvuldig gestreepte, gevlekte of ook eenkleurige visschen, waaronder een kleine, zeegroene soort in 't oog loopt, en vooral een ander, zeer kleintje, dat heel en al hemelsblauw gekleurd is en overal in scholen voorkomt. Voedsel zoekend glijden ze tusschen de bouwsels door en vluchten bij nadering der boot schielijk daaronder ter bescherming.

Verstrooid tusschen de koraaldieren liggen vele zeesterren op den grond, vooral een soort van aanzienlijke grootte en met een azuurblauwen rug; evenzoo talrijke schelpen, die alle vormdetails zoo duidelijk laten zien, dat men de meer bekende, grootere soorten zonder moeite van de boot uit benoemt. Hier in de Piroe-baai komt ook de gezochte Conus gloriamaris voor, die zeldzame kegelslak, die door de verzamelaars met honderden guldens betaald wordt, hoewel ze alleen door sierlijke teeke-ning, volstrekt niet door bijzondere kleurenpracht uitmunt; alleen de zeldzaamheid maakt haar hooge waarde uit, en in 't oog van den lief-hebber ook wel ten deele hare groote schoonheid. De slak schijnt inderdaad maar zeer zelden voor te komen en leeft misschien op grooter diepte, hoewel haar geslachtgenooten kenmerkend zijn voor den kustgordel en ze zelve soms ook op riffen bij laag water gevonden is; op menigen dag heb ik uren lang naar haar uitgekeken en haar nooit ontdekt, evenmin als ik haar onder de schelpen aantrof, die overal nu en dan door de inboorlingen verzameld worden. Oesters, die soms tot aan den nauwelijks geopenden rand der schelp in de kalk der koraalriffen zijn ingegroeid, ontvouwen soms een indigo- tot azuurblauw en bont gespikkeld blad (mantel), dat golft als de plooien der schelpen en op een langwerpige, bonte rozet gelijkt; dan weer liggen donkerbruine, plompe, cilindervormige holothuriën (zeekomkommers) in groot aantal op den bodem — kortom, er vertoont zich daar een eeuwige, bonte wisseling van kleuren en vormen, en menigmaal moest ik, door anderen arbeid geroepen, mij met geweld losrukken van het bekoorlijk beeld, dat hier, een schoone nimf gelijk, van den zeebodem verlokkend omhoog kijkt.

Maar ook aan de oppervlakte der zee is 't vol dierlijk leven. Daar schijnt het water op eenigen afstand plotseling door talrijke kleine golven gerimpeld, alsof er alleen daar ter plaatse een windvlaag overheen ging; bij 't naderkomen bespeurt men dat het scharen van kleine, blinkende of zeegroene visschen zijn, die zwemmend en springend vlak langs den waterspiegel hun weg vervolgen. Het geoefend oog van den visscher ontdekt reeds op grooten afstand deze dieren, die soms in reusachtige hoeveelheid samen zijn, en in Wahaï zag ik hoe men ze in dat geval weet te vangen. Een aantal booten gaat tot dat doel in een onafgebroken rij dicht naast elkaar liggen, in den weg van de school, welker bewegingen men duidelijk waarneemt, en wacht de dieren af met ondergedompelde, ruime schepnetten, die bij de nadering van den trek opgehaald worden. Soms zijn het ook scharen van groote visschen, die als dolfijnen op- en neerduiken of boven het water bokkesprongen maken en het opwerpen alsof er branding is. Ook de dolfijnen trekken wel eens langs ons heen of snellen het schip vooruit, opschietend en neerduikelend; als ze in een lange rij achter elkaar zwemmen en nu hier, dan daar een kromme rug opduikt, wordt men aan een geweldige slang herinnerd en dikwijls kwamen mij de verhalen van de groote zeeslang te binnen. Maar zelden laat een krokodil nabij het strand zijn gepantserden rug aan het watervlak door 't zonnetje beschijnen; zonder geluid en zonder de rust van den waterspiegel te verstoren, duikt hij onder zoodra hij de nabijheid van menschen gewaar wordt.

Vlak langs den oever der baai varend, ziet men bovendien nog telkens schilderachtige rotsmassa's, die niet heel hoog zijn, maar een

eigenaardige bekoring oefenen. Vooral geldt dat van de opgeheven koraal-
kalken, die bijna altijd daar worden aangetroffen, waar ook thans nog
de riffen aan het strand voortwoekeren en die nu door den golfslag zijn
onderspoeld en tot grillige profielen uitgewasschen. Dikwijls steken ze
over het water heen, zoodat de uitgeschuurde en opgeheven uitholling
tot een hoog, gewelfd dak is geworden, terwijl de lichte, op vele
plaatsen bijna krijtwitte steen prachtig afsteekt tegen de zee en tegen
den weelderigen plantengroei.

Van de boomen, die de kust omzoomen, moge hier maar een enkele
soort worden genoemd, de zoogenaamde casuarisboom (Casuarina equi-
setifolia), die veel op de zandige stranden van Ceram en Boeroe wordt
aangetroffen en er tot de meest karakteristieke planten behoort; wel is
hij in de Piroe-baai niet veelvuldig, maar op Poeloe Kasa groeit hij in
zoo groote hoeveelheid dat hij bij de schildering der groote zeebocht niet
ontbreken mag. De lichtgroene, sierlijk vertakte boom, die waar hij zich
vertoont in den regel ook de heerschende plantenvorm van den oever is,
heeft in zijn jeugd uiterlijk wel wat van de lork; later buigen de takken
zich als bij een treurwilg in elegische kromming omlaag, de kleine twijgen
met hunne blaadjes hangen loodrecht neer, zoodat het den indruk maakt
alsof de boom geheel met baardmossen behangen is.

*
* *

Thans de reis naar het koppensnellersdorp.

Honitetoe ligt in het binnenland der afdeeling Kairatoe, noordwaarts
van het gelijknamig dorp aan de oostkust der Piroe-baai. Het wordt
bewoond door Alfoeren, die tot de meest gevreesde koppensnellers van
Ceram behooren. Behalve een militaire expeditie, die er in 1865 door-
trok, nadat het dorp in 1860 veroverd was, had bij mijn weten nog
nooit een Europeaan de streek bezocht en nog in 't jaar '88 liet het
hoofd van Honitetoe een bode van den resident zonder aanleiding aan
het strand doodschieten. Twee jaar later onderwierp hij zich weliswaar
aan de Nederlandsche Regeering en kreeg evenals het hem ondergeschikte
hoofd van Roematita een stok met zilveren knop als teeken zijner waardigheid, benevens een bont fantasiepak met een vlag; maar krachtig
weigerde hij te voldoen aan den eisch, met zijn onderhoorigen aan
't strand te komen wonen of daar althans eenige huizen op te richten,
terwijl het hoofd van Roematita daaraan gevolg gaf door het bouwen van
eenige woningen in de negorij Kairatoe. De overige tot het land Honitetoe
behoorende dorpen bleven evenals hun aanzienlijkst opperhoofd in 't gebergte en men zegt dat de afkeer van de kust zijn oorzaak heeft in vrees

voor de Ternatanen; want in de jaren 1858, '60 en '65 heeft de Nederlandsche regeering Alfoeren van Halmahera tegen de Seraneezen te hulp
geroepen en deze moeten vreeselijk op het eiland hebben huisgehouden.
Maar bezwaarlijk kan dit de eenige reden zijn waarom de bergbewoners
niet naar de zee willen trekken; het is immers zeer begrijpelijk dat ze
gehecht zijn aan de bosschen van het binnenland, waarin ze zijn opge
groeid, waar ze hun velden in aanleggen, waar ze beter jagen kunnen
en misschien ook beter zich beschermen voor stamverwante vijanden.
Bovendien stellen ze zich aan het strand geheel in handen der Regeering,
wat deze juist wenscht, maar den berg-Alfoeren niet behagen kan; want
feitelijk kan in 't gebergte niemand hun veel kwaad doen [1]), wanneer men
niet weer de Ternatanen op hen wil loslaten. Het zal er vooreerst ook
moeilijk toe kunnen komen dat een Europeesche macht metterdaad gezag
over de bergbewoners van West-Ceram verkrijgt en men mag al blij zijn,
wanneer het gelukt de koppensnellerstochten in de stranddorpen te ver-
hinderen of ook maar te beperken.

Reeds geruimen tijd had de posthouder van Hatoesoea — even
benoorden Kairatoe aan de oostkust der Piroe-baai gelegen — het voornemen nauwere betrekkingen met de lieden van Honitetoe aan te knoopen,
wat hij 't best door 't overbrengen van geschenken meende te kunnen
bereiken; maar het ontbrak hem, zooals hij mij later bekende, toch aan
moed dit alleen te doen. Mijn tegenwoordigheid scheen hem de beste
gelegenheid tot bereiking van zijn doel, daar hij terecht aannam dat men
het niet licht zou wagen, mij als een volbloed-Europeaan en hoogeren
beambte te na te komen en dat dus mijn geleide ook hemzelf zou beschermen.
De resident, die natuurlijk zijn meening over de uitvoerbaarheid van het
plan moest gronden op de mededeelingen, die de posthouder Pieters
hem over den huidigen toestand der afdeeling deed, gaf zijn toestemming,
onder voorwaarde dat wij eerst nog alle mogelijke inlichtingen zouden
inwinnen en ons niet moedwillig in gevaar begeven. Ik behoef er nauwelijks bij te voegen dat we dit ook volstrekt niet van plan waren.

Pieters had den regent van Seroeawan opgedragen met de bergbewoners over het bezoek overleg te plegen, want het dorp Seroeawan,
dat meer oostwaarts dan Kairatoe aan 't strand ligt, staat in vriendschaps-
verbond (pela) met Honitetoe en tevens onder rechtstreekschen invloed
van den posthouder. De genoemde regent had onzen wensch kenbaar
gemaakt, en tevens medegedeeld dat we van plan waren geschenken aan
te bieden uit naam der „Compagnie", waartegenover wij verlangden dat

---

[1]) Voor kort is dit anders gebleken, een gevolg van het repeteergeweer.

de weg naar Honitetoe eenigermate voor een Europeaan bruikbaar gemaakt zou worden en de hoofden van Honitetoe en Roematita als teeken van goede gezindheid eerst bij ons in Hatoesoea hun opwachting zouden maken. Te Honitetoe was hierover raad gehouden, en het voorstel was gebillijkt.

Zoo kwamen werkelijk op 2 Maart de hoofden van Honitetoe en Roematita naar Hatoesoea, alleen vergezeld door drie jongelieden van 14—18 jaar, en allen ongewapend. Daar er geen stoomschip op de ree lag, waarvoor ze altijd groote angst toonen, en ze zeker precies van de toestanden in 't dorp op de hoogte waren, konden ze het bezoek zonder vrees afleggen; want behalve een paar jachtgeweren en revolvers was er in geheel Hatoesoea geen vuurwapen voorhanden en ongetwijfeld beschikten de Alfoeren zelve vlak bij de plaats over een voldoend aantal strijdbare en wel uitgeruste manschappen.

Waren dat nu de gevreesde hoofden uit het binnenland? Dat vroeg ik mezelf dadelijk af bij het zien van die spichtige gestalten, die daar in hun bonte, door den post-

Hoofden van Honitetoe (rechts) en Roematita (links).

houder verschafte kleeding op ons toekwamen. Want een roode broek en dito lange jas met gelig-groene opslagen verborg de lichaamsvormen zoo volkomen, dat niets de kracht en lenigheid dezer menschen verried, die ik later rijkelijk zou kunnen bewonderen. Kleine, smalle gezichten hadden ze, bij den radja van Honitetoe met erg dun gezaaide, reeds grijzende baardstoppels op bovenlip en wangen voorzien, bij dien van Roematita maar met wat dons bedekt; daarbij de haren van achteren opgestoken, als een chignon, zoodat deze Alfoeren een bepaald vrouwelijken indruk maakten. Dat gold vooral van het hoofd van Roematita, die bovendien

een smal, welgevormd en vriendelijk gelaat had, zoodat het moeite kostte
zijn hoofd voor een mannenkop te houden; hij maakte in alle opzichten
den indruk van betrouwbaarheid en bewees ook later dat hij vertrouwen
verdiende; hij ging mede in mijn kamer, bewonderde de inrichting en
allerlei voorwerpen, kortom toonde door niets argwaan of vrees. Anders
het hoofd van Honitetoe, die somber buiten zitten bleef en nauwelijks
antwoord gaf.

De kleeding werd bij den een nog voltooid door een ouden strooien
hoed, bij den ander door een dito fez; beiden hadden den stok met
zilveren knop bij zich; en als eenig sieraad droeg Roematita een lang
parelsnoer, Honitetoe een stalen medaillon van een oude horlogeketting.
Ik hakte daarom een nikkelen ketting in tweeën en maakte de twee hooge
heeren daar erg gelukkig mee.

Al spoedig was de afspraak gemaakt, dat ik den volgenden dag met
den posthouder naar het dorp Kairatoe zou komen en vandaar onder
geleide der Alfoeren de reis naar Honitetoe zou aanvangen en ik moet
hier dadelijk bijvoegen dat beide hoofden naar mijn vaste overtuiging
geen andere dan zeer vriendschappelijke gezindheid jegens ons hadden. .
Wel was Honitetoe, zooals later bleek, vol achterdocht en had daarom
ook zekere voorzorgsmaatregelen noodig geoordeeld; maar zonder eenigen
twijfel waren ze van plan ons vriendelijk te ontvangen en dat de reis ten
slotte niet geheel naar wensch afliep, is toe te schrijven aan bijzondere
omstandigheden, zooals straks blijken zal.

Den derden Maart gingen we in een saroea [1]) naar Kairatoe op weg.
Na $1^1/_4$ uur onafgebroken roeien kwamen we aan het strand van dit
heidendorp, waar de beide hoofden ons weer in dezelfde kleeding van
gisteren ontvingen, omringd door een groote schare naakte Alfoeren, die
een buitengewoon woesten indruk maakten, maar ongewapend waren.
Ook de regent van Seroeawan, onze tusschenpersoon, en die van Kairatoe
wachtten ons op; beiden zouden ons naar 't binnenland begeleiden, daar
de laatste ook zeer bevriend is met de lieden van Honitetoe. De bende
die om ons heen drong maakte zoo'n indruk van wildheid dat mijn
Javaansche bedienden angstig bij ons kropen. Eerst vertoonden zich alleen
de mannen; maar spoedig merkten we dat er ook vele vrouwen en kinderen in het dorp aanwezig waren, waaronder zelfs de zuigelingen niet
ontbraken. Geleidelijk kwamen ze uit de huizen te voorschijn en later
bleek dat de bevolking van Honitetoe en Roematita met kind en kraai
naar het strand getrokken was.

---

[1]) Een soort van boot, genoemd naar het eiland, waar ze gemaakt worden.

De bagage werd onder toezicht van den posthouder Pieters en met behulp van mijn tolk verdeeld over het veertigtal ons vergezellende strandbewoners. Intusschen hadden ook de hoofden hun maskeradepakjes uitgetrokken en nu zagen ze eruit als de andere Alfoeren; Honitetoe had een allersmerigsten gordel aan, en onderscheidde zich in niets van den schunnigsten drager; met saamgeknepen lippen en omlaaggetrokken mondhoeken, door eenige grijzende baardstoppels omgeven, de haarknoop hoog boven het voorhoofd, maakte zijn hoekige gestalte een bijzonder terugstootenden indruk.

Om half tien gingen we op marsch, het hoofd van Honitetoe voorop,

Alfoeren van Oerauer; ✕ een Christen van Kairatoe.

dan de regent van Kairatoe, die er in zijn broek en baadje bij den ander vergeleken als een gentleman uitzag, daarop ik zelf, eindelijk mijn begeleiders en dragers — alles natuurlijk in den ganzenmarsch op het smalle boschpad. De groote massa der Alfoeren bleef eerst achter, maar haalden ons spoedig in, allen nu met hun parang gewapend en velen met geweren; ze passeerden ons telkens in troepjes, om dan weer achter te blijven. Dat we geheel in hun macht waren behoef ik niet te zeggen; ook hadden we, om alle argwaan te vermijden, onze geleiders niet gewapend en alleen drie jachtgeweren meegenomen.

Ik had al spoedig gelegenheid de behendigheid en kracht der Alfoeren op het boschpad te leeren kennen; hoewel ik al dergelijke tochten met negers en Indianen gemaakt had, had ik zoo iets nog nooit gezien; als ze met meerderen een gesprek wilden voeren, klommen er eenvoudig eenige in de takken der boomen, daar het pad geen ruimte bood om bijeen te staan. Dat ging zoo gemakkelijk alsof ze een trap opliepen en daar zaten ze dan als apen met de mannen onder hen te redeneeren. Dikke takken, die hen in den weg waren, sloegen ze onder 't loopen met één slag van hun parangs weg en sedert geloof ik ook dat een Alfoer een mensch zonder moeite met één slag kan snellen.

Reeds om kwart over tweeën werd de eerste dagmarsch besloten. Mijn hut was reeds op een open plek in 't bosch opgesteld; weldra stond ook de kookpot op het vuur, waren de noodzakelijkste dingen uitgepakt en was de hangmat onder algemeene verwondering der Alfoeren uitgespannen, zoodat de volgende uren tot zonsondergang uitsluitend voor de rust gebruikt konden worden en ik genoot daarvan met volle teugen. Want mijn geleiders hadden beneden aan een beekje of hooger op de helling een onderkomen gevonden onder kleine, snel ineengezette bladeren afdakjes, nadat de strand-Alfoeren elkaar nog eerst een massa ongedierte uit hun woeste haren gehaald hadden; alleen nu en dan klonk nog hun

Alfoer van West-Ceram.   Alfoer van West-Ceram.

lachen, anders stoorde niets de groote eenzaamheid van het woud. De zon schijnt door een kleine opening in de hoog opgeschoten plantenwereld; vogels lokken en koeren; insecten knirpsen en de krekels laten hun scherpen, lang aangehouden toon hooren. Ook aan vlinders ontbreekt het niet, hoewel de groote niet meer zooveel te zien zijn als in 't gezelschap der strand-Alfoeren; want de bloedroode hoofddoeken, die deze zoo gaarne dragen, vormen steeds een krachtig aantrekkingspunt voor het bonte gezelschap.

Den volgenden morgen om zeven uur werd de marsch hervat. Wij schoten heel langzaam op, vooral doordat onze dragers weinig lust en volharding toonden op het lastige bergpad en het was al elf uur toen wij, na een moerassige, met hoog bamboebosch bedekte vlakte doorgetrokken te hebben, in de bedding van de Waë Toeba aankwamen.

Tot onze vreugde kwamen daar ook de vrouwen der berg-Alfoeren met ons samen, die tot dusver op een afstand gebleven waren en wier tegenwoordigheid als het beste bewijs voor het toenemend vertrouwen der inboorlingen mocht gelden; ook was Roematita ons met zijn lieden in elk opzicht behulpzaam, de lieftalligheid in persoon. Honitetoe daarentegen had zich reeds sedert gisterenavond niet meer laten zien; hij was met een deel zijner lieden vooruitgegaan, om, zooals men zeide, randjoe's uit den grond te trekken, die nog van langen tijd geleden, toen er oorlog was, in het pad moesten zitten. Waarom gebeurde dat eerst nu, terwijl er toch maar één weg door het bosch naar Honitetoe gaat? Ik brak er

Alfoer van West-Ceram.

Alfoersche vrouw van West-Ceram.

mijn hoofd niet veel mee, want het feit pleitte toch voor de vriendschappelijke gezindheid van het hoofd.

Den derden dag echter kwamen we een goed uur na den opmarsch op een langzaam stijgende helling, waar door de bergbewoners een breede weg was aangelegd. Daarop was niet alleen elke boom, maar ook elk struikje verwijderd en de dragers werden gewaarschuwd voor randjoe's, waarvan er misschien nog eenige in het gras konden zitten; boven was deze weg door een barricade afgesloten. Dat alles heette ook nog van lang geleden afkomstig te zijn, maar het was toch niet duidelijk, waarom de vegetatie nu eerst over zulk een breedte was geraseerd. Dichter bij het dorp Honitetoe passeerden we nog twee maal lange stukken weg, waar ook niet het kleinste plantje groeide en de aarde pas was omgewerkt, zoodat ze een merkwaardig contrast vormden met de boschwildernis. Ik dacht dan ook eerst dat we bij den ingang van het dorp waren en verbaasde me over de groote, van de berg-Alfoeren zeker zeer onverwachte ordelievendheid, maar was niet weinig verrast toen ons telkens weer het dichte woud omsloot.

Natuurlijk waren deze wegen een voorzorgsmaatregel voor oorlogsgevaar, te meer daar ze over de geheele breedte van ruggen waren aangelegd, die rechts en links steil omlaag gingen. Wilde men een vijand den toegang beletten, dan had men ze niet beter kunnen kiezen.

De verklaring is ook zeer eenvoudig: de bewoners van Honitetoe hadden een slecht geweten en daar ze het doel der reis onmogelijk begrijpen konden, waren ze vol achterdocht over mijn komst en vreesden dat een militaire expeditie beoogd werd. Aan ons verzoek, den weg begaanbaar te maken, wat hun al verdacht geleken had, hadden ze dan ook nagenoeg niet voldaan, integendeel hun maatregelen genomen. De punten waar de randjoe's in den grond zaten waren zoo gekozen, dat althans een Europeaan bijna onmogelijk uit kon wijken. Uit dezelfde vrees hadden ze ook hun vrouwen en kinderen mee naar het strand genomen. De grootste achterdocht bleef nog bestaan, zooals nog voldoende zou blijken, maar natuurlijk hadden ze ons niet te vreezen en deden al het mogelijke om uiterlijk een vriendschappelijke gezindheid aan den dag te leggen. Nog ver voor het dorp ontving ons het hoofd, tot welk doel hij een kort, blauw, heel schunnig baadje had aangetrokken, en daar zijn dunne beenen er bloot onder uit kwamen, zag hij er onbeschrijfelijk belachelijk uit. Hij was ongewapend, maar op den grond lag een parang, waarvan de greep rood was gekleurd.

Hij ging nu met eenige gezellen vooruit. Bij vele der bochten, waaraan het pad rijk was, zaten troepen gewapenden, die zoo plotseling voor ons opdoken dat ik niet naliet op te merken hoe zeldzaam goed de ligging van het dorp voor vijandige invallen gekozen was. De krommingen van het pad namen voortdurend toe en ten slotte naderden we het dorp in een grooten boog. Dit eischte, in verband met de talrijke bodemgolvingen, vele peilingen en schattingen; ook de barometer moest meermalen worden afgelezen, daar ik de hoogte van Honitetoe zoo precies mogelijk bepalen wilde; zoo was er veel op te teekenen, wat heel wat oponthoud gaf.

De bewoners zagen dit met kennelijken tegenzin aan, want ze schenen te begrijpen dat ik den weg opnam. Plotseling kwam het dorp in 't gezicht en de fraaie kleuren der Nederlandsche vlag schitterden ons tegemoet om in snelle opeenvolging vaderlandsche beelden aan het geestesoog te doen voorbijtrekken. Zelden wel maakte een vlag zoo diepen indruk als hier midden in de wildernis, onder dit allerruwste volk. „Het wit van den vrede, omgeven door rood en blauw, de liefde en de trouw", — zoo scheen ze mij op dat oogenblik toe en ik vroeg mijzelven af, of deze streek wel ooit een toestand zou leeren kennen, waarin deze symboliek niet langer een felle tegenstelling tot de werkelijkheid vormen zou.

Om elf uur kwamen we in Honitetoe aan, werden echter dadelijk door dit dorp heen naar het vlak erbij aansluitende Roematita gebracht, waar men ons een hut aanwees.

De dorpen Honitetoe en Roematita liggen 463 M. hoog in heuvelachtig terrein, op een kaal gehouden vlakte, aan alle zijden door het hooge woud omgeven.

In de hut, die het hoofd van Roematita voor mij en mijn naaste begeleiders had laten gereedmaken, drongen de Alfoeren zich zoo dicht om ons heen, dat daar voorloopig evenmin sprake kon zijn van werken als van rusten, en daar de gelegenheid gunstig scheen, keerde ik bijna onmiddellijk na de aankomst geheel alleen weer naar Honitetoe terug om te fotografeeren. Toen ik daarna weer in Roematita kwam was de toestand nog dezelfde en ik ging daarom weer naar het buurdorp, ditmaal met mijn schetsboek toegerust. Pieters zei met mij mee te willen gaan en ook de orangkaja van Seroeawan, onze tusschenpersoon en tolk voor de bahasa-tanah, sloot zich aan. Dat een rij gewapende Alfoeren ons volgde, leek mij eerst niet vreemd, maar weldra merkte ik op dat er onder hen een jongmensch was, die mij geen oogenblik uit het oog verloor; als ik liep, dan liep ook deze man vlak naast mij; ging ik zitten, dan nam hij vlak over mij plaats of hij ging aan mijn zijde staan; daarbij lachte hij mij voortdurend toe, maar was te ongepolitoerd om onder dat lachen zijn loerenden blik te verbergen. Ook uitwendig onderscheidde deze Alfoer, een familielid van 't hoofd van Honitetoe, zich van alle anderen, want hij droeg over zijn tjidako nog een mooie, bonte, zoogenaamd Turksche shawl, die aan beide kanten met lange einden van zijn heupen afhing en door den eigenaar van tijd tot tijd met welgevallen bekeken werd; geen der andere lieden bezat zoo iets. Om het hoofd en den haarwrong had de man verder een pikzwarten doek gebonden; zulk een doek werd nog door een anderen Alfoer gedragen, die ook veelvuldig in mijn nabijheid was; de eerste had een paar duivenveeren achter zijn ooren gestoken en een wiegelende gang gaf hem in verband met al die sieraden het uiterlijk van een fat onder zijn dorpsgenooten.

Weldra zat ik weer in Honitetoe te teekenen; maar het duurde niet lang of het dorpshoofd verscheen en verklaarde met een woedend gezicht dat het ons niet veroorloofd was hierheen te komen; we moesten blijven waar men ons gebracht had. Pieters, die zich niet verzoenen kan met het denkbeeld dat hij hier moet gehoorzamen in plaats van te bevelen, keert zich af uit vrees van zich te vergeten, deelt mij echter den inhoud van het gesprek niet mede en gaat weg. Ik zelf blijf dus zitten en laat door den tolk eenige lieden, die mij in den weg staan, beleefd verzoeken op zij te gaan; eerst gaan ze onwillig bij elkaar staan, dan weigeren ze norsch, zoodat de regent van Seroeawan mij ten slotte dringend verzoekt op te staan en ik de schets zoo snel mogelijk voltooi, om naar Roematita terug te keeren.

In de hut is nog altijd een bende Alfoeren aanwezig en van Pieters hoor ik nu dat men alle menschen van Hatoesoea het dorp Honitetoe en in 't bizonder de baileo. daar had verboden, omdat de bergbewoners nog een oude perkara[1]) met hen hadden. Alfoeren van Honitetoe hadden namelijk niet lang geleden een inwoner van Hatoesoea gesneld en zoo waren de beide dorpen naar Ceramsche begrippen op voet van oorlog. De argwaan der bergbewoners had dus een goede reden; hij moest vanzelf worden overgebracht op Pieters, die in Hatoesoea zijn standplaats had, en dus ook op mijn persoon, en dit te meer daar de menschen onmogelijk het doel onzer reis konden begrijpen en door het gebruiken van hun geheel onbekende instrumenten verontrust werden. Zelfs mijn beleefd verzoek hem alleen in zijne woning te mogen vergezellen, werd door het hoofd van Honitetoe geweigerd.

Dat was een kwaad geval; want hoewel ik overtuigd bleef dat de bergbewoners ons zonder nadere aanleiding niet zouden aanvallen, konden we ons toch niet meer veilig voelen, bekend als we waren met hun onbetrouwbaar karakter. De geringste oneenigheid met ons geleide kon tot handtastelijkheden overslaan, waarvan de gevolgen niet te overzien waren; want de Alfoeren zijn zoo prikkelbaar, dat, naar men zegt, bij het tjakalele (Alfoersche krijgsdans) soms de beste vrienden of zelfs bloedverwanten elkaar verwonden, en dronkenschap, die tengevolge van een rijkelijk gebruik van palmwijn niet zeldzaam schijnt te zijn, was vooral te vreezen.

„Hoe denkt u over morgen?" vroeg ik Pieters na mijn terugkeer in de hut. „Weggaan." „Ik evenzoo." Wij overlegden of 't ook beter was dadelijk weer op te breken, maar Seroeawan ontraadde dat dringend en zoo bleven we, maar deden ons zoo ongevaarlijk mogelijk voor.

Na het middageten werd overgegaan tot de betaling der menschen

---

[1]) Zaak, twistzaak.

die ons onderweg en bij het opslaan der hutten geholpen hadden, maar dat ging niet zoo eenvoudig als ik gedacht had; want de onbeschaamde kerels wilden alles hebben wat hun beviel en dikwijls dingen die wij volstrekt niet van plan waren weg te geven. Alles drong dicht op ons aan, zoodat ik, om diefstal te voorkomen, genoodzaakt was de heele bagage achter ons op de rustbank te laten leggen, en mijn eigen geleide met de Javaansche bedienden daarvoor op te stellen.

Voor elken man die voor een belooning in aanmerking komt, wordt een bamboestokje neergelegd. Maar de priester van Oersana komt met een heele handvol stokjes en Honitetoe, bang dat hij te kort zal komen, wordt daar woedend over en zegt dat de menschen van Oersana heelemaal niet geholpen hebben. Van alle kanten worden onbeschaamde eischen gesteld en het gekijf is groot.

Geld is als betaalmiddel onbruikbaar; hiervoor zijn noodig spiegeltjes, messen, katoen, ringen van messing en vooral zout, dat buitengewoon op prijs gesteld wordt, daar het volgens de bepaling der Saniri's bij de Pata-siwa[1]) niet bereid mag worden.

Nauwelijks was de betaling afgeloopen of het hoofd van Honitetoe greep Seroeawan met een eigenaardig gebaar en met neergeslagen blik bij de hand en vroeg naar het doel onzer reis. Deze verzekerde dat het alleen te doen was om een vriendschapsbewijs te geven van den kant der Compagnie, aangezien we gekomen waren om geschenken te brengen en bij zijn uiteenzetting liet hij niet na onze goede gezindheid weer te geven door het veelvuldig herhaald gebaar der omhelzing; maar men wilde hem niet gelooven en ten slotte gaven de Alfoeren, die bij al deze onderhandelingen voortdurend door elkaar schreeuwden als straatjongens, te kennen dat ik hun vrijen invoer van wapens, kruit en lood moest toestaan, als ik het inderdaad goed met hen voor had. Dat wilde ik echter niet beloven, omdat ik daartoe geheel onbevoegd was en een lichtvaardige toezegging het vertrouwen in de Regeering geschokt zou hebben. Ik liet de menschen dus, zoo goed als het ging, uiteenzetten dat ik niet de macht had die ze mij toeschreven en ging zonder veel verdere praatjes met Pieters tot de uitdeeling der geschenken over.

De vrouwen zouden de natuur van hun geslacht geheel verloochend hebben, als ze bij zulk een gelegenheid niet alles hadden aangetrokken wat ze maar bezaten aan toiletartikelen, en zoo verschenen er dan ook enkele in een kort baadje van roode of blauwe kleur. Een droeg er zelfs

---

1) Zie hierover het volgend hoofdstuk.

zulk een kleedingstuk van rood en wit vlaggedoek, zoodat ik mij bijna teruggeplaatst waande in de straten van Leiden, dat rood en wit tot stadskleuren heeft. In veel mindere mate had daarentegen de beschaving het bovenlijf der mannen aangetast; want behalve Honitetoe bezat alleen diens broer een jasje; een enkele droeg een oud, grijs, linnen vest, een ander een oud grauw vod als een mantel om de schouders; alleen Roematita beschikte over een broek, maar ontbeerde weer de bedekking van het bovenlijf en alle overige mannen droegen alleen de tjidako, den langen, smallen lendendoek van boomschors.

·De geschenken bestonden in zeer verscheidene en voor de Alfoeren zeker zeer kostbare voorwerpen. Er waren complete costuums voor de vrouwen der beide hoofden, sarongs voor hunne dochters, talrijke zilveren vingerringen voor de meisjes, snoeren glaskralen voor alle vrouwen, groot en klein, messingringen, naainaalden en vooral ook weer zout. Met de dorpsschoonen, waarvan velen vol vreeze dichterbij kwamen, maakten we gekheid zoo goed dat zonder kennis der taal en met hulp van onzen tolk mogelijk was, overtuigd dat vroolijkheid het beste middel is om vertrouwen te winnen en vrouwen en meisjes straalden van vreugde om de mooie dingen die ze kregen. De vrouwen der hoofden brachten eenige pisangs als tegengeschenk; maar dat was ook alles wat wij aan dank inoogstten en toen wij naderhand van Honitetoe nog twee kippen inruilden, ieder tegen een mes, beklaagde hij zich over den geringen koopprijs. Ook eenige armringen en andere onbeduidende voorwerpen kon ik alleen tegen kostbaarder ruilvoorwerpen verkrijgen en daarbij hoorden we uit den mond der mannen van alle kanten klachten dat ze niet genoeg geschenken gekregen hadden; vooral de dorpspriester van Oersana schimpte onafgebroken, omdat hij hetzelfde verlangde wat de beide hoofden hadden gekregen.

Samen met den broer van Honitetoe, een bekenden schurk, die ook den laatsten moord in Hatoesoea had bedreven, zat deze priester, die zich overigens uiterlijk door niets van de overige lieden onderscheidde, als vastgenageld in onze hut op een kleine bank tegenover mij. Hij voerde bestendig het woord, nu en dan door zijne buren ondersteund en dat op zoo'n brutale en heerschzuchtige manier, ook tegenover het hoofd van Honitetoe, dat het wel leek alsof de priester de machtigste van beiden was. Weliswaar is het moeilijk, den invloed van een persoonlijkheid hier juist te beoordeelen, want de bende is zoo ongedisciplineerd, dat ik menigmaal gelegenheid had op te merken dat ook de gewone menschen zich niet om de orders van hun hoofd bekreunden.

Nauwelijks waren de geschenken verdeeld of weer kwam, en nu op heftiger wijze dan te voren, het doel van onze reis ter sprake. De Alfoeren wilden nu eenmaal geen geloof slaan aan vriendschappelijke gezindheid en ik houd het voor een gelukkige omstandigheid dat ik al op de Oeliassers en in andere streken van Ceram gereisd had, waardoor mijn komst minder vreemd moest schijnen. Een der met de bergbewoners zeer bevriende strand-Alfoeren had mij dan ook al op Haroekoe ontmoet; verder kon ik Honitetoe schetsen van dingen laten zien die hem bekend waren, om zijn achterdocht te sussen. Maar daar kwamen bij het ombladeren ook de tatoeëeringen der Kakehanisten te voorschijn, waaraan ik niet gedacht had en die het opperhoofd onmiddellijk deden uitroepen: ,,ah kakehan!'' Toch gelukte het nogmaals hem gerust te stellen; toen echter bracht men opnieuw de wapen- en kruitkwestie op het tapijt.

Pieters is stil geworden en op de rustbank gaan liggen, omdat hij ieder oogenblik vreest op te stuiven, zooals hij mij later meedeelde; hij weet niets meer met de menschen te beginnen en verzoekt mij de zaak in orde te maken. Ik geef mij dus het air als had ik koninkrijken weg te geven en laat den Alfoeren zeggen dat ik hun wenschen zal opschrijven en aan de regeering, dat is aan den resident, zal overbrengen. Dadelijk is alles stil; Honitetoe geeft mij alleen nog te kennen: ,,Wanneer gij mij eens bedriegt, zult ge het niet voor den tweeden keer doen''; hij zit bij de onderhandelingen links naast mij op de slaapbank, rechts mijn tolk Koehoe wael, daartegenover Seroeawan, die het Maleisch weer in de bahasa der Alfoeren vertaalt. De broeder van het hoofd en de priester hebben natuurlijk ook nu weder het hoogste woord; verder is elk plekje in de hut nog door Alfoeren bezet en de anderen dringen dicht tegen de halfgesloten wanden; Roematita houdt zich intusschen, als altijd, allervriendschappelijkst op den achtergrond.

De menschen verlangden dat de vreemde kleinhandelaars naar het dorp Kairatoe zouden mogen komen om daar aan de bewoners van Honi-tetoe en Roematita vuursteengeweren, kogels en kruit te verkoopen. Nadat dit met groote uitvoerigheid was opgeschreven, vroeg ik: ,,Wat belooft gijlieden daartegenover?'' Een aantal stemmen riep: ,,Wij kunnen niets meer zeggen.'' Ik maakte hun toen duidelijk, dat er hunnerzijds toch ook iets gebeuren moest en vroeg of zij beloven wilden, in vriend-schap met de Kompagnie te leven. Dat gaf veel gepraat over en weer, waarbij Honitetoe onder anderen opmerkte dat ze vrije lieden waren; ten slotte zeiden ze, dat ze niet meer aan de kust zouden gaan snellen, en oneenigheden door boeten beslecht zouden kunnen worden. Toen ik daarbij de saniri's noemde, klonk van verschillende kanten een hoongelach; toch stemden ze er later in toe dat de aangelegenheden aan de kapala-saniri's

voorgelegd zouden worden in geval de boetebetaling uitbleef. Toen verzochten ze nog binnen korten tijd antwoord van de regeering, maar
begrepen ten slotte toch dat ik eerst weer in Ambon terug moest zijn,
voor de Kompagnie de zaak kon overwegen.

Voor de eerste maal gingen de menschen nu weg en legden hunne
wapens af. Wij zaten toen nog een korten tijd ongestoord buiten. Enkele
mannen haalden weliswaar intusschen nog geschillen op, die al zoowat
veertig jaar oud, maar naar de meening der Alfoeren niet beslecht waren;
maar die dingen gingen ons persoonlijk niet aan en zoo legden we ons
spoedig na het invallen der duisternis onbezorgd ter rust. Maar 's avonds
verscheen nog eens het hoofd van Honitetoe; stomdronken kwam hij met
groot spektakel in onze hut en met moeite werd hij door Seroeawan
weer eruit gezet, terwijl wij ons hielden alsof we sliepen. Hij ging heen
met de woorden, dat hij den volgenden morgen verder met ons zou
spreken; maar kort daarna, zoowat om 9 uur, viel er in de verte een
schot en daar de Alfoeren heel zuinig zijn met hun kruit, kon dat alleen
een alarmsignaal zijn. Seroeawan ging dan ook dadelijk op weg om in
onzen naam te vragen wat dat schieten te beduiden had en men gaf hem
de onmogelijke uitlegging dat iemand ondanks de duisternis een kip had
willen schieten. Later bleek dat het inderdaad een alarmsein geweest was.
De broer van Honitetoe had namelijk bij eenige menschen van Hatoesoea
aangedrongen, mee in zijn huis te gaan, maar ze weigerden omdat ze
gevaar vreesden, daar de toegang tot de baileo hun verboden was en
daarmee duidelijk te kennen gegeven, dat men ze niet als vrienden
behandelde; toen loste hij het schot.

Seroeawan en Kairatoe, de goede vrienden van Honitetoe, die vroeger
herhaaldelijk in het dorp geweest en met de zeden en gewoonten der
berg-Alfoeren nauwkeurig bekend waren, toonden nu ongerustheid. De
meest betrouwbare lieden verzamelden we om een vuur voor de hut,
zelven gingen we met de genoemde regenten der stranddorpen, de pati
van Hatoesoea en de Javaansche bedienden op de rustbank liggen, terwijl
ook Roematita bij ons bleef. Wij waren op onze hoede; want daar de
Alfoeren nooit open aanvallen, maar buitengemeen laf zijn, kon waak-
zaamheid bij gevaar van nut zijn ondanks de overmacht der bergbewoners.
Zoo brachten wij een onrustigen nacht door, onze drie geweren en twee
revolvers naast ons; van Oersana, waar men feest vierde, drong tot den
morgen gezang tot ons door; in de buurt bleef echter alles rustig.

Om 5 uur stonden we al op en om 6³/₄ konden we opbreken.
Honitetoe nam gemelijk afscheid, weigerde ons te begeleiden en zei, dat
hij ons morgen wel achterop zou komen; er was haast geen mensch in het

dorp te zien. Roematita daarentegen voegde zich bij ons, zelfs zonder wapen, niet eens met een parang, terwijl hij zijn drie broeders wat later heimelijk op eenigen afstand, gewapend, liet volgen om voor de veiligheid van den weg te zorgen. Wij dachten er niet aan de kust nog op denzelfden dag te kunnen bereiken; maar daar ik onderweg weinig te doen had, vorderden we snel. Daarom beloofden we den dragers, waarvan een gedeelte eerst mopperde, dubbel loon wanneer we nog voor donker de kust bereikten. En om vijf uur kwam ik in Kairatoe aan.

Hoewel ik mij onderweg haast niet had opgehouden, had ik toch Pieters niet bij kunnen houden. Uitgeput vond ik hem in Kairatoe, waar hij al een half uur vroeger aangekomen was, begeleid door Roematita en Seroeawan, welke laatste, den geheelen weg langs, den posthouder vlak op de hielen was gebleven uit vrees van een aanval uit een hinderlaag op diens persoon. Roematita, die al tegenover Pieters zijn spijt betuigd had over de handelwijze van Honitetoe, kwam met een hartelijken handdruk en een *sobatti* (vriend) op mij toe en terwijl onze booten voor de terugreis naar Hatoesoea gereed gemaakt werden, kwamen ook zijne broeders aan. Van een hunner ruilde ik nog een armring en een drinkbeker voor palmwijn van zwartgeverfde kokosnoot, dien de Alfoer eerst nog tot afscheid aan de lippen bracht eer hij hem afstond.

Om 5 uur 40 gingen we aan boord en na een stormachtige vaart kwamen we om 7 uur 10 weer in Hatoesoea aan, zooals Pieters het later uitdrukte „met Gods genade".

———

Tot zoover het reisverhaal van Prof. Martin. Sedert is onze macht in Cerams binnenlanden eindelijk gevestigd geworden en ook Honitetoe heeft zich daaraan moeten onderwerpen. Nadat het in 1904 door een militaire colonne bezocht was, is het in 't volgend jaar, na hardnekkig verzet tijdens den opmarsch, door onze troepen genomen en voorloopig bezet. Op dien tocht werden de voetpaden vermeden, omdat ze door randjoe's, springlansen, versperringen en hinderlagen in geduchten staat van tegenweer waren gebracht. Ook de opengekapte strooken ontbraken niet. Maar door op te rukken dwars door 't oerwoud, bracht men de Alfoeren van de wijs en wist men hen telkens tot den terugtocht te noodzaken. Zoo zal nu ook hier een einde komen aan het koppensnellen, waaromtrent Martin nog mededeelt hoe de kinderen met lust de onthoofde lijken met hun parangs stukhakken, wat dienen moet om hen in het moordenaarshandwerk op te leiden, door, zooals men dat noemt, „den parang rood te verven".   .

In de plaats van dit rood is nu eindelijk, en hopen wij voorgoed, het rood, wit en blauw gekomen, zonder dat de toestand langer een bespotting voor de driekleur is.

———

HOOFDSTUK VI. HET KAKEHAN-VERBOND OP CERAM, IN VERBAND MET HET MANNENHUIS IN DEN ARCHIPEL.

Ter aanvulling van het in het vorig hoofdstuk meegedeelde moge hier een en ander volgen over de meest eigenaardige instelling van Ceram, waarop in dat hoofdstuk reeds een paar malen gezinspeeld werd.

Van oudsher is de bevolking van Noord- en West-Ceram verdeeld in de stammen der Pata-siwa en Pata-lima (= negen en vijf stammen of deelen). De Pata-siwa verdeelen zich weder in Pata-siwa poetih, en Pata-siwa hitam, d. w. z. witte en zwarte Pata-siwa; de laatsten dragen dezen naam omdat ze blauw getatoeëerd zijn. Een scherpe grenslijn tusschen de woonplaatsen dezer drie afdeelingen der Ceramsche Alfoeren is niet te trekken; in 't algemeen kan men zeggen, dat de Pata-siwa het Westen, de Pata-lima het Oosten van 't eiland bewonen. Maar vele Pata-siwa poetih hebben zich, over de oorspronkelijke grenslijn heen, onder de Pata-lima neergezet; en dezen zoowel als genen houden zich over het algemeen ver van het gebied der gevreesde Pata-siwa hitam.

Westelijker dan Piroe, dus op Klein-Ceram of Hoeamoeal, en ooste-lijker dan een lijn, getrokken van Sama-Soeroe in de Elpapoetih-baai naar Oewin Patahoewé op de Noordkust (128° 40′ O.L.), schijnen laatst-genoemden niet voor te komen. In het gebied der „drie wateren", n.l. der rivieren Eti, Sapalewa en Tala alzoo wonen de Pata-siwa hitam, wier meerderjarige mannen allen deelgenooten moeten zijn van het beruchte *Kakéhan*-verbond, en die als koppensnellers alom gevreesd zijn. Het is over deze Alfoeren, en vooral over het genoemde verbond, dat hier het een en ander zal worden medegedeeld, en wel in hoofdzaak aan de hand van particuliere mededeelingen van den Heer H. Krayer van Aalst, sedert ± tien jaar als hulpprediker gevestigd te Piroe (West-Ceram), die de groote welwillendheid had, ze tot dat doel af te staan. Tevens zal dan de gelegenheid zich voordoen, het een en ander te zeggen over het zoogenaamde „mannenhuis" in den Indischen Archipel, en de beteekenis daarvan als overblijfsel van een der fasen in de vroegste ontwikkeling der maatschappij.

Alle mannelijke leden van de stammen der Pata-siwa hitam moeten, nadat ze den volwassen leeftijd bereikt hebben, tot het kakehan-verbond toetreden. Deze toetreding gaat gepaard met tal van ceremoniën; die welke in de *baileo pĕmali*, het kakehan-huis [1]) plaats vinden, zijn met een dichten sluier bedekt wegens de groote geheimzinnigheid, daarbij in acht genomen, en door de bedreiging met den dood aan ieder, die de geheimen openbaart. Wat er aan de komst in dat huis voorafgaat, beschrijft de heer Krayer van Aalst als volgt:

Toen in het begin van 1898 kakehan-feest te Eti was, zag ik de adepten naar de „verboden" plaats geleiden; iedere knaap (er waren er een twintig van Kawa, en hun leeftijd was naar schatting van 10—15 jaar), had bij zich een geleider, *masaleo* genaamd, eigenlijk: peet.

Voorop liep de lalàmena van Kawa, met een speer op den schouder, de lendenen omhuld met de gele *tjidako* (lendengordel), om de armen van bamboebast gevlochten ringen, waartusschen neerhangend *gĕdekoe-*bladeren gestoken waren. Het haar had hij in een wrong samengeknoopt, omwonden met een rooden hoofddoek, terwijl in zijn rechterhand een lang kapmes flikkerde. Hij zong met een mooie volle stem, en achter hem gingen een tiental mannen die den zang begeleidden. Daarna de jonge adepten, ieder een stok in de hand, het haar samengebonden met *loeleba* (bamboebast); kleine koperen belletjes, als onder een Hollandsch kerkezakje, hingen voor hun buik en op hun dijen, en tingelden met zilveren klank.

Met gebogen hoofd, starende naar hunne voeten, liepen zij achter elkander, om de lendenen hun schaamgordel van witte boombast, en naast hen de peetvader, die hen straks aan den lalamena zal overdragen in het kakehan-huis.

Welke ceremoniën daar plaats vinden weet ik niet.

Er is zóóveel verschil in de verhalen, dat ik moet denken aan plaatselijke gebruiken, allen hierin overeenkomende en één zijnde, dat men van de adepten algeheele blinde gehoorzaamheid eischt, „perinde ac cadaver"; volstrekte geheimhouding van alles wat het verbond aangaat en in de vergadering besproken wordt; en volmacht geeft tot probabilisme en reservatio mentalis, waarvoor verschillende instructies gegeven worden.

Het kan wel zijn dat men de adepten dronken maakt tot zij bewuste-loos zijn van den *toewak* (palmwijn), dien ze vóór dien toch al gebruikten, om hun dan het verbondsteeken met sagoedorens in te prikken; maar onzedelijke handelingen pleegt men hier niet.

---

[1]) Hierna daarover meer.

Men verhaalde mij, dat de adepten wel ingewijd worden in de beteekenis van het huwelijksleven, maar hun tevens wordt medegedeeld, dat bij verkrachting of hoererij straf wordt opgelegd, bestaande uit zware boete, verwijdering uit de gemeenschap van het dorpsleven, of den dood.

Na de opname en het feest, dat soms één à twee maanden duurt, gaan de jeugdige lidmaten terug naar hun dorp, waar zij zich houden als pasgeborenen.

Door fahadjoel (?) balahoem (?) gedood, daarna weer levend gemaakt, komen zij als wedergeborenen terug in hun dorp en huis. Zij weten niets meer, kennen niets meer, zelfs hun taal zijn zij vergeten en hun spreken is de tale balahoems, een murmelen en uitstooten van klanken.

Het hoofd omwonden met als bladeren uitgesneden *gemoetoe*-blad-repen, het lichaam met kurkema geel gekleurd, de tjidako ook schitterend geel, steeds onder de hoede van den masaleo, leert deze hen spreken, eten, drinken.

Moeten zij een blad ophouden om voedsel op te ontvangen, dan houden zij het schuin, dat het eten zou vallen; komen zij een deur binnen, dan loopen zij achterwaarts; vuur zullen zij met de handen willen grijpen, vragend staren zij rond.

De moeder doet vol medelijden, de zusters en jongere broers zijn vol angst.

Na acht dagen ongeveer gaan al de jonge lidmaten naar de rivier, onder geleide van hunne peten, baden aldaar, worden weer met *koening* (= geel, kurkema) ingewreven, en gaan naar de sago-aanplant van het dorp, om weer te leeren sagokloppen, want ook dit hebben zij vergeten.

Daarna gaan zij onder geleide van een aanvoerder op sneltocht uit, wordt hun de sluipmoord geleerd, en hun moed, behendigheid en uithoudingsvermogen beproefd.

De huizen, waarin deze plechtigheden, en ook de andere vergaderingen der kakehan-leden plaats hebben, worden *baileo-pamali* genoemd. In de dorpen vindt men nog andere *baileo's*, de *baileo's bitjara*, die voor vergaderingen der oudsten in het dorp dienen, maar niet met het kakehan-verbond in betrekking staan.

De kakehan-huizen — aldus de Heer Krayer — zijn niet allen gelijk van grootte of bouw.

Sommige zijn verborgen achter dubbele omheiningen, waartusschen telken keere een ruim erf, met aan den ingang dubbele deuren, die direct achter den ingaande worden dichtgetrokken; andere weer hebben geen grenzen dan een slechte bamboe-pagger.

Nu eens staat het gebouw op den vlakken grond, dan weer is het, om een Ambonsch woord te gebruiken, een *roemah tergantoeng* (huis op palen).

Stel u dan voor een langwerpige loods, een 30 M. lang bij 10 à 15 M. breed, met zware balken van verschillende houtsoorten, naar het dorp waar men bouwde gewoon is te gebruiken, daar omheen een woud van aanééngeregen *roembia*-palmbladeren, iets boven een mans hoogte, gedekt met hetzelfde materiaal, dat op latten van bamboe gebonden en op wildhouten spanten gelegd is.

De voorgevel van het dak belegd voor een deel met gĕmoetoe, waarop schors van den kajoe-poetih gelegd is, in verschillenden vorm gesneden, nu eens slangen, dan vogels, of zon, maan en sterren voorstellende.

De stand der gebouwen is nu eens N.—Z., dan weer O.—W. Over het uiteinde, tegenover den ingang, ligt een korte balk, langs de rechter- en linkerzijde liggen lange balken. In het midden een houten raam, opgevuld met zand, waarop men vuur kan aanleggen; hier en daar stukken gaba-gaba, in driehoeken op elkaar gespijkerd met bamboe-reepjes; bovenin een gat, waarin men met gĕmoetoe-bladeren omwonden damar steekt om als fakkel te branden; ook wel eenige platte steenen waarop brandend damar kan worden gelegd.

Van de spanten neerbengelend een lange reep boombast, vroeger gebruikt om de eerste atap op het dak te trekken. Hier en daar hangen uit plat gedroogde gĕmoetoe-bladeren gesneden bloemen langs de palen; nu en dan in den nok van het dak eenige schedels, zonder orde aan touwen in rissen; deze touwen weer aan een houten haak: kinder-, vrouwen- en mannenschedels door elkaar heen, hier een ellepijp, daar een spaakbeen, een dij- of kuitbeen er tusschen hangend.

Op een plaats zag ik een tak van een hertengewei, precies als van een eland, bladvormig, bovenrand geschulpt. Elanden komen op Ceram niet voor, men fluisterde mij op den terugweg in: „dat gewei is buitengewoon pamali, gelukkig dat U nergens en allerminst hier aan raakte" — men wist niet van waar het afkomstig was, en geïmporteerd zal het wel niet zijn.

In een hoek op elkaar geworpen, een hoop stokken, kunstig besneden, door den duivel bewerkt, en aan de adepten uitgereikt; schijnbaar waardeloos lagen zij daar, onder stof en webben. 'k Durfde niet een aan te raken of mede te nemen.

Men vertelt mij, dat hier en daar een groot gat in den grond is gegraven, waarin een bank van bamboe en een hokje voor een varken.

In dat gat verzinken de adepten plotseling en schrikken geweldig, het varken begint te knorren, de jongelingen gillen, de *maoewen lalamena* doorsteekt het varken met een speer; een helsch leven, vermeerderd met geblaas op bamboe en tritonschelpen.

De maoewen snelt met bebloede speer naar buiten en toont deze aan de buiten het voorerf staande vrouwen en zusters; algemeen gewee-klaag, de duivel fahadjoel (?) balahoem (?) heeft hun kind gedood!

Binnen wordt het stil, buiten zijn de moeders bedroefd en schreien.

Zoo vertelt men mij, maar ik zag of vond nooit een gegraven gat in een baileo kakehan.

In het kakehan-huis danst men niet; is het een vlak op den grond gebouwd huis, zoo is de ruimte te klein; en is het een boven den grond gebouwd huis, dan zou de vloer niet sterk genoeg zijn om de dansers te dragen.

De vloer heeft wildhout tot leggers, en gespleten bamboe of pinang-stammen tot planken, waarover groote ruw gevlochten matten.

Ik geloof, dat het huis alléén dient tot vergader-, eet- of slaapzaal.

Het erf wordt gebruikt voor den dans, waarbij gezongen wordt op de maat van de trom, onder begeleiding van de basfluit, hoorbaar voor de buiten staande vrouwen, die neergehurkt zitten en met trilling in de stem, b.v. te Piroe, antwoorden: „*Soepamoe oepoe* (oe langgerekt) *sembah ke oepoe poena onamoe pali pali mãi*"; d. i. „eer aan den heer, dat wij de stem nog lang mogen hooren." —

Laten we het eigenaardige karakter, dat aan de baileo pamali gegeven wordt door het verband met het kakehan, gelijk dit door den heer Krayer van Aalst beschreven werd, een oogenblik buiten beschouwing, dan vinden we dus bij de Alfoeren op Ceram hetzelfde verschijnsel als in zoovele andere streken van den Archipel, dat n.l. in of in den omtrek van de dorpen een of meer openbare gebouwen gevonden worden, voor onder-scheidene doeleinden bestemd.

Een veelvuldig voorkomend gebruik is dat als logement voor de ongetrouwde, volwassen jongelingen van het dorp; vandaar dat dit gebouw wel het „mannenhuis" genoemd wordt, daar dit het oorspronkelijk doel van het gebouw moet geweest zijn. Dat karakter heeft het nog geheel behouden in sommige streken van Nieuw-Guinea; men noemt het daar *roem sĕram*, of *karewari*; het dient in hoofdzaak als verblijfplaats der ongetrouwde jongelingen. Dit mannenhuis is, zooals Dr. Schurtz heeft aangetoond, de zichtbare uitdrukking van de verdeeling der primitieve maatschappij (dit woord in zeer beperkten zin opgevat) in ouderdomsklassen [1]). Zulk een verdeeling vindt men o. a. nog in Australië, en bij vele andere primitieve volken; overblijfselen ervan zijn ook in den Indischen Archipel wel aanwezig. In het algemeen komt ze hier op neer, dat al de leden eener zelfde ouderdomsklasse tot al de leden eener andere in dezelfde verhouding staan; b.v. als van ouders tot kinderen. En inder-

Roem sĕram te Taubadi, Humboldtbaai, N. Nieuw-Cuinea.

daad worden in het Javaansch bijv. neven of nichten wel met hetzelfde woord aangeduid als eigen kinderen, ofschoon men er wel verschillende woorden voor heeft. Eigenaardig ook is de regel voor adoptie onder de

---

[1]) Dr. H. Schurtz, Altersklassen und Männerbünde. Eine Darstellung der primitiven Formen der Gesellschaft. 1902.

Chineezen, dat, bij gemis aan een zoon, alleen een familielid dat op gelijken afstammingstrap met de eigen kinderen staat, mag worden geadopteerd, bijv. een z o o n van den broeder van den adoptief vader, of een k l e i n z o o n van den broeder zijns vaders enz.

Bij deze indeeling der maatschappij kon het wel niet anders, of in de meeste gevallen zal de ouderdomsklasse der ongetrouwde, volwassen jongelingschap de krachtigste en invloedrijkste in den stam geweest zijn. Immers, zij waren de strijdbare mannen, op wie de zorg rustte, te waken tegen overvallen door vijanden, of op oorlogsbuit uit te gaan bij vijandelijke stammen. Zij waren het dus ook, die beraadslaging hielden over de belangen van den stam — het mannenhuis werd, en is nog in vele gevallen de v e r g a d e r z a a l van het dorp. Wanneer een krijgstocht voorspoedig was afgeloopen en men huiswaarts keerde met de afgeslagen hoofden der vijanden, dan bracht men die in triomf naar het vergaderhuis der jonge strijders; en dus (gelet op de godsdienstige, liever: animistische, beteekenis van het koppensnellen, vgl. pag. 467 en vlg.), werd het gebouw gewijd aan c u l t u s en g e e s t e n d i e n s t.

Van meer belang evenwel voor den voortgang van de ontwikkeling der maatschappij is het feit van de nauwe aaneensluiting der mannen, in tegenstelling met de verhouding tot de natuurlijke groepen, de gezinnen, waarvan de v r o u w het middelpunt was. De belangen dezer laatste groepen zijn beperkt tot een kleinen kring, staan in het algemeen vijandig tegenover die van andere groepen; de jongelingsverbonden daarentegen vereenigen hen, die tot verschillende familiën behooren, doen tusschen hun leden onderling banden van vriendschap ontstaan, en gaan boven den engen kring van het gezinsleven uit. Ja, zij openen ook den weg tot verkeer met andere stammen; daar in den strijd de tegenstanders elkaars krachten hebben leeren kennen, en na een eerlijk gevecht weldra de vrede wordt hersteld en gemeenschappelijk gevierd. Zoo zouden deze jongelingsverbonden de eerste aanleiding geweest zijn tot de verbroedering van eens vijandige stammen, en derhalve de eerste stap op den weg van s t a m verband tot s t a a t s verband.

Het karakter van het mannenhuis als logies voor vreemdelingen strookt geheel met het boven gezegde; dáár vond de vreemdeling allicht een vroolijk gezelschap en een beter onthaal dan in het gezin van den een of ander, waar hij als vreemde indringer zou worden beschouwd.

Het rechte inzicht in de beteekenis dezer jongelingsbonden moet ook van grooten invloed zijn op de beschouwing van primitieve huwelijksvormen. Vooropstellende dat „het huwelijk in zijn oorsprong zoo ver teruggaat, als de menschelijke samenleving na te sporen is", komt

Dr. Schurtz tot de conclusie dat de sporen der zoogenaamde „gemeen-schap van vrouwen" niets anders zijn dan de bewijzen der vrije liefde van de volwassen jongelingen van den stam met de huwbare, maar nog ongehuwde meisjes. Hierbij houde men in het oog, dat bij verschillende volken tal van bepalingen bestaan, die het huwelijk regelen, waardoor in sommige gevallen het huwelijk alleen mogelijk is voor de mannen van middelbaren leeftijd, die over eenige bezittingen te beschikken hebben. Ook hierin deed zich dus het onderscheid tusschen de verschillende ouderdomsklassen kennen.

Voorts moet volgens deze beschouwing ook de verklaring van het ontstaan van matriarchaat en patriarchaat geheel anders zijn, dan volgens de oudere opvatting, die op blz. 102 en vlg. (zonder er mee in te stemmen) werd weergegeven. Waar na het huwelijk de band tusschen den echtgenoot en zijn ongetrouwde kameraden sterker bleef dan die, welke hem aan vrouw en kinderen bond, daar ontstond het m a t r i a r c h a l e gezin; p a t r i a r c h a a t werd daar gevonden, waar na het huwelijk de betrekking tusschen den getrouwden man en zijn kameraden uit een jongere ouderdomsklasse geheel verbroken werd; daar trad de man geheel als hoofd van het door hem gevormde nieuwe gezin op.

De ceremoniën, die bij de meeste natuurvolken de intrede der puberteit vergezellen, vooral bij de jongens, vinden evenzeer een onge-zochte verklaring in de dan plaats hebbende toetreding tot den bond der huwbare jongelingen. De omstandigheid, dat deze ceremoniën de toetreding bezegelden of symboliseerden tot een verbond van krachtige weerbare mannen en strijders, verklaart de wreedheid, waardoor sommige ervan zich onderscheiden. Zoo werden b.v. bij eenige Noord-Amerikaansche Indianenstammen de jongelingen opgehangen aan touwen, die door de borst- of armspieren getrokken waren; in het oude Sparta werden ze met zweepen geslagen enz.

Zeer algemeen verspreid, en geheel passend bij den aard van het verbond, waartoe men toetrad, is de besnijdenis. In den Indischen Archipel komt deze ook voor bij tal van volken, die nimmer iets met het Moham-medanisme uitstaande gehad hebben.

Ook de overgang van kind, dat zijns moeders zorgen niet ontberen kan en onder de tucht zijner ouders staat, tot zelfstandig jongeling wordt door de wijdingsceremoniën veelvuldig uitgedrukt. Vandaar dat ze een symbolisch sterven voorstellen, waaruit de jonge man als tot een nieuw leven weder opstaat. (In dit verband vergelijke men wat boven omtrent de toetredingsceremoniën tot het kakehan-verbond gezegd werd.)

Ten slotte moet nog gewezen worden op het verband tusschen de

ouderdomsklasse der jongelieden, en sommige uitingen van den geestendienst, b.v. de dansen met maskers, gelijk die zich o. a. in Melanesië
ontwikkeld hebben. Hoofddoel moet daarbij geweest zijn het inboezemen
van vrees aan vrouwen en kinderen, voor wie in de eerste plaats alles
wat met het jongelingsverbond in betrekking stond, verboden terrein
moest blijven. Vandaar dat ze verschrikt gemaakt moesten worden, en in
den waan gebracht, dat geesten het mannenhuis bewoonden; plastisch
werden die geesten haar voor oogen gebracht in de gedaante der dikwijls
reusachtige maskers.

Een ander middel tot hetzelfde doel vinden we in een hoogst eenvoudig werktuigje, thans o. a. nog bij de Bataks als kinderspeelgoed
bekend. Aan een stokje wordt een touwtje bevestigd, en daaraan een
smal plankje; door het stokje rond te draaien wordt een eigenaardig
gonzend geluid teweeg gebracht. Het werktuigje is ook ten onzent bekend
onder den naam „snorrebot", de Duitschers noemen het „Schwirrholz".
Gelijk Dr. Schmeltz, Directeur van 's Rijks Ethnographisch Museum te
Leiden indertijd in de verhandelingen van den „Verein für naturwissenschaft-
liche Unterhaltung" (1896) heeft aangewezen, werd het werktuigje o. a.
gebruikt bij de puberteitsplechtigheden der jongelingen; het was de stem
van den geest, die de vrouwen en kinderen op een afstand moest houden.

Uit de jongelingsverbonden konden zich, waar aan vrouwen en kinderen, en ook aan leden van andere ouderdomsklassen de toetreding
streng ontzegd werd, licht geheimbonden vormen. Dit is dan ook in vele
streken de gang van zaken geweest, en als zulk een uitlooper van een
verbond der volwassen jongelingen zal ook het kakehan-verbond op Ceram
in zijn oorsprong te beschouwen zijn. Om de merkwaardige overeenkomst
met de beschouwingen van Dr. Schurtz, volgen hier de uiteenzettingen
van den Heer Krayer van Aalst aangaande zijn opvatting van het ontstaan
van het kakehan-verbond.

Ik geloof dat het kakehan oorspronkelijk een vorm van samenleving
was, die zijn grond vond in een nauwe aaneensluiting der mannen.

De mannen waren de jagers, gingen samen uit, overlegden samen,
ontwikkelden zich in het spoorzoeken van wild, en doorstonden samen
de vermoeienissen van het woudleven, om des avonds bij een vroolijk
vlammend vuur elkander te verhalen van de jachtavonturen, of wel, stil
in het smeulend vuur te staren, waarboven herte- of varkensvleesch
gerookt werd.

De vrouwen bleven te huis, zorgden voor tuinbouw en kinderen.

Was de regentijd aangebroken en ging men niet meer samen uit,
dan verzamelde men zich in het raadhuis, *bailéo*, waar men dan des nachts

bleef, deze slapend, gene koutend, anderen beraadslagend over den anderen dag; men dronk daarbij zijn sĕgéro (palmwijn), en het was er gezellig en vroolijk. Aangenamer dan in huis, waar het eenzaam was, en vrouw en kinderen van vermoeienis waren ingeslapen.

Zoo werden de baileö's de middenpunten der samenleving en werden zij midden in de dorpen opgericht, met daar omheen een ruim plein, waar 's avonds en 's nachts, als de maan opkwam, de mannen dansten op de maat van de trom door een of andere oude vrouw geslagen. Vroolijk van den drank en opgewekt door den dans zongen zij in reien: van hun kracht en van hun groote daden, van het met de speer neersteken van een verwoed varken, of het met de pijl doorschieten van een hert; van het snorren van den pijl, en het opspringen van het gewonde dier; zijn neervallen, zijn dood. De mannen sloten zich nauwer aaneen, allen van één dorp beschouwden elkaar als broeders, en om vrouw en kinderen bekommerde men zich weinig.

Misschien dat deze en gene vrouw geen genoegen nam met de voortdurende afwezigheid van haar heer gemaal, zoodat zij, vergezeld van mede-eenzamen, wel eens naar het dorpsplein en het raadhuis zal zijn gegaan om haar wederhelft naar huis te roepen, met gebruik van vele woorden, die nu niet bepaald liefelijk waren. Dit zal wel stoornis gegeven hebben in de vroolijke samenkomst, of in ernstig onderhoud, wanneer men vergaderde of samen sprak over een of anderen vijandelijken tocht.

En de mannen, geen werk makende van hunne vrouwen en rust willende hebben wanneer ze bijeen waren, zullen hun huis van samenkomst een uur van de echtelijke woning hebben opgericht.

De vrouwen, des avonds bang voor vleermuizen en nachtvogelgeschreeuw, bang voor de duisternis in het bosch, zullen den moed niet gehad hebben, de mannen uit hun „societeit" te roepen. ·

Bij hun thuiskomst zal deze of gene wel minder vriendelijk ontvangen zijn nu en dan, of zal hem het leven moeilijk zijn gemaakt, wat een Alfoersche zoo goed kan.

Om opheldering te geven, en de zoogenaamde vrijheid te houden, zal toen de gedachte zijn opgekomen en uitgesproken, dat men samenkwam om de geesten te dienen.

Voor geesten waren de vrouwen bang, zij zijn het nog, en nu zij geen ooggetuigen meer waren van de nachtelijke vreugd, zooals vroeger, toen de mannen in het raadhuis vergaderden, zullen zij geloofd hebben wat hun werd verteld. Maar Alfoersche vrouwen zijn nieuwsgierig, misschien kon deze of gene het eens in haar hoofd krijgen om te gaan

BEZEMER, *Door Nederlandsch Oost-Indië.*   39 gluren en luisteren. En de mannen bepaalden dat hun huis een mannen-huis was en pamali, verboden voor allen die geen lid waren van hunne gemeenschap, en pamali voor de vrouw.

Toen was de grond gelegd voor de baileo pamali.

De baileo's in het dorp bleven de raadhuizen, hier vergaderde het dorpsbestuur wanneer er iets te behandelen was; of — om de vrouwen niet geheel en al uit te sluiten — danste men soms den *kakoea*-dans bij maneschijn, vrouwen met vrouwen en mannen met mannen, loopende in een kring.

Het dorp had zijn bestuur in de oudsten, en de baileo pamali kreeg ook zijn bestuur.

De mannen van het eene noodigden de mannen van een ander dorp tot feestvieren uit, men leerde elkander nader kennen in de vroolijke vergaderingen, en men sloot banden van vriendschap die sterk werden; en de kring der bondgenooten breidde zich uit van Samasoeroe *tot* Oewen-Patahoewé.

Had de baileo pamali zijn bestuur, straks kwam er ook een bestuur over de baileo's gezamenlijk, en dit werd genoemd naar de drie wateren, die onder Noensamanoewèh ontsprongen. Dit bestuur wist zijn invloed en macht te doen toenemen boven de dorpsbesturen, en, daar het zich wist te omhullen met een waas van geheimzinnigheden, werd het oorspronkelijk mannenhuis het ambtsverblijf der „kapala's" (hoofden) en het gebouw een soort heiligdom, waar, bij de feesten, ook de godsdienstige oefe-ningen en ceremoniën plaats vonden.

Bij volle maan werd des avonds feest gehouden ter eere van *rapie poelane* (de vrouw-god in de maan), omdat er weer vrede gesloten was tusschen haar en *toeale ematai* (de man-god in de zon); maar was de maan afnemend, en vroeg men hoe het kwam, dan antwoordden de priesters van maan- en zongoden, dat er twist was tusschen man en vrouw, en dat toeale ematai de sterke was en zijn vrouw sloeg, waarom zij zich verborg; en was het nieuwe maan, dan had de vrouw-god zich geheel en al verborgen, en schreide en steende, zoodat de tranen op de aarde vielen, de winden de boomtoppen schudden, en de geesten, daarin wonende, klagelijk medetreurden. —

Dan kreeg toeale ematai medelijden, zijn liefde keerde terug, en beiden maakten weer vrede, den derden dag na nieuwe maan, zoodat rapie poelane haar man weer ontmoette, en beiden weer eensgezind waren. Dan kwam de zon ook weer van achter de donkere wolken, de aarde werd vruchtbaar en overal in het rond bloeide alles.

De priesters werden slimmer, de godendienst werd uitgebreid, de ceremoniën vermeerderden, als de knapen den leeftijd van manbaarheid hadden bereikt, en mede zouden komen in het raadhuis dat pamali was. Om de vrouwen buiten hunne bijeenkomsten te houden, werd van de jonge mannen de belofte geëischt om alle zaken, de vergadering aangaande, voor hunne moeders en zusters te verbergen, en werd hun opgedragen om te liegen en te spreken met de woorden van den priester, dat de groote Sétan (fahadjoel?) in de baileo pamali woonde, en hen gedood en daarna weer levend gemaakt had; en dat nu de moeders en zusters eten zouden verzamelen, om uit dankbaarheid en vreeze dien Sétan te offeren, en neer te zetten bij den ingang naar het erf van de baileo [1]).

Wanneer de vrouwen het voedsel in massa's gebracht hadden, lachten de mannen, haalden het op en verorberden het, doorgespoeld met toewak en aangevuld met python-, buidelratten-, varkens- en hertevleesch.

Het blauwe teeken op linker- en rechterborst, in den vorm van een kruis, was het teeken van den Sétan. „Hauhata" werd dat teeken genoemd, en 't was pamali, waarbij men zwoer. Op de eerst vroolijke, toen voor een deel godsdienstige bijeenkomsten, werden ook de dorpsnieuwtjes en berichten van het land besproken, en mededeelingen gedaan van de vreemdelingen die van Ternate, later van uit het Westen kwamen; men wilde die vreemdelingen buiten het land houden. Zoo kwam men er toe, in de vereeniging van mannen de politiek te behandelen, en de wijze aan te geven om de vreemdelingen tegen te staan, maar eenheid was er nog niet.

Die van Ternate waren machtiger, geholpen door die van Tidore. Ternate onderwierp hen die in het Noorden en Westen, Tidore hen die in het Oosten woonden.

De mannen van Hoeamoeal kregen van die van Ternate jonge kruidnagelboomen, en men verblijdde zich, en plantte er vele van; geheel West-Ceram werd bedekt met kruidnagelboomen.

Lang daarna kwamen blanke mannen van Portugal, daarna van Holland; dezen hakten allen aanplant om, *hongi's* kwamen van de drijvende eilanden („poelau hanjoet" = de Oeliasers) en hielpen hen. Toen sloten de mannen vol woede zich aaneen; Klein-Ceram was uitgeroeid en uitgebrand, West- en Noord-Ceram zouden dit niet toelaten; en het verbond der drie wateren werd een politiek verbond, één van wil, en krachtig.

---

[1]) Vgl. omtrent deze „wedergeboorte" pag. 608.

Volgens de verhalen vluchtten destijds velen van Hoeamoeal naar Groot-Ceram. Het kakehan-verbond werd machtiger en sterker, en boezemde vrees in. De blanken trachtten in dat verbond te dringen en te weten te komen wat er besloten werd, maar hij die iets van het gesprokene openbaarde werd onherroepelijk gedood, al was het ook door eigen zoon, of broeder, of vriend. De drie kapala saniri's en hun staf heerschten met geweld, volgens den regel: bloed om bloed, oog om oog, tand om tand.

Alhoewel stambloed heilig is, daar aldus een der wetten is voor de instandhouding van het geslacht, schroomde men niet, dat te plengen, wanneer het in het belang van den geheelen stam moest worden geacht. De vrees voor den grooten raad was zóó groot, dat men zelfs in de stervensure, in handen van den blanken vijand, liever loog door een schijnbaar waar verhaal op te disschen, dan mede te deelen, wat het kakehan was en bedoelde, en hoe het samengesteld was. Gevangenen, die veroordeeld waren om opgehangen te worden, en wien het leven en de vrijheid werden aangeboden, wanneer zij de geheimen wilden vertellen, stierven liever dan iets te openbaren, of deelden een halve waarheid mede.

In 1858 werden Markus Kakiai het leven en de vrijheid aangeboden, wanneer hij alles aangaande het kakehan mededeelde. Hij verhaalde iets (zie Ludeking, De residentie Amboina, pag. 67—78 en van Rees, De pioniers der beschaving in Nederl. Indië, pag. 92 en vlg., waar de officiëele nota is overgedrukt) en daarna .... werd hij opgehangen!

De kapala-saniri's van Tala, Eti en Sopalewa kregen officiëele kleeding en attributen van het Gouvernement (het zou wel aardig wezen om te weten, wanneer dit het eerst geschiedde), kwamen onder den invloed van het Gouvernement, en naarmate daarvan werd hun macht over de bergbewoners minder, welke macht overging op de *maoewèn-lalaména* en -*lalamori*, zoodat dezen na eenige jaren de eigenlijke steunpilaren van het voorvaderlijk verbond werden, de uitvoerders der wetten en bepalingen, waaraan men zich uit vrees onderwierp. Aan het Zuiderstrand, waar men meer met het bestuur in aanraking kwam, al waren de bestuurders ook posthouders, en waar onderwijs werd gegeven en het Christendom gebracht, kreeg men eenige meer moderne begrippen, werd de invloed der maoewens iets minder, maar machtig waren zij toch nog steeds.

Geen vrede vindende in hun leven van leugen en bedrog, waren er eenigen, die zich van het verbond wilden afwenden. Er kwam eene scheuring, en waar het aantal afvalligen groot werd, konden de strenge maatregelen niet meer in het openbaar worden toegepast; ook zou het bestuur, hoewel zwak, daartegen zijn opgekomen. Men begon met vergif te werken, of wel betaalde een zekere som aan de kakehan-broeders uit, om de tong van dezen of genen, die al te vrij werd, voorgoed te doen zwijgen.

Zoo bleef de vrees nog lang heerschen, en sprak men niet dan fluisterend over verlossing. Het onderwijs op school en catechisatie, dat in de laatste jaren nooit het kakehan aanviel, het negeerde; de prediking van het Evangelie dat vrijheid verkondigde aan de gebondenen en licht bracht aan die in het duister zaten, deed de geesten ontwaken en den moed herleven. Wel waren de afgescheidenen in verdrukking, mochten zij niet uit hun huizen of mocht er niet luide gesproken worden, wanneer een deel van het kakehan-feest gehouden werd (Piroe 1898), of moest een kerkelijke bediende boete betalen (Eti 1900) omdat hij niet wilde meewerken aan de baileo saniri; of ontvluchtte men des nachts het dorp om naar Loki te snellen, en den doop te vragen van den aldaar wonenden pandita (1900), maar tot formeele afscheiding kwam men toch niet.

Toen spraken twee maoewens besar te Kaibobo in hunne vergadering van scheiden, en brachten het verzoek om ontslag. Dit gaf ontsteltenis, op allerlei wijze wilde men hen dwingen, met boete en met bang maken, maar zij bleven bij hun besluit. Van bestuurswege werd de radja aansprakelijk gesteld voor hun leven, en de maoewens gingen het godsdienstonderwijs bijwonen, en werden lidmaat der gemeente.

In Kaibobo, de standplaats van den kapala saniri van Tala, was de ban gebroken, kakehan en geestendienst hadden aldaar hun macht verloren, de verschillende palladiums, borden en versieringen werden aan den pandita overgegeven, en deze zond hetgeen nog eenigszins goed was aan den Heer Joh. Snelleman, Directeur van het Museum voor Land- en Volkenkunde te Rotterdam. Het beeld van toeale ematai werd den geestelijke ook overgedragen, maar dat van rapie poelane is nog in handen van een oud man. De familie wil hem dwingen om afstand te doen van het beeld, maar de pandita verhindert dit, omdat geestelijke dingen moeten groeien en niet gedwongen kunnen worden, en hier de vrijheid leven zal brengen. Ook te Waésamoe en Hatoesoea is men voor het grootste deel tot een breuk gekomen, maar op de Noordkust en in de bergen is het kakehan nog machtig, en oefenen de maoewens nog hun schrikbewind uit.

We mogen verwachten dat het tegenwoordig Bestuur krachtig zal doortasten, en de bergbewoners van West- en Zuid-Ceram naar het strand doen komen, om zich aldaar te vestigen. Laat het Bestuur de Alfoeren in hunne bergen, dan zal over eenige jaren de vroegere toestand weer terugkeeren, zal het snellen steeds voortgaan, en het bloed den bodem blijven drenken." —

In het kakehan-verbond op Ceram met zijn bailéo-pamali hebben we een der latere stadiën van het verbond der huwbare jongelingen met zijn mannenhuis te zien. Dergelijke geheime bonden vindt men onder de inlanders van den Archipel overigens niet meer; en ook het „mannenhuis" als zoodanig komt (met uitzondering van de op pag. 605 genoemde *roem-seram* der Papoea's) niet meer onder hen voor. Maar gebouwen, wier oorsprong terug moet gaan tot het mannenhuis, en die in hun tegenwoordige bestemming nog verschillende trekken van hun oorspronkelijk karakter toonen, zijn in zeer vele streken van Indië nog te vinden. In die landen, waar de Islam lang en krachtig invloed heeft geoefend, als op Midden-Java, is het eenige openbare gebouw in de dessa, de *langgar*, geheel aan den Mohammedaanschen eerdienst gewijd. Maar toch heeft men op Java, vooral in het Westen, ook nog wel zoogenaamde *balé désa* = dorpsraadhuizen; een bestemming die allicht door het mannenhuis kon worden overgenomen (vgl. p. 606). In Atjeh draagt het dorpsbedehuis den naam van *meunathah*; wel is het in naam hoofdzakelijk voor Mohammedaansche godsdienstige doeleinden bestemd, doch dit neemt niet weg dat het in werkelijkheid vooral tevens het mannenlogement en de vergaderzaal van het dorp is. Op pag. 38 van dit werk werd de meunathah iets uitvoeriger beschreven. En uit de beschrijving op pag. 100 van de Bataksche *sopo*, *djamboer* of *balei* blijkt dat ook deze nog veel van zijn oorspronkelijk karakter behouden heeft. In de Menangkabausche landen wordt de traditie van het mannenhuis voortgezet door de *balai* (pag. 157), terwijl een afzonderlijk gebouw, de *soerau*, aan de belangen van den Mohammedaanschen eeredienst is gewijd.

Op Midden-Celebes heeft zich het mannenhuis ook in een andere richting ontwikkeld, daar is het de *lobo*, het geestenhuis, waar de geesten der voorouders huizen, en de koppen der verslagen vijanden worden heengebracht. Maar de lobo is toch ook het logement voor de ongehuwde jongelingen van het dorp, en de dorpssocieteit gebleven. Ook vreemdelingen brengen er den nacht door.

Op Halmahera vindt men in het centrum van het dorp steeds een *saboewa*, een soort van raadhuis, dat voor vergaderingen en feesten dient. Dergelijke gemeentehuizen bevinden zich ook in de dorpen op Flores, Timor, Letti, Timor-laoet enz.

Genoeg voorbeelden om te doen zien, hoe algemeen verbreid een dergelijk gemeenschappelijk gebouw in den geheelen Archipel is. Zeer eigenaardig is het, dat in de meeste streken de raadhuizen zich hierdoor onderscheiden, dat ze geen zijwanden hebben; dit is zelfs nog vaak het geval bij de Javaansche langgars.

Ten slotte zij hier nog gewezen op het verband tusschen de namen voor dit gemeenschappelijk huis, en de benamingen voor de verbods-bepalingen (vgl. pag. 470—475). Uit de verschillende woorden, door Dr. Schurtz genoemd, vermelden we hier, als het meest sprekend, slechts de vormen *balé* (balai) en *pali* (grondvorm van pĕmali). Het ver-band tusschen het vereenigings-huis der mannen en verschillende verbods-bepalingen zal uit hetgeen omtrent het kakehan-verbond medegedeeld werd voldoende gebleken zijn.

HOOFDSTUK VII. OP DE KUST VAN NEDERLANDSCH NIEUW-GUINEA [1]).

Vroeg in den morgen bevonden we ons in een wonderschoone baai. Het landschap — hooge, met bosch begroeide bergen, met steile hel-lingen zich in het blauwgroene water spiegelend, en kleine groene eilandjes — herinnerde aan Noord-Celebes. Op een groote open plek midden in het oerwoud, die tot aan het strand toe doorliep, lagen hutten en huizen, de in het jaar 1899 gestichte nederzetting Skröe. Vlak daarnaast heef

Houten hoofdsteunsel van Nieuw-Guinea. (Orig. i/h. Ethn. Museum te Rotterdam).

een rivier de rotsen doorbroken, en witte hellingen van kalklagen dalen loodrecht af, een kleine baai insluitend, waarin eer reeks van prauwen en een oorlogsstoomer voor anker liggen.

De Nederlanders trekken van hun Nieuw-Guinea zoo goed als in het geheel geen nut. Het ontbreekt hun aan kapitaal en onder-nemingsgeest, en de handel is zeer gering. Een beetje copra, ´ ,nar, wilde muskaatnoten en paradijsvogels, paarlen en paarlemoer, ziedaar alles wat uitgevoerd wordt. Tot voor kort was er in het geheel geen vertegenwoordiger van de Regeering op het eiland gevestigd, en het driemaandelijksch bezoek van de postboot was het

---

[1]) Naar Dr. Pflüger.

eenige teeken dat Westelijk Nieuw-Guinea Hollandsche bezitting is. Thans staat de afd. Noord-Nieuw-Guinea onder een assistent-resident met standplaats te Manokwari; de afd. West-Nieuw-Guinea eveneens onder een assistent-resident, die te Fak-Fak resideert, terwijl Merauki de hoofdplaats is van het afzonderlijke gewest (assistent-residentie) Zuid-Nieuw-Guinea.

Skroë is een nederzetting van Boegineesche en Arabische handelaars. Beter is het te zeggen: een ankerplaats, want de lieden gebruikten òf hun schepen als woningen, òf waren, wanneer ze huizen gebouwd hadden, ten allen tijde gereed, bij een vijandelijken aanval er van door te gaan.

Thans toont de opengekapte plek in het bosch aan, dat Holland ten minste hier vasten voet gezet heeft.

Een steile rotstrap voert van de riviermonding tegen de helling op. Hier liggen beneden eenige hutten van handeldrijvende Chineezen en Arabieren, hooger op de woning van den controleur, de huisjes der soldaten en de gevangenis, en daarachter het oerwoud. Aan het strand en langs de geheele baai bemerkt men hier en daar de paalwoningen der inboorlingen. Het gezicht van de hoogte af is verrukkelijk schoon. Beneden de spiegelgladde zee, de blauwgroene riviermonding met hare witte rotsen en groene oevers, de bekoorlijke eilandjes vóór ons, en rechts en links, zoover het oog reikt, bergen en oerwoud.

Het eerst maakte ik een lange wandeling tegen de bergen op. Het smalle pad loopt afwisselend door laag bosch en enkele partijen wilde muskaatboomen, vervolgens het woud in, dat een soortgelijk karakter draagt als dat op Aroe. Alleen is de grond droog en het onderhout zeer dicht. De vogel- en vlinderwereld was rijk vertegenwoordigd, verrukte het oog en beleedigde het oor, want het krijschen der papegaaien overstemde het geluid der zangvogels.

Op de open plek in het bosch werkten dwangarbeiders in hunne bruin-katoenen kielen. Onder hen vielen dadelijk vier gestalten in het oog, typische, onvervalschte Papoea's, zoo volmaakt overeenkomend met de beschrijving van Wallace, als ik het noch op Aroe of Kei, noch elders in de Molukken en later in Nieuw-Guinea gezien heb. Het lichaam was door de kleeding bedekt, het haar en de baard kort geknipt, maar de gelaatstrekken waren zoo markant, zoo karakteristiek, zoo absoluut verschillend van Maleische of Polynesische vormen, dat ik niet begrijpen kan, hoe men een nog zoo geringe verwantschap tusschen deze rassen wil vinden, als dit althans de typische Papoea-uitdrukking is. Hier had men het vlakke voorhoofd, de vooruitstaande wenkbrauwen, den grooten mond met dikke lippen, en bovenal, den kolossalen neus met overhangende punt. Het geheele gelaat met rimpels, daarenboven groote gaten in de neuswanden en ooren, en de gelaatspieren in voortdurende beweging. De uitdrukking van het gezicht was zeer eigenaardig, noch brutaal noch vriendelijk, noch trotsch noch onderdanig, op zijn hoogst een beetje wantrouwend; galgentronies is de beste uitdrukking die ik er voor vinden kan; laag, onbetrouwbaar gespuis zou ieder zeggen, die gedwongen was, ze naar zijn eersten indruk te beoordeelen. Rekent men daarbij het groote, gespierde, maar onbeholpen lichaam, met lange, houterige armen en beenen, dan krijgt men een totaal-indruk die zich zoo onuitwischbaar in

Papoea's van Sileraka.

het geheugen prent, dat het onmogelijk is, hem te vergeten. De vier kerels geleken elkaar op een haar. Ik heb ze lang waargenomen, meermalen gefotografeerd, maar de eenige kenteekenen, waaraan ik ze uit elkaar kon houden, waren de verschillende graden van inscheuring hunner oorlellen. Ik ben overtuigd dat ik hier typische vertegenwoordigers van een door en door eenvormig ras voor mij had. Vergelijkingen, overeenkomsten met welk ras ook laten zich volstrekt niet maken; van negerphysionomie, waarvan men dikwijls hoort, was ook geen spoor te ontdekken. Als men bepaald wil, kan men aan een afschuwelijk leelijken Jood denken, maar men zal bevinden, dat alleen de neus tot deze vergelijking verleidt.

De lieden waren afkomstig uit Sileraka, het Oostelijkste punt aan de Zuidkust van het Nederlandsche gebied. Daar waren voor een jaar drie officieren van de Nederlandsche postboot bij de landing gevangen genomen en opgegeten. De kort daarop uitgezonden strafexpeditie nam deze vier kerels als gevangenen mede.

Geheel andere menschen zijn de Papoea's die men in de huizen rondom Skroë, op Kei en Aroe vindt. Ze hebben met deze menschen eigenlijk alleen de donkere huidskleur gemeen. Ze zijn kleiner van gestalte, breed en gespierd, het gezicht is vlak, met weinig sterksprekende trekken, de neus spitser en langer dan bij den Maleier, maar in de verste verte niet met het reuzenorgaan der Sileraka-menschen te vergelijken. Onder hen vindt men dikwijls menschen van een negerachtig type, een overeenkomst die bijzonder in het oog valt wanneer zij het haar kort dragen. De gezichtsuitdrukking is tamelijk onverschillig, bijna lomp-goedhartig te noemen, maar niet zoo flegmatiek als die der Maleiers. Kortom, we hebben hier te doen met een geheel ander slag van menschen, en misschien hebben zij gelijk, die ze met de Alfoeren van Ceram over een kam scheren. Ik moet er van afzien hier nog verder te gaan met deze beschouwingen, die slechts op enkele waarnemingen gegrond zijn [1]).

In den namiddag ging ik in een bootje op bezoek bij al de, op groote afstanden van elkaar op het strand der baai en op de eilanden staande huizen.

Ze zijn alle op hooge palen in het water uitgebouwd, slechts door een lange, smalle brug met het land verbonden. Van zee uit klimt men langs een balk met inkervingen naar een klein platform, dat zich als een galerij voor het huis bevindt. De wanden bestaan uit planken van kisten,

Papoea's van Skroë.

atap of gaba-gaba, het dak is met atap gedekt. Binnenin vinden we vooreerst een groote, zindelijke ruimte, zonder zolder, met een vloer bestaande uit smalle bamboeplanken, door welks reten men het water ziet glinsteren. Aan de wanden staan fraaie kisten uit palmblad gevlochten, met bonte patronen, waarin kleederen, sieraden enz. bewaard worden. Voor slaapplaats is een hoek door katoenen gordijnen afgeschoten. In een kleinere,

---

[1]) Uit de hier bijgevoegde afbeeldingen van Papoea's uit het Noorden van het uiterste Oosten van Nederlandsch Nieuw-Guinea (Humboldtbaai en omgeving), blijkt dat ook dezen zeer van de Sileraka-menschen verschillen. De afb. op pag. 605, 619, 621, 622 en 625 zijn met toestemming van het Bestuur overgenomen uit de „Bijdragen tot de Taal-, Land- en Volkenkunde van Nederl. Indië", uitgegeven door het Kon. Instit. voor de Taal-, Land- en Volkenkunde van Nederl. Indië. Dl. LV.

afgeschoten ruimte hangt keukengereedschap, verlicht door het haardvuur, waarvan de rook door de reten van het huis een uitweg vindt.

De bewoners waren vriendelijk en toonden zonder aarzelen het inwendige. De mannen dragen alleen den lendengordel, de vrouwen een korte sarong. Hier, evenals op de zuidelijke eilanden, loopen kinderen en vrouwen eerst al schreeuwend weg, en het kost altijd eenige moeite, ze uit hun hoeken en gaten te lokken. Sieraden werden weinig gedragen; ik bemerkte slechts een paar zwarte en witte arm- en voetringen, en zilveren oorringen. In naam zijn de lieden voor een deel Mohammedanen,

Volwassen jonge mannen van Taubadi, Humboldtbaai.

en sporen van afgodendienst waren niet te zien. In eenige huizen woonden trouwens Boegineezen met Papoeavrouwen, en het is aan geen twijfel onderhevig dat het bloed hier aan de kust niet onvermengd is. Toch overheerscht het Alfoerenkarakter, als ik het zoo noemen mag, volkomen.

De nederzettingen aan het strand zijn niet de eenige. Overal, zoover het oog reikte, stegen uit het dichte bosch der bergen rookzuilen omhoog. Het zijn hutten, zooals we er ook eenige op de open plek vinden. Armelijke, wankele atappen stellages, inwendig den boven beschreven aanblik biedend.

Bij een Arabier kreeg ik een exemplaar van den zeldzamen paradijsvogel Diphyllides Wilsonii voor den billijken prijs van 75 cents. In het
algemeen echter koopt men hier slechter en niet goedkooper dan op
Ternate, Makassar of Banda, waar de keuze grooter is. De prijs van
den in den handel zeer gezochten gelen paradijsvogel bedroeg bij de
inlanders voor wederverkoopers 12 tot 13 gulden, een bewijs dat de
polsslag van de Beurs zelfs in het land der menscheneters gevoeld wordt.

Den volgenden morgen heel vroeg gingen we weer onder stoom,
en voeren in acht uren om de landtong heen, die Skroë van de Mac-
Cluer-golf scheidt. De met dichte bosschen begroeide bergen worden in

Papoea-woning te Sĕkar.

den omtrek van Kaap Fatingar lager, en vallen met witte, loodrechte
hellingen, uit kalklagen bestaande, in zee. Tegen den middag voeren we
de fraaie baai van Sĕkar in. Het tafereel is hetzelfde als dat van gisteren,
maar uit het water verheffen zich ontelbare kleine eilandjes, steile rotsen
met dichten plantengroei bedekt, die er uitzien als groene halve bollen.

Sĕkar ligt aan het strand van een eenigszins grooter exemplaar van
deze eilanden op den achtergrond der baai. Het is een Mohammedaansch
Papoeadorp van ongeveer twintig huizen, geheel boven het water gebouwd.
Eenige Arabieren en Chineezen wonen daar op dezelfde wijze als hun
gastheeren. Een wandeling in deze nederzetting is niet zoo'n eenvoudige

zaak. Voor elk huis strekt zich het platform uit, zooals we het reeds in Skroë bewonderd hebben: gaten van een voet breedte, wormstekige planken en dunne bamboes manen hier tot voorzichtigheid. Van huis tot huis wandelt men over planken en bamboestammen, die dikwijls maar

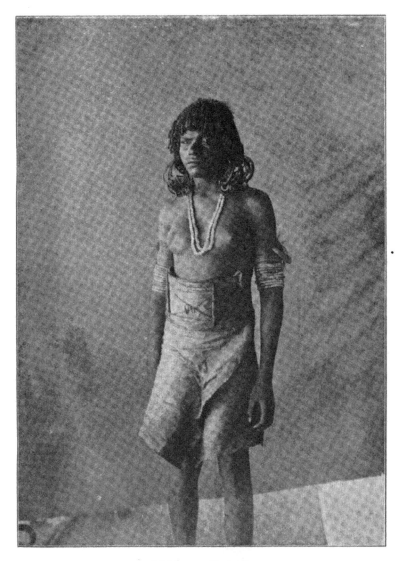

Meisje van Taubadi.

met een klein puntje op de dwarsbalk rusten, en zoo wankel en smal zijn, dat men er met de grootste voorzichtigheid als een koorddanser op balanceeren moet. De inboorlingen zijn de zaak gewoon en vinden met hun bloote voeten en lenige teenen een beter houvast dan wij Europeanen

met onze gladde schoenzolen. De koorddansende, balanceerende blanke
is dan ook voor hen een bron van onvermengd genoegen.

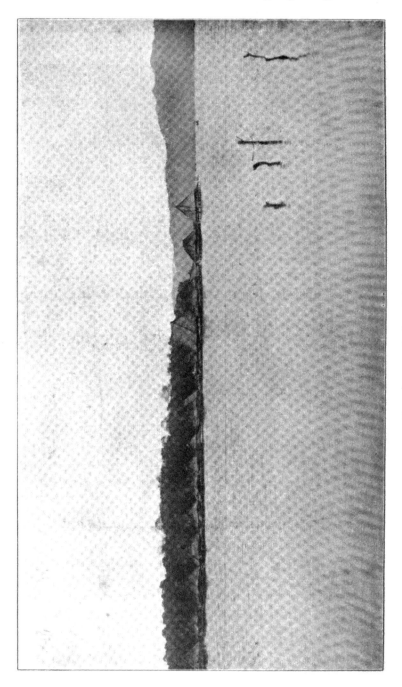

Engerds, aan de Jantefa-baai.

Het inwendige der hutten is hetzelfde als te Skroë. Ik sloot hier een
goeden koop, n.l. een kasboek der inboorlingen, echter van eenigszins

anderen vorm dan wij bij ons gewend zijn. Aan de zoldering hing een bundeltje voorwerpen, op eigenaardige wijze uit sagomerg gesneden, kleine ronde schijfjes, kanonnetjes, modellen van oorringen en stokjes met inkervingen, op een langen stok van hetzelfde materiaal geprikt: zij

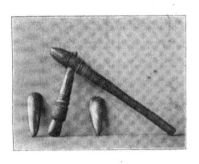

Steenen werktuigen v. Nieuw-Cuinea.
(Orig. i/h. bezit van Pater Leydekkers te Nijmegen).

stellen het huwelijksgeluk van een schoonzoon des huizes, in guldens en cents uitgedrukt, voor. Wanneer namelijk een Papoeajongeling in liefde ontbrand is voor de bekoorlijke, wolharige dochter des huizes, dan bekent hij niet haar, maar haar praktischen vader zijn zielsverlangen. In bronzen kanonnen, gongs, gouden oorringen en aardewerk wordt de waarde der schoone berekend, en al deze kostbaarheden in kleine modellen, als boven beschreven, netjes opgehangen. Dat is het debet. Een creditzij van dit eigenaardige boek is er niet. Betaalt de gelukkige echtgenoot een kanon of een gong af, dan krijgt hij het model terug — stellig een even een

Hoofdsteunsel der Papoea's.
(Origin. i/h. Ethnografisch Museum te Rotterdam).

voudige als praktische boekhouding. Hij noemt zijn dierbare vrouw en de kinderen geheel de zijne, wanneer nog slechts de ledige stok over is.

Hoofdsteunsel der Papoea's.
(Origin. i/h. Ethnografisch Museum te Rotterdam).

Het duurde lang, eer de wakkere schoonvader besloot, er afstand van te doen. Eerst werd met behulp van in het rekenen bedreven zonen nauwkeurig het saldo opgemaakt, d. w. z. de voorwerpen geteld, en de geheele zaak mij tegen betaling van een halven gulden afgestaan. Aan

den stok bevond zich ook het model van een gouden slang, de „oelar-
mas", een fabelachtig wezen, dat zoowel in de mythologie der Papoea's
als in die der inlanders op de eilanden der Banda-zee en Timor, hier als
„Oelar-naga", een rol speelt. De werkelijke gouden slang bestaat uit een
gouden ketting met eenvoudige schalmen, die in een fantastischen kop
en in een visschenstaart eindigt. Hij wordt naar modellen van de Papoea's
in Makassar vervaardigd en heeft een aanzienlijke waarde. De Europeesche ondernemingsgeest trekt ook uit deze liefhebberij voordeel. Bij
een Chinees in Skroë zag ik zulke slangen van messing, naar men zei
in Duitschland vervaardigd, de kop blijkbaar machinaal geperst, waaruit
men kan opmaken dat ze bij grootere partijen vervaardigd worden.
Ook de oorringen worden in Makassar volgens model van plaat-goud of
-zilver gefabriceerd. Ik zag in Skroë bij een Arabier een paar zware
stukken van minstens ƒ 60 waarde, die hij in pand had. Als vaatwerk
worden groote Chineesche porseleinen vazen van manshoogte zeer gezocht.
Twee van deze kolossale potten stonden in het huis van den meergenoemden schoonvader en vormden een scherp kontrast met den overigens armoedigen rommel. Men moet dus wel aannemen, dat de luidjes
eenigszins gegoed zijn.

Bronzen kanonnen en gongs zijn als betaalmiddel ook in de Molukken
in trek, en in ieder geval praktischer dan de molensteenen, die op de
Carolinen het vermogen der rijken uitmaken.

Het oponthoud duurde slechts enkele uren, en den volgenden morgen
lagen wij voor Gisser, een der kleine koraaleilanden, die de Oostelijke
voortzetting van Ceram vormen; het is een bloeiende handelsplaats, met
Chineesche, Arabische en Boegineesche bevolking. Mijn medepassagier
verliet de boot, om hier als eenig Europeaan voor langen tijd te blijven
en een handelszaak te vestigen. Aan zijn vriendelijkheid had ik prachtige
exemplaren der zeldzaamste paradijsvogels te danken, Diphyllodes speciosa,
Lophorina atra, Parotia sexpennis, Epimachus magnificus en een zeldzaam voorkomende verscheidenheid van den gewonen Paradisea papuana,
bijna geheel op dezen gelijkende, maar met roode sierveeren in plaats
van gele. Ik vulde daarna mijn verzameling aan met Seleucides alba en
Epimachus magnus, die ik bij een Chinees in Gisser opsnorde.

De plaats is van weinig belang voor iemand, reeds bekend met de
gemengde bevolking dezer handelsplaatsen. Alfoeren uit Ceram, die ik
hier verwachtte te zien, waren er niet; als koelies zag men er Papoea's
van Nieuw-Guinea.

De kust van Ceram toont zich van hier als een woest bergland van
grillige formatie, met groene, steile, suikerbroodvormige koppen en

diepe dalen. De vaart er heen duurde te lang dan dat ik vóór den avond had kunnen terug zijn.

De reede van Gisser levert een voorbeeld op van de sterke getijde-

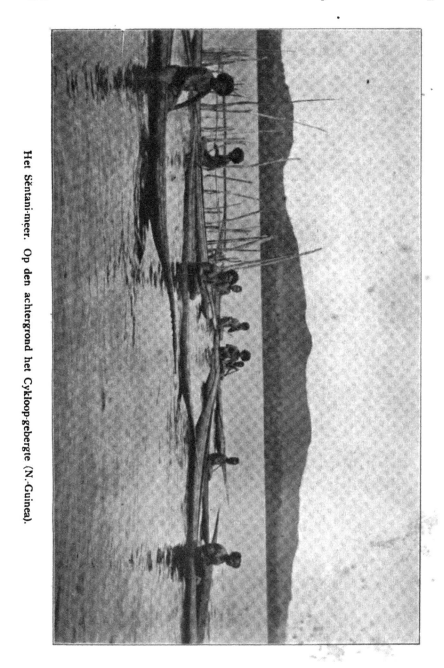

Het Sëntani-meer. Op den achtergrond het Cykloop-gebergte (N.-Guinea).

stroomingen, waaraan de zee in het Oosten van den Archipel zoo rijk is. In de engte tusschen Gisser en het naburige eiland bewoog zich het water

met de snelheid van een snelstroomende rivier. Iets dergelijks kon men
voor Dobo opmerken. De berichten van reizigers, die, zooals Wallace
en Jacobsen, in kleine prauwen de Moluksche wateren bevaren hebben,
zijn vol klachten over de bezwaren der vaart; deze worden nog vermeerderd
door de onregelmatige winden, die eigenlijk steeds juist die richting
hebben, welke men het minst kan gebruiken.

HOOFDSTUK VIII.   DE BANDA-GROEP.

De volgende morgen bracht mij aan het einde mijner Molukkenreis.
Evenals voor eenige weken aanschouwden we thans in het morgenlicht
de verrukkelijk schoone Banda-groep, ongetwijfeld de parel der Molukken.
In het schemerlicht van den morgen verhief zich rechts de fraai gevormde
kegel van den Goenoeng Api uit de wateren. Links ligt Banda Neira, met
den groenen Papenberg, op den achtergrond zien wij den bergrug van
het derde grootere eiland, Banda Lontar (Lonthor), terwijl rechts en
links zich eenige kleinere eilanden aansluiten.

Naarmate wij naderen schuift het beeld van het landschap, als de
coulissen op het tooneel, allengs uit elkaar. Wij herkennen de smalle
straat, die den Goenoeng Api van Banda Neira scheidt, en die wij weldra
instoomen. Daar vertoont zich plotseling, als we om een landtong heen-
varen, het stadje Banda met zijn vriendelijke witte huizen, beheerscht
door het witte, op den heuvelrug er achter gebouwde fort. Achter ons
sluit zich de opening, en het is ons, als voeren wij op den gladden
spiegel van een binnenzee. Het groenblauwe water is van een oneindige
helderheid, en weerkaatst de met prachtig woud getooide, steile hellingen
van Banda Neira. Rechts verheft zich de vulkaan, steil en kaal, slechts
met laag groen kreupelhout of aanplantingen van suikerriet enz. bedekt.
En dat alles in den helderen schemerschijn van den morgen, die het groen
dieper en donkerder, de afstanden geringer doet voorkomen, en een
aardige perspektief-werking uitoefent. Het lijkt wel alsof deze soort van
belichting, bij aanwezigheid van veel groen, het stereoskopisch effekt verhoogt. Verwijderde voorwerpen, die anders tegen den achtergrond geplakt
schijnen, treden zichtbaar in de ruimte vooruit, en het geheele landschap
krijgt het voorkomen van een tooneel met coulissen, — een verschijnsel,
dat ik meermalen in de tropen zoowel voor zonsopgang als na zonsondergang heb waargenomen. Men zou het kunstmatig met de bekende
stereoskoop-verrekijkers van Zeisz kunnen nabootsen.

We liggen aan den steiger, door een talrijke menigte ontvangen; ik neem afscheid van den vriendelijken kapitein Wilckens, door wiens beminnelijkheid de reis voor mij zoo aangenaam en vruchtbaar is geworden, en weldra ben ik geïnstalleerd in het kleine, zeer goede hotel, waar ik, als tweede logeergast in zijn elfmaandsch bestaan, uitstekend logies vind.

Een blik op de kaart en op het landschap, zooals we dit van den top van den Goenoeng Api aanschouwen, leert ons, dat de geheele groep .één groote vulkaan is. Het halvemaanvormige Banda Lontar met de eilanden Pisang en Kapal is niets meer dan de Oostelijke omwalling van een ouden reuzenkrater, wiens Westelijke rand ingestort is. Daarbinnen heeft zich een tweede krater gevormd; zijn Oostelijke muur is Banda Neira, het Westelijke deel is verdwenen en in de plaats daarvan

Gezicht op Banda van den Papenberg. (Op den achtergrond Banda Lontar, rechts de voet van den Goenoeng Api).

is de werkzame vulkaan Goenoeng Api getreden. Daarbij voegt zich nog een zeer kleine krater, Oera geheeten, die als een met bosch begroeide heuvel van omstreeks 50 M. hoogte aan den Oostelijken voet van den Goenoeng Api oprijst, en van dezen door een vlakke, zandige landengte gescheiden is. De beide bochten aan de Westzijde van Banda Neira wijzen waarschijnlijk evenzeer op twee oude kraters, wier ontstaan onmiddellijk voorafging aan dat van den Goenoeng Api en den Oera.

De omliggende kleine eilanden zijn waarschijnlijk eveneens overblijfselen van een of twee kolossale kraters, die op hun beurt Banda Lontar insloten. Wij kunnen derhalve minstens drie van zulke kolossen onder-

40*

scheiden, waarvan telkens de kleinere als een concentrische ring in den grooteren ontstond.

De groep werd door de Compagnie uitgekozen voor den aanleg der groote muskaatnoot-aanplantingen, die nog tegenwoordig geheel Banda Lontar, Poelo Wai en Banda Neira bedekken. Hoe de Compagnie haar monopolie wist te handhaven is bekend. Het gevolg was de uitroeiing der geheele oorspronkelijke bevolking; slechts weinige overgeblevenen vluchtten naar Kei, en hebben zich daar in eenige nederzettingen staande gehouden. De tegenwoordige bevolking is het gewone mengelmoes van Maleische en Papoeasche typen; daarbij moet nog gevoegd worden het betrekkelijk groot getal Europeanen en halfbloeds, Chineezen en Arabieren, in wier bezit zich de muskaat-perken bevinden.

Sedert de kultuur van deze kostbare specerij vrijgelaten is, heeft de konkurrentie van de Minahassa en Amboina de prijzen aanmerkelijk gedrukt. Tegenwoordig is de verbouw dan ook weinig loonend meer.

De stad levert niet den fraaien, vriendelijken aanblik op, zooals wij dien in Hollandsche nederzettingen gewend zijn. De voortuinen ontbreken, de huizen met hun witte muren en zuilengalerijen naderen dicht tot aan de wegen, die daardoor nauw en vervelend worden. Wij gaan, van de aanlegplaats af, eerst door de Chineesche en de Arabische kampen, met hun toko's, en komen daarna op een vrij plein, dat met zijn fraaie, oude boomen en het grijze, met mos begroeide fort, op schilderachtige wijze den vooruitspringenden hoek van het eiland vult. Van hier voert een prachtige allée langs het strand, met de societeit en de huizen van den assistent-resident, en van eenige Europeanen. Evenwijdig hiermede strekken zich de drie smalle straten van de Europeesche wijk uit, waarachter zich de heuvels verheffen, door het fort met zijn vier torens gekroond.

Het voornaamste uitstapje is natuurlijk de bestijging van den Goenoeng Api, den 650 M. hoogen, werkzamen vulkaan. Men roeit des morgens heel in de vroegte over den smallen zeearm, en beklimt den berg het beste van de Zuidzijde in gezelschap van een koelie als gids. De klim is zeer steil en inspannend, men klautert door aanplantingen van ananas, suikerriet en bataten, die op den steenachtigen grond goed gedijen, en ten slotte over een ouden lavastroom. Na twee uren is de top bereikt, en een wondervol uitzicht beloont de moeite. Rondom de blauwe zee, tegenover ons de groene bergrug van Banda Lontar, beneden het kleine Banda Neira met den Papenberg, het fort en het op speelgoedhuisjes gelijkende stadje. De vorm van den ouden, boven beschreven krater is hier, waar het landschap als een reliefkaart voor ons uitgespreid ligt, duidelijk te herkennen. Tusschen de eilanden kronkelt zich de zeearm;

zijn ondiepten steken groen en wit bij het blauw van het diepe water af.
De krater van den berg is een vlakke, voor een deel met laag struikgewas begroeide uitholling. Men onderscheidt een kleineren krater in het
midden van een grooteren, zoodat de geheele opening in drie deelen
verdeeld schijnt. Aan de Noordoostelijke helling zijn van den top af tot
ver omlaag tal van solfataren in werkzaamheid. Uit spleten en gaten
stroomt warme damp, en de bodem is gedeeltelijk heet-brijig en gevaarlijk
om te begaan. Midden in den krateropening duiden een paar steenen het
graf aan van een reiziger, die zich hier onvoorzichtig te ver op den
bedriegelijken bodem gewaagd had, en, wegzinkend in de heete brij,
bezweek. Het hout op de hellingen van den berg is gedeeltelijk gerooid
en met ananas, bataten en suikerriet beplant door nijvere Boetoneezen.
Deze luidjes komen ieder jaar met hunne vaartuigen hierheen, evenals naar
vele andere eilanden, om hunne tuinen aan te leggen — een eigenaardige
methode van landbouw. Niets leek mij te vergelijken met het genot, voor
weinige koperstukken een ananas te koopen, en in het sappige vleesch
ervan, als in een appel, te bijten.

De nederdaling kan men op de Noordoost- of op de Zuidwestzijde
bewerkstelligen. Op den eersten weg passeert men de solfataren, op den
anderen komt men door dichte varens, daarna door aanplantingen van
ananas enz. tot aan een visschersgehucht aan het strand, waarna men het
genot heeft van een boottocht langs de Zuidzijde van den Goenoeng Api,
waar oude lavastroomen hun fantastisch getande klippen uit zee verheffen.

Nog schooner misschien is een wandeling door de muskaatperken
naar den Papenberg, die in het Noorden zijn top uit den heuvelrug van
Banda Neira verheft. Een gevoel alsof we in een Duitsch beukenwoud
loopen, maakt zich van ons meester. Hooge, grijsstammige kanarieboomen
staan van afstand tot afstand op den weeken, met kort gras en verwelkte
blaren bedekten grond. Al het onderhout is zorgvuldig verwijderd, en in
plaats daarvan verheffen zich in de schaduw dezer reuzen de fraaie, goed
onderhouden muskaatboomen, met hun regelmatig zich uitbreidende takken,
en de gele, als abrikozen in het glanzend groene loof hangende vruchten.
De grond is zacht, de wegen zijn goed, en het loof is dicht genoeg om
de zonnestralen te keeren, zonder het bosch duf en donker te maken,
kortom, het is een heerlijk genot voor iemand die máandenlang niets
dan de duffe lucht en het donkere gewirwar van het oerwoud met moeras,
dorens en spinnewebben heeft genoten.

Door het bosch klinkt het eentonige gezang der mannen en vrouwen,
die zich aan het weinig inspannende werk van het notenplukken wijden.
Ze dragen om de schouders een van rotan gevlochten zak, waarin de

roode vruchten liggen, en in de hand een langen, dunnen bamboestok, bovenaan voorzien van een soort korf en twee haken. Zoodra ze een rijpe noot ontdekken, die haar gelen, dikken mantel heeft doen barsten, en met haar rood omhulsel, de kostbare foelie, naar buiten kijkt, wordt ze tusschen de haken gepakt, afgerukt en valt in den korf. De bast wordt weggeworpen, en de noot verdwijnt in den zak.

De weg brengt ons eerst met langzame, daarna met iets steiler klimming in drie kwartier naar den top, een lavarots met het signaal-station, waar men een prachtig uitzicht heeft op den vulkaan, de stad, Banda Lontar en de zee. Den terugweg neme men over Bangko Batoe, langs een der van den top steil bergafwaarts voerende wegen. Hier ziet

Bandaneezen en Kei-eilanders.

men de gebouwen van een „perk", zooals wij er op Banda Lontar een wat nauwkeuriger zullen bezichtigen.

Door het bosch, zooals men de notenperken beter zou kunnen noemen, komt men in een half uur in Banda terug. Rechts van den weg, daar, waar de lage heuvelrug (de oude kraterwand) zich zacht stijgend verheft, aanschouwt men een hoogst eigenaardig stuk gelaagde kalk, waar een geologenhart van moet opengaan. Het is een liggende plooi, de convexe zijde naar het Oosten gekeerd en opengebroken, zoodat men de formatie en de scherpe kromming der lagen ongewoon goed bestudeeren kan.

Ook Banda Lontar moet niet vergeten worden, hoewel een uitstapje daarheen een kleinen dag in beslag neemt. Men roeit of zeilt over den zeearm naar het plaatsje Lontar, om van hier uit langs goede wegen eerst zacht stijgend te voet den bergrug te volgen, of te paard, als bekendheid met een perkenier ons een paard verschaft. Het geheele groote eiland is één muskaatnotenperk, en in de schaduw van de heerlijke bosschen is de wandeling van zes uren, dien wij ondernemen willen, geen te groote inspanning. Na een uur brengt de weg ons steil bergaf naar de Zuidkust, en voert daarna, bergop, bergaf, gedeeltelijk het strand volgend, gedeeltelijk over de ruggen van kleine voorgebergten loopend, tot Celammon. Dof weerklinkt door het zwijgen van het woud het razen der branding, door den Zuidoostmoesson tegen de klippen der kust aangedreven, en door de groene kruinen heen zien wij de woelende zee. Wanneer zich hier beneden, en ook nog op eenige hoogte, een rots uit den zwarten grond verheft, is het meest uitgekartelde karang, minder vaak een lavastroom, die als landtong in zee uitsteekt. Wij hebben derhalve ook hier in de jongere koraalkalk het bewijs voor een strandverschuiving. Dicht aan de kust maken de perken plaats voor een breeden gordel van fantastische pandanen, waardoor we onzacht wakker geschud worden uit de droomen, die ons in vaderlandsche beukenbosschen verplaatsten. Rondom omgeeft ons een gewirwar van hun kuifvormige kronen met lange, getande bladeren; van hun zonderlinge wortelstelsels, die den indruk geven alsof het geheele gezelschap op stelten ging. Het zijn ware reuzen in hun soort, zooals ik ze tot nu toe even ontwikkeld slechts op den top van den Lokon in de Minahassa gezien had. Komen we uit het bosch op het strand, dan vinden wij groote rotsblokken, rolsteenen en zand, waaruit de ondergraven klippen van koraalkalk steil oprijzen, een typische brandingskust. Nu wijst een bosch van kokospalmen er op, dat wij een nederzetting, de huizen van een perk, naderen. Om een groot, vrij plein staan de woningen der koelies. Vooraan vertoont zich het statige huis van den perkenier, en achter zien wij de droogschuren. Het is juist middag. De werklui komen terug van het plukken, de noten worden geteld en de roode foelie er van losgemaakt. Ze wordt in groote, ronde, van stroo gevlochten platte bakken in de zon gedroogd, terwijl de noten op donkere droogzolders worden blootgesteld aan den invloed van zwakke berooking.

Onze weg voert verder tot aan de insnoering aan de Noordpunt van het eiland. Hier daalt het gebergte met steile hellingen af, om aan de overzijde steil op te klimmen naar het dorp Celammon, met prachtig uitzicht op den zeearm, den vulkaan en Banda Neira op den achtergrond. Van hier kunnen wij òf langs de kust tot Lontar terugwandelen, òf met gunstigen wind naar de stad zeilen.

Dit zijn de eigenlijk gezegde wandeltochten. Kleinere zijn er in overvloed te maken: naar het fort met zijn fraai uitzicht; langs het Oosterstrand van Banda Neira, waar kolossale lavastroomen zich in zee storten, en een warreling van zwarte klippen uit den vloed oprijst; of naar den overkant, naar Oera, waar men in het dichte bosch duidelijk den ouden krater kan herkennen.

Bij den Arabischen handelaar Baadilla vindt men een groote keuze paradijsvogels, en wie wat verstand van paarlen heeft, kan hier terecht. Voor mij, goed geborgen in het voortreffelijke hotel, vlogen de dagen op het heerlijke eiland aangenaam om, tot op een morgen mijn jongen mij wekte met het vroolijke bericht: ,,toewan, Stettin datang" (,,mijnheer, de Stettin komt"). En waarlijk, toen ik op de aanlegplaats kwam, naderde het schoone trotsche schip. Spoedig was ik aan boord, waar mij een massa brieven wachtten, want sedert zes weken was ik zonder eenig bericht geweest. Den volgenden morgen stoomden we uit, koers zettend naar het Noordoosten, op Duitsch Nieuw-Guinea af. De reis in den Archipel is ten

E I N D E.

NAAM- EN ZAAKREGISTER ¹).

---

¹) De titels der hoofdstukken zijn over 't algemeen in deze lijst niet opgenomen.

ERRATUM.

Si Singa-mangaradja, van wien in de noot op pag. 91 verkeerdelijk gezegd is, dat hij zijn onderwerping aan het Gouvernement had aangeboden, is bij het afdrukken van dit vel (Juni 1907) nog steeds niet door Kapitein Christoffel gevangen.

INHOUD.